죽음교육 교과서 I

죽음교육 교과서 I.
죽음 교육론, 문화·사회론, 상실론

초판 1쇄 발행 2025년 3월 31일

지 은 이	죽음교육연구소
펴 낸 이	한국싸나돌로지협회
출 판 사	서로북스
출판등록	2014.4.30 제2014-141호
주　 소	경기도 파주시 회동길 480 A-407호
전자우편	minkangsan@naver.com
팩　 스	0504-137-6584

I S B N 979-11-87254-62-1 (03510)

ⓒ 죽음교육연구소, 2025, printed in Paju, Korea

이 책은 저작권법에 따라 보호받는 저작물이므로 무단 전제와 복제를 금합니다. 내용의 전부 또는 일부를 재사용하려면 반드시 저작권자와 서로북스 양측의 동의를 받아야 합니다. 책값은 뒤표지에 있습니다.

죽음교육 교과서 I

죽음교육론
문화·사회론
상실론

죽음교육연구소

"교육은 강물처럼 흐른다. 멈추지 않고 유연하게,
하지만 결국은 방향을 가지고 나아간다."

발간 인사말

상실과 죽음을 마주한 인간의 지혜 :
죽음교육 교과서

    사람은 누구나 죽음을 본능적으로 회피하고자 한다. 죽음에 대한 반감은 단순한 감정이 아니라, 생명 유지에 대한 깊은 본능에서 비롯된 일종의 혐오감이기도 하다. 또한 우리는 죽음을 두려워한다. 완전한 상실, 고통과 이별, 남겨질 이들에 대한 슬픔과 같은 감정들이 죽음을 공포의 대상으로 만든다. 그런데 역설적으로, 우리는 죽음에 대해 끊임없이 궁금해한다. 특히 죽음 이후의 세계에 대한 호기심은 종교적 상상, 문화적 전승, 그리고 무엇보다도 미지에 대한 본능적 불안과 기대에서 비롯된 것이다.

    그러나 죽음을 모르는 사람에게는 죽음이 없다. 그에게 남겨진 것은 다만 식은 육신, 세상의 무게를 잃어버린 한 줌의 주검뿐이다. 죽음은 단순한 숨의 끊김이 아니다. 죽음은 존재가 스스로를 끝없이 자각한 끝에 다다르는 마지막 문이다. 삶을 자각하지 못한 자에게는 죽음도 오지 않는다. 그저 생명의 불빛이 꺼진 자리에, 이름 모를 침묵만이 드리워질 뿐이다. 죽음을 안다는 것은 삶을 끝까지 견디고 응시하는 일이며, 삶을 아는 이만이 비로소 죽음을 '자기 일'로 맞이할 수 있다.

    죽음에 대한 관심은 단순한 호기심을 넘어, 삶의 본질에 대한 깊은 질문들을 품고 있다. 왜 우리는 죽어야 하는가. 죽음은 어떤 방식으로 찾아오는가. 죽음을 어떻게 준비하고, 어떻게 맞이해야 하는가. 죽음은 결국 극복할 수 없는 운명인가. 죽음에 대한 공포를 덜어낼 방법은 없는가. 죽음이 수반하는 심신의 고통은 어떻게 다루어야 하는가. 사후세계는 과연 존재하는가, 존재한다면 그것은 어떤 의미를 지니는가. 죽음에 대한 교육이 지금의 삶에 어떤 변화를 가져올 수 있을까. 죽음을 배우는 일이 나의 웰빙과 어떻게 연결될 수 있을까. 더 나아가, 죽음을 배움으로써 이웃과 사회, 나아가 국가에 어떤 방식으로 기여할 수 있을까. 그리고 죽음을 '아는 것'을 넘어, 삶 속에서 무엇을 실천해야 하는가. 죽음을 향한 질문들은, 결국 삶을 향한 질문들이기도 하다.

삶은 단절되지 않는다. 죽음은 끝이 아니라, 다른 형태로 이어지는 변화이다. 탄생은 죽음에서 움트고, 죽음은 또다시 새로운 탄생을 부른다. 삶과 죽음은 서로를 배제하지 않는다. 오히려 삶은 죽음을 품고 있으며, 죽음은 삶의 연장선 위에 놓여 있다. 죽음을 두려워하는 마음은, 실은 삶을 온전히 살아내지 못한 불안에서 비롯된다. 죽음이 곧 삶의 한 과정임을 받아들일 때, 우리는 삶을 보다 깊고 온전히 끌어안을 수 있다. 죽음을 직시하는 용기 속에서 우리는 비로소 살아가는 법을 배우게 된다.

죽음교육은 죽음을 가르치는 일이 아니다. 죽음교육은 '살아 있음'을 자각하게 하고, 삶의 한 순간 한 순간을 더 깊이 사랑하도록 이끈다. 죽음을 마주하는 훈련은, 두려움 속에 갇히는 것이 아니라, 삶의 가치를 재발견하는 길이다. 삶이 유한하다는 통찰은 인간 존재를 겸허하게 하며, 오늘을 더욱 진실하게 살아가게 한다. 죽음교육은 웰빙(well-being)을 넘어, 웰다잉(well-dying)과 웰리빙(well-living)을 함께 껴안는 실존적 배움이다. 삶과 죽음을 함께 배우는 이는, 자신의 삶을 단지 소모하는 것이 아니라, 책임 있게 창조할 줄 아는 존재가 된다.

이 죽음교육 교과서는 죽음을 잘 모르는 이들에게는 새로운 지식과 길을 열어주고, 조금은 알고 있지만 흩어진 이해를 가진 이들에게는 차분하고 체계적인 안내자가 되어줄 것이다. 또한, 잘못 알고 있었던 부분들은 부드럽고 정확하게 바로잡아 줄 것이다. 학생들에게는 삶을 깊이 생각하게 하는 좋은 교과서가 되고, 전문가들에게는 신뢰할 수 있는 실용서가 되며, 연구자들에게는 새로운 질문과 가능성을 여는 소중한 자료가 될 것이다. 일반인들에게는 삶과 죽음을 흥미롭게 풀어내는 친근한 교양서가 되고, 싸나톨로지스트에게는 현장에서 힘이 되어줄 든든한 지침서가 될 것이다. 또한 서로 다른 관점을 가진 학자들에게도 깊이 있는 성찰을 이끌어내는 좋은 자극제가 되어줄 것이다.

죽음을 배우는 것은, 결국 삶을 더 소중히 여기기 위한 일이다. 이 『죽음교육 교과서』 시리즈가 죽음을 알고자 하는 모든 이들에게 따뜻한 길잡이가 되기를 바라며, 이 책의 소중한 출간을 진심으로 축하하는 바이다.

전세일

싸나톨로지스트 1호
펜실베니아대학교 의과대학 교수
연세대학교 세브란스재활병원 병원장
차의과대학교 통합의학대학원 원장
한가족병원병원장
자연치유관광포럼 이사장

죽음을 가르친다는 것 : 인간 이해의 심연을 향하여

　죽음은 인류가 가장 오래도록 묻고 답해온 질문의 대상이자, 동시에 끝내 해답을 얻을 수 없는 신비로 남아 있는 주제입니다. 그러나 그 불가해함 속에서도 인간은 죽음을 사유해 왔고, 죽음을 통해 삶을 재구성하고자 해왔습니다. 이 책은 그러한 지적·실존적 탐색의 연장선에서 기획되었습니다.

　죽음학(Thanatology)은 죽음을 단순한 생물학적 종말로 보지 않습니다. 그것은 상실, 애도, 의미 부여, 존재의 경계 경험이라는 다층적인 인식의 장으로서, 인간 이해의 폭과 깊이를 확장시키는 학제 간 융합 영역입니다. 본 『죽음교육 교과서』는 이처럼 폭넓은 죽음학의 담론을 기반으로 하여, 죽음교육(Death Education)의 전문성과 실천성을 아우르는 지침서로 자리매김하고자 집필되었습니다.

　저는 이 책의 집필에 공동으로 참여한 한 사람으로서, 그리고 이 책을 출간하게 된 한국싸나톨로지협회의 회장으로서, 한국 사회에 본격적인 죽음교육의 기틀을 마련하게 된 이 뜻깊은 순간에 각별한 감회를 전합니다.

　현대사회는 급격한 기술 발달과 사회구조의 변화 속에서 죽음을 점점 더 은폐하고 비가시화하는 경향을 보이고 있습니다. 병원화된 죽음, 타자화된 상실, 매뉴얼화된 애도는 우리의 죽음 경험을 비인격적이고 기능적으로 만들고 있습니다. 그 결과, 죽음은 개인의 실존적 경험이라기보다는 외부화된 타인의 사건으로 취급되며, 우리는 자신의 유한성과 타자의 고통에 무감각해져 갑니다.

이러한 시대적 흐름에 대한 비판적 성찰로서, 죽음교육은 그 어느 때보다 절실하게 요청되고 있습니다. 죽음교육은 단순한 정보 전달이나 심리적 치유를 넘어, 인간존재의 유한성을 인식하고, 삶의 가치를 재구성하며, 공동체적 윤리를 회복하는 인간학적 실천입니다.

본 『죽음교육 교과서』는 이러한 교육적 비전 아래, 교사와 교수, 상담자, 돌봄 종사자, 그리고 죽음학을 배우고자 하는 학습자 모두가 죽음을 논의 가능한 언어로 전유하고, 교육적 실천으로 확장할 수 있도록 학문적 토대와 교육적 방법론을 통합하여 구성하였습니다.

책의 내용은 크게 세 가지 지향점을 따릅니다. 첫째, 학제 간 접근의 통합입니다. 인간학을 필두로 심리학, 사회학, 철학, 종교학, 교육학 등 다양한 학문을 횡단하며 죽음을 다각도로 조명하였습니다. 이를 통해 독자들은 죽음을 단일한 시선이 아니라, 다성적(多聲的)인 담론으로 이해할 수 있게 됩니다. 둘째, 세대 간 대화의 매개로서의 교육 실천입니다. 유아기부터 노년기까지, 인간 발달 단계에 따른 죽음 인식의 변화를 반영하였으며, 각 세대에 적합한 교수 전략과 실제 활동 예시를 포함하였습니다. 죽음을 특정 세대나 상황에 국한하지 않고, '삶의 보편적 주제'로서 풀어내고자 한 것입니다. 셋째, 교육자의 실천 역량 제고입니다. 죽음을 가르친다는 것은 단지 지식을 전달하는 것을 넘어, 수업자 자신이 죽음과의 관계를 성찰하고 존재론적 질문을 내면화하는 과정을 요구합니다. 이 책은 교사와 강의자가 죽음이라는 주제를 안전하고 존중하는 방식으로 다룰 수 있는 윤리적·정서적 준비를 갖출 수 있도록 설계되었습니다.

죽음교육은 더 이상 특정 전문 영역에만 국한된 주제가 아닙니다. 학교 교육, 치매 돌봄, 청소년 상담, 자살 예방, 노인복지, 호스피스·완화의료 현장 등 다양한 영역에서 죽음에 대한 건강한 논의와 정서적 소통이 이루어질 수 있어야 합니다.

본 교과서가 바로 그 접점에서 실천가와 연구자 모두에게 의미 있는 자원이 되기를 기대합니다. 특히, 죽음에 대해 이야기하는 것이 여전히 조심스럽고 어려운 문화적 배경 속에서, 이 책이 죽음을 말할 수 있는 언어와 용기, 그리고 삶을 가르치는 새로운 패러다임으로 기능하길 바랍니다.

죽음은 끝이 아니라 성찰의 시작입니다. 그 시작을 함께 열어갈 여러분의 손에, 이 책이 하나의 나침반이 되어주기를 진심으로 바랍니다.

신경원
한국싸나톨로지협회 회장

죽음학(Thanatology)에 토대를 둔 죽음교육 교과서

    죽음학은 인간학을 바탕으로, 인간이 피할 수 없는 죽음을 수동적으로 '당하는' 것이 아니라 자율적이고 능동적으로, 즉 의지와 의미를 가지고 '맞이할' 수 있도록 삶을 통해 연구하는 학문입니다. 죽음학은 1950~60년대 영국(아일랜드)에서 호스피스 의료에 헌신하던 의사들을 중심으로 태동되었으며, 이후 미국으로 전해져 1970년대에 들어서면서 하나의 독립된 학문 체계로 자리잡기 시작했습니다.

    우리나라에서는 2005년, 당시 이화여대 민속학 교수였던 최준식 박사의 주도로 한국죽음학회가 발족된 이래 한림대와 신경원 교수, 한국죽음교육학회장 임병식 교수(현 한신대학교 휴먼케어융합대학원 죽음교육상담전공 교수, 죽음교육연구소장)를 비롯한 20여 명의 연구자가 공저한 삶의 성찰, 죽음에게 묻다(2018, 교사를 위한 죽음교육, 가리온), 신경원 교수(현 한국싸나톨로지협회 회장, 고려대학교 죽음교육연구센터 센터장, 동덕여자대학교 교양학부 명상과 심신수련 담당 교수)를 포함한 12명의 국제공인 싸나톨로지스트(죽음교육상담전문가)가 집필한 죽음학 교본(2023)을 통해 본격적인 죽음교육이 공교육 영역으로까지 확장되는 계기가 되었습니다.

    죽음학은 '당하는 죽음'이 아니라 '맞이하는 죽음'을, 삶 안에서, 삶과 함께 사유하고 배우는 학문이기에, 그 기저에는 '인간학'이 반드시 깔려 있어야 하며, 그 어떤 학문보다도 전인적 차원의 접근이 요구됩니다. 전인교육을 강조한 페스탈로치의 교육론처럼, 죽음학 또한 지(知, head), 덕(德, heart), 체(體, hands)의 균형 잡힌 교육이 필수적입니다.

이번에 발간된 『죽음교육 교과서』의 추천사를 부탁받아, 죽음교육 연구소에서 보내온 2000여 쪽의 원고를 한 장 한 장 정성껏 읽으며, 깊은 감동을 받았습니다. 앞서 언급한 지·덕·체의 요소들이 책의 구석구석에 얼마나 자연스럽고도 조화롭게 녹아 있는지 놀라울 따름이었습니다. 처음엔 여느 학술서처럼 주로 지적인 내용 중심일 것이라 여겼고, 기존에 읽어본 죽음학 서적이나 참고서 정도로 여겼습니다. 하지만 책의 중반부로 들어서며, 점차 덕과 체의 내용이 스며드는 것을 느끼고는 한 장, 한 장을 더욱 진지하게 읽어나갈 수밖에 없었습니다. 어떤 대목에서는 나도 모르게 내용을 메모하며, 곱씹고 되새기게 되었습니다.

특히 마지막 제9부, 제3장 '죽음교육상담의 실제', 제5장 '자기만의 문법으로 말하기, 글쓰기', 제7장 '어린이 상실 경험 이해와 돌봄 방법', 제8장 '유치원생 그림 활용 수업 실례', 그리고 제12장 '성인을 위한 죽음교육 수업 들여다보기'는 온몸으로 감지되는 감동이 있어 여러 차례 반복해 읽었습니다. 이 책을 통해 저는 과거와 현재는 물론 미래까지도 그려보았으며, 언젠가 내게 다가올 죽음이 더 이상 두려움의 대상이 아닌, 친구처럼 다가오는 존재로 여겨지는 귀한 경험을 하였습니다.

이 책의 서문에 담긴 다음 문장은 그러한 제 마음을 대변해 주는 표현이라 여겨져 옮겨봅니다.

"죽음교육 실천은 죽음을 명사형의 실체로서 분석하거나 이해하기보다는, 살아있는 사람이 죽음을 어떻게 맞이하고 대처하는가 하는 동사적 태도에 더 관심을 둔다."

2023년도에 출간한 『죽음학교본』이 8부로 구성된 이론서라면, 『죽음교육 교과서』는 그에 이은 제9부로서의 실천편이라는 신경원 회장님의 말씀이 이제야 깊이 이해됩니다. 제 개인적 소견으로는, '죽음학 교본'이 인간의 머리, 즉 '지(知)'에 해당한다면, 『죽음교육 교과서』는 마음과 손, 발에 해당하는 '덕(德)'과 '체(體)'라고 비유할 수 있겠습니다. 이 두 저서는 결국 인간의 몸과 마음, 육과 영, 가시적 차원과 불가시적 차원을 잇는 전인교육 자료라 할 수 있으며, 인생 노트이자 지침서, 그림책이자 이정표로 삼기에 손색이 없습니다.

이처럼 전인적 차원에서 죽음에 대한 교육이 쉽게 체득될 수 있도록 집필해주시고, 전문가뿐 아니라 초보자나 일반인까지도 주변 사람들-아동, 초등학생부터 성인 남녀에 이르기까지-에게 삶의 일부로서의 죽음을 친구처럼 대하며, 삶의 의미와 가치를 새롭게 구성할 수 있도록 안내해 주신 한국싸나톨로지협회 이사장 임병식 박사님과 회장 신경원 박사님, 그리고 공동 집필자 여러분께 진심으로 감사의 인사를 전합니다.

김기곤

국제공인 싸나톨로지스트(CT)
국제공인 죽음교육수련감독(FT)
전주교구 신부

상실의 시대, 우리는 어떻게 애도해야 하나 :
애도와 의미 추구에 적합한 죽음교육 교과서

현대를 '상실의 시대'라고 부른다. 상실의 대상이 단순히 물질적인 것을 넘어 사랑하는 사람의 죽음뿐만 아니라 관계적 상실, 개인의 명예적 상실, 삶의 목적과 의미의 상실 등 인간이 인간일 수 있는 가능성 마저 상실한 우리 사회의 병리적 모습을 진단한 말이다. 우리는 이러한 상실을 통해 우리 자신이 누구이며, 무엇이 우리를 고통스럽게 하는지를 질문하게 한다. 이 질문이 인간성을 회복할 수 있기 위해서는 절박한 질문이 되지 않으면 안 된다.

상실을 통해서 인간은 자신의 진실한 모습을 회복할 기회가 된다. 상실은 우리가 인간임을, 그리고 우리의 존재가 진정 무엇인지 깨닫게 해 주는 계기가 된다. 이러한 의미에서 상실은 치유와 깊은 관련이 있다. 치유의 초점은 질병에 있는 것이 아니라 환자의 삶의 질, 생활의 기술, 삶의 존재방식의 문제에 더 초점을 두기 때문이다. 상실의 순간에 그동안 밀봉되었던 마음의 본성을 드러낸다. 모든 것이 무너지고 신마저 소외될 때, 이때 자신의 실존만이 깃발처럼 바람에 펄럭이고 있다. 습관화되고 마음이 만들어 낸 거짓된 자아와 집착이 상실의 바람에 산산이 흩어지는 순간 자신의 정직한 본성과 만나게 된다. 이때 상실은 영적 성장의 기회가 된다.

우리는 모두 상처 입은 치유자이다. 상처를 받을 수 있다는 것도 하나의 능력이다. 상처로부터 치유되기 위해서는 외상을 기억해야 한다. 우리는 그 기억의 소환을 통해 비로소 자신의 진실한 모습과 마주하게 된다. 고통은 우리가 지금 어디에 있는지, 그리고 무엇을 어떻게 선택하고 결단해야 하는지 자각하게 한다. 죽음학에서는 상실과 죽음의 고통이 아무리 우연적이고 불가항력적이라도, '의미적 사건'으로 전환하도록 안내한다. 이는 존재자가 존재 그 자체로 돌아가는 힘이기 때문이다. 그때 인간은 상실과 죽임을 당하는 '수동적 객체'가 아니라, 스스로 묻고 결단하는 '능동적 주체'가 된다. 그곳에 영성이 깃든다. 영성은 상실과 죽음이 주는 고통의 감정을 화해하고 의미화하도록 안내하는 빛이다.

최근 큰 관심을 끌고 있는 모델 가운데 하나는 상실로 인해 도전받은 의미의 세계를 재확인하고 재구성해 내는 과정을 통해 애도를 이해하는 모델이다. 특히 사랑하는 사람을 잃은 슬픔 가운데 의미를 찾지 못했을 때는 심각한 상흔의 후유증을 남기게 된다. 사랑하는 사람의 죽음에서 발생하는 분리에 대한 스트레스는 지속적으로 자신이 유지해 온 종교적 또는 영적 믿음을 훼손시킬 수도 있다. 더 나아가 자신의 경험을 어떻게 해석하고 받아들여야 할지에 대해 방향을 찾지 못하는 어려움을 겪게 만들 수도 있다.

그런 의미에서 이제는 상실에서 나타나는 직접적인 반응인 슬픔을 어떻게 표현하고 애도 해야하는지를 배워야 한다. 슬퍼하는 법을 배우지 못하면, 우리는 그때그때의 기분을 좋게 유지하는 것이 가장 중요하다고 믿게 된다. 그러면 거절당할 때마다 그 현실을 부인하려고 할 것이며, 그럼으로써 자신의 존재는 결국 타인의 거절 여하에 좌지우지될 것이다. 실패할 때마다 그 현실을 회피할 것이며, 그럼으로써 결국 그 실패는 우리의 삶을 빈곤하게 만들 것이다. 고통과 상실, 거절과 실패에 대한 부인과 회피가 쌓여감에 따라 우리는 점점 우리 이하의 존재, 남을 하찮게 여기는 하찮은 존재, 거짓 미소를 띤 빈껍데기가 되어 갈 것이다. 상실을 피해가는 행운이나 영리함은 인간을 성숙시켜주지 못한다. 부인하고 회피하는 것은 더더욱 그렇다.

　상실과 죽음으로 인해 형성된 고통의 감정을 직면하고 대처하는 관점에서, 사랑하는 사람을 여읜 아픔을 극복하기 위해 다양한 형태로 나름의 의미를 구성해 나가는 것은 긍정적인 효과를 낳을 수 있다. 더 나아가 상실의 경험이 사랑하는 사람을 여읜 사람들의 의미 체계 안에서 통합되면 복잡한 애도의 과정을 줄여 줄 수 있다. 또한 다른 형태의 트라우마 및 전환기적 경험을 한 사람들의 일반적인 심리적 고통 또한 줄여 줌으로써 점진적인 회복을 도울 수 있는 것으로 알려졌다. 실제로 상실의 고통을 이겨 나가기 위해 숨겨진 자원을 발견하고 감각을 일깨워 줄 수 있도록 안내하는 <실존정신언어분석>은 치료적 개입이 효과가 있다는 증거가 있다. 이는 사랑하는 사람을 잃은 아픔의 증상을 의미화함으로서 고통을 감소시킬 수 있으며, 그 아픔의 의미를 새롭게 구성해 나갈 수 있도록 돕는 다양한 창조적 방법을 『죽음교육 교과서』는 제시한다.

　이제 죽음학의 학적 토대를 이룬 한국싸나톨로지협회와 한국죽음교육학회, 한신대학교 죽음교육연구소가 주축이 되어 열두 명의 집필자에 의해 『죽음교육 교과서』가 발간하게 되었다. 지금까지 죽음과 상실, 그리고 죽음교육, 웰다잉에 대한 기본 공구서가 없다 보니, 웰빙-웰리빙-웰에이징-웰다잉의 담론이 머리도 없고 꼬리도 없는 공허한 담론들만이 회자되었다.

　이번에 출간한 『죽음교육 교과서』는 여러모로 세기의 역사적인 사건이 되었다. 지금까지 상실과 죽음의 고통을 공교육의 지식체계 내에서 연구하여 교과서로 구성한 노작이 없었기 때문이다. 더구나 국내에서 지식체계로서 죽음학 및 죽음교육을 토대 작업한 지 몇 년 만에 엄정한 교과서 형태로 3부작을 출간하였다는 것은 충분한 사건이 된다. 아무튼 이 교과서를 통해 한국 사회가 치유되고 공교육 체계 내에서도 명실상부한 '죽음교육'이 자리 잡히기를 희망한다.

변경희
한신대학교 휴먼케어융합대학원장

서 문

한국에서 실천하는 죽음교육

오늘날 한국 사회의 많은 문제는 '훌륭함'의 가치가 실종된 가운데 오로지 '뛰어남'의 가치만 중요하게 생각하는 데서 비롯된 듯하다. 즉 학생의 '학업의 성취도'인 성적이 오로지 석차로 환산되고 대학 입학으로만 귀결되는 것이 오늘날 한국 초중고 학교의 현실이며 교실에서 '훌륭함'의 가치에 대한 교육은 사라진 지 오래다. 교육은 오로지 '뛰어남', 그것도 '시험공부'라고 하는 대단히 제한된 분야에서의 상대적 '뛰어남'만을 목표로 하고 있다. 오늘날 학교폭력과 청소년 자살의 문제는 결국 '훌륭함'의 가치가 부재한 가운데 상대적 '뛰어남'만을 추구하는 데서 오는 부작용이라고 할 수 있겠다. 이렇게 '뛰어난 경제 성장 발전'의 과정에서 망각하고 있었던 '훌륭함'의 가치를 돌아볼 때 죽음학이 제공하는 죽음교육의 필요성이 우리 사회에 요청된다.

이미 오래전 조성택은 죽음교육이 죽음을 사회 안으로 복귀시키고자 하며 또한 죽음을 삶의 일부로 복권하고자 하는 학문임을 천명하였다. 즉 죽음이 존재하는 사회 그것이 온전한 사회이며, 죽음과 함께하는 삶이 온전한 삶이기 때문이다. 근대 이전의 사회에서는 종교가 바로 이러한 역할을 담당했지만, 한국 사회에서 종교의 이러한 전통적 역할은 급속한 산업화의 과정에서 바람같이 사라졌다. 오늘날 한국의 성당, 교회, 사찰 어디에도 '죽음'을 위한 공간은 없다. '죽음'은 살아있는 자의 명예와 복을 위한 비즈니스일 뿐이다. 종교가 오로지 '살아있는 자의 욕망'으로서만 존재하는 한국 사회에서 죽음을 삶의 일부로 복권하

고자 하는 것이 죽음교육의 역할임을 강조하였다.[1]

죽음교육은 객관적인 사실에서부터 주관적인 관심사 모두를 다루어야 하기에 다양한 내용과 형식으로 제공되는 교육과정을 지녀야 하며, 교육 내용은 죽음을 맞이하고 대처하는 수많은 방식에 관한 자세한 설명을 통해 죽음에 대한 정확한 이해를 제공하는 것을 목표로 하고 있다. 바스(H. Wass)는 죽음과 임종에 관한 연구는 각 개인과 사회가 편협한 시각을 넘어서 공동체 의식을 고양하는, 즉 자신의 이해를 넘어 타인을 배려하는 사회 분위기를 조성하는 역할도 할 수 있다고 하였다.[2] 죽음을 다루는 궁극적 의의는 곧 '사랑과 관심 그리고 공동체적 공감, 상호 협력과 치유에 대한 이해를 고양'하는 것이다.

죽음교육은 의미 추구적 존재인 사람이 품위 있게 '자기 완결'을 이룰 수 있도록 안내하고 보조하는 통섭 학문이다. 질병 치료 및 통증 완화와 관련된 자연과학, 인간다움의 의미와 자기완성을 다루는 인문과학, 그리고 인간과 사회의 관계를 다루는 사회과학, 이 세 분야가 통섭적으로 협동하여 '개별 생명'의 차원을 넘어 '사회적 차원'에서 인륜성의 성숙을 도모하고자 하는 것이 이 학문의 최종적 지향점이다.[3]

따라서 본 교과서는 죽음학(Thanatology)이 지닌 보편적 학문체계

---

1) 조성택, 「한국사회를 위한 죽음학: 죽음의 '학됨'(爲學)을 염려하며」, 『한국싸나톨로지협회 학술집 Ⅱ』, 2013년 5월.

2) Balk, D.(2007). *Handbook of thanatology*. p.456, IL: ADEC(2010).

3) 임병식, 「주자는 죽음 불안을 어떻게 극복했는가?」, 『동양철학』46집. 미국을 비롯한 유럽의 경우 죽음교육을 연구하고 실천하는 사람을 싸나톨로지스트(Thanatologist)라고 부른다. 싸나톨로지스트는 죽어감(임종), 죽음, 그리고 사별, 슬픔, 감정적 손상을 입은 사람들에 대해 영적, 정신적, 육체적 케어와 심리상담을 담당하는 전문가라고도 한다. 현재 미국을 비롯한 세계 각국의 싸나톨로지스트는 죽음교육(교육영역), 심리상담(상담영역), 완화의학(호스피스 영역), 대체의학(의학 영역) 분야에서 활동하고 있다. 2012년 UN 보고서에서는 '싸나톨로지스트'를 향후 세계 10위 안에 들어갈 전문 직종이라고 소개한 바 있다.

에서, 생애 발달 단계별 죽음교육이 어떻게 구성되어 진행할 수 있는지를 살펴보면서 한국의 죽음교육의 모델을 수립하고자 하였다.

죽음교육의 필요성: 생애주기별 특성을 중심으로

죽음교육의 목표는 "자신을 포함해서 사랑하는 사람이나 가족 또는 제삼자가 상실이나 죽음에 처했을 때 발생할 수 있는 여러 사안에 대해, 이를 대처하고 극복할 수 있는 기술과 지혜를 배움으로써, 가치관과 세계관을 정립하고 삶의 소중함을 깨닫게 하는 것"에 있다.[4] 그리고 각 생애 발달 단계의 특성(장점)을 활용해서 상실과 죽음의 경험을 대처하고 극복하는 것이 죽음교육의 생애 발달 개념이다.[5]

죽음학에서는 인간의 발달 단계를 구순기의 자아동일성(영아기) - 마술적 사고방식과 보호자에 대한 절대 의존 및 신뢰(유년기 초반) - 분리 의식으로부터 기인한 사회성 발달, 의존성과 독립성이 공존(유년기 후반) - 완전한 분리 의식에서 오는 독립의식, 자아정체성에 대한

---

[4] 임병식, 「생애 발달 단계별 죽음교육 교과서 구성 연구」, 『한국죽음교육학회 학술자료집 8호』, 한국싸나톨로지협회 2018년.

[5] 오늘날 죽음학에서는 죽음을 바라보고 인식하는 태도를 에릭슨의 생애 발달 단계별 특성에 기초를 두고 바라보고 해석하는 경향이 강하다. 그러나 이러한 모형은 자칫 인간을 폐쇄적이고 단선적 발달 단계 개념의 한계성에 머물게 할 가능성이 다분히 있다. 만약 우리의 시선이 유학의 대학이나 논어에 나오는 인간 발달개념을 염두에 둔다면, 한결 좀 더 발전적이고 탄력성 있게 된다. 예컨대, 대학에 나오는 "격물-치지-성의-정심-수신-치국-평천하'나 논어에 나오는 "소자회지, 붕우신지, 노자안지" 사상이나, "지어학-이립-불혹-지천명-이순-종심소욕불유구"의 발달 단계는 서양의 생애 발달 단계의 한계를 보완할 수 있는 장점적 요소가 있다. 임병식 외, 『삶의 성찰, 죽음에게 물어보다』, 가리온(2019) 참조.

탐색과 발견, 사춘기 성징의 발달, 논리적·인과적 사고, 관념적 추상성, 무한한 상상력과 직관력 증대, 자아도취적 영웅성(청소년기) - 친밀성과 유대감(초기성인 및 청년기) - 가족주의와 생산성 확장 및 책임성(중년기) - 추억과 기억의 통합성과 안정성(노년기) 등으로 구분한다. 이를 개념화하면 다음의 단선 구조가 성립한다.

· 자기 동일시적 사고 → · 분리·인과적 사고 → · 논리·추상적 차이와 다름 → · 친밀성과 유대감 → · 생산성 → · 통합성

<생애 발달 단계 단선 구조>

죽음학에서 강조한 것은, 각 발달 단계 특성을 고려해서 다음 발달 단계의 성장으로 이끄는 것에 있다. 그러나 생애 발달 단계에서 만나는 상실이나 죽음의 경험은 다음 발달 단계 이행에 장애가 된다. 그래서 죽음교육에서는 각 단계에서 만나는 상실과 죽음의 경험을 최소화하고 재적응하기 위해 발달 단계의 특성을 고려해서 다음 발달 단계로 이행 성장하도록 한다. 즉 발달 단계의 특성을 이용하여, 현실성 인식을 기반으로 한 죽음과 죽어감 혹은 상실을 대처할 수 있도록 한다. 예컨대, 대학생(초기 성인기)의 경우, 그 발달적 특성은 친밀성과 유대감이다. 사랑하는 사람의 상실(이혼, 헤어짐, 배신)이나 신혼 가족의 해체는 그 어느 죽음보다도 그에게 가장 본질적인 죽음이 된다. 따라서 초기 성인기(대학생)가 지닌 발달적 특성인 인지능력과 공감 능력을 바탕으로 손상된 감정을 회복하는 것에 초점을 맞추어야 한다. 특히 합리적 인과관계가 없는 우연적인 자연재해나 외상의 경우 다양한 죽음의 필연성을 인식할 수 있도록 안내하면서 상실 이후에 나타나는 비탄의 감정을 표현하게 함으로써 인지적 감정에 도달할 수 있도록 하는 것이 중요하다.

감정은 또 하나의 인지적 요소이기 때문이다.

생애 발달 시기에 경험되는 죽음과 상실은 발달기에 장애로 작동된다. 발달 단계에 겪는 다양한 경험은 각자 다른 반응을 나타낸다. 그 반응은 역기능이라기보다는 회복하고자 하는 역치의 반응이다. 만일 이들이 나타내는 반응을 있는 그대로 받아들이고 대면할 수 있도록 하지 않고, 단순히 역기능(병리적)으로 보고 이를 제거하거나 억압하거나 회피하거나 연기한다면 또 다른 병리적 증상을 유발한다.

발달 단계에서 유의해야 할 점은, 그들의 반응은 '지극히 정상적이다.'라는 것이다. 그 반응은 발달 단계에서 나타난 것이며 제자리로 되돌아가고자 하는 회복의 반응이기 때문이다. 따라서 관찰자는 죽음과 상실 후에 나타나는 반응을 다음 발달 단계로 이행할 수 있도록 연결하는 기술이 필요하다.

죽음교육 현황과 인식

최근 한국에서도 죽음학[6]과 죽음교육이 관심의 집중이 되고 있다.

---

[6] 죽음학은 '삶과 죽어감'에 대한 학문이다. 이는 학명으로 '싸나톨로지(Thanatology)'이다. 한국에서는 이를 죽음학, 임종학, 생사(生死)학 등으로 거명되고 있다. 싸나톨로지의 어원은 'death'를 뜻하는 그리스어 'Thanatos'에 logy(a science of organized body of knowledge)가 붙은 단어로, 1960년 초 시작된 'death-awareness movement(죽음 인식)'에 출발을 두고 있다. (*Death and Dying Life and Living.* Charles A. Corr, Clyde M. Nabe, Donna M. Corr, 7th Edition 2012, Wadsworth, Thomson Learning Publishing Co) 그래서 싸나톨로지는 '죽음 인식, 죽음의 준비, 죽어가는 사람 돌봄, 죽어가는 자와 돌보는 자들의 관계 정립, 못다 해결한 인간관계 해결, 직면한 죽음에서 희망 찾기, 죽음을 맞이하는 방법 등에 관한 학문, 즉 죽음과 죽어감에 관한 학문'으로 개념화된다. (*Handbook of Thanatology : The Essential Body of Knowledge for the Study of Death, Dying and Bereavement.* David E. Balk,

과거 죽음과 사후 세계에 대한 본격적인 논의를 터부시하거나, 종교적 관점에서 해명하던 소극적 추세를 생각하면 격세지감이 느껴진다. 그 이유가 무엇이든 간에 그만큼 현대인들이 부지불식간에 삶의 구체적인 문제들을 넘어 질적인 삶과 연계하여 죽음의 문제를 그만큼 더 친숙하게 고민하게 되었다.

문제는 현대의 죽음학(생사학)의 연구와 교육의 경향이 대체로 의료 중심의 죽음 준비 교육에 치중해있다는 점이다. 다시 말하면, 의료와 임상 체계를 중심으로 한 죽음 관을 중시한 것이다. 그러나 최근 죽음학에서는 생물학(신체적)적인 죽음만이 아니라, 심리적, 사회적, 관계적, 영적인 죽음에 관해 다양한 담론이 이루어져야만 죽음교육이 제공하고자 하는 본래의 취지에 도달할 수 있다는 주장이 있다.[7]

따라서 죽음의 문제를 심층적으로 연구하고, 죽음의 질을 보다 제고하는 교육을 효과적으로 실행하려면 먼저 삶의 본질과 특징, 그리고 가치와 의의에 관한 연구와 교육이 선행되어야 한다.[8] 다만 이러한 계획

David K. Meagher (editors), 2013, Routledge). 그러나 Kastenbaum(1977)이 싸나톨로지를 '죽음을 다루는 생명학(the study of life - with death left in)'으로 정의하면서 죽음 연구의 목적이 well-dying보다는 well-being에 더 치중되게 되었다. 즉 죽음 연구는 산 자(죽을 자이긴 하지만, 현재의 삶에서 미래의 죽음을 보아야 하는)와 죽는 자를 함께 다루는, 그러나 산 자의 죽음(이것이 바로 산자의 삶과 동의어)을 더 중요하게 다루는 분야가 되어야 한다는 것이다. 그래서 죽음교육은 모든 단계(대표적으로 Erikson의 8단계에 적용함)에 있는 사람들에게 다 적용되어야 하는 학문으로 그 주제와 접근방법이 더욱 중요해지게 되었다.

7) 임병식,「중국유학의 생사관연구」, 고려대학교 철학박사학위논문(2018)

8) 실제로 오늘날 융복합의 연구와 교육을 통해 죽음교육을 현대화하려는 일련의 노력이 있다. 예를 들면, 한국싸나톨로지협회가 제작한 한국교육연수원 온라인 교육, 『교사들을 위한 죽음교육 30강좌』, 임병식 외『삶의 성찰: 죽음에게 묻다』임병식·신경원, 『죽음교육 교본』이 있으며, 죽음교육을 현대의 정신병리 현상 및 치유와 관련하여 심리학과 학제 간 연구를 통해 전통적인 불교의 이론을 현대화하고 있는 연구 성과로는, 안도 오사무 지음, 인경 스님·이필원 옮김,『심리치료와 불교』, 불광출판사, 2011, 인경 스님,『명상심리치료: 불교명상과 심리치료의 통합적 연구』, 명상상담연구원, 2013, 서광 스님,『치유하는 불교 읽기』, 불광출판사(2016) 등이 있다.

을 지속적으로 추구하는 데에는 적지 않은 어려움이 도사리고 있는 것이 사실이다. 왜냐하면 기존의 죽음학과 달리 삶을 중심으로 삼는 죽음교육의 경우 기존의 것보다 훨씬 광범위한 영역을 고려하고 포괄해야 하기 때문이다.

삶의 가치와 의의를 좀 더 포괄하는 죽음학의 경우 기존의 학문 영역 가운데 철학, 윤리학, 교육학 분야의 요소와 내용이 강화되어야 하는 것은 분명하다. 그리고 적어도 죽음학이 인문적 요소를 갖추려면 이러한 영역들의 보완이 요구되는 것도 부정할 수 없다.

그간 아쉽게도 '죽음'에 관한 논의는 우리 사회와 교육계에서는 터부시되었다. 이런 터부시는 불가항력적인 사건인 죽음에 처했을 때, 정작 자신이 소중하게 여기는 '삶의 목표'를 성취하지 못하도록 기회를 앗아가 버리는 결과를 낳았다. 그 결과 한국교육에서 죽음교육은 전무하다. 특히 죽음교육과 관련해서 초·중·고등학교의 교과서를 분석해 보면, 중학교 2학년 도덕 교과서와 고등학교 2학년 도덕 교과서에 '생명 존중'이라는 제목으로 각각 6시간 배우는 것으로 편재되어 있다. 그리고 그 내용을 보면 대체로 '생명 존중'에 초점이 맞추어 있다. 따라서 죽음교육을 통한 한 인간의 전인적인 인성과 품성을 함양하고 주체성 강화와 세계관, 가치관을 형성하기에는 너무도 부족한 구성이라고 할 수 있다.

죽음교육의 핵심 명제는 "오늘이 내 생애 마지막 날이라면 나는 누구와 무엇을 어떻게 할 것인가?"에 있다. 이 명제는 그동안 범범하게 살아왔던 삶의 소중함과 가치를 다시 한번 성찰할 수 있도록 하여 삶의 우선순위를 제고하게 한다. '오늘이 내 생애 마지막'의 의미는 한계상황을 의미한다. 오늘이 마지막이라면 과연 우리는 지금까지 목표로 삼아 온 것들과 가치관이 올바른 것이었을까를 되새기게 한다. 즉 삶의 우선순위가 잘못 배열된 것은 아닐까? 오늘이 마지막이라면, 나는 여전히 지금까지 살아왔던 방식대로 살아갈 수 있을까?

지금까지 살아온 삶을 "오늘이 마지막이라면"이라는 물음 앞에 다시 한번 삶의 가치와 의미를 되짚어보는 것이 삶의 훌륭함으로 이행하는 기초이다. 오늘을 한계상황으로 인식한다면 우리는 지금의 현실이 얼마나 소중한지를 비로소 알게 된다.

죽음교육의 핵심은 다른 사람의 죽음이 아니라, 자기 죽음에 대해 질문을 던짐으로서 삶을 성찰하고 새로운 가치관과 세계관을 세우는 데 있다. 그 질문은 "오늘이 마지막이라면 나는 무엇을 할 것인가, 나는 누구와 함께 할 것인가, 그리고 나는 이들에게 어떤 말로 인사를 하며 어떻게 마무리하는 것이 가장 소중한 삶인가를 죽음에게 물어보는 것"이다. 인간은 상실을 예감한다면 그때 비로소 소중한 것이 무엇인지 자각하게 된다. 상실을 통해 그동안 친숙하게 느껴졌던 일상의 모든 것들이 낯설게 느껴진다. 이 낯섦은 평범하게 보이던 일상을 전혀 다른 차원으로 보게 한다. 그동안 망각했던 사물의 본질을 올바르게 자각하게 한다.

죽음교육은 '인간이 인간일 수 있는 가능성'을 제고할 수 있도록, "오늘이 내 생애 마지막"이라는 한계상황을 부여함으로써 인간의 훌륭함의 가치를 실현할 수 있도록 안내한다. 거기에 공교육체계에서 왜 죽음교육을 요청해야 하는가의 정당성이 있다.

한국에서의 죽음교육 현황

지금까지 한국에서는 죽음학이 정립되지 않은 환경에서, 누구나 겪게 되는 상실과 죽음을 어떻게 처리하고 극복할 수 있는지를 배울 수 있는 생애발달별 죽음교육 프로그램이나 교재가 없었다. 이러한 현실 속에서 현재 죽음교육이 이루어지고 있는 공교육기관과 협회, 학회를 소개하면 다음과 같다.

한국에서는 1997년 한림대학교 철학과에서 죽음준비교육 과목을 개설한 이후 2004년 생사학 연구소를 설립하여, 2012년 "한국적 생사학 정립과 자살 예방 지역 네트워크 구축"을 위한 정부 지원을 계기로 생명교육융합 대학원 과정을 신설하고 생명과 죽음에 대한 교육을 진행하고 있다. 일반 교육기관으로서는 한국싸나톨로지협회가 WHO가 인증한 죽음교육 국제본부 ADEC(Association for Death Education and Counseling)과 미연방 호스피스 협회(HFA), 죽음교육 전문대학원인 후드칼리지(Hood College)와 자매결연을 하여, 국제 죽음교육 자격증 시험과 싸나톨로지 석·박사과정, 그리고 미연방 심리상담사 자격증 과정을 국내에서 진행하고 있다. 그리고 2022년도에 한신대학교에서 휴먼케어융합대학원 죽음교육상담 전공 석사과정과 일반대학원 휴먼케어서비스 죽음학 박사과정이 개설 운영되고 있다. 또한 한신대 휴먼케어교육원 및 학술원 소속의 죽음교육연구소가 설립되어 죽음학에 대한 개념 정립과 한국 사회의 총체적인 병리적 문제를 진단하고 해결하고자 다양한 프로그램을 연구 개발하여 적용하고 있다.[9] 또

---

9) 현재 한신대학교 죽음교육연구소에서 하는 일을 일별하면 다음과 같다. 1) 죽음학 교육

한 한국연구재단에 소속된 한국죽음교육학회는 싸나톨로지 임상케어 외에 심리학적 개념과 사상에 근거한 15단계의 치유와 회복 과정으로 이루어진 '임종영성치유 프로그램(Well-Dying Spiritual Healing Program)'과 신경생리학적 성과에 기초하여 한 개체가 자신의 구체적인 감정을 조절하는 '감정 다스리기 프로그램(BNPT Emotional Control Program)'을 개발하여 임상에 적용하고 있다. 그리고 또한 인지심리학과 철학치료를 접목한 '인지능력 배양프로그램(The Program of Cultivating Cognitive ability)', '공감능력 배양프로그램(The Program of Cultivating Empathic ability)'을 개발하여 죽음교육에 응용할 수 있는 학문적 성과를 내고 있다. 그리고 죽음준비교육으로서(웰다잉) 가장 오랜 역사를 지니고 있는 각당복지재단이 일반성인을 대상으로 다양한 웰다잉프로그램과 자격증 과정을 운영하고 있다. 또한 규모 면에서나 조직 면에서 가장 큰 단위 조직을 지닌 대한웰다잉협회도 주목할 수 있다. 그리고 이목을 이끄는 단체로 삶과 돌봄이

및 연구 : ① 한국형 죽음학 교육 프로그램 연구 및 교육, ② 죽음교육 강사양성 교육, ③ 학문 사이의 융합을 통한 죽음교육 프로그램 개발, ④ 국민 연령별 눈높이 맞춤형 죽음교육 프로그램 개발 및 연구, ⑤ 중, 고등학교 교사 대상 죽음교육 프로그램 개발 및 연구, ⑥ 죽음학 교재 연구 및 출판, 동영상 제작, 보급, 홍보 활동, ⑦ 죽음학에 따른 윤리 및 철학적 입장 연구, ⑧ 죽음학의 중, 고등학교 교과서 반영을 위한 연구 및 집필, ⑨ 죽음학을 위한 법 제도 연구와 입법 지원 활동 2) 죽음학 관련 분야 자료수집 활동 : ① 국내 및 해외 죽음학 관련 자료수집으로 데이터베이스 구축, ② 의료 연명치료, 자살 예방, 존엄사, 호스피스, 싸나톨로지 등 관련 분야 자료수집, 3) 품위 있는 죽음에 대한 교육 : ① 일반인을 대상으로 하는 자살 예방 교육 프로그램 운영, ② 관련 공무원을 비롯한 병원, 자원봉사자 등에 대한 죽음교육 프로그램 운영, ③ 중, 고등학생을 비롯한 청소년 자살 예방 교육 프로그램 운영, 4) 공무원 및 시민사회단체 위탁 교육 시행 : ① 경찰, 소방관, 군부대 담당자, 사회복지사, 지방자치 사회복지 담당 공무원, 병원, 보험업계 종사자 등에 대한 교육, ② 사관학교, 민방위 교육장을 비롯한 교육기관 및 시민사회단체 대상 교육, 5) 인터넷 사이버 공간 구성 : ① 누구나 편리하게 찾을 수 있는 자살 예방 사이트 개설하여 운영, ② 정부 지원으로 국민이 인터넷 공간에서 죽음학 관련 자료수집, 6) 여론조사 연구 및 시행 : ① 정기적인 국민 여론조사, ② 여론조사 문항 연구 및 개발 등이다.

있는 치유공동체 '마음애터'와 한국죽음교육협회가 다양한 애도상담집단치유과정과 죽음교육을 입안한 교재를 발간하고 있다.

그러나 위에서 소개한 기관에서 진행되는 프로그램을 열람해 보면, 아직 초·중·고·대학생들을 위한 죽음교육 교과과정이나 교과서는 찾아볼 수 없다.

미국에서의 죽음학 교육은 허먼 페이펠(Herman Feifel)이 1959년 미국심리학회 죽음 주제 심포지엄을 열고 『죽음의 의미 The Meaning of Death』를 발간함으로 시작되었다(Feifel, 2003). 대학에서의 죽음교육 시작은 1960년대에 미국의 미네소타 대학에서 로버트 풀턴에 의한 죽음학 강의가 그 시작이며 죽음교육이 공론화된 것은 1970년대에 퀴블러 로스(Elisabeth Kübler-Ross)의 저서인 『죽음과 죽어감 Death and Dying』의 발간으로 인해 비로소 죽음교육이 논의된 것이 그 시작이었다.

카스텐바움(R. Kastenbaum)이 미국 사회를 "Never say die" society(1995)라고 표현하였지만 일련의 죽음교육 과정을 돌아볼 때 미국은 죽음교육이나 죽음학에 있어 열린 사회라고 볼 수 있으며 현재 킹스칼리지(King's College)에서는 하나의 정규 학과로 개설되어 있기도 하다. 그러나 한국의 대학 정규과정에서 죽음학이 전혀 다루어지고 있지 않다. 아울러 죽음학을 가르칠 수 있는 교수진의 양성도 중요한 과제이다. 가르칠 교수진이 준비되어야 강의 개설 시 학생들에게 죽음에 대한 통찰력 있는 인지적 접근 교육이 가능하다.

우리가 당면한 중요한 과제 중의 또 하나는 한국에서도 죽음교육을 공교육에서 가르치고 공론화하는 데에는 국가적인 지원이 있어야 함을 상기할 필요가 있다. 이는 죽음교육이 일상의 삶에서 자살을 근본적으로 예방할 수 있는 올바른 생명관을 제공하기 때문이다. 1958년 미국의 죽음학자(Thanatologist) 에드윈 슈나이드먼(Edwin Shneidman) 박사는 자살자의 심리적인 상태를 추적하여 자살 의지를 객관적 수치로 나타내는 심리적 부검이라는 용어를 사용하였다. 자살에 대해 객관적 방식의 접근을 한 사례이다. 실제 자살률이 1986년 1위였던 핀란드에서는 이러한 '심리적 부검'을 토대로 정부가 죽음교육에 대한 국가 프로젝트를 가동해 2012년에는 그 수치를 절반으로 낮추었다.

우리나라가 OECD(2024) 자살률 1위라는 오명에 대해 더 이상 간과하지 않고 해결을 위한 노력의 하나로 핀란드처럼 교육을 통해 올바른 죽음교육을 안내해야 한다. 자살과 같은 죽음이나 상실은 더 이상 묻어둘 수 없는 우리 모두의 문제이고 관심사라는 인식으로 죽음 교육을 통한 죽음과 삶에 대한 바른 개념과 삶의 중요한 가치와 의미에 대해 가르쳐서 청년기의 젊은이들이 더 이상 자살로 삶을 마감하지 않도록 해야 한다. 무엇보다도 우리 문화에 깊이 뿌리박힌 '죽음은 부정적이고 피해야 할 문제'라는 인식에서 벗어나, 죽음의 부정성을 포용하면서도 교육과정을 통해 제대로 된 죽음의 의미를 교육할 필요가 있다.

최근 제4차 산업혁명과 AI로 인한 각 분야의 변화와 그로 인한 문제해결 요청에 따라 대학 교육도 다양한 노력을 기울이고 있다. 특히 인공 지능, 빅데이터, 클라우드 컴퓨팅, IT 기술 등 하이테크 사회에서 죽음학 연구는 더욱 필요하다. 인간의 본질에 대해 깊은 성찰은 생명존중 죽음교육이 삶의 소중함과 가치를 의미 있게 한다.

죽음교육은 의미 추구적 존재인 사람이 품위 있게 '자기 완결'을 이룰 수 있도록 안내하고 보조하는 통섭 학문이다. 인간다움의 의미와 자기완성을 다루는 인문과학, 그리고 인간과 사회의 관계를 다루는 사회과학 분야가 통섭적으로 협동하여 '개별 생명'의 차원을 넘어 '사회적 차원'에서 인류성의 성숙을 도모하고자 하는 것이 이 학문의 최종적 지향점이다.[10]

이제 죽음교육 교과서가 한국에서 죽음교육의 이론적 토대가 되기를 희구한다.

집필진 대표 및 감수 : **임병식**(한국죽음교육학회장)
국제공인 죽음교육수련감독‖ 철학박사·의학박사

---

10) 임병식,「주자는 죽음 불안을 어떻게 극복했는가?」,『동양철학』46집. 미국을 비롯한 유럽의 경우 죽음교육을 연구하고 실천하는 사람을 싸나톨로지스트(Thanantologist)라고 부른다. 싸나톨로지스트는 죽어감(임종), 죽음, 그리고 사별, 슬픔, 감정적 손상을 입은 사람들에 대해 영적, 정신적, 육체적 케어와 심리상담을 담당하는 전문가라고도 한다. 현재 미국을 비롯한 세계 각국의 싸나톨로지스트는 죽음교육(교육영역), 심리상담(상담영역), 완화의학(호스피스 영역), 대체의학(의학 영역) 분야에서 활동하고 있다. 2012년 UN 보고서에서는 '싸나톨로지스트'를 향후 세계 10위 안에 들어갈 전문 직종이라고 소개한 바 있다.

죽음교육 교과서 집필의
구심성과 방향

죽음교육 교과서 집필의 구심성과 방향

· 살펴보기

1) 죽음학의 종지(宗旨): 죽음학이 궁극적으로 지향하고자 하는 것은 무엇일까? 그것은 "오늘이 마지막이라면, 나는 누구와 무엇을 할 것인지를 죽음에 물어봄으로써 삶의 소중함과 훌륭함을 실천해 가는" 인간학의 실천에 있다.

2) 죽음학은 인간학(Anthropology)에 토대를 두고 있다: 인간학은 인간이 인간일 가능성, 즉 '인간다움'을 지향한다. 죽음학에서 말하는 '인간다움'은 상실과 죽음의 한계상황에 마주한 단독자로서의 한 인간이 스스로 자신의 문제를 결단해 나가는 주체성(자율성)에 있다. 따라서 죽음학은 이 주체성을 바탕으로 존재에 대한 자각과 발견, 인과적 이해와 의미화, 초월과 연결로 이어지도록 내담자를 안내한다.

3) 죽음학에서 죽음의 정의: 죽음학에서는 죽음을 말할 때, 신체 생물학적인 죽음과 정신의 의지-의미지향의 가치적 죽음, 모두를 포함한다. 죽음학의 출발은 신체 생물학에서 출발했지만, 최근에는 의지-의미지향의 정신적 가치적 죽음을 포함한 인문치료적 성격의 학문 분야가 강하게 드러나고 있다.

4) 죽음학에서 말하는 죽음 교육의 정의: "상실과 죽음을 맞이한 사람이 겪(은)는 아픔과 슬픔(비탄)에 대해 애도 과정을 통해 치유

재적응을 해 나갈 수 있도록, 그 대처의 기술과 방법을 제공하고 훈련하는 과정으로, 세대를 넘어 지속적으로 사람의 길, 인간의 길을 실천해 나가는 인문교육이다."

5) 더 멀리 바라보기: "우리의 집필 행위가 과연 윤리적인가"라는 질문 앞에 우리는 성실히 집필 회의를 통해 죽음 교육의 내적 구조와 지향성, 철학, 목표의 공동 이해를 거친 후 모든 주제가 하나로 연결 통일되도록 해야 한다. 그리고 이것이 언제나 미끄러질 수 있다는 점을 인식함으로써 죽음학 지식체계 내에서 점검과 반성의 시스템으로 작동되어야 한다.

6) 본 교재의 특징은 지금까지 소개된 서양의 죽음학·죽음교육의 이론과 동양의 죽음학 이론을 접목하고 종합하여 인간학적 관점에서 재구성하였다. 이는 죽음학을 본격적으로 공부하고자 하는 분들에게 균형 잡힌 안목과 관점을 제공하게 될 것이다. 학계에 죽음학 또는 죽음교육과 관련된 책과 논문이 간헐적으로 출간되었지만, 죽음학 근본개념인 실존적 '유한성'과 '한계상황'에 대해 인식 없이 말하다 보니 사용하는 단어가 구심성과 방향성을 잃게 되었고 죽음학 본래의 특성인 인접 학문의 융·통섭적 관점과 인문정신을 지향하는 데는 한계가 있다.

7) 본 교재에서는 죽음학의 근본개념인 '유한성'과 '한계상황'에 토대를 두고 인접 학문에서 죽음을 다루었던 방법론을 죽음학적 관점에서 기술했다. 그러다 보니, 문헌의 중복 또는 기술의 부연 반복 설명한 것도 있다. 이는 <죽음학·죽음교육> 전문연구기관인 한국죽음교육학회와 한국싸나톨로지협회 소속의 전문 연구자들이 그동안 함께 연구하고 발표했던 내용을 전공 분야 중심으로 재

구성해서 집필한 이유도 있지만, 죽음학의 종지(宗旨, 중심이 되는 뜻과 지향성)와 관련해 문맥 사이의 이해와 소통, 강조를 위한 의도가 있었기 때문이다. 깊은 마음으로 헤아려 주기 바란다.

· 본 교과서 토대 자료

본 교과서를 구성하는 데 도움이 된 주요 교재를 일별하면 다음과 같다. 먼저 국외 참고문헌으로서는 David E. Balk & David K. Meagher Eds., *Handbook of Thanatology: The Essential Body of Knowledge for the Study of Death, Dying and Berea vement*(Routledge, 2013), Charles A. Corr, Clyde M. Nabe, & Donna M. Corr, *Death and Dying, Life and Living*. 7th ed. (Wadsworth, Thomson Learning Publishing Co. 2013), Lynne Ann DeSpelder & Albert Lee Strickland, *The Last Dance: Encountering Death and Dying*, 9th ed. (McGraw Hill, 2011), *The Belmont Report: Ethical Principles and Guidelines for the Protection of Human Subjects of Research*(Retrieved December 13, 2011) 등이다.

국내 자료로는 『죽음학교본』(한국싸나톨로지협회 발간), 『삶의 성찰, 교사를 위한 죽음교육』(한국싸나톨로지협회 발간), 『죽음교육교본』(임병식 신경원 공저), 『임종영성프로그램』(임병식 김근하 공저), 『품위 있는 마무리』(전세일 김근하 임병식 공저), 『우리가 죽음과 함께 산다는 것은』(임병식 김근하 공저), <한국싸나톨로지 학술자료집>(1-10권) 발간자료, <죽음학 기획특강> 자료집(1-10회), 죽음학 강

좌 시리즈: <실존정신언어분석Ⅰ,Ⅱ,Ⅲ>, <애도상담Ⅰ,Ⅱ>, 영적돌봄 <Ⅰ,Ⅱ>, <인지문법>(자기만의 문법으로 말하기와 글쓰기), <영성의학>, <죽음학임상실천>, <상실과 영적 돌봄> 강좌 등의 자료가 본 교과서의 토대가 되었다.

· **일러두기**

1) 이 책은 죽음학과 죽음교육 이론을 전개하면서, '근본개념'과 '지향성' 그리고 '적용'에 따라 기본-심화-실천으로 구분하였다. '근본개념'은 죽음학과 죽음교육이론의 근본이 될 뿐만 아니라 중심 개념이기도 하다. 이를 토대로 이론의 방향과 전개가 가능하다. 이론의 '지향성'은 상실과 죽음으로 인해 상처받은 인간의 주체성 회복으로 귀결된다. 그래서 본 교과서에서는 상처를 입은 생애 발달 단계에 있는 사람들이 오히려 상처를 통해 새로운 삶의 변화와 주체성 회복을 위한 구체적인 실천 사례와 방법을 제시하였다. 따라서 본 교과서에서는 독자가 관심을 둘 수 있는 긴요한 주제와 부분을 선택 발췌해서 활용할 수 있도록 <기본-심화-실천> 형식으로 주제를 구성하였다.
2) 본 죽음교육 교과서는 죽음학에 중심에 두고 그 전사(前史)와 영향 관계를 포함하여 죽음교육 운동의 구심성과 방향성을 폭넓게 해석하고 바라볼 수 있도록 이론 지식체계와 실천 내용으로 구성하였다.
3) 죽음교육을 어떤 특정 학문에 국한하지 않고 인간학을 중심으로

문화 인류·사회학, 종교·영성학, 심리·상담학, 생물·생리·의학, 정신분석 및 현상학, 기호-언어학, 생명윤리·철학 등 다양한 학문과 융·통섭시킴으로써, 한계상황 앞에 선 인간이 자신의 문제를 어떻게 해결해 나가는지 다양한 관점과 방법을 제시하였다.

4) 죽음교육 연구자에게 죽음학의 기본 개념들과 텍스트에 대한 정확한 정보와 편람이 될 수 있도록 했다. 초학자에게는 죽음학의 전모를 살펴 그 범위 전체를 알 수 있게 하고, 나아가 그 내적 깊이에 발을 들여놓을 수 있는 실마리가 될 수 있도록 구성하였다. 이를 위해 주요 저작 이론과 참고 자료와 목록 외에 각주에서 그 이론을 부연 설명하였다.

5) 집필진은 다음과 같은 문제의식으로 해당 주제에 접근하였다. 그것은 바로 '죽음학 고유의 방법론에 내재하는 필연성'이 무엇인가이다. 그 필연성이 "죽음학의 다양한 내적 연관이론과 일치하는가"와 그 일치가 "상실과 죽음으로 인한 고통이 수동적 객체에서 능동적 주체로의 전환에 이르게 되는가?" 대한 물음이다. 이에 본 교과서에서는 '죽음학 지식체계의 내적 구성'에서 일부 제시하였고, 죽음학 고유의 특성인 융·통섭적 사유로, 고통받는 인간을 이해하고 고통을 통해 인간의 가능성을 실현할 수 있는 이론이 무엇인지를 탐색하고 실천할 수 있도록 하였다.

6) 죽음교육 교과서는 전체 9개의 부로 구성되었다. 각 부와 장은 죽음교육의 씨줄과 날줄이 되고 서로 유기적인 공속 관계를 지닌다. 그래서 본 교과서에서는 각 부(Chapter)와 부(Chapter)가 어떻게 관련이 되고 이어지는지를 알 수 있도록 각 부 사이에 연결 문장을 두었다. 그리고 시작하는 각 부(Chapter)마다, 다루고자 하

는 중심 개요를 기술하였고, 모든 주제마다 **<내용 요약>**, **<핵심어>**, **<학습 목표>**, **<적용 실천>**을 두어 전체 내용을 용이하게 파악하고 실천할 수 있도록 했다.

7) 본 교과서를 관통하는 중심어는 <생애 발달 단계별> '주체성 회복'과 '인성 변화'이다. 그래서 모든 부(Chapter)와 부(Chapter) 사이, 그리고 <기본-심화-실천> 형식체계로 구성된 모든 주제에는 상실과 죽음을 경험한 <생애 발달 단계별> '주체성 회복'과 '인성 변화'가 중심이 되어, 개인별 상실과 죽음을 필터링하고 있다(아래 도표 참조). 만일 <생애 발달 단계>를 여과하지 않은 관점이나 논리는 일상의 삶에서 벗어난 유희가 될 것이다. 그런 점에서 본 교과서는 죽음학 지식체계에 토대를 두면서도 실제적인 실용 노선을 추구한다.

8) 상실과 죽음을 경험한 주체는 자기 나름의 고유한 방식으로 고통을 맞이한다. 이렇게 다름과 차이를 나타난 주체의 특이성을 무시하고 일반적인 이론만 펼친다면 챗-GPT와 다를 바 없는 평균 이해의 오류로 들어갈 것이다. 챗-GPT와 같은 당위의 횡포와 보편이라는 이름으로 한 개인의 특이성을 탈색시킨다면 이 지식은 질감을 잃은 건조한 개념어에 불과할 뿐이다. 따라서 죽음교육 교과서는 상실과 죽음의 고통을 겪는 개인 고유한 것으로 경험되어 대처해 나갈 수 있는 지혜와 기술을 제공하고 연마하도록 안내한다.

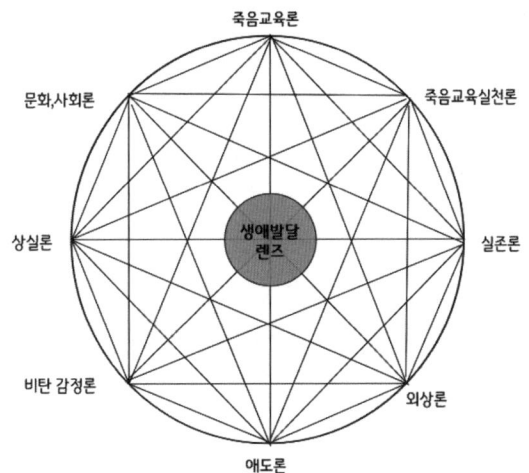

죽음교육의 중심 : 생애발달렌즈

해 제

'인간의 길, 사람다움의 길'을 실천하는 텍스트, 죽음교육 교과서

지금까지 '가르침'은 지혜로운 사람이, 깨우치지 못한 사람을 가르치고 배우도록 안내하는 것을 의미했다. 그러나 주체가 사라진 Chat-GPT 시대는 '가르침'을 **"스스로 놓인 개인의 고유한 길과 방법을 자각하고 알아차려 부단히 연마하고 실천함"**의 의미로 되새길 것을 요청한다.

그런 의미에서 『죽음교육 교과서』는 하나의 단어나 명사가 아니라, 주어와 동사로 이루어진 문장으로 해석할 수 있다. 죽음교육(For Death Education)의 방점은 죽음이 아닌, '교육(Education)'에 있다. 따라서 '죽음'은 신체 생물학적인 것만이 아니라, 자기중심적인 생각과 집착을 '비우고' '덜어내고' '가난히 하고', '머문 자리를 없이함'으로써, '자기를 이루어 타자를 완성해 나가는(成己-成物)' 인문정신(人文精神)을 은유한 것이다.

교육(敎育)의 '교(敎)'는 자신의 본성에 내재한 '도'(道-길, 진리, 동사로는 '말하다')를 자각하고 알아차려 지속적인 연마와 실천 과정을 뜻한다(修道之謂敎). 육(育)은 생장(生長, 탄생과 성장)을 뜻한다. 우리는 이 세상을 혼자서 살아갈 수 없다. 생장은 하늘(天)과 땅(地)과 사람(人)이 더불어 협력할 때 가능하다. 그래서 중용에서는 참찬화육(參贊化育)의 정신으로 교육을 말한다. 그런 의미에서 '육(育)'은 타자와 이웃이 함께 공존할 때 성립하는 단어다.

죽음학에서는 '죽음교육'의 명제를, **"살면서 겪게 되는 상실과 죽음의 고통을 '직면-대면-대처'할 수 있는 방법과 기술을 배우고 익혀, 세

해제 51

대를 넘어 지속적으로 진화 성장하는 것"으로 정의한다. 교육은 강물처럼 흐른다. 멈추지 않고, 유연하게, 하지만 결국은 방향을 가지고 나아간다.

'교과서'에서, '과(科)'는 "자신의 본성이 놓인 길과 문양(무늬), 그 자체를 드러내어 다름과 구분하는 것"을 의미한다. 그리고 '서(書)'의 상형문자에는 '밭을 갈다', '경작하다', '파종하다', '흔적을 남기다', '기록하다'의 뜻이 있다. 이는 마음 판에 '새기다', '기억하다', 새기고 기억한 것을 반복해서 '배양(Cultivation, 경작, 재배, 구축, 함양)하다'의 뜻이 함축해 있다. 영어에 '글(書)'을 의미하는 '텍스트(text)'도 직물의 가로 세로로 난 '결'과 '질감'을 뜻하는 'texture'에 그 어원을 두고 있다. 이는 마음에 난 '길'과 '결(문양)'을 뜻하는데, 여기에는 **"자연스레 생긴 마음을 잘 닦아 기른다"**는 의미가 내포해 있다. 그런 점에서 한자어 '서(書)'와 그 뜻을 같이한다. 서경(書經)에서는 '서(書)'를 '**끊임없는 반복과 훈련을 통해 성인의 경지에 이르게 하는 삶의 습관**'으로 해석한다.

그런 의미에서 '죽음교육 교과서'가 지닌 내용과 지향하는 바가 무엇인지 이제 분명해졌다. 『죽음교육 교과서』는 다음과 같은 하나의 명제와 문장으로 말할 수 있다. **"상실과 죽음을 경험한 자신의 고통을 어떻게 직면하고 마주해서 대처할 것인지 그 기술과 방법을 연마하여, 자신의 고유한 본성을 자각하고 자신에게 주어진 길을 실천함으로써 자기 자신으로 돌아감"**이다.

그 과정에 주체가 없다고 말할 수 없다. 주체는 정해진 것이 아니라, 자각과 알아차림을 통해 상실과 죽음의 고통을 마주함으로써, 자신의 길을 걷고 실천하는 과정에서 형성된다. 그런 의미에서 주체는 부단한 행위적 결단을 통해 형성되는 과정적 존재다.

따라서 『죽음교육 교과서』는 정태적인 지시물이나 이론서가 아니라, "**지금 여기 현재를 살아가는 사람이, 상실과 죽음의 부정성(고통)과 마주하여, 어떻게 자신의 존재적 본성으로 돌아갈지를 회의와 성찰의 사유로 실천해 나가는 역동적인 사건의 장소**"이다.

| 목 차 |

죽음교육 교과서 I

발간 인사말_5

전세일_상실과 죽음을 마주한 인간의 지혜 : 죽음교육 교과서 ················· 7
신경원_죽음을 가르친다는 것 : 인간 이해의 심연을 향하여 ················· 11
김기곤_죽음학에 토대를 둔 죽음교육 교과서 ································· 17
변경희_상실의 시대, 우리는 어떻게 애도해야 하나 ···························· 19

서 문_23

(임병식)

한국에서 실천하는 죽음교육 ··· 25
죽음교육의 필요성: 생애주기별 특성을 중심으로 ···························· 27
죽음교육 현황과 인식 ·· 29
한국에서의 죽음교육 현황 ··· 33

죽음교육 교과서 집필의 구심성과 방향_39

해제_49

제1부 죽음교육론_79
(신경원)

기본 1 죽음학과 죽음교육의 관계_83

교육은 치료이다 ·· 85
죽음학과 죽음교육 ··· 87
죽음학의 체계와 죽음교육의 구성 ·· 91
생애 발달 단계 ··· 92
죽음교육상담 전문가의 기본 지침 ·· 95
죽음교육상담 전문가의 다른 이들에 대한 책임 ······················· 96
죽음교육 담당교사로서의 전문역량 강화에 대한 의무 ··········· 97

기본 2 죽음교육을 위한 죽음교육전문가의 역할_99

왜 죽음교육인가? ··· 101
죽음교육은 우리 사회에 무엇을 제공하는가? ························ 102
죽음교육은 한 개인의 가치관과 주체성을 정립시킬 수 있는가? ········· 103
누구에게 무엇을 어떻게 가르칠 것인가? ································· 106
왜 교사가 죽음교육상담 전문가가 되어야 하나? ·················· 107

기본 3 죽음교육에 대한 역사와 현재적 관점_109

죽음교육의 역사와 현재 ·· 111
죽음교육의 정의와 명료화 ·· 114
교육학과 죽음교육 ··· 118
보편적 지식체계로서의 죽음교육 ·· 126

심화 1 죽음교육 지식체계_127

    죽음교육 지식체계 ·· 129

    연구 범주에 대한 기술적 관점(觀點) ························· 134

    고통의 지형도 ·· 135

심화 2 죽음교육 방법론과 교안 작성_151

    죽음교육 방법론 ··· 153

    살펴보기 ·· 153

    죽음교육 교안 작성 시 유의할 점 ····························· 154

    교안 작성의 관점 ·· 165

심화 3 죽음교육의 윤리_167

    들어가는 말 ·· 177

    생명윤리의 관점 ··· 182

    윤리적 행위의 인정과 승인 ···································· 185

    '상황 윤리' 실천 ··· 187

    '상황 윤리'의 중심어: '고통' ··································· 193

    죽음학에서 바라본 생명윤리 ··································· 196

    죽음학의 윤리성 ··· 199

실천 1 죽음교육 지침_203

    '죽음학에 대한 교육'과 '죽음에 대한 교육'의 의미 ······ 205

    죽음교육 내용 ·· 211

    죽음교육과 윤리 ··· 216

실천 2 **죽음교육상담 분석_219**

관찰 ··· 221

의미화 여정 ··· 225

고통의 발생 ··· 228

분석 요소 ·· 229

실존정신언어분석 21 tips ·· 235

실존은 본질보다 앞선다 ·· 323

실천 3 **동양의 죽음교육_329**

공자의 실존(命) ··· 331

맹자의 실존: 하늘이 정해준 명(天命)의 자각 ············ 336

실존의 근거와 토대로서 성명(性命) ··························· 342

실존 치료: 올바른 성명관의 확립과 실천 ··················· 351

제2부 | 문화·사회론_363
(김경숙)

기본 1 **죽음이 금지된 사회의 죽음_367**

전통사회의 죽음 ·· 369

죽음에 대한 다섯 가지 유형 ······································ 370

길들여진 죽음의 특징 ·· 378

죽음이 금지된 사회에서 품위 있는 죽음으로의 실천 ·········· 379

기본 2 **상실과 죽음에 대한 문화·사회학적 관점의 차이와 다름_385**

문화·사회학적 관점 ··· 387
　　　죽음과 죽어감에 대한 문화·사회학적 관점의 차이와 다름 ············ 389
　　　죽음과 상실 이후 문화·사회별 차이와 다름 ······················· 393
　　　문화사회화에 대한 올바른 이해 ··································· 397

심화 1 차이와 다름의 고유성_403

　　　들어가는 말 ··· 402
　　　차이와 다름 ··· 407
　　　자기동일성: '범주 계열화' 착오의 오류 ······························ 410
　　　분석의 기술 : 내담자 입장의 평가 ··································· 414

심화 2 동양사상에서 바라본 죽음 해석_421

　　　죽음학의 요청 ··· 423
　　　장자의 환각, 자아(自我)와 비아(非我) ······························ 426
　　　나라는 자아의 동일성은 있는 것인가? 없는 것인가? ················ 428
　　　인지과학과 유식학 : 자아는 과거-현재-미래의 시간의식으로 구성된 것 ·· 429
　　　유식과 하이데거의 자아 ·· 431
　　　자아는 우리에게 어떤 영향을 주는가? ······························ 432
　　　자아의 특성 : 언어 집착/우리는 자아를 어떻게 치유할 수 있나! ········ 436
　　　정신분석과 선 치료 ·· 447
　　　상처에서 평화로: 일상으로의 회귀 ·································· 449
　　　죽음학과 선불교의 공통 핵심어: 없이함(죽음)과 무(공, 허) ········ 452

실천 1 죽음 대처 방식에 대한 동·서 철학 분기(分岐)_465

　　　한계상황 ·· 467

서양철학에서의 죽음관 이해 ………………………………………… 469
동양철학에서의 죽음관 이해 ………………………………………… 480
삶의 완성 ……………………………………………………………… 497

실천 2 문화·사회화에서 본 『예기』의 비탄 해결 방식_499

들어가는 말 …………………………………………………………… 501
감정과 울음 : 체화된 인지로서의 치유의 과정 …………………… 402
비탄의 표출과 조절 …………………………………………………… 506
비탄감정의 해소와 절차 ……………………………………………… 514
비탄에서 인격적 함양으로의 재적응 ………………………………… 519
나가는 말 ……………………………………………………………… 528

제3부 Ⅰ 상실론_533

(성정은)

기본 1 상실, 삶의 연속과정_537

들어가는 말 …………………………………………………………… 539
상실의 양태와 종류 …………………………………………………… 541
상실 그 이후 …………………………………………………………… 547

기본 2 증상의 지향성과 무늬_557

자아는 어떻게 형성되는가? ………………………………………… 559
언어-표상적 자아 ……………………………………………………… 560
사물 표상과 단어(언어) 표상 ………………………………………… 562

인지도식의 변화 …………………………………………………… 568

　　　생각함과 사유의 패턴 ………………………………………………… 576

심화 1 상실 이후 정서_581

　　　상실에서 발견되는 영성 ……………………………………………… 583

　　　무의식(전반성적 의식)에서 의식(반성적 의식)으로 ……………… 584

　　　상흔과 증상의 치료 …………………………………………………… 587

　　　고통에서 영성(실존적 현존)으로: 상흔이 성흔으로 ……………… 593

심화 2 상실의 치유 기제 : 상상(想像)과 은유적 투사와 변환_599

　　　상상과 은유 …………………………………………………………… 601

　　　내입과 투사 …………………………………………………………… 605

　　　언어 표상 ……………………………………………………………… 608

　　　마음의 판형 …………………………………………………………… 612

　　　분석 요소 ……………………………………………………………… 615

심화 3 증상의 방문과 치유 기제_617

　　　들어가는 말 …………………………………………………………… 619

　　　기억흔적과 증상의 방문 ……………………………………………… 620

　　　심리적 가공 …………………………………………………………… 625

　　　히스테리 구조 ………………………………………………………… 628

　　　치유 기제 ……………………………………………………………… 630

실천 1 상실과 슬픔 치유_633

　　　오늘이 마지막이라면 나는 무엇을 할 것인가? …………………… 635

상실과 비탄에 대한 대처 : 도움 되지 않는 말들 ············· 638

　　　도움을 주려는 건설적 제안 ································· 641

　　　애도 과정에서 사별한 사람에 대한 도움 ···················· 643

　　　비탄 상담(Grief Counseling) ································ 647

실천 2 **반려동물 상실과 치유_655**

　　　반려동물 상실 ·· 657

　　　반려동물의 상실 원인과 그에 따른 비탄의 형태 ·············· 657

　　　반려동물 상실의 특징 ····································· 658

　　　반려동물을 상실한 반려인의 생애 발달 단계별 비탄 반응 ····· 660

　　　반려동물을 떠나보낸 이들의 애도와 회복 과정 ··············· 661

　　　반려동물의 호스피스와 의례 ································ 663

　　　죽음교육전문가로서의 덕목: 역지사지 ······················· 666

실천 3 **문학작품 속의 상실 치유_669**

　　　시 속에 나타난 죽음의 숭고: 죽음, 본디 자리로의 회귀 ······· 671

　　　시 속에 나타난 상실, 비탄, 애도: 현존의 사랑에서 부재 속의 사랑으로 ····· 676

　　　죽음교육 도구로서의 '시 감상 활용법' 소개 ·················· 683

참고문헌_687

색인_697

죽음교육 교과서 II
제4부 비탄 감정론_29
(이대준)

기본 1 비탄(Grief)_33
- 들어가는 말 ··· 35
- 비탄 감정의 생리학적 해석 ···················· 42
- 비탄의 단계 ··· 45
- 복합적 비탄 반응(Complicated Grief Reaction) ·········· 48

기본 2 마음의 판형(인지 문법)_55
- 들어가는 말 ··· 58
- 인지 도식 ··· 60
- 실존정신언어분석 ······································ 63
- 말을 한다는 것 ··· 69
- 결론 ··· 76

심화 1 인지 도식과 비탄 감정발현_79
- 인지(정서) 도식과 지향성 ······················ 81
- 인지 도식과 시간 의식 ···························· 83
- 인지 도식의 구조: 억압과 방어 ··········· 86
- 감정발현의 실재 ·· 87
- 분석과 해석 ··· 91

심화 2 감정 이미지(표상)의 체화과정_95

들어가는 말 · 97

감정 작동방식 · 99

메를로-퐁티의 체화 · 100

메를로-퐁티의 증상 · 102

체화의 방법 : 공맹의 실천 모델 · 106

결론 · 117

심화 3 정신의 사분면과 증상_121

의식의 시원 · 125

심리적 가공 · 127

프로이트의 사물표상과 단어표상 · 130

감정발현과 인지 도식 · 131

정신의 사분면 · 134

가학증과 피학증 · 136

가학증과 피학증의 실례 · 146

내가 서 있는 곳은 어디인가 · 150

실천 1 비탄의 실존적 해석_153

상처를 대처하는 우리의 태도 · 155

상처와 대면하는 힘 · 159

죄책감과 수치심 · 161

자각과 알아차림 · 164

상흔(傷痕 stigma)에서 성흔(聖痕 stigmata)으로 · · · · · · · · · · 167

실천 2 슬픔의 직면과 대면_173

관찰 ·· 175

직면의 기술 ·· 177

대면의 기술 ·· 179

대처의 기술 ·· 181

변화의 과정 ·· 182

결론 ·· 184

제5부 ㅣ 애도론_189
(박재연)

기본 1 애도론 살펴보기_193

애도학(Mournology) 건립을 위해 ····························· 195

애도의 지향성: 의미화 ··· 197

애도학 방법론 ·· 199

이해로서의 애도학 ··· 201

있는 그대로 존재 바라보기 ····································· 205

새로 쓰는 애도학: 감정의 인지화 과정 ················· 210

기본 2 애도의 다른 이름: 비탄, 우울, 죄책감_215

들어가는 말 ·· 217

비탄은 상실에 대해 정상적이고 건강한 반응인가? ········ 220

애도(Mourning): 우리 스스로 새롭게 위치하기 ············· 223

기본 3 상실의 대처 : 공감형식_233

  공감과 감정 ··· 235

  감정의 복권 ··· 237

  감정(Emotion)과 정서(Feeling) ··· 239

  공감과 동정 그리고 인지 ··· 242

  공감과 대화 ··· 246

  공감의 형식 ··· 251

심화 1 언제 애도는 완료되는가?_255

  들어가는 말 ··· 257

  성숙과 변형을 위한 기회 ··· 264

  애도의 과정 = 감정 변화의 특징 ··· 272

심화 2 애도연습: 자각과 알아차림_281

  살펴보기 ·· 283

  지금 내가 서 있는 정위점(定位點) ·· 284

  자각과 알아차림 ·· 291

  비탄에서 애도로의 이행 ··· 298

심화 3 자기 동일시와 당위의 횡포_303

  '자기 동일시'와 '당위'의 친숙성 ··· 305

  마음속의 몸, 몸속의 마음으로 본 도표 설명 ······························· 312

  심리 현상 ·· 315

  몸의 상황성 ··· 317

  객체(타자의 문법)에서 주체의 문법으로 말하고 표현하기 ········· 00

실천 1 **우울증의 특성과 치유 기제_325**

    들어가는 말 ··· 327

    애도와 우울증(Depression = Expectations – Reality) ··············· 330

    우울증의 심적 기제: 동일시와 초자아 ····································· 333

    우울증의 고유한 증상 ·· 335

    우울증 치료 ··· 339

실천 2 **평가와 개입_345**

    평가와 개입 ··· 347

    비탄의 종류 ··· 351

    평가와 개입에 대한 죽음학적 관점 ·· 355

    분석가의 평가: <죽음학의 지식 체계적 관찰> ························· 356

    분석가의 개입 실천 ·· 361

실천 3 **애도의 기술_363**

    의미화를 위한 직면-대면-대처 ··· 365

    직면과 대면, 대처의 기술 ·· 367

    공백의 발견 ··· 376

제6부 | 외상론_381
(손주완)

기본 1 **감정과 외상_385**

    들어가는 말 ··· 388

외상의 의미화 ·· 391
외상의 강도 ·· 393
의미화 과정의 신경생리학적인 관점 ························· 400
외상 기억의 흔적 ·· 402

기본 2 **외상의 작동방식_407**

외상의 작동방식 ··· 409
말을 한다는 것 : 치유적 자아로의 재구성 ················· 413
외상치료의 메커니즘 ·· 417
외상치료 ·· 420
외상 증상의 구조적 차이 ····································· 423
증상의 발화행위 ·· 426

기본 3 **외상적 죽음과 트라우마_431**

외상적 죽음과 트라우마 ······································ 433
가족, 사회 시스템과 외상적 죽음 ···························· 437
외상적 죽음과 재해(대규모 외상과 죽음) ·················· 444
외상적 죽음에 대한 윤리적 법적 문제들 ··················· 448
외상적 죽음과 치유의 자리 ··································· 454
외상에 대한 불안감정의 관계와 치료 이론 ················ 457

심화 1 **자살을 바라보는 몇 가지 시선과 제언_463**

자살에 대한 언어·철학적 정의 ······························· 465
자살에 관한 질문 ·· 475
자살론을 위한 제안 : 자극과 행위(반응)의 '사이'론으로 ········ 479

심화 2 자살 담론의 본질적 접근을 위한 시론_485

실천 1 자살-개별성(individuality)과 당혹(perplexity)_501
    자살이란 무엇인가? ··· 503
    자살 행위에 대한 이해와 설명의 노력 ······················· 506
    자살에 대한 심리학적 설명 ·· 508
    자살에 대한 생물학적 설명 ·· 509
    자살에 대한 사회학적 설명 ·· 510
    자살: 많은 결정요인과 의미 수준을 가진 행위 ············ 514
    자살의 여파 ·· 515

실천 2 자살 개입(Suicide Intervention)_519

실천 3 자살 현상과 유가족의 아픔 이해_529
    자살 현상에 대한 이해 ··· 531
    자살에 대한 예방적 접근 ·· 540
    자살유가족의 아픔 이해(자살유가족 돕기) ················· 547
    어느 노인의 자살 이야기 ·· 551

참고문헌_557

색인_571

죽음교육 교과서 III
제7부 | 실존론_29
(박미연)

기본 1 **불안과 무_33**

실존의 시원: 불안 ··· 35

불안과 죄 ·· 37

존재와 시간 ·· 38

불안-자유의 가능성-양심 ·· 40

자유의 가능성 ·· 42

기본 2 **유한성과 한계상황_49**

의미의 발견 ·· 51

의미형성을 위한 질문 '나는 어떤 존재인가?' ······················· 53

한계상황에서 비로소 만나는 실존 ·· 54

의미형성을 위한 로고테라피(logotherapy) ······························· 56

로고테라피의 임상 방법 ·· 62

결론 ·· 70

심화 1 **인간다움, 실존의 가능성_73**

감정과 정서에 대한 과학적 탐색 ·· 75

상실을 통한 정신의 역동성 ··· 78

불안과 몸 지각의 지향성 ··· 79

실존적 불안에서 체화로의 이행 ·· 86

심화 2 실존 치료의 중심_91

상담의 기술: 공감 ·· 93

내담자 '존재 강화'의 문제 ··· 96

질병에 대한 실존적 접근 ·· 98

심화 3 상흔의 현상학적 해석_107

들어가는 말 ·· 110

현상학의 주요 핵심 ··· 115

기억의 구성 ·· 116

현상학-뇌과학-유식학의 기억 ·· 118

기억과 시간 의식의 문제 ··· 133

기억과 시간 의식의 전변을 통한 감정치료와 상담 ····················· 141

실천 1 실존적 한계상황_147

실존정신언어분석 ·· 149

프로이트와 야콥슨의 언어학 ··· 151

실존정신언어분석가의 태도 ··· 157

실천 2 상흔에 깃든 기억 관찰하기_161

상실에서 비롯되는 상처 ·· 163

상처와 상흔 ·· 166

상흔과 실존 체험 ·· 171

상흔 : 자신을 되돌아 볼 수 있는 힘 ·· 172

반복의 형식 : 재현과 사후성 ·· 174

말하기에서 발화행위로 ·· 179

실천 3 한계상황과 실존의식_185

융엘의 종말론적 실존성 ··· 187

언어(발화)사건 ·· 193

은유와 비유적 진리 ··· 197

비유와 하늘나라 ·· 202

실존의식 ·· 209

인의(認義) ··· 214

융엘의 해석학적 사유방법 ··· 217

죽음의 한계상황과 실존의식 ··· 219

제8부 ㅣ 생애발달별 죽음교육론_225
(이윤주 · 이예종)

<유년기>

기본 **유년기의 아이들, 발달 과업과 죽음_229**

인간의 발달과정 ··· 231

유년기 발달 과업과 죽음에 대한 이해 ······················· 236

유년기의 죽음 관련한 태도의 발달 ····························· 250

심화 **삶을 위협하는 질병과 죽어감에 대처하는 아이들_255**

질병과 죽어가는 아이들의 문제 ··································· 259

사별과 비탄에 대면하는 아이들 ··································· 261

사별한 아동의 애도 과업 ··· 266

어른들은 죽음에 대해서 아이들에게 왜 이야기해주어야만 하는가? ··· 269

실천 **아이들이 죽음, 죽어감, 사별에 대처할 수 있게 하는 도움_275**

　　아프거나 죽어가는 아이들에 대한 도움 ································· 278

　　사별한 아이에 대한 도움 ··· 280

<청소년기>
기본 **청소년기 초기, 중기, 후기의 발달적 과업들_287**

　　청소년이 경험하는 다른 사람의 죽음 ······································ 292

　　청소년기 죽음 이해 ·· 294

　　청소년들의 디지털 세상에 대한 참여 ····································· 295

　　청소년과 죽음의 개인적 중요성 ··· 297

심화 **자살과 청소년_301**

　　사별과 비탄에 대처하는 청소년들 ·· 305

　　청소년기 사전 죽음 준비교육 ··· 313

　　죽음 이후의 사별 지원과 도움 ·· 315

실천 **청소년 인성변화를 위한 공부_319**

　　연구목적 ·· 321

　　연구방법 및 관점 ·· 325

　　주자 인간론에서 기질의 의미 ··· 327

　　인성변화의 방법과 효과 ··· 353

　　격물과 궁리: 도덕적 인지 능력의 향상 ··································· 360

　　인지능력 함양 공부 ·· 375

<청년기·중년기>

기본 청년기와 중년기 성인의 발달 과업과 죽음_379
청년과 중년의 죽음에 대한 태도 ··· 385

심화 중년의 대처_389
다양한 상실(죽음)의 유형 ·· 391
부모와의 사별에서의 죄책감 ·· 403
부모와의 사별에서 성별과 역할 차이 ·· 405
성인기의 대처 ·· 406

실천 죽음의 은유: 비움과 마음을 가난히 함_409

<노년기>

기본 노년기의 발달적 과업과 죽음_429
노년 성인의 죽음에 대한 태도 ·· 433

심화 노화와 죽음과의 대면에 대하여_437
노화와 죽음 ·· 439
삶의 가치에 대한 재확신 ·· 439
적절하고 적합한 보건 서비스 수용 ··· 440
사별과 비탄에 대처하는 노인 ·· 441
다양한 사별의 유형 ·· 442
노인의 자살 ·· 445

실천 **나이 듦: 온전함으로의 여정, 웰-다잉_449**

　　웰-다잉 : 본래적 자기 자신으로 돌아감 ················· 451

　　노년의 미학: 자신을 비우는 삶, 마음을 가난히 함 ············· 452

　　'가난한 마음'의 정신적 자기-관계 ····················· 454

　　길 떠나는 그대 ······························· 455

　　우리가 가지고 갈 수 있는 마지막 것은 ·················· 457

<임종기>

기본 **임종기의 호스피스와 돌봄에 대한 일고찰_461**

　　전제된 생각과 질문 ···························· 463

　　호스피스 완화 '의료'와 호스피스 완화 '돌봄' ·············· 463

　　호스피스 의료(돌봄) 정의에 대한 숙고 ················· 467

　　사별 가족 돌봄 ······························ 482

　　더 깊이 내려가 숙고하기 ························ 484

심화 **사전연명의료의향서 작성의 의미와 역할_487**

　　인간이 인간일 수 있는 가능성, 존엄한 죽음 ··············· 489

　　우리사회의 죽음의 현실, '우리는 어떻게 죽어가는가?' ·········· 490

　　[연명의료결정법] 제정배경 및 안내 ··················· 494

　　존엄한 죽음과 [연명의료결정법]의 바른 정착을 위한 주요 쟁점들 ····· 501

　　연명의료결정제도 시행, 그 후 5년 ··················· 504

실천 심리적·영적 돌봄을 위한 호스피스 서비스_521

들어가는 말 ·· 523

영성의 의미 ·· 524

환자가 진정으로 바라는 것들 ·································· 526

면역 치유력이 생기게 하는 관심과 사랑 ················ 533

임종기에서의 심리적 영적 돌봄의 방법 ·················· 536

심리적 영적 돌봄의 방법: 싸나톨로지 프로그램 ····· 540

영적 심리적 케어를 위한 호스피스제도의 보완: 싸나톨로지 프로그램 · 556

제9부 ǀ 죽음교육 실천론_567
(김기란 · 백미화)

기본 1 죽음의 언어와 죽음교육의 의미_571

죽음이라는 여정 ·· 573

죽음이라는 언어 ·· 574

죽음의 교육적 대비 ··· 577

죽음교육의 이해 ·· 579

죽음교육의 네 가지 차원 ·· 580

기본 2 죽음교육의 목표_585

죽음교육의 일반 목표 ··· 587

죽음교육의 행동 목표 ··· 588

죽음교육의 여섯 가지 목적 ······································ 589

죽음교육의 궁극 목표 ··· 591

심화 1 **죽음교육상담의 실제: 감정의 재구성_595**

관점의 이동 ··· 597

언어정리 ··· 601

감정 지향적 상담 ·· 604

슬픔에 대한 개입 원리 ·· 616

애도 상담 실습 ·· 619

Role-Playing ·· 629

심화 2 **죽음교육의 실제_635**

죽음교육 현장에서 말하기와 글쓰기 ···························· 637

말하기와 글쓰기 작업의 전제 ······································ 638

인지·의미화 과정 ··· 642

관찰하기의 대상 ·· 644

분석과 co-work ·· 647

임상 실천 ·· 648

심화 3 **자기만의 문법으로 말하기와 글쓰기_653**

자기만의 문법 창안하기 ·· 655

말하기와 글쓰기의 구조 ·· 658

말하기와 글쓰기 실천 ·· 661

심화 4 **데리다의 말하기와 글쓰기_669**

죽음교육과 데리다의 그라마톨로지 ····························· 671

그라마톨로지 핵심 개념과 죽음교육 연관성 ··············· 671

데리다의 유령에서 자기만의 유령으로 ······················· 673

말하기와 글쓰기 훈련: 자기해체 과정 ·· 686

<실천>

실천 1 어린이의 상실 경험 이해와 돌봄 방법_693

아동의 죽음 이해 ·· 695

아동의 애도와 상실 경험에 대한 이해 ·· 699

개입을 위한 구체적인 활동 ·· 707

실천 2 유치원생을 위한 그림책 활용 수업사례_711

유아기 죽음 개념 ·· 713

유아 죽음교육 방법 ·· 715

창선어린이집 죽음교육 사례 ·· 719

유아 죽음교육의 결과 ·· 727

실천 3 초등학생을 위한 그림책 활용 수업 사례_731

죽음교육의 필요성 ·· 733

그림책을 활용한 죽음교육의 실제 ·· 735

그림책을 활용한 죽음교육 후 변화 ·· 744

실천 4 중학생을 위한 생명 존중 수업 들여다보기_751

생명의 소중함과 생명 존중의 범위 ·· 753

인간 생명의 시작점 ·· 755

인간 생명의 종결 선택권 ·· 760

실천 5 고등학생을 위한 죽음교육 수업 들여다보기_765

어떻게 죽음을 이해할까? ………………………………………… 767

어떻게 위로할 것인가? …………………………………………… 772

어떻게 살 것인가? ………………………………………………… 779

실천 6 성인을 위한 죽음교육 수업 들여다보기_787

들어가는 말 ………………………………………………………… 789

<문학의 공간>은 어떻게 구성되어 있나? ……………………… 789

가능성으로서의 죽음 ……………………………………………… 779

블랑쇼가 말한 문학 실천은? …………………………………… 779

참고문헌_805

색인_819

제1부 죽음교육론

제1부 죽음교육론

죽음교육의 목적은 "자신을 포함해서 사랑하는 사람이나 가족 또는 제3자가 상실이나 죽음에 처했을 때 발생할 수 있는 여러 사안(고통)에 대해, 이를 대처하고 극복할 수 있는 기술과 지혜를 배움으로써, 가치관과 세계관을 정립하여 삶의 소중함을 자각하는 것"에 있다. 죽음교육은 상실과 죽음의 사건을 통해 '인간다움'을 회복하는 데에 중점을 둔다. 오늘날 현대 사회는 '죽음'을 신체적 종식으로 국한해서 해석하는 경향이 있다. 엄밀히 말해 신체적 종식으로서 죽음은 임종기에 직면한 사람이 신체적 파국의 시점에 존엄한 죽음에 이를 수 있도록 안내하는 호스피스나 존엄사 법의 담론이다. 이 장에서는 상실과 죽음의 신체적 종식을 넘어 새로운 인식과 가치관 정립을 위한 죽음교육의 함의와 일선 교육체계에서 죽음교육이 어떻게 접목 실천될 수 있는지 알아본다.

기본 1

죽음학과 죽음교육의 관계

<내용 요약>

현대 한국 사회는 물질주의와 경쟁 논리에 매몰되어 인간성 상실과 삶의 의미에 대한 위기를 겪고 있다. 이러한 사회적 병리를 극복하기 위해 죽음학과 죽음교육은 필수적이다. 죽음학은 죽음을 성찰하여 삶의 본질을 깨닫고 인간다운 존재로 회복하도록 돕는 학문이다. 죽음교육은 죽음과 상실을 교육적 과정에 포함해 웰-다잉과 웰-빙을 모두 지향하며, 발달 단계별 맞춤 교육이 필요하다. 죽음교육은 개인의 존엄성과 공동체적 가치를 회복하고, 나아가 공교육에 적극적으로 도입해야 한다.

<핵심어>

죽음학, 죽음교육, 교육적 접근

<학습 목표>
- 죽음학의 개념과 그것이 교육에 미치는 영향에 대해 이해한다.
- 죽음학을 연구하는 다양한 방법론, 특히 질적 연구 방법에 대해 탐구한다.
- 죽음과 삶의 관계를 교육적 맥락에서 어떻게 다룰 수 있는지에 대해 이해한다.
- 죽음교육을 통해 인간 존재에 대한 깊은 이해와 태도를 함양할 수 있는 방법을 제시한다.
- 죽음에 대한 태도를 변화시키는 교육적 접근을 제시하고, 이를 실제 교육 현장에 적용할 수 있는 방법을 모색한다.

<적용 실천>

- 죽음에 대한 교육적 접근법: 죽음학을 바탕으로 교육 프로그램을 개발하거나, 교실에서 죽음과 삶의 관계를 다루는 수업을 효과적으로 진행할 수 있다.
- 학생들의 죽음에 대한 태도 변화: 학생들이 죽음을 두려워하거나 회피하지 않도록 돕고, 죽음에 대한 건강한 태도를 형성할 수 있도록 지원할 수 있다.
- 삶과 죽음에 대한 깊은 이해: 교육적 대화를 통해 학생들이 죽음과 삶에 대한 깊은 사고를 하게 하고, 이를 통해 인간 존재에 대한 인식을 넓힐 수 있다.
- 심리적 지원 제공: 죽음과 관련된 경험이나 감정을 다루는 과정에서 학생들에게 정서적 지원을 제공하고, 보다 개방적이고 지원적인 환경을 조성할 수 있다.
- 질적 연구 활용: 교육 현장에서 질적 연구 방법을 사용하여 학생들의 경험과 반응을 분석하고, 죽음교육의 효과를 실질적으로 평가할 수 있다.

죽음학과 죽음교육의 관계

Ⅰ. 교육은 치료이다.

21세기 문명을 위기의 문명이라고 한다. 인륜성과 정신성은 물질주의로 물들고, 인간다움은 물신주의에 가려 도구화되고 있다. 현대 한국 사회의 병리적 모습은 1) 정신의 물질화, 2) 삶의 의미 상실, 3) 성과사회가 만들어 낸 욕망과 무한경쟁의 극대화와 인간다움의 상실을 특징으로 요약할 수 있다.[1] 이런 사회 병리적 구조 속에서 인간은 주체의 분열과 자기소외를 경험할 수밖에 없다. 그렇다면 이런 주체의 분열과 자기소외에서 벗어나는 방법은 무엇일까? 이런 물음에 필연적으로 답할 수 있는 것은 결국 한계상황 앞에서 자신의 존재를 직면하게 하는 죽음교육의 실천이다.

『중용』에서 교육의 의미는 자신에게 품수(稟受)된 명(命)을 파악하고 본성에 따라 주어진 길을 걸어가며, 그 본성의 길(道)을 꾸준히 다듬어 나가는 것으로 가르침(敎)이라 한다. 그리고 그 가르침은 자신만이 그 목표에 도달하는 것이 아니라, 자신의 내면적 본성을 이룸으로써 이웃의 존재까지 그 본성에 이르게 하는 '성기·성물(成己·成物)'의 실천이다. 즉 자신과 이웃, 세계가 함께 참여하여 조화로운 협력체계를 이루어 본성을 이루는 것으로 보았다.

---

[1] 현대에서 이 점을 가장 잘 지적한 학자가 한병철이다. 그는 현대 사회의 핵심적인 문제점이 '절제'가 아닌 무한한 자유의 이념 아래 모든 것을 허용한 것을 지적한다. 곧 모든 것은 개방되어 있고 할 수 있다는 신념이 곧 사람들을 무한하게 달리게 함으로써 결국 피로사회로 이행하게 되었다고 지적한다. 한병철 지음, 김태환 옮김, 『피로사회』, 문학과지성사, 2012.

자신의 본성이 명하는 것에 따르는 결단(率性)과 그 길을 부단히 갈고 닦는 훈련(修道)으로 자기를 세우고 이웃도 함께 이루도록 돕는 『중용』이 제시한 교육 정신은 한 인간의 주체적이고 능동적인 결단과 실천적 행위를 통한 '인간다움'의 정수를 보여주는 것이다.

그러나 오늘날 한국교육의 현주소는 『중용』이 제시한 교육 정신과 비교해 볼 때, 그 무늬는 많이 닮았으나 그 내용과 실천 과정은 사뭇 차이와 다름이 있음을 발견한다. 즉 '성기·성물(成己·成物)'의 주체적 인간다움을 향한 교육을 표방하고 있지만, 정작 학습자 개개인의 내면적 온축(蘊蓄)의 인격 함양과 자기 본성이 명하는 주체적 결단에 의한 실천 행위와 비교해 볼 때 아직 거리가 있어 보인다.

그렇다면 교육의 그 틈새의 공백을 어떻게 메워야 하는가? 교육적 효과는 학습자 자신의 주체적 자각과 발견에 의한 결단과 행위로 이루어질 때 가능하다. 만일 학습자에게 수동적이고 강제화된 방식으로 지식을 습득하게 한다면, 교육이 지향한 목표와 전혀 다른 결과를 낳을 수 있다. 이런 점에서 『중용』에서 말한 교육 정신은 다분히 생명적이며, 주체적 자각에 의한 자율적이고 실천적인 측면이 강하다. 그렇다면 인간은 어떻게 우연적이고 불확실한 사건과 사고, 상실과 죽음과 같은 경험으로부터, 또는 정형화된 교육의 형식으로부터 수동적이고 객체적 존재가 아닌, 자신의 고유성을 지켜나가는 능동적이고 책임 있는 길로 나아갈 수 있을까?

예측 불가능한 힘든 경험을 하게 될 경우, 인간은 더욱 주체적 실천 행위와 멀어져 절망과 실의, 자포자기에 이르게 되어 생애 발달과정에 큰 위험과 장애가 되기도 하고 자유의지를 발휘할 힘도 잃게 된다. 그리고 자신의 존재를 불가항력적인 운명 앞에 수동적 객체로 놓이게 한다. 나아가 사태를 객관적으로 파악하고 이해할 능력마저 잃게 되어 도덕적 내면화에 실패하게 된다. 맹자가 말한 '입명(立命)'과 '정명(正命)'은 바로 이러한 실존적이고 주체적인 삶의 지향 과정을 표현한 것으로 볼 수 있다. 이와 대조적으로 '사(死)'나 '비명(非命)'은 일반적인 사람들의 삶을 가리키는 것으로 삶이 주어진 것을 우주의 우연성으로 생각하고 그때그때 발생하는 존재와 사태와의 우발적인 관계 및 결과에 수없이 내맡기는 삶을 영위하다가 죽음을 맞이하는 수동적 삶의 방식을 가리킨다.

인간이면 누구나 살아가면서 우연히 만나는 사건과 사고, 상실과 죽음을 회피할 수 없다. 그것이 인간의 운명이라면, 그 한계상황과 대면하고 직면하는 기술이 필요하다.

본 장에서는 수동적이고 객체화된 존재에서 능동적이고 주체적인 존재로 거듭날 수 있는 실천적 모델을 모색한다.

Ⅱ. 죽음학과 죽음교육

죽음학은 '삶과 죽어감'에 대한 학문이다. 학명으로는 'Thanatology'이다. 한국에서는 죽음학, 임종학, 생사(生死)학 등으로 거명되고 있다. 'Thanatology'의 어원은 'death'를 뜻하는 그리스어 'thanatos'에 '-ology(a science of organized body of knowledge)'가 붙은 단어로, 1960년 초 시작된 '죽음 인식 운동(death-awareness movement)'에서 출발했다.[2] 그래서 죽음학은 '죽음 인식, 죽음의 준

---

2) Charles A. Corr, Clyde M. Nabe, & Donna M. Corr, *Death and Dying Life and Living*. 7th

비, 죽어가는 사람의 돌봄, 죽어가는 자와 돌보는 자들의 관계 정립, 못다 해결한 인간관계 해결, 직면한 죽음 앞에서 희망 찾기, 죽음을 맞이하는 방법 등에 관한 학문, 즉 죽음과 죽어감에 관한 학문'으로 개념화된다.[3]

카스텐바움(R. Kastenbaum)이 죽음학을 '죽음을 다루는 생명학(the study of life - with death left in)'으로 정의하면서 죽음 연구의 목적을 웰-다잉(well-dying)이 아닌 웰-빙(well-being)에 치중하게 되었다. 즉 죽음 연구는 현재의 삶에서 미래의 죽음을 보는 산 자와 죽는 자를 함께 다루는, 그러나 산 자의 죽음을 더 중요하게 다루는 분야가 되어야 한다는 것이다. 그래서 죽음교육은 대표적으로 에릭슨(E.H. Erikson)의 생애 발달 단계를 채택하여 모든 단계에 있는 사람들에게 다 적용하는 학문으로 그 주제와 접근방법이 더욱 중요하게 되었다.

죽음학의 핵심 명제는 "오늘이 내 생애 마지막 날이라면 나는 누구와 무엇을 어떻게 할 것인가?"에 있다. 이 명제는 그동안 평범하게 살아왔던 삶의 소중함과 가치를 성찰할 수 있게 하여 삶의 우선순위를 제고하게 한다. '오늘이 내 생애 마지막'의 의미는 한계상황을 말한다. 오늘이 마지막이라면 과연 우리는 지금까지 목표로 삼아 온 것들과 가치관이 올바른 것인가를 되새기게 한다. 즉 삶의 우선순위가 잘못 배열된 것은 아닐까? 오늘이 마지막이라면, 나는 여전히 지금까지 살아왔던 방식대로 살아갈 것인가? 지금까지 살아온 삶을 "오늘이 마지막이라

Edition(Wadsworth, Thomson Learning Publishing Co., 2012).
3) David E. Balk & David K. Meagher Eds., *Handbook of Thanatology : The Essential Body of Knowledge for the Study of Death, Dying and Bereavement*, 2013 Routledge, 임병식 번역(가리온 출판사).

면"이라는 물음 앞에서 그 가치와 의미를 되짚어보는 것은 삶의 훌륭함으로 이행하는 출발이 된다. 오늘을 한계상황으로 인식한다면 지금의 현실이 얼마나 소중한지를 비로소 알 수 있기 때문이다.

미래의 사건이 아니라 "바로 오늘이 마지막 날이라면, 나는 무엇을 할 것인가? 누구와 함께할 것인가? 그리고 이들에게 어떤 말로 인사를 전하며, 어떻게 삶을 마무리하는 것이 가장 소중한 삶인가?"라는 질문을 죽음에게 던지게 된다. 우리는 상실을 예감할 때 비로소 가장 소중한 것이 무엇인지 깨닫게 된다. 상실을 경험하면, 익숙했던 모든 것이 낯설게 느껴지고, 이 낯섦은 평범하게 보였던 일상을 전혀 다른 차원에서 바라보게 한다. 이를 통해 그동안 잊고 지냈던 사물의 본질을 올바르게 자각하게 된다.

죽음교육은 이러한 깨달음을 바탕으로 인간의 가능성을 확장하고, "오늘이 내 생애 마지막 날"이라는 한계 상황을 설정함으로써 인간이 지닌 탁월함과 가치를 실현하도록 돕는다. 바로 여기에 공교육에서 죽음교육을 실천해야 하는 정당성이 존재한다. 죽음교육은 우리로 하여금 삶의 본질을 직면하고, 인간다운 삶의 가치를 탐구하도록 이끌어준다.

죽음교육의 목표는 "자신을 포함해서 사랑하는 사람이나 가족 또는 다른 사람의 상실이나 죽음에 처했을 때 발생할 수 있는 여러 사안(고통)에 대해, 이를 대처하고 극복할 수 있는 기술과 지혜를 배움으로써, 가치관과 세계관을 정립하고 삶의 소중함을 깨닫게 하는 것"에 있다.[4]

---

4) 임병식·신경원, 『죽음교육교본』, 가리온(2017).

Ⅲ. 죽음학의 체계와 죽음교육의 구성

죽음학은 '인간의 실존(인간다움)'을 회복하는 데에 중점을 두고 있다. 그래서 상실의 경험을 통해 자신의 참다운 본성을 발견하고 주변인(가족, 친척, 이웃 등)과 온전히 사랑으로 연결되어 있음을 자각하게 한다. 인간은 상실을 통해 삶의 의미를 발견한다. 의미는 반성적 성찰 그 자체이다. 여기서 반성적 성찰이란 자신을 대상으로 본질적인 물음을 던지는 고민이자 존재함의 방식이며, 자아정체성의 확인이자 점검이며 물음이다. 이런 반성적 성찰 없이 의미는 주어지지 않는다. 이 의미는 자기 자신을 자각하고 아는 것에서 시작한다. 우리는 자신이 본래 누구인지 깨달을 때 자기 지배와 절제를 할 수 있다.

오늘날 우리는 죽음학이나 죽음교육에서 말하는 '죽음'의 의미를 신체적 종식으로 국한해서 해석하는 경향이 있다. 엄밀히 말하면 신체적 종식이라는 죽음의 의미는 임종기에 신체적 파국을 맞을 때 존엄한 죽음에 이를 수 있도록 안내하는 호스피스나 존엄사법 영역의 대상이라 할 수 있다. 즉 다잉-웰(dying well)의 주요 주제이다. 따라서 이 글에서는 죽음학에서 말하는 죽음의 의미를 신체적 종식을 넘어, '자아의 죽음'에 초점을 맞추어 지금까지 다루어왔던 죽음의 의미를 인간학적인 관점으로 확장하고자 한다.[5]

---

[5] '죽음교육'과 관련해서 '웰-다잉', '다잉-웰'의 용어는 잘 구분해야 할 필요가 있다. 웰-다잉은 웰-빙의 삶의 태도에 따라 자연스레 수반되는 개념이다. 즉 삶을 살아가는 자기 삶의 태도(예컨대 삶의 질이나 삶의 의미 발견, 혹은 가치관과 세계관 정립)에 따라 죽음의 질이 결정된다. 따라서 웰-다잉의 전제는 웰-빙에 있다. 이는 마치 죽음학 정립에 있어 생에 더 강조점을 두느냐 아니면 죽음, 즉 사에 더 강조를 두느냐에 따라, 생-사-학, 또는 사-생-학으로 정의될 수 있는 것과 같다. 웰-다잉은 인생 전체에서 잘살아가야 한다는 의미가 내재해 있다면, 다잉-웰은 임종에 임한 환자가 어떤 결단과 선택으로 마무리하느냐에 따라 인간의 존엄성이 확보되는가 하는 점이 주요개념이 된다. 따라서 웰-다잉과 다

죽음교육은 의미 추구적 존재인 사람이 품위 있게 자기 완결을 이룰 수 있도록 안내하는 통섭 학문이다. 질병 치료 및 통증 완화와 관련된 자연과학, 참된 인간의 의미와 자기완성을 다루는 인문과학, 그리고 인간과 사회의 관계를 다루는 사회과학, 이 세 분야가 통섭적으로 연대하여 개별적 생명의 차원을 넘어선 사회적 차원의 인륜성 성숙을 도모하고자 하는 것이 이 학문의 최종적 지향점이다.

죽음교육은 객관적인 사실부터 주관적인 관심사 모두를 다루어야 하기에 다양한 내용과 형식으로 제공되는 교육과정을 지녀야 하며, 교육내용은 죽음을 맞이하고 대처하는 수많은 방식에 관한 자세한 설명을 통해 죽음에 대한 정확한 이해를 제공하는 것을 목표로 하고 있다. 와스(H. Wass)는 죽음과 임종에 관한 연구는 각 개인과 사회가 편협한 시각을 넘어서 공동체 의식을 고양하는, 즉 자신의 이해를 넘어 타인을 배려하는 사회 분위기를 조성하는 역할도 할 수 있을 것이라고 하였다. 죽음을 다루는 궁극적 의의는 곧 '사랑과 관심 그리고 공동체적 공감, 상호 협력과 치유에 대한 이해'를 높이는 것이다.

잉-웰은 잘 구분해야 하는데, 우리는 종종 웰-다잉을 마치 다잉-웰로 환원 해석해서 임종이나 말기에 임한 환자에게 적용되는 사항을 웰-다잉 대상자에게 적용하는 오류를 범하곤 한다. 그 한 예가 존엄사법을 일명 웰-다잉법이라고 지칭하는 경우가 그렇다. 존엄사법을 굳이 한국식으로 번역하자면 다잉-웰법이라고 해야 정확하다. 따라서 웰-다잉은 노년기에만 해당하는 용어가 아니라, 전 생애과정에 해당하는 것이기에, 어린아이에서 노년에 이르기까지 전 생애에서 죽음과 상실을 대처할 수 있는 기술과 배움이 요청된다. 그렇다고 한참 열심히 공부하고 인생을 알아야 할 아이들에게 "우리 웰-다잉 공부하자."라고 하면 왠지 어감이 이상하다. 그래서 삶에서 아이들의 겪게 될 상실과 죽음의 아픔과 슬픔을 잘 대처하고 극복할 수 있는 기술과 지혜를 가르쳐 주는 교육이 요청되는데 이 교육을 죽음교육이라고 이름한 것이다. 영국의 죽음교육학자 Nagy는 가르칠만한 시기에 가르쳐 주는 교육을 '죽음교육'이라고 일명 하였다. David E. Balk & David K. Meagher Eds., *Handbook of Thanatology : The Essential Body of Knowledge for the Study of Death, Dying and Bereavement*, 2013, Routledge, 임병식 번역(가리온 출판사), 임병식·신경원, 『죽음교육교본』, 가리온(2018).

Ⅳ. 생애 발달 단계

1. 생애 발달 단계

죽음학에서는 인간의 발달 단계를 다음과 같이 구분한다.

- 영아기: 구순기의 자아동일성
- 유년기 초반: 마술적 사고방식과 보호자에 대한 절대 의존 및 신뢰
- 유년기 후반: 분리 의식으로부터 기인한 사회성 발달, 의존성과 독립성이 공존
- 청소년기: 완전한 분리 의식에서 오는 독립의식, 자아정체성에 대한 탐색과 발견, 사춘기 성징의 발달, 논리적 · 인과적 사고, 관념적 추상성, 무한한 상상력과 직관력 증대, 자아도취적 영웅성
- 초기성인 및 청년기: 친밀성과 유대감
- 중년기: 가족주의와 생산성 확장 및 책임성
- 노년기: 추억과 기억의 통합성과 안정성
- 임종기: 화해와 용서를 통한 초월성과 의미성, 품위 있는 마무리

이를 개념화하면 다음의 단선 구조가 성립된다.

자기 동일시의 사고 - 분리·인과적 사고 - 논리적, 추상적·차이와 다름 - 친밀성과 유대감 - 생산성 - 통합성 - 초월성

2. 발달 단계별 특성

죽음학의 관점은 각 발달 단계의 특성을 고려해서 그 특성을 통해 다음 발달 단계의 성장으로 끌어내야 한다는 데 방점이 있다. 생애 발달 단계에서 만나는 상실이나 죽음의 경험은 다음 발달 단계 이행에 장애가 될 수 있다. 그래서 죽음교육에서는 각 단계에서 만나는 상실과 죽음의 경험을 최소화하고 새 삶에 재적응하기 위해 발달 단계의 특성을 고려하여 다음 발달 단계로 이행 성장하도록 한다. 즉 발달 단계의 특성을 이용하여, 현실성 인식을 기반으로 한 죽음과 죽어감 혹은 상실을 대처할 수 있도록 한다(Erikson, 1982).

앞에서 언급했듯이 생애 단계별 특성은 모두 다르다. 따라서 각각의 단계별 특성과 죽음을 바라보는 태도와 인식의 변별적 차이와 다름에 따라 교과과정이 이루어져야 한다. 연구에 의하면, 영아기의 특성을 '신뢰성'으로 규정하는데, 이는 부모에게 절대적으로 의존하기 때문이다. 유년기는 '보호와 자율성', 청소년기는 제2차 성징으로 나타나는 '불안정성', 청년기는 사랑하는 사람과의 '친밀성', 장년기는 가업과 기업을 키우는 것에서 자신의 정체성을 찾는 '생산성', 노년기는 지나온 인생을 되돌아보면서 인생을 정리하는 '통합성'을 그 특성으로 규정한다.

3. 단계별 교육

4~5살의 유년기의 경우, 이들은 죽음을 언제든지 다시 살아날 수 있다고 생각하는 마술적 사고를 한다. 따라서 이들에게는 곤충이나 병아

리, 새 등을 통해 죽음을 이야기할 수 있는 문자보다 이미지로 구성된 그림동화가 좋은 교재가 될 수 있다.

청소년기의 특성은 성적 호르몬이 본격적으로 왕성해지는 시기이고, 이때 나타나는 그들의 감정은 그야말로 질풍노도이다. 청소년기의 특성은 한마디로 '불안정성'이다. 이 불안정성은 자신의 고유한 정체성을 찾고자 하는 몸부림의 다른 표현이다. 이 시기에 청소년이 당하는 상실과 죽음의 경험은 마치 휘발유에 기름을 붓는 것 같은 극단적인 심리적 고통이다. 따라서 그 감정적 손상을 제때 해결해 주지 못하면, 그 후유증은 인생 전체의 가치관과 세계관에 영향을 주게 된다. 따라서 이때 필요한 죽음교육은 감정을 억압하거나 회피하지 않고 있는 그대로 안정된 환경에서 표출시키고 대면시켜 주는 프로그램이 중요하다. 그때 비로소 안정감이 찾아오고 사물이 바로 보이게 된다. 억압과 회피는 감정을 왜곡시키고 왜곡된 감정은 청소년이 병리적 행태를 유발하게 한다. 오늘날 학교와 교실에서 나타나는 문제들, 예컨대 집단따돌림이나 집단폭행, 자살과 가해, 경쟁과 독선은 이들이 겪었던 상실감과 슬픔을 정상적으로 풀지 못한 나머지 왜곡된 감정이 병리적으로 표출된 현상이다.

노년기의 통합적 특성에는 자기중심적인 생각과 마음을 내려놓는 것, 그리고 모든 사물이 변한다는 것을 인정하는 것에 있다. 고통의 원인은 자기중심적인 집착과 변화를 인정하지 않을 때 찾아온다. 따라서 자기중심적인 생각을 내려놓고, 변화하는 사태를 수용할 수 있는 교과 내용이 중요하다.

V. 죽음교육상담 전문가의 기본 지침[6]

죽음교육은 고정관념이나 검증되지 않은 가설이 아니라 유용한 죽음 관련 자료, 방법론, 이론적 지식에 기초하고 있다. 따라서 죽음교육은 최신의 것으로 수정된 죽음학 이론 지식을 요구한다.

죽음교육상담 전문가는 사람들이 죽음과 관련하여 느끼는 감정과 경험을 이해하며 그러한 느낌과 경험들이 그들이 생각하고 일하는 데 있어 어떤 방식으로 영향을 주고 있는지 이해하려고 노력해야 한다.

죽음교육상담 전문가는 학생이나 의뢰인을 알기 위해 주의를 기울인다. 좋은 교육과 상담은 학생 혹은 의뢰인의 다양한 문화적 배경, 성장 발달 단계, 성격, 그리고 다른 여러 개인적 차이와 욕구에 대한 이해와 존중에 기초해야 한다.

죽음교육상담 전문가는 다른 이들을 이용하거나 속이지 않으며, 개인과 사회의 건강과 행복을 증진하기 위해 노력한다.

죽음교육상담 전문가는 죽음과 관련된 문제에 대처하는 개인이나 사회를 돕기 위해 그들을 지지하는 태도를 보인다. 죽음교육상담 전문가는 학생이나 의뢰인이 부당하게 이용당하지 않도록 개입할 의무가 있다. a) 학생이나 의뢰인에게 유용해야 한다. b) 그들의 권리, 책임, 그리고 얻을 수 있는 가능한 결과들에 대해 교육하거나 상담할 수 있어야 한다.

죽음교육상담 전문가는 죽음과 관련된 문제들에 대해 다양한 관점

---

6) 죽음교육상담 전문가의 기본 지침 및 죽음교육상담 전문가의 다른 이들에 대한 책임, 죽음교육 담당 교사로서의 전문역량 강화에 대한 의무에 관한 글은 죽음교육상담 협회(Association for Death Education and Counseling, ADEC)의 윤리강령을 참고하였음을 밝힌다.

을 제시할 수 있도록 노력해야 하며, 적절한 죽음교육상담 전문가 자신의 가치 기준을 제시할 수 있지만 학생이나 의뢰인이 다른 선택을 한다면 그에 대해 존중해주어야 한다.

다른 사람, 가족, 단체, 모임 혹은 사회에서 요구하는 사항들과 충돌이 일어날 수도 있다는 것을 알고, 죽음교육상담 전문가는 그들과 지속적으로 관계를 유지하며 개인, 가족, 단체, 모임, 사회에 대한 비밀 유지와 우선적 책임에 대한 토의를 적절할 때 갖도록 하여야 한다.

죽음교육상담 전문가는 자기 능력, 영역의 한계에 대해 알고 그에 따른 적절한 상담과 위임체계를 알고 있어야 한다. 그리고 위임자, 위임체계, 그리고 관련 지식이 있는 상담자로부터 피드백을 받아 그 위임이 효과적인지를 파악하도록 해야 한다.

죽음교육상담 전문가는 각각의 사회 구성원이 만족스러운 삶을 얻고 죽음에 대한 수용을 성취할 수 있도록, 죽음과 죽어감의 분야의 전문가들과 일반 개인들 사이의 이해를 더 높이기 위해 일해야 한다.

VI. 죽음교육상담 전문가의 다른 이들에 대한 책임

① 프로그램을 관리하는 죽음교육상담 전문가는 학문적 이론과 실습이 조화롭게 통합될 수 있도록 학습 프로그램을 만들고, 그러한 프로그램은 학생들의 기술, 지식, 그리고 자기 이해를 발달시켜야 한다.
② 학생들에게 프로그램이나 학습 목표, 기본적인 기술 향상, 그리고 적용 가능성에 대해 알려주어야 한다.

③ 프로그램이나 학습 과정이 자기 공개나 자기 이해 혹은 성장 과정에 초점을 맞추고 있다면 프로그램에 참여하거나 학습을 시작하기 전에 학생들에게 그러한 사실을 분명히 알려주어야 한다.
④ 참가자들의 생각, 감정, 기억을 끌어내는 훈련 및 모의 학습을 관리하는 죽음교육상담 전문가는 참가자들에게 해당 학습 과정 동안과 그 이후에도 유용하고 적절한 전문적 도움을 보장해주어야 한다.
⑤ 학습 과정의 일환으로서 학생들이 자신에 대한 비교적 은밀한 개인적인 정보를 공개하는 것이 예상될 때, 교육자들과 관리자들은 그 학생의 자기 공개 내용에 기반한 평가를 해서는 안 된다. 또 자기 공개의 정도는 강압이나 징벌의 수단 없이 존중되어야 한다.
⑥ 프로그램이나 학습 과정이 자기 공개, 자기 이해 혹은 성장 과정에 초점을 맞추고 있다면 이러한 상황에서 공유되는 정보의 기밀 유지와 사생활 보호가 보장되어야 한다.
⑦ 학생들이 전문적, 윤리적 책임과 기준에 대해 잘 알도록 해야 한다. 교육자의 소임을 수행할 때, 학문과 객관성에 대한 높은 기준을 유지하도록 노력해야 한다. 충분하고 정확한 정보를 제공하여야 하며 대안적 관점들에 대해 적절하게 인정하도록 해야 한다.

Ⅶ. 죽음교육 담당 교사로서의 전문역량 강화에 대한 의무

① 죽음교육상담 전문가는 더 높은 수준의 능력을 갖추기 위해 지속

적으로 노력해야 한다. 가능한 모든 적절한 방법을 통하여 지속적인 배움과 전문적인 성장을 추구할 의무가 있다. 여기에는 협회의 활동과 일에 참여하며, 전문적인 자격증과 인증을 취득할 수 있는 활동들을 배우고 익히는 것이 포함된다.

② 업무적인 임무 수행을 요청받을 때는 전문적으로 그에 맞는 적합한 능력을 갖추어졌을 때만 그 임무를 받아들이도록 해야 한다.

③ 죽음교육상담 전문가는 자신의 업무상 역량의 한계와 경계에 대해 알고 있어야 하며, 그 역량을 넘어서는 권한을 행사하지 않도록 조심해야 한다. 또한 다른 이들의 업무 수행이 올바르지 않으면 그것을 바로잡고 수정할 책임이 있다.

④ 죽음교육상담 전문가는 훈련과 경험을 통해 검증된 서비스와 기술만을 제공해야 한다.

⑤ 개인적 문제나 단점이 업무의 효율적인 수행에 방해가 되는 상황이라면 직업적 업무를 진행하지 않도록 해야 한다. 그런 경우에는 상황을 해결하기 위한 적절한 전문 상담과 도움을 받도록 한다. 죽음교육상담 전문가가 의뢰인에게 해를 끼칠 수 있는 자신의 개인적 상태를 바로잡을 생각이 없거나 할 수 없는 상황이라면 다른 죽음교육상담 전문가나 관련 전문가가 개입하여 그 상황을 바로잡도록 도와주어야 한다.

기본 2

죽음교육을 위한 죽음교육전문가의 역할

<내용 요약>

죽음교육은 삶과 죽음을 하나로 바라보며, 삶의 본질과 가치에 대해 성찰하고 준비할 수 있도록 돕는 학문이다. 한국 사회는 죽음을 부정하거나 금기시하는 문화에서 벗어나, 죽음을 삶의 일부로 받아들이는 교육과 상담의 필요성이 커지고 있다. 죽음교육은 개인의 가치관과 주체성을 정립하고, 죽음이라는 한계 상황을 통해 삶의 우선순위를 재정립하도록 안내한다. 다양한 발달 단계와 직업군에 맞는 죽음교육 프로그램 개발 및 죽음교육 상담 전문가 양성이 시급한 상황이다. 죽음교육은 삶의 중요성을 깨닫게 하며, 공교육화를 통해 교육과 사회적 관계의 본질을 회복하는 데 기여할 수 있다.

<핵심어>

죽음교육, 삶과 죽음의 통합, 죽음교육상담전문가,
공교육화와 전문가 양성

<학습 목표>

- 죽음교육의 필요성과 중요성을 이해하고, 삶과 죽음의 통합적 관점을 배운다.
- 죽음교육이 개인의 가치관과 주체성 정립에 어떻게 기여하는지 설명할 수 있다.
- 죽음교육 상담 전문가의 역할과 사회적 필요성을 이해하고 실천할 방안을 모색한다.
- 죽음교육의 공교육화와 프로그램 개발의 중요성을 인식하고, 이를

통해 삶의 의미를 성찰할 수 있다.

<적용 실천>
- 자신의 삶과 죽음에 대해 성찰하며, 하루하루의 삶을 소중히 여기는 태도를 기른다.
- 주변의 상실과 죽음의 아픔을 겪는 사람들을 공감하고 위로하며 돕는다.
- 삶의 우선순위를 정하고 의미 있는 삶을 계획한다.
- 죽음에 대한 대화를 터부시하지 않고, 가족 및 공동체 내에서 열린 소통을 시도한다.
- 죽음교육의 가치를 주변에 알리고, 관련 프로그램이나 상담 활동에 적극 참여한다.

죽음교육을 위한 죽음교육전문가의 역할

Ⅰ. 왜 죽음교육인가?

오늘날 전 세계적으로 죽음학과 죽음교육의 열풍이 일고 있다. 과거 죽음과 사후 세계에 대한 본격적인 논의를 터부시하거나 다만 종교적 관점에서 해명하던 소극적 추세를 생각하면 격세지감이 느껴진다. 그 이유가 무엇이든 간에 그만큼 현대인들이 삶의 구체적인 문제들을 넘어선 질적인 삶과 관련한 죽음의 문제를 그만큼 더 친숙하게 고민하게 되었다는 것의 방증이다. 그러나 문제는 현대의 죽음학 연구와 교육의 경향이 대체로 의료 중심적 관점에 치중되어있지 않은지 살펴보아야 한다.

죽음의 질은 삶의 모습에 따라 다르게 이해되고, 이때 '질(quality)'은 문명과 물질적 요소를 넘어서 인생 전반을 조망하는 가치관에도 크게 영향을 받는다. 따라서 죽음의 문제를 더욱 심층적으로 연구하고, 죽음의 질을 제고하는 교육을 더욱 효과적으로 실행하려면 먼저 삶의 본질과 특징, 그리고 가치와 의의에 관한 연구와 교육이 선행되어야 한다. 다만 이러한 계획을 지속적으로 추구하는 데에는 적지 않은 어려움이 있는 것이 사실이다. 왜냐하면 기존의 죽음학과 달리, 삶을 중심으로 삼는 죽음교육의 경우 훨씬 광범위한 영역을 고려하고 포괄해야 하기 때문이다. 삶의 가치와 의의를 좀 더 확장하기 위해 기존의 학문 영역 가운데 철학, 윤리학, 교육학 분야의 요소와 내용이 강화되어야 하는 것은 분명하다. 그리고 죽음학이 인문적 요소를 갖추기 위해 이러한 영역들의 보완이 요구되는 것도 부정할 수 없다.

죽음을 부정하고 금기시하는 풍토가 사회적으로 개선되어 상실과 죽음의 아픔을 당한 사람들의 고통을 인정하며 받아들일 때, 우리 사회는 더욱 따뜻해질 수 있다. 죽음학은 죽음을 삶의 일부로 복원시키고자 하는 학문이다. 근대 이전의 사회에서는 종교가 바로 이러한 역할을 담당했지만, 오늘날 한국 사회에서 종교의 이러한 전통적 역할은 급속한 산업화의 과정에서 축소되었다. 오늘날 한국의 종교적 장소에 '죽음'을 위한 공간은 미비하다. 모두가 살고자 하는 욕망에만 치우쳐 있기 때문일 것이다. 종교가 살아있는 자만을 위한 초점으로 존재하는 오늘날 한국 사회에서 죽음을 삶의 일부이자 과정으로 복원시키고자 실천하는 것이 죽음교육상담 전문가의 역할이다.

Ⅱ. 죽음교육은 우리 사회에 무엇을 제공하는가?

죽음학의 핵심 명제는 "오늘이 내 생애 마지막 날이라면 나는 오늘 누구와 무엇을 할 것인가에 있다."라고 앞에서 언급했다. 죽음교육의 핵심은 다른 사람의 죽음이 아닌 자신의 죽음에 대해 질문을 던지는 것이다.

스티브 잡스(Steve Jobs)의 일화를 예로 들어보자. 그의 삶은 췌장암 말기로 3개월의 시한부를 진단받은 후 완전히 바뀌었다. 그동안 애플사를 위해서 자신의 모든 것을 헌신한 그는 3개월의 남은 시간 앞에서 과연 그에게 무엇이 소중한 것인지를 물어보게 된다. 스티브 잡스의 뇌리에는 무슨 생각이 자리 잡았을까? 그는 삶의 우선순위를 정하기 시작했다. 가장 우선순위는 가족이었다. 사랑하는 가족과 보낼 수 있는 최대한의 시간을 최우선에 두었다. 두 번째는 시리아 태생의 아랍인 아버지와 미국인 미혼모 사이에서 태어나 바로 입양된 자신의 정체성에 대해 깊은 성찰의 시간을 갖는 것이었다. 나는 누구인가, 나는 무엇 때문에 살아왔는가, 나는 무엇을 하고자 하는가, 나는 무엇 때문에 죽어가고 있는가 하는 근원적 질문을 던진 것이다.

진단 이후 스티브 잡스의 삶은 그 이전과는 완전히 달라진다. 잡스는 아침에 일어나 면도하면서 달력 위에 표시했다. 하루, 또 하루…… 날짜를 지워가면서 "오늘 내가 하고자 하는 일이 과연 나의 삶에 가장 소중한 일인가?"라는 성찰을 통해 가장 의미 있고 가치 있는 삶의 우선순위를 정했다. 분명히 3개월이라는 시한부 선고는 스티브 잡스에게 방해가 되는 사건이었지만 오히려 자신의 본래적 삶의 소중함을 깨닫는 계기가 되었다.

인간은 삶과 죽음을 초월하여 그 너머 미지의 세계에 대해 질문을 던지는 존재다. 따라서 인간은 죽음이라는 한계상황에서 인간의 가능성을 제고하게 된다. 죽음교육은 "오늘이 내 생애 마지막이라면 나는 무엇을 할 것인가?"라는 한계상황을 앞당겨 봄으로써 인간의 훌륭함의 가치를 실현할 수 있도록 안내한다.

Ⅲ. 죽음교육은 한 개인의 가치관과 주체성을 정립시킬 수 있는가?

죽음(death)은 육신의 소멸을 말하지만, '죽음에 다가서는 일(dying)'은 아직 생명 활동의 한 부분에 해당한다. 죽음은 모든 생명을 가진 존재가 자연의 섭리 앞에서 무릎을 꿇게 되는 불가항력적이고 수동적인 사건이지만, '죽음에 잘 다가서는 일(well-dying)'은 의미를 추구하는 존재의 '의지'에 의한 능동적 사건이다.

한국 공교육에서 죽음교육은 아직 미비하다. 특히 죽음교육과 관련해서 초·중·고등학교의 교과서를 분석해보면, 중학교 2학년 도덕 교과서와 고등학교 2학년 윤리와 사상 교과서에 '생명 존중'을 제목으로 각각 6시간씩 배우는 것으로 편재되어 있다. 그리고 그 내용을 보면 대체로 '생명 존중'에 초점이 맞추어져 있다. 따라서 죽음교육을 통한 한 인간의 전인적인 인성과 품성을 함양하고 주체성 강화를 위한 세계관과 가치관을 형성할 수 있는 구성이 필요하다. 죽음교육은 의미 추구 존재인 사람이 품위 있게 '자기 완결'을 이룰 수 있도록 안내하고 보조하는 통섭 학문이다. 질병 치료 및 통증 완화와 관련된 자연과학, 인간 됨의 의미와 자기완성을 다루는 인문과학, 그리고 인간과 사회의 관계를 다루는 사회과학, 이 세 분야가 통섭적으로 협동하여 '개별 생명'의 차원을 넘어 '사회적 차원'에서 인륜성의 성숙을 도모하고자 하는 것이 이 학문의 최종적 지향점이다.

죽음교육은 전 생애 발달 단계의 문제이다. 죽는 자는 누구나 평등하고 존엄하게 다루어져야 하고, 남겨지는 자(유가족)는 위로를 받아야 한다. 한국의 자살률은 경제협력개발기구(OECD) 37개 회원국 가운데 1위이다. 한국의 중·고등학교 청소년 사망자의 1위 원인도 자살이 차지하고 있다(통계청, 2020). 더불어 이혼율, 교통사고, 위증죄, 고소, 낙태 등 사회적 이슈도 심각하다. 이는 한국 사회의 문화적 외상이 지닌 전형적인 모습이다. 이런 문화적 외상은 치료의 과정이 없다면 다시 발생할 것이고, 끊임없이 지속될 것이다.

그러나 한국 사회의 실상은 문화적 외상을 체계적으로 치료할 수 있는 전문가가 부족하고 또한 이를 담당할 행정가와 교육자를 양성할 교육기관도 부족한 것이 현실이다. 우리나라는 다른 나라에 비해 교통사고 사망률, 산재 사망률 그리고 청소년 자살률과 40대 남성 사망률 등이 높은 점을 고려해 볼 때, 죽음이 특별한 어느 발달 단계에서 발생한다고는 볼 수 없다. 특히 '세월호 사건' 같은 집단죽음의 발생은 죽음을 쉽게 발생시키는 구조적 결함에 대한 대책과 함께 가족의 불행한 죽음을 겪은 유가족과 생존자들의 심리·사회·문화적 상실을 담당할 기관의 필요성과 전문가 양성의 긴박함을 알려주고 있다. 동시에 죽음을 다루는 경찰, 소방관, 구조대원, 간호사, 의사, 장례지도사들을 위해서도 '죽음의 특성, 유가족 이해 등과 같은 죽음에 대한 정보 제공과 교육'이 필요하다. 그리고 다양한 발달 단계에 맞는 죽음 준비교육 프로그램이 개발되어야 한다.

죽음교육 문화라는 측면에서 보면 우리는 지금 과도기를 거치고 있다. 특히 아동과 청소년을 대상으로 한 죽음교육에 대해서는 여러 가지 논란의 여지가 있을 수 있다. 그러나 죽음에 관한 교육의 가치를 인정하는 이들에게는 죽음교육이 삶의 소중함과 삶의 우선순위가 무엇인지 자각하게 하며 새로운 가치관과 세계관을 형성할 수 있는 분야임을 제안한다. 즉 '죽음교육'은 곧 '삶과 죽음에 대한 교육'이다. 따라서 죽음교육의 역할은 역사적인 요청이라 할 수 있다.

IV. 누구에게 무엇을 어떻게 가르칠 것인가?

죽음교육 현장

그동안 국내에서도 죽음을 주요 의제로 삼아 활동한 분들과 기관들이 있었다. 대한민국은 70~90년대 성장 발전기를 지나, 97년 외환위기를 경험하면서 다양한 상실과 가족해체 현상이 급증하였다. 소위 소진사회가 되어갔던 것이다. 동시에 해방 이후의 출생 세대들의 교육 수준 향상과 안정된 생활 덕분에 길어진 노년기로 인해 삶과 죽음에 대한 본질적 고민을 하게 되었다. 즉 좋은 죽음은 어떤 죽음인가에 대한 각성과 갑작스러운 죽음, 부모님들의 가슴 아픈 죽음을 중심으로 한 논의 등이 등장하면서, 일부 기관에서는 삶의 마지막 단계를 잘 마무리할 수 있도록 교육(well dying)을 하고, 또한 평생교육 차원의 교육과 그에 필요한 강사 양성에 노력해 왔다.

그리고 학문적 교육영역에서는 서울에 소재한 한국죽음교육학회의 한국싸나톨로지협회가 있다.[7] 이 단체는 WHO가 인증한 죽음교육 국

---

[7] 한국싸나톨로지협회는 '품위 있는 죽음 맞이(well-dying)'를 위해, 인간이 단순히 경제적, 생물학적 개념에 머물지 않고 심리적 정신적 의미적 가치를 추구할 수 있는 죽음교육을 강조하고 있다. 그리하여 협회와 한국죽음교육학회는 기본적인 임상적 시술과 케어 이외에 '실존정신언어분석'에 근거한 15단계의 치유와 회복 과정으로 이루어진 '임종영성치유 프로그램(Well-Dying Spiritual Healing Program)'과 자신의 구체적인 감정을 조절할 수 있는 '감정 다스리기 프로그램(BNPT Emotional Control Program)'을 개발하여 죽음학-임상에 적용하고 있다. 또한 '실존정신언어분석'을 응용한 '인지능력배양프로그램(The Program of Cultivating Cognitive Ability)', '공감능력배양프로그램(The Program of Cultivating Empathic Ability)'에 대한 학문적 성과를 내고 있다. 그리고 죽음교육의 공교육화를 위해 교사연수프로그램을 개발하여 한국교원연수원, EBS교사 연수프로그램에 『삶의 성찰, 죽음에 묻다』 30차시 프로그램을 운영하고 있다. 그 외 전국 직장인들을 대상으로 한 죽음교육을 연수프로그램으로 운영하고 있

제본부인 죽음교육상담협회(Association for Death Education and Counseling, ADEC), 그리고 미 호스피스재단(Hospice Foundation of America, HFA)의 자매기관으로, 국제 죽음교육상담전문가 자격증 시험을 국내에서 시행하고 있으며, 한신대학교 휴먼케어융합대학원에서 죽음학, 죽음교육상담학 석사·박사 학위과정을 운영하고 있다. 그리고 2025년도에 한신대학교 죽음교육연구소는 죽음교육연구센터를 설립하여 죽음학에 대한 개념 정립과 한국 사회의 총체적인 병리적 문제를 진단하고 해결하고자 다양한 프로그램을 개발하여 우리 사회에 적용, 실천하고 있다.

V. 왜 교사가 죽음교육상담 전문가가 되어야 하나?

셸리 케이건(S. Kagan)은 죽음학을 순수한 철학적 논리와 사유에 근거해 다루면서, 죽음에 대한 형이상학은 필연적으로 가치론으로 이어지고 죽음에 관한 다양한 탐구 결과는 반드시 삶의 가치와 의의에 대한 물음으로 연결된다고 강조했다. 또한 토드 메이(Todd May)는 삶과

을 뿐만 아니라, 요양병원과 연계해서 '상실·비탄·애도' 프로그램을 운영하고 있다. 또 전국의 여러 대학교 평생교육원을 연계(16개 대학)해서 '죽음교육전문가(싸나톨로지스트)'외 5개 민간자격증교육과 국제공인 죽음교육전문가(싸나톨로지스트) 자격증 프로그램을 ADEC과 함께 진행하고 있다. 최근에는 서울 소재 대학교인 한신대학교 휴먼케어융합대학원과 MOU를 맺어 국내 처음으로, 『죽음교육상담전공』석사 과정을 개설 운영하고 있다. 학기 중에 죽음교육전문가·애도상담전문가·영적돌봄전문가 등 국내 민간자격증 시험에 응시할 수 있고, 수료 후에도 소정의 과정을 거쳐 국제죽음교육전문가(싸나톨로지스트)자격증 시험에 응시할 수 있어, 한국에서의 죽음교육을 실천하고 있다. 현재 한국싸나톨로지협회는 죽음교육의 공교육화와 엘리트 교육을 위해 LMS 방식의 사이트를 개설 운영하고 있다. 이상 www.thana-edu.net 참고.

죽음이 하나라는 사실은, 결국 삶의 취약성을 바로 보여주지만 소중함과 긴장감을 부여하는 동시에 삶의 가치의 경중에 대한 선택과 결단이 이루어지는 원인이 된다고 하였다. 인문 분야에서도 의료 윤리 분야와 삶의 가치 이론을 결합하여 현대인들의 정신 건강을 치유의 관점에서 모색하고 그 대안으로 바람직한 삶과 가치관의 방향을 제시하는 성과들이 죽음교육에서 가시화되기 시작하였다.

　죽음학은 일종의 '죽음 대비 교육'으로 거듭 탈바꿈되어야 할 뿐만 아니라, 이를 통해 학생과 교사의 관계가 회복되고 교실이 살아남으로써 교육이 지향하는 '인간 본성'이 회복되리라 본다. 이런 이유로 죽음교육의 공교육화 작업은 우리가 모두 실천해야 할 의무이자 숭고한 사명이다.

기본 3

죽음교육에 대한 역사와 현재적 관점

<내용 요약>

죽음교육은 인간의 수명과 삶의 유한성에 대한 자각에서 시작되었으며, 역사적·문화적 변화에 따라 발전해왔다. 현대 죽음교육은 지적·정서적·사회적 측면에서 죽음을 이해하고 대처하도록 돕는 데 초점을 맞추고 있으며, 이를 통해 죽음을 둘러싼 금기와 두려움을 극복하고 삶의 질을 향상시키는 데 기여하고 있다.

<핵심어>

죽음교육, 역사적 관점, 공식적 교육과 비공식적 교육 (Formal and Informal Education), 교육학과 죽음교육의 연계 (Pedagogy and Death Education), 현대적 죽음교육 (Modern Death Education), 죽음에 대한 사회적 태도 변화 (Social Attitude Towards Death), 삶의 질 향상 (Improvement of Quality of Life)

<학습 목표>

- 죽음교육의 개념과 역사적 배경을 이해하고, 죽음에 대한 사회적, 문화적 태도의 변화를 파악한다.
- 공식적 교육과 비공식적 교육에서 죽음교육이 이루어지는 방식과 그 중요성을 설명할 수 있다.
- 삶과 죽음에 대한 통합적 이해를 통해 죽음교육이 개인의 심리적, 정서적 성장에 미치는 영향을 분석한다.
- 현대 사회에서 죽음의 금기를 극복하고 죽음에 대한 긍정적 태도를 형성하는 방법을 탐구한다.

- 죽음교육을 학제 간 접근으로 바라보며, 삶의 질 향상과 비탄 및 상실 극복을 위한 실천 방안을 제안한다.

<적용 실천>
- 죽음에 대한 개인적 태도를 성찰하며, 삶의 소중함을 깨닫는 시간을 가진다.
- 가족이나 가까운 사람들과 죽음에 대해 열린 대화를 나누어 준비된 태도를 형성한다.
- 죽음을 자연스러운 삶의 일부로 받아들이는 긍정적 인식을 주변 사람들에게 전파한다.
- 상실과 비탄을 경험하는 사람들을 공감하며 돕는 자세를 실천한다.
- 삶과 죽음의 의미를 성찰하며 현재의 삶을 더욱 충실히 살아간다.

죽음교육에 대한 역사와 현재적 관점

Ⅰ. 죽음교육의 역사와 현재[8]

죽음교육은 인간이 자신의 수명에 대한 한계를 자각하면서 시작되었다고 말할 수 있다. 죽음교육 또는 죽어감, 죽음, 비탄, 상실과 관련된 문제에 대한 공식적이고 비공식적인 학습은 역사를 통하여 민속, 구전 문학, 종교의식, 문학, 미술과 종교의 중요한 일부였음을 알 수 있다. 죽음이 어떻게 이해되는지는 특정 시기에 정착된 특정 문화의 역사적, 사회적 제도와 유사하다. 그리스 신화, 우주와 인간에 대한 이해의 변화, 14세기 유럽의 흑사병, 공동체적 사고보다 개인주의를 중시하는 서구 관점의 변화, 세계대전, 인간 수명의 변화는 삶과 죽음이 어떻게 알려져 왔는지를 이해하는 틀을 형성했을 것이다(Cruz, 2010). 그리고 이러한 요인들은 왜 오늘날의 죽음교육이 세계인들에게 그토록 중요한지에 대한 시각과 의미를 준다.

일반적으로 말해서, 20세기 이전에는 사람들은 인간이 죽는다는 것을 어릴 때부터 배웠다. 또한 죽음에 직면해서 어떻게 행동하고 생각해야 하는지를 배웠고, 종교의 가르침과 세속적인 반응에서 사후 세계의 개념을 끌어냈다. 죽음은 삶의 한 사실로서 인정받았고, 극소수의 사람들만이 오랫동안 그러한 사실로부터 가려져 왔다. 사실, 19세기 후반에

---

[8] 죽음학의 역사와 이론은 David E. Balk & David K. Meagher Eds., *Handbook of Thanatology : The Essential Body of Knowledge for the Study of Death, Dying and Bereavement*(2013)에 게재해 있는 Illene Noppe Cupit의 글을 일부 번역 재구성해서 게재하였다.

는, 여자아이들에게 죽음 의식과 관련된 행위를 제대로 가르치기 위해, 장례와 종교의식을 위한 의복(예를 들면 검정 완장)과 같은 아이들의 조문 세트를 살 수 있었다(Stearns, 2010). 이는 미 자본주의와 죽음교육의 완벽한 결합이었다.

죽음교육의 역사는 주로 서구 유럽의 시각에서 기술되었다. 스티언스(Stearns, 2010)에 따르면, 죽음교육의 역사를 아는 것은 매우 중요하다. 왜냐하면 죽음이 알려지는 방식은 사회 구성원으로서 우리가 완전히 이해하지 못하는 수많은 변화를 거쳐 왔기 때문이다. 이러한 사고의 복잡한 진화는 정보화 시대에 의해 예고된 문화 혁명과 관련하여 특히 그럴 것이다.

사회 역사학자 필립 아리에스(Philippe Aries, 1981)는 죽음에 대한 서구식 개념을 사회 역사적 사건들과의 유사성으로 설명했다. 중세 이전 죽음의 문화적 관점은 제도나 종교에 의해 '길들여진 죽음(tamed death)'으로 형성되었다. 이 개념은 죽음을 삶의 정상적인 부분으로 보고, 거부하지 않으며 침착하게 받아들여 최후의 준비를 공개적으로 의식화했다. 죽음을 개인적인 상실이 아닌 자연 질서 속 과정으로 간주했다. 이 시기의 죽음교육은 죽음의 시나리오가 수반되는 적절한 종교적 의식과 행위의 관찰을 통한 학습의 형태를 취하였다.

이러한 형태의 죽음은 중세 시대 동안 변했는데, 자기 인식과 심판의 날을 강조하던 종교로 인해 개인의 죽음에 초점을 맞추게 되었다. 종교적 가르침의 형태로 죽음교육은 사후 세계와 영원한 구원을 준비하는 살아있는 삶을 강조했다. 잘 죽는다는 개념은 이 시기 임종 의식의 개요를 적은 기독교 기반의 안내서(Ars Moriendi)에 의해 알려졌다.

죽음의 태도에 대한 또 다른 변화는 18세기에 일어났다. 산업 혁명과 사회적 현실(세속)주의, 낭만주의, 심령론과 함께 중요한 사람의 죽음을 추모하고 기억하는 것이 죽음 개념의 중심이 되었다. 적절한 애도 행위는, 일반적으로 남녀 차이가 있는데, 죽음과 죽어감에 관한 학습에 있어서 중요한 측면이었다. 아리에스는 이러한 과거의 주제들이 죽음의 수용을 반영한다면, 20세기의 역사적 사건들과 중요한 인구통계학적 경향은 죽음과 관련된 삶의 방식을 바꾸었다고 지적했다. 수명이 늘어나고, 이동이 더욱 자유로워짐으로 인해 죽음과 직접적인 접촉은 더 멀어졌다.

아리에스가 '부정되고 금지된'이라고 명명한 죽음은 적어도 서구 사회에서는 침묵의 음모에 싸여 있었다(Aries, 1981). 아마도 가장 중요한 죽음교육의 교훈은 이 주제를 인정하거나 연구하면 안 되는 것이었을 것이다. 비록 프로이트(S. Freud)가 『애도와 우울증 Mourning and Melancholia』(1917/1959)에서 죽음과 비탄에 관해 썼지만, 가르치고 배우는 주제로서의 죽음은 대체로 존재하지 않았다. 대화로 하기에는 너무 문화적인 독창성이 강하기 때문에, 사랑하는 사람의 죽음이나 임박한 제 죽음에 직접 직면하기 전까지는 공식적으로 죽음이 논의되지 않았다. 죽어감, 비통함, 죽음의 법적 부분과 같은 다면적인 측면에 대해 교육받지 못하고 두려워하며, 사회화되지 못하고 죽어가는 것과 죽음으로부터 오는 스트레스가 문화적 무지에 의해 악화되었다.

그래서 20세기 후반에 죽음교육의 필요성이 대두된 것이 불가피했다. 죽음교육이 학문의 핵심으로 자리 잡은 것은 전통적으로 헤르만 파이펠(Herman Feifel, 1959)의 획기적인 출판물 『죽음의 의미 The Meaning of Death』이후로서, 이는 죽음에 대한 솔직한 토론을 못 하게 하는 금기를 없애기 위해 편집된 일련의 논문들이다. 이렇듯 미미하게 시작하여 전 세계적으로 책, 학술지, 강의, 워크숍 및 인터넷 글로 진화하여 다학제적인 죽음에 관한 연구가 생겨났다. 새로운 분야로서, 죽음교육은 비교적 짧은 기간인 약 50년 동안 상당히 많은 변화를 겪었다. 이 글에서는 특히 고등교육과 전문교육(movement가 시작된 곳)에 관한 공식, 비공식적 측면의 논의를 통하여, 죽음교육에 대한 간단한 로드맵을 제공할 것이다. 특히 인터넷이 '죽음의 방식'에 미치는 심오한 영향과 관련하여, 오늘날의 죽음교육의 현황과 미래에 대한 예측을 고찰할 것이다.

죽음교육을 이해하기 위해 가장 중요한 개념적 체계로 사용될 세 가지 주요 주제가 있다: (1) 분야에 대한 정의와 명료화, (2) 교육학과 죽음교육, (3) 죽음교육에 대한 현재와 미래적 관심.

II. 죽음교육의 정의와 명료화

죽음교육은 학제 간 접근법(interdisciplinary approach)을 포함하고 있다. 현대 사회에서 죽음이 무엇을 의미하는지에 대한 진정한 이해는 죽음을 역사적 관점, 다른 문화와 신념 체계의 관점과 개별적이거나 공유된 의미를 통해 고찰하는 것에서 생겨난다. 정치적 사건, 환경적 요인, 경제 정책조차도 우리가 죽는 방식에 영향을 준다. 죽음교육이 미국에서는 돌봄의 논의 때문에, 사하라 중부 아프리카에서는 HIV/AIDS의 창궐 위기에 의해, 중동 지방에서는 전쟁과 폭력으로 인한 죽음에 의해 영향을 받을 수 있다. 죽음교육의 내용은 총체적인데, 이는 네 개의 중심적 차원인 지적(인지적), 정서적(감정), 행위적(죽음과 관련된 상황에서 사람들의 행동) 및 개인적, 사회적 가치와 연관되어 있기 때문이다(Corr & Corr, 2013).

죽음교육은 공식적, 비공식적 환경에서 일어나는 것으로 인식되고 있다. 비공식적 교육은 죽음에 관한 대화와 논의를 할 수 있는 '가르칠 수 있는 순간(teachable moment)'이 있을 때마다 일어난다. 가족 간의 대화가 원활하면 애완동물이 죽거나 조부모가 돌아가셨을 때, 교실 내에서 죽음을 유발하는 사건이 일어날 때, 뉴스에 나오는 사건 등에서 죽음을 이야기하게 된다. 어른들도 또한 영화, 시사 사건, 가족의 위기, 아이의 질문 혹은 동료의 죽음같이 직장에서 일어나는 문제 등에 대한 비공식적인 토의에 개입한다. 이러한 자발적인 토론의 성격은 죽어감과 죽음에 대한 과거의 경험과 신앙의 가르침에 기인한 지식과 태도에 달려 있다. 불행하게도 관련된 교육이 거의 없는 상황의 대화는 오해와 잘못된 정보를 낳을 수 있다. 죽음이 삶의 과정 중 하나의 사실로 받아들여지는 문화에서 아이들과 청소년들이 임종 기도와 장례식에 참여하기도 하는 등, 비공식적인 죽음교육의 기회를 경험할 수 있으나 슬프게도 전쟁, 기근 및 인간에게 당하는 폭력의 외상으로부터는 보호받지 못한다.

죽음교육의 공식적 측면은 교육 목표와 목적, 커리큘럼과 평가에 초점을 맞춘다. 죽음교육은 1960년대 미네소타(Minnesota) 대학교의 로버트 풀턴(Robert Fulton) 교수의 강의와 웨인(Wayne) 주립대학교의 로버트 카스텐바움(Robert Kastenbaum) 교수의 강의와 같이, 처음 몇 개의 대학 과정에서 시작되었으며, 이후 심리학, 종교학과 사회학과에 새로운 강의들이 개설되었다(Pine, 1977). 실제로 그 수는 모든 대학이 죽음학(Thanatology) 강의를 제공하고 있을 정도로 증가했다

(Doka, 2003). 죽음교육은 독립 과목이 아니라 하나의 모듈로서 통합되므로 어린 학생들이 그 정보에 노출되는 정도를 헤아리기 어렵겠지만 초중등 학교에서도 죽음교육을 시행하고 있다(Doka, 2003b). 퀴블러-로스(Kübler-Ross, 1969)는 의료 종사자를 위한 죽음교육의 필요성을 강조했는데, 특별히 만성적인 퇴행성 질병으로 죽어가는 환자를 돌보는 데 필요한 지침에 목말라하는 간호사들에게 관심을 가졌다.

비록, 최초 죽음교육의 목적은 다양했지만, 그 주된 초점은 문화적으로 금기시되는 주제의 논의에 참여하는 사람들의 안전이 보장되는 환경을 만들어내는 것이었다. 또한 죽음교육 가치의 명확성을 촉진하고, 문화와 사회적인 힘으로 구조화된 죽음의 경험을 반영하여 비탄과 죽어가는 과정에 대한 이해를 촉진하고 정치적으로 정보에 입각한 결정을 하도록 시민들을 준비시켰다(Corr & Corr, 2003a: Leviton, 1977: Pine, 1977. Leviton, 1977). 카스텐바움(Kastenbaum)은 죽음교육의 목적이 삶과 살아감뿐 아니라 죽어감의 질을 향상시키는 것이며 이는 오늘날의 죽음교육에서도 핵심이라고 언급했다. 따라서 죽음교육은 '죽음과 더불어 사는 삶에 대한 학문'으로 정의될 수 있다.

레비턴(D. Leviton)에 따르면, 죽음과 죽어감에 관한 교육의 가치는 죽음이 임박한 사람과 그를 사랑하는 사람들 사이의 소통을 향상하고, 학생들이 질적인 삶을 연장하는데 취할 수 있는 조치를 더 잘 인식하고, 비탄의 증상을 인식하고 대처할 수 있게 하는 것이다. 레비턴(1977)은 그의 통찰력 있고 예지력 있는 글에서, 죽음교육의 학습 결과에 대해 측정하고 평가를 할 수 있는 수단을 요구했다. 이런 접근법에서 가장 분명한 것은 죽음교육을 지식의 증가를 통하여 죽음의 불안을 감소시키는 수단으로서 평가하는 데 있다(Durlak, 1994). 비록 연구가 장례 의식, 비탄과 애도에 대한 이론, 죽어가는 과정, 죽음과 죽어감에 있어서 생애 발달 단계 문제와 같은 죽음학 주제에 대해 학생들의 지식이 증가하고 있다는 것을 시사하지만, 죽음의 불안을 줄이는 목적에 부분적으로만 성공했다는 것을 보여주고 있다(Durlak, 1994: Maglio & Robinson, 1994). 그러나 헝가리 의대생들의 완화 돌봄과 임종 문제에 대한 교과과정의 평가에서 보면, 과정을 수강한 결과로 중요한 사람들(배우자나 애인)의 죽음에 대한 두려움과 죽어가는 과정에 대한 두려움이 크게 낮아지는 것으로 나타나 매우 고무적이었다(Hegedus, Zana, & Szabo, 2008).

죽음교육 개척자의 선구자적 시각(1977년에 파인(V. Pine)에 의해 언급된)에 대한 증언과 같이, 죽음교육에 있어서 현대 교과과정의 목표와 학습 결과는 최근 지난 몇 년간의 목표와 결과에서 크게 변화하지 않았다. 오히려 변한 것은 학생들과 학자들이 사용할 수 있는 교재의 폭발적인 증가이다. 죽어감과 죽음을 주제로 하는 학술 전문 서적들이나 상업 서적들이 정기적으로 나오고, 이 분야 강사들에게는 7판, 9판, 11판을 포함하여 접할 수 있는 일련의 교재가 많아졌다. 정기학술지와 소식지(『오메가 Omega』, 『죽음과 죽어감의 저널 Journal of Death and Dying』, 『죽음연구 Death Studies』, 『필멸 Mortality』, 『포럼 Forum』, 『죽음교육상담협회 뉴스레터 Newsletter of the Association for Death Education and Counseling』)는 죽음학의 최근의 이론적, 실증적 연구를 제공하고 있으며 인터넷에도 같은 분야의 넘치는 주제를 다루는 사이트는 많다. 죽음과 죽어감 그리고 사별에 대한 국제 연구단체(International Work Group on Death, Dying, and Bereavement), 죽음교육상담협회(Association for Death

Education and Counseling, ADEC)와 미 호스피스재단(Hospice Foundation of America, HFA)과 같은 전문 기관이 1970년대와 1980년대에 설립되었고, 현재 그 분야 지식에 대해 주요한 기여를 한 것으로 많은 존경을 받고 있다. 죽음과 죽어감에 관한 교육을 촉진하는 것이 그들의 임무에 포함되어 있다. 죽음에 관한 지식은 그 중요성에 대한 인식의 전환으로 말미암아 선풍적인 인기를 얻게 되었다. 그리고 이제는 비공식적 죽음교육이 신문, TV, 영화, 인터넷에서 제공하는 정보들로 이루어지고 있다. 죽음은 여전히 금기시되는 주제이기는 하나 미디어의 인기 있는 주제가 되었다(Six Feet Under, Pushing Up Daisies, Go on 등과 같은 죽음을 완곡하게 표현한 제목을 가진 TV 쇼의 등장).

Ⅲ. 교육학과 죽음교육

 죽음교육의 전체론적인 특성은 학생들에게 지적, 정서적 차원에서 주제를 탐구할 기회를 제공한다. 죽음교육자는 학생들이 죽음학 과정을 듣는 이유가 필수 과목이기 때문인지, 지적인 호기심을 충족하기 위해서인지, 혹은 개인적인 문제에 도움을 받기 위해서인지 알 필요가 있다. 많은 학생들에게 이 세 가지 동기가 모두 작용하고 있다. 몇 년 동안, 두 개의 주요한 교수법이 발전했다. 하나는 지식의 보급과 관련된 교훈적인 영역과, 다른 하나는 정서적 요인을 강조하는 실험적인 영역이다. 강의, 독서와 내용 중심 자료의 토론을 강조하는 교훈적인 방법은 인지적 인식의 증가를 촉진했다면, 듀락, 매글리오와 로빈슨(J.A.

Durlak, C.J. Maglio, & S.E. Robinson, 1994)의 죽음에 대한 불안의 메타 분석에서 나타났듯이, 죽음의 불안을 감소시키는 데 도움이 되는 것은 개인적인 생각을 반영하는 실험적인 방법이라는 것을 보여주고 있다. 학생들의 죽음과 관련된 문제에 관한 지식, 행동 그리고 정서적인 변화들은 그들이 받은 교육 유형과 연관이 있다.

1. 융·통섭 학문으로서의 죽음교육

최초의 죽음교육상담 전문가는 철학, 종교, 인류학, 역사, 심리학과 사회학처럼 다양한 분야를 포괄하는 각기 다른 다양한 관점의 접근법과 지식을 통합할 필요성을 인식했다(Corr & Corr, 2003: Noppe, 2010). 초기의 과정은 다른 관점들을 포함하기 위해 다양한 학문 분야의 초청 강사를 자주 이용했다(Morgan, 1987). 그 전통은 오늘날에도 이어져(Wass, 2004) 학제 간의 창의적인 협력을 하게 된다. 하지만 죽음교육이 그 자체의 특정 학문 분야로 발전해오면서, 학술적, 교육적 전통과 여러 전통 분야의 접근 방식과 지혜를 자체의 틀에 통합하는 방향으로 발전시켰다. 한때 실험적이거나 이단으로 여겨졌지만, 이제 죽음교육과정은 대학 대부분에서 합법적으로 여겨지고 교양이나 필수 과목 일부가 되었다. 노페(I.C. Noppe, 2007)가 조사한 죽음교육과정의 강의 내용에서 가장 흔한 주제로는 의학 윤리, 장례, 죽어가는 과정, 다문화적 관점, 죽음과 공공의 비극, 호스피스, 영적인 문제들, 사별과 비탄 그리고 아이들과 죽음이 있다. 비록 이를 증명할 연구들은 없지만, 고등교육에서 증가하고 있는 죽음교육이 저학년 수준에서는 일어나지 않는다. 저학년 수준에서 이루어지는 죽음교육의 대부분이 비공식적일 것이라는 추측을 할 뿐이다.

2. 죽음교육의 '새로운' 교수법

죽음과 죽어감을 가르치는 것은 어느 정도 강사의 독창성이 늘 요구되었다. 그러나 학부 교육이 새로운 교실 경험을 통한 교육과 학습의 효과를 높이는데 관심이 급증하면서 많은 아이디어가 죽음교육과정에 적용되었다. 죽음과 죽어감에 대한 대학 과정의 초창기부터 강사들은 경험적 학습의 가치를 인정했다. 오늘날의 과정에서는 묘지 분석부터 조문과 장례 진행자 면접, 죽음학 내용이 들어있는 아동 문학, 전문적인 회의에서 발표될 학생 주도의 연구 과제 등의 활동과 프로젝트까지 널리 확대되었다. 포럼(forum)에는 교수법에 관한 정기적인 특집 기사도 있다. 수강생들이 교과과정의 주제와 관련된 봉사 활동을 하는 동시에 관련 학업 활동도 하는 서비스 학습(service learning)이 죽음학 수강생들에게 풍부한 경험의 기회를 제공하고 있으며, 바스(H, Wass)에 의해 죽음교육의 효과적인 학습법으로 인정되고 있다.

죽음학 과정의 가장 중요한 교수법의 변화는 가르치고 배우는 학습 도구로서 컴퓨터의 도입이 늘어난 것이다. 초기 죽음교육상담 전문가(싸나톨로지스트)들은 현대의 정보 시대를 상상할 수도 없었다. 오늘날에는 죽음학 강좌가 인터넷에서도 제공되고 있으며 학생들은 다양한 웹사이트의 자료로 공부하고, 실제적인 거리는 떨어져 있지만 가상의 상태로 접근이 가능한 자료를 활용한다. 인터넷은 비공식적 죽음교육 정보의 원천이며, 특히 소셜미디어(social media)에서는 친구들 사이에 정보와 게시물이 공유되는데 이는 여러 종류의 잘못된 정보와 잔

인한 농담으로 상처받을 수도 있지만, 위로와 지식을 제공해줄 수 있는 죽음 관련 논의(특히 비극적인 죽음이 발생할 때)로 이어지기도 한다. 심지어 살인과 전쟁이 포함된 인터넷 게임과 비디오 게임도 비공식적 죽음교육에서 하나의 역할을 할 것이다(Simpson, 2011).

공식적 차원에서 인터넷 죽음교육과정의 수는 급속히 증가했다(Cupit, Sofka, & Gilbert, 2012). 이 교육과정들은 과거에는 학생이나 강사에게 가능하지 않았던 방식이었으나, 독창적인 자료를 활용하여 전 세계 사람들에게 폭넓은 잠재적인 접근성을 열어줄 수 있게 되었다. 또한 e-메일과 인터넷 토론 사이트가 지적 상호 교환을 위한 장을 마련하자 학생과 학자 사이에 의사소통의 장벽이 사라졌다. 교훈적 요소와 경험적 요소 둘 다 창의적인 교육적 방법으로 이어지는 교육과정에 포함될 수 있다. 이러한 민감한 내용의 교육과정이 효과를 내기 위해서는 이슈와 문화적 차이 및 가치를 탐구하기 위한 안전한 장소로서 온라인 구축이 필요하다.

3. 죽음교육에 관한 현재의 문제와 미래의 관심 영역

초창기의 죽음교육은 주로 인문학적 커리큘럼의 일부인 개론 강의(survey course)로부터 시작되었다. 공식적인 교육과정(course work) 측면에서 의학, 사회복지, 정신 건강과 같은 전문 분야는 거의 없었다. 오히려 죽음교육은 보통 일회성 행사인 워크숍과 과외 활동으로 이루어졌다. 비록 완화 돌봄 문제가 아직도 학부 간호학 커리큘럼에서 부족하게 다루어지지만, 최전선에 있는 돌봄 제공자로서 어떻게 죽음을 맞는 사람들을 도울 것인지를 배워야 할 필요성이 크다고 느낀 간호 교육자들이 죽음교육을 이끌었다(Mallory, 2003). 죽음을 앞둔 사람들에 대한 돌봄, 죽을 권리 운동 그리고 여타의 공공정책 사안을 다루는 의료돌봄 시스템의 부족함으로 인해 이러한 교육적 요구가 증가했다. 죽음교육상담협회(ADEC)와 미 호스피스재단(HFA)은 아이들의 비탄, 상실, 공공의 비극과 죽음을 앞둔 시점의 윤리적 딜레마 같은 주제에 집중된 온라인 회의를 제공함으로써 죽음교육 확대 노력의 중심에 있었다. 성인교육과 평생교육 과정들이 이 분야의 전문가와 일반 대중에까지 확산되었다. 그러나 대부분 자료는 기본 커리큘럼과 전체 과정이 제공되지 않는 워크숍 형식으로 통합되었다. 게다가 의학 교재는 임종 돌봄에 해당하는 자료를 다루는 데 한계가 있었다. 간호 교육은 좀 더 진보적이어서 차츰 교실과 인터넷 학습이 결합된 형태의 과정이 성공적으로 제공되고 있다(Kavanaugh, Andreoni, Wilkie 외 연구진, 2009). 응급 의료 서비스와 같은 몇몇 전문 분야에서는 대부분 죽음교육을 하지 않고 있으며, 교육을 진행할 때도 정식 교육을 받지 않은 강사가 가르치고 있다(Smith & Walz, 1998). 의학을 공부하는 학생들을 대상으로 죽어가는 환자에 대처하는 방법들을 가르치고 연구하는 과정과 워크숍들이 더 많이 필요하다. 이러한 발달은 돌봄 제공자를 위해 돌봄을 포함한 좀 더 전체적인 접근법을 강조하는 전문교육의 새로운 경향을 반영하는 것일·수도 있다.

　오늘날 죽음교육은 전문 대학원 교육으로 확장되었다. 뉴욕 브루클린(Brooklyn) 대학, 프리데릭(Frederick)의 후드(Hood) 대학, 폰드 두 락(Fond du Lac)의 마리안(Marian) 대학의 석사 프로그램이 있다. 이들의 프로그램은 모두 국제 표준 인증규격에 맞는 프로그램으로 의학과 정신 건강 전문가들을 위한 죽음교육상담 전문가 육성에 도움을 주고 있다.[9] 임상 심리학자들에게 죽음과 죽어감의 콘텐츠에 대한 훈련, 임상 평가, 증거에 기반한 실천의 이해와 실습 교육을 위한 훈련의 기회가 드물기는 하지만 그들도 자신들이 임종에 관련된 문제에 직면한 사람들을 다루는 데 중요한 역할을 하게 될 것이라 인식하고 있다. 오버, 그래넬로와 휘턴(A.M. Ober, D.H. Granello & J.E. Wheaton, 2012)은 369명의 정신 건강 전문가들을 대상으로 한 연구에서 절반이 넘는 수가 비탄에 관한 공식적인 수업을 듣지 못했다고 말했다.

죽음교육학자 사이에서 광범위하게 논의되는 두 번째 문제는 죽어가는 과정에서, 문화와 인종의 영향을 이해하는 것이다. 죽음교육에서 이러한 사항이 필요한 이유는 죽음의 금기와 부정성을 넘어 인간다움의 진실을 발견하고자 함에 있기 때문이다. 상실과 죽음을 대처하고자 하는 문화의 다양성은 죽어가는 과정, 죽음의 의미, 종교와 영성, 삶의 마지막 단계의 도덕적, 윤리적 문제가 사회적 구조에 어떻게 스며드는지에 관한 인문적 요소가 교육에 포함된다. 미국의 죽음교육은 세계적인 문화사조의 변화와 인구이동에 따른 융-통섭적인 연구(global study)가 더욱 중요해짐에 따라 죽음교육도 이러한 변화에 부응하고자 다양한 교육기법을 제안하였다. 즉 다른 나라에서는 죽음교육이 어떻게 가르쳐지는지를 먼저 탐색하고 연구해서 학습자 위주의 교수 기법과 아이디어를 나누고자 하였다.

해외에서 죽음학을 가르칠 기회를 가진 미국 대학의 교수들은 상실과 죽음 문제에 있어서 문화의 다양성에 대해 더 큰 가치를 배우고, 죽음교육과정에서의 이러한 접근법이 아주 좋은 효과가 있음을 발견하였기에 해외에서의 상실과 죽음교육에 대한 교과과정과 연구 프로그램을

---

[9] 역자주 : 한국에서는 한국싸나톨로지협회와 MOU를 맺고 있는 한신대학교가 휴먼케어 융합대학원에 죽음교육상담전공 석사·박사과정을 개설 운영하고 있다.

다양하게 소개하기 시작했다. 이는 학생들에게 다른 문화의 상실과 죽어감에 관해 배울 기회를 제공하였다(Cupit, 2011).

세상은 점점 다양해지고 지구촌 교실 안에서 학생과 교수, 학생과 학생 간의 상호작용이 인터넷으로 이루어짐에 따라, 죽음과 죽어감에 관한 가치와 인식에 미치는 문화의 영향을 이해하는 것은 의사소통의 오류와 참여나 권리의 박탈을 줄이는 데 보탬이 될 것이다. 타셀 보드레(Tashel Bordere, 2009)는 이러한 이해를 문화 의식(cultural consciousness)이라 명명했다. 다행히도 죽음교육을 동질화할 수 없다고 보는 다양한 자료들을 그들의 강의에 포함하려고 노력하는 죽음교육전문가가 많다.

세 번째 쟁점은 죽음교육에서 인터넷의 지속적인 존재와 역할에 관한 것이다. 확실히 공식적·비공식적 학습이 계속해서 발전하고 빠른 속도로 확대되고 있다. 새로운 도구와 기술이 출현하면서 죽음교육자들은 최신 경향을 따라가야 하고, 인터넷 환경에서 어떻게 그들의 자료와 수업 도구를 효과적으로 바꿔야 하는지에 대해 생각해야 할 것이다. 특히 그들은 전 세계 학생들의 문화적 차이에 적응해야 할 것이다. 또한 죽음교육자들은 각 나라 학생의 시차, 각기 다른 소통방식과 학습법에 관한 대처와 다음 세대의 죽음교육상담 전문가를 효과적으로 가르칠 인터넷 활동을 제공하는 데 민감할 필요가 있다.

카스텐바움(1977)은 죽음교육의 초기 연구에서 교육 기법, 죽음교육 상담 전문가 자신의 자격과 동기, 학생들의 기대, 강의의 위험성과 유익한 점에 관해 수많은 중요 질문을 제기했다. 죽음교육이 시작된 지 이미 80년이 지났고, 대학 대부분에서 죽음학이 정통으로 인정받았다고 해서 그러한 문제들에 대해 만족해서는 안 된다. 따라서 미래의 3

대 주요 경향은 증거 기반 실천(evidence-based practice)에 의존하는 교육학에 초점을 맞출 것을 강조하고 있다. 바크(D.E. Balk)에 따르면, 증거 기반 실천이란, 연구자와 임상자 간의 상호작용을 통해 연구자가 임상 치료에서 가장 효과적인 방법이 무엇인가를 평가할 수 있고, 임상자는 연구자에게 평가되어야 할 중요한 문제에 관한 정보를 줄 수 있도록 연구자들과 임상자들 사이에 정보를 주고받는 상호작용을 말한다. 증거 기반 실천은 점점 의학과 임상 업무에 적용되고 있다. 교육에서는, 교실에서 증거 기반 실천에 대한 요구가 들리고 있다. 교수 학습학(scholarship of teaching and learning)으로 알려진 이런 유형의 연구는 교육자의 교실에서의 방법과 목표가 충족되는지를 결정하는 데 필수적이다. 증거 기반 실천은 죽음교육이 전체적이고 여러 학문에 걸쳐있기에 죽음교육과정에 필수적이다(Noppe, 2008). 죽음교육상담 전문가는 자신이 어떤 방식으로 콘텐츠를 전달하고 학생의 학습을 평가하는지, 경험적 실습을 고안하는 방식이 의도한 목적을 충족시키는지 알아야 한다. 과정의 목표 달성에 대한 이러한 평가는 특히 온라인 과정에 해당할 수 있다. 고등교육 부문에서는 좀 더 비공식적인 환경에서 훈련받은 죽음교육상담 전문가에게 똑같은 원리가 적용된다. 죽음교육에는 연구의 목적을 알고 그 연구의 유용성을 이해하고 이를 교육 행위로 옮기는 것이 포함된다.

Ⅳ. 보편적 지식체계로서의 죽음교육

죽음교육은 상대적으로 짧은 시간 안에 제공되는 강좌의 수, 기존의 교양과목을 넘어 대학원과 전문교육으로의 확대, 다문화 관점의 중요성 인식과 교수, 학습, 학문의 전자 매체에 대한 의존도 증가 측면에서 많은 변화를 해왔다. 그러나 그러한 교육 경험을 창조하는 것의 중심적인 동기는 같다. 그것은 죽음, 죽어감, 상실에 대해 더 많이 알게 될수록 삶의 질이 향상될 가능성이 커진다는 믿음이다.

심화 1

죽음교육 지식체계

<내용 요약>

이 글은 죽음교육의 이론적 기초와 실천적 접근을 다루며, 죽음학을 인간학에 기반한 실존적 학문으로 정의한다. 죽음학은 생-사-학, 사-생-학 등의 개념을 통해 인간의 죽음을 단지 생물학적 현상이 아닌 실존적 결단과 의미화를 중심으로 다룬다. 고통, 결단, 실존적 주체성 등 중요한 개념들이 결합 되어, 죽음교육은 인간다움과 영성의 실천을 강조한다. 또한, 죽음학은 감정과 인지의 변화를 통한 치유 과정을 포함하며, 이를 통해 상실과 죽음을 맞이하는 새로운 태도를 제시한다. 마지막으로, 죽음교육의 연구는 다양한 관점에서 비탄과 고통을 분석하고, 실존적 결단과 실천을 통해 인간 삶의 의미를 발견하는 것을 목표로 한다.

<핵심어>

죽음학, 실존적 학문, 죽음교육, 고통과 결단, 실존적 주체성

<학습 목표>

- 죽음학의 개념과 역사적 배경을 이해한다.
- 죽음과 실존적 주체성의 관계를 탐구한다.
- 죽음교육의 중요성과 효과적인 방법을 학습한다.
- 고통과 상실 경험에서의 치유 과정을 이해한다.
- 죽음을 다루는 영성적 접근의 필요성을 인식한다.

<적용 실천>

- 죽음과 관련된 주제에 대해 열린 마음으로 접근하고, 타인의 죽음 경

험에 공감하는 태도를 기른다.
- 죽음에 대한 두려움이나 불편함을 줄이기 위해 자아 성찰과 함께 죽음을 자연스러운 삶의 일환으로 받아들인다.
- 죽음을 주제로 한 교육 프로그램을 개발하고, 이를 통해 사람들이 삶과 죽음에 대해 더 깊이 이해할 수 있도록 돕는다.
- 상실과 고통을 겪고 있는 사람들에게 정서적 지원과 위로를 제공하며, 그들의 치유 과정을 존중한다.
- 영성적 관점에서 죽음에 대해 논의하고, 신앙과 철학을 통해 죽음을 보다 의미 있는 방식으로 해석한다.

죽음교육 지식체계

Ⅰ. 죽음교육 지식체계

죽음교육의 근간이 되는 죽음학 지식체계의 내적 구성은 다음과 같은 개념적 정의와 맥락적 이해, 주제별 유기적 통일성과 내적 관계를 갖는다.

• 죽음학: 죽음학은 1) 생-사-학, 사-생-학, 임-종-학 등으로 명칭 된다. '생사학'과 '사생학'의 차이는 강조점이 '사'에 있는가 아니면 '생'에 있는가에 있다. '생'에 강조를 두면 죽음과 같은 한계상황에 처했을 때 깃드는 '삶의 소중함'과 '우선순위'에 대한 질문과 사유, 결단이 약화 된다. 이러한 의식에는 잘 살면 잘 죽을 수 있다는 의미가 전제되어, '웰빙(well-being)'이 곧 '웰다잉(well-dying)'이라는 등식이 암암리 내재해 있어, '잘 삶'에 절대적인 가치를 두게 된다. 반면 '사'에 강조점을 두면, '오늘이 마지막이라면'이라는 '사'의 한계상황을 전제로, 삶의 우선순위와 소중함이 어디에 있는지를 순간순간 결정해야 하는(선구적 결단) 주체의 실천적 결단에 초점을 맞추게 된다. "오늘이 마지막이라면, 나는 누구와 무엇을 할 것인지"를 죽음에게 물어봄으로써 삶의 소중함과 훌륭함을 실천해 가는 것이 죽음학의 종지(宗旨)라면 '생사학'보다는 '사생학'의 표현이 죽음학을 실천해 나가는데 더 적합해 보인다. 2) 죽음학(사생학)은 '한계상황'에 직면해 있는 인간의 실존적인 고민이나 고통을 어떻게 대면하고 대처할 수 있는지, 그 실천의 방법과 기술을 제공해 주는 학문으로 그 근간은 인간학에 바탕을 둔다는

의미에서 죽음교육은 곧 인문치료를 지향한다. 그런 의미에서 죽음학은 철저히 인간학(Anthropology)에 토대를 두고 '인간다움'을 지향한다. 그런 의미에서 죽음학(Thanatology)은 '실존 인간학, 또는 실존 인간학적 관점'을 제시한다.

• 인간학: 인간학은 인간이 인간일 가능성, 즉 '인간다움'을 지향한다. 그렇다면 인간다움은 무엇을 의미하는가? 그것은 자신의 문제를 자신이 스스로 해결해 나가는 주체성(자율성)에 있다. 그리고 이 주체성을 바탕으로 존재에 대한 자각과 발견, 인과적 이해와 의미화, 초월과 연결성으로의 결단과 실천을 의미한다. 현대 죽음학에는 한계상황에 직면한 인간의 실존적 고뇌와 결단에 관한 연구가 생략되어 있다. 이는 죽음학이 제삼자 관찰자의 관점에서 객관적이고 보편적으로 기술된 것에 기인한다. 이제 죽음학은 제삼자 관찰자의 관점을 유지하되, 부단히 한계상황에 직면한 사람의 관점에서 기술되어야 한다.

• 고통: 1) 한계상황에 직면한 인간의 고통은 신체적 고통을 넘어 실존적 고통에 더 가깝다. 고통의 주체는 일인칭이다. 고통은 주체의 표현이기 때문이다. 만약 고통이 삼인칭 적 분석의 대상이 된다면, 고통을 나타내는 주체의 고유성(자율성)과 의미성은 상실된다. 차이와 다름을 나타내는 개인 고유의 고통이 삼인칭 분석가의 관점(동일성)으로 회귀 된다면, 그 차이와 다름은 탈색되고 정형(도식)화된 언어 표상만 남게 된다. 그리고 그 고유성 대신 동일성의 폭력만이 개인에게 덧입혀진다. 2) 고통·고뇌'의(of)' 심적 태도가 어떻게 실존적 삶으로 전회 되는가? 재귀동사로서의 '통증과 고통, 고뇌'의(of)' 심적 태도'는 이제 더

이상 통증과 고통, 고뇌를 제거하거나 거부하거나 대상화하지 않는다. 오히려 통증과 고통, 고뇌를 자신의 실존적 삶으로 받아들이고 전회 시킨다. 삼인칭의 사건과 대상(타자)을 일인칭의 사건으로 '받아들이고 전회' 시킨다는 것, 저들의(대상화된) 문제(죄)를 자신의 문제로 연결하는 실존적 태도가 종교성과 영성의 다른 이름이다. 3) 고통은 주체에 의해 행위 되는 것이다. 그렇다면 주체에 의해 구체적으로 행위 되는 것은 무엇인가? 행위는 주체의 결단으로 실천된다. 주체에 의해 결단되고 실천될 때 비로소 윤리적 인간이 된다. 윤리적 인간은 '영혼의 쾌적한 상태'를 의미한다. 이제 고통은 영성으로 전환된다.

• (실존적) 주체성: 실존은 한계상황에서 '자기됨으로 발전'한다. 실존은 의미적 자아정체성의 확립이며 '자기됨으로의 발전'은 영성을 말한다. 실존의 근거에는 세 가지 비약(초월)이 수반된다. 첫 번째 비약은 '자기 이탈(Selbstdistanz)'을 통해 수행된다. 이는 인간이 자기 자신과 거리를 둠으로써 자신의 개별성을 인식하게 되는 단계로서, 자신의 현실 존재를 객관적으로 바라보게 된다. 두 번째 비약은 '자기 자신을 의식'하는 단계이다. 이 단계는 자기의식(Selbstbewutsein)과 자기 초월(Selbsttranszendenz)을 통해 수행된다. 여기서 인간은 상황에 대해 스스로 책임을 진다는 의미에서 자신의 고유한 가능성과 자신의 부족함을 의식하게 되며, 이러한 고통스러운 난파를 경험함으로써 자신이 결코 해결할 수 없는 한계상황이 존재한다는 사실을 자각한다. 그리고 이와 같은 상황은 결코 물릴 수 없으며 그대로 존속한다는 사실 또한 의식하게 된다. 그러나 역설적으로 이러한 파국이 삶의 발판을 다시 획득하는 도약판으로 작용한다는 것이다. 세 번째 비약은 '실존적 결단

과 실존의 장악(Ergreifen der Existenz)'을 통해 수행된다. 비약은 실존적으로 반성을 통한 가능성을 개별적인 것으로 이해해 자신의 것으로 만들 때 발생한다. 그리고 의식적으로 자기 행위의 길을 결단함으로써 실존을 장악하게 된다. 이런 비약을 통해 인간은 비로소 진정한 의미의 자기 자신이 되며, 자신의 행위를 개별적인 요구로써 경험하게 된다. 세 번째 실존으로의 비약의 단계에서 각 개인은 스스로 자기 삶의 의미를 설정하게 된다. 무미건조하게 보였던 외부 세계의 객체가 자신에게 들어와 비로소 충만한 의미망으로 형성된다. 이 의미망의 형성은 비합리적이지만 불합리하지는 않으며, 비논리적이지만 반논리적이지는 않다. 이제 개인은 자신의 실존을 위해 결단할 수 있는 자유 속에서 스스로 선택할 기회를 얻게 된다.

• 결단: 인간이면 누구나 살아가면서 우연히 만나게 되는 사건과 사고, 상실과 죽음을 회피할 수 없다. 우연성과 불확실한 한계상황으로부터 피할 수 없는 것이 인간의 운명이라면, 이제 인간은 그 한계상황과 대면하고 직면하는 기술이 필요하다. 그리고 그 직면의 기술과 힘을 기를 때 인간은 더 이상 수동적이고 객체적 존재가 아니라, 운명을 주체로 받아들이고 결단할 수 있는 주체적 인간으로 전환된다. 그래서 고통은 이제 명사형에서 동사형으로, 생성과 실천으로 전환된다. 우리가 죽음과 함께 산다는 것은, 자신에게 주어진 명의 길을 선택하고 결단하고 실천해 나가는 것으로 이것이 곧 싸나톨로지스트의 삶이다. 내담자의 주체성은 내담자에게로 돌려주어야 한다. 내담자의 주체성을 분석가가 탈취해서는 안 된다. 주체적 행위에는 윤리가 수반된다. 무엇이 윤리인가? 그것은 분석가가 주체의 관점이었던 것에서 내담자가 주체로 전복

하는 것에 있다. 내담자의 주체적 윤리는 어디에 있는가? 그것은 타자의 시선과 문법 체계에서 벗어나 자신만의 고유한 문법 체계로 자각하고 결단하고 실천하는 것에 있다.

· (직면의) 실천 : 실천은 지속적이어야 한다. 돈오(頓悟)는 없다. 점수(漸修)만 있을 뿐. 'praxis'는 자신의 고유성을 기반으로 한 주체적 결단을 통해 타자에게로 연결되는 것을 의미한다. 죽음교육은 죽음학의 실천이다. 실천은 정태적이고 고정화되어 있지 않다, 상황 생성적이다. 환자가 두려워하고 있는 바로 그 일을 환자가 스스로 하도록 하거나 혹은 그런 일이 또 일어나기를 바라도록 하면 몸의 본능은 항상성과 평형성의 원리에 의해 안정성을 지향하게 된다. 즉 공포가 역설적인 소망으로 바뀌게 된다. 안정된 상태에서 과거에 있었던 사건을 불러일으켜(회상) 말하게 하면, 앞으로 무엇이 될 것인지를 소망하는 것으로 재구성해서 말하게 된다. 이때 우리 인지는 그때 당시에 사건과 동일시된 자연(충동)감정을 거리를 두고 바라보게 된다. 이때 인지는 '자연(충동)감정'에서 '인지 감정'으로 전환된다. 우리는 자신의 감정 상태가 어떤지 표현해봄으로써(정서의 재처리 또는 감정의 재구성) 새로운 의미와 통제감을 획득한다. 직면한다는 것, 그것은 끊임없이 감정을 수정하면서 시냅스의 탄성을 강화하는 과정이다. <돌아본다 → 탐색 → 반성과 성찰(발견과 자각) → 배움 → 반복과 누적 → 습관화 → 무의식적 달통 (인식의 지평 확대) → 드러냄>

· 교육: 죽음학은 "오늘이 마지막이라면 나는 누구와 무엇을 할 것인가?"라는 명제 앞에 삶의 소중함과 훌륭함이 무엇인지를 죽음에게 물

어봄으로써, 세대를 넘어 지속적으로 사람의 길, 인간의 길을 실천해 나가는 학문이다. (중용에서는 교육의 의미를 修道之謂敎, 參贊化育으로 정의한다.)

①신체 생물학적인 죽음교육으로부터 의미-의지적 가치 지향성의 교육으로, ②생애주기별 죽음교육 : 생애주기별의 의미, 신체 생물학적인 단계의 구분이 아닌, 인품과 정신성, 삶의 관계망에서 발달 생성되는 과정, 생애주기별 상실과 죽음을 맞이하는 태도와 특성, 생애 단계별 인지적 특성에 따른 죽음교육, 생애주기별 단계에서 노년기 다음에 임종기의 특별한 마무리(종지법, 구두점 찍기, 삶의 의미를 비로소 발견).

Ⅱ. 연구 범주에 대한 기술적 관점(觀點)

상실과 죽음을 경험한 사람의 비탄과 고통에 대한 이해와 해석은 다양한 관점에서 고찰할 수 있다. ADEC에서 정한 죽음학에서의 비탄과 고통의 연구 범주에 대해, ①문화/사회화(Cultural/Socialization)의 관점, ②종교/영성(Religious/Spiritual)의 관점, ③전문적(직업적) 이슈(Professional Issues)의 관점, ④역사적 관점(Historical Perspective), ⑤현대적 관점(Contemporary Perspective), ⑥생애 발달 단계의 관점(Life Span), ⑦가족과 개인적(Family & Individual) 관점 ⑧기관/사회적 관점(Institutional/Societal), ⑨자원 및 연구(Resources & Research)의 관점, ⑩윤리/법적(Ethical/Legal)인 관점으로 보고 있다.

그러나 연구자의 바라보는 관점은 제삼자의 관점이 아닌, 대상화된 연구 범주의 특성에서 관점이 나타나야 한다고 본다. 따라서 집필자는 상실과 죽음을 경험한 사람의 비탄과 고통에 대한 여러 연구 범주에 대해 다음과 같은 관점으로 해석하고 실천되어야 한다고 본다. ①심리·철학적 관점은 → 죽음과 죽음을 맞이함(Death & Dying)에 대해, ②종교·영성학적 관점은 → 존엄한 임종 결정(End-of-Life-Decision Making)에 대해, ③감정·애도·의미화적 관점은 → 상실·비탄·애도(Loss-Grief-Mourning)에 대해, ④외상성의 관점은 → 외상적 죽음과 대처(Traumatic Death & Coping)에 대해, ⑤실존 주체성 확립의 관점은 → 평가와 개입(Assessment & Intervention)에 대해 연구 기술될 때 연구 범주의 주제가 적합하게 드러날 것으로 본다.

III. 고통의 지형도

상실과 죽음의 고통은 어디에 자리해 있을까? 고통은 단일하지 않다. 융·통섭적으로 섞이어 있다. 따라서 고통이 어느 위치(종단과 횡단)에 있는지 파악이 되어야, 그에 합당한 치유 방법이 나온다. 횡단은 '누구의 고통인가'에 따라 고통의 속성은 달라진다. 개인의 고통과 타자의 고통은 완전히 다르다. 거기에는 바라봄(시선과 응시)의 문제가 개입되어 있다. 횡단은 융·통섭적, 학적 토대에서 바라본 고통의 해석과 이해이다. 고통을 완전히 드러내기 위해서는 특정 영역의 학적 경계를 해체해야 한다. 죽음학의 얼개를 이루는 6개 영역은, 내담자의 고통이 주체가 될 수 있도록(전복) 분석가(싸나톨로지스트) 자신의 학문적 관점을 내려놓고(해체하고) 온전히 그가 될 수 있도록 하는 것에 목표(지향성)를 둔다. 철 지난 이분법의 해체는 우리의 사고를 한층 유연하고 창의적으로 만들어줄 것이며, 그간 우리 사회가 결(缺)했던 교양과 예의 그리고 관용과 합리성을 증진해줄 것이다.

<고통의 지형도 mapping> : 고통의 해석과 고통 주체의 대처(coping)

누구의 고통인가? → ↓ 고통 해석과 이해	개인의 고통	가족의 고통	분석가의 고통 (죽음학 이론의 역사와 전문적 문제)	실무기관의 고통	문화·사회적 고통
<심리·철학적 관점에서 본> 죽음과 죽음을 맞이함(Death & Dying)	죽음 불안, 한계상황, 실존과 결단, 죽어감과 죽음을 맞이함, 죽음의 직면과 대면, 의미화, 考終命, 正命, 死와 終	가족의 역할, 죽음의 궤적, 돌보는 사람, 죽음 인식의 유형, 자원의 배분, 가족 대화유형, 진실 말하기, 초대와 방문	즉자와 대타, 우환 의식, 오상아, 기빙, 자기관리, 경계, 공감 피로(탈진), 판단중지, 청과 문, 공감과 동정, 자기관리, 탈진, 공감 피로	공공성과 선, 행복, 공리주의와 절대주의	죽음이 금지된 사회, 대타에서 즉자로의 전회, 죽음의 대처유형 4개, 우리가 죽음과 함께 산다는 것은
<종교·영성학적 관점에서 본> 존엄한 임종 결정 (End-of-Life-Decision Making)	가치, 태도, 믿음, 수용, 의미화, 초월성, 연결, 향벽설위와 향아설위, 재귀적 전회와 실천, 즉자적 대타, 너는 너 자신이 되어라	사전의료의향서, 화해와 용서, 환자의 권리와 책임, 공감, 배려의 윤리	임종 단계별 감정의 시간적 공간적 전변그래프, 이웃의 환대, 수동적 수용과 능동적 수용, 주시(관찰), 이해, 판단중지, 그가 되어주는 것, 득기사(得其死)	선행, 자율성, 손상금지, 정의, 호스피스 철학, 법원 결정, 의료기술, 임종 결정, 연명의료계획서, DNR	생명윤리의 원칙, 존엄사, 안락사, 조력자살, 장기기증

<감정·애도·의미화적 관점에서 본> 상실·비탄·애도(Loss-Grief-Mourning)	인지, 의식구성,표현하기와 상징화, 의미구성, 반복과 차이, 발달적 문제: 유아기 유년기 청소년기 청년기	가족 분위기와 대화유형(억압과 방어), 지속적 유대, 의미의 복원, 추도 의례, 예측적 비탄, 죽음 부정 6단계	인지, 성향, 기억 회상, 인지 작동 도식, 사후성, 담화구조분석, 과업중심/워든, 애착이론, 이중과정 모델, 복합 비탄, 자각, 대처전략, 임상적 적합성	현대 이론에서의 실증적 연구들, 반려동물의 상실과 권리 박탈적 비탄, 대처의 유형, 도움의 기관	공공성, 공사 구분, 의필고아, 상흔에서 성흔으로, 애도와 관련된 사회시스템, 장례 관행, 추도 의식
<사회구조시스템과 정신분석에서 본> 외상적 죽음과 대처(Traumatic Death & Coping)	우연성, 과도한 충격, 파편화적 이미지와 인과적 설명, 표현하기, 반복, 증상, 동일성, 차이와 다름, 다양한 감정의 변주	무작위성,가족의 대화유형, 살인,자살, 박탈적비탄, 가족기능으로서의 대응,외상사건 이전의주요외상	적절한 훈련, 전문적인 대응, 듣기의 기술, 그가 되어주기, 인과적 이해와 적합한 표상, 외상 대응 인지 도식과 반응	예측 불가능성, 집단적 재난, 기념적인 의식, 의미 형성과 의례, 다양한 외상의 형태들(살인, 자살, 재해, 테러, 전쟁), 참혹성	외상성 죽음의 정의, 인구통계, 자살률, 발달적 문제, 사회적 외상, 자연재해, 인재 형사 사법 체계, 재해관리, 사회적 죽음, 기념 및 의례, 미디어의 역할
<죽음학 방법론과 실천(실존 주체성 확립)에서 본> 평가와 개입 (Assessment & Intervention)	수동적 습관/ 능동적 습관, 생애 단계별 대처의 기술, 자각과 발견, 지속성, 실존 주체성의 확립과 결단	가족 구성원의 말하기 특성, 연령별 역할, 가족 회복력, 복합 비탄, 복합적인 위험 요소	진단의 적절성(기준, 평가, 개입), 다문화상담, 독서치료, 표현 치료, 의미치료, 말하기 연습(연결의 대화), 판단중지, 그가 되어주기, 대화 담화(주인 담화에서 분석가 담화로)	사후성 치료, 비탄 작업, 기관, 자조 모임, 어린이 역할프로그램	수동적 케어에서 능동적 복지로, 노자안지, 국가 및 지역 지원 후원단체, 돌봄 윤리, 시신 처리

<생애 발달 및 윤리학적 관점에서 본> 죽음교육(Death Education)	주체성, 결단, 전회, 의미화, 정명 가치관, 세계관, 지지(知止), <격물-치지-성의-정심-수신-제가-치국-평천하>,	공식/비공식 교육<이립-지어학-불혹-지천명-이순-종심소욕유구> <소자회지-붕우신지-노자안지>	직면과 대면의 기술과 방법, 적절한 훈련과 도구, 지속적인 교육, 생애 발달별 맞춤교육	학교 보건, 상담교사들의 지속적 죽음교육, 평생교육, 죽음교육전문가, 학사 학위과정,	공교육 체계 내의 죽음교육, 표준 커리큘럼, 국내외 표준 죽음교육 교사 자격증
<고통의 의미화 관점에서 본> 죽음학-임상-실천 (Thanatology-Experiential-Praxis)	비탄의 직면과 대면, 신경증 담화, 인과적 이해, 합리적 언어 상징화, 의미화	상혼의 형성과 대처, 인과적 자기-동일성, 개방적 의사소통, 공감과 이해, 화해와 용서	전문지식, 능동적 수동성, 주체 강화, 분석가 담화, 공백의 실천, 차이와 다름	자연감정과 인지 감정, 인지 도식과 감정발현, 화해와 용서의 실천, 주체 담화	충분한 애도문화 형성, 노예 담화, 보편적 규범에서 개인의 고유성 존중 문화로

고통의 의미화는 사물(사건, 대상, 자기)에 대한 인과적 이해와 적합한 언어-표상을 통해서 이루어진다. 의미화의 재료는 고통이다. 고통은 고통을 앓고 있는 당사자, 주체의 고통이다. 따라서 관찰자적 주체성(삼인칭의 간접적인 고통)으로부터 실존적 주체성(일인칭의 직접적인 고통)으로 전환해야 한다. 고통을 맞이하는 데는 기술이 필요하다. 자신이 제삼자의 입장에 있을 때 요청되는 기술은 '판단중지'다. 판단중지는 자신의 판단을 멈추고 고통을 직접 경험한 사람의 입장이 되어 있음을 의미한다. 레비나스는 이를 '능동적 수동성', 또는 '그의 입장이 되어 줌', '주체성의 양도', '공감'으로 표현하였다. 두 번째, 자신이 고통의 당사자로서 직접 고통에 처했을 경우 고통을 억압과 방어, 회피, 연기, 대체, 의존하지 않고 온전히 자신의 '것'으로 수용함의 기술이다. 이는 자신과 타자가 화해와 용서로 연결되는 계기다. 고통의 의미화 실천은 화해와 용서다.

고통의 의미화의 실천(언어-표상화)은 다음과 같은 단계로 진행된다. 직면하기(감정의 표출) → 대처해보기(고통의 감정 상징화) → 인과적 이해(사후적 재구성[10], 반복과 재현-말하기 훈련)와 적합한 단어 표상(사물 표상의 단어 표상화 작업-의식의 재구성-글쓰기 훈련-반복·재현)을 통해 가치관과 세계관이 새롭게 변화 형성하게 된다. 이 과정이 의미화이다.

그렇다면 어째서 고통이 의미화(언어-표상화) 실천으로 감소 해결 되는가? 고통은 언어체계(도식)로 구조화 되어 있다. 사건의 이미지가 언어 표상으로 해석되어 의식 속에 들어오지 못하도록 하는 것이 억압(verdrängung)이다. 억압되어 언어화되지 못해 나타난 것이 고통이다. 하지만 억압은 완벽하게 성공되지 않는다. 억압의 구조-언어 자체가 결여되어 있기 때문이다. 그래서 고통은 다른 형태의 이미지(감정)로 변주되어서 또 다른 경로로 증상으로 나타난다. 언어를 사용하는 인간은 다음과 같은 인지구조의 특성을 보인다. ⓐ인간은 있지도 않은 것을 마치 있는 것(이미지, 환상)으로 환원해서 행위 한다. 이는 자기 보호를 위한 본능적 인지구조의 작동 메커니즘이기도 하다. 우리의 인지구조는 무엇인가를 언어로 생성하지 않고서는 무엇인가를 표현할 수 없다. 즉 무엇인가를 표현하기 위해서는 계속 있지도 않은 것을 마치 있는 것으로 환원해서 무엇인가를 만들어 표현해야 한다. 이렇게 무엇인가를 만들어내어 표현함으로써 안정감을 찾는다. ⓑ따라서 인간은

---

10) 프로이트의 사후성(Nachträglichkeit) 이론에 기초한다. 사후성은 현재의 심상에서 자신이 어떻게 될 것인가를 예감(예감, 직감)하면서 과거의 사건(이미지, 인상, 기억-사물 표상)을 현재의 관점에서 떠올려 회상(재구성-선택, 비교, 판단)하면서 이전에 몰랐던 사건의 전모를 인과적 이해(단어 표상)를 하게 된다. 결국, '주체가 사후적으로 구성된다.'라는 말은 주체란 언어적, 문화적 과정을 거치면서 '빗금 그어진 주체'($)로 등장한다는 말이고, 그 주체에서부터 모든 사건은 다시 출발하고 다시 해석된다. 이 말은 프로이트로의 복귀를 주장하며 라캉이 인용한 프로이트의 유명한 발언: "그것이 있었던 곳에 내가 존재한다." 를 상기시킨다. "Wo es war, soll Ich warden (Where it was, I am to become)"

알 수 없는 그 무엇의 불안을 해소하기 위해(확실한 안정감을 위해) 있지 않은 것을 있는 것으로 만들어 무엇인가를 계속 표현하는 언어학(환유)적 속성을 지니고 있다. 불안-의심-확실성을 위한 끊임없는 질문의 구조가 곧 우리 삶의 모습이다. ⓒA를 B로 동일시하는 데에는 항상 이미지(환상, 상상)를 통해 이루어진다. 즉 이미지는 자극과 행위(반응)의 가교역할을 한다(의타기성). 이는 마치 프로이트(S. Freud)의 사물 표상(자극)을 단어 표상(언어와 기호)으로 연결하는 것과 같다. 인지과학에서는 사물 표상(자극) 이전에 이미 선험적으로 단어 표상이 있음을 증명한다. 또한 단어 표상 이전에 또 다른 사물 표상이 또 선험적으로 있다(끝없는 순환론). ⓓ전환(전회, 재현, 재구성, 표상): 전환하지 않으면 유기체는 안정성을 지속할 수 없다. 지속적인 안정성을 위해 유기체는 외부 자극을 내부 환경에 맞게 조절해야 한다. 마치 피사체를 중심으로 렌즈를 전후로 초점을 맞추듯 유기체 내부 환경을 기준으로 외부 환경을 받아들이는 과정에서 발생하는 차이와 다름이 또 하나의 이미지이다. ⓔ이미지를 통하지 않으면 전환이 되지 않는다. 또 하나의 이미지가 부재하면, A → B가 아닌, A → A가 된다. 'A → A'의 구조는 언어 표상이 분화되지 않은 파충류의 특성이다. 언어를 사용하는 인간은 'A → B' 두 이미지로 사물 표상을 단어 표상으로 전환, 교환함으로써 인과적 이해에 이른다.

고통은 즉각적인 인지 감정과 관련된다. 고통의 반응은 즉각적인 사태 파악과 어떻게 문제를 해결할 것인지를 인지하고 있기 때문이다. 쾌감과 불쾌는 어디에서 오는가? 기본적으로 모든 생물의 1차 감각은 온도와 관계한다. 따뜻하다(溫), 뜨겁다(熱), 서늘하다(凉), 차갑다(寒)는 생명체가 지닌 항상적 체온의 상대적 느낌에서 나온다. 자신의 체온에서 벗어나면 안 좋은 느낌이 들지만, 자신의 체온과 상응성을 이루면 좋은 느낌이 든다. 따라서 감정의 형성은 감각에 의한다. 감각은 동물의 생존 연장의 본능에 기초한다. 감각은 일차적으로 자신과 외재적 환경과의 '차이'를 느끼고 구별하는 것에서 자기동일성을 지키고자 한다. '자기동일성'과 '차이'는 감각이 지닌 본성이다. 일상의 반복과 습관, 관성의 법칙은 '자기동일성'을 유지하고자 하는 감각의 발현일 수 있다. 갈등과 스트레스는 '차이'에서 오는 감정이다. 감정 중에서도 기쁨과 즐거움은 자신이 지닌 환경적 요소가 외재적 환경과 일치가 될 때 생기는 감정이며, 분노와 슬픔은 '차이'와 '구별'에서 생기는 감정이다. 감정과 정서는 감각에 기초한다. 뜨거움, 차가움, 따뜻함, 서늘함의 감각은 근육의 수축과 이완에 관계한다. 분노와 슬픔, 기쁨과 즐거움은 근육의 수축과 이완에 의한 신경전달물질과 상관성을 가진다. 또한 뜨거움, 차가움, 따뜻함, 서늘함의 감각적 느낌은 다양한 감정과 정서를 형성한다.

그러나 자극에 수반되는 인상 그 자체는 인과적 이해와 적합한 단어 표상의 구심성과 방향성이 부재하다. 그래서 언어-표상적 의미화 작업이 요청된다. 인지-생물학에서는 자극과 의미 사이에 다음의 과정이 성립된다. 즉 "사건(외부 자극) → 감각(됨과 함, 내부 환경의 안정성 기준) → 지각(과거 경험과 기억에 의한 차이와 다름을 식별, 비교 구별해내는 능력)[11] - 연합[12] - 행위로 관통한다. 이런 일련의 과정이 곧 언

---

11) 신체적 느낌인 지각은 개별적 자기동일성을 유지하면서 세계로 열려있다. 그리고 자동사적 존재의 방식(정서, 분위기, 기억, 정동, 성향, 바라봄)에 따라 사물을 드러낸다. 이렇게 드러난 사물은 곧 그 사물을 인식하고 바라본 사람의 의식구성 작동 방식에 의해서 나타난 것이다. 지각은 결코 물리적이거나 객관적인 것에 머무는 것이 아니라, 현상세계가 몸의 느낌(corporelle)으로 지각, 이해 해석된다.
12) 지각은 인접한 신경(언어)과 사물들과의 관계망을 통해(연합)서 지각된다. 자신의 체계만으로 외부 자극을 분별할 수 있는 능력이 없다. 모든 지각 능력은 반드시 인접한 신

어-표상이다.

　고통의 형성은 (동일한 사건에 대해) 개인마다 다른 이력과 경험으로 재구성된다. 고통의 원인을 내담자 스스로 자각하고 발견할 수 있도록 해야 한다. 자칫 죽음교육전문가가 내담자의 증상을 제거하거나 억압하고 또다시 보편적 문법 체계에 익숙하도록 안내하거나, 강제화한다면 (죽음교육전문가가 주인, 주체가 된다면) 분석은 실패로 가게 된다. 물론 보편이라는 문법의 질서 체계가 내담자를 보호하기도 하고 안정감을 주기도 하지만, 내담자 스스로 무의식의 그것(실재)이 말하는 것을 망각하거나, 보편문법 체계로 대체되거나 익숙해지면, 자신의 언어로 의미화가 되지 않는 한 증상은 또다시 찾아온다. 증상은 타자의 욕망으로부터 주체 자신의 욕망으로 귀환하는 것에 그 속성을 지니고 있기 때문이다. 이제 죽음교육전문가는 내담자가 그 증상을 자신의 언어로 표지, 의식화하도록 안내해야 한다. 그래야 증상이 내담자에게 의미화된다. 의미화가 되지 않는 증상은 무의식 속에서 끊임없이 반복 표류한다. 증상은 자신의 존재를 의미화할 '적합한 단어(표상)'을 찾아 헤맨다.

　고통은 개인의 문법(인지구조, 환경과 상황의 구조) 체계에 의해 발현된다. 우리가 바라보는 이 세상의 모든 사물은 언어의 표상에 의해 산출된 것이다. 우리의 마음이나 의식, 감정 또한 언어 표상 때문에 걸러진 작용이다. 이렇게 본다면 내가 생각하고 판단하고 사유하는 것도 사실은 자신의 고유한 것이 아니라, 타자가 이미 만들어 놓은 지배구조 안에서 작동되는, 기존 권력자(아버지 판본)들이 짜 놓은 문법 체계에

경과 언어체계(축삭돌기-수상돌기)와 사물 관계망의 연합에서 주어진다. 1차 지각 능력인 신경의 정보 능력은 신경 그 자체의 감수 능력에서 주어지는 것이 아니라, 연합되어 있는 다른 신경(대뇌의 구심성신경-간뇌의 원심성신경)과의 소통(연대, 비교, 연역, 추측, 종합)에 있다. 즉 (과거) 경험이나 기억에 기대어 앞으로 전개될 것 같은 예감과 예기(미래)로 (현재) 사건을 종합, 통합 판단, 선택한다.

서 앵무새처럼 그들의 말을 반복하고 있다고 보는 것이 더 정확할 것이다. 싸나톨로지 임상 실천에서는 현재 내담자가 앓고 있는 고통이 어떤 유형의 고통인가를 파악하는 것도 중요하지만. 더욱더 중요한 것은 "무엇이(누가) 그가 그렇게 고통을 나타내게 하는가?"이다. 즉 그의 말과 행위가 어떤 문법에 지배받고 있는지, 그가 하는 말과 행위가 그가 하는 것인지, 아니면 그 너머에 있는 다른 초자아의 지배를 받고 있는지 그것을 파악하는 것이 더 중요하다. 주체와 초자아의 갈등이 모든 증상이 시작하는 곳이기 때문이다.

한 번의 고통은 반복 재현된다. (은유에서 환유로) → 의미는 재구성 때문에 계속 반복 재생성, 재생산된다. 하나의 언어가 적합한 문법 체계에 의해 표현되지 못하면 경험은 무의식의 영역에 남게 되고, 지각될 수 없다(억압됨). 따라서 적합한 문법 체계와 기호(용어, 색인)는 억압의 사슬을 풀게 한다(도서관에 파묻혀 있는 책을 찾기 위해서는 도서 분류색인이 있어야 책을 찾을 수 있듯이, 무의식에 남아 있는 기억을 적합한 언어로 상징화가 될 때 비로소 억압이 풀리게 된다). 분류 기호 없이 도서관 어딘가에 있을 한 권의 책처럼, 그 자극을 해명할 적합한 상징어가 없다면 무의식 속에 침잠된다. 적합한 용어로 소환(기억)되지 않는다면, 그것은 또 어떻게 해소할 수도 없이 잊히지 않은 채, 머릿(마음, 의식, 감정)속의 도서관 어딘가에 존속해 있다. 프로이트에 의하면 자극을 없애는 일상적인 방법은 해소(카타르시스), 대체물 형성, 투사 등이지만, 라캉에게는 언어의 환유적 연쇄작용 그 자체이다.

그래서 고통은 계속 말하고 표현해야 감소한다. 주체는 언어(기표)에 의해 사유, 표상, 살아가게 된다. 주체는 의식의 확실성을 추구함으로써 쾌락을 느낀다. 언어로 표현되지 않거나 정신적인 행위로 표현되지 않은 표상은 무의식 조직 속에서 억압된 상태로 계속 머물러 있다. 무의식에서 의식(자각과 이해)으로의 이행은 언어적 지각의 잔재(기억 흔적)와의 연계(하나의 이미지를 다른 하나의 이미지 B로 해석)를 통해서만 얻을 수 있다. 우리가 말을 한다는 것은 모두 어떤 사건에 이미지(기억)를 부여하여 상징화(기호화)한다는 것이다. 자신의 감정을 언어화할 때 새로운 의미와 통제감을 획득한다. 언어화는 감정을 다루는 손잡이와 같다. 우리는 언어를 통해 감정을 수정한다. 언어는 이렇게 새로운 의미의 생성을 촉진한다. 감정에 명칭이 부여되면서 감정으로부터 자신을 분리하고 강한 자기감이 촉진된다. 감정을 언어적으로 상징화하면서 자신이 느끼는 감정이 어떤 것인지 알게 되고, 감정을 볼 수 있는 새로운 위치와 관점이 만들어지는 것이다. 외상적인 사건도 말을 하는 행위를 통해서 자기 안에 동화해 가는 재구성 과정을 밟아 가게 된다. 감정적인 외상 경험을 상징화하면서 이전에는 말로 분명하게 표현할 수 없었던 경험들에 명시화가 허락되고 의미가 부여된다. 외상적인 기억을 안전한 환경에서 활성화하고 상징화함으로써 통제력을 회복하고 희생자가 아닌 주체가 되어가는 것이다.

고통은 실체가 아닌 사회적(심리적) 관계 맺음의 불일치에서 발생하는 언어-표상적(이미지)이다. 사물 표상은 처음 자극(낙인)에 받은 첫인상, 혹은 이미지를 말하고, 언어 표상은 처음 자극(낙인)에 받은 첫인상(이미지)을 다른 단어로 대체해서 첫인상(이미지)을 재구성해서 나타난 표상을 말한다. 즉 언어 표상에는 이미 첫 자극에 대해 어떻게 반응했는지에 대한 기억이 있다. 언어 표상은 현재 지금의 상태에 과거 자극된 이미지를 소환해서 앞으로 어떻게 행동할 것인가의 예기가 종합되어 재구성되는 이미지(표상)인데, 이때 재구성에는 과거의 자극적 인상이나 앞으로 전개될 예기적 감각은 현재라는 자기동일성으로 귀결된다. 즉 자기동일성에는 과거의 인상과 미래의 예기가 내함(살해)되어 종합된다.

프로이트가 말한 무의식은 기억흔적을 되살리고 대상을 그것에 연결하면서 신체적 자극을 일종의 기호 같은 정신적 구성물로 바꾼다. 무의식은 사건의 자극이 남긴 물리적 기록인데 이를 '기억흔적, 사물표상'이라고 프로이트는 명명한다. 표상은 뇌에 의해 외부 정보(자극)에 대한 정보가 일련의 해석 체계인 기호로서 입력된 것이다. 따라서 리비도를 통해 활성화된 기호 작업이 기억흔적, 곧 표상이다. 일단 경험이 시냅스를 통과해서 기억이 형성되면 이때부터 쾌락원칙은 안정화를 위해 그 이미지(표상)를 다른 이미지로 소환하여 자극을 이해, 해석한다. 이 과정에서 첫 이미지와 두 번째 이미지 사이에 고통이 발생하게 된다. 본능과 달리 고통은 항상 기억흔적을 동반한다. 신체적 감각에 의한 이미지(표상, 상상력, 관념 등)는 주변의 다른 감각기관(시냅스)과 연합해서 만들어진다. 이렇게 이미지는 자극과 욕구에 대한 의식의 표현이자 기억흔적에 대한 리비도의 집중으로서, 그 자극을 해소하기 위해 쾌락적 충동을 죽음충동 즉 언어-표상으로 전환한다. '언어적 표상으로의 전환'은 무슨 뜻인가? 이는 의식에 기록된 자극을 언어의 의미화 작업으로 해소하는 과정이다. 자극을 언어-상징체계로 의미화한다는 것은, 억압과 부인의 과정을 거친다는 의미이다. '억압과 부인의 과정을 거친다는 의미'는 곧 언어-표상화의 과정이며, 인간은 언어-표상의 의미화의 과정을 통해서만 자극이 해소된다. 즉 인간은 동물과 달리, 자극(첫 이미지)을 언어로 전화(표상, 재현)해서 받아들인다.

증상(고통)은 자신의 어떤 무의식적 구조(패턴, 문법)에서 나타난 것인지를 알 수 있는 표지이다. 주체는 무의식의 지배를 받고 있다. 그 지배에서 벗어나기 위해서는 자신이 어떤 무의식의 인지구조에 의해 지배받고 있는지를 자각해야 고통이 해소된다. 자각과 발견의 의미화(언어-표상 작업)는 고통이 종교성과 영성으로 전환되는 가장 단순하고 직접적인 작업이다. 내담자는 일차적인 적응적 감정에 접근하여 이를 충분히 인식하고 상징화할 필요가 있다. 이때 우리에게 방향감각을 제시하고 문제해결을 위한 정보를 알려주는 욕망뿐만 아니라 감정에 의해 작동된 고통의 행위 경향성도 인지하고 상징화할 필요가 있다. 다시 말하면, 분노는 경계선을 설정하게 해주며, 두려움은 도피를 유발하고, 슬픔은 잃어버린 대상에 대한 추구나 위로를 시도하게 하거나 일시적 고립을 통해 자기 안의 힘을 회복하도록 안내한다. 이런 치료 과정에는 감정과 신체감각에 주의를 기울이고 이를 의식 속에 상징화하는 것이 포함된다. 만약 감정적 경험에 주의를 기울이고 이를 정확하고 직접적으로 상징화하지 못하면 감정이 그 본래의 생물학적인 적응적 기능을 발휘하지 못할 수도 있다. 감정과 자기의 재구성은 주의를 바꾸거나 관점을 변화시킬 때 일어난다. 중요한 것은 어느 경우든 내담자가 새로운 욕구와 목표, 내적 자원에 주의를 기울일 때 재구성이 가능하다는 점이다. 감정적 고통을 허락하고 수용하는 치료적 작업은 감정을 회피하지 않고 직면해야 한다. 외상에 '맞서거나' 이를 '의미화'하는 일은 그 이상의 감정적 과정이 있어야만 해결될 수 있다. 여기에는 자기가 부서질 것 같은 두려움에 직면하고 고통을 허용하면서 외상적 사건을 적극적으로 대처해 나가는 과정이 필요하다. 따라서 고통을 허락하는 과정은 일종의 노출 치료-고통을 일으키는 구조를 변화시키기 위해 내담자를

고통에 노출하는 것-와 유사하다.[13]

따라서 고통의 감소와 해결은 의미화 실천에 있다. 싸나톨로지스트는 내담자가 감정을 교류하여 자기 공감 능력을 발전시키며, 이를 내재화하면서 정서를 스스로 조절하는 법을 배우게 한다. 싸나톨로지스트는 내담자가 현재 일어난 사태를 명확하게 인지할 수 있도록 다음의 단계를 통해 사물 표상으로부터 언어 표상으로 이르게 해야 한다.·

①느낌을 이야기한다.[14] → ②상징화한다 → ③명확하게 표현[15] → ④정서를 허락하고 수용[16]→ ⑤정서적 경험이 전달하는 메시지 확인 → ⑥각기 다른 상황에서의 다른 혹은 모순된 정서를 통합 → ⑦공감적 조율 → ⑧새로운 의미 발견(자각) → ⑨새로운 정서 도식과 변화. 감정이

---

13) Gendlin, E. T. (1962) *Experiencing and the creation of meaning*. New York: Free Press of Glencoe.

14) 과거의 외상이나 고통스러운 경험 때문에 고통받는 사람도 이를 언어로 전환하면서 외상을 자기 안에 동기화해가는 재구성 과정을 밟아 가게 된다. 정서적인 외상 경험을 이야기하면서 이전에는 말로 분명하게 표현할 수 없었던 경험에 의미가 부여된다. 외상적인 기억을 안전한 환경에서 활성화하고 이야기함으로써 통제력을 회복하고 희생자가 아닌 주체가 되어가는 것이다.

15) 정서를 언어적으로 내러티브화하면서 자신이 느끼는 감정이 어떤 것인지 알게 되고 감정을 볼 수 있는 새로운 위치와 관점이 만들어진다. '내'가 '이것을' 느낀다고 말할 때, 이것은 나로부터 분리되어 존재한다. 그리고 이때 자기를 감정의 수동적인 희생자가 아닌 책임지는 '주체'로, 즉 응집력 있는 자기(coherent self)로 경험하게 된다. 감정과 자기 간의 관계가 확립됨으로써 응집력과 주체성이 확보된다. 따라서 내담자가 고통에도 불구하고 "나는 실패한 것 같이 느껴져"라고 이야기할 수 있다면 그 내담자는 자신의 의지가 견고해지며 대응 능력이 촉진되는 과정을 밟아나갈 수 있다. 자기 비난에서 자기 지지로 넘어가는 변화에는 이렇게 나쁜 감정을 먼저 경험하고, 감정을 이야기하며, 그런 다음 자신의 관점을 반성적으로 재검토하는 과정이 수반된다.

16) 환자가 두려워하고 있는 바로 그 일을 환자가 스스로 하도록 하거나 혹은 그런 일이 또 일어나기를 바라도록 하면 몸의 본능은 안정성을 지향한다. 그것에 따라 환자의 의도가 다른 방향으로 전환된다. 즉 병적인 공포가 역설적인 소망으로 바뀌는 것이다. 여기에는 사태를 객관화하여 그 사태를 인지한 상태에서 그 사태에 의도적으로 **빠짐**으로써 자신의 감정이 사태와 동일시하는 자연감정에서 벗어나 사태를 주목하는 인지 감정으로 벗어나 있음을 스스로 자각하고, 앞으로 그 사태에 **빠지**더라도 자연감정이 아닌 인지 감정으로 유지하게 된다. 우리는 자신의 감정 상태가 어떤지 표현해봄으로써(정서의 재처리, 또는 감정의 재구성) 새로운 의미와 통제감을 획득한다.

변화하는 데 필요한 핵심 요소에는 다음과 같은 것들이 있다. 치유의 가장 중요한 첫 단계는 안전감과 지지를 제공하는 것이다. 공포에는 흔히 정당한 힘(권한, 능력)을 잃어버렸다는 상실감이나 관계에 대한 상실감이 포함되어 있다. 싸나톨로지스트는 먼저 내담자의 경험을 정당하게 인정할 필요가 있으며, 내담자가 감정에 대한 통제력을 회복할 수 있도록 도와야 한다. 사람은 ①자기의 경험에 이름을 붙이고 상징화할 때, 그리고 이러한 것들이 ②누군가에 의해 받아들여지고 이해될 때 비로소 통제력 일부를 회복한다. 내담자가 안전감을 느끼고 경험을 스스로 통제하거나 숙달할 수 있다고 느낄 수 있을 때까지는 어떤 치유적 작업도 불가능하다. 고통스러운 경험을 허용하는 일에는 나쁜 감정이나 고통스러운 감정에 압도당하거나 통제력을 잃었다고 느끼지 않고 스스로 그것을 허락하고 선택하는 과정에서 통제감과 숙달감이 이미 깃들어 있다. 이런 목표를 촉진하기 위해서는 먼저 치유적 동맹 관계를 형성하는 것이 필수적이다. 신뢰가 없다면 내담자는 당연히 나쁜 감정을 다시 경험하는데 저항을 보일 것이다. 그러나 싸나톨로지스트의 지지에 힘입어 일단 숙달감이 형성되고 나쁘거나 고통스러운 감정을 크게 두려워하지 않게 되면 이런 감정들에 대응할 수 있는 일정한 내적 자원이나 기술을 갖게 될 것이다. 이러한 내적 자원과 기술을 갖춘 후에 감정을 탐색하고 다루는 것이 더 치유적이다.

죽음교육의 치유적 효과를 위해서 다음의 조건이 요청된다. 죽어가는 사람 대신 '그의 죽음, 혹은 그의 죽어감'으로 기술하면, 사물화(명사화, 실체화)된 죽음이 주체인 내담자 단독자(개별자)의 동명사(또는 동사)로 생성 전환된다. 여기서 '의'는 'of/ 주체의 소유격'으로, 삼인칭 언어에 포획 지배되어 기술되는 것이 아니라 일인칭 주체 자신에 의해 관여되기에 죽음이 재귀(귀의)적 목적이 됨을 말한다. 즉 죽음이 타자의 것이 아닌, 그 자신의 것임(mineness)이 되는 것이다. 이제 죽음은 자기 관여적(self-involving)이고 주관적 경험으로 서술하는 것이 전체 죽음교육의 방향과 보완이 될 것이다. 이를 위해 죽음교육 임상 실천에서는 다음의 내용이 반드시 반영되어야 한다. ①상실과 죽음에 처한 개인의 실존적 관점, ②신체 생물학의 관점에서 의미 지향적 관점으로 이행, ③'인간의 가능성'을 제시할 수 있는 실천 방법론, ④죽음교육상담 전문가(thanatologist)의 윤리강령 모색과 실천, ⑤죽음교육 실천 등이다

심화 2

죽음교육 방법론과 교안 작성

<내용 요약>

죽음교육 방법론과 교안 작성의 핵심은 다음과 같다. ① 죽음교육의 인문학적 접근: 교안을 작성할 때 인간학과 죽음학의 통합적 관점을 반영하여, 상실과 죽음을 주제로 하는 교육에 대해 공감과 인지적 대처 기술을 강조해야 한다. ② 행위 중심의 용어 사용: 죽음, 상실, 애도 등의 명사형 용어를 주체의 행동을 나타내는 동사로 전환하여, 죽음교육을 이론적 지식 전달을 넘어 실제적인 대처 기술을 제공, 실천, 발전 시킨다. ③ 슬픔과 고통의 직면: 내담자가 상실과 죽음으로 인해 겪는 감정적 고통을 직면하고, 이를 자연스럽게 표현하는 훈련을 통해 감정의 억압이나 방어가 아닌 긍정적인 재구성을 유도한다. ④ 자기 경험의 중요성: '죽음'을 타자의 경험으로 객관화하는 대신, '나의 죽음'으로 전환하여 내담자가 자신의 죽음을 주체적으로 경험하도록 돕는다. ⑤ 대처 기술 개발: 죽음교육은 감정을 이해하고 표현하는 기술을 제공하며, 내담자가 경험하는 슬픔과 고통을 처리하는 방법을 배우게 한다. 감정을 억압하기보다는 인식하고 대처하는 방식으로 접근한다.

<핵심어>

죽음교육, 죽음학, 상실, 슬픔, 주체성

<학습 목표>
- 죽음학의 개념과 중요성을 이해한다.
- 죽음교육의 필요성과 그 사회적 역할을 파악한다.
- 상실과 슬픔의 경험이 개인에게 미치는 영향을 분석한다.

- 죽음과 죽음 교육의 이론적 배경을 학습한다.
- 죽음학이 실제 삶에 어떻게 적용되는지 탐구한다.

<적용 실천>
- 죽음과 관련된 주제를 다룰 때 더 열린 마음으로 접근하며, 다양한 사람들의 경험을 존중한다.
- 상실을 겪은 사람들에게 적절한 지원과 공감을 제공하여 슬픔을 건강하게 처리할 수 있도록 돕는다.
- 교회나 지역 사회에서 죽음교육프로그램을 운영하여 사람들에게 죽음에 대한 인식을 높인다.
- 개인의 죽음 경험을 분석하고, 그 과정에서 얻은 교훈을 삶의 가치와 의미를 재정립하는 데 활용한다.
- 죽음학의 지식을 바탕으로 상담이나 치유 활동을 통해 더 나은 정신적 건강을 지원한다.

죽음교육 방법론과 교안 작성

Ⅰ. 죽음교육 방법론

죽음교육의 교안이 죽음학 지식체계의 내적 구성인 개념적 정의와 맥락적 이해, 주제별 유기적 통일성과 내적 관계를 고려하지 않고 구성된다면, 일반 종합교육교재와 변별성이 없을 것이다. 따라서 죽음교육 상담 전문가는 죽음학에서 사용되는 '죽음과 상실'의 용어가 죽음학 체계의 문맥에서 어떻게 사용되고 있으며, 또 이것이 어떻게 상호 연결되어 있는지를 고려해야 한다. 또한 죽음교육이 인간학, 인문 치유를 지향하고 있음을 의식해야 한다. 죽음교육의 목적이 상실과 죽음의 경험을 직면하고 대처함에 있다면, 그 정의는 다음과 같이 기술할 수 있다. "상실과 죽음을 맞이한 사람이 겪는 아픔과 슬픔에 대한 애도 과정을 통해 현실에 재적응해 나갈 수 있도록, 그 대처의 기술과 방법을 제공하고 훈련하는 과정으로, 세대를 넘어 지속적으로 사람의 길, 인간의 길을 실천해 나가는 인문교육이다." 다음을 살펴보자.

Ⅱ. 살펴보기

죽음학은 인간학(Anthropology)에 토대를 두고 있다. 인간학은 '인간다움'을 지향한다. 죽음학에서 말하는 '인간다움'은 상실과 죽음의 한계상황에 마주한 단독자로서 한 인간이 스스로 자신의 문제를 결단해 나가는 주체의 자율성에 있다. 따라서 죽음학은 이 주체성을 바탕으로 존재에 대한 자각과 발견, 인과적 이해와 의미화, 초월과 연결로 이어지도록 안내한다. 죽음학은 다음과 같은 명제로 정의할 수 있다.

> 죽음학 명제 : 죽음학은 "오늘이 마지막이라면 나는 누구와 무엇을 할 것인가?"라는 가정을 전제로 삶의 소중함과 훌륭함을 실천해 가는 학문이다. 죽음학은 생명 진화를 위한 가치적 죽음을 포함해서 인문 치유를 지향한다.

III. 죽음교육 교안 작성 시 유의할 점

죽음학 명제에 근거해서 죽음교육 교안 작성의 유의점에 대해 살펴보자. 교안에는 교육 목표와 적용 실천이 제시되어야 한다. 이를 위해 누구를 대상으로 무엇을 어떻게 가르칠 것인가, 학습 목표와 적용 실천이 교과과정에서 제시되어야 한다. 이는 죽음학에 근거한 죽음교육의 지향성과도 밀접한 관계가 있다. 그 지향성은 다음과 같다.

1. 교안 작성의 지향성

인간학에 토대를 둔 죽음학에서 '상실과 죽음'은 인간 존재의 필연적인 부분으로, 비탄의 고통은 이를 경험하는 과정에서 나타나는 심리적·정신적·사회적 반응을 포함한다. 이러한 비탄의 고통을 다루기 위해 의지와 의미 지향성 목표를 중심으로 다음과 같이 기술할 수 있다.

지향성 : ①인간학에 토대를 둔 ②죽음학의 중심 내용인 상실과 죽음,

비탄과 고통을 ③의지·의미를 지향한다.

1) 비탄의 고통과 의지 : 비탄은 상실의 경험에서 비롯된 심리적 상처로, 슬픔, 분노, 무기력, 죄책감 등의 감정을 수반한다. 이러한 고통 속에서 의지는 인간이 비탄의 무게를 견디며 앞으로 나아가도록 하는 중요한 동력이 된다.

2) 의지의 역할 : 현실을 직시하고 상실을 인정하려는 태도를 형성한다. 고통을 회피하지 않고 받아들이며 이를 삶의 과정으로 통합하려는 노력을 이끈다. 심리적 회복과 새로운 삶의 방향성을 탐색하는 원동력이 된다.

3) 비탄의 고통과 의미 지향성 : 비탄의 고통은 단순히 극복해야 할 대상이 아니라, 인간이 삶의 본질적 가치를 재정립하고 의미를 발견하는 계기가 될 수 있다. 이는 상실을 통해 새로운 존재의 의미를 추구하고 삶을 재구성하는 과정으로 연결된다.

4) 의미 지향성의 목표 : 상실과 고통 속에서 자신의 정체성을 재확립한다. 상실 경험을 통해 더 깊은 인간적 통찰과 관계성을 형성한다. 고통을 창조적 표현으로 승화하거나 사회적 봉사로 전환하여 타인과의 연대를 강화한다.

구체적 접근법 : 비탄의 고통은 인간학적으로 상실과 죽음이라는 근본적 주제 속에서 발생하지만, 의지와 의미 지향성을 통해 이를 단순한 고통으로 머무르게 하지 않고, 새로운 삶의 방향성을 창조하는 원동력으

로 삼을 수 있다. 이는 인간의 존재와 죽음에 대한 본질적인 질문에 답하며, 삶을 더 깊고 풍요롭게 하는 과정으로 이어진다.

1) 자기 이해 : 자신의 감정과 생각을 명확히 인식하고, 이를 글쓰기나 말하기를 통해 표현함으로써 내면의 고통을 객관화한다.

2) 의미 찾기 : 상실과 죽음의 경험 속에서 자신만의 가치와 목표를 재발견한다. 예를 들어, 상실을 통해 소중한 관계의 가치를 깨닫고 이를 현재의 삶에 반영한다.

3) 관계와 연대 : 상실의 고통을 공유하며 타인과 연대하는 과정에서 상호 치유를 경험한다.

2. 기술의 공통 관점과 필수 요목

1) 관찰자의 객관적 관점 : 인간학적 관점에서 상실과 죽음으로 인해 발생하는 비탄과 고통은 인간의 본질적 존재 구조와 깊이 연결되어 있다. 이는 개인이 지닌 의지와 의미적 지향성을 통해 구체적으로 드러나며, 이를 관찰자의 객관적 관점에서 설명하면 다음과 같다.

① 비탄의 본질 : 비탄은 인간 존재가 본래적으로 타자와의 관계 속에서 자신을 이해하고, 그 관계의 상실이 존재의 균형을 깨뜨리는 경험에서 비롯된다. 죽음은 존재론적으로 '불가피한 단절'을 초래하며, 이는 남겨진 자들에게 심리적 충격과 정서적 고통을 가져온다. 비탄은 단순한 감정의 소멸이 아니라 상실로 인해 자기 존재의 근본을 재구성하

려는 과정이다.

② 의지의 작용 : 상실 이후의 고통 속에서 인간은 의지를 통해 현실을 직면하고, 극복하려는 방향성을 가지게 된다. 의지는 상실 상황에서 무너진 삶의 의미를 회복하려는 동력으로 작용하며, 이는 새로운 관계나 활동을 통해 상실된 것을 재구성하려는 시도로 이어진다. 의지는 고통을 감내하는 과정에서 인간이 자신의 한계를 인식하고, 이를 넘어설 수 있도록 돕는다.

③ 의미적 지향성 : 상실과 죽음은 개인이 삶의 본질적 의미를 탐구하도록 강제하는 계기가 된다. 관찰자의 입장에서 볼 때, 상실을 경험한 사람들은 본능적으로 자신이 잃은 것의 의미를 찾으려 하며, 이를 통해 삶의 새로운 방향성을 설정한다. 이 과정은 단순히 과거를 회상하는 데 그치지 않고, 잃어버린 것을 내적으로 통합함으로써 현재와 미래를 재정립하려는 노력으로 나타난다.

④ 관찰자의 객관적 관점 : 관찰자는 상실과 비탄을 겪는 개인의 고통을 개인적인 차원에서만 바라보지 않고, 인간의 보편적 조건과 존재 구조의 맥락에서 해석할 필요가 있다. 이때 관찰자는 감정적 동조를 넘어서 개인이 고통 속에서 이루는 변화와 성숙을 조망해야 한다. 예를 들어, 비탄 속에서 새로운 가치와 의미를 창출하는 개인의 모습을 객관적으로 탐구함으로써 인간 존재가 지닌 재구성 능력을 확인할 수 있다.

따라서 인간학적으로 비탄과 고통은 단순히 부정적인 경험이 아니라, 인간의 본질적 의지와 의미 추구의 지향성을 통해 극복되고, 새로운 존재의 가능성을 모색하게 되는 과정으로 이해될 수 있다.

2) 내담자의 관점으로 입장 바꾸기 : 상실과 죽음에서 비롯된 고통은 내담자의 삶에 심대한 영향을 미치며, 이는 내면의 의지와 의미 지향성을 통해 각기 다른 방식으로 표현된다. 내담자 입장에서 이러한 고통은 다음과 같은 형태로 나타날 수 있다.

① 삶의 의지 약화 : 내담자는 상실로 인해 삶의 목적과 방향성을 잃어버린 듯한 느낌을 받을 수 있다. 이는 우울감과 무기력으로 이어질 수 있으며, 자신의 존재 이유를 의문시하는 상태로 나타나기도 한다. 그러나 이 과정에서 의지의 흔적은 종종 살아남은 자로서의 책임감, 혹은 고인을 기리는 행동을 통해 표현되기도 한다.

② 의미를 찾으려는 노력 : 고통 속에서도 내담자는 자신의 경험을 해석하고 그 안에서 새로운 의미를 찾으려는 경향을 보인다. 예를 들어, 상실의 경험을 통해 타인의 아픔에 공감하는 능력이 높아지거나, 새로운 목표(자선 활동, 추모 프로젝트 등)를 설정함으로써 삶에 새로운 의미를 부여하려는 노력이 나타날 수 있다.

③ 의미 지향성의 변화 : 내담자는 상실 이전에 중요하다고 여겼던 가치나 신념이 흔들리거나 완전히 바뀌는 경험을 할 수 있다. 기존의 목표나 의미가 무의미하게 느껴질 때, 내담자는 새로운 의미를 찾아 자신만의 내적 성장을 도모하려는 방향으로 나아가기도 한다. 이를 통해 고통을 이겨 내는 과정에서 내적 강인함과 자기 통찰이 생길 수 있다.

④ 고통을 통한 성숙 : 고통은 단순한 상처로 남기보다 내담자로 하여금 삶과 죽음에 대한 더 깊은 이해와 통찰을 가능하게 한다. 이는 종교적, 철학적, 혹은 예술적 접근을 통해 표현되며, 내담자는 자신만의 방식으로 고통을 초월하려는 노력을 지속할 수 있다.

⑤ 사회적 연결과 지지 : 의지와 의미를 회복하기 위해 내담자는 주변 사람들과의 관계를 재정립하거나, 비슷한 경험을 공유한 사람들과 연대하려는 모습을 보일 수 있다. 이러한 사회적 연결은 고통을 해소하고 의미를 발견하는 중요한 매개체가 될 수 있다.

따라서, 내담자는 상실과 죽음에서 비롯된 고통을 자신의 내적 의지와 의미 지향성을 통해 해석하고, 이를 기반으로 삶의 새로운 방향성을 모색하며 점진적으로 회복하는 여정을 이어간다.

3. 명사 용법을 형용사나 동사로 기술

상실과 죽음에서 비롯된 고통을 동사적 용법으로 기술하는 데는 다음과 같은 장점이 있다:

1) 역동성과 주체성 강조 : 동사적 용법은 내담자가 고통에 반응하고 변화해 나가는 과정을 더 잘 나타낸다. 이는 내담자를 수동적으로 고통을 겪는 존재로 보기보다, 그 고통 속에서도 의미를 찾고, 행동하며, 극복해 나가는 주체적인 존재로 바라보게 한다. 예를 들면 다음과 같다.

명사적: "의지 상실" → 동사적: "삶의 의미를 되찾으려 노력한다."
명사적: "고통의 극복" → 동사적: "고통을 마주하며 받아들이고 극복

해 나간다."

2) 변화와 과정에 초점 : 동사적 표현은 내담자의 경험을 정적인 상태로 규정하지 않고, 변화와 성장을 포함하는 진행 중인 과정으로 바라보게 한다. 이는 치료적 개입에서 내담자가 희망을 가지고 앞으로 나아갈 수 있도록 돕는 데 유용하다.

3) 개인의 능동적 참여 촉진 : 동사적 용법은 내담자가 고통 속에서도 행동할 수 있는 여지를 열어준다. 이를 통해 내담자는 자신의 문제를 해결하는 데 능동적으로 참여하고, 스스로를 변화의 주체로 인식할 수 있다. 예를 들면 다음과 같다.

명사적: "슬픔의 극복" → 동사적: "슬픔을 표현하고 공유하며 치유해 나간다."

명사적: "의미 발견" → 동사적: "자신의 경험을 재해석하며 삶의 의미를 만들어 간다."

4) 감정의 유동성을 인정 : 동사적 표현은 감정이 고정된 상태가 아니라 유동적이며 변화할 수 있음을 보여준다. 이는 내담자가 자신의 감정을 부정하거나 억압하지 않고, 그것을 탐구하고 관리하도록 격려한다.

5) 공감과 연속성 강화 : 동사적 용법은 치료자와 내담자가 더 자연스럽게 공감할 수 있는 언어를 제공한다. "하고 있다," "느끼고 있다," "극복하고 있다"는 표현은 내담자가 고통을 지속적으로 다루고 있다는

점을 부각시켜 내담자와 상담자가 현재에 머물며 대화할 수 있게 한다.

6) 죽음, 철학, 심리, 호스피스, 완화, 결정, 상실, 비탄, 애도, 외상, 평가, 개입, 생애, 교육 등 죽음과 관련한 모든 명사형 용법을 주체의 행위를 나타내는 형용사형이나 동사형으로 표현한다. 그것이 이론학문에서 실천 학문으로 나아갈 수 있는 길이다. 명사형 용법의 행위 주체는 인간이기 때문이다. 개념을 '정의화' 하여 고정화, 사물화된 추상명사 또한 살아 움직이고 생성되는 주체의 행위로 기술.

7) 예를 들면 다음과 같다. ①죽음 → 죽음을 맞이함, ②철학 → 사유와 물음, ③심리 → 불안과 두려움, 고통을 앓음 ④호스피스 → 온전한 쉼, 영혼의 결합, 자각과 이해, ⑤완화 → 고통과 하나가 됨, 분리에서 결합으로, ⑥결정 → 내담자의 자율적인 결단과 실천 ⑦상실 → 내려놓기, 버리기, ⑧비탄 → 슬픈 마음을 표현함, ⑨애도 → 감정을 다양한 심리적 기제로 변주해 나감, ⑩외상 → 수용해야 할 자극의 강도가 넘침, ⑪평가 → 비교와 선택, 결단과 실천, ⑫개입 → 초대와 방문, 끌림과 방문, ⑬생애 → 살아가는 인생의 전 과정, ⑭교육 → 가르치고 배움

결론적으로, 동사적 용법은 내담자의 고통을 단순히 "무엇이다"로 정의하는 것이 아니라, 고통을 다루고 변화하는 살아 있는 과정으로 이해하게 돕는다. 이는 상담과 치유 과정에서 내담자에게 더 많은 가능성과 희망을 제공하는 데 기여할 수 있다.

4. 죽음을 주어로 사용하는 것을 지양

'죽음의 사회학'이나 '죽음의 철학'처럼 죽음이 주어가 되는 관점과 달리, '사회학에서 바라보는 죽음' 또는 '철학에서 바라보는 죽음'처럼 인간이 주어가 되는 관점은 다음과 같은 장점이 있다

1) 인간 중심적 접근 강화 : 인간이 주어가 되는 표현은 죽음을 객관적이고 추상적인 개념으로 다루기보다, 인간의 삶과 경험에 밀접하게 연결된 주제로 다룬다. 이는 죽음이 개인, 사회, 철학적 사고 속에서 어떻게 받아들여지고 해석되는지에 대한 구체적이고 체감 가능한 논의를 가능하게 한다. 예를 들면 다음과 같다.

"죽음의 사회학" → 죽음이 사회적 구조 안에서 갖는 일반적 의미에 초점.

"사회학에서 바라보는 죽음" → 인간 사회가 죽음을 어떻게 규정하고, 경험하며, 그것에 대해 행동하는지에 초점.

2) 능동성과 책임감 강조 : 인간이 주어가 되면, 죽음에 대한 논의가 단순히 "무엇인가"를 설명하는 차원을 넘어, 인간이 죽음을 이해하고, 그에 대응하는 방식에 대한 능동적 태도를 강조할 수 있다. 이는 죽음을 피할 수 없는 것으로만 보기보다, 죽음에 대한 사회적·개인적 책임감을 고민하게 만든다. 예를 들면 다음과 같다.

"철학에서 바라보는 죽음" → 철학적 성찰을 통해 죽음과 삶의 의미를 능동적으로 탐구.

"사회학에서 바라보는 죽음" → 사회적 제도와 관습이 죽음을 어떻게 다루는지에 대한 인간적 책임 반영.

3) 죽음과 삶의 상호 연결성 강조 : 죽음이 주어가 되면 주로 죽음 그 자체가 초점이 되는 반면, 인간이 주어가 되는 관점은 죽음과 삶의 연속성과 상호작용을 조명한다. 이는 죽음을 삶과 동떨어진 사건으로 보지 않고, 삶의 일부분으로 통합하여 이해하도록 돕는다. 예를 들면 다음과 같다.

"사회학에서 바라보는 죽음" → 죽음을 통해 사회적 관계와 제도가 어떻게 변화하는지 탐구.

"철학에서 바라보는 죽음" → 죽음을 성찰하며 삶의 목적과 가치를 새롭게 설정.

4) 다양한 맥락에서의 논의 가능성 확대 : 인간이 주어가 되면 죽음을 단일하고 고정된 개념으로 보지 않고, 사회적, 문화적, 철학적 맥락에 따라 다르게 해석할 수 있다. 이는 죽음이 특정 학문적 시각으로만 다뤄지는 것이 아니라, 다양한 인간 활동 속에서의 죽음을 종합적으로 논의할 기회를 제공한다. 예를 들면 다음과 같다.

"죽음의 철학" → 철학적 죽음의 개념에 한정.

"철학에서 바라보는 죽음" → 죽음을 철학적으로 해석하되, 역사적·문화적 맥락까지 포함.

5) 공감과 실천적 논의 촉진 : 인간 중심의 관점은 독자나 청중이 죽음을 더 공감하고 현실적으로 이해할 수 있도록 돕는다. 이를 통해 단순히 죽음을 논의하는 데 그치지 않고, 죽음에 대한 사회적 태도 변화나 실천적 행동을 유도할 수 있다. 예를 들면 다음과 같다.

"죽음의 사회학" → 죽음에 대한 사회적 구조 분석에 초점.

"사회학에서 바라보는 죽음" → 사람들이 죽음을 어떻게 대면하고, 사회적 관습과 제도가 그것을 어떻게 반영하는지 논의.

죽음을 인간 중심적 관점에서 기술하면, 추상적이고 객관화된 개념으로서의 죽음을 넘어, 그것이 인간의 삶, 관계, 문화, 철학적 성찰 속에서 어떤 역할을 하는지 구체적으로 조명할 수 있다. 이는 죽음에 대한 이해를 더 깊고 풍부하게 만들며, 실질적인 논의와 행동을 이끌어내는 데 유리하다. 따라서 우리는 다음과 같은 결론에 이르게 되었다.

1) 예컨대 '죽음의 사회학', '죽음의 철학과 심리'와 같이 '의'라는 체언구의 소유격을 갖는 주어에서 '철학에서 바라보는 죽음의 의미', '죽음에 대한 불안 심리'와 같이 '~에 대한' 목적어, 또는 '방향성'의 처격어(處格語)로 전환해 죽음이 목적적 개념으로 객관 대상화해서 기술 하게 한다.

2) 죽음 '의'라는 주어의 소유격은 죽음이 주체가 되고, 인간은 세상에 던져진 피투성(被投性)의 객체적 존재가 된다. 이는 마치 질병에 '걸리다'라는 수동적 자세와 병환을 '앓는다'라는 능동적 표현과 같은 구

조이다.

따라서 죽음'에 대한' 방향성의 처격어는 죽음을 기술하는 주체가 인간이 되고 이때 인간은 죽음을 대상화하여 제한하고 통제할 수 있게 된다.

IV. 교안 작성의 관점

1. 관찰자 시점으로 객관화하고 대상화한다 : 죽음학의 지식 체계적 관찰

인간학에 바탕을 둔, 죽음학의 관점으로 ①상실과 죽음을 ②경험하는 ③(한) 사람이 ④겪게 ⑤되는 ⑥슬픔과 고통의 ⑦'감정'을 대상화해서 기술한다. ①~⑦의 핵심 항목이 의미하는 바가 무엇인지 관찰자 시점에서 기술한다. 이것의 의미를 좀 더 구체적으로 설명해 보자.

1) 상실과 죽음: 상실과 죽음의 속성이 우연적, 불가항력적, 한계상황, 박탈적, 예측적, 필연적이냐에 따라 슬픔과 고통 감정의 강도와 속성이 달라진다. 따라서 상실과 죽음의 속성을 파악하고 평가하는 것이 중요하다.

2) 경험: 내담자의 경험은 그 이전의 경험으로 경험하게 된다. 이는 기억, 회상, 의식의 재구성, 재현, 반복, 차이와 다름, 증상으로 나타난다. 증상은 언어-상징화되지 못하고 억압된 하나의 자극적 이미지의 상태로 남아, 또 다른 이미지로 표현하고자 하는 욕구를 지닌다. 만일

인간에게 언어가 없다면 슬픔과 고통이라는 증상도 없을 것이다. 따라서 증상을 치료하려면 기억을 소환시켜 다른 언어로 표현하게 해야 한다. 증상이 무엇인가를 말하고자 한다는 의미에서 지향적 요소(힘, 리비도, 생의)를 지닌다. 따라서 증상은 쾌락적 충동, 즉 죽음충동으로 볼 수 있다. 인간은 '알 수 없는 그 무엇을 언어를 통해 상징화하고자 하는 욕구'를 지니고 있다. 이것이 타 동물과 구분되는 지점이다. 알 수 없는 무의식의 이미지적 충동을 언어로 표현하고자 하는 욕구만큼 강력한 쾌감도 없다. 구강 충동이나 시각 충동, 청각 충동, 배변 충동은 생물이 지닌 일차적인 욕구지만, 어떤 '무엇을 언어로 표현하고자 하는 욕구'는 인간만이 지닌 2차 욕구이다. 그런데 이것이 표현되지 못할 때 발생하는 것이 증상이다. 그런 의미에서 증상은 언어적이다. 슬픔과 고통은 억압적 언어 표상(단어 표상) 때문에 생긴 것이다. 따라서 인과적 이해와 적합한 단어 표상은 기존의 언어구조에서 다른 언어구조(인식구조)로 변환시킴으로써 주체를 새롭게 태어나게 한다. 즉, 주체는 언어의 변환으로 새로운 문법을 생성하여 탄생한다. 이것이 치유이다.

3) 사람: 하이데거(M. Heidegger)는 언어를 '존재의 집'으로 규정한다. 이는 인간을 언어적 존재로 표현한 것이다. 인간은 언어를 통해 자신의 이미지를 만든다. 그런데, 자신을 규정한 모든 언어는 타자가 만든 언어이다. 타자가 만든 언어로 자신을 규정한 것이다. 따라서 나는 곧 타자이다. 타자의 시선과 응시에 조형된 것이 '내' 모습이다. 이렇게 타자에 의해 만들어진 나는 본래적 '나'가 아니기에 부단히 진정한 자신을 찾고자 한다. 그 신호가 '증상'이다. 증상은 타자에 의해서 만들어진 '나'에서 본래적 '자기'를 찾고자 하는 몸의 반응이다. 죽음학 임상

실천에서는 타자의 언어에서 길들인 자신을 분리해서 자신만의 문법과 의미를 발명해서 살아갈 수 있도록 안내한다. 그래서 임상의 궁극적 목표는 의미의 발명과 주체적 결단과 실천에 있다.

4) 겪게: '겪는다는 것'은 곧 반응의 경험이다. 이는 다른 말로 증상을 의미한다. 임상 죽음학(Experiential Thanatology)에서는 내담자가 지닌 증상이 무엇인지 분석하기 위해 먼저 내담자가 구사하는 언어 구조를 살펴보고, 그 언어를 통해 내담자가 무엇을 잃었는지, 무엇을 찾고자 하는지, 무엇이 억압되었고 무엇이 부인되었는지, 그 억압과 부인이 어떤 방식으로 형성되었는지를 찾아가는 과정이다. 그 가운데에서도 모든 증상을 가능하게 한 변치 않는 기억의 흔적, 늘 상수로서 자리를 틀고 있는 것이 무엇인지 내담자 스스로 발견하게 하고, 그것이 그의 욕망으로 전환될 수 있게 하는 것이 '임상 죽음학'의 핵심이다. 직면의 기술, 대면의 기술, 경험, 반응, 대처의 방식에 따라 슬픔과 고통의 강도와 속성이 달라진다.

5) 되는: '됨(becoming)'은 고정된 실체가 아닌 끊임없는 반복과 재현을 의미한다. 일자가 강제하는 동일성의 논리에서 벗어나 고정된 세계를 해체하고 자신만의 고유성과 차이와 다름을 만들어 가는 과정이다. 죽음학 실천에서는 당하는 객체에서 맞이하는 주체로 변환되는 것을 의미한다. 주체가 되는 궁극적인 지점은 '결단'과 지속적인 '실천'에 있다. 이런 일련의 과정을 이룰 수 있도록 실천하는 것이 죽음학의 '윤리'이다.

6) 슬픔과 고통: 우리의 의식과 정신, 영혼을 보호하는 것은 감정이다. 눈물은 눈물로, 슬픔은 슬픔으로 아픔은 아픔으로 안아 줄 수 있다. 이는 생리적으로 반복되고 재현하는 증상이며 또 다른 보상체계이다. 재현과 보상체계는 유기체 스스로 내부 환경을 안정화하는 생리 원칙이다. 인간은 인과적 이해에 대한 욕구가 있다. 인과적 이해가 차단되는 것도 억압 기제가 된다. 이는 또 하나의 외상이 된다. 인간은 언어와 문자를 사용하는 동물이다. 문자와 언어를 사용하는 것은 인과적 법칙으로 대상(사물, 사건)을 이해한다는 것이다. 내담자가 어떤 사건에 대해 말을 한다는 것은, 이미 내담자가 대상 사건을 객관화해서 이해하고 분석한 것을 전제로 기술하는 것이다. 따라서 슬픔과 고통을 말로 표현한다는 것은 곧 자신의 이해를 바탕으로 한 것을 재구성한 것이다. 재구성은 현재의 관점에서 과거 사건을 미래의 소망으로 투사한 것으로 재구성한 것이다. 그러니까 재구성(말을 한다는 것)은 자아가 과거 경험의 부정적 요소(예컨대, 억압, 회피, 도피, 연기, 저항, 결핍, 상실, 불쾌 등)를 긍정적 요소(예컨대, 개방, 대면, 대처, 수용, 충족, 연합, 쾌감 등)로 이행하고자 하는 지향성이다. 슬픔과 고통은 상실로 인한 빈자리를 다른 언어로 대체해 가면서 의미를 산출하는 증상이다. 새롭게 발명된 주체의 의미는 고통과 증상을 완화한다.

'슬픔과 고통'은 상실의 결과에서 나타나는 반응이지만, 슬픔과 고통의 기제는 유기체 스스로 자신을 보호하고자 선험적 기억의 경험을 재투사해서 형성한 것이기도 하다. 이 기제 또한 언어-표상적이다. 상실 이전에 슬픔과 고통은 정서의 형태로 존재한다. 상실이 일어나면 슬픔과 고통을 즉각적으로 자기 방식으로 의미화하여 정신적인 안도감을 얻는다. 이런 이유로, 스스로 상실을 만들어 슬픔과 고통을 즐기는 사람도 있다(피학대 및 자학, 도착적 물신숭배나 마조히즘). 이는 어떤 한 이미지를 다른 이미지로 전환하는 과정에서 쾌감을 얻기 때문이다. 상실은 진화의 동력이다. 원시사회에서의 처벌과 보상은 공동체를 유지하는 힘이다. 인간은 언어 표상을 통해 자신을 객체화하고 분리해서 잃어버린 상실을 찾고자 한다. 위반, 죄, 상실, 슬픔, 고통은 모두 상실된 것을 찾고자 한 인간의 심리적 발명품이다. 이미지를 만들어서라도 슬픔과 고통을 양산하는 것이 언어를 사용하는 인간의 본능이다. 상실에 슬픔과 고통만 있는 것이 아니라, 'a의 이미지를 b로 이해하고 해석하고자 하는 언어본능'이 이미지를 스스로 만들어낸다. 따라서 상실은 생기는 것이 아니라, 본래부터 이미 주어진 것이다. 슬픔과 고통으로 안도감과 쾌감을 얻는 사람은 습관적인 위반(죄)과 상실을 고착(fix)시킨다. 그리고 상실로 인한 슬픔과 고통의 증상을 반복적으로 나타낸다.

7) '감정': 감정은 앞에서 기술한 '상실과 죽음을 경험한(하는) 사람이 겪게 되는 슬픔과 고통'이 융합된 것이다. 이는 내담자의 고유한 언어체계에서 형성된 것이다. 증상을 나타내는 감정구조는 소위 프로이트(S. Freud)가 말한 '아버지의 이름(아버지 판본)'의 버전인 오이디푸스 콤플렉스와 유사하다. '아버지의 이름'으로 지배하는 일자의 세계는 타자가 만들어 놓은 권력의 지배구조(기표)를 의미한다. 그래서 우리가 언어를 사용한다는 것은 타자의 지배를 받고 있다는 의미다. 우리가 바라보는 이 세상의 모든 사물은 언어 표상으로 산출된 것이다. 마음이나 의식, 감정 또한 언어 표상으로 걸러진 작용이다. 이렇게 볼 때 내가 생각하고 판단하고 사유하는 것도 자신의 고유한 것이 아니라, 타자가 이미 만들어 놓은 지배구조 안에서 작동되는, 기존 권력자들이 짜 놓은 문법 체계에서 앵무새처럼 그들의 말을 반복하고 있을 따름이다. 따라

서 죽음교육상담 전문가는 그가 하는 말과 행위가 누구의 말에 지배받고 있는지, 그가 하는 말과 행위는 누구에게서 비롯된 것인지, 어떤 초자아의 지배를 받고 있는지를 파악해야 한다.

2. 교안 작성 및 강의 방향

1) 상실과 죽음에서 겪게 되는 슬픔과 고통은 한계상황에서 겪게 되는 정서나 감정과 같다. 이 정서와 감정을 통해 인간은 비로소 삶의 소중함, 삶의 우선순위, 삶의 지혜를 자각하게 된다. 죽음교육상담 전문가는 이제 이 자각을 내담자가, 자신(본성)의 발견과 타자로의 이행(推己及人), 환대(초대)와 방문, 주체의 결단과 실천으로 지속할 수 있도록 한다.

2) 슬픔과 고통의 감정은 제거될 수 없다. 왜냐하면 그 감정은 자신의 내부 안정화를 위한 보호막이면서 본능적 직관인 생명의 의지이기 때문이다. 따라서 감정을 없애려고 노력할 것이 아니라 무의식적 충동으로서 감정은 스스로 억압과 방어의 형식, 여과 과정을 통해 작동되기 때문에, 사건과 감정에 대해 '직면하고 대처하는 기술'이 더 중요하다. 감정 직면의 기술은 '희로애락의 감정을 마땅하고 올바르게 표출하는 것'에 있다. 마땅한 감정의 표출은 신체에 '후련함'으로 나타난다. 이 '후련함'은 현실감각을 일깨운다.

3) 대처의 기술은 '억압과 방어, 회피와 연기, 대체물과 망각을 차단한' 인과적 이해(무의식의 의식화-현실원칙)를 하여 적합한 단어 찾기(모자이크화, 파편화, 분절화된 이미지인 사물 표상을 의미화된 단어

표상으로 전환)를 하는 것이다. 거기에는 말하기와 글쓰기, 표현하기가 있다. '임상 죽음학'의 실천은 "'무의식의 의식화'로 내담자가 '의미' 생산을 위해 '소급적 인과율'을 실천하는 데 있다."라고 말할 수 있다. 그 실천이 곧 치료이다. 그래서 프로이트는 후설(E. Husserl)의 시간의 종합화를 변주하여, 사후성 이론을 바탕으로 한, 무의식의 의식화를 강조한다.

3. 내담자 중심의 기술: 상실과 죽음을 맞이한 '실존적 주체'의 입장이 되어

'죽어가는 사람'을 객관화하고 대상화한 기술 대신, '그의 죽음', 혹은 '그의 죽어감'으로 기술하면, 대상화된 죽음에서 주체적 죽음으로 전환된다. 죽음이 타자의 것이 아닌, '나의 것(mineness)'이 되어 자기 관여적(self-involving)이고 주관적 경험이 된다. 죽음은 객관 대상인 타자의 죽음이 아닌 자기만의 경험이 되어야 한다. 이제 상실과 죽음을 ①맞이한 ②사람'의' 슬픔과 고통이 그를 ③통해 ④어떻게 반응하고 ⑤대처하는지를 ⑥그의 입장이 되어 ⑦질문해 본다. 이것의 의미를 좀 더 구체적으로 설명해 보자.

1) 맞이함: 당하는 죽음이 아니라, 죽음을 통어(統御)하고 조율하는 주인이 되는 것을 말한다. 자기 삶의 주인이 되어 죽음을 맞이하는 것, 수동적 객체가 아닌 능동적 주체가 되는 것, 그곳에 결단하는 인간의 존엄성이 깃들게 된다.

2) 사람의 슬픔과 고통: 우리가 하는 말은 개인의 언어가 아니라, 이

미 타자가 만들어 놓은 언어를 답습하고 익혀, 그 문법 체계에 맞춰 사용함으로써 일정한 의미와 이해에 도달하게 된다. 이렇게 우리의 언어는 타자의 언어이기 때문에, 언어에서 발생하는 욕망조차 타자가 만들어 놓은 시스템 속 타자의 욕망을 욕망하게 된다. 따라서 슬픔과 고통 또한 온전히 그의 것이 아니다. 그래서 더욱 괴롭다. 슬픔과 고통을 온전히 그의 것으로 만들기 위해서는 '직면'의 기술이 요청된다. 직면은 타자의 죽음이나 언어, 욕망이 아닌, 자신의 고유한 슬픔과 고통을 자신에게 귀결시키는 실재의 힘이다. 그리고 이 슬픔과 고통은 자신으로 되돌아가고자 하여 발생하는 증상이다. 그런 의미에서 슬픔과 고통의 증상은 상실의 자리를 다른 것으로 대체하고자 하는 보상심리를 지니며 부정의 쾌감이 생성된다. 따라서 이 증상은 제거해야 할 것이 아니라, 그 실재가 무엇을 말하고자 하는지, 그 의미를 찾아내고 발견함으로써 자신과의 정직한 만남이 이루어지는 계기가 되도록 해야 한다.

3) 통해: 치유는 밖에 있지 않고 슬픔과 고통을 통해서 현상을 드러낸다. 슬픔과 고통을 없애거나 제거한다면 치유는 일어나지 않는다. 슬픔과 고통은 실재(Reality)의 도래이다. 이 도래는 언제나 가면을 쓰고 반복하고 재현하고 재구성하여 다가온다.

4) 어떻게 반응하고: 현상적으로 나타난 슬픔과 고통이 ①무엇에 의해, ②무엇을 위한, ③무엇이 그를 그렇게 반응하게 하는지를 살핀다. '③'의 '무엇'은 겉으로 드러나지 않은 무의식적이다. 현상적으로 나타난 것은, 무의식이 가면을 쓰고 도래한 것이다. 따라서 슬픔과 고통이 무엇을 지시하고 무엇을 찾고자 하는지, 무엇에 의해 그렇게 나타나는

지를 살펴야 한다. 그리고 그것을 내담자가 스스로 인지할 수 있도록 표현하게 한다. 내담자는 표현의 인과적 이해를 통해 적합한 단어 표상을 획득하여, 의미화하고 상징화한다. 평가와 개입의 과정에서 내담자가 사용하고 있는 언어구조(문법 체계-담화구조)를 통해 살펴볼 수 있다. 언어구조는 첫째, 자신을 보호하고자 하는 보호 본능으로서 언어를 사용하는 인간의 정형화된 인지 패턴을 의미한다. 둘째, 언어구조는 개인을 지배하고 있는 억압과 방어체계를 의미한다. 셋째 언어구조는 억압과 방어체계 속에서 성 충동(삶의 리비도, 의지, 생의)을 발현하는 구조이다. 넷째, 언어구조는 주체가 어떤 대상과 '관계를 맺는 방식'을 의미한다. 이제 죽음교육상담 전문가는 반응하는 방식을, 수동적 반응에서 능동적 반응으로, 객체에서 주체로, 강제에서 결단으로, 관념적 앎(인지, 생각)에서 실천으로, 일회성에서 지속성으로 전회하는 과정으로 기술한다.

5) 대처(맞이, 준비)하는지를: 대처의 기술은 '직면'함에 있다. 직면의 반대는 '억압(무의식-망각-은폐-위장-가면-거짓-박탈-합리화-당연시-판단-비교-강제-비난)과 방어(부정-거부-회피-미래적 연기-위로-전이-대체물 형성-중독)'이다. 평가와 개입에서 타자의 억압과 방어를 차단하고, 오직 그의 언어로, 그의 방식으로 표현하고 대처할 수 있도록 해야 한다. 한계상황 앞 실존적 단독자로서 어떻게 대처해야 할 것인지 주체의 실존적 결단만이 홀로 남게 된다. 그때 비로소 인간의 가능성이 함께하게 된다. 올바른 대처는 억압과 방어에서 의식화와 의미화로 연결한다.

6) 그의 입장이 되어: 상담 과정에서 나타나는 내담자의 반응이나 태도, 언어에서 무엇이 그에게 억압으로 작용했는지, 성 충동 중에서 무엇이 억압과 방어에 저항했으며, 무엇이 억압되었는지, 그리고 궁극적으로 무의식이 무엇을 말하고자 하는지, 무엇에 이르고자 하는지, 무엇이 되고자 하는지를 내담자 스스로 자각하고 발견할 수 있도록 해야 한다. 자칫 죽음교육상담 전문가가 내담자의 증상을 제거하거나 억압하여 다시 보편적 문법 체계로 이끌거나, 강제화한다면 상담은 실패하게 될 것이다. 물론 보편문법의 질서 체계가 내담자를 보호하기도 하고 안정감을 주기도 하지만, 내담자 스스로 무의식의 실재가 말하는 것을 망각하게 되면 증상은 다시 찾아올 것이다. 증상은 타자의 욕망에서 주체 자신의 욕망으로 귀환하는 것에 그 속성을 지니고 있기 때문이다.

7) 질문: ①우리는 질문을 통해 막연한 이미지나 관념을 인과적 질서(문법적 어순의 배열)로 환원하여 이해한다. 이 과정을 통해 말하는 사람은 제 생각과 사유의 패턴을 검열하기도 하고 바로 잡아가기도 한다. 그래서 우리는 말을 하면서 저절로 깨닫고 말로서 새로운 길을 찾기도 한다. 말을 하는 것, 그것이 치료이다. ②실존적 태도에서 묻게 되는 질문은 두 가지로 크게 나뉜다. 죽어감에 대한 질문(나는 누구지?, 죽어가는 사람은 누구지?, 나는 무엇 때문에 태어났지?, 무엇을 위해 살아왔지?, 어디로 가는 걸까?, 갈 곳은 있는가?, 남아 있는 사람은? 어떻게 마무리하는 게 인간다운 삶일까? 삶의 의미는 무엇인가?)과 슬픔과 고통의 질문(이 불안은 어디에서 오는가? 분리와 결합, 갈등, 용서와 화해, 진정한 평화는? 화해와 용서의 방법과 실천은?)을 재귀적 용법으로 기술한다.

4. 교안 작성의 치유 방향

이제 죽음교육전문가는 내담자가 그 증상을 자신의 언어로 표지, 의식화하도록 안내해야 한다. 그래야 증상이 내담자에게 의미화된다. 의미화되지 않는 증상은 무의식 속에서 끊임없이 반복, 표류한다. 증상은 자신의 존재를 의미화할 '적합한 단어(표상)'을 찾아 헤맨다. 따라서 증상은 자신의 적합한 이름을 찾기 위해 부단히 반복되어 나타난다. 그래서 무의식을 의식화(언어화-상징화)해야 비로소 그 무의식이 무엇을 의미하는지 알 수 있게 되어 증상이 멈추게 된다.

'내'가 '이것을' 느낀다고 말할 때, 이것은 나로부터 분리되어 존재한다. 그리고 이때 자기를 감정의 수동적인 희생자가 아닌 책임지는 '주체'로, 즉 체화된 자기(embodied self)로 경험하게 된다. 감정과 자기 간의 관계가 확립됨으로써 응집력과 주체성이 확보되는 것이다. 따라서 내담자가 고통에도 불구하고 "나는 실패한 것 같이 느껴져요."라고 상징화할 수 있다면 그 내담자는 자기가 견고해지며 대응 능력이 촉진되는 과정을 밟아나갈 수 있다. 자기 비난에서 자기 지지로 넘어가는 변화에는 이렇게 나쁜 감정을 먼저 경험하고, 감정을 상징화하며, 그런 다음 자신의 관점을 반성적으로 재검토하는 과정이 수반된다. 외상적인 죽음도 말을 하는 행위를 통해 치유된다. 감정적인 외상 경험을 상징화하면서 이전에는 말로 분명하게 표현할 수 없었던 경험들에 명시화가 허락되고 의미가 부여된다. 외상적인 기억을 안전한 환경에서 활성화하고 상징화함으로써 통제력을 회복하고 희생자가 아닌 주체가 되어가는 것이다.

죽음교육전문가는 이제 고통을 받은 사람의 입장이 되어, 그가 욕망할 수 있도록 자극하고 그 욕망의 대상이 되도록 전이를 일으키되, 내담자의 선택과 실천이 될 수 있도록 죽음교육전문가의 주체성을 내담자에게 양도해야 한다(이는 후설이 말한 '판단중지'와 레비나스의 말한 '능동적 수동성'과 동일하다). 분석의 최종 목적은 실존으로 귀결되어야 한다. 그래야 인간이 보인다. 인간은 여타 동식물과 달리 의미-의지적-실존의 존재이다. 의미-의지적-실존에서 멀어질 때 비로소 나타나는 것이 증상이다. 증상은 의미-의지적-실존의 존재로 회복하고자 하는 몸의 언어이다. 종래의 심리학과 의학은 증상을 생리-심리적 문제나 병리적 요소로 사례 화해서 다루었다. 이들 학문은 인간을 온전한 존재(ousia)로 보질 않는다. 이런 결과로 증상은 계속 다른 대체물(전이)을 만들어내어 치유와 멀어지게 되었다. '임상 죽음학'에서는 '주체적 자기성'으로 하여금 증상을 온전히 대면하게 한다. 더 이상 억압하거나 회피하지 않고 온전히 증상과 대면하게 되면 마음은 더 이상 대체물을 만들어내지 않는다. 이때 증상은 이내 치유로 전변된다. '임상 죽음학'은 '주체적 자기성' 정립을 그 일차 목표로 두고 있다. 이는 실존으로 이어지는 과정이다. 실존의 영역에서는 증상을 더 이상 기존의 심리학이나 상담학, 언어학, 의학의 이름으로 '범주화'하거나 '이것'이라고 문자화할 수 없다. 이런 의미에서 '임상 죽음학'은 우리에게 무한한 가능성으로 열려있다.

심화 3

죽음교육의 윤리

<내용 요약>

죽음교육의 윤리 실천 사항은 다음의 다섯 가지로 요약할 수 있다.
① 자기 성찰과 윤리적 행동: 내가 가진 윤리적 행위의 주체로서 항상 자신을 성찰하고 자각하는 것이 중요하다. 이를 통해 윤리적 행동을 자신에게 귀속시키고, 타자에게로 연결되도록 해야 한다.
② 상황 윤리 적용: 상황 윤리는 각 상황의 특수성에 맞는 윤리적 결정을 내리는 방식이다. 정해진 규범에 얽매이지 않고, 그 순간의 상황을 고려해 가장 적절한 윤리적 행동을 선택해야 한다.
③ 타자에 대한 공감과 인정: 타자에 대한 공감과 인정이 윤리적 행위의 조건이므로, 항상 타자의 입장에서 생각하고 그들의 고통을 이해하는 태도를 유지해야 한다.
④ 고통에 대한 민감성: 고통은 윤리적 실천의 중요한 요소이다. 인간의 고통을 단순히 물리적 현상으로 환원하지 않고, 그 사람의 개별적이고 심리적, 영적 고통까지도 함께 이해하려는 노력이 필요하다.
⑤ 윤리적 실천의 지속적인 점검: 윤리적 실천을 위한 지속적인 점검과 성찰을 통해, 윤리가 '과거'나 '미래'를 위한 것이 아닌 '현재'에 실천되는 방식으로 삶에 통합되어야 한다.

<핵심어>

생명윤리, 상황 윤리, 고통, 주체

<학습 목표>

- 윤리학의 기본 개념 이해: 윤리학의 정의와 목적을 설명하고, 윤리적

판단의 중요성을 인식한다.
- 생명윤리의 기초 개념 이해: 생명윤리의 정의와 적용 범위, 그 중요성을 이해한다.
- 상황 윤리의 원리 분석: 상황 윤리의 기본 원칙을 설명하고, 이를 실제 상황에 적용하는 방법을 탐구한다.
- 윤리적 딜레마 해결 능력 향상: 윤리적 갈등 상황에서 효과적인 해결책을 제시할 수 있는 능력을 기른다.
- 윤리적 주체성의 중요성 인식: 개인의 윤리적 선택과 책임의 중요성을 이해하고, 윤리적 주체로서의 역할을 자각한다.

<적용 실천>
- 윤리적 의사결정 연습: 일상적인 상황에서 윤리적 판단을 내려보며, 갈등 상황에서 어떻게 윤리적 결정을 내릴 수 있는지 연습한다.
- 생명윤리 실천: 의료 및 복지 관련 분야에서 생명윤리를 존중하며, 개인의 권리와 생명 보호를 우선시하는 태도를 유지한다.
- 상황 윤리의 원칙 적용: 특정 상황에 맞춰 윤리적 결정을 내릴 때, 상황에 따라 유연하게 원칙을 적용하는 능력을 키운다.
- 윤리적 딜레마 해결법 연구: 일상 생활에서 마주할 수 있는 윤리적 딜레마에 대해 다양한 해결책을 모색하고, 실제로 적용해본다.
- 윤리적 책임 실천: 자신의 행동이 다른 사람에게 미치는 영향을 고려하고, 사회적 책임을 다하는 자세를 지속적으로 실천한다.

죽음교육의 윤리

Ⅰ. 들어가는 말

　죽음학에 토대를 둔 죽음교육의 생명윤리를 인간학적인 관점에서 설명하면, 인간 존재의 본질과 관계 속에서 죽음과 생명을 이해하고, 죽음교육이 생명에 대한 윤리적 책임과 존중을 어떻게 촉진할 수 있는지를 탐구하게 된다. 이는 다음과 같은 측면에서 살펴볼 수 있다.

　1) 죽음과 생명의 상호 연관성 : 인간학적 관점에서 죽음은 단순히 삶의 끝이 아니라, 삶과 불가분의 관계를 맺고 있는 과정이다. 죽음교육은 생명에 대한 가치를 재조명하고, 죽음을 성찰함으로써 인간이 현재의 삶을 더욱 의미 있고 책임감 있게 살아가도록 돕는 데 목적이 있다. 생명윤리는 이러한 관점에서 인간 존재의 유한성과 고귀함을 인정하고, 삶과 죽음의 조화를 존중하는 태도를 함양하도록 교육한다.

　2) 삶과 죽음의 존엄성 인식 : 인간학적으로 볼 때, 인간 존재의 존엄성은 삶과 죽음 모두에 내재한다. 죽음교육은 죽음의 불가피성을 받아들이는 동시에, 생명을 경시하거나 도구화하지 않는 윤리적 태도를 강조한다. 이는 인간을 단순히 생물학적 존재로 보지 않고, 영적·사회적·문화적 맥락에서 삶의 의미와 죽음의 가치를 탐구하도록 한다.

　3) 관계성 속의 생명윤리 : 인간은 관계적 존재로, 죽음과 생명은 개인적인 문제일 뿐 아니라 사회적·문화적 관계 안에서 이해한다. 죽음교

육은 개인의 죽음이 가족, 지역사회, 더 나아가 인류 전체에 미치는 영향을 성찰하게 함으로써, 공동체적 생명윤리를 강조한다. 이는 타인과의 관계에서 생명을 존중하고, 죽음을 준비하는 데 필요한 연대와 공감을 키우는 데 기여한다.

4) 생명과 죽음의 의미 탐구 : 인간학적으로, 죽음은 인간이 삶의 의미를 탐구하도록 하는 근원적 질문을 제공한다. 죽음교육은 단순히 죽음의 과정을 설명하는 데 그치지 않고, 생명의 목적과 가치를 재해석하는 과정으로 확장된다. 이를 통해 인간은 삶과 죽음을 넘어서는 초월적 가치와 윤리를 발견하고 실천할 수 있다. 예를 들면, "왜 살아야 하는가?"라는 질문에 답하면서, 생명의 존엄과 죽음의 필연성을 동시에 수용하도록 돕는다.

5) 윤리적 책임의 강조 : 인간학적 관점에서 죽음교육은 개인과 공동체가 생명에 대해 가지는 윤리적 책임을 강조한다. 이는 자기 자신뿐 아니라 타인의 생명, 자연, 그리고 미래 세대의 생명까지도 고려하는 포괄적 생명윤리를 내포한다. 죽음교육은 이러한 책임감을 고취시키고, 생명 존중을 실천하는 윤리적 태도를 배양하도록 한다.

6) 죽음을 통한 삶의 성숙 도모 : 인간학적으로 죽음은 삶의 궁극적 성숙으로 이끄는 계기가 될 수 있다. 죽음교육은 인간이 죽음을 두려움이나 회피의 대상이 아니라, 삶의 의미를 깊이 탐구하고 삶의 방향성을 설정하는 계기로 삼도록 돕는다. 이를 통해 생명윤리는 단순히 생명을 보존하는 데서 나아가, 삶의 질과 윤리적 성숙을 추구하게 한다.

7) 따라서 죽음학에 기반한 죽음교육은 인간학적 관점에서 죽음과 생명을 유기적이고 통합적으로 이해하며, 이를 통해 생명에 대한 윤리적 책임과 존엄성을 심화시킨다. 이는 단순히 죽음과 생명을 구분하거나 대립시키는 것이 아니라, 삶과 죽음의 조화를 이루는 균형 잡힌 윤리적 태도를 형성하는 데 기여한다.

이제 우리는 다음의 명제를 기술할 수 있게 되었다.

① **죽음학에서는 생명윤리를** "생명이 윤리적으로 되기 위한 실천 학문"으로 해석한다. 생명에 '관한(대한)', 생명을 '위한' 윤리학으로 해석하지 않는다. '생명이 윤리적'이기 위해서는 생명이 주어(주체)이고 윤리는 기술어(동사)가 되어야 한다. 본 과정은 '생명윤리'의 내용을 배우는 것이 아니라, 생명윤리에 대한 다양한 관점과 방법론을 고찰한다.

② **그렇다면 누가 생명의 담지자(주체)가 될 수 있는가?** 그것은 우리가 모두 담지자이다. 우리 스스로 생명을 '지닌(내속)' 생명'의' 주체이기에, 윤리성을 실천하는(동사) 담지자(주체, 주어)이다. "네가 누구든지, 어느 곳에서 무엇을 하든지, 누구를 만나든지, 어떻게 하든지, 무슨 이유로 행위 하든지 간에 모두 윤리적 행위가 되어야 한다." 이는 마치 칸트가 말한 "너는 윤리의 보편적 명제가 되도록 행위를 하라."와 동일한 뜻이다. 이는 다음의 도식을 성립시킨다. <너 = 존재 = 보편적 명제 = 행위>. 주어와 동사가 일치한다. 주어와 동사 사이에 어떤 틈도 없다. "I know the Way, I know the Truth, I know the Life."가 아니라, "I am the Way, I am the Truth, I am the Life."이다. 주어와 동사가 '존재 상태'로 귀속되어 있다. 진리의 현현은 이것의 다른 모습이 아니다.

③ **윤리적 행위의 주체**는 다른 사람(제삼자, 또는 상대방)이 아니라 자신이다. 윤리적 행위가 자신에게 귀속되기 때문이다. '윤리적 행위'가 '자신'에게 '귀속'되지 않으면 윤리가 아니다. 윤리는 주체가 행위의 담지자일 때 성립된다. 윤리는 자신으로부터 시작해서 타자에게로 연결된다(忠恕之道). 진리는 한 개체가 지닌 속성이 '있는 그대로' 발현(실현)할 때 나타난다. 만일 윤리가 타자로부터 시작해서 타자의 언어로 규정되어 자신으로 연결된다면 어느덧 강제와 희생이 붙게 된다. 자신이 자유하려면 자신이 윤리 그 자체가 되어야 한다. 행위의 자각과 알아차림을 통해 주체로부터 타자로 연결될 때 윤리는 빛을 발하게 된다.

Ⅱ. 생명윤리의 관점

1. 생명윤리를 바라보는 관점을 '대상화-about', '목적-for', '소유-of'의 세 가지로 분류하여 해석하면, 생명에 대한 접근 방식과 윤리적 사고의 초점을 다각적으로 이해할 수 있다.

1) 대상화 관점 (about): 생명에 대한 논의와 성찰 : 이 관점은 생명을 대상화하여 그것을 논의하고, 이해하며, 성찰하는 데 초점을 맞춘다. 생명을 연구의 대상, 토론의 주제, 혹은 철학적 사유의 대상으로 간주한다. 이것의 특징은 ①생명의 본질, 정의, 가치 등을 탐구, ②생명과 관련된 현상(탄생, 죽음, 질병 등)을 객관적으로 분석, ③주체와 분리된 독립적인 주제로 생명을 다룸이다. 또한 이것의 장점은 생명윤리에 대해 이론적이고 체계적인 접근이 가능하며, 보편적인 생명의 가치를 논

의하는 데 유리하다. 반면에 그 한계로는 생명을 지나치게 객관화하거나 추상화하여, 개인적이고 주관적인 생명 경험을 간과할 위험이 있다.

2) 목적 관점 (for): 생명을 위한 실천과 보호 : 이 관점은 생명을 목적으로 간주하며, 생명을 보호하고 존중하기 위해 행동하는 데 중점을 둔다. 이는 생명이 존재하는 이유와 그것이 추구해야 할 목적에 대한 고민을 포함한다. 이것의 특징은 ①생명을 위한 윤리적 행동(치료, 구호 활동 등)에 초점, ②생명의 고유한 가치를 인정하고, 생명을 지키고 지원하는 실천적 태도, ③인간뿐 아니라 자연과 생태계 전체를 포함하는 생명 보호와 관련된 활동이다. 또한 이것의 장점은 생명을 실제적이고 구체적으로 보호하는 행동을 촉진하며, 생명윤리가 일상적이고 실천적인 방식으로 구현된다. 반면에 그 한계로는 생명을 위해 행동한다는 명분으로 특정 개인이나 집단의 권리를 침해하거나, 생명의 다면성을 단순화할 위험이 있다.

3) 소유 관점 (of): 생명을 소유하거나 관리하는 책임 : 이 관점은 생명을 소유하거나, 인간이 생명을 관리하고 통제할 수 있는 책임과 권리를 가진다고 보는 입장이다. 생명에 대한 인간의 책임감과 결정권에 초점을 둔다. 그 특징으로는 ①생명을 개인적·사회적 자산으로 인식, ②생명에 대한 관리와 통제의 윤리적 문제(낙태, 안락사, 유전자 조작 등)를 다룸, ③인간이 생명의 소유자임을 전제로, 생명과 관련된 선택과 결정을 논의 등이다. 또한 이것의 장점은 생명과 관련된 복잡한 윤리적 딜레마(예: 생명 연장 기술, 인공지능 생명 등)에 대한 구체적인 논의를 가능하게 한다. 그러나 그 한계로는 생명을 소유물로 전락시켜 생명 자체의 존엄성과 가치를 훼손할 위험이 있다.

따라서 우리는 세 가지 관점을 통합해서 바라보고 이해할 필요가 있다. 즉 대상화(about)는 생명윤리에 대한 객관적 이해를 제공하며, 이론적 기초를 형성한다. 목적(for)은 생명을 보호하고 지원하는 윤리적 실천을 가능하게 한다. 소유(of)는 생명에 대한 책임과 권리를 논의하며, 개인적·사회적 결정을 구체화한다. 이 세 관점은 서로 보완적이며, 생명윤리를 더 깊이 이해하고, 이론과 실천의 균형을 이루는 데 중요한 역할을 한다.

이제 우리는 다음과 같이 세 관점을 정의할 수 있겠다.

1) 'about': 객관적인 지식체계, 타자에 의해 이미 규정된 것이거나 선험적으로 규정된 것을 전제로 재구성된 것이다. 이러한 윤리는 주체적 실천성과 멀어진다. 관념어, 추상어, 개념어는 보편이라는 명제에서 성립한 것이다. 대상에 대한 객관적인 인식 태도가 'about'이다. 이때 윤리의 주체는 제삼자가 된다.

2) 'for': 목적성을 위한 인식 태도가 'for'이다. 예컨대 윤리를 위한 윤리, 인간을 위한 윤리, 논리적 정합성(순수명제 이론)을 위한 윤리로 규정된다면, 어느덧 인간은 윤리 그 자체의 목적성을 이루기 위해 강요된 도구적 수단으로 전락한다.

3) 'of': 윤리적 행위의 주체가 자신의(소유), 자신으로(재귀), 자신만의 방식으로(특이성), 자신에서 윤리가 발출되고, 발출된 윤리는 다시 자신으로 귀속된다(식인성-내가 나를 마신다) → 이럴 때 윤리적 '책임

성'과 '결단', '한계(경계)'가 주어진다. → '책임성'과 '결단', '한계(경계)'는 윤리적 행위가 지닌 속성이다. 윤리적 행위가 자신의 것(mines)으로 소유될 때 생명이 자생한다.

Ⅲ. 윤리적 행위의 인정과 승인

1. 무엇을 '윤리적 행위'로 인정할 수 있는가? 혹은 어떤 조건에서 '윤리적 행위'가 성립하는가?

1) 주체의 행위가 윤리적일 때 : 그런데 모든 주체의 행위가 윤리적 행위라고 할 수 있는가? 그래서 주체의 행위가 윤리적 행위(또는 보편적 명제)로 규정되려면 먼저 타자에 의해 '공감과 인정'이라는 조건이 따라야 한다.

2) 타자에 의해 '공감과 인정'이 성립되면 윤리적 행위라고 단정할 수 있는가?

3) 서구 시민사회에서는 개인에게 부여된 '권리'와 주어진 '몫'에 대한 '공정한 배분', '손상금지'를 윤리의 핵심으로 보고 있다. 동양 사회에서는 이들 항목이 '정감(이성과 감정)'으로 자율 조정(중화-시중)된다. 어느 관점이 더 윤리적인가?

4) 윤리적 행위의 '절차'에 대해서 생각해 보자. 절차(동기와 의도)와 관계없이 결과가 좋으면 윤리적 행위로 인정할 수 있는가? 반면에 결과가 어찌 되든지 동기와 의도가 옳다면 윤리적 행위로 승인될 수 있는가? 거기에 책임성은 면제되는가?

2. 절대적 윤리와 공리주의적 윤리, 그리고 상황 윤리

1) 절대적 윤리는 타자(신)에 의해 이미 명령과 터부 금지의 형태로 주어진 것으로 개인 생명의 존엄성을 극대화한 윤리이다. 이는 손상금지의 원칙에 의한 것이다. 이 원칙을 끝까지 밀고 나가면 이웃의 권리와 생명이 손상을 입는다.

2) 공리주의 윤리는 근·현대 사회에서 개인의 권리와 몫이 공정하게 배분되어야 한다는 논리에서 출발한다. 공리주의는 민주주의적 구조주의로부터 시작되었다. 이 원칙을 끝까지 밀고 나가면 개인(주체)의 자율성과 행위의 주체는 약화한다.

3) 상황 윤리 : 절대적 윤리와 공리주의적 윤리의 한계에서 벗어나, 그들이 지향한 장점을 모두 포섭하고, 그들의 논리적 그물에 걸리지 않는 방법과 윤리는 어떠해야 하는가? 우리는 그 가능성을 상황 윤리에서 찾고자 한다. 상황 윤리는 동양 사회의 인륜 정신인 '정감(이성과 감정)'에 토대를 둔다. 정감은 개인의 자율성과 책임성, 결단, 상황성(시중), 공감(자신과 타자 사이의 라포)의 원리를 지녔다.

3. 상황 윤리는 절대적 윤리와 공리주의적 윤리를 해체하고 새로운 윤리의 역사를 정립할 수 있다. 상황 윤리는 이미 정해진 원리나 이론이 따로 정립되어 있지 않다. 원리와 이론은 상황에 따라 늘 새롭게 생성될 뿐이다. 그렇다고 해서 상황 윤리가 모든 기존의 윤리적 원리나 이론을 무시하거나 해체 파괴하는 카오스나 아낭케적 속성을 지닌 것은 아니다. 상황 윤리가 지닌 카오스나 아낭케적 속성은 기존의 이론과 원리를 해체하는 '부정성'에 있을 뿐이다. 그 부정성은 해체를 위한 해

체가 아니라, 생명을 지닌 주체의 윤리적 행위와 윤리성을 드러내고자 (실현, 발현) 하는 데 있다.

4. 윤리적 행위를 수행(실천)하는 담지자(주체)는 자신의 행위를 '점검·성찰·주시'해야 한다. '점검·성찰·주시'는 자신의 행위가 보편적 명제가 될 수 있는 출발이다. 이를 '자각과 알아차림'으로 표현할 수 있다. '자각과 알아차림'은 'as if not'의 '부정성'으로부터 출발한다. 근대 서구 철학사에서 데카르트(R. Descartes)는 이를 '의심과 질문'으로 표현하였고, 칸트(I. Kant)는 자신의 윤리적 행위의 주체를 점검하고 성찰하고 주시하는 절차를 <순수이성비판-실천이성비판-판단력 비판>으로 설명하고자 했다. 이후 하이데거는 '있음'에 대해 존재적 질문을 던지는 '현-존재(Da-Sein)'에 대해 기술하였다. 그리고 현-존재의 문제를 '세계-내-존재(In-Der-Welt-Sein)'적 차원에서 논의를 끌어나갔다.

IV. '상황 윤리' 실천

죽음학에 토대를 둔 죽음교육의 생명윤리에서 '상황윤리'의 관점에서 인간학적 실천을 설명하면, 윤리적 판단과 실천이 고정된 원칙에 의존하기보다 상황에 따라 달라지는 인간적 맥락을 고려해야 한다는 점에 초점을 둔다. 이는 인간의 관계성과 삶의 구체성을 기반으로, 생명과 죽음에 대한 윤리적 대응 방식을 더 유연하고 현실적으로 접근하게 할 수 있다. 이를 좀 더 자세하게 살펴보면 다음과 같다.

1) 상황윤리의 기본 개념과 생명윤리 : 상황윤리는 윤리적 판단이 보편적이고 절대적인 규범에 의해서만 이루어지는 것이 아니라, 특정 상황 속에서 인간의 관계, 맥락, 그리고 그 상황의 특수성을 반영해야 한다고 주장한다. 죽음교육에서 상황윤리는 생명과 죽음의 문제를 추상적 규범이 아니라, 구체적이고 개별적인 맥락 속에서 판단하고 실천하는 접근을 강조한다. 이는 인간의 삶과 죽음이 개인마다 다르게 경험되고, 사회적·문화적 배경 속에서 다양하게 해석될 수 있다는 점을 인정한다.

2) 인간학적 실천과 상황윤리의 조화 : 인간학적 실천은 인간을 고립된 존재가 아니라, 관계적·사회적 맥락 속에서 살아가는 존재로 이해한다. 상황윤리는 이러한 인간학적 접근과 조화롭게 작용하며, 생명과 죽음의 문제에서 정형화된 규범을 강요하기보다는, 상황에 따라 인간다운 결정을 내릴 수 있도록 돕는다. 예컨대, ①연명의료 중단의 경우: 연명의료를 중단할지 여부를 결정할 때, 환자의 의견, 가족의 입장, 사회적 환경을 종합적으로 고려하는 상황윤리적 접근이 필요하다. ②자살 예방 상담: 단순히 자살을 도덕적으로 금지하는 데 그치지 않고, 내담자의 심리적 고통과 주변 환경을 이해하며 공감적으로 접근해야 한다.

3) 구체적 실천의 예
(1) 죽음의 존엄성과 선택권 존중 : 인간학적 관점에서 생명윤리는 개인의 삶과 죽음에 대한 선택권과 존엄성을 존중하는 방향으로 나아가야 한다. 상황윤리는 환자의 상태와 의사를 최우선으로 고려하며, 단순히 생명을 연장하거나 죽음을 미루는 것이 아닌, 삶의 질과 인간다운

죽음을 추구한다. 예) 말기 환자의 고통을 줄이고, 존엄한 죽음을 맞이하도록 돕는 완화의료와 호스피스.

(2) 생명과 죽음의 관계성 이해 : 생명윤리는 죽음을 삶의 반대가 아닌, 삶의 일부로 받아들이는 실천적 교육을 포함한다. 상황윤리는 이를 기반으로, 삶과 죽음을 통합적으로 이해하고, 각 상황에 맞는 실천적 지침을 제시한다. 예) 죽음교육에서 개인의 문화적 배경이나 신념 체계를 반영한 맞춤형 교육 제공, 학생들이 자신의 죽음관을 성찰하고, 생명과 죽음의 의미를 스스로 탐구하도록 격려.

(3) 공동체적 윤리와 연대 : 인간은 관계적 존재이므로, 상황윤리는 생명과 죽음의 문제를 개인의 선택뿐만 아니라 공동체적 맥락 속에서 조화롭게 다루는 실천을 중시한다. 죽음교육은 이러한 상황윤리적 접근을 통해, 개인적 고통뿐 아니라 사회적 책임과 연대의 중요성을 가르친다. 예) 자살 유가족 지원: 상실을 겪는 개인과 가족이 사회적 지지를 받을 수 있는 환경 조성.

4) 상황윤리가 강조하는 윤리적 태도

(1) 유연성과 공감 : 생명윤리에 대한 모든 판단은 상황과 맥락을 반영하며, 고정된 규범에 얽매이지 않고 인간적 감정과 공감을 기반으로 이루어져야 한다. 이는 개인의 고통이나 선택을 이해하고 존중하는 태도를 기른다.

(2) 책임과 실천 : 상황윤리는 단순히 이론적 논의에 그치지 않고, 윤리적 선택에 따른 책임 있는 행동과 실천을 요구한다. 이는 생명과 죽음의 문제를 다룰 때, 결과에 대한 책임감을 가지도록 한다.

(3) 관계적 접근 : 인간을 독립된 존재로 보지 않고, 사회적·문화적

관계 안에서의 맥락을 반영하는 윤리적 판단을 촉구한다.

죽음교육에서 상황윤리는 인간학적 실천을 풍부하게 하는 데 핵심적인 역할을 한다. 이는 생명과 죽음을 다룰 때 고정된 규범에 의존하지 않고, 인간의 관계적 본성과 구체적 상황을 고려하여 더 인간적인 윤리적 선택과 행동을 가능하게 한다. 이를 통해 죽음교육은 생명의 존엄과 죽음의 의미를 통합적으로 이해하며, 현실적인 윤리적 대응 방식을 제시할 수 있다.

이제 우리는 다음과 같은 질문을 통해 '상황윤리'적 실천을 더욱 심도 있게 바라볼 수 있고 실천할 수 있다.

1) 우리는 어떻게 '상황 윤리'를 생성시킬 수 있을까? 여기에 요청되는 실천 덕목이 '능동적 수동성'이다. '판단중지', '무위이무불위(無爲而無不爲)', '자연이연(自然而然)', '그가 그일 수 있도록 하라'이다. 이들 덕목은 이미 주어진 원리나 이론이 아니라, 상황에 따라 개별 존재성이 온전히 발현(실현)하도록 하는 실천 태도이다. 그래서 '능동적 수동성', '판단중지', '무위이무불위', '자연이연', '그가 그일 수 있도록 하라'는 고정되거나 실체화된 **명사가 아니라, 상황(국면, 양태, 정도)에 따라 늘 변하고 변주되는 동사**이다. 이 동사는 생명을 지닌 주체의 '행위 태도'이고, 이 행위 태도가 곧 윤리가 된다. 그러니까 상황 윤리에서는 윤리가 늘 **'현장성'** 을 지닌 **'상황 생성'** 적이다. 과거도 아니고, 미래도 아닌 지금, 여기 이 자리에서 결단하고 실천되는 것이다. '일용할 양식'의 의미를 생각해 보자. 현재를 과거와 미래의 관점으로 탈색시킨다면 어떤 모습의 윤리가 될까?

2) 만약 윤리가 '과거의 것'이거나 '다가올 미래를 위한 것'이라면 이내 윤리는 '**유용성**'에 기반을 둔 교조적이거나 희생을 강요하게 된다. 거기에 인간의 가치는 수단과 도구로 전락할 위험성이 있다. 이를 더 밀고 나가면 이내 인간의 정신성과 고통, 고뇌, 아픔, 병환, 통증은 물질적 질료로 환원 케이스(통계 수치화)화 되어 단지 관리의 대상이 될 뿐이다. 거기에서는 인간(인간다움)을 찾을 수 없다.

3) 현대공리주의 사회에서 상황 윤리를 어떻게 실천할 수 있는가? 상황 윤리는 개인의 주체적 결단에 맡겨진다. 여기에는 개인의 신념이나 양심이 개입된다. 결국 개인의 신념이나 양심이 보편적 명제가 되기 위해서는 부단히 자기성찰이 요청된다.

4) 상황 윤리의 상황 생성 : "상황 윤리의 속성이 '**상황 생성**' 적이다."라고 정의할 때 유념해야 할 것은 무엇인가?

① 상황의 국면(局面)과 양태(樣態·樣相), 정도(程道), 힘(force) 세기(strong), 강도(剛度) : 객관적인 윤리는 존재하는가? 상황 윤리에서 진리의 문제는 국면(局面)과 양태(樣態·樣相), 정도(程道), 힘(force) 세기(strong), 강도(剛度)와 관계된다. 그 이유는 상황 윤리는 고정된 것이 아니라 움직이는 생물성이기 때문이다. 윤리는 상황-생성적이기에 어떻게 전개될지 예측 불가능한 불확정성의 '현-사태'이다. 불확정성은 결정론, 필연성과 대조를 이룬다. 신은 주사위만 던질 뿐이다. 우연성으로 던져진 사태를 사건으로 맞이하는 것은 개인의 영역이다.

② '생성'이라는 의미: 생성은 하나의 사건이다. 사건에는 특이성이 존재한다. 특이성은 계열화에서 주어진다. 사건은 우발적이기보다는 지속과 내속에 의해 어느 때와 공간에서 표면으로 드러난 것이다. 거기에는 '기시(起時)'와 절차적 '과정' 그리고 '매듭'이 있다. 생성은 주어진 '구조'에서 나타난다고 생각한다. 구조에서만 의미를 찾을 수 있기 때문이다. 그러나 이는 생성을 이해하는 하나의 문법 또는 사유 방식의 하나일 뿐이다. 생성을 이해하기 위해서 구조주의적 관점을 넘어가기 위해 동원해야 할 관점은 무엇인가?

③ **후기구조주의**는 구조주의가 인간의 주체성과 자율성을 약화할 수 있다는 관점에서 주체성과 자율성을 복원하고자 한다. 그래서 후기구조주의에서는 구조, 즉 인간이 건립한 언어, 문법, 틀, 패러다임 등 구조의 결점을 들춰내고자 한다. 구조는 거푸집이다. 생명이 아니다. 생명을 지키는 형식이며 이해의 도구이다. 따라서 생명에 있어서 구조는 필수적이다. 생성이라는 말에는 생물학적인 인상이 있다. 만약 생물이 지닌 특수성을 고찰하면 생성의 의미를 알 수 있을까? → 범주계열 착오적 오류가 발생할 수 있다.

④ **구조와 생명을 아우르는 윤리는 어떤 모습일까?** 생명(존재, 사물)은 질료와 운동, 형식(형상)과 목적성을 스스로 지니고 있다. 그러니까 생명은 스스로 자생·진화·성장·지속할 수 있는 운동의 형식과 구조를 자신의 목적에 알맞게 디자인(natural-so-of-itself-organizing)하고 있다. 따라서 우리가 할 일은 생명에 내재해 있는 윤리성이 잘 발현(실현)되도록 생명의 구조적 형식과 내용 그리고 목적성을 발견, 발명하는

일이다. 이런 일련의 작업 과정 자체가 윤리적 행위가 될 수 있다. 생명의 구조와 윤리를 잘 드러내는 현장성이 바로 '**고통**'이다. 고통을 잘 들여다보면 거기에 고통의 생성과 구조, 의미, 그것이 어떻게 처리되는지 모든 지도(mapping)가 있다.

V. '상황 윤리'의 중심어: '고통'

1. 세상은 고통을 중심으로 돌아간다. 붓다도 사성제 <苦-集-滅-道>에서 고를 깨달음의 출발이자 근간으로 보았다. 스토아 철학에서는 현재 이 순간 자신에게 다가온(방문한) '현-사태'를 온전히 선용하기를 강조한다. 그 방문이 좋을 것일 수도 있고 나쁜 것일 수도 있다. 문제는 대상이 무엇이든지 주체가 그것을 온전히 '선용'하는 것에 방점이 있다. 그것을 통해서만 문제를 해결할 수 있기 때문이다.

2. 의학에서는 인간의 아픔(상실과 죽음)이 자리할 곳이 없다. 아픔이란 단지 물리적·화학적 자극을 인체의 신경계가 전기신호로 받아들여 뇌에 전달하는 하나의 회로에 불과한 것이기 때문이다. 따라서 앓음(삶)은 아픔(통증)으로, 그리고 아픔은 다시 전기신호로 환원되고 삶을 앓는 인간은 실종된다.[17]

3. 사람마다 누구나 다양한 정도의 양태로 아픔을 간직하고 살아간

---

17) 미국 근대의학의 산실이라고 할 수 있는 윌리엄 오슬러(William Osler, 1849~1919)와 프랜시스 피바디 (Francis Peabody, 1881~1927)는 존스 홉킨스와 하버드를 대표하는 영향력 있는 의사이다. 이들은 새롭게 대두하던 과학적 의학을, 인간적 요소를 희생시키는 무자비한 존재로 보았다. 이들은 현대의학에 대한 회의로 대안의학(alternative medicine)을 주창하였고, 의학의 취약점인 인간적 감수성에 충실할 것을 제안한다.

다. 어떤 이에게는 그것이 견딜 수 없는 격렬한 통증일 수도 있고, 미래에 대한 두려움일 수도 있으며 또는 지긋한 삶의 무게일 수도 있다. 이런 아픔 중에는 피할 수 있는 것도 있지만 그렇지 못할 경우도 많다. 의학적 개입을 통해 줄이거나 없앨 수 있는 아픔이 있는가 하면, 의학적 개입이 전혀 쓸모없거나 오히려 아픔을 가중하는 예도 있다. 신체적 아픔이 있는가 하면, 정신적·영적 아픔도 있다. 의학의 대상이 되는 아픔이 있는가 하면, 종교나 법학의 대상이 되는 아픔도 있다. 그럼에도 우리는 이들의 다양한 아픔의 국면과 양태를 평면적으로 이해하거나 평균 이해로 보려고 한다.

4. 고통은 주관적 느낌의 상태다. 통증과 절망, 자기 자신과의 갈등, 고통에 따르는 외로움 등은 모두 인간적이며 개인적인 상태다. 직접 고통을 당하는 사람보다 그 고통을 더 잘 알 수 있는 사람도 없다. 그러나 의학에서 사용되는 과학기술은 실체적이며 그것을 사용하는 의사나 환자와는 관계없이 존재하는 객관적인 것으로 생각한다. 질병 또한 병을 앓고 있는 사람과 분리된 객관적인 것으로 본다. 이것이 현재 환자와 의사가 공유하는 질병과 고통의 관계에 대한 이해다. 병을 앓는 과정에서 환자가 느끼는 주관적이고 인간적이며 사적인 속성은 신체와 질병의 객관적 속성으로 귀속된다. 그러나 환자가 어떤 사람인지에 따라 질병과 병환의 양태는 확연히 달라진다. 환자의 개별 특이성이나 인간적 서사는 탈색되고 몰개성화된 개념적 기호들만이 아픔과 병환을 대체할 뿐이다. 현대의 과학기술은 환자의 고통과 병환을 이해하지 못한다. 마치 감각과 감성의 부재로 나이스 하게 평면적 이해로 설명하는 Chat-GPT와 다를 바 없다.

5. 셰익스피어(Shakespeare)의 『맥베스의 비극 The Tragedy of Macbeth』의 경우, 맥베스와 그 아내는 죄책감으로 미친 사람이 된다. 그 죄책감은 왕이 되는 과정에서 많은 사람을 살해한 것에 대한 죄책감이 아니라, 왕이 되는 순간 외적 목표가 상실되어 좌절하는 내적 욕망과 관련된 원초적인 죄책감이다. 그래서 죄를 지었기 때문에 죄인이 된 것이 아니라, 원초적인 죄책감으로 스스로 금기와 명령과 터부를 설정함으로써, 그 안에서 안위함을 찾고자 스스로 죄를 짓고 죄인이 됨으로써 처벌과 저주에서 비롯되는 물신적 쾌감을 맛보고자 죄를 짓는 것이다. 이들에게는 고통보다 더 무서운 것이 분리불안이다. 처벌이라고 하는 신체적 고통과 하나가 됨(물신화)으로써 분리불안을 해소하고자 한다고 할 때, 여기에 적용할 수 있는 객관적인 윤리적 잣대는 가능할까?

6. 한계상황에 직면한 인간의 고통은 신체의 고통을 넘어 실존적 고통에 가깝다. 고통의 주체는 일인칭이다. 고통은 신체의 표현이기 때문이다. 만약 고통이 삼인칭의 분석 대상이 된다면, 고통을 나타내는 주체의 고유한 자율성과 의미성은 상실된다. 차이와 다름을 나타내는 개인의 고통이 삼인칭 분석가의 관점으로 동일시된다면, 그 차이와 다름은 탈색되고 정형화된 형식논리만 남게 되어 이내 타자의 언어가 주체에게 덧입혀져 주체는 타자의 언어를 앵무새처럼 반복하게 된다. 이때 주체는 타자의 언어와 욕망을 마치 자신의 것으로 착각한다. 환각을 양산하는 중독사회의 원인은 개인의 고유성인 차이와 다름이 타자의 언어와 욕망으로 대체되어 탈색된 현상이다. 따라서 고통이 주체의 것(소유)이 되기 위해 다음과 같은 질문이 요청된다.

7. 고통·고뇌 '의' (of) 심적 태도가 어떻게 실존적 삶으로 전회 될 수 있는가? 재귀동사로서의 "통증과 고통, 고뇌 '의' (of) 심적 태도"는 통증과 고통, 고뇌를 제거하거나 거부하거나 대상화하지 않는다. 오히려 통증과 고통, 고뇌를 자신의 실존적 삶으로 받아들이고 전회 시킨다. 삼인칭의 사건과 대상을 일인칭의 사건으로 '받아들이고 전회'하는 것, 대상화된 문제를 자신의 문제로 연결하는 실존적 태도가 인문 치유의 다른 이름이다. 고통은 주체의 반응에서 나타나는 현상이고 그 현상이 증상이다. 그런 의미에서 고통과 증상은 없애야 하는 대상이 아니라 그것이 표지하는 것이 무엇인가를 자문하면서 의미화할 때 주체로 돌아갈 수 있는 계기적 사건이 된다. 이때 비로소 인간은 상실과 죽임을 당하는 '수동적 객체'가 아니라, 스스로 묻고 결단하는 '능동적 주체'가 되며 고통을 주체적 삶의 의미화로 전환할 수 있는 윤리적 인간이 된다.

VI. 죽음학에서 바라본 생명윤리

1. 죽음학도 이미 학적 지식체계로 구성된 것이라면 그것 또한 타자의 문법으로 이미 규정된 것이 아닌가? 다행히 죽음학은 그 근본개념을 '죽음충동'에 두고 있다. '죽음충동'은 앞에서 기술한 해체·파괴·부정·카오스·아낭케와 유사한 속성을 지닌다. 스스로 자신을 해체하는 방식으로 또 다른 변화와 새로운 이론을 구축하고자 무한 반복한다. 이런 반복은 보편에서 특수성을, 평균 이해에서 특이성을 창출해 낸다.

2. 죽음학은 '부정의 변증법'을 통해 기존 관점을 초월하며 새로운 지식을 구축한다. 그 지식은 또다시 다른 지식에 의해 해체된다. '죽음

충동'은 '삶의 의지(生意, 리비도)'의 양면성이다. 타나토스와 에로스는 생명에 내재해 있는 운동의 '지향성'을 의미한다. 따라서 생명윤리는 협애의 범주(권역화)의 틀에 귀속될 수 없다. 예컨대 "신학은 종교가 아닙니다."라는 논리와 같다. 죽음충동은 끝없는 저항과 고정관념의 틀을 깨는 열정이다. 생명윤리의 근본개념은 죽음충동에 있다. 예컨대, involution, 퇴화, 도태, 상실, 분열, 퇴행, 선회, 말림, 주름 잡힘, 크랙, 굶힘, 상처, 내면화, intrinsic, 공속(consistance), 죄성, 시뮬라크르는 모두 죽음충동의 이미지들이다.

3. 죽음학의 윤리성: 죽음충동은 생명의 기본 속성이다. 생명윤리에 대한 죽음학의 근본개념은 '인간학', '죽음충동'이다. 죽음학의 명제를 '한계상황에 직면해 있는 인간의 실존적인 고뇌와 고통을 어떻게 대면하고 대처할 수 있는지, 그 실천의 방법과 기술을 제공해주는 학문'으로 정의한다면, 죽음학은 자연스럽게 인간학(Anthropology)으로 귀결된다. 실존적인 고뇌와 고통을 겪는 주체는 곧 인간이며 고통을 어떻게 직면하고 대처할 수 있는지를 탐색하고 실천할 수 있는지를 제공하기 때문이다.

4. 인간학의 핵심은 주체, 자율성, 존엄성, 권리에 있다. 이를 위해 타자에게 반드시 지켜야 할 윤리인 이해와 공감이 권장되고 자신이 하고 싶지 않은 것을 상대방에게 강요하지 않는다. 그런 의미에서 죽음학은 인문 치유를 지향한다. 인문 치유(the healing for humanities)는 고통을 통해 인간성을 회복하는 것에 그 지향성이 있다. 죽음학에서는 자신에게 찾아온 상실과 죽음의 방문을 결코 가볍게 여기지 않는다. 설

사 그 방문이 우연적이고 불가항력적일지라도 주체의 심적 변환을 통해 의미적 사건으로 전환할 수 있도록 안내한다. 거기에 진정 인간다움의 결정체인 '자유의지'가 발동한다. 우리는 모두 상처 입은 치유자이다. 상처를 받는다는 것은 곧 우리가 살아있다는 증거이며 타자의 아픔에 반응했다는 의미이다. 상처로부터 치유되기 위해서는 그 외상을 기억해야 한다. 기억은 과거의 상처를 오늘의 관점에서 재해석하는 유기체의 놀라운 능력이다. 그러나 이 시대는 상처를 억압하거나 은폐한다. 고통을 통해 인간은 비로소 자신의 진실한 모습과 마주하게 된다. 고통은 우리가 어떤 존재인지를 확연히 자각하고 기억하게 한다.

5. 죽음 정신을 통해 고뇌하는 현존재(Da-Sein): 왜-질문을 던지는 '존재'와 왜-질문을 던지지 못하는 '존재자', '사물과 산물'의 구분이 중요하다. 죽음학에서는 삶과 죽음의 양태를 모두 포섭하면서, 상실과 죽음을 맞이한 사람이 고통의 감정을 어떻게 직면-대면-대처하는지를 연구한다. 죽음학은 인간학을 중심으로 한 학문이다. 상실과 죽음을 맞이한 사람에게 있어서 진정한 윤리적 행위가 무엇인지 숙고해 보자. 그러기 위해 인간학에 대한 사전 이해와 선험적 윤리 태도에 대해 생각해 보자. 죽음학이 인간학을 중심으로 한 학문이라면, 어떻게 상실을 맞이하고 죽음을 죽을 수 있으며, 그 행위가 인간학으로 귀결되기 위해서는 어떤 조건이 있어야 하는가? 우리는 상실을 상실할 수 있는가? 우리는 죽음을 죽을 수 있는가? 우리는 상실을 상실할 수 있고, 죽음을 죽을 수 있다는 말은 무슨 뜻인가? 이는 인간존재의 실현(윤리성)은 得其死(그 죽음을 비로소 얻었다. 죽음을 극복하다, 죽음에 승리한다)에 있다는 말과 같지 않을까?

Ⅶ. 죽음학의 윤리성

1. 죽음학의 윤리성은 무엇보다도 의미화에 있다. 의미화는 주체적 결단과 행위(실천)를 수반한다. 주체적 결단과 행위(실천)가 수반되지 않으면 의미화가 성립되지 않는다. 의미화에는 행위 실천의 다양한 '크기'와 '세기', '정도'와 '강도'가 주어진다. 이들 속성에 따라 의미화는 지속(습관화)과 탄성, 인접한 산물에 영향(예를 들면 공감)을 준다. 의미화의 '크기'와 '세기', '정도'와 '강도'는 한계상황(상실과 죽음)과 밀접한 관계가 있다. 나폴레옹의 왕관을 쓰는 대관식도 사건이고, 카이사르가 루비콘강을 건넌 것도 사건이다. 광야에서 외치는 자도 사건이고, 요한에게 세례를 받으러 오는 자도 사건이다. 한 사람이 그렇게 죽어가는 것도 사건이다. 의미는 다양한 개별 상황에서 발생할 수 있다. 의미가 증상과 사건이다. 실존주의에서 '의미'의 사전적 정의를 다음과 같이 기술한다. "자신의 존재에 대해 본질적인 물음으로 실존에 이르게 하는 것(실존에 이르게 하는 가능성)", 본질적인 물음을 통해 주체가 형성된다. 따라서 우리는 이해를 위해 다음의 도식을 만들 수 있다.

<의미를 둘러싼 관계망 : 의미-증상-사건-물음-실존-주체 → 세계-내-존재>

2. 주체성: 상실과 죽음의 한계상황은 우리를 '자기됨으로 발전' 하게 한다. 그리고 '의미적 자아정체성'과 '자기됨'의 실존으로 안내한다. 실존에는 세 가지 비약(초월)이 수반된다. 첫 번째 비약은 '자기 이탈'(Selbstdistanz)'이다. 이는 인간이 자기 자신과 거리를 둠으로써 자신의 개별성을 인식하게 되는 단계로서, 자신의 현실 존재

를 객관적으로 바라볼 수 있다. 두 번째 비약은 '자기 자신을 의식'하는 단계이다. 이 단계는 자기의식(Selbstbewutsein)과 자기 초월(Selbsttranszendenz)을 통해 수행된다. 여기서 인간은 상황에 대해 스스로 책임을 진다는 의미로 자신의 고유한 가능성과 자신의 부족함을 의식하게 되며, 이러한 고통스러운 난파를 경험함으로써 자신이 결코 해결할 수 없는 한계상황이 존재한다는 사실을 자각한다. 그리고 이와 같은 상황은 결코 물릴 수 없으며 그대로 존속한다는 사실 또한 의식하게 된다. 그러나 역설적으로 이러한 파국은 삶의 발판을 다시 획득하는 도약판으로 작용한다는 것이다. 세 번째 비약은 '실존적 결단과 실존의 장악(Ergreifen der Existenz)'을 통해 수행된다. 비약은 실존적으로 반성된 가능성을 개별 자아의 고유한 것으로 이해하고 수용할 때 발생한다. 그리고 의식적으로 자기 행위의 길을 결단함으로써 실존을 장악하게 된다. 이런 비약을 통해 인간은 진정한 자기 자신이 되며, 자신의 행위는 고유한 경험이 된다. 세 번째 실존으로 비약의 단계에서 개인은 삶의 의미를 설정하게 된다. 무미건조하게 보였던 외부 세계가 자신에게 들어와 비로소 충만한 의미망이 형성된다. 이 의미망의 형성은 비합리적이지만 불합리하지 않으며, 비논리적이지만 반-논리적이지는 않다. 이제 개인은 자신의 실존을 위해 결단할 수 있는 자유 속에서 스스로 선택할 기회를 찾는다.

3. 결단: 인간이면 누구나 살아가면서 겪게 되는 우연한 사건과 사고, 상실과 죽음을 회피할 수 없다. 이것으로부터 피할 수 없는 것이 인간의 운명이라면, 이제 인간은 그 한계상황과 대면하고 직면하는 기술이 필요하다. 그 직면의 기술과 힘을 기를 때 인간은 수동적이고 객체

적 존재에서 운명을 받아들이고 결단할 수 있는 주체적 인간으로 전환된다. 그래서 죽음학 임상 실천에서는 주체가 고통을 명사형에서 동사형으로 전환해서 맞이할 수 있도록 안내한다. 명사형은 타자가 규정하고 만들어 놓은 고정된 개념이지만, 동사형은 고정된 개념을 해체하고 분해해서 새롭게 실천할 가능성이기 때문이다. 이 가능성을 실천할 때 주체가 형성된다. 우리가 죽음과 함께 산다는 것은, 자신에게 주어진 명(命)의 길을 선택하고 결단하여 실천해 나가는 것을 의미한다. 따라서 분석가는 내담자의 주체성을 내담자에게로 돌려주어야 한다. 내담자의 주체성을 분석가의 것으로 동일시되게 해서는 안 된다. 죽음학에서 생명윤리는 내담자의 객체적 수동성이 주체적 능동성으로 전환될 수 있도록 분석가의 주체적 능동성을 내담자에게 양도(판단중지, 또는 능동적 수동성)함으로써 타자의 시선과 답습한 문법 체계에서 벗어나 자기만의 고유한 문법 체계를 세우는 것에 윤리적 목표를 둔다.

4. 실천: 인간은 상실과 죽음의 한계상황 앞에 실존을 겪는다. 이때 자신이 어디에 있는지, 무엇을 하는지, 무엇을 받아들이고, 거부하고, 생각하는지, 또 자신이 무엇을 결단해야 할지를 선택한다는 것을 의미한다. 이는 자신이 결정한 선택에 대한 책임을 진다는 의미이기도 하다. 만일 이러한 실존적 느낌을 회피한다면 '잘못된 신념'을 갖거나 진실하지 않은 '자기성'을 갖게 된다. 예컨대, 만일 "이것은 내가 해야만 하는 것이기에 내게 속한 일이야."가 아닌, "만일 내가 이것을 하지 않으면 피해를 보기 때문에 어쩔 수 없이 하는 거야."라고 말한다면 이는 실존 대신 강박증적이고 피학증적인 행동의 수동적인 희생양이 되는 것과 같다. 실천은 지속적이어야 한다. 갑작스러운 깨달음 즉, 돈오

(頓悟)는 없다. 점진적인 수행과 훈련의 점수(漸修)만이 사람이 걸어가야 할 길이다. 실천(praxis)은 자아 중심의 '의필고아(意必固我)'를 내려놓고 보편적 자기성을 확립해 가는 과정이다. 즉 자아가 탈각되고 그 공백과 부재의 자리에 타자가 초대된다. 주체, 결단, 실천은 '자신을 비우는 방식'으로 타자와 연결된다. 실천은 정태적이고 고정적이지 않다. 죽음학에서는 한계를 지닌 운명적 조우(tuche)를 통해 진정한 자기성을 확립하는 것에 실천적 목표를 둔다. 임상 실천의 현장에서, 내담자가 두려워하고 있는 바로 그 일을 내담자가 스스로 재현하거나 혹은 그런 일이 또 일어나기를 바랄 때 몸의 본능은 항상성과 평형성의 원리로 안정성을 지향하게 된다. 즉 공포가 역설적인 소망으로 바뀌게 된다. 우리의 의식은 과거에 있었던 사건을 불러 기억(회상)하며, 앞으로 일어날 것을 예감하면서 말하게 된다. 이때 우리의 인지는 과거의 사건과 동일시된 자연감정-충동을 앞에 대상화해서 바라본다. 이때 인지는 자연감정에서 '인지 감정'으로 전환된다. 우리는 자신의 감정을 표현해봄으로써 감정을 재구성한다. 이때 우리는 감정에 대한 새로운 의미와 통제감을 얻게 된다. 그렇게 끊임없이 감정을 수정해 나가는 과정에서 주체가 탄생한다.

실천 1
죽음교육 지침

<내용 요약>

죽음학은 융합적 접근을 통해 인간학적 시각에서 죽음을 탐구하며, '죽음학'과 '죽음'에 대한 교육을 통해 죽음을 이해하고 대처하는 기술을 배운다. 교육의 목적은 죽음에 대한 지식을 제공하고, 죽음 경험을 통해 발생하는 비탄에 대한 대처법과 치유 방법을 가르치는 것이다. 이를 위해 감정 표현, 신체적 경험, 의미화 등의 과정이 포함된다. 죽음 교육은 실천적이며, 죽음학 이론을 바탕으로 개인의 감정과 고통을 다루고, 개인 중심의 애도 과정을 지원한다. 윤리적 접근에서 죽음은 '자기 자신에 대한 실존적 실천'을 요구하며, 교육의 목표는 상실과 죽음을 경험한 이들이 새로운 삶의 가치를 찾을 수 있도록 돕는 것이다.

<핵심어>

죽음교육, 융합적 접근, 정직한 감정표현, 치유 방법, 실천적 교육, 윤리적 접근

<학습 목표>

- 죽음학에 대한 기본적인 이해를 바탕으로 죽음의 심리적, 사회적, 문화적 측면을 학습한다.
- 다양한 융합적 접근방법을 통해 죽음학의 이론과 실제를 연계하여 적용할 수 있다.
- 감정 표현의 중요성을 이해하고, 이를 치유와 회복을 위한 방법으로 활용할 수 있다.
- 죽음을 대하는 윤리적 접근을 바탕으로 실천적인 교육을 설계할 수

있다.
- 다양한 죽음 관련 문제에 대한 효과적인 대응 방안을 실천적으로 익힐 수 있다

<적용 실천>

- 감정 표현 및 회복 지원: 죽음에 대한 감정을 억누르지 않고 표현할 수 있도록 돕고, 이를 통해 치유와 회복의 과정을 지원한다.
- 심리적 접근법 사용: 죽음을 경험한 사람들의 심리적 상태를 이해하고, 그에 맞는 상담 및 심리적 지원을 제공한다.
- 사회적 지원망 활용: 죽음과 관련된 사람들에게 사회적 지원망을 제공하고, 이를 통해 고립감을 줄이고 공동체 내에서 회복을 돕는다.
- 윤리적 교육과 실천: 죽음과 관련된 상황에서 윤리적 문제를 인식하고, 이에 대한 올바른 태도와 실천을 교육을 통해 전파한다.
- 개인 맞춤형 대처 전략 개발: 각 개인의 죽음에 대한 이해와 경험에 맞춰, 맞춤형 대처 전략을 제공하여 실질적인 지원을 제공한다.

죽음교육 지침

I. '죽음학에 대한 교육'과 '죽음에 대한 교육'의 의미

1) 죽음학은 인간학에 바탕을 둔 융·통섭 학문이다. 융·통섭은 자신의 학문적 경계를 해체함으로써 타자의 학문적 경계를 자신의 학문적 영역으로 초대하기도 하고 동시에 방문하기도 한다. 이렇게 융·통섭 된 학문은 인간다움을 지향한다. 그런 의미에서 죽음학은 인문치료의 성격을 지닌다. 즉 <죽음학에서의 인간학>은 신체·생물학적인 조건으로부터 정신적(자각과 발견)이고 의미 지향적 인간으로 전환하는 것에 그 지향성을 둔다. 예컨대, 삼인칭 관찰자적인 인간 기술에서, 일인칭 내담자 중심의 관점으로 기술[18]이 필요하며, 죽음교육전문가로서의 객관적 관찰을 유지하면서도 고통을 받고 있는 내담자 중심의 관점이 되도록 노력하며, 죽음교육전문가의 문법과 지식체계가 아니라, 내담자가 바라고 욕망하는 고유한 문법 체계가 될 수 있도록 하여 죽어가는 인간에 내재한 영웅성을 드러낼 수 있도록 노력해야 한다. 이를 위해 죽음교육전문가는 어떻게 할 수 있는가? 그것은 무엇보다도 관점에 대한

---

18) '죽어감'과 '죽음을 맞이함'에 대한 차이와 다름의 구분을 통해, 현장에서 일어나는 죽음의 모습을 다양한 시각에서 조명한다. 죽어간다는 것은 제삼자가 관찰하는 객관적인 상태에서의 기술어이다. 싸나톨로지의 대상은 '죽어감'이라기보다 '임종'이다. 주체가 죽음을 어떻게 맞이하고 있는가, 실존적인 마음의 상태, 의식, 태도에 주목한다. 죽어감이라는 것이 과학적 근거와 분석에 토대를 두고 있다면, 임종은 실존적인 죽음 앞에 맞닥뜨린 인간의 괴로움, 쓸쓸함, 외로움 등의 감정과 의식의 상태에 좀 더 관심을 기울이는 것이다. 그런 점에서 '치료'와 '치유' 또한 구분된다. 치료에서 환자는 단지 의사의 의료 행위의 대상이었다면, 치유는 환자의 내면이나 의미화에서부터 시작한다. 우리는 현재 '타자'의 죽음만을 경험하고 있다. 타자의 죽음만으로 우리는 죽음을 온전히 알 수 없다. 제 죽음을 이야기하는 것이 싸나톨로지의 관점이다. 죽음은 한계상황이다. 이 한계상황에서 비로소 우리는 자신이 누구인가에 대해 정직한 질문을 던질 수 있고 그 물음에 답할 수 있다.

통합적 기술로서, '인간을 위한(for)', '인간에 의한(of)', '인간에 관한(about)' 분석과 기술이 되어야 한다.

2) '죽음교육'과 '죽음교육 교과서'의 정의와 범주, 의미에 대해 숙고 : 먼저 '죽음교육'의 정의와 범주, 의미에 대해 숙고하기 위해서 다음의 세 가지 질문이 전제되어야 한다. 첫째, 우리가 '죽음교육'이라고 말할 때, '죽음'은 어떤 죽음을 의미하는가 하는 것과, 둘째, '교육'은 '무엇에 대한 교육인가'하는 점이다. 이 질문에는 다음의 두 가지 대답이 예정되어 있다. 그것은 **'죽음학'에 대한** 교육과 **'죽음'에 대한** 교육이다. 셋째, 이때 말하는 죽음과 교육이 합성되어 '죽음교육 교과서'라는 하나의 보통명사가 될 때, 그 교과서가 지닌 '죽음교육'의 정의와 범주, 의미를 어떻게 완전히 드러낼 수 있는가 하는 점이다.

3) 한국 죽음교육학회에서 선정한 죽음교육 교과서는 모두 9개의 영역이다. 이 영역에서 말하는 죽음은 **'죽음학의 지식체계에서 말하는 죽음'** 임을 알 수 있다. 즉 일반 누적 경험된 죽음을 학적 체계 내에서 분류하고 다양한 학적 토대에서 조망하고자 집약·추상화(이론화)된 지식체계로서의 '죽음'이다. 여기서 유념해야 할 것은 '상실과 죽음의 누적된 경험'이 없다면 죽음학은 성립되지 않는다. 반대로 '죽음학적 지식체계'가 없다면, '죽음에 대한 교육'은 어디로 가야 할지 무엇을 목표로 하고 무엇을 가르쳐야 하는지 그 구심점과 방향을 잃게 된다. 따라서 '죽음학에 대한 교육'과 '죽음에 대한 교육'은 상호 보완적이고 서로를 긴장하게 함으로써 더 나은 죽음교육으로 지향하게 한다. 이제 한국죽음교육학회는 '죽음학에 대한 교육'과 '죽음에 대한 교육'이 동시적으

로 이루어져야 할 사명이 있다. '죽음에 대한 교육'은 지금까지 회자 되어왔던 **'웰-다잉 교육'의 다른 명칭의 표현**이다.

4) 이렇게 규정한다면, '교육'은 '무엇에 대한 교육인가'라는 앞에서 말한 둘째 질문에 대해서 자동으로 답해질 수 있다. 즉 **'죽음교육'**은 **"죽음학의 지식체계에서 말하는 죽음 이론에 대한 교육이다."**로 정의될 수 있다. 이 정의에서 유념해야 할 것은 '죽음 이론에 대한 교육'이라면, 그 대상화된 이론을 어떤 관점에서 바라보고 교육할 것인지를 살펴봐야 한다. 죽음학에서는 죽음학의 지식체계를 **융·통섭적 관점**(문화·사회학적 관점, 종교·영성학적, 심리·상담학적, 죽음 이론의 역사와 현대적 이론의 관점, 현장에서 겪는 실천 전문가의 관점, 생애·발달적 관점, 의료·생리학적 관점, 윤리·철학적 관점)에서 바라보고 교육하였다.

5) 죽음에 대한 교육: 죽음에 대한 교육은 상실과 죽음을 경험한 인간의 아픔과 고통에 대해서 어떻게 대처하고 해결해 나갈 수 있는지 그 대처의 방법과 기술을 제공하는 것이다. 여기서 인간의 아픔과 고통에 대해서 **어떤 관점에서 바라보느냐에 따라** 전혀 다른 의미의 죽음교육이 될 수 있다. 바라봄에는 삼인칭의 관찰자적 관점(제삼자가 죽어가는 사람을 객관적으로 관찰해서 기술하는 것, 동물이 죽어간다. 식물이 죽어간다. 사람이 죽어간다)과 일인칭의 주체적 관점(죽음을 맞이한다, 병환을 앓는다, 몸살을 앓는다)이 있다. 예를 들면 비탄을 누구의 관점에서 기술하느냐에 따라 비탄의 주체는 비탄을 경험한 환자(일인칭), 또는 관찰자(삼인칭)가 될 수 있다.

6) 고통은 일인칭의 사건이다. 고통은 고통을 나타내는 주체의 표현

이기 때문이다. 만약 고통이 삼인칭 적 분석의 대상이 된다면, 고통을 나타내는 주체의 고유성(자율성)과 의미성은 상실된다. 차이와 다름을 나타내는 개인 고유의 고통이 삼인칭 분석가의 관점(동일성)으로 회귀 된다면, 그 차이와 다름은 탈색되고 정형(도식)화된 언어 표상만 남게 된다. 그리고 그 고유성 대신 동일성의 폭력만이 개인에게 덧입혀진다. 고통은 주체에 의해 행위 되는 것이다. 따라서 죽음교육은 3인칭(타자의 욕망, 관찰자의 객관적인 시점, 대상화된 비탄)의 비탄으로부터 일인칭의 주체적 비탄을 표현할 수 있도록 해야 한다. 이런 의미에서 죽음교육은 "**상실과 죽음을 경험하는 주체의 비탄에 대해 주체 스스로 애도를 통해 재적응할 수 있도록, 그 대처와 방법 기술을 가르치는 것**"으로 기술할 수 있다. 따라서 공 교육적 차원에서 죽음교육이 실천되려면 그 실천 방법이 객관적이고 보편적인 이론에 바탕을 두면서, 그 판단이 언제나 미끄러질 수 있다는 점을 인정하면서 내담자 중심의 애도와 대처의 기술이 나와야 한다. 예컨대, 대처와 방법, 기술(억압과 방어-회피-도피-연기가 아닌 대면과 직면의 기술)은 학적 토대에 기반을 두되, 내담자의 정서나 성향, 인지구조를 살펴야 한다. 그래서 우리는 '죽음에 대한 교육'으로서의 죽음교육의 목적을 다음과 같이 정의 기술할 수 있다.

7) 죽음교육의 목적: "상실과 죽음을 맞이한 사람이 겪(은)는 아픔과 슬픔(비탄)에 대해 애도 과정을 통해 치유 재적응을 해 나갈 수 있도록, 그 대처의 기술과 방법을 제공하고 훈련하는 과정이다." 따라서 죽음교육의 내용은 '**비탄(감정)에 대한 애도(과정)와 그 대처의 방법과 기술**'이 된다. 여기서 유의해야 할 점은 분석가가 내담자에 대한 관점을 어떻게 바라보고 기술하는가 하는 점이다. 즉 내담자의 비탄에 대한 관

점을 다음의 3가지, ①about, ②for, ③of, 로 나눌 수 있다. 'about' 은 상실과 죽음을 맞이한 사람에 대한 관찰을 의미한다. 이를 위해 죽음교육전문가의 전문 지식체계가 기반이 되어야 한다. 그리고 'about' 의 객관 대상 기술의 목적은 고통을 맞이한 내담자의 주체 형성을 지향한다. 'for'는 누구를 위한 것인가 하는 점이다. 객관 대상에 대한 '관찰'의 목적이 죽음교육전문가를 위한 것인지, 죽음교육을 위한 것인지, 내담자를 위한 것인지를 살펴야 한다. 'of'는 상실과 죽음의 고통이 누구의 것인가 하는 '소유'를 의미한다. 고통의 '소유'는 상실과 죽음으로 인해 고통을 받은 사람이 '직면-대면-대처'의 행위에서 능동적 주체가 될 것인가 아니면 수동적인 객체가 될 것인가 하는 점이다. '누가 고통의 주인이 되는가?'의 문제는 'of'가 지닌 소유 감각의 예민성에 있다. 죽음교육전문가는 내담자의 고통을 위로하거나 경감시킨다고 해서 가볍게 자신의 것으로 가지고 오거나 쉽게 다른 것으로 대체해서도 안 된다. 주체의 소유격으로 돌봄의 대상이 삼인칭 타자에 의해서 돌봄이 이루어지는 것이 아니라, 일인칭 주체 자신에 의해 스스로 자각되고 발견되는(재귀-귀의) 즉자이다. 비탄과 애도는 타자가 아닌, 그 자신의 것(mineness)이다. ~'의' 관점은 '비탄이 내담자의 것이 되어 스스로 치유와 돌봄'이 되도록 해야 한다.[19]

---

19) 그렇다면 어떻게 통증과 고통, 고뇌 '의' (of) 심적 태도가 실존적 삶을 살아가게 하는가? 재귀동사로서의 "통증과 고통, 고뇌 '의' (of) 심적 태도"는 이제 더 이상 통증과 고통, 고뇌를 거부하거나 대상화하지 않는다. 오히려 통증과 고통, 고뇌를 자신의 실존적 삶으로 받아들이고 전회 시킨다. 삼인칭의 사건과 대상(타자)을 일인칭의 사건으로 '받아들이고 전회' 시킨다는 것, 그 외에 다른 것에서 종교성과 영성이 나타나지 않는다. 저들의 문제(죄)를 자신의 문제로 연결하는 실존적 태도가 종교성과 영성의 다른 이름이다. 예컨대, 임종 환자에게서 일어나는 통증과 고통, 고뇌가 어떻게 종교성과 영성으로 전회(轉回) 되는가? 종교성과 영성은 독립되어 나타나지 않는다. 반드시 우리들의 일상적 삶을 통해서 (기대어, 수반해서, 뒤따라) 나타난다. 특히 임종 환자에게서 나타나는 통증과 고통, 고뇌는 종교성과 영성의 다른 이름이다. 통증과 고통, 고뇌는 심적 태도의 전회에 의해(of) 종교

2. 누가 가르칠 것인가 → 가르칠 자격과 인품(격)을 갖추기 위해 공인 죽음교육 자격증이나, 죽음교육 과목 이수 → 두 가지 항목에서 미달한 사람에 대해서는 최소한 협회에서 시행하는 강사진을 위한 죽음교육과목을 이수하도록 해야 한다.

3. 누구를 대상으로 가르칠 것인가 → 대상(죽음교육전문가인가 아니면 특정 일반인인가)에 따라서 교과과정이나 방법론, 가르칠 항목이 정해져야 한다. 그에 따라서 교과서 강의 주제가 정해져야 한다.

4. 무슨 목적으로 가르치는가 → 죽음교육전문가 양성을 위한 강좌라면, 죽음학 일반 이론에서 실천까지 강의할 것인지, 일반인을 위한 강좌라면 죽음학 이론을 바탕으로 한 교양 수준으로 강의할 것인지 아닌지.

5. 무엇을 가르칠 것인가 → 상실과 죽음 경험(직접 또는 간접)에 의한 '비탄 감정'에 대해 어떻게 대처할 것인지, 그 방법과 기술을 제공(숙련)함으로써, 새로운 가치관과 세계관을 형성하여 더 의미 있는 삶

성과 영성이 나타난다. 이는 종교성과 영성이 통증과 고통, 고뇌를 통해서(through) 나타남을 의미한다. 그렇다면 종교성과 영성은 반드시 통증과 고통, 고뇌를 통하지 않고서는 발현될 수 없다는 말인가? 엄밀하게 말하면 그렇다. 통증과 고통, 고뇌를 통하지 않은 종교성과 영성을 우리는 찾을 수 없다. 만일 누군가 통증과 고통, 고뇌를 통하지 않고서 종교성과 영성을 찾았다고 한다면, 그 종교성과 영성은 우리 삶과는 아무런 관련이 없는 것이다. 종교성과 영성은 통증과 고통, 고뇌와 둘이 아니다(不二). 통증과 고통, 고뇌는 모두 구체적 현실에 바탕을 둔 몸에서 일어나는 현상이다. 다만 이를 어떻게 해석하고 받아들이고 이해하는가 하는 심적 태도 여하에 따라 수반되어 나타나는 것이 종교성과 영성이다. 종교성과 영성은 통증과 고통, 고뇌를 떠나서는(없애고, 분리해서, 대상화해서) 찾을 수 없다. 통증과 고통, 고뇌가 자신의 실존적 삶으로 전회가 될 때 비로소 종교성과 영성이 드러난다. 그러니까 종교성과 영성은 통증과 고통, 고뇌가 심적 태도에 의해 변형된 것이다.

을 살아갈 수 있도록 안내한다.

6. 무엇으로 가르칠 것인가 → 국제적으로 표준화된 <죽음교육 교과서>로 진행해야 윤리적이 될 수 있다.

7. 죽음교육의 전체 구성
아래 다섯 가지 항목은 신체의 감각적 지각이 제공하는 구체적인 현실감에서 출발하여 직관과 개념, 인식의 확장을 넘어 타자와 연결되어 공감으로 승화하도록 한다.

1) 감정과 동일시된 자아에서 벗어나기 → 감정을 표현하여 감정과 직면한다.
2) 신체에서 일어나는 느낌 말해보기 → 느낌을 한 단어로 말하여 상징화한다.
3) 상처가 지니는 의미를 찾아보고 말해보기
4) 의미화하기 → 합리적 이해와 적합한 언어로 상징화(표상)한다.
5) 공감과 이해와 배려로 나아가기

II. 죽음교육 내용

인간은 우연적이고 불확실한 사건과 사고, 상실과 죽음 같은 경험에서 벗어날 수 없다. 따라서 죽음교육은 '상실과 죽음을 맞이한 사람이 겪는 아픔과 슬픔이 애도 과정을 통해 치유되고 재적응해 나갈 수 있도록, 그 대처의 기술과 방법을 제공하고 훈련하는 과정'이 목표가 된다. 그래서 죽음교육에는 아래와 같은 구성과 내용이 필수적으로 요청된다.

한국싸나톨로지협회(한국죽음교육학회, www.thana-edu.net)는 죽음교육의 범주를 8개 영역으로 나누고 세부 주제로 70개 항목을 다룰 것을 권고한다. 그리고 각 범주에 대한 관점과 접근방법으로, ①심리·철학적 관점에서 본 죽음과 죽음을 맞이함(Death & Dying), ②종교·영성학적 관점에서 본 존엄한 임종 결정(End-of- Life-Decision Making), ③감정·애도·의미화적 관점에서 본 상실·비탄·애도(Loss-Grief-Mourning), ④사회구조시스템과 정신분석에서 본 외상적 죽음과 대처(Traumatic Death & Coping) ⑤죽음학 방법론과 실천에서 본 평가와 개입(Assessment & Intervention), ⑥생애 발달 및 윤리학적 관점에서 본 죽음교육(Death Education), ⑦고통의 의미화 관점에서 본 죽음학-임상-실천(Thanatology-Experiential- Praxis). 죽음교육 교과서에서는 이를 크게 7가지 영역으로 대별 할 수 있겠다.

1) 죽음과 죽음을 맞이함 : 죽음교육의 목적은 "자신을 포함해서 사랑하는 사람이나 가족 또는 제 3자가 상실이나 죽음에 처했을 때 발생할 수 있는 여러 사안(고통)에 대해, 이를 대처하고 극복할 수 있는 기술과 지혜를 배움으로써, 가치관과 세계관을 정립하여 삶의 소중함을 자각하는 것"에 있다. 죽음교육은 상실과 죽음의 사건을 통해 '인간다움'을 회복하는 데에 중점을 둔다. 죽어감과 죽음을 맞이함의 의미, 선구적 결단, 삶의 소중함과 훌륭함을 죽음에게 물어보는 지혜, 한계상황에 처한 인간 실존의 문제와 대처의 방법에 대해 연구한다.

2) 존엄한 임종 결정: 자율성: 손상금지: 정의(공정성): 선행: 개인, 가족, 공동체의 윤리: 절대적 윤리와 공리적 윤리 사이에서 환자가 중

심이 되는 윤리: 삶의 마지막에서 신체적, 심리적, 사회적, 영적인 안녕을 위한 자각과 발견: 이해를 통한 화해와 용서: 돌봄의 수동적 객체에서 능동적 주체로: 죽어감에서 맞이함으로: 죽음에 대한 종교적, 영적 믿음 체계: 죽음을 맞이하는 주체는 어떻게 죽음을 종교적, 영적 차원으로 끌어올릴 수 있는가? 종교성: 집단적(공감과 지원), 의례적(형식적-위안과 지원), 내세(불멸성과 보상), 영성: 개인적, 의미적, 초월성, 의미화에 대해서 연구한다.

  3) **상실·비탄·애도:** 삶은 상실의 연속이다. 삶은 상실을 통해 지속되며, 상실은 삶의 동력이 된다. 상실을 극복하기 위해 인간은 부단히 노력한다. 어쩌면 삶 자체가 상실을 극복하고자 하는 과정일지 모른다. 따라서 상실과 삶은 분리될 수 없다. 이는 곧 인간 그 자체가 상실의 존재이며, 상실을 통해 인간은 자신의 길을 걷게 된다는 의미이기도 하다. 상실을 경험한 인간은 슬픔으로 반응한다. 그리고 그 슬픔을 해소하기 위해 다양한 감정의 변주를 만들어낸다. 이러한 감정의 변주는 이내 우리 각자의 삶의 무늬가 된다. 그것은 다름 아닌 애도라는 문양이다. 이를 다음의 내용으로 연구한다. 상실로 비롯되는 비탄의 성격(정상적인 비탄, 복합 비탄, 박탈적 비탄)과 그 감정을 처리해 나가는 태도(애도)의 성격(억압과 방어, 회피와 연기, 대체물 형성)에 수반되는 2차 감정(죄책감, 수치심, 우울 등): 상담의 지향성- 죽음을 바라보는 사회학적 관점(금지된 죽음, 길들여진 죽음), 우리 사회가 죽음을 처리하고 대처하는 방식, 죽음의 현상에 작용하는 경제 논리, 죽음 처리 방식의 4가지 유형의 특징과 영향.

4) 외상적 죽음과 대처 : 산다는 것은 끊임없이 상실의 사건을 겪는 과정이다. 상실이 없는 삶이란 없다. 그런데 상실 이전에 먼저 실존이 있었다. 이 실존은 상실을 표현하는 각자의 문양이 된다. 우리 각자가 그 고유한 문양을 자각하는 것이 외상 치유의 출발이 된다. 그런 점에서 상실의 사건은 우리를 새로운 변화로 안내한다. 겪어보지 못했고, 경험해 보지 못했던 상처와 상실은 우리를 성장하게 하는 계기가 된다. 상처를 입는다는 것은 인간만이 경험할 수 있는 놀라운 능력이다. 우리는 살아있기에 상실을 경험한다. 만약 우리가 존재하지 않았다면 상처도 상실도 없었을 것이다. 존재하기에 우리는 상처를 입는 것이다. 외상(外傷)은 우리의 삶에서 온몸으로 경험하는 흔적이다. 그러므로 외상은 도려내고 제거해야 할 대상이 아니다. 또한 외면하거나 회피해야 할 대상도 아니다. 외상 이전의 본래적 나로 돌아가기 위해서는 외상을 능동적이고 주체적으로 받아들여야 한다. 내 안에서 의미화가 이루어질 때, 비로소 외상은 상처로 남지 않고, 성흔으로 전회(轉回)된다. 이를 위해 다음의 내용을 연구해야 한다: ①외상의 의미-외부 자극에 대한 유기체의 내적 안정화를 위한 대처의 방식-절연으로 내부 환경을 보호 시스템 연구, ②억압과 방어를 통해 감정을 변주 연구, ③파편화된 이미지에서 의미화 치유연구, ④인과적 이해와 적합한 단어 표상의 부재인 사물 표상에서 인과적 이해와 적합한 단어 표상으로의 이행 시스템 연구.

5) 평가와 개입: 평가와 개입에서는 내담자가 사용하고 있는 언어 구조(문법 체계-담화구조)를 살펴본다. 언어구조는 첫째, 자신을 보호하고자 하는 보호본능으로 언어를 사용하는 인간의 정형화된 인지 패턴

을 의미한다. 둘째, 언어구조는 개인을 지배하고 있는 억압과 방어체계를 의미한다. 셋째 언어구조는 억압과 방어체계 속에서 성 충동(삶의 리비도, 의지, 생의)이 발현하는 구조이다. 넷째, 언어구조는 주체가 어떤 대상에 대해서 '관계를 맺는 방식'을 의미한다. 그래서 평가와 개입에서는 내담자의 반응방식을, 수동적 반응에서 능동적 반응으로, 객체에서 주체로, 강제에서 결단으로, 관념적 앎(인지, 생각)에서 실천으로, 일회성에서 지속성으로 전회되는 과정으로 기술(記述)한다. 이를 위해 만성적 비탄과 응급 비탄 구분의 기준과 판단: 죽음교육상담 전문가의 개입 여부 판단: 개입 여부에 따른 윤리 문제: 개입 시점과 기술을 연구한다.

6) 죽음교육: 죽음학은 '인간의 실존'과 인간다움을 회복하는 데 중점을 둔다. 죽음교육의 목적은 사랑하는 사람이나 가족, 혹은 타인의 상실이나 죽음에 직면했을 때 발생하는 여러 고통에 대처하고 이를 극복할 수 있는 기술과 지혜를 배우는 데 있다. 이를 통해 가치관과 세계관을 정립하고 삶의 소중함을 자각하게 된다. 죽음교육에서는 죽음의 의미를 신체적 종식을 넘어선 '자아의 죽음', '관계의 죽음', '심리적 죽음', '사회적 죽음', '영적 죽음' 등 죽음이 지닌 은유적 가치인 '인문 치유'를 고찰해 본다. 이를 통해 기존의 신체적 종식을 의미하는 죽음 개념을 보다 인간학적인 관점으로 확장하고, 생애 발달단계별 죽음교육을 실천할 수 있는 새로운 지평을 제시한다. 이를 위해 다음을 심층 연구한다. 생애주기의 의미, 신체 생물학적인 단계의 구분이 아닌, 인품과 정신성, 삶의 관계망에서 발달 생성되는 과정, 생애주기별 상실과 죽음을 맞이하는 태도와 특성, 생애 단계별 인지적 특성에 따른 죽음교

육, 생애주기별 단계에서 임종기의 특별한 마무리인 종지법, 구두점 찍기, 삶의 의미 발견.

7) 죽음교육실천 : 죽음교육은 단순히 죽음에 대한 지식을 전달하는 것이 아니라, 죽음과 상실을 겪는 과정에서 감정과 언어를 재구성하고, 각 발달 단계에 맞는 치유와 성장의 기회를 제공하는 과정으로 이어진다. 죽음교육학적 관점은 죽음과 상실에 대한 이해를 깊이 있게 탐구하며, 이를 교육적 방법으로 실천하여, 학생들이 각자의 삶의 의미를 찾고, 감정을 표현하며, 상실에 대처하는 방법을 배울 수 있도록 돕는다. 죽음교육실천은 죽음을 명사형의 실체적 성격으로 분석하거나 이해하기보다는, 살아있는 사람이 죽음을 어떻게 맞이하고 대처하는가 하는 동사적 태도에 더 관심을 둔다. 죽음교육은 불가항력적인 죽음 앞에 속수무책으로 당하는 수동적 객체가 아니라, 우연적이고 불가항력적인 죽음마저 자신의 삶으로 맞이하면서 비로소 삶의 소중함을 자각하고 삶의 우선순위를 결단해서 실천할 수 있는, 능동적이고 실존적인 삶에 초점을 맞춘다.

III. 죽음교육과 윤리

1) 죽음교육이 윤리적인 행위와 실천이 되기 위해서는 어떻게 해야 하나? 먼저 죽음교육의 내적 구조와 지향성, 철학, 목표의 공동 이해를 거친 후 모든 주제가 하나로 연결 통일되도록 해야 한다. 그리고 이것이 언제나 점검과 반성 시스템으로 작동되어야 한다.

2) 지금까지 윤리학은 타자가 만든 것이다. 그것을 우리는 앎의 지식으로 받아들여 실천하고자 했다. 그러나 그 실천은 'I know the ethic'에서 나온 인지적 실천이었지 실존적 실천이 아니었다. 본 글에서 'I am the ethic'의 실존적 결단에 의한 상황 윤리적 실천 가능성을 제시했다.

3) 오늘날 많은 윤리학이 있지만 힘을 발휘하지 못하는 이유는, 타자의 윤리학이기 때문이다. 윤리에는 심미적(쾌·불쾌·好·惡) 요소와 욕망이 내재해 있다. 그것이 '자신의 것(of-mines)'일 때 비로소 힘을 갖게 된다. 남의 것을 자신의 것으로 할 때는 틈이 생긴다. 그 틈에서 헛바퀴가 돌아 헛심 빠지게 된다. 결국 삶의 실천보다는 지식 내용만 커져 인지 비만에 이르게 된다.

4) 처음 윤리가 정초했을 때의 목적은 '생명이 생명 자체로 온전히 발현하는 것'에 있었다. 이제 우리는 잃어버렸던 처음의 의지로 돌아가고자 한다. 그 과정은 저항과 해체의 상징인 '죽음의 정신'이다. **자신을 없이하는 방식으로 생명을 살리는 것**'이 죽음 정신이다. 이것이 실천되는 현장이 있다면, 그곳이 곧 '생명이 윤리적으로 되는 사건'이자 '지성소'이다.

실천 2
죽음교육상담 분석

<내용 요약>

인간은 우연적이고 불가항력적인 사건과 죽음을 회피하지 않고, 이를 직면하여 자신의 주체성을 형성한다. 감정의 직면을 통해 인간은 수동적인 존재에서 주체적인 존재로 전환되며, 감정의 표현과 대처가 필요하다. 언어와 문법 체계는 내담자의 심리적 상태와 고통을 드러내며, 내담자가 사용하는 언어를 통해 무의식적 기제를 분석한다. 분석가는 내담자가 사용한 언어구조에서 억압된 감정과 심리적 기제를 파악하고, 이를 통해 치유를 돕는다. 다양한 심리적 기제와 언어 표현은 내담자의 고유한 심리적 상태를 반영하며, 이를 분석해 내담자의 변화를 유도한다.

<핵심어>

우연적 사건, 감정 직면, 언어와 문법, 심리적 기제, 분석가, 변화

<학습 목표>

- 인간 심리의 복잡성과 변화 과정을 이해한다.
- 감정의 억압과 표현 방식에 대해 학습한다.
- 우연적 사건이 개인의 심리적 상태에 미치는 영향을 파악한다.
- 언어와 문법의 역할이 개인의 정신적 문제 해결에 어떻게 연결되는지 이해한다.
- 분석적 접근을 통해 개인의 심리적 치유 및 변화 가능성을 탐구한다.

<적용 실천>

- 감정 인식과 표현 연습: 자신의 감정을 인식하고 표현하는 방법을 배운 후, 일상에서 감정을 억누르지 않고 적절하게 표현하는 연습을 한다.
- 심리적 사건의 영향 분석: 일상에서 발생하는 사건이 자신의 감정과 행동에 미치는 영향을 반성하고, 그것을 이해하고 분석하는 습관을 기른다.
- 심리적 해석의 적용: 언어나 문법이 사람의 사고와 감정에 미치는 영향을 이해하고, 이를 통해 내면의 갈등을 해결하는 데 사용할 수 있다.
- 자기 성찰을 통한 변화 시도: 내면의 변화를 위해 자기 성찰을 지속적으로 하고, 우연적 사건을 분석하여 심리적 변화를 일으킬 수 있도록 노력한다.
- 심리적 치유 기법 실천: 학습한 심리적 치유 기법을 일상에 적용하여, 스트레스나 우울 등의 부정적인 감정을 극복할 수 있도록 돕는다.

죽음교육상담 분석[20]

Ⅰ. 관찰

1. 죽음교육 상담과 분석

죽음학에 토대를 둔 죽음교육 상담과 분석은 인간이 경험하는 죽음

---

[20] 분석(analyse)의 주체는 누구인가? 분석하는 사람 즉 분석 주체(analyste, analyseurs)는 자신의 이야기를 하러 온 사람(내담자, 來談者)이다. 따라서 상담자는 내담자가 자신의 이야기를 할 수 있도록 해야 한다. 그런데 많은 경우 내담자는 자신의 말이 아니라 다른 사람의 말을 한다. 다른 사람이 자신을 어떻게 바라보는지, 그래서 거기에 어떤 느낌과 반응이 생기는지를 하소연한다. 어찌보면 내담자에게 나타난 증상은 타자의 문법에 길들여져 자신의 욕구마저 타자의 욕구로 대체해서 마치 그것을 자신의 욕구로 착각한 나머지 앵무새처럼 반복해서 나타난 것이다. 따라서 상담가는 내담자가 자신의 말을 할 수 있도록 질문을 던지는 사람이다. 상담자는 문제 해결을 위해 방법이나 답을 주는 자가 아니다. 이 질문을 통해 내담자가 내담자의 말을 할 수 있도록 해야 한다. 만약 상담자가 내담자의 말을 대신한다면 상담은 이내 실패하게 된다. 상담자는 내담자에게 말을 하도록 하는 사람이다. 그리고 내담자가 어떻게 말하는지를 살핀다. 말하는 과정에서 그의 증상이 어디에 걸려 있는지 그 안에 누가 말하는지를 살핀다. 그리고 어느 지점에서 균열(갈등)이 생겨 고통을 호소하는지 살피고, 무엇이 그로 하여금 사로잡히게 했는지를 스스로 자각하게 한다. 상담자가 내담자를 대신해서 답을 준다든지 방법을 가르쳐주면 상담은 실패한다. 분석의 목표는 내담자의 말이 말해진(쓰여진) 존재에서 말하는(쓰는) 존재로의 이동에 있다. 그래서 상담자는 먼저 분석 주체가 자신이 마주한 대상과 어떤 관계를 맺고 있는지, 그 관계가 얼마나 억압적이고 거세된 존재인지 알도록 해야 한다. 타자에 의해 얼마나 소외되어 있었는지를 자각하도록 한다. 그러기 위해서 내담자가 실재(증상)와 직면해서 마주(대면)할 수 있도록 해야 한다. 타자에 의해서 그가 얼마나 프로그램화되었는지를 자각하도록 흔들어 주어야 한다. 그래서 자신이 얼마나 타자적이었는가를 알아차리게 해야 한다. 우리 모두는 상실(거세)된 자이다. 그러나 정신증자는 자신의 상실(거세)을 부인한다. 오히려 다른 것으로 대체하거나 봉합하려고 한다. 분석의 목표는 내담자가 자신이 결핍되었음을 자각하고 타자의 억압에서 빠져나올 수 있도록 하는 것에 있다. 대상 관계에서 타자의 지배로부터 벗어나 자신만의 새로운 문법을 창안하도록 한다. 자신의 욕망이 타자에 의해 핍진해 있음을 자각하고 증상을 맞이하고 마주할 수 있도록 함으로써 자신의 말하기로 주체적 욕망을 생산하도록 한다.

과 관련된 다양한 심리적, 사회적, 철학적 문제를 이해하고 이를 해결하거나 완화하도록 돕는 과정이다. 이는 죽음의 본질과 죽음에 대한 개인 및 집단의 태도를 탐구하며, 상담을 통해 심리적 안정과 삶의 질 향상을 도모한다. 죽음학에 토대한 상담의 목적은 다음과 같다.

1) 죽음에 대한 이해와 수용 : 죽음교육 상담은 죽음의 불가피성과 삶의 유한성을 이해하도록 돕는다. 이를 통해 내담자가 죽음에 대한 두려움을 극복하고, 죽음을 삶의 일부로 수용하도록 한다.

2) 상실과 슬픔 극복 : 죽음으로 인한 상실과 슬픔은 복잡한 심리적 영향을 미친다. 상담은 상실의 감정을 안전하게 표현하고, 건강하게 애도하도록 지원한다.

3) 삶의 의미 재구성 : 죽음학 상담은 내담자가 죽음과 상실의 경험을 통해 자신의 삶의 의미를 재발견하고, 삶의 방향성을 재구성할 수 있도록 돕는다.

2. 죽음교육 상담의 주요 내용

1) 죽음 인식과 태도 분석 : 개인이 죽음을 어떻게 인식하고, 어떤 태도를 가지는지 탐구한다.

이는 문화적·사회적 배경뿐 아니라 개인의 신념, 가치관에 따라 다양하게 나타난다. 예) 죽음을 두려워하거나 회피하려는 태도, 죽음을 초월적 관점에서 수용하려는 태도.

2) 상실과 애도 과정 탐구 : 상실 경험의 단계(부정, 분노, 타협, 우울, 수용)를 분석하며, 내담자가 어떤 단계에 있는지 평가한다. 애도 과정을 심리적·사회적 맥락 속에서 이해하며, 비정상적 애도 반응(예: 병적 슬픔)을 완화하도록 돕는다.

3) 죽음의 사회적·윤리적 측면 : 상담은 개인의 경험을 넘어, 죽음의 사회적 의미와 윤리적 쟁점(존엄사, 연명의료 등)을 논의할 수 있다. 이는 내담자가 죽음과 관련된 개인적 결정과 사회적 책임을 성찰하도록 돕는다.

4) 관계의 회복과 정리 : 죽음을 앞두거나 상실을 경험한 내담자가, 주변 사람들과의 관계를 회복하고 정리하도록 돕는다. 미완의 관계나 갈등을 해결하며, 죽음 이후에도 지속될 수 있는 관계성을 모색한다.

3. 죽음교육 상담의 접근 방법

1) 내러티브 접근 : 내담자가 자신의 상실과 죽음 경험을 이야기 형태로 표현하도록 돕는다. 이는 내담자가 자신의 고통을 객관화하고, 새로운 의미를 발견하도록 한다.

2) 의미 중심 치료 : 빅터 프랭클의 의미치료에 기반하여, 내담자가 상실과 죽음 속에서도 삶의 목적과 의미를 발견하도록 돕는다. 의미는 내담자가 삶의 어려움을 극복할 내적 힘이다.

3) 인지 행동적 접근 : 죽음에 대한 부정적 사고나 비합리적인 두려움을 다루기 위해, 인지적 왜곡을 수정하고 긍정적인 행동 패턴을 형성한다.

4) 상황 중심 상담 : 개인의 구체적인 상황과 맥락을 고려하여, 맞춤형 상담 전략을 제시한다.이는 죽음과 관련된 윤리적, 문화적, 사회적 요소를 포함한다.

5) 예술치료와 표현적 접근 : 그림, 글쓰기, 음악 등을 활용해 내담자가 죽음과 상실의 감정을 표현하고 해소하도록 한다. 이는 감정 표현이 어려운 내담자에게 효과적이다.

4. 죽음교육 상담의 분석 과정

1) 내담자의 죽음관 파악 : 죽음과 관련된 내담자의 철학적, 종교적, 심리적 관점을 이해한다.내담자의 문화적 배경과 개인적 경험이 죽음에 대한 태도에 어떻게 영향을 미치는지 분석한다.

2) 심리적 상태 평가 : 내담자가 경험하는 죽음 관련 감정(두려움, 슬픔, 분노 등)을 세밀히 탐구한다. 필요하다면 우울증, PTSD 등의 심리적 어려움을 진단하고 치료 방안을 제시한다.

3) 관계적 요인 분석 : 죽음이나 상실이 내담자의 관계망에 미친 영향을 평가한다. 가족 및 사회적 지지 체계의 역할을 점검하며, 관계 회

복 방안을 모색한다.

 4) 생애사와 의미 재구성 : 내담자가 자신의 생애와 죽음을 통합적으로 바라볼 수 있도록 돕는다. 삶의 의미를 재구성하며, 죽음을 통해 얻을 수 있는 교훈과 성장 가능성을 분석한다.

 5) 죽음교육 상담의 의의 : 죽음과 삶의 통합적 이해: 죽음교육 상담은 죽음과 삶을 분리하지 않고, 통합적으로 이해하도록 돕는다. 이는 상실과 죽음의 경험을 내담자의 심리적 성숙과 성장의 기회로 전환시킨다. 또한 죽음교육 상담은 개인적 문제를 넘어 사회적 연대와 책임감을 강조하며, 죽음에 대한 열린 대화를 촉진한다.

 따라서 죽음교육 상담은 단순히 죽음에 대한 두려움을 줄이는 데 그치지 않고, 삶과 죽음의 의미를 깊이 탐구하며 내담자의 전인적 성장과 치유를 돕는 데 핵심적인 역할을 한다. 이제 우리는 죽음교육상담과 분석에 대해 좀 더 구체적인 문제의식과 질문을 던질 수 있다. 이의 목적은 분석의 종결에 있다. 분석이 종결되었다는 것은, 내담자가 상실과 죽음으로 발생한 고통에 대해 의미화해서 새로운 삶으로 변화되었다는 뜻이기도 하다.

II. 의미화 여정

 1) 우리는 자신의 의지와 관계없이 우연히 주어진(던져진) 세계 속에서 살아간다. 성숙한다는 것은 우연적이고 불가항력적인 사고로 인한 상실과 죽음으로부터 회피하는 것에 있지 않다. 오히려 그 우연성의 사

건을 자신의 세계로 전회하는 결단의 과정에서 형성된다. 자유는 제한된 한계와 구속으로부터 도피나 해방에서 주어지는 것이 아니라, 그 제한을 받아들여서, 무엇을 선택하고 행위 할 것인지를 결정하는 주체의 결단으로 이루어지기 때문이다.

2) 그렇다면 인간은 어떻게 우연적이고 불확실한 사건과 사고, 상실과 죽음과 같은 경험 또는 정형화된 교육의 형식으로부터 수동적이고 객체적 존재가 아닌, 자신의 고유성을 유지한 채 능동적이고 책임 있는 자신의 길을 펼쳐나갈 수 있을까? 우연적이고 불확실한 사건과 사고, 상실과 죽음과 같은 경험을 하게 될 경우, 인간은 더더욱 주체적 실천 행위와 멀어져 절망과 실의, 자포자기로 인해 자유의지를 발휘할 힘을 잃게 된다. 그래서 우연적이고 불가항력적인 운명 앞에 인간은 점점 수동적인 객체로 빠져들게 된다. 나아가 사태를 객관적으로 파악하고 이해할 능력마저 잃게 되어 도덕적 내면화에 실패하게 되는 것이 현실이다. 이는 생애 발달 과정에 큰 위험과 장애가 되기도 한다. 이런 주체의 분열과 자기소외에서 벗어나는 방법은 무엇일까? 이 물음에 답하기 위해 우리는 한계상황에서 자신의 존재를 직면하게 하는 죽음학을 요청하게 된다.

3) 누구나 살아가면서 우연히 만나게 되는 사건과 사고, 상실과 죽음을 회피할 수 없는 것이 인간의 운명이라면, 인간에겐 그 한계상황과 대면하고 직면하는 기술이 필요하다. 그 직면의 기술과 힘을 기를 때 인간은 수동적이고 객체적 존재에서, 운명을 주체로 받아들이고 결단할 수 있는 주체적 인간으로 전환된다.

4) 주체적 인간으로의 전환에는 반드시 감정의 직면이 전제되어야 한다. 비탄 방식이 직관적이든, 도구적이든 모두 정서와 감정의 표현이며 그 작동 방식에는 감정과 이성이 동시에 작동한다. 슬픔은 슬픔으로, 아픔은 아픔으로, 눈물은 눈물로 해결할 때 비로소 치유가 안착한다. 용서는 상처를 준 사람과 상처를 받은 사람, 당사자들이 풀어야 한다. 제삼자 또는 국가나 신이 개입하는 것은 상처를 대처하지 않고 다른 것으로 대체하거나 회피가 된다. 그렇게 되면 비탄은 이내 병리가 된다.

5) 실존정신언어분석에서 내담자의 발화 내용이 '진실하다, 진실하지 않다, 맞다, 맞지 않는다'라는 문제는 부차적이다. 더 중요한 것은 **"무엇이(누가) 그가 그렇게 말하고 행위를 하게 하는가?"**이다. 즉 그의 말과 행위가 어떤 문법에 지배받고 있는지, 그가 하는 말과 행위가 그가 하는 것인지, 아니면 그 너머에 있는 다른 초자아의 지배를 받고 있는지 그것을 파악하는 것이 더 중요하다. 자아와 초자아의 갈등이 증상이 시작하는 곳이기 때문이다.

6) 프로이트와 라캉(J. Lacan)은 '주체의 확실성'이 타자의 언어가 중지된 곳에서 발생한다고 보았다. **'타자의 언어가 중지된 그곳'**은 바로 '무의식'적으로 말할 때이다. 즉 타자가 만들어 놓은 문법에서 벗어난 때이다. 현실에서 사용되는 언어는 이미 타자가 만들어 놓은 지배질서 체계이다. 언어가 중지된 곳(내담자의 발화가 중지된 곳)은 다름 아닌 꿈이나 농담·말실수·침묵·혼돈·선명하지 않음(불확실함)·무지(모름)·의심·질문·의문 등이다. 이곳에서는 타자의 지배가 멈추고 자신만

의 고유한 실재가 도래한다. 그곳은 타자의 언어나 욕망이 아니라. 바로 우리 자신이 자신일 수 있는 가장 고유한 자기성(Selbst)이 나타나는 곳이다. 그곳은 타자의 지배언어가 균열하기 시작한 지점이다.[21]

7) 상처는 대상을 전제로 한다. 대상이 없다면 상처도 없다. 대상은 주체를 전제로 한다. 주체가 있기에 대상이 있고 대상이 있기에 주체가 있다. 주체와 대상은 분리되지 않는다. 치유는 다음의 과정을 통해 이루어진다. ①**직면하기**(감정의 표출), ②**대처해보기**(고통의 감정 상징화, 표현해보기-그림그리기), ③**인과적 이해**(사후적 재구성[22], 반복과 재현-말하기 훈련) 와 적합한 단어 표상(사물 표상의 단어 표상화 작업-의식의 재구성-글쓰기 훈련-반복·재현) ④**주체의 가치관과 세계관의 변화**(관점의 변화) ⑤**주체의 결단과 행동**.

Ⅲ. 고통의 발생

1) 고통은 개인의 문법(인지구조, 환경과 상황의 구조) 체계에 의해

---

21) 지그문트 프로이트, 윤희기·박찬부 옮김, 위의 책, pp.267-342, 참조. 자크 라캉, 자카-알랭 밀레 편 『세미나 11, 정신분석의 네 가지 근본개념』, 맹정현·이수련 옮김, 새물결, 2008), pp.71-86.

22) 프로이트의 사후성(Nachträglichkeit) 이론에 기초한다. 사후성은 현재의 심상에서 자신이 어떻게 될 것인가를 예감(예감, 직감)하면서 과거의 사건(이미지, 인상, 기억-사물 표상)을 현재의 관점에서 떠올려 회상(재구성-선택, 비교, 판단)하면서 이전에 몰랐던 사건의 전모에 대해 인과적 이해(단어 표상)를 하게 된다. 결국, '주체가 사후적으로 구성된다.'라는 말은 주체란 언어적, 문화적 과정을 거치면서 분열된 주체($)로 등장한다는 말이며 그 주체에서부터 모든 사건은 다시 출발하고 다시 해석된다. 이는 프로이트의 유명한 발언: "그것이 있었던 곳에 내가 존재한다."을 상기시킨다. "Wo es war, soll Ich warden (Where it was, I am to become)."

발현된다. 우리가 바라보는 이 세상의 모든 사물은 언어 표상으로 산출된 것이다. 즉 마음이나 의식, 감정은 언어 표상 때문에 작동된다. 이렇게 본다면 내가 생각하고 판단하고 사유하는 것도 사실은 자신의 고유한 것이 아니라, 타자가 이미 만들어 놓은 지배구조 안에서 작동되는, 즉 기존 권력자(아버지 판본)들이 짜 놓은 문법 체계 안에서 앵무새처럼 그들의 말을 반복하고 있다.

2) 따라서 분석가는 현상적으로 나타난 슬픔과 고통이 ①무엇(누가, 사건, 대상, 단어, 문장, 이론, 서술)이 그에게 ②무엇(목적과 '의미'-안정화-쾌감)을 위해, ③'어떻게' 반응하는지를 살핀다. '③'의 '어떻게'라는 겉으로 드러나지 않은 무의식적 자동으로 이루어진 것이다. 현상적으로 나타난 것은, 보이지 않은 무의식이 가면(위장)을 쓰고 나타난(도래한) 것일 뿐이다. 따라서 슬픔과 고통이 무엇을 지시하고, 누구에게(대상) 요구하고, 무엇을 찾고자 하는지, 무엇에 의해 그렇게 나타나는지를 살펴야 한다. 그리고 그것을 내담자가 인지할 수 있도록 표현하게 한다. 내담자가 압축해 있는 억압적 사물 표상을 인과적 이해를 통해 적합한 단어 표상을 획득하여, 의미화하고 상징화할 때 증상은 완화된다.

IV. 분석 요소

우리는 내담자가 사용하고 있는 언어 구조(문법 체계-담화구조)를 통해 증상(症狀·證狀)의 속성을 살펴볼 수 있다. 첫째, 언어구조는 자신을 보호하고자 하는 보호 본능으로 언어를 사용하는 인간의 정형화된 인지 패턴을 의미한다. 둘째, 언어구조는 개인을 지배하고 있는 억압과 방어체계를 의미한다. 셋째 언어구조는 억압과 방어체계 속에서 성 충동(삶의 리비도, 의지, 생의)이 발현되는 구조이다. 넷째, 언어구조는 자아가 어떤 대상에 대해서 '관계를 맺는 방식'을 의미한다. 그러나 이러한 인지 도식이나 명제적 단어나 구조만으로 그의 심리적 기제를 모두 밝힐 수는 없다. 그 이유는 도식이나 구조, 단어 명제에는 내담자 고유의 말하기(발화)에서 나타나는 강세, 리듬, 운율, 느림과 빠름, 성급함, 느긋함, 쭈뼛쭈뼛함, 머뭇머뭇함, 느낌, 호흡, 의식의 국면 등 신체화되고 비명제적인 차원의 것이 탈색되어 있기 때문이다. 분석가가 할 수 있는 일은 '증상의 편재적 질성의 상황'을 예민하게 가다듬어야 한다.[23]

---

23) Dewey, J. 1925/1981. *Experience and Nature*. Vol. 1 of The Later Works, 1925-1953, edited by Jo Ann Boydston. Carbondale: Southern Illinois University Press, 1981. Dewey, J.1930/1988. *Qualitative Thought*. In The Later Works, 1925–1953, vol. 5, edited by Jo Ann Boydston. Carbondale: Southern Illinois University Press, 1988. Dewey, J.1934/1987. *Art as Experience*. Vol. 10 of The Later Works, 1925-1953, edited by Jo Ann Boydston. Carbondale: Southern Illinois University Press, 1987.

1. 마음을 표현하는 언어 표상[24]

1) 추상명사-고유명사-일반명사-대명사(그, 저, 이)

2) 사역동사-피동사

3) 명령형, 지시형, 순종형, 청종형, 복종형

4) 연결사-순접-역접-전환: 그리고, 그래서, 따라서, 그러니까, 그러므로, 그러나

5) 조사, 접미사-종미사: 의식의 연기, 연장, 여운, 방향

6) 발어사: 그러니까, 추임새, 에~또, 어험, 아아

7) 말의 어세: 신중성, 세심성, 서성거림, 머뭇머뭇형, 공격성, 직진형, 성급형, 외향형, 내면형, 사고형, 표현형, 숙고형,

8) 시제형: 과거 회귀형, 미래형, 현재형

9) 공간확장수축형: 상승형, 하강형

10) 상황어, 존재어, 실존형

11) 두괄식, 미괄식, 양괄식

12) 의문형, 질문형, 설명형, 기술형

13) 문법 체계: 주어 먼저, 목적어 먼저, 보어 먼저, 형용사 먼저, 부사 먼저, 감탄사 먼저, 대명사, 지시대명사 / 정신증(파라노이아, 편집

---

24) 비탄을 구성하는 내담자의 동기·의도·지향성에 따라 비탄의 속성은 달라진다. 동기는 상실로 인해 나타난 결여(결핍)를 채우려는 <본능적(이드-리비도) 충동>에 의해 일어난다. 의도는 <자아 충동>에 의해 상실의 빈자리를 채우려는 의지이다. 지향성은 결여로부터 발생한 불안정성을 안정성으로 회귀하고자 하는 <초월적 충동>에 의해 이끌려 가는 것을 의미한다. 또한 내담자가 사건을 어떻게 바라보는가에 따라 비탄의 성격 또한 달라진다. 사건 그 자체의 순수 재료로 바라보지 않는다. 사건을 최초로 해석하는 것은 내담자가 이전에 지닌 개념이다. 그 이전의 개념으로 재 비탄이 형성된다. 따라서 비탄은 내담자가 사건을 어떤 개념으로 바라보았는지 그 개념과 의식구성이 중요하다. 개념은 사람마다 모두 다르다. 그러니 아무리 정교하게 정의된 개념도 막상 사람들에게 적용 실천할 때는 전혀 다르게 적용 실천된다.

망상증)의 경우 자기복제를 통해 동일한 사건이나 대상에 대해 주어, 목적어, 동사가 바뀌는 경우 → 여기에는 억압과 부인, 방어와 투사의 심적 기제가 작동한다.[25]

14) 문체: 건조체, 우유체, 수식체, 화려체, 간결체, 만연체

15) 의식과 정신의 상황적 국면: 히스테리 형, 분석가 형, 반복(중복)형, 강박형, 주인형, 노예형, 재귀형(성 도착형), 신경증(강박, 히스테리) 형, 도착(재귀, 분석가)형, 정신증(폐기, 초자아 부재), 우울(반복)형

①응시형(보여짐, 보임, 타자의 시선, 목소리를 느낌, 초자아를 실제로 느낌, 정신증적 조현증, 남장, 여장함으로써 초자아의 응시를 대체함)
②시선형(바라봄, 응시의 불안을 질문하고 바라봄으로써 해결하려고 함, 문자로 해결, 은유가 없음, 문자 그대로, 그림으로 예술로 이미지화해서 응시를 없애고자 함, 신경증적 강박증)
③노출형(노출증과 관음증, 바바리맨, 노출을 통해 경악하는 사람들의 소리를 통해 응시의 불안을 해소)
④공백형(초록 재와 다홍 재로 폭삭 내려앉아 버렸습니다, 허한 눈빛만이 되돌아와요, 공백에서 응시를 느낌)

---

[25] 프로이트는 다음의 언어학적인 분석을 통해 세 가지 방식의 망상유형을 제시한다. 그것은 주어와 동사 그리고 목적어의 부정이다. 박해망상은 동사의 전복을 실행한다. <나는 그를 사랑하지 않는다. 그는 나를 미워한다. 내가 그를 미워하는 것은 그가 나를 방해하기 때문이다>. 호색 망상증자는 목적어를 거부한다. <내가 사랑하는 것은 그가 아니다. 내가 사랑하는 것은 그녀다>. 이 문장은 하나의 문장, 즉 <내가 그녀를 사랑하는 것은 그녀가 나를 사랑하기 때문이다>로 변형된다. 마지막으로 질투망상은 주어를 인정하지 않으면서, 그 명제를 변형시킨다. <그 남자를 사랑하는 것은 내가 아니다. 그를 사랑하는 것은 그녀다. 내가 여자들을 사랑하는 것이 아니라, 그가 그녀들을 사랑하는 것이다>. 마지막으로 프로이트는 그 명제가 한꺼번에 거부될 수도 있다고 덧붙인다. <나는 아무도 사랑하지 않는다. 나는 나만을 사랑한다>. 여기서 문제가 되는 것은 과대망상이다. 프로이트에게 해결해야 할 이론적인 문제는 투사와 억압의 관계를 밝히는 것이다. 억압을 통해 쾌락을 찾고자 하는 것이 신경증이고 투사를 통해 쾌락을 찾고자 하는 것이 망상증이다. 망상은 리비도의 경제에서 내적인 지각은 억제되고 그 대신 외부에 어떤 시선을 고정해서 투사한다.

16) 목적 중심, 도구 수단 중심, 존재 중심, 문제해결 중심, 감정 해결 중심
17) 감성 언어, 사실 언어, 물질성, 정신성, 의식성, 영성적 언어
18) 발화 어순(도치) : 빨리 해-해 빨리, 거기 갔니-갔니 거기

2. 발화구조와 증상

① 신경증(히스테리, 강박증, 불안증) 구조의 언어와 특징
- 나는 그가 오지는 않을까 생각한다(불안과 두려움, 설렘과 기대).
- 바람이 불어오는 곳, 그곳으로 나는 가네, 두려움과 설렘으로 불안한 내일이지만
- 저 멀리 보이는 나의 시온성, 오늘은 이곳 내일은 저곳 끝없는 순례의 길

② 우울증(아버지의 이름, 초자아) 구조의 언어와 특징
- 산산이 부서진 이름이여, 허공중에 헤어진 이름이여, 부르다가 내가 죽을 이름이여
- 돌아오지 않는 마음, 사랑은 그 자리에
- 십 리도 못 가서 발병 난다.
- 바람 부는 저녁마다 나는 혼자였다
- 내 안에 내가 갇혔네!
- 거울 속에는 소리가 없소(무의식), 저렇게도 조용한 세상은 참 없을 것이요, 거울이 아니었던들 내가 어찌 거울 속의 나를 만나보기라도 했겠소. 나는 지금 거울을 안 가졌소만, 거울 속에는 늘 거울 속의 내가 있소

③ 도착증(동성애, 마조사디즘, 관음 노출증, 물품 성애증) 구조의 언어와 특징

- 나는 그대가 곁에 있어도 나는 여전히 그대가 그립다
- 누가 싸대기를 세차게 후려쳐 주었으면
- 나는 나를 바라보는 나를 바라보았다(응시와 시선의 왕복)
- 피 흘림으로 몸에게 말을 건넸다
- 아 나는 임을 보내지 않았습니다(부정-부인-거부)

④ 정신증(폐지, 자기분열, 피해망상증-파라노이아) 구조의 언어와 특징
- 내 속에 내가 너무도 많아
- 저것은 차라리 소리 없는 아우성
- 내가 다닌 곳은 늘 바다였다
- 13인의 아이가 모두 무섭다 하오, 그 중 누가 무서운 아이고 누가 무서워하는 아이라도 좋소, 13인의 아이가 막다른 골목으로 질주하오, 13인의 아이가 도로로 질주하지 않아도 좋소, '막다른 골목'이라도 좋고 '뚫린 골목'이라도 좋소.

V. 실존정신언어분석 21 tips

- 분석가는 내담자의 말하기에서 억압된 감정 요소가 무엇인지 살펴본다.
- 분석가는 먼저 내담자가 직면-대면-대처해야 할 것이 무엇인지 살펴본다.
- 내담자의 서술된 문법(주어+동사+목적어+보어)에서 생략된 것과 강조, 도치된 것이 무엇인지를 파악한다.
- 심적 태도 변화를 위한 문장구조를 분석한다: 수동태 능동태, 주어 중심인가 목적 중심인가, 형용사 중심, 발어사, 감탄사, 반복, 도치법, 두괄식 미괄식 쌍괄식을 통해 내담자의 인지 도식(구조)을 그려본다.
- 심적 기제를 분석하기 위한 주격조사(은, 는, 이, 가)와 목적격조사(을, 를, 에게)와 형용사(양태와 속성), 부사(시간과 의식의 지향성) 용례를 통해 심적 양태를 관조해 본다.
- 주체와 대상과의 관계 맺음: 접속사(순접, 역접), 점층법, 과장법, 비교법, A and B, A or B, A either or B, A neither nor B 등을 통해 누가 누구에게 어디에서 무엇을 목적으로 왜 그렇게 표현하는지를 그려본다.
- 심적 양태 : 문체와 구조(우유체, 건조체, 만연체, 간결체, 귀납형, 연역형, 순차적 직선 계단식, 병렬 동시적, 존재론적 수직 공간계열(명령, 터부, 금지, top-down 방식), 비교 가치론적 수평 시간 계열(bottom-up 방식)을 통해 내담자의 성향을 그려본다.

분석 #1 <발화자의 문체와 심리적 상태>

실존정신언어분석에서 상실과 죽음으로 인한 고통을 의미화하려는 심적 기제와 지향성이 발화자의 문체에서 반영되는 방식은, 문제가 발화자의 심리적 상태, 정서적 반응, 고통의 처리 방식을 어떻게 드러내는지에 대한 중요한 분석을 제공한다. 문체는 단어 선택, 구문 구조, 서술 방식 등으로 이루어지며, 이를 통해 상실과 죽음에 대한 심리적 반응, 감정의 억제 및 표현 등의 다양한 심리적 기제를 이해할 수 있다.

1. 문체와 발화자의 심리적 기제

발화자가 사용한 문체는 그의 정신적, 감정적 상태를 표현하는 중요한 수단이 된다. 문체의 변화는 정서적 고통을 어떻게 처리하고 있는지, 고통을 직시하는지 회피하는지에 대한 단서를 제공한다. 상실과 죽음은 강렬한 정신적 충격을 유발하므로, 발화자의 문체는 그들이 경험하는 고통과의 관계에서 다음과 같은 양상을 보일 수 있다.

1.1 간결하고 직설적인 문체
간결하고 직설적인 문체는 상실과 죽음에 대한 정확한 인식과 그에 따른 정서적 반응을 직접적으로 표현하려는 시도이다. 이는 발화자가 감정이나 고통을 직시하고 표현하는 것을 목표로 하기에, 심리적 처리 과정이 명확하고 직관적으로 표현한다.

예시: "그가 죽었다는 사실을 받아들이기 어렵다.", "나는 그 상실감을

견딜 수 없다."

이와 같은 문제는 발화자가 상실의 고통을 명확하게 언급하면서, 그것을 언어로 표현하려는 의지와 정서적 개방성을 보여준다. 이는 고통을 인정하고 그것을 언어적으로 표현하는 과정에서 일어나는 심리적 상태이다.

1.2 모호하고 회피적인 문제

모호하고 회피적인 문제는 상실과 죽음에 대한 고통을 명확하게 다루기 힘든 상태에서 나타난다. 발화자는 감정을 표현하려 하더라도, 어려운 감정을 직접적으로 언급하지 않으려는 심리적 방어를 사용하며, 이는 심리적 억압이나 부정의 형태로 나타날 수 있다. 이러한 문제는 발화자가 고통을 내면적으로 억누르며, 언어적으로는 그것을 명확히 표현하지 않으려는 시도이다.

예시: "그냥... 그런 일들이 일어났고, 뭐 그런 거죠.", "그냥 내가 겪은 일인데... 말하기 어려워요."

이러한 문제는 발화자가 고통을 정확하게 직면하고 받아들이기 힘든 상태임을 나타내며, 죽음과 상실을 완전히 인식하지 않거나 감정적으로 방어하는 방식이다. 이때 문제의 모호성은 발화자의 내면적 혼란, 불확실성, 무력감을 나타낸다.

1.3 반복적인 문제

상실과 죽음의 고통은 종종 반복적인 사고와 감정을 초래할 수 있다.

반복적인 문제는 발화자가 고통을 완전히 처리하지 못하고, 그 감정이 해결되지 않은 상태에서 계속해서 재현되는 상황을 나타낸다. 이때 문제의 반복은 발화자가 고통을 반복적으로 재구성하고 있으며, 그것을 정리하거나 이해하지 못하고 있다는 신호가 될 수 있다.

> 예시: "그 사람은 떠났어요. 떠났어요. 정말 떠났어요.", "나는 그 사실을 받아들일 수 없어요. 그게 정말, 정말…"

반복적인 문제는 발화자가 죽음이나 상실의 고통을 완전히 수용하지 않고 정서적 혼란을 반복하는 상태를 나타낸다. 이는 발화자가 심리적 갈등과 미해결된 감정을 지속적으로 겪고 있음을 보여준다.

2. 문체의 변화와 고통의 발화

발화자가 상실과 죽음으로 인한 고통을 언어로 표현하는 과정에서 문체의 변화는 중요한 분석적 단서를 제공한다. 예를 들어, 발화자는 처음에는 거칠고 충격적인 표현을 사용하다가 점차 간결하거나 감정적으로 둔화된 표현으로 바뀔 수 있다. 이는 고통의 변화, 정서적 방어와 관련이 있으며, 발화자의 정신적 처리 과정을 나타낸다.

2.1 상실 초기의 거친 문체
상실이나 죽음이 임박한 초기에는 발화자가 그 상황을 받아들이지 못하고 혼란스럽고 거친 언어를 사용할 수 있다. 이런 문체는 충격과 분노, 불안정한 감정 상태를 나타낸다.

2.2 중간 단계의 절망적 문체

고통이 계속될수록, 발화자는 점차 비관적이고 절망적인 표현을 사용하게 된다. 이는 정서적 피로감과 무력감을 반영하며, 문체도 점점 비관적이고 회피적인 형태로 바뀐다.

2.3 해결을 향한 문체

시간이 지나면서 고통이 조금씩 정리되거나 수용되는 과정에서 발화자의 문체도 변화할 수 있다. 이 경우 발화자는 상실을 받아들이는 표현을 사용하거나, 희망적이고 긍정적인 언어로 고통을 풀어가려는 시도이다.

3. 문체를 통한 발화자의 내면적 변화 분석

문체는 발화자의 내면적 고통의 깊이와 정신적 변화를 표현하는 중요한 매개이다. 언어의 변화는 심리적 치유의 과정, 감정적 조정, 그리고 상실과 죽음에 대한 인식의 변화를 나타내며, 이러한 문체의 변화는 실존적 고통을 어떻게 처리하고 있는지에 대한 중요한 단서를 제공한다.

실존정신언어분석에서 문체는 발화자가 상실과 죽음으로 인한 고통을 어떻게 의미화하고 있는지, 그 고통을 직면하고 있는지 회피하고 있는지, 정신적 방어와 감정적 처리 과정을 드러내는 중요한 요소이다. 문체의 변화와 그 안에 나타난 구체적인 표현 방식을 통해, 발화자가 경험하고 있는 고통의 깊이와 그가 이를 어떻게 다루고 있는지를 분석할 수 있다.

분석 #2 <피동사 사용>의 심리기제

실존정신언어분석에서 피동사 사용은 상실과 죽음으로 인한 고통을 의미화하려는 심적 기제와 지향성을 분석하는 데 중요한 역할을 한다. 피동사는 주어가 외부의 힘이나 상황에 의해 영향을 받거나 행동을 당하는 상황을 나타내는데, 이를 통해 발화자의 내면적 갈등이나 고통을 처리하는 방식을 이해할 수 있다.

1. 피동사와 상실, 죽음의 고통

피동사의 사용은 행동의 주체가 아닌 수동적 존재로서 고통을 경험하는 발화자의 심리적 상태를 드러낸다. 특히 상실과 죽음으로 인한 고통을 표현할 때, 발화자는 외부의 힘이나 불가피한 상황에 의해 고통을 겪고 있는 주체로서 자신을 인식하는 경향이 있다. 이때 피동사는 발화자가 고통을 능동적으로 통제할 수 없는 존재임을 암시한다.

> 예시: "죽음의 소식을 들었을 때, 나는 완전히 무너져 버렸어요.", "그의 부재로 내 마음은 버려진 듯했어요."

이 예시에서 '무너져 버리다', '버려지다'와 같은 피동사는 발화자가 상실과 죽음의 고통에 의해 무기력하고 수동적인 상태에 놓여 있음을 나타낸다. 이 표현은 자신의 고통을 외부의 사건이나 상황에 의해 결정되는 것으로 받아들이고, 이를 극복할 능력이 없다고 느끼는 심리적 상태를 반영한다.

2. 피동사와 고통의 외부화

피동사는 고통을 외부에서 주어진 것으로 보는 경향이 있다. 즉, 고통을 자기 내면의 일부로 받아들이기보다는 외부에서 발생한 일로 해석하는 심리적 경향이 나타낸다. 발화자는 자신의 고통을 외부에서 부과된 것으로 간주하고, 이를 통제할 수 없다는 점에서 수동적이고 무력한 존재로서의 자아를 구성한다.

> 예시: "그의 죽음은 나에게 강제로 끌어당겨진 것 같아요.", "죽음이라는 것이 내 삶을 완전히 바꿔 버린 것 같아요."

여기서 '강제로 끌어당겨진', '바꿔 버린'과 같은 피동사는 발화자가 죽음의 경험을 자신이 아닌 외부의 힘에 의해 강제로 겪게 된 것으로 해석하는 과정을 나타낸다. 이는 발화자가 상실의 경험을 불가피한 외부의 사건으로 인식하며, 그 사건에 의해 변화된 자신을 받아들이는 방식을 반영한다.

3. 피동사와 감정의 수동성

상실과 죽음의 고통을 겪고 있는 발화자는 자신의 감정이나 내면을 능동적으로 다루기보다는 외부에서 주어진 감정을 느끼는 수동적인 존재로 묘사한다. 피동사를 사용하면, 감정의 주체가 아닌 대상으로서의 위치를 강조하게 되며, 고통이 강제로 주어진 상태임을 나타내는 데 중요한 역할을 한다.

> 예시: "그 사실을 알게 된 이후, 마음이 완전히 지배당한 것처럼 느껴졌

다.", "그의 부재로 나는 심하게 눌린 듯한 기분이 들어요."

이 표현들에서 '지배 당하다', '눌린 듯한 기분'은 발화자가 자신의 감정이나 정서 상태를 외부의 영향에 의해 억제되고 통제받는 상태로 묘사하는 피동적인 표현이다. 이는 고통을 자발적으로 경험하는 것이 아니라 외부의 사건이나 죽음에 의해 강제로 경험하게 되는 상황으로 해석할 수 있다.

4. 심리적 기제 분석

피동사의 사용은 무기력한 상태, 자신의 고통을 외부적인 것으로 돌리려는 경향, 그리고 수동적인 감정 경험을 나타낸다. 이는 발화자가 상실과 죽음의 고통을 통제할 수 없고 그 고통을 해결할 주체가 아니라는 무력감을 표현하는 방식이다. 또한, 피동사 사용은 고통을 자기 내부의 문제로 인식하기보다는 외부에서 발생한 사건으로 받아들이는 방식을 나타내며, 이로 인해 발화자는 자신의 고통에 대한 책임감을 피하고 싶어 하는 심리적 기제를 보일 수 있다.

5. 결론

피동사 사용은 상실과 죽음으로 인한 고통을 표현하는 데 있어 발화자가 고통을 외부적 사건으로 경험하고 수동적인 존재로서 고통을 받아들이는 방식을 나타낸다. 이 표현은 발화자가 자신의 고통을 통제할 수 없으며, 외부의 힘이나 상황에 의해 영향을 받는다고 느끼는 심리적 기제를 반영한다. 이러한 언어적 분석을 통해 발화자의 내면적 갈등, 무력감, 그리고 외부적 상황에 대한 반응을 이해할 수 있다.

분석 #3 <공간적 방향성>과 심리기제

실존정신언어분석에서 상실과 죽음으로 인한 고통을 의미화하려는 심적 기제와 지향성이 발화자 언어표현 중 상하, 전후, 좌우, 출입, 내외와 같은 공간적 방향성을 통해 어떻게 나타나는지를 분석하는 것은 중요한 심리적 및 인지적 단서를 제공한다. 이러한 공간적 표현은 발화자가 고통을 어디에 위치시키고, 어떻게 이동시키며, 어디로 향하는지에 대한 내적 심리적 상태와 지향을 나타낸다.

1. 상하 (높고 낮음) 방향성

상실과 죽음의 고통을 언어적으로 표현할 때, 상하 방향성은 우울감, 억압, 패배감, 절망 등과 밀접하게 연결될 수 있다. 발화자가 고통을 "낮다", "밑으로 내려간다", "밑바닥"과 같은 표현으로 나타낼 때, 그들은 고통을 내려가거나 침잠하는 상태로 이해하고 있을 수 있다. 반대로, "높다", "올라간다", "하늘로 가다"와 같은 표현은 고통을 초월하려는 또는 희망과 구원의 상징적 의미로 해석될 수 있다.

> 예시: "내 마음은 이제 바닥까지 내려갔다." (절망적 상태), "그는 이제 하늘로 갔다." (평화와 구원의 상징)

이러한 표현에서 상하 방향성은 발화자가 상실에 대한 고통을 낮추고 싶은 욕망이나, 반대로 더 높은 상태로의 초월을 갈망하는 심리적 기제를 반영한다.

2. 전후 (앞과 뒤) 방향성

전후 방향성은 고통의 시점과 시간적 흐름을 나타내는 데 중요한 역할을 한다. 고통을 과거에 묶고 싶어 하는 경우, "그때" 또는 "그 일이 지난 후"와 같은 표현을 사용할 수 있다. 반면, 고통을 미래에 지연시키거나 그 안에서 벗어나려는 지향성을 표현할 때, "앞으로" 또는 "내일" 등의 표현을 사용할 수 있다.

예시: "그 일은 이제 지나갔다." (과거의 고통), "앞으로는 더 나아질 거야." (미래에 대한 희망)

이와 같이 전후 방향성은 고통을 시간적으로 분리하여 과거의 사건과 미래에 대한 기대로 나누는 심리적 기제와 관련이 있다. 발화자는 상실을 과거의 사건으로 처리하거나, 미래의 변화에 대한 희망을 표현할 수 있다.

3. 좌우 (왼쪽과 오른쪽) 방향성

좌우 방향성은 고통의 이분법적 해석이나 선택의 문제를 반영할 수 있다. 왼쪽과 오른쪽은 종종 선택지나 갈림길을 나타내며, 발화자가 고통을 해결하려고 할 때 좌우로 나누는 방식을 사용할 수 있다. 예를 들어, "왼쪽"은 과거의 고통이나 어두운 면을, "오른쪽"은 미래의 희망이나 밝은 면을 의미할 수 있다.

예시: "왼쪽으로 갔으면 모든 게 달라졌을지도 몰라." (고통의 회상과 이

분법적 갈등), "오른쪽으로 가면 희망이 있을 거야." (희망을 향한 지향)

이 표현에서 좌우 방향성은 고통을 이분화하거나 갈림길로서의 선택을 나타내는 방식으로 해석될 수 있다. 고통을 회피하고 싶은 마음이나 희망을 향해 나아가고자 하는 의지가 반영될 수 있다.

4. 출입 (들어가다와 나가다)

출입 방향성은 고통의 진입과 고통으로부터의 탈출을 상징적으로 나타낸다. 발화자가 고통을 내면의 문제로 들어가고 싶어 하는 경우, "내 마음속으로 들어간다" 또는 "어디론가 숨는다"와 같은 표현을 사용할 수 있다. 반면, 고통에서 벗어나고 싶을 때는 "밖으로 나가다", "탈출하다"와 같은 표현을 사용할 수 있다.

> 예시: "이 고통에서 벗어나고 싶다." (탈출), "그 사람은 내 마음 속에 깊이 들어갔다." (내면으로 들어감)

출입 방향성은 발화자가 고통을 내면화하거나, 고통에서 벗어나고자 하는 욕망을 나타낸다. 이때, 출입의 방향성은 고통을 감당하려는 내적 여행 또는 고통을 피하려는 외적 시도를 반영한다.

5. 내외 (안과 밖)

내외의 방향성은 고통을 내면적 또는 외면적 경험으로 다루려는 경향을 보여준다. 고통을 내면적으로 느끼고 직면하려는 경우, "내 안의 고통" 또는 "내 마음 속에서"와 같은 표현이 나타날 수 있다. 반면, 고통을 외부적 요소로 처리하려는 경우, "밖에 있다" 또는 "외부에서 느낀다"는 표현을 사용할 수 있다.

> 예시: "내 마음 속에서 그 고통이 계속 커져가고 있다." (내면의 고통),
> "그는 외부의 영향으로 고통을 받았다." (외부의 고통)

이와 같은 표현은 발화자가 고통을 내면적 문제로 해결하려는 혹은 외부적인 요소를 탓하려는 심리적 기제를 나타낸다. 내외 방향성은 자기 자신과의 갈등이나 외부 요인에 대한 반응을 나타내며, 고통을 어떻게 개인화하고 해석하는지 보여준다.

상실과 죽음으로 인한 고통을 의미화하려는 심적 기제와 지향성이 발화자의 언어표현 중 공간적 방향성(상하, 전후, 좌우, 출입, 내외)을 통해 나타나는 방식은 발화자가 고통을 어떻게 구조화하고 해석하는지를 이해하는 데 중요한 역할을 한다. 각 방향성은 발화자의 심리적 상태, 고통의 정도, 고통에 대한 반응, 시간적 및 공간적 이동과 관련된 내적 지향성을 반영하며, 이를 통해 고통을 회피하려는 시도나 초월하려는 노력을 확인할 수 있다. 이러한 분석은 발화자가 상실과 죽음의 고통을 어떻게 처리하고 있는지, 그리고 그 고통을 어떻게 의미화하려고 하는지에 대한 깊은 통찰을 제공한다.

분석 #4 인지도식(스키마)과 심리기제

실존정신언어분석에서 상실과 죽음으로 인한 고통을 의미화하려는 심적 기제와 지향성이 발화자의 언어표현과 인지도식(스키마)에서 어떻게 나타나는지에 대해 분석하는 것은 발화자가 내면의 고통을 언어로 어떻게 표출하는지와 그 고통을 어떻게 이해하고 처리하는지를 파악하는 중요한 방법론이다. 이 분석은 발화자가 사용한 언어 표현이 그들의 인지적 틀(스키마)에 어떻게 영향을 미치는지에 중점을 두며, 심리적 기제와 지향성의 내적 관계를 탐구할 수 있다.

1. 언어표현과 인지도식(스키마)의 관계

발화자가 사용하는 언어는 단순히 감정을 표현하는 도구에 그치지 않는다. 언어는 발화자가 세상과 자신에 대해 어떻게 이해하고 있는지, 즉 인지적 스키마를 반영하는 중요한 매개체이다. 스키마는 과거의 경험, 문화적 배경, 개인의 심리적 상태를 바탕으로 형성된 지식 구조로, 상실과 죽음에 대한 발화자의 인식 방식에 큰 영향을 미친다.

2. 상실과 죽음의 고통을 의미화하려는 심적 기제

발화자는 상실과 죽음으로 인한 고통을 언어적으로 의미화하는 과정에서 다양한 심리적 기제를 작동시킨다. 이때 발화자는 자신의 고통을 설명하거나 회피하려는 다양한 기제를 사용할 수 있다. 이를 통해 고통을 어떻게 구조화하고 해석하는지, 그리고 그 해석이 인지적 스키마와 어떻게 연결되는지 알 수 있다.

3. 언어표현을 통한 심적 기제

회피와 부정

회피와 부정은 상실과 죽음의 고통을 다루기 위한 대표적인 심리적 기제이다. 발화자가 자신의 고통을 직접적으로 표현하는 대신 회피적 표현을 사용하거나, 부정적인 사건을 인정하지 않으려는 시도이다.

예시: "그 사람은 떠나지 않았다. 아직도 그곳에 있는 것 같아요.", "그 사건은 별로 중요하지 않았어요. 그냥 지나갔을 뿐이에요."

이 표현에서 부정이나 회피적 표현은 발화자가 고통을 직면하기 어렵다는 심리적 기제를 반영한다. 이런 언어표현은 발화자가 상실과 죽음을 받아들이지 않으려는 노력의 일환으로, 인지적 스키마에서 고통을 부정적 또는 부차적인 경험으로 처리하려는 경향을 나타낸다.

환상적 및 은유적 표현

상실과 죽음의 고통을 직접적으로 다루기 어렵거나 고통을 완전히 받아들이는 것이 두려운 경우, 발화자는 은유적이거나 환상적인 언어를 사용하여 고통을 간접적으로 표현할 수 있다. 이는 고통을 기호화하여 인지적 거리를 두는 방식이다.

예시: "그는 별이 되어 하늘에서 우리를 지켜보고 있을 거예요.", "나는 지금 마음속으로 그를 찾고 있어요."

이러한 표현은 실제 상실이 아닌 은유적, 심볼릭한 형태로 고통을 해석하는 방식으로, 발화자는 인지적 스키마에서 고통을 다소 멀리서 바라보려는 시도이다. 죽음을 하늘의 별, 어떤 신비로운 존재로 전환하는 등의 방식은 고통을 구체적인 실체로 맞닥뜨리는 것을 회피하려는 방어기제이다.

반복과 강조

반복은 발화자가 고통을 반복적으로 인식하고 있음을 나타내는 중요한 신호이다. 상실의 고통을 언어로 표현하면서, 발화자는 특정 감정이나 사건을 강조하고 반복하는 경향이 있다. 이는 고통이 발화자의 인지적 스키마에서 계속해서 자리를 차지하고 있음을 나타내는 방식이다.

예시: "그는 정말 나에게 너무 소중한 존재였어요. 너무 소중했어요. 그 사람이 없으면 아무것도 할 수 없어요.", "그 일이 내 인생을 바꿔놓았어요. 정말 바꿔놓았어요."

이 반복적 표현은 발화자가 고통의 심리적 강도를 언어적으로 강조하고 있으며, 인지적 스키마에서 그 경험이 결정적인 영향을 미쳤다는 인식을 드러낸다. 또한, 반복은 고통을 계속해서 돌아보며 되새기는 방식으로 나타나며, 고통의 경험을 내적 사고 속에서 갇혀 있는 상태로 만들기도 한다.

4. 인지적 스키마와 고통의 해석

발화자의 언어는 인지적 스키마를 기반으로 고통을 해석하고 표현하는 방식에 큰 영향을 미친다. 예를 들어, 죽음에 대한 인식이 종교적 스키마나 문화적 배경에 따라 달라질 수 있다. 또한, 자아의 상태에 따라 고통의 심각성이나 의미화 방식도 달라질 수 있다.

문화적/사회적 스키마

발화자가 속한 문화나 사회적 배경에 따라 고통을 해석하는 방식은 크게 달라질 수 있다. 예를 들어, 특정 문화에서는 죽음을 자연의 순리로 받아들인다고 여길 수 있으며, 이는 발화자가 사용하는 언어에서 조용하고 수용적인 태도로 나타날 수 있다.

> 예시: "그 사람은 이제 평화로운 곳에 가셨다.", "모두가 언젠가는 그 길을 가야 한다."

이런 표현은 죽음을 불가피한 자연현상으로 받아들이는 문화적 스키마를 반영하며, 발화자는 죽음을 두려워하지 않고, 수용하려는 태도를 보인다. 이는 고통을 수용하는 방식이며, 언어에서도 고통을 평화로운 상태로의 이행으로 해석한다.

자아의 상태와 스키마

발화자가 상실과 죽음을 어떻게 해석하는지는 그들의 자아 상태에 따라 다르다. 예를 들어, 자아의 취약성이 높은 경우 고통을 극단적으로 표현하거나, 고통을 방어 기제를 통해 회피할 수 있다.

> 예시: "나는 혼자서 모든 것을 해결해야 했어요. 그를 잃고 나서 정말 아무것도 할 수 없었어요.", "그 사람은 나에게 그 모든 걸 해줬어요. 나

를 사랑한다고 말했었죠."

여기에서 고통을 자아의 취약성과 불완전함으로 연결하여 표현하는 방식은 발화자가 자신의 상실을 자아와의 관계로부터 해석하고 있음을 나타낸다. 인지적 스키마에서는 상실을 자아의 결핍이나 약점으로 연결지을 수 있으며, 이는 고통을 극복하려는 시도로 해석될 수 있다.

상실과 죽음으로 인한 고통을 의미화하려는 심적 기제와 지향성이 발화자의 언어표현과 인지도식(스키마)에서 나타나는 방식은 그들의 고통을 어떻게 해석하고 의미화하려는 내적 과정을 드러낸다. 발화자는 고통을 직접적으로 표현하거나, 회피적이고 은유적인 언어를 사용함으로써 자신이 고통을 어떻게 다루고 있는지를 보여준다. 이러한 언어적 패턴은 발화자가 고통을 자기 자신, 타자, 문화적 배경에 따라 다르게 인지하고 처리하고 있다는 것을 의미하며, 심리적 기제와 지향성의 상호작용을 언어적 분석을 통해 탐구하는 데 중요한 단서를 제공한다.

분석 #5 <직접/간접화법>에서 나타난 심리기제

죽음학에서 상실과 죽음으로 인한 고통을 의미화하려는 심적 기제와 지향성이 발화자의 언어표현 유형에서 어떻게 나타나는지를 분석할 때, 발화자의 언어는 그들의 심리적 상태와 고통의 내면화를 표현하는 중요한 매개체로 기능한다. 이 분석은 발화자가 어떻게 자신의 고통을 언어적 형태로 변형하며, 그 과정에서 심리적 방어기제나 감정적 상태가 드러나는지에 초점을 맞춘다. 다양한 언어적 특성들이 심리적 기제와 지향성을 나타내는 방식에 따라 분류될 수 있다.

1. 직접적/간접적 언어표현

언어표현은 직접적이거나 간접적인 방식으로 나타날 수 있다. 직접적 표현은 고통이나 상실의 감정을 노골적이고 직설적으로 표현하는 방식이다. 반면, 간접적 표현은 고통을 숨기거나 우회적으로 나타내는 경우가 많다.

직접적 언어표현

직접적 표현에서는 발화자가 고통을 명확하고 구체적으로 언급한다. 이는 고통의 표현을 회피하지 않고 정면으로 마주하려는 태도를 반영하며, 심리적 고통을 외부로 드러내고자 하는 직접적인 욕망을 보여준다.

예시: "나는 그녀가 죽은 것이 믿기지 않아요. 너무 아파요.", "죽음을 받아들이는 것이 너무 힘들어요."

이러한 표현에서 상실의 고통은 직접적이고 감정적으로 표현되며, 이는 발화자가 고통을 명확하게 인지하고 있으며, 그 감정을 받아들이고 있음을 나타낸다. 이와 같은 언어는 정신적인 정체성이나 자아의 단절을 표현하는 방식으로 볼 수 있다.

간접적 언어표현
간접적 표현에서는 발화자가 고통을 은유나 비유를 사용하여 표현하며, 고통의 사실을 간접적으로 전달한다. 이는 고통을 외면하거나 회피하려는 방어기제로 해석될 수 있다. 간접적 언어는 종종 부정이나 애매모호한 표현을 통해 고통을 간접적으로 나타내려는 시도이다.

> 예시: "그 사람은 이제 어디에 있는지 모르겠어요.", "어떤 일이 일어날지 두렵네요."

이와 같은 표현에서 죽음과 상실에 대한 언급은 직접적인 감정표현을 피하고, 대신 언급을 회피하거나 회상적인 형태로 나타난다. 이는 발화자가 고통을 직접적으로 인식하지 않으려는 시도 또는 감정을 억누르려는 경향을 보여준다.

2. 주어의 사용

주어의 선택은 발화자가 자신의 고통을 어떻게 인식하고 있는지에 중요한 영향을 미친다. 자기 자신을 주어로 사용할 때는 고통이 자신의 내부에서 발생하는 감정으로 간주되는 경우가 많다. 반면, 타자나 무엇인가를 주어로 사용하면 고통이 외부로부터 유발된 것처럼 표현될 수 있다.

자기 자신을 주어로 사용

자기 자신을 주어로 사용하는 경우, 발화자는 자기 내부의 고통을 주체적으로 인식하고 그 감정을 언어로 표현하려는 시도를 보인다.

예시: "나는 너무 외로워요.", "내가 그녀를 잃은 것 같아요."

이와 같은 표현은 고통의 원인을 자신에게 두며, 감정을 내면적으로 처리하려는 의도를 나타낸다. 이는 상실의 고통이 내적 경험으로 자리 잡고 있다는 인식을 반영한다.

타자를 주어로 사용

타자나 객체를 주어로 사용하면, 발화자는 고통의 원인이 자신 외의 외부 요인에 있다는 인식을 드러낸다. 이는 고통을 내부에서 벗어나 외부로 돌리는 방어기제로 해석될 수 있다.

예시: "그녀는 나를 떠났어요.", "세상은 나에게 너무 가혹해요."

이와 같은 표현에서는 타자가 주어가 되어 발화자는 고통의 원인을 외부로 지목하고, 자기 자신을 고립시키지 않으려는 시도를 보여준다. 이는 고통을 타자에게 투사하고, 자신의 무력함을 외부에 투영하는 방식이다.

3. 시제 사용

시제는 발화자가 고통을 얼마나 현재적이고 지속적인 상태로 인식하는지를 나타낸다. 현재 시제의 사용은 고통이 지속적으로 경험되고 있다는 점을 강조하며, 과거 시제는 상실의 고통을 회상하거나 기억의 일부로 처리하는 방식이다.

현재 시제 사용

현재 시제는 고통이 지금 이 순간에도 계속되고 있으며, 상실의 고통이 지속적이고 끝나지 않았다는 인식을 반영한다.

예시: "나는 지금도 그가 떠난 것이 믿기지 않아요.", "매일이 힘들어요."

현재 시제를 사용하면 고통이 여전히 진행 중이며, 발화자가 그 감정을 현재로 인식하고 있다는 것을 드러낸다. 이 시제의 사용은 현재의 고통이 끝나지 않은 상태임을 나타낸다.

과거 시제 사용

과거 시제는 고통이 과거의 경험으로 회상할 때 사용한다. 이는 상실의 고통이 시간에 따라 변화하거나 처리된 것으로 간주한다.

예시: "그때 나는 정말 슬펐어요.", "그의 죽음이 내 인생을 바꿨다."

과거 시제는 고통을 회상하며, 상실의 고통이 시간을 지나면서 변화했음을 시사한다. 이는 발화자가 고통을 과거의 경험으로 처리하려는 방식으로 해석될 수 있다.

4. 반복과 강세

언어에서 반복이나 강세는 고통의 강도를 강조하거나, 발화자가 고통에 대한 집중을 시도하는 방식이다. 반복적 표현은 고통을 강조하고 되새김질하며, 발화자가 그 고통을 잊지 않으려는 시도를 드러낼 수 있다.

반복적 표현

반복적인 언어 표현은 발화자가 고통을 강조하고, 그것이 지속적이고 반복되는 감정임을 나타낸다.

> 예시: "그가 없어서 정말 너무 슬프고, 너무 슬퍼요.", "모든 게 너무 힘들고, 힘들고, 힘들어요."

반복은 고통이 끝나지 않고 계속되는 감정임을 강조한다. 이 반복적인 언어적 사용은 상실의 감정이 계속해서 따라오고 있음을 나타내는 방어기제로 분석될 수 있다.

발화자의 언어 표현은 상실과 죽음으로 인한 고통을 내면화하고 의미화하려는 심리적 기제와 지향성을 드러내는 중요한 도구이다. 언어의 직접적/간접적 표현, 주어의 사용, 시제의 사용, 반복과 강세 등은 모두 발화자가 고통을 어떻게 경험하고 있는지와 고통을 어떻게 처리하려는지를 나타낸다. 이러한 언어적 특징들은 발화자의 심리적 방어기제와 내면화된 감정을 해석하는 데 중요한 단서를 제공하며, 죽음학적 관점에서 고통의 의미화와 내적 변화를 분석하는 데 중요한 역할을 한다.

분석 #6 <신체언어>와 심리기제

죽음학에서 상실과 죽음으로 인한 고통을 의미화하려는 심적 기제와 지향성이 발화자의 신체부위별 사용에서 어떻게 나타나는지를 분석할 때, 신체의 다양한 부위는 고통과 감정의 표현에 있어 중요한 역할을 한다. 상실과 죽음의 경험은 신체적 감각과 밀접하게 연관되며, 발화자가 특정 신체 부위를 통해 심리적 고통을 표현하는 방식은 그들이 경험하는 내면의 갈등과 방어기제를 드러낼 수 있다.

1. 신체부위와 심리적 고통의 연관성

사람들은 종종 고통이나 감정을 신체적 감각과 연결지어 표현한다. 예를 들어, 심리적 고통이나 정서적 고통은 신체적 부위와 관련지어 설명되는 경우가 많다. 이는 정신-신체적 상호작용이 중요하다는 죽음학의 관점에서 보면, 상실과 죽음에 대한 심리적 고통이 신체적으로 어떻게 경험되고 표현되는지를 분석할 수 있는 중요한 지점이다.

2. 신체부위별 고통의 의미화

발화자가 사용하는 신체부위는 고통을 어디에서 느끼는지, 그 고통이 어떤 방식으로 내면화되는지를 보여주는 지표로 해석될 수 있다. 특정 신체부위의 언급은 상실의 감정이 그 부위에 연결되어 있다는 것을 암시한다.

가슴(심장, 가슴통증)

가슴은 감정의 중심으로 자주 언급되며, 상실이나 죽음으로 인한 고통을 심장이나 가슴의 통증으로 표현하는 경우가 많다. 이는 고통이 감정적인 중심에서 발생하고, 상실과 죽음의 고통이 심장에 깊게 영향을 미친다는 심리적 의미를 내포한다.

> 예시: "가슴이 너무 아파서 숨을 쉴 수 없을 것 같아요.", "그 사람이 떠난 뒤로 심장이 답답해요."

이러한 표현에서 가슴의 아픔은 고통의 심리적 강도를 강조하며, 발화자는 상실이 가슴의 고통으로 내면화되었음을 나타낸다. 여기서 가슴은 감정의 근원이자 상실의 징후로 해석될 수 있다.

머리(두통, 혼란, 상실된 사고)

머리는 종종 생각, 판단, 이성적 사고와 관련되며, 상실의 고통이 머리에서 혼란, 두통, 정신적 마비로 나타날 수 있다. 발화자는 상실을 정신적 부담으로 연결시키며, 고통이 인지적 혼란으로 경험된다고 표현할 수 있다.

> 예시: "머리가 아프고, 생각이 멈춘 것 같아요.", "죽음을 받아들이기 어려워서 머리가 터질 것 같아요."

이 표현은 상실의 고통이 인지적으로 방해되고 있다는 점을 강조하며, 두통이나 혼란은 고통이 정신적 수준에서 어떻게 경험되는지를 보여준다. 머리는 상실로 인한 정신적 혼란이나 결정 장애를 나타내는 중요한 신체 부위이다.

배(소화불량, 배 아픔, 허기)

배나 위장은 종종 불안, 소화불량, 공허함과 연결되며, 상실이나 죽음의 고통이 소화 시스템에 영향을 미친다. 고통은 종종 배가 아프다거나 소화불량의 형태로 나타나며, 이는 내면의 공허함이나 불안정한 감정의 신체적 증상으로 해석될 수 있다.

예시: "배가 아파서 아무것도 먹을 수 없어요.", "죽음의 고통은 마치 배가 비어있는 것 같은 느낌이에요."

여기서 배의 고통은 상실로 인한 심리적 공허를 나타내며, 배가 소화되지 않은 감정이나 내면의 갈등을 비유적으로 표현할 때 사용된다.

팔과 다리(무력함, 움직이지 못하는 느낌)

팔과 다리는 종종 행동이나 힘, 움직임과 관련이 있다. 상실이나 죽음의 고통은 종종 발화자가 행동하지 못하는 상태나 무력감으로 나타낸다. 팔이나 다리가 무겁거나 힘이 없다는 표현은 고통이 신체적 무력감으로 연결된다는 것을 의미한다.

예시: "팔이 너무 무겁고 아무것도 할 수 없어요.", "다리가 풀려서 움직일 수가 없어요."

이 표현에서 팔과 다리는 고통이 무력감이나 무능력으로 표현되는 방식이다. 고통은 신체적으로 움직일 수 없는 상태로 나타나며, 이는 상실 후 무기력을 강조한다.

목(숨쉬기 어려움, 말할 수 없음)

목은 말하기와 관련된 신체 부위로, 상실과 죽음의 고통은 종종 말을 잃은 상태로 나타날 수 있다. 고통이 말하기 어려운 상태로 드러날 때, 발화자는 목의 불편함이나 숨쉬기 어려운 느낌을 표현하며, 이는 감정의 억제나 말할 수 없음을 나타낸다.

예시: "목이 말라서 아무 말도 할 수 없어요.", "숨이 막히는 것 같아서 아무 말도 나오지 않아요."

여기서 목의 불편함은 고통을 표현하는 억제된 상태를 나타내며, 상실의 감정이 표현 불가능하다는 심리적 방어를 보여준다.

발화자가 사용하는 신체 부위는 상실과 죽음으로 인한 심리적 고통을 어떻게 내면화하고 표현하는지를 드러내는 중요한 요소이다. 신체는 정신-신체적 상호작용의 맥락에서 고통을 표현하는 중요한 매개체로, 각 부위는 고통의 종류나 심리적 방어기제를 반영한다. 발화자는 특정 신체 부위를 통해 내면의 갈등, 무력감, 불안 또는 억제된 감정을 나타내며, 이는 상실과 죽음에 대한 고통의 의미화와 지향성을 더욱 명확히 하는 방식으로 해석될 수 있다.

분석 #7 <시간의식>과 심리기제

죽음학에서 상실과 죽음으로 인한 고통을 의미화하려는 심적 기제와 지향성이 발화자의 언어표현 중 시간의식 사용에서 어떻게 나타나는지를 분석할 때, 시간은 고통을 경험하고 그 의미를 부여하는 심리적 프레임으로 중요한 역할을 한다. 상실과 죽음은 종종 시간에 의해 구조화된 경험이며, 고통을 과거, 현재, 미래의 관계 속에서 다루게 된다. 발화자가 사용하는 시간적 표현은 그가 고통을 어떻게 구성하고 처리하는지, 그리고 고통을 어떻게 시간적으로 인식하는지를 반영한다.

시간의식과 상실의 연관성

죽음과 상실은 시간적 개념과 깊은 연관이 있으며, 상실의 경험은 발화자가 시간을 어떻게 인식하는지에 따라 다르게 나타난다. 고통을 과거, 현재, 미래의 시간적 맥락 속에서 다루는 방식은 그가 상실을 어떻게 의미화하고 어떤 심리적 방어기제를 사용하는지에 대한 중요한 단서를 제공한다.

과거의 회상

과거를 회상하며 고통을 표현하는 경우, 발화자는 상실된 존재나 죽음의 사건을 과거의 경험으로 고착시키고 이를 현재의 고통과 연결 짓는다. 고통은 과거의 상실을 여전히 그리워하거나 되돌릴 수 없다는 감정으로 나타날 수 있다.

예시: "그 사람은 이제 더 이상 내 곁에 없다. 그때 그 순간이 끝이었

다.", "그때의 기억이 너무나 아프다."

이러한 표현은 상실이 과거에 고정되어 있으며, 발화자는 현재의 고통을 과거의 사건과 연결하여 그것이 계속해서 반복되는 고통으로 나타내고 있다. 시간은 과거의 기억으로 고정되고, 그로 인해 고통은 현재의 감정으로 지속된다.

현재의 고통

현재를 중심으로 한 시간적 인식은 고통이 현재 진행형인 상태로 존재함을 나타낸다. 상실 후의 고통은 현재의 삶에서 반복적으로 경험되는 심리적 고통으로 나타나며, 발화자는 고통을 지속적이고 해결되지 않은 상태로 경험하고 있다는 감정을 표현할 수 있다.

예시: "지금도 그 사람이 떠나간 것처럼 느껴진다.", "매일 그 고통을 다시 마주한다."

여기서 고통은 현재 진행형으로 나타나며, 발화자는 상실이 현재의 삶에 여전히 영향을 미친다는 것을 표현하고 있다. 시간은 고통이 멈추지 않는 순간의 흐름으로 경험된다.

미래에 대한 두려움

미래의 시간적 관점에서 고통을 표현할 때, 발화자는 상실로 인한 고통이 미래에 대한 불안이나 두려움으로 전이될 수 있다. 상실 이후, 죽음이 불러오는 고통은 미래의 불확실성과 결합되어 더욱 강하게 경험된다. 발화자는 미래의 삶에서 더 많은 상실이나 고통을 예상하거나 두려워하는 감정을 드러낸다.

> 예시: "앞으로도 나는 계속해서 잃을 것이다.", "내일은 어떻게 될지 알 수 없다."

이 표현에서 미래는 고통과 연결되어 있으며, 발화자는 미래의 불확실성과 그로 인한 상실에 대한 두려움을 표현한다. 고통은 미래의 시간이 다가오는 것처럼 다가오며, 미래에 대한 대비나 공포를 나타낸다.

시간적 반복과 고통

발화자가 시간 의식을 표현할 때, 고통은 종종 시간적 반복으로 나타낸다. 고통은 과거의 사건, 현재의 상태, 미래의 예상이 반복적으로 겹치며 끝나지 않는 고통으로 경험될 수 있다. 발화자는 고통을 시간적으로 순환적인 혹은 끝나지 않는 고리로 묘사할 수 있다.

> 예시: "매일매일 그때처럼 반복되는 고통이다.", "그 일은 계속해서 나를 괴롭힌다."

이 표현은 고통이 시간 속에서 끊임없이 되돌아오는 존재로 나타나며, 시간의 흐름 속에서 끝없는 반복과 연결되어 있음을 보여준다. 이는 발화자가 고통을 지속적이고 끊이지 않는 상태로 인식하고 있음을 의미한다.

시간의 왜곡

상실과 죽음으로 인한 고통은 때때로 시간의 왜곡을 초래할 수 있다.

발화자는 시간이 왜곡된 흐름 속에서 고통을 경험하거나, 시간의 흐름에 대한 감각의 상실을 표현할 수 있다. 고통은 시간의 제약을 느끼지 못하게 하며, 시간의 흐름이 멈춘 듯한 상태로 나타낸다.

> 예시: "시간이 멈춘 것 같다.", "그때 이후로 시간이 어떻게 지나갔는지 모르겠다."

이러한 표현은 시간의 연속성이 상실되었음을 나타내며, 발화자는 고통이 시간의 흐름을 왜곡하거나 시간을 무의미하게 만드는 상태로 느낀다. 고통이 현재를 벗어나지 않도록 얽매이는 느낌으로 해석될 수 있다.

시간적 회복과 고통

상실과 죽음 이후에 고통을 의미화하려는 과정에서, 발화자는 시간적 회복이나 변화를 추구할 수도 있다. 발화자는 고통을 시간 속에서 치유되거나 변화할 수 있는 과정으로 바라보며, 미래를 향한 희망이나 상실을 넘어서는 회복의 감정을 표현할 수 있다.

> 예시: "시간이 지나면서 조금씩 나아지고 있다.", "고통이 점차 사라지는 것 같다."

이 표현은 고통이 시간을 통해 변화하고 치유되는 과정을 보여준다. 발화자는 고통이 미래로 나아가는 회복적 과정으로 인식되고, 시간의 흐름 속에서 자기 치유나 변화를 경험하는 것으로 나타난다.

시간 의식을 통해 나타나는 고통은 상실과 죽음을 의미화하려는 심적 기제와 지향성의 중요한 단서를 제공한다. 발화자는 고통을 과거,

현재, 미래의 시간적 맥락 속에서 다루며, 그 고통은 회상, 지속적 경험, 미래에 대한 불안, 반복적 패턴, 왜곡된 시간 등의 방식으로 나타날 수 있다. 이러한 시간 의식은 고통의 지속성을 강조하거나 회복의 가능성을 내포할 수 있으며, 시간적 감각을 통해 발화자가 상실을 어떻게 인식하고 처리하는지에 대한 중요한 정보를 제공한다.

분석 #8 <공간의식>과 심리기제

죽음학에서 상실과 죽음으로 인한 고통을 의미화하려는 심적 기제와 지향성이 발화자의 공간의식 사용 유형을 통해 어떻게 나타나는지에 대해 분석할 수 있다. 공간의식은 발화자가 자신의 고통을 경험하는 방식과 그 고통을 다루려는 심리적 위치를 어떻게 설정하는지에 대한 중요한 단서를 제공한다. 고통을 공간적 차원에서 상징화하는 방식은 고통을 내면적인 상태로 취급하거나, 고통을 외부 세계와의 관계 속에서 느끼는 감정으로 드러내는 방식을 반영한다.

1. 공간의식의 정의

공간의식은 우리가 자신과 타인, 그리고 환경과의 관계를 어떻게 느끼고 인식하는지에 대한 개념이다. 언어에서 공간적 표현은 주로 장소, 거리, 위치와 관련된 단어들을 사용하여, 고통이나 감정의 상태를 물리적인 공간과 연결지으려는 시도로 나타난다.

2. 고통의 내면화와 공간적 경계

상실과 죽음으로 인한 고통은 종종 발화자가 자기 자신과의 관계 속에서 경험하게 되며, 이를 공간적 개념으로 표현하는 경우가 많다. 이 경우, 공간의식은 고통을 내부 공간이나 자기 자신 속으로 밀어 넣는 방식으로 나타나거나, 자기 자신과 외부 세계를 분리하는 경계 설정으로 드러날 수 있다.

내부 공간으로의 고통 밀어 넣기

발화자가 고통을 자기 내면의 공간으로 밀어 넣을 때, 고통은 외부와의 접촉 없이 내적이고 고립적인 경험으로 해석된다. 이는 발화자가 고통을 자기 자신과의 관계 속에서 처리하려는 시도를 의미하며, 고통을 내부 공간에서 겪는 고독으로 상징한다.

예시: "내 마음 속 깊은 곳에서 고통이 밀려온다.", "나는 내 안에 갇혀 있다."

이 표현에서 고통은 내부의 어두운 공간이나 좁은 방처럼 묘사된다. 이는 고통을 자신의 심리적 공간에서 겪고 있으며, 그 공간을 벗어나지 못하는 고립된 상태를 강조하는 방식이다.

자기와 외부 세계 간의 경계 설정

고통을 내면화하는 동시에, 발화자는 종종 고통을 외부 세계와의 분리를 통해 강조한다. 고통이 자기 내부의 고유한 문제로 자리잡으며, 발화자는 그 고통이 외부와 연결되지 않도록 벽을 세우는 경향이 있다.

예시: "세상은 나와는 관계없는 것 같다.", "모든 것이 내 세계 밖에 있는 것처럼 느껴진다."

이 표현에서는 자기 내면과 외부 세계 사이에 명확한 경계를 설정하고, 고통이 자기만의 공간에서 발생하며 그로부터 벗어날 수 없다는 느낌을 전달한다. 고통은 자기 자신을 둘러싼 공간에서 발생하며, 외부의 도움이나 연결이 어려운 상태를 나타낸다.

3. 고통의 공간적 확장

상실과 죽음으로 인한 고통은 때때로 내부 공간을 넘어 외부로 확장되기도 한다. 발화자는 외부 공간에 자신의 고통을 투영하거나, 고통이 전체 세계를 삼키는 듯한 느낌을 표현한다. 이때, 고통은 자기 내부에서만 발생하는 것이 아니라, 세상 전체를 감싸는 공간적 범위를 지닌다.

고통의 외부화
고통을 외부로 확장시키려는 심리적 기제는 발화자가 자기 고통을 타자와 공유하려는 무의식적 시도로 나타날 수 있다. 고통을 공유된 공간으로 끌어들이려는 시도는 타인과의 연결을 시도하는 것이지만, 동시에 고통을 밖으로 던져내려는 무의식적 시도일 수 있다.

예시: "세상은 내 고통을 이해하지 못하는 것 같다.", "내가 겪는 고통이 세상 모든 곳에서 느껴지는 것 같다."

여기서 발화자는 고통이 자기 내면을 넘어서 외부 세계까지 영향을 미치는 것으로 느끼고, 이를 공유된 공간으로 확장하려고 한다. 이는 고통이 자기 자신만의 문제가 아니라, 세상의 문제로 확대된 느낌을 전달한다.

4. 공간적 상징과 고통의 표현

공간의식은 또한 고통을 상징적인 공간으로 표현하는 데 사용될 수 있다. 발화자는 고통을 어두운 방, 좁은 공간, 갇힌 장소로 비유하여,

고통을 탈출할 수 없는 상태로 묘사한다. 이러한 공간적 상징은 고통을 지속적인 상태로 인식하게 하며, 탈출 불가능한 감정적 감금을 표현하는 방편이 된다.

어두운 공간

고통이 어두운 공간에 갇혀 있는 것처럼 표현될 때, 발화자는 절망적이고 감정적으로 고립된 상태를 나타낸다. 이 공간적 이미지는 고통을 끝없는 어둠 속에서 헤매는 느낌으로 비유한다.

> 예시: "나는 끝없이 어두운 터널 속에 있는 기분이다.", "내가 살아있는지 죽은 것인지 알 수 없다."

고통은 이때 탈출 불가능한 상태로 표현되며, 발화자는 어두운 공간에서 벗어날 방법을 찾지 못한 채 고립되고 절망적인 상태를 겪고 있다.

좁은 공간

고통이 좁은 공간에서 압박을 느끼는 상태로 표현될 때, 발화자는 자기 내면에 갇혀 있으며, 이 고통이 확장되거나 해결될 수 없는 상태로 상징화 된다. 좁은 공간은 발화자가 정신적, 감정적으로 제약을 받는 상태를 나타낸다.

> 예시: "내 삶은 이제 더 이상 넓어질 수 없는 좁은 방에 갇혀 있다.", "내 고통은 내 세상 안에서만 계속해서 좁혀진다."

이 표현에서 좁은 공간은 고통이 제약된 상태로 유지되며, 외부 세계와의 연결이 단절되고, 고통이 내면에서 더욱 강하게 좁혀지는 느낌을 전달한다.

죽음학에서 상실과 죽음으로 인한 고통을 의미화하려는 심적 기제와 지향성이 공간의식을 통해 나타나는 방식은 고통을 내부적, 외부적 공간으로 상징화하거나, 자기 자신과의 관계 속에서 고통을 공간적으로 정의하는 방법을 나타낸다. 발화자는 고통을 자기 자신과의 관계에서 겪는 고립된 경험으로 내면화하거나, 이를 세상과의 분리 또는 공유된 경험으로 확장하려는 시도를 하며, 고통을 공간적 상징을 통해 표현한다. 이 분석을 통해 고통이 정신적, 감정적 차원에서 어떻게 공간적으로 배치되고 제약을 받는지에 대한 심리적 기제를 이해할 수 있다.

분석 #9 <재귀법>과 심리기제

죽음학에서 상실과 죽음으로 인한 고통을 의미화하려는 심적 기제와 지향성이 발화자의 언어표현 중 재귀법 사용 유형을 통해 나타나는 방식은, 발화자가 자신의 내면적인 경험과 고통을 자기 자신과의 관계 속에서 어떻게 다루는지에 대한 중요한 심리적 기제를 반영한다. 재귀법은 동사의 주어와 목적어가 동일한 주체를 가리킬 때 사용되며, 고통이나 상실이 발화자에게 내적이고 개인적인 경험으로 향하게 만든다.

1. 재귀법의 의미

재귀법은 발화자가 자기 자신을 대상으로 하는 동사를 사용하는 형태로, 고통이나 감정을 내면화하거나 자기 반성적인 태도를 드러낼 때 많이 사용된다. 예를 들어, "자기 자신을 잃었다", "나는 내 고통에 갇혀 있다"와 같은 표현에서 자기 지향적인 동사가 사용되어, 발화자는 고통을 자신의 내부적 경험으로 규정하고, 그 고통을 자기 자신과의 관계 속에서 다루려는 태도를 보인다.

2. 고통의 내면화 및 자기 인식

재귀법은 발화자가 자기 자신에게 고통을 집중시키거나, 자기 자신을 고통의 중심으로 삼는 방식으로 사용된다. 이 경우 고통은 자기 정체성의 일부로 변화하거나, 발화자가 고통을 자기 자신과의 관계에서 해결하려는 시도로 나타난다.

고통의 내면화

발화자가 재귀법을 사용하여 고통을 자기 내부로 흡수할 때, 그 고통은 외부 사건에 의한 것이 아니라 내적인 상처로 해석된다. 이는 자기 자신에게 고통을 감정적으로 집어넣고, 그 고통을 자기 정체성의 일부로 변화시키는 심리적 기제이다. 발화자는 고통을 자신의 일부분으로 완전히 흡수하려 하며, 그 과정에서 고통의 정체성과 일체화가 발생한다.

  예시: "내가 나 자신을 잃어버린 것 같다.", "내가 내 고통에 묶여버렸다."

이 표현에서 재귀법은 발화자가 자기 자신과 고통을 결합하려는 시도를 나타낸다. 발화자는 자신이 겪는 고통을 자기 정체성의 일부로 받아들임으로써, 고통을 해결해야 할 문제라기보다는 자기 자신과의 관계에서 고민해야 할 부분으로 인식하게 된다.

자기 반성 및 내면적 분석

재귀법은 또한 발화자가 자기 자신을 돌아보는 과정을 나타낸다. 고통이 외부 사건이나 타인과의 관계에서 발생한 것이 아니라, 자신의 감정적 상태에서 비롯된 것이라는 점을 자기 인식으로 돌리려는 시도이다. 이를 통해 고통은 자기 반성과 자기 분석을 통해 내면적 탐색의 여정으로 이어진다.

  예시: "내가 왜 이렇게 아픈지 모르겠다.", "나는 내 고통을 이해하려고 애썼다."

이 경우, 재귀법은 발화자가 고통을 자신의 경험으로 통합하고, 그 고통이 자기 내면의 일부분으로 자리잡는 과정이다. 발화자는 고통을 자기 인식의 일부로 보고, 이를 자기 이해와 내면의 성장을 위한 출발점으로 삼으려는 의도를 나타낸다.

3. 사회적 및 외부 세계와의 관계에서의 고립

재귀법을 사용하는 발화자는 종종 고통을 자기 자신과의 관계 속에 갇히게 만드는 경향이 있다. 고통은 외부 세계와의 관계에서 오는 것이 아니라, 자기 자신과의 관계에서 발생하는 것으로 느낀다. 이러한 고립적인 경험은 발화자가 외부 세계와의 연결을 차단하고, 고통을 자신의 문제로 내면화하려는 심리적 방어 기제로 해석될 수 있다.

> 예시: "나는 내 고통에서 벗어나지 못하고 있다.", "나는 내 마음 속에서 헤어나지 못한다."

이 표현에서 재귀법은 발화자가 고통을 내면화하는 동시에, 자기 자신과의 갈등을 강조하고 있다. 발화자는 고통을 자기 내부의 문제로 보고, 그것이 자기 고유의 경험이라 인식하고 있다. 이로 인해 고통은 사회적 연결이나 타인과의 관계에서 해소되는 것이 아니라, 자기 자신과의 관계에서 해결을 시도하는 형식으로 나타난다.

4. 심리적 기제 분석

자기 정체성의 위기
재귀법 사용은 자기 정체성의 위기와 밀접하게 연결될 수 있다. 발화자는 자기 자신과의 관계에서 고통을 처리하려 하며, 고통은 자기 정체성의 일부로 깊숙이 침투하게 된다. 이로 인해 발화자는 자신의 존재를 고통의 본질적 부분으로 받아들여, 고통을 자기 정체성의 일환으로 유지하려는 경향을 보인다.

내면적 갈등과 자기 방어

재귀법은 발화자가 내면적 갈등을 표현하는 방식으로, 고통을 자기 내면의 문제로 돌리려는 심리적 방어기제를 나타낸다. 발화자는 고통을 자기 내부의 갈등으로 격상시키며, 외부에서의 해결보다는 자기 자신을 돌아보고 그 고통을 자기 이해의 기회로 삼으려는 태도를 취한다.

고립과 자기 치유의 시도

재귀법 사용은 또한 발화자가 자기 자신과의 관계 속에서 고립을 경험하면서, 그 고통을 내면적 치료의 과정으로 끌어들이려는 의도를 나타낸다. 발화자는 자기 고통을 사회적 상호작용에서 해소하려는 것보다는 내면에서 해결하려는 욕구를 가지고, 고통을 자기 고유의 문제로 간주하고 그에 맞는 해결책을 모색하려는 심리적 기제를 보인다.

재귀법 사용은 발화자가 자기 고통을 내면화하고, 고통을 자기 정체성의 일부로 받아들여 해결하려는 심리적 기제를 나타낸다. 이 표현 방식은 자기 자신과의 관계에서 고통을 다루려는 자기반성과 자기 치유의 과정을 의미하며, 고통을 사회적 관계나 외부적 맥락에서 벗어나 자기 내부의 문제로 내재화하려는 심리적 기제를 드러낸다.

분석 #10 <소유격>의 심리기제

죽음학에서 상실과 죽음으로 인한 고통을 의미화하려는 심적 기제와 지향성이 발화자의 언어표현 중 소유격 사용을 통해 어떻게 나타나는지 분석하는 것은, 발화자가 자기 소유와 타인의 소유를 어떻게 구별하고, 그 구별을 통해 고통의 개인적 또는 사회적 속성을 어떻게 규정하는지에 대한 심리적 기제를 탐구하는 데 중요한 방법이다.

1. 소유격 사용의 의미

소유격은 소유나 관계의 표현을 나타내는 문법적 요소로, 개인이 어떤 대상이나 상태와의 소유 관계를 어떻게 규정하는지를 보여준다. 예를 들어, "내 아픔", "그의 죽음" 등의 표현은 고통이나 죽음에 대한 소유를 명시함으로써, 그 고통이 누구의 것인지를 명확히 하려는 심리적 경향을 반영한다. 특히 상실과 죽음의 고통을 다룰 때, 소유격 사용은 그 고통을 개인적인 경험으로 형성하거나, 타인의 고통을 사회적·정서적으로 공유하려는 방식으로 나타날 수 있다.

2. 소유격 사용과 고통의 개인적, 사회적 속성

고통의 개인화
소유격은 고통을 개인의 내적인 경험으로 고유화하는 경향을 나타낼 수 있다. "내 고통", "나의 상실"과 같은 표현에서 발화자는 고통을 자신의 고유한 경험으로 설정하고, 이를 자기 정체성의 일부로 형성하려 한다. 이는 고통을 자신의 존재와 결합시키는 심리적 기제로 볼 수 있다. 또한, 이런 소유격 사용은 자기 자신에 대한 애착과 고통의 개인적 소유를 강조하며, 발화자가 겪는 고통을 외부의 영향이 아닌 내부의 문제로 해석하는 경향을 나타낸다.

예시: "내 상실은 너무 깊어서 설명할 수 없어.", "나의 고통은 이 세상에서 더 이상 견딜 수 없는 것 같아."

이 표현에서 소유격은 고통을 발화자 자신과 연결하고 있으며, 고통이 개인적이고 독립적인 경험으로 간주되고 있다. 이는 발화자가 고통을 자기 내부의 경험으로 집착하며 자기 정체성의 일부로 받아들이려는 경향을 보여준다.

고통의 타인화 및 사회적 공유
소유격은 또한 타인의 고통을 사회적 관계에서 구체화하고 공유하려는 경향을 드러낼 수 있다. "그의 죽음", "그녀의 아픔"과 같은 표현에서는 고통이 타인과의 관계 속에서 정의되고, 그 고통을 사회적 사건으로 재구성하려는 의도가 있다. 발화자는 자신과 타인의 고통을 구별하면서도, 그 고통을 사회적 연대나 공감의 경험으로 연결하려는 심리적 기제를 나타낼 수 있다.

예시: "그녀의 상실은 모두에게 큰 충격이었다.", "그의 고통은 우리 모두의 슬픔이었다."

이 표현에서 소유격은 고통을 타인의 소유로 지정하고 있으며, 그 고통이 사회적 또는 공동체적인 맥락에서 공유되고 있음을 나타낸다. 이는 발화자가 고통을 자기 고유의 경험으로만 여기지 않고, 타인의 고통과의 연대를 통해 공감과 집단적인 치유를 추구하는 심리적 기제를 반영한다.

3. 심리적 기제 분석

소유격 사용을 통해 나타나는 심리적 기제는 다음과 같다:

자기 정체성의 강화와 고통의 개인화

소유격 사용은 고통을 자기 정체성의 일부로 강화하는 경향을 보인다. 발화자는 고통을 자신의 내면적인 경험으로 소유함으로써, 그 고통이 외부의 영향을 받지 않는 고유한 존재임을 강조한다. 이 과정에서 고통은 자기표현의 수단이 되며, 발화자는 이를 통해 자기 정체성을 강화하려는 경향을 보인다.

고통의 타인화와 공감의 욕구

타인의 고통에 대한 소유격 사용은 사회적 공유와 공감을 강조하는 심리적 기제를 나타낸다. 발화자는 타인의 고통을 공동체적인 경험으로 삼으면서, 고통을 단독적인 경험이 아니라 타인과의 연대 속에서 처리하려 한다. 이는 집단적 치유와 사회적 지원을 필요로 하는 심리적 욕구와 연결된다.

고통의 외부화와 방어기제

소유격 사용은 고통을 내적 경험에서 외부적 사건으로 전환하려는 방어적 심리를 나타낸다. 예를 들어, "그의 죽음은 나에게 충격을 주었다"라는 표현에서, 발화자는 타인의 고통을 자기 고통과 분리시키고, 고통을 외부의 사건으로 전가하려는 경향을 보인다. 이는 고통을 내적 경험으로 인식하는 대신 타인의 경험으로 외부화하여, 자기 고통의 수용을 회피하려는 심리적 기제이다.

소유격 사용은 발화자가 고통을 개인화하거나 타인과 공유하는 방식을 나타내며, 이 과정에서 고통을 자기 고유의 경험으로 인식하거나, 사회적·공동체적 경험으로 전환하려는 심리적 기제를 드러낸다. 소유격은 또한 고통을 외부의 사건으로 간주하려는 방어적 기제나, 자기 고통의 수용과 타인과의 공감을 통한 사회적 연대를 나타내는 중요한 언어적 특징이다.

분석 #11 <비인칭>화법과 심리기제

죽음학에서 상실과 죽음으로 인한 고통을 의미화하려는 심적 기제와 지향성이 발화자의 언어표현 중 비인칭 사용을 통해 어떻게 나타나는지를 분석하는 것은, 고통의 주체화 또는 객체화와 관련된 중요한 심리적 기제를 탐구하는 데 도움을 준다. 비인칭 사용은 특정 주체를 명시하지 않고 행위나 상태를 일반화하거나 무대화하는 방식으로, 고통을 표현하는 데 있어 자기와 타인을 간접적이고 추상적인 방식으로 다루게 된다.

1. 비인칭 사용의 의미

비인칭 사용은 특정 주어를 사용하지 않고, 행위나 상태가 일반적인 원인이나 상태에 의해 일어난다고 표현하는 방법이다. 예를 들어, "비가 온다", "이 세상에서는 많은 사람들이 상실을 겪는다"와 같은 표현은 특정 주체를 지칭하지 않으면서 일반적인 사실이나 상태를 설명하는 방식이다. 이러한 비인칭 사용은 고통을 객관화, 보편화, 또는 무주체화하여, 자기 고통에 대한 간접적 표현으로 활용될 수 있다.

2. 상실과 죽음의 고통을 비인칭으로 표현하는 방식

고통의 일반화 및 보편화
발화자가 상실과 죽음으로 인한 고통을 비인칭적 표현으로 언급하는 것은, 고통을 개인적인 사건이 아니라 보편적 경험으로 다루려는 경향을 반영할 수 있다. 이는 발화자가 고통을 객관화하고, 그 고통을 자신의 문제라기보다는 일반적이고 필연적인 인간 경험으로서 다루려는 심리적 기제이다. 고통의 보편화는 자신이 겪고 있는 고통을 사회적·문화적 맥락에서 설명하려는 시도이기도 하며, 고통을 비인칭적 관점에서 다루어 주체적 책임을 회피하거나 고통에 대한 두려움과 불안을 완화하려는 방어적 태도를 반영할 수 있다.

예시: "이 세상에서는 누구나 고통을 겪는다.", "상실은 결국 모든 사람에게 일어난다."

이 표현에서 비인칭적 사용(예: "누구나", "모든 사람")은 고통을 보편적이고 불가피한 것으로 상정하며, 발화자는 자신의 고통을 특정한 사건으로 한정 짓지 않고 다른 사람들과 공통된 경험으로 연결한다. 이는 고통에 대한 거리두기나 고통을 공동체적인 경험으로 묘사하려는 지향성을 나타낸다.

고통의 객관화 및 외부화

비인칭적 표현은 또한 고통을 객관적이고 외부의 사건으로 간주하고, 내적인 고통을 외부 세계나 사회적 구조와 결부시키려는 경향을 보일 수 있다. 이때 발화자는 고통을 자기 자신이 아닌 외부의 힘이나 상황의 결과로 묘사하며, 고통을 객관화하고 자기 자신과의 관계에서 탈주하려는 심리적 기제를 드러낸다.

예시: "세상은 사람들에게 너무 가혹하다.", "고통은 우리에게 강제로 다가온다."

이 표현에서는 '세상은', '고통은'과 같은 비인칭 주어가 사용되어, 고통을 자기 자신과는 별개의 존재로 설정하고 있다. 발화자는 고통을 내적인 경험이라기보다는 외부의 힘으로 보는 경향을 보이며, 자기 고통을 외부의 결과로 돌리려는 방어적인 심리적 태도를 나타낸다.

고통의 통제 불능화

비인칭적 표현은 고통을 통제할 수 없는, 불가항력적인 사건으로 묘사하여, 발화자가 고통을 수동적이고 외부적 존재로 인식하는 방식을 반영할 수 있다. 이때 고통은 내적 힘이 아니라 외부 요인에 의해 발생하는 것으로 보고, 발화자가 이를 수동적으로 수용하려는 심리적 기제를 드러낸다.

> 예시: "죽음은 어느 순간 우리를 찾아온다.", "고통은 어쩔 수 없이 따라온다."

여기서 비인칭적 표현은 고통이나 죽음을 불가피한 자연의 법칙으로 취급하면서, 발화자가 자신의 고통을 외부적 요인으로 보고 통제할 수 없는 상황을 받아들이는 태도를 드러낸다.

3. 심리적 기제 분석

비인칭 사용을 통해 나타나는 심리적 기제는 다음과 같다:

회피와 방어

비인칭적 언어 사용은 발화자가 자신의 고통을 직접적으로 대면하기 어렵다는 방어적 심리를 반영할 수 있다. 고통을 보편적 또는 외부적인 힘으로 묘사함으로써, 발화자는 자신의 고통을 자기 자신과 분리시키려는 방어기제를 작동시키고, 고통을 간접적으로 처리하려는 경향을 보인다.

고통의 보편화와 상실의 필연성

비인칭적 표현은 고통을 보편적이고 필연적인 인간 경험으로 그려내어, 발화자가 자기 고통을 사회적 맥락에서 인식하려는 의도일 수 있다. 고통을 개인적 문제로 치부하지 않고, 집단적 경험으로 환원시키려는 시도는 공감과 연대를 통한 심리적 치유를 추구하는 과정으로 볼 수 있다.

탈중심화

고통을 비인칭적으로 표현함으로써 발화자는 자기 자신을 고통의 주체로부터 탈중심화하는 경향을 보인다. 이는 자기 고통에 대한 책임 회피나 고통의 외부화를 통해 내적 고통을 받아들이기 어려운 심리적 기제로 해석할 수 있다. 고통의 외부화는 고통을 외부적 요인으로 돌려, 발화자가 자기 존재와의 충돌을 피하고자 하는 심리적 시도로 볼 수 있다.

비인칭 사용은 발화자가 상실과 죽음의 고통을 객관화하고, 외부화하는 방어적 기제를 나타내는 중요한 언어적 특징이다. 이를 통해 고통을 보편적이고 필연적인 경험으로 보고, 자기 고통을 공동체적인 경험으로 일반화하거나, 고통을 외부 요인으로 치환하여 내적 경험에 대한 회피와 수동적 수용을 나타내는 심리적 경향을 분석할 수 있다. 비인칭적 표현은 또한 자기 고통을 수동적이고 통제 불능적인 사건으로 다루려는 방어적 시도로 해석할 수 있다.

분석 #12 주어(주격조사) 사용 유형과 심리기제

<실존-정신-언어-분석> 방법론에서 상실과 죽음으로 인한 고통을 의미화하려는 심적 기제와 지향성이 발화자의 주어(주격조사) 사용 유형에서 어떻게 나타나는지 분석하는 것은, 발화자가 자기와 타인 및 상실, 죽음과의 관계를 어떻게 인식하는지에 대한 중요한 단서를 제공한다. 주어 사용은 발화자가 겪는 내적 갈등이나 고통에 대한 반응, 그리고 그 고통에 대해 어떻게 의미를 부여하려는지, 그 의도를 반영하는 중요한 언어적 지표가 된다.

1. 주어와 주격조사의 역할

주어는 문장에서 행위의 주체를 나타내며, 그 자체가 발화자의 내적 세계와의 주요 연결 고리이다. 주격조사(예: '이', '가')는 발화자가 자신이나 다른 존재를 행위자 또는 상태의 주체로 설정하는 역할을 한다. 주어의 사용은 발화자가 상실과 죽음이라는 실존적 고통을 어떻게 다루고 있는지, 그리고 그 고통을 자기 자신과 어떻게 연관 짓고 있는지를 드러내는 중요한 언어적 단서가 된다.

2. 주어 사용 유형별 분석

자기주어 사용: 자기 정체성과 고통의 연관
발화자가 자기를 주어로 사용할 때, 고통의 주체로서 자신을 적극적으로 표현하거나, 상실과 죽음에 대한 고통을 자기 존재와 깊이 연관

짓는 태도를 나타낼 수 있다. 자기주어의 사용은 발화자가 고통을 개인적인 차원에서 이해하고 있으며, 그것을 자기 정체성의 일부로 받아들이고 있음을 시사한다.

예시: "나는 죽음을 받아들여야 한다.", "내가 겪고 있는 고통은 끝이 없다."

여기서 '나는'이라는 주어는 발화자가 상실과 죽음을 경험하는 주체로서의 자기 정체성을 강조한다. 이는 발화자가 고통을 자기 존재의 일부로 인식하고 있다는 점에서, 고통이 단순한 외부의 사건이 아니라 자기 삶의 중요한 부분으로 받아들여지고 있음을 나타낸다.

타인주어 사용: 타자와의 관계 및 고통의 이질성
타인주어를 사용함으로써, 발화자는 자기 외부의 존재와 상실 및 죽음의 고통을 구분하거나 타인과의 차이를 강조할 수 있다. 타인주어 사용은 고통을 자기와 타인의 구별된 경험으로 표현하거나, 자기 자신이 타자에 의해 영향을 받는 주체로 설정할 때 나타날 수 있다. 이는 고통의 전치적 성격이나 타자와의 관계에서 오는 갈등을 반영할 수 있다.

예시: : "그는 나를 떠나갔다.", "그녀는 고통 속에서 살아간다."

이러한 표현에서 '그는'이나 '그녀는'과 같은 타인주어 사용은, 발화자가 상실의 고통을 타자와의 관계 속에서 경험하거나, 타인의 죽음을 고통의 주체로 설정하고 있다는 점에서 고통을 외부의 사건으로 인식하고 있다는 것을 나타낸다. 이는 발화자가 고통을 자아의 일부분으로 흡수하기보다는 타자와의 관계 속에서 고통을 의미화하려는 시도를 보여준다.

무주어 사용: 고통의 비주체화 및 방어적 태도

발화자가 주어를 생략하거나 무주어 구조를 사용할 때, 이는 발화자가 고통을 비주체적으로 다루거나, 고통을 수동적이고 방어적인 방식으로 언급하려는 경향을 나타낼 수 있다. 무주어 사용은 발화자가 고통을 인식하지만 그것을 직접적으로 소유하거나 수용하지 않으려는 심리적 기제를 반영할 수 있다. 또한, 상실이나 죽음에 대한 고통을 언어적으로 회피하거나 거리두기를 위한 방어기제로 작용할 수 있다.

예시: "죽음은 너무 잔인하다.", "고통이 나를 집어삼켰다."

이때, '죽음은'과 '고통이'에서 주어를 생략하거나 고통을 비인격화하는 방식으로 표현하면, 발화자는 자기 자신이 고통을 겪고 있음을 간접적으로 표현하거나 고통을 외부의 사건으로 치환하는 방어적 태도를 드러낼 수 있다. 이는 고통에 대한 자아의 무력감이나 회피적 태도를 의미한다.

집합적 주어 사용: 공동체의 고통과 공유

집합적 주어를 사용하는 경우, 발화자는 자신의 고통을 공동체나 사회와 연결하거나, 상실과 죽음의 고통을 개인적 차원이 아닌 집단적 차원에서 이해하려는 태도를 나타낼 수 있다. 이는 상실과 죽음에 대한 경험을 다수의 사람들과 공유하며, 고통을 공동체의 일환으로 재구성하려는 지향성을 보여준다.

예시: "우리는 모두 그를 잃었다.", "사람들은 계속해서 그리워한다."

이러한 표현에서 '우리는'이나 '사람들은'과 같은 집합적 주어 사용은 고통을 개인적 차원이 아닌 사회적 경험으로 풀어내며, 상실과 죽음에 대한 집단적 애도나 공동체의 고통을 나타내는 방식이다. 이는 고통을 공유하려는 마음이나 사회적 연대감을 반영하는 표현이다.

3. 주어 사용 분석의 중점: 심리적 기제와 지향성

자기 주어 사용은 발화자가 고통을 자기 존재의 일부로 인식하거나 자기 정체성에 내재화하려는 경향을 나타낸다. 이는 발화자가 고통을 개인적으로 소화하려는 실존적 시도일 수 있다.

타인 주어 사용은 발화자가 타인과의 관계에서 고통을 외부화하려는 방어적 태도나, 타자에 대한 원망을 표현하는 방식으로 나타날 수 있다.

무주어 사용은 고통을 비주체화하거나 회피하려는 방어를 나타내며, 발화자가 고통의 소유자가 되는 것을 꺼릴 때 나타낸다.

집합적 주어 사용은 공동체적인 고통을 강조하며, 발화자가 상실과 죽음을 집단적 경험으로 해석하려는 지향성을 나타낸다.

발화자의 주어(주격조사) 사용은 상실과 죽음으로 인한 고통을 의미화하려는 심적 기제와 지향성을 드러내는 중요한 지표이다. 주어의 선택은 발화자가 자기 자신과 타인, 고통의 관계를 어떻게 설정하는지에 대한 심리적 태도와 방어 기제를 파악할 수 있게 한다. 자기주어 사용은 고통을 내면화하는 반면, 타인주어는 고통을 외부화하거나 타자와의 관계 속에서 정의하려는 경향을 보인다. 무주어 사용은 고통을 회피하려는 방어를 나타내고, 집합적 주어 사용은 고통을 사회적 연대의 일환으로 재구성하려는 지향성을 나타낸다.

분석 #13 <동사유형>과 심리기제

<실존-정신-언어-분석> 방법론에서 상실과 죽음으로 인한 고통을 의미화하려는 심적 기제와 지향성이 발화자의 동사유형에서 어떻게 나타나는지 분석하는 것은, 발화자가 겪고 있는 내면적 갈등, 방어 기제, 그리고 그들이 세상과의 관계를 어떻게 언어로 형상화하는지에 대한 중요한 통찰을 제공한다.

1. 동사의 역할과 언어에서의 의미화

동사는 문장에서 행위나 상태의 변화를 나타내는 핵심 요소로, 발화자의 내면적 상태나 심리적 갈등을 동작이나 변화를 통해 구체화하는 기능을 한다. 실존적 고통, 상실, 죽음의 고통을 의미화하려는 과정에서 발화자의 동사 사용은 그들이 겪고 있는 고통을 표현하고, 억압하고, 변형하는 방식에 따라 다르게 나타날 수 있다.

2. 동사 사용의 유형별 분석

능동적 동사 사용

능동적인 동사는 발화자가 행위의 주체가 되어 자신이 처한 상황을 적극적으로 변화시키려는 의지나 통제하려는 노력을 나타낼 때 사용된다. 상실과 죽음에 대한 고통을 겪고 있는 발화자는 이때 자신의 고통을 극복하려는 시도나 죽음에 대한 반응을 표현할 수 있다.

예시: "나는 죽음을 이겨내려 했다.", "내가 상실을 극복할 수 있을까?"

여기서 '이겨 내려 했다'와 '극복할 수 있을까'라는 동사는 발화자가 능동적으로 고통을 다루고자 하는 노력을 나타낸다. 이와 같은 동사 사용은 실존적 고통을 의미화하려는 적극적인 의지를 표현하며, 상실에 대한 반응이 정신적 성장이나 변화를 추구하는 과정으로 드러난다.

수동적 동사 사용
수동적인 동사는 발화자가 고통의 대상이 되어, 자신의 상황을 수동적으로 받아들이거나 무기력한 상태를 나타낼 때 사용된다. 상실과 죽음의 고통을 겪는 사람은 자신이 겪는 상실감, 슬픔, 그리고 고통에 대해 무력감을 표현할 수 있다.

예시: "나는 죽음에 의해 흔들렸다.", "내가 상실에 휘둘리고 있다."

이러한 표현에서 동사는 발화자가 죽음이나 상실을 수동적으로 경험하는 방식을 나타낸다. '흔들렸다', '휘둘리고 있다'와 같은 동사는 발화자가 상실이나 죽음의 고통을 외부의 힘으로 느끼고 있음을 나타내며, 이는 고통을 통제할 수 없다는 무력감을 반영한다.

변화와 전환을 나타내는 동사 사용
상실과 죽음의 고통을 의미화하려는 발화자들은 종종 변화나 전환의 과정을 표현한다. 이들은 고통을 겪은 후의 변화된 상태나 그 변화에 대한 반응을 동사로 표현하며, 이러한 동사 사용은 발화자의 심리적 치유 과정을 보여준다.

예시: "나는 점차 고통을 받아들이기 시작했다.", "죽음 이후, 나의 삶은 바뀌었다."

여기서 '받아들이기 시작했다'와 '바뀌었다'는 동사는 발화자가 상실과 죽음을 경험하면서 변화하는 내적 변화를 수용하는 과정을 나타낸다. 이는 고통을 의미화하려는 노력이 자신의 삶과 내면에 변화를 일으키는 과정을 반영하는 것이다. 변화의 동사를 사용함으로써 발화자는 과거의 고통에서 벗어나고자 하는 시도나 고통을 새로운 형태로 받아들이려는 의도를 표현한다.

부정적인 동사 사용

부정적인 동사는 발화자가 상실이나 죽음의 고통을 부정하거나 회피하려는 방어기제로 사용될 수 있다. 이들은 발화자가 감정이나 상황을 인정하고 직면하기보다는 그것을 부정하거나 미루려고 할 때 나타날 수 있다.

예시: "나는 죽음을 인정할 수 없다.", "이 고통을 나는 감당할 수 없다."

'인정할 수 없다'와 '감당할 수 없다'와 같은 동사는 발화자가 고통의 직면을 거부하거나 상실을 받아들이지 않으려는 방어적 태도를 반영한다. 이처럼 부정적인 동사는 발화자가 고통을 외면하고 억압하려는 내적 갈등을 드러낸다.

강조적 동사 사용

때때로 발화자는 상실과 죽음의 고통을 강하게 강조하는 동사를 사용하여 자신이 겪고 있는 극단적인 고통을 드러낼 수 있다. 이들 동사는 발화자가 고통의 강도나 심각성을 강조하고, 그 고통이 인간 존재의 근본적인 문제에 대한 깊은 인식을 반영할 때 사용된다.

예시: "나는 완전히 무너졌다.", "내 인생은 죽음으로 끝났다."

여기서 '무너졌다'와 '끝났다'는 동사는 상실이나 죽음의 고통이 발화자의 존재에 대한 근본적인 붕괴를 나타내는 강렬한 표현이다. 이는 발화자가 고통을 매우 극단적으로 경험하고 있다는 점에서, 상실과 죽음을 의미화하려는 내적 시도와 맞물려 있다.

3. 분석의 중점: 심리적 기제와 지향성

동사의 사용 : 발화자의 심리적 기제와 지향성을 분석하는 중요한 단서가 된다. 예를 들어: 능동적 동사는 자기 변화나 통제의 의지를 나타내며, 이는 발화자가 고통을 수용하고 극복하려는 지향성을 반영한다.

수동적 동사 : 무력감이나 고통의 외부적 요인으로서의 인식을 드러내며, 이는 상실과 죽음에 대한 무의식적 억압 또는 내적 방어기제로 해석될 수 있다.

변화와 전환을 나타내는 동사 : 발화자가 치유나 변화의 가능성을 여전히 열어두는 지향성을 나타낸다.

부정적 동사 : 발화자가 고통을 부정하거나 회피하려는 방어 기제를 드러내며, 이는 불안이나 내적 갈등을 반영한다.

강조적 동사 : 고통의 강도를 과도하게 강조하여 발화자가 상실과 죽음에 대한 심리적 대응에서 과도한 정서적 부하를 겪고 있다는 것을 나

타낸다.

 발화자의 동사 사용은 상실과 죽음의 고통을 의미화하려는 심적 기제와 지향성을 드러내는 중요한 요소이다. 이를 통해 우리는 발화자가 고통을 어떻게 인식하고, 그 고통에 대해 어떤 방식으로 반응하려 하는지 또는 고통을 어떻게 억제하거나 회피하려 하는지에 대한 내적 과정을 분석할 수 있다. 동사의 선택은 심리적 방어기제와 내적 갈등을 표현하는 방식에 따라 고통의 경험을 다양한 방식으로 재구성하는 중요한 지표로 작용한다.

분석 #14 <환유>와 심리기제

실존정신언어분석에서 상실과 죽음으로 인한 고통을 의미화하려는 심적 기제와 지향성을 발화자의 언어 표현 중 환유를 많이 사용하는 것에서 분석할 수 있는 것은 고통을 간접적으로 표현하거나 재구성하려는 심리적 방어기제이다. 환유는 특정 대상을 직접적으로 언급하지 않고 그것과 밀접하게 관련된 다른 요소를 사용하여 표현하는 기법이다. 상실과 죽음이라는 고통스러운 주제를 다룰 때 발화자는 그 고통을 보다 부드럽고 간접적인 방식으로 표현하려는 심리적 노력을 기울인다. 이러한 환유 사용은 정서적 부담을 덜고, 감정적으로 수용하기 용이한 방식으로 고통을 의미화하려는 전략의 일환이다.

1. 상실과 죽음의 직접적인 표현을 피하려는 노력

상실과 죽음은 심리적으로 충격적이고 무겁게 받아들여질 수 있는 주제이다. 환유는 이들을 간접적으로 다루어 보다 수용하기 쉽게 변형하려는 시도로 나타날 수 있다. 발화자는 죽음과 상실을 불가피하고 부정적인 사건이 아니라 보다 자연스럽고 감정적으로 덜 고통스러운 방식으로 해석하려고 할 수 있다. 환유를 사용함으로써 발화자는 자신이 직면한 고통을 직접적인 언어에서 벗어나 감정을 다루는 데 있어 심리적 완충 장치로 삼을 수 있다.

예시: "그의 여행이 끝났다."

여기서 여행은 죽음을 직접적으로 언급하지 않으면서 상실과 죽음을 여행의 끝으로 은유하는 방식이다. 발화자는 죽음의 개념을 보다 평화롭고 자연스러운 상태로 변환하고, 고통스러운 현실을 감정적으로 덜 직면하게 만든다. 이는 상실과 죽음에 대한 두려움과 불안을 환유적으로 표현하며, 발화자가 죽음을 받아들이려는 의도를 보여준다.

2. 고통을 다루는 방어적 전략

환유는 발화자가 고통의 감정을 직시하기 힘들 때 사용할 수 있는 방어기제이다. 죽음과 상실은 극단적인 고통과 불안을 유발할 수 있는데, 환유는 고통을 분산시키거나 간접적으로 감정의 심각성을 완화하는 역할을 한다. 발화자는 고통을 다른 형상이나 구체적인 대상으로 변형시켜 그것을 더 쉽게 다룰 수 있는 형식으로 수용하려고 한다.

예시: "그는 이제 별이 되었다."

별은 죽음에 대한 환유로, 고인이 하늘에서 빛나는 존재로 변화되었다는 이미지를 부여한다. 이는 죽음을 무겁고 슬프기보다는 경건하고 아름다운 것으로 변형시켜 발화자가 고통을 수용하고 극복하려는 의지를 나타낸다. 여기서 별은 죽음의 긍정적인 재구성을 나타내며, 고통을 직면하는 대신 그것을 신성하고 영적인 요소로 변환시킨다.

3. 실존적 의미 부여

환유는 상실과 죽음에 대해 존재론적이고 실존적인 의미를 부여하려는 노력으로 해석될 수 있다. 발화자는 고통을 단순한 부정적인 경험이 아니라, 삶과 죽음에 대한 깊은 성찰의 기회로 보고 이를 환유적 표현을 통해 새로운 의미로 승화시키려 한다. 이러한 의미화 과정은 발화자가 고통을 이해하고 그것에 대해 보다 깊이 있는 관점을 형성하려는 실존적 시도를 나타낸다.

예시: "그는 이제 꽃으로 변해 세상에 남았다."

꽃이라는 환유는 죽음을 자연의 순환과 성장의 일환으로 해석하는 방식이다. 발화자는 죽음을 생명의 자연스러운 일부로 표현하고, 고통을 새로운 형태의 존재로 승화시키려고 한다. 이는 상실을 생명력과 아름다움의 지속적인 흐름으로 해석하는 실존적 관점이며, 죽음을 단지 끝이 아닌 시작으로 보는 의미의 재구성이다.

4. 고통의 경감과 정서적 완화

환유는 고통을 다루는 방식에서 정서적 완화와 보호적 기능을 수행할 수 있다. 죽음과 상실에 대한 직설적인 표현은 발화자에게 큰 정서적 충격을 주고, 그 상황을 처리하는 데 어려움을 겪게 할 수 있다. 환유를 사용하면 정서적으로 덜 부담스러워지고 그 상황을 조금 더 수용할 수 있는 여유를 가질 수 있다. 발화자는 환유를 통해 고통의 직면을 간접적이고 간결한 방식으로 전환함으로써, 고통에 대한 심리적 거리감을 두고 그 상황을 다룰 수 있다.

예시: "그는 이제 안식을 취하고 있다."

여기서 안식은 죽음과 상실을 평화롭고 안전한 상태로 환유하는 표현이다. 발화자는 고통스러운 현실을 정서적으로 완화하려는 의도로 평화로운 상태로 변형시키며, 이는 상실에 대한 부정적인 감정을 덜어주려는 전략이다. 이는 발화자가 죽음을 두려운 것이 아니라, 고요하고 평화로운 상태로 해석하고자 하는 시도이다.

실존정신언어분석에서 환유는 상실과 죽음으로 인한 고통을 의미화하려는 심리적 방어 기제로서, 고통을 간접적이고 수용 가능한 형태로 변형하려는 발화자의 정서적 및 실존적 노력을 나타낸다. 환유를 사용함으로써 발화자는 고통을 덜 직접적이고, 더 감정적으로 받아들이기 쉬운 방식으로 재구성하며, 죽음과 상실에 대해 보다 평화롭고 긍정적인 시각을 부여하려는 시도를 한다. 이는 고통을 새로운 의미와 이해로 변환하려는 실존적 과정의 일환으로 분석될 수 있다.

분석 #15 <은유, 비유>화법과 심적 기제 해석 ①

실존적 한계상황에서 상실과 죽음으로 인한 고통을 의미화하려는 심적 기제와 지향성을 발화자의 언어 표현 중 은유, 비유, 환유를 많이 사용하는 것에서 분석할 수 있는 것은, 고통을 수용하고 재구성하려는 심리적 노력과 죽음에 대한, 보다 깊은 이해와 통찰을 얻으려는 시도이다. 이러한 언어적 기법들은 발화자가 실존적 고통을 직면하면서 자기 자신과 세계에 대한 새로운 이해를 형성하려는 과정을 나타낸다. 각각의 수사적 기법을 통해 발화자는 상실과 죽음을 단순히 부정적인 사건이 아니라, 존재의 일부로 받아들이고 재구성하려는 심리적 시도를 한다.

1. 은유와 비유: 고통의 감정적 변형

은유와 비유는 죽음과 상실에 대한 감정적인 회피나 부정적 경험을 변형하려는 시도로 사용한다. 실존적 한계상황에서 발화자는 죽음을 이해할 수 없는 불가사의한 존재로 받아들이지 않으려 하며, 이를 더 인지적이고 실용적인 형태로 변형하려는 시도를 보인다. 은유와 비유는 고통을 보편적이고 일상적인 개념으로 바꾸어 주기 때문에, 이를 사용한 발화자는 자신의 고통을 자신에게 익숙한 경험으로 재구성하며 정서적 부담을 줄이려는 전략을 사용한다.

예시: "내 마음은 고장난 시계처럼 멈춰버렸다."

여기서 고장 난 시계는 상실 후 느끼는 정서적 정지를 나타내는 비유이다. 발화자는 죽음과 상실로 인한 고통을 시계의 멈춤으로 은유하여, 시간의 흐름을 잃어버린 상태를 표현하고 있다. 이는 고통의 감정을 물리적이고 구체적인 형상으로 변형하려는 시도이며, 발화자는 고통을 내면의 불안정성으로 표현하고 있다.

2. 실존적 해석: 존재와 의미에 대한 재구성

실존적 한계상황에서는 죽음과 고통을 존재의 불가피한 부분으로 받아들이는 과정이 중요하다. 은유, 비유는 발화자가 죽음과 상실을 자연스러운 변화로 받아들이고, 그 과정에서 새로운 존재의 의미를 발견하려는 시도로 해석할 수 있다. 이러한 표현은 고통을 존재의 일부로 통합하고, 그것을 새로운 의미로 변형하려는 실존적 대응으로 볼 수 있다.

예시: "그의 여정은 끝났지만, 그의 이야기는 계속 이어질 것이다."
여기서 여정은 죽음을 새로운 시작이자 끝이 있는 경험으로 환유하는 방식이다. 발화자는 죽음을 단절된 끝이 아니라, 연속적인 과정으로 보고 있으며, 이를 통해 상실의 고통을 재구성하려 한다. 죽음을 삶의 연속적인 흐름의 일부로 의미화하려는 실존적 수용의 전략으로 볼 수 있다.

3. 심리적 방어 기제: 고통의 해석 전환

은유, 비유, 환유는 심리적 방어기제로서 고통의 해석을 전환하는 도구로 사용될 수 있다. 발화자는 고통을 직접적으로 다루지 않고, 그것을 보다 통제 가능한 형태로 변환함으로써, 감정적으로 수용 가능한 방식으로 정서적 거리를 두고 그 상황을 바라보려는 노력을 기울인다. 이러한 표현은 죽음과 상실의 고통을 외부의 객관적이고 경험적인 형태로 변환하려는 심리적 시도이다.

　　예시: "그는 이제 푸른 들판에서 자유롭게 달리고 있다."

　여기서 푸른 들판은 죽음과 상실을 자유롭고 평화로운 상태로 환유하고 있다. 발화자는 고통을 자유로움과 평온함으로 변환시켜, 고통의 감정에 대한 수용과 변화를 시도하고 있다. 이는 심리적 방어기제로, 죽음에 대한 두려움과 고통을 긍정적인 이미지로 해석함으로써, 발화자가 상실을 더 쉽게 받아들이려는 전략임을 보여준다.
　실존적 한계상황에서 상실과 죽음으로 인한 고통을 의미화하려는 심적 기제와 지향성을 발화자의 언어표현 중 은유, 비유, 환유를 많이 사용하는 것에서 분석할 수 있는 것은, 고통의 감정적 재구성과 죽음을 자연적이고 수용적인 경험으로 변환하려는 시도이다. 이러한 기법들은 고통을 감정적으로 덜 부담스럽게 변형하고, 실존적 고통을 직시하거나 피하지 않으면서 새로운 의미를 부여하려는 발화자의 심리적 노력과 방어적 기제를 나타낸다.

분석 #16 <은유와 비유> 화법과 심적 기제 해석 ②

　죽음학적 관점에서 상실과 죽음으로 인한 고통을 의미화하려는 심적 기제와 지향성을 발화자의 언어표현 중 은유와 비유를 많이 사용하는 것에서 분석할 수 있는 것은, 죽음에 대한 감정적 거리두기와 내면의 고통을 외부적 형태로 변형하는 심리적 방어, 그리고 고통의 복잡성을 나타내는 중요한 심리적 반응이다. 은유와 비유는 고통을 직접적으로 표현하기 어려운 상황에서 그 고통을 간접적으로, 상징적으로 나타내기 위한 전략으로 사용될 수 있다.

1. 고통의 복잡성과 모호성의 표현

　죽음과 상실에 대한 고통은 복잡하고 다층적인 감정을 포함하고 있기 때문에 이를 직접적으로 표현하는 것이 매우 어렵다. 발화자는 이러한 고통을 표현하기 위해 은유와 비유를 사용하여 간접적으로, 추상적으로 나타내려 할 수 있다. 은유와 비유는 죽음의 고통을 단순한 언어로 표현할 수 없는 깊은 감정과 의미를 풀어내기 위한 도구로 작용하며, 이는 발화자가 겪는 혼란과 복잡한 감정을 외부로 드러내려는 시도로 이해될 수 있다.

　　예시: "그의 죽음은 끝없는 어두운 터널처럼 느껴졌다."

　여기서 어두운 터널은 죽음 후의 고통과 상실을 공포와 절망으로 비유하는 은유이다. 죽음을 직접적으로 표현하는 것에 대한 어려움에서 벗어나, 고통을 어두운 터널이라는 상징적인 이미지로 비유적으로 전달하려는 시도를 볼 수 있다.

2. 고통을 외부화하려는 시도

은유와 비유는 발화자가 내면의 고통을 외부적인 이미지나 경험으로 옮겨 표현함으로써, 고통의 직접적인 표출을 회피하고 간접적인 방법으로 감정을 다루려는 심리적 기제를 나타낸다. 이는 고통을 내부에서 외부로 투사하거나, 언어를 통한 감정의 통제를 시도하는 방법이다. 죽음과 상실이라는 감정적 충격을 직접적으로 다루는 것에 대한 두려움이나 회피에서 비롯된 결과로 볼 수 있다.

예시: "마치 내 가슴에 무거운 돌이 얹힌 것 같았다."

여기서 무거운 돌은 죽음의 고통을 외부의 물리적 대상으로 변형하여, 발화자가 겪는 내면의 감정적 고통을 표현하려는 은유적 접근이다. 발화자는 고통을 정확하게 다루기 어려운 복잡한 감정으로 인식하고, 이를 무겁고 압박적인 물리적 존재로 대체하여 표현한다.

3. 죽음에 대한 감정적 거리두기

죽음과 상실을 직접적으로 언급하는 것이 고통스러울 때, 발화자는 은유와 비유를 통해 감정적 거리를 두려는 시도를 할 수 있다. 은유와 비유는 감정을 간접적으로 표현하면서 그 고통을 자신의 내면과 외부 세계 간의 거리를 두고 서술하는 방식이다. 이 방식은 감정적인 과잉반응이나 과도한 슬픔을 억제하고자 하는 심리적 방어로 해석될 수 있다.

예시: "그의 죽음은 마치 뭍을 떠난 배처럼 떠나갔다."

여기서 배가 떠나는 모습은 죽음을 자연스러운 과정으로 비유함으로써, 그 고통을 직접적으로 다루기 어려운 감정적 거리를 두려고 하는 발화자의 시도를 보여준다. 죽음의 충격을 차분하고 평화로운 이미지로 바꾸어, 감정적 부담을 덜려는 전략이 포함된다.

4. 고통의 수용과 재구성

죽음에 대한 고통을 의미화하려는 시도에서 은유와 비유는 발화자가 고통을 수용하려는 과정이나 내면의 감정을 재구성하려는 노력으로 나타날 수 있다. 이러한 표현은 발화자가 고통을 정리하고 의미화하려는 시도를 나타내며, 그 과정에서 상징적인 언어를 사용하여 내면의 상실과 고통을 구조화하려는 의도가 담겨 있을 수 있다.

예시: "그의 죽음은 나에게 인생의 새벽을 알리는 새처럼 다가왔다."

여기서 새벽을 알리는 새는 죽음을 새로운 시작이나 변화의 신호로 비유하며, 상실의 고통을 긍정적인 변화로 재구성하려는 시도를 나타낸다. 발화자는 고통을 변화나 성장의 기회로 해석하려는 심리적 과정을 드러낸다.

5. 죽음에 대한 감정적 불안정성

발화자가 은유와 비유를 사용하는 것은 죽음에 대한 불안정한 감정을 표현하려는 방법으로 분석될 수 있다. 죽음과 상실을 설명하는 데 있어 직접적인 언어로 표현하기 어려운 감정적 불안정성을 은유와 비유가 대신함으로써, 발화자는 불안정하고 모호한 감정을 형상화하려고 시도한다.

예시: "그의 죽음은 부서진 유리처럼 산산조각났다."

부서진 유리는 죽음에 대한 불안정성과 깨지기 쉬운 상태를 상징하며, 고통의 비가역성과 깨짐을 비유적으로 나타낸다. 발화자는 고통을 단절적이고 불완전한 형태로 이해하고, 이를 상징적인 이미지로 전환하여 표현한다.

죽음학적 관점에서 상실과 죽음으로 인한 고통을 의미화하려는 심적 기제와 지향성을 발화자의 언어 표현 중 은유와 비유를 많이 사용하는 것에서 분석할 수 있는 것은 내면의 고통을 외부적, 상징적 형태로 바꾸려는 시도이다. 은유와 비유는 고통을 직접적으로 언급하지 않으며, 발화자가 고통을 표현하기 어려운 복잡한 감정으로 인식하고, 이를 간접적이고 상징적인 방식으로 구성하려는 심리적 방어 및 의미화 과정이다. 이는 감정적 거리두기, 감정적 재구성, 복잡한 고통의 외부화 등의 심리적 기제를 반영한다고 할 수 있다.

분석 #17 <마침표>가 흐릿한 화법의 심리 기제

죽음학적 관점에서 상실과 죽음으로 인한 고통을 의미화하려는 심적 기제와 지향성을 발화자의 언어 표현 중 마침표를 찍지 않고 얼버무리며 넘어가는 것에서 분석할 수 있는 것은, 고통의 복잡성과 죽음에 대한 불확실성, 그리고 감정적 불안정성을 드러내는 중요한 심리적 반응이다.

1. 죽음과 상실의 심리적 충격

마침표를 찍지 않고 얼버무리며 넘기는 것은 발화자가 죽음과 상실에 대해 완전하게 표현할 수 없거나 언어로 형상화하기 어려운 고통을 겪고 있음을 나타낸다. 이처럼 말을 끝내지 않고 흐지부지 넘어가는 것은 죽음의 충격이나 상실의 고통을 받아들이기 어려운 심리적 상태를 반영하는 것이다. 이는 죽음에 대한 불가피한 현실을 인정하기 어려운 상황, 즉 불확실하고 혼란스러운 감정을 내포하고 있다.

예시: "그가… 그가 떠나고 나서 정말 아무것도… 아니, 아무것도 아니야."

이 표현에서 마침표 없이 말이 끊기고 흐려지는 것은 발화자가 죽음이라는 주제를 완전히 직면하지 못하거나, 고통스러운 경험을 정리하지 못한 채 억제하려는 심리적 기제를 나타낸다. 이는 죽음에 대한 이해나 수용이 완전히 이루어지지 않았음을 보여주는 지표이다.

2. 죽음의 의미화 시도의 불완전함

죽음은 불가피하고 중요한 사건이지만, 그 의미를 언어로 완전하게 전달하기 어려운 복잡하고 모호한 경험이다. 말을 끝내지 않고 얼버무리는 것은 발화자가 죽음에 대해 명확하게 표현할 수 없거나, 그 의미를 정확히 전달하려는 시도가 불가능하다고 느끼는 상황에서 나타날 수 있다. 이 과정은 발화자가 죽음에 대해 느끼는 복잡하고 상반된 감정, 즉 슬픔, 혼란, 부정 등이 결합된 상태를 반영한다.

예시: "죽음을… 죽음에 대해, 나는… 그걸 어떻게…"

여기서 발화자는 죽음을 의미화하려는 시도를 하지만, 그 고통을 완전하게 표현하기 어려운 심리적 장벽을 느끼고 있다. 이는 죽음의 불가피성과 상실의 고통이 너무 큰 감정적 부담으로 다가와 언어적으로 완전한 해석이 불가능함을 드러낸다.

3. 부정적 감정의 억제

마침표를 찍지 않고 얼버무리는 것은 발화자가 상실과 죽음의 고통에 대해 감정을 억제하거나 회피하려는 심리적 기제를 나타낼 수 있다. 발화자는 그 고통이 너무 강렬하거나, 그 고통을 타인에게 드러내는 것에 대한 두려움이 있을 수 있다. 이를 통해 자기 방어의 기제가 작동하고, 불안이나 우울, 부정적인 감정을 인정하거나 직면하지 않으려는 방어적인 태도이다.

예시: "그가 죽은 후… 아, 그건 그냥 지나간 일이야."

발화자가 고통스러운 사건에 대해 언급하기를 주저하고, 마침내 그 사건을 피하려는 태도를 보인다. 이는 발화자가 고통을 억제하거나 그 경험을 외면하려는 심리적 방어 기제를 나타낸다.

4. 심리적 갈등과 방어

마침표를 찍지 않고 말을 흐리게 넘기는 것은 발화자가 죽음과 상실의 고통에 대해 내부적인 갈등을 겪고 있다는 신호일 수 있다. 발화자는 이 고통을 직면하고 싶은 마음과, 그 고통을 회피하고 싶은 마음 사이에서 심리적으로 갈등하고 있으며, 이는 심리적 방어기제(예: 억제, 회피 등)로 나타날 수 있다. 그로 인해 발화자는 말을 완결짓지 못하거나, 불완전한 형태로 표현하게 된다.

예시: "죽음이라는 게, 그게 참… 어떻게 해야 할지 모르겠어요."

발화자는 죽음에 대한 감정적인 반응과 그에 따른 내부의 갈등을 언어적으로 다루기 힘들어한다. 이는 죽음의 불확실성과 해석할 수 없는 고통이 발화자에게 커다란 심리적 부담이 되어 언어로 완전하게 표현하는 것을 방해한다고 볼 수 있다.

5. 불안과 우울의 표현

마침표를 찍지 않고 얼버무리는 방식은 불안과 우울을 나타내는 비언어적 신호로 볼 수 있다. 특히 죽음에 대한 고통이 우울증적으로 드러날 때, 발화자는 자신의 감정을 완전히 드러내지 않으려 할 수 있다. 이 경우, 고통을 내부에서 억제하고 언어로 풀어내지 못하는 심리적 방어 기제로 이해될 수 있다.

　예시: "그저… 그저… 그가 다시 돌아온다면…"

　발화자는 희망적 언급을 하면서도, 사실상 그 희망을 완전히 표현하지 못하고 언어적으로 마침표를 찍지 않는 모습을 보인다. 이는 상실과 죽음에 대한 깊은 슬픔과 감정적 억제를 나타내는 표현이다.
　죽음학적 관점에서, 발화자가 마침표를 찍지 않고 말을 얼버무리며 넘어가는 것은 상실과 죽음에 대한 언어적 표현의 한계, 감정의 억제 및 복잡한 내면적 갈등을 반영하는 중요한 심리적 기제로 분석될 수 있다. 이는 고통을 명확히 표현하는 데 어려움을 겪는 상태로, 불확실성, 부정, 혼란이 결합된 고통의 의미화 과정에서 발화자가 겪는 심리적 방어를 나타낸다.

분석 #18 <도치법>과 심리기제

죽음학적 관점에서 상실과 죽음으로 인한 고통을 의미화하려는 심적 기제와 지향성을 발화자의 언어 표현 중 도치법에서 분석하는 방법은, 발화자가 고통을 자기 내부의 중요한 경험으로 인식하고, 그 경험을 강조하거나 강조된 방식으로 의미화하려는 시도를 분석하는 데 중점을 둔다. 도치법은 문장의 구조를 변형하여 특정 부분을 강조하는 기법으로, 고통과 상실의 경험을 강조하거나 변형하여 재구성하는 심리적 기제와 연결될 수 있다.

1. 도치법의 기본 개념과 기능

도치법은 일반적으로 문장에서 주어와 동사의 순서를 바꾸거나, 목적어나 부사의 위치를 변형하여 특정 의미를 강조하는 기법이다. 이 기법은 종종 발화자가 표현하고자 하는 중요한 감정이나 상실의 깊이, 죽음에 대한 인식 등을 더욱 강조하거나 강렬하게 표현하려는 의도에서 나타난다.

2. 죽음학적 관점에서 도치법의 분석

죽음학적 관점에서 도치법은 상실과 죽음이라는 심리적 충격이나 불가피한 현실에 대한 발화자의 내면적 충동을 반영하는 중요한 수단으로 분석될 수 있다. 도치법을 사용하면 발화자는 죽음의 고통이나 상실의 의미를 기존의 언어 질서에서 벗어나 새롭게 표현하려고 하는 의도를 나타낸다. 이는 자기의식의 혼란, 죽음에 대한 불가피한 직면, 또는 이해되지 않는 고통을 강조하고 의미화하려는 지향성을 드러낸다.

고통의 강조와 자아의 무력감

도치법을 사용하면 발화자는 고통을 더욱 강조하여 그 고통의 심각성이나 강렬함을 드러낼 수 있다. 죽음학적 관점에서, 고통은 내면의 불안과 자아의 무력감을 나타내는 중요한 요소이다. 도치법을 통해 발화자는 그 고통을 자기의식 내에서 더 강렬하게 느끼고 있으며, 그 고통을 외부 세계와 소통하기 위한 시도로 해석될 수 있다. 즉, 도치법은 고통의 비정상적이고 불가피한 특성을 강조하려는 심리적 기제로 분석될 수 있다.

예시: "믿을 수 없다, 내가 그를 다시 볼 수 없다니."

여기서 "믿을 수 없다"는 표현이 강조되는 부분은 고통을 감정적으로 내면화하고, 그 사실을 받아들이기 어려운 심리적 상태를 강조하려는 의도로 분석할 수 있다. 죽음에 대한 충격과 상실의 감정을 내면의 무력감으로 드러내고, 그 고통을 강조하려는 지향성을 보여준다.

상실의 실체와 죽음의 불가피성 강조

도치법은 상실과 죽음을 불가피한 현실로 받아들이려는 의도를 강조하는 방식으로 나타날 수 있다. 발화자는 죽음을 피할 수 없는 현실로 받아들이면서 그 사실에 대한 강한 인식과 그로 인한 고통을 강조하려 한다. 도치법을 사용하여, 죽음과 상실의 불가피성을 직면하고 이를 의식적으로 강조하려는 심리적 기제를 나타낼 수 있다.

예시: "어디에도 없다, 이제 그의 존재는."

도치법을 사용하여 "어디에도 없다"는 부분을 강조함으로써, 발화자는 죽음의 불가피성과 상실의 실체를 강하게 받아들이고 있음을 나타낸다. 이는 죽음의 현실을 능동적으로 직면하고 그 고통을 의미화하려는 의도로 분석할 수 있다.

죽음의 경험과 그 의미에 대한 탐색

도치법은 또한 발화자가 죽음에 대한 복잡한 감정을 탐색하는 방식으로 나타날 수 있다. 고통과 상실은 때로 모호한 감정이나 불확실한 현실로 다가오며, 도치법을 통해 발화자는 이들 감정을 더욱 모호하고 혼란스러운 방식으로 표현할 수 있다. 이는 죽음과 상실을 명확히 의미화하기 어려운 고통으로 간주하며, 발화자가 그 고통을 내면적으로 처리하는 과정을 드러낸다.

예시: "그가 떠난 뒤, 모든 것이 달라졌다."

이 예시에서 "모든 것이 달라졌다"는 부분은 상실 후의 변화를 강조하며, 죽음으로 인한 고통과 그로 인한 변화를 복잡한 내면적 경험으로 표현하고자 하는 의도를 나타낸다. 도치법을 사용함으로써, 발화자는 죽음 이후의 변화를 혼란스럽고 중요한 사건으로 강조하려고 한다.

자아와 외부 세계의 분리

도치법을 통해 발화자는 자아와 외부 세계를 분리하여 내면적인 고통을 강조할 수 있다. 상실과 죽음은 종종 자아의 균열을 유발하며, 발화자는 이를 내적 경험으로서 강조하고, 외부 현실과의 단절을 표현하려고 한다. 이는 죽음과 상실이 내면적인 문제로 다루어지고, 그 고통을 자기중심적으로 처리하려는 심리적 기제를 나타낸다.

예시: "죽음은 내게만 다가오는 것이었다."

여기서 "내게만 다가오는"이라는 표현이 도치법을 통해 강조되며, 발화자는 죽음을 자신의 고통으로 내면화하고 이를 자기만의 경험으로 받아들이려는 지향성을 보인다. 이는 상실과 죽음에 대한 개인적이고 깊은 감정을 강조하려는 의도로 해석될 수 있다.

죽음학적 관점에서 도치법은 상실과 죽음에 대한 발화자의 고통을 강조하고 의미화하려는 심리적 기제와 지향성을 잘 드러낸다. 발화자는 도치법을 통해 고통의 강도와 죽음의 불가피성, 상실 후의 변화를 강조하고, 이를 내면화하고 의미화하려는 의도를 나타낸다. 이러한 언어적 기법은 발화자가 고통을 자기 의지로 다루려는 시도와 그 내면적 경험을 혼란스럽고 강렬하게 표현하려는 심리적 반응을 나타낸다.

분석 #19 <능동태>와 심리기제

상실과 죽음으로 인한 고통을 의미화하려는 심적 기제와 지향성을 발화자의 언어 표현 중 능동태에서 분석하는 것은, 발화자가 고통을 자기 주체가 겪는 감정이나 행동으로 표현하는 방식이다. 능동태는 고통의 경험을 자기 자신이 직접 겪고 있는 일로 묘사하는 경향이 있다. 이 경우, 발화자는 고통을 능동적이고 주체적인 경험으로 다루며, 자신의 행동이나 결정에 의해 그 고통이 발생하거나 해결되는 것으로 표현할 수 있다.

1. 능동태의 정의

능동태는 주어가 행동의 주체로 나타나고, 행동이나 상태를 직접적으로 실행하는 문법적 구조이다. 예를 들어, "나는 그 사실을 받아들였다"는 문장에서 주어가 행동의 주체로 고통을 자기 내면에서 받아들이는 것으로 나타내고 있다. 능동태는 발화자가 고통을 자기 경험의 일환으로 인식하고, 그 고통을 자기 의지와 결정에 의해 겪거나 처리하고 있다는 표현을 가능하게 한다.

2. 능동태에서 고통의 의미화 분석

고통의 내면화
능동태는 발화자가 고통을 자기 경험으로 직접 겪고 있는 감정으로 나타낼 때 사용된다. 발화자는 고통을 내면화하고 그것을 자기 책임이나 자기 경험의 일부로 받아들이려는 경향을 보일 수 있다. 이는 고통이 외부적 요인에 의한 것이 아니라 자기 내부의 반응으로 경험되고 있음을 드러낸다.

예시: "나는 그 죽음을 너무나 깊이 받아들였다."

여기서 발화자는 "나는 받아들였다"라는 능동태 표현을 사용하여, 고통을 자기 내면의 선택이나 행동으로 묘사하고 있다. 고통을 자기 경험의 일부로 받아들이고, 내면화하려는 의도가 드러난다.

고통의 의식적 처리

능동태는 발화자가 고통을 의식적으로 처리하고 있다는 느낌을 전달할 수 있다. 즉, 고통을 겪고 있지만 그것을 자기 의지와 노력에 따라 해결하거나 대응하는 방식으로 묘사하는 것이다. 이 경우, 고통은 단순히 수동적으로 겪는 것이 아니라 능동적으로 대면하고, 이해하고, 처리하는 것으로 나타낸다.

예시: "나는 그의 죽음을 극복하려 노력하고 있다."

발화자는 고통을 자기 의지와 노력에 의해 처리하려고 하는 모습을 보여준다. 이는 고통을 능동적으로 해결하려는 의지가 반영된 표현으로, 발화자가 그 고통을 자기 힘으로 극복하려는 의도를 나타낸다.

고통의 표현과 창조적 대응

능동태에서 발화자는 고통을 단순히 겪는 것에 그치지 않고, 그것을 표현하거나 창조적 방식으로 처리하려는 경향을 보일 수 있다. 고통을 자기 주체의 경험으로 받아들이고, 그것을 외부로 표현하거나 새로운 방식으로 반응하는 방식으로 나타낼 수 있다.

　　예시: "나는 그 경험을 글로 써서 다른 사람들과 공유하고 싶다."

발화자는 고통을 창조적이고 능동적인 방식으로 다루고 있다. 고통을 내면화한 뒤, 그것을 글이라는 형태로 표현하고, 다른 사람들과 공유하려는 의지를 드러낸다. 이는 고통을 단순히 겪는 것이 아니라, 그것을 사회적 방식으로 풀어내려는 시도이다.

3. 심적 기제와 지향성 분석

고통의 내면화
능동태 표현에서 고통을 자기 내면의 일부로 받아들인다는 것은 발화자가 자기 경험을 주체적으로 처리하고 있다는 의미이다. 이는 고통을 내면화하고 그것을 자기 존재의 일부로 받아들이려는 심리적 기제이다. 고통이 외부적 요인이나 타인의 책임이 아니라 자기자신의 경험으로 변화하는 방식이다.

고통의 의식적 대면
고통을 능동적으로 대면하려는 의도는 발화자가 고통을 의식적이고 적극적인 방식으로 해결하거나 극복하려는 지향성을 나타낸다. 발화자는 고통을 수동적으로 경험하는 것이 아니라, 그것을 직접 다루고 해결하려는 의도이다. 이는 고통에 대한 적극적인 대응을 나타내며, 발화자가 자기 힘으로 고통을 처리하려는 마음가짐이다.

고통의 창조적 대응

고통을 창조적 방식으로 표현하거나 사회적 방식으로 반응하려는 의도는 발화자가 고통을 단순히 개인적인 문제로만 인식하는 것이 아니라, 그것을 다른 사람들과 나누고자 하는 욕망으로 나타낸다. 고통을 표현의 수단으로 삼고, 이를 통해 다른 사람들과 소통하고자 하는 지향성이 드러난다. 이는 고통을 치유적인 방법이나 사회적 연대의 가능성으로 바꾸려는 시도이다.

능동태는 발화자가 고통을 자기 주체의 경험으로 내면화하고, 그것을 자기 의지와 노력에 의해 해결하거나 표현하는 방식으로 나타낼 수 있다. 이를 통해 발화자는 고통을 능동적으로 대면하고, 극복하려는 의지를 표현할 수 있으며, 고통을 자기 내면의 감정으로 다루는 심리적 기제를 드러낼 수 있다. 고통을 자기 의지와 행동을 통해 처리하려는 방식은 발화자가 고통을 주체적이고 적극적인 경험으로 받아들이고 있다는 것을 보여준다.

분석 #20 <수동태>와 심리기제

상실과 죽음으로 인한 고통을 의미화하려는 심적 기제와 지향성을 발화자의 언어 표현 중 수동태에서 분석하는 것은, 발화자가 고통을 자기 자신이 겪고 있는 것으로 표현하지 않고, 그것을 외부적인 요인이나 다른 사람의 행동으로부터 수동적으로 겪는 방식으로 나타내는 것을 이해하는 데 도움이 된다. 수동태는 고통을 자기 주체가 아닌 외부 요인에 의해서 경험하거나 받고 있는 상태로 묘사하는 특징이 있다.

1. 수동태의 정의

수동태는 주어가 행동의 주체가 아닌, 그 행동을 받는 대상이 되어 표현되는 문법적 구조이다. 예를 들어, "그는 그 사건에 의해 영향을 받았다"는 능동태 문장인 "그 사건이 그에게 영향을 미쳤다"에서 주어의 역할이 바뀌어, 수동적으로 행동을 당하는 형태로 변한다. 이 방식은 발화자가 행동의 주체가 아닌 객관적인 대상으로 고통을 묘사하려는 경향을 보여준다.

2. 수동태에서 고통의 의미화 분석

고통의 외부화
수동태는 발화자가 고통을 자기 자신에게서 외부의 요인으로 돌리려는 심리적 기제의 일환으로 나타날 수 있다. 발화자는 고통을 자기 내면의 감정으로 처리하기보다는, 고통을 타인의 행동이나 외부 상황에 의해 받고 있는 상태로 묘사한다. 이러한 방식은 고통을 자기 책임이나 자기 감정으로 느끼기보다는, 외부적 사건이나 타인의 영향을 강조하려는 경향을 보인다.

　　예시: "그의 죽음으로 인해 나는 큰 상처를 받았다."

여기서 발화자는 고통을 자기 경험이 아니라 외부 사건(그의 죽음)으로부터 받은 것으로 표현하고 있다. 고통을 자기 내면에서 발생하는 감정으로 인식하기보다는, 타인의 죽음이라는 객관적 사건이 발화자에게 영향을 주었다고 서술하고 있다. 이 표현은 고통을 외부화하려는 경향을 나타낸다.

고통의 무력화
수동태 표현은 발화자가 고통을 능동적으로 겪는 것보다는 수동적으로 겪는 것으로 묘사함으로써, 고통에 대한 무력감이나 내적 힘의 상실을 강조할 수 있다. 이는 고통을 수동적인 상태로 묘사함으로써 발화자가 그 고통을 자기통제 밖의 사건으로 처리하고 있다는 것을 보여준다. 고통을 능동적으로 관리하거나 극복하려는 의도보다는, 그것을 받아들이고 있다는 심리적 기제이다.

　　예시: "나는 그의 죽음에 의해 압도당했다."

발화자는 "나는 압도당했다"라는 수동태 표현을 사용하여, 고통을 능동적으로 경험하기보다는 수동적으로 받아들인 상태로 묘사하고 있다. 이는 고통을 자기 의지나 행동과는 별개로 외부적인 힘에 의해 영향을 받는 상태로 표현하는 방식으로, 고통에 대해 무력감을 느끼는 심리적 기제가 드러난다.

고통의 정당화

수동태를 사용하여 고통을 자기 자신이 아니라 타인이나 상황으로부터 받은 영향으로 묘사할 때, 발화자는 그 고통을 정당화하려는 경향을 보일 수 있다. 이 경우 발화자는 고통이 자기 자신에게 부당하게 발생한 것으로 인식하고, 그 고통을 정당화하려는 의도로 수동태를 사용한다. 이 방식은 고통을 자기 책임이 아니라 타인의 책임으로 돌리려는 심리적 기제의 일환일 수 있다.

예시: "그 사건은 나에게 너무 큰 피해를 입혔다."

발화자는 "나에게 피해를 입혔다"는 수동태 표현을 사용하여 고통을 자기 책임이 아닌 타인의 행동에 의해 발생한 일로 처리하고 있다. 이 표현은 고통을 정당화하고, 그것을 자기 문제로 내면화하는 대신 외부의 책임으로 돌리려는 심리적 기제를 반영한다.

3. 심적 기제와 지향성 분석

고통의 외부화

수동태 표현은 발화자가 고통을 자기 외부의 사건으로 돌리고, 그것을 자기 내면의 문제로 받아들이는 것을 피하려는 심리적 기제를 나타낸다. 발화자는 고통을 타인의 행동이나 외부 사건의 결과로 묘사하면서, 그것을 자기 외부의 요인으로 간주하려고 한다. 이는 고통을 자신의 문제로 인식하지 않으려는 의도가 반영된 방식이다.

고통의 무력화

고통을 수동적으로 겪고 있는 상태로 묘사하는 것은 발화자가 그 고통을 자기통제 밖의 힘으로 받아들이려는 심리적 기제이다. 고통을 능동적으로 극복하기보다는, 그것을 수동적으로 경험하는 방식으로 표현함으로써, 발화자는 고통에 대한 무력감과 불안을 나타낸다. 이는 고통을 자기 의지와 별개로 경험하고 있음을 드러내는 심리적 기제이다.

고통의 정당화

수동태를 사용하여 고통을 타인이나 상황의 책임으로 돌리는 경우, 발화자는 고통을 자기 책임이 아닌 외부 요인으로 설명하려는 경향을 보인다. 이때 발화자는 고통을 정당화하고, 그로 인해 발생한 감정을 자기 문제가 아닌 외부의 결과로 인식하려는 심리적 기제를 나타낸다.

수동태는 고통을 자기 외부의 요인에 의해 겪는 것으로 묘사하는 중요한 방식이다. 이를 통해 발화자는 고통을 내면화하지 않으려는 방어적 기제나 무력감을 느끼는 상태를 표현하며, 고통을 외부의 책임으로 돌리려는 지향성을 드러낸다. 수동태는 고통을 수동적으로 받는 상태로 인식하고, 그것을 자기 의지와는 별개로 경험하는 방식으로 나타내는 특징이 있다.

분석 #21 <대명사> 사용과 심리기제

상실과 죽음으로 인한 고통을 의미화하려는 심적 기제와 지향성을 발화자의 대명사 사용을 통해 분석하는 것은, 고통을 자기 자신과 타인에 대해 어떻게 구분하고 인식하는지를 이해하는 중요한 방법이다. 대명사는 발화자가 고통의 주체를 어떻게 설정하고, 그 고통을 내면화하거나 외부화하려는지, 그리고 그 고통을 어떻게 타인과 공유하거나 고립하려는지를 드러내는 주요한 언어적 요소이다.

1. 대명사 사용과 고통의 의미화

대명사는 주어를 대신하는 단어로, 발화자가 고통을 자기 자신(1인칭) 또는 타인(2인칭, 3인칭)과 어떻게 연결 짓는지를 나타낸다. 고통에 대한 대명사 사용은 발화자가 자기 자신을 고통의 주체로 인식하는지, 아니면 타인을 고통의 원인이나 수용자로 설정하는지를 보여준다.

1인칭 대명사 사용 (나, 저, 우리 등)
1인칭 대명사는 발화자가 자기 자신을 고통의 주체로 설정하고, 그 고통을 내면화하려는 심리적 기제와 지향성을 나타낸다. 1인칭 대명사는 발화자가 겪고 있는 고통을 자기 삶의 일부로 받아들이며, 이를 다른 사람과의 관계나 외부의 요인보다는 자신의 문제로 처리하려는 경향을 보인다.

자기 자신을 고통의 주체로 설정하는 경우: 고통을 자기 자신에게 귀속시키며, 그것을 극복해야 할 개인적인 경험으로 인식한다. 고통을 외부 요인이나 타인으로부터 분리시켜, 그 고통을 스스로 해결하려는 의도를 드러낸다.

예시: "나는 정말 혼자서 이 모든 걸 이겨내야 한다고 생각해."

여기서 "나는"은 발화자가 자기 자신을 고통의 주체로 설정하고, 그 고통을 자기만의 문제로 받아들이고 있다는 점을 강조한다. 발화자는 고통을 내면화하고 있으며, 그것을 극복하려는 개인적인 책임감을 나타낸다.

2인칭 대명사 사용 (너, 당신, 그대 등)

2인칭 대명사는 발화자가 타인을 고통의 수용자나 원인으로 설정할 때 사용된다. 고통을 타인에게 직접적으로 의존하거나 전가하려는 심리적 기제와 지향성을 나타낸다. 이는 발화자가 고통을 자기 자신보다는 타인의 책임으로 받아들이거나, 타인에게 고통을 공유하려는 의도로 볼 수 있다.

고통을 타인에게 전가하거나 공유하려는 경우: 고통을 타인에게 전달하려는 경향은 그 고통을 혼자서 감당하지 않고, 타인과 함께 겪으려는 의도를 나타낸다. 또한, 타인에게 고통을 전가하는 방식으로 책임을 묻거나 비난하려는 심리적 기제이다.

예시: "너는 나를 이해하지 못하잖아."

여기서 "너는"은 고통을 타인에게 전가시키며, 그 고통의 원인을 타인에게 돌리고 있다. 발화자는 고통을 자기 자신이 아닌 타인의 무지로부터 발생한 것으로 보고 있으며, 타인과의 관계에서 해결을 모색하려는 지향성을 드러낸다.

3인칭 대명사 사용 (그, 그녀, 그들 등)
3인칭 대명사는 고통의 주체를 타인이나 상황으로 설정할 때 사용된다. 이는 고통을 자기 외부의 사건이나 타인에게 귀속시키려는 의도이다. 발화자가 고통을 자기 외부에서 발생한 일로 해석하고, 그것을 내면화하기보다는 객관화하려는 경향을 보인다.

고통을 타인이나 사건에 귀속시키는 경우: 고통을 타인이나 외부 사건에 의해 발생했다고 생각함으로써, 그것을 자신에게 귀속시키지 않으려는 심리적 기제가 나타난다. 이는 발화자가 고통을 자기 자신이 아닌 외부의 요인으로 처리하려는 지향성을 나타낸다.

예시: "그는 그녀의 죽음으로 모든 것이 바뀌었다."

여기서 "그는"과 "그녀의 죽음"은 고통의 원인을 타인과 사건으로 설정하며, 발화자는 그 고통을 자기 외부의 일로 이해하고 있다. 고통을 자기 자신이 아니라 타인의 경험으로 처리하고 있으며, 그 외부적인 사건이 고통의 원인으로 인식된다.

2. 발화자의 심적 기제와 지향성 분석

고통의 내면화 (1인칭 대명사 사용)

1인칭 대명사를 사용하여 고통을 자기 자신에게 귀속시키는 경우, 발화자는 고통을 자기 삶의 일부로 받아들이며 그것을 극복해야 할 개인적 문제로 인식한다. 고통을 외부적인 사건이나 타인에게 전가하기보다는 자신의 내면에서 해결해야 할 과제로 삼는다.

  예시: "나는 그를 잃고 매일 힘들어."

발화자는 "나"를 사용하여 고통을 자기 자신에게 내면화하고 있다. 이 표현은 고통을 자기만의 문제로 받아들이며, 그 고통이 자기 내면의 경험으로 굳어지고 있음을 나타낸다.

고통의 외부화 (2인칭, 3인칭 대명사 사용)

2인칭 또는 3인칭 대명사를 사용하는 것은, 고통을 타인이나 객관적인 상황에 귀속시키려는 경향이다. 이는 고통을 자기 외부의 원인으로 전가하거나, 타인에게 그 고통을 공유하고 전달하려는 의도이다.

  예시: "그녀가 나를 떠난 후, 나는 이 세상이 왜 이렇게 불공평한지 모르겠어."

"그녀"와 "나"의 관계를 통해 고통을 타인의 행동에 귀속시키고 있으며, 발화자는 고통을 자기 외부의 요인으로 처리하고 한다. 또한, 고통을 타인과의 관계에서 해결하려는 시도가 드러난다.

발화자의 대명사 사용은 상실과 죽음으로 인한 고통을 내면화하거나 외부화하는 방식을 분석하는 중요한 지표이다. 1인칭 대명사를 사용하면 고통을 자기 자신에게 귀속시키며, 그 고통을 개인적 과제로 받아들이는 경향이 드러난다. 2인칭 대명사는 고통을 타인과의 관계에서 겪는 것으로 이해하며, 고통을 타인에게 전달하거나 전가하려는 의도를 나타낸다. 3인칭 대명사는 고통을 타인이나 상황에 귀속시켜 자기 외부의 원인으로 처리하려는 경향을 보인다. 이처럼, 대명사는 고통을 자기 자신과 타인에 어떻게 연결짓는지, 고통을 내면화하거나 외부화하는 심리적 기제와 지향성을 반영하는 중요한 언어적 요소이다.

VI. 실존은 본질보다 앞선다.

분석가는 내담자의 전이가 일어나도록 내담자에게 자신의 공백(존재)을 주어야 한다. 분석가의 공백(존재)이 내담자가 자신의 욕망을 알아차리고 자신이 창안한 문법으로 욕망을 찾아갈 수 있도록 해야 한다. 따라서 분석가 자신은 다양한 존재가 되어 주어야 한다. 남편, 아내, 동생, 딸, 아들, 시어머니, 연인 등이 되어 대화할 때, 내담자 반응에서 내담자가 무엇을 상실했는지, 분석 주체가 무엇을 은폐하고, 그 안에 누가 말하는지, 무엇에 의해 지배받고 있는지 등을 추론할 수 있다.

1) 우리는 고통의 우주에 던져진 존재이다. 그래서 고통은 이미 날 때부터 주어져 있다. 우리 존재 그 자체가 고통이다. 따라서 우리는 고

통으로부터 헤어날 수 없다.[26] 나만 고통스러운 것이 아니다. 누구나 다 고통의 바다에 떠 있다.

2) 당신이 이렇게 아파하는 것은 무슨 연고인가(증상에는 이미 가리키고자 하는 의미가 있다)? 지금까지 고정된 관점에서 보았던 사물을 다른 관점으로 번역 해석해 보자. 동일한 사물을 다른 관점에서 바라보면 어떤 느낌이 드는가?

3) 우리가 할 수 있는 것은 고통을 제거하는 것에 있지 않다. 고통은 없어지지 않는다. 고통은 욕망을 채우고자 마음이 부린 증상이기 때문이다. 고통은 욕망과 붙어 있다. 살아 있는 한 욕망은 없어지지 않는다.
→ 처음부터 문제해결의 초점이 잘못되었다. 증상은 자기성의 회귀, 곧 진리의 도래(到來-自到)다. 프로이트와 야스퍼스(K. Jaspers), 오토 랑크(Otto Rank), 빅터 프랭클(Viktor Frankl), 라캉, 얄롬(I. Yalom)이 정신의학을 버리고 심리치료로 전환한 이유는 대부분 증상이 언어와 욕망의 문제에서 기인했다고 확신했기에 실존정신언어분석으로 돌아서게 된 것이다.

4) 고통이 발원되는 한계상황에서 자신이 할 수 있는 것은, 무엇인지를 탐색하고 실천하는 자유뿐이다. 그러나 우리는 그 자유조차 쉽게 질료(물신)화 한 나머지 방기하거나 망각한다.

5) 결단은 다음의 심적 과정을 거친다. ①자신이 처한 상황(사태, 국

---

26) 존재 자체가 고통이기 때문이다. 불가에서는 고통을 '둑카(Dukkha)'라고 하고, 기독교에서는 '죄(Sin)'이라고 한다. 이 둘의 공통점은 분리, 불안, 불완전, 불안정이다.

면)이 어떤 것인지 파악[27]한다. ②그 상황에서 자신이 무엇을 원하는지 알아차린다. ③그리고 한계상황(피할 수 없는 구속된 상황)에서 무엇을 할 수 있는지 파악한다. ④그리고 무엇을 실천할 수 있는지 결단(선택) 한다.[28]

6) 사람은 고통을 해소하기 위해 '자신만의 고유한 방식'[29]으로 증상(행위)을 드러낸다.

7) 우리는 인드라의 그물망처럼, 서로 영향을 주고 영향을 받는 연기(緣起)적 존재이다. 증상 또한 관계적 그물망에서 비롯된다.

8) 성인은 증상의 그 원인을 자신의 문제(意·必·固·我)로 돌린다.

---

27) 후설은 파악(把握, 외부 자극의 지각과 경험)을 파지(把持, 기억의 흔적)로 해석한다. 파악, 파지의 공통점은 과거 기억을 회상(재현)함에 있다. 파악-파지-회상-재현은 주어진 순간의 시점마다 다르게(차이) 재구성된다. 파악(파지)에는 이미 일정한 의미를 갖는 지향성으로 이루어진다. 즉 자신이 어떤 과거의 기억을 갖고 있는가에 따라 지각된 것의 의미가 달라진다. 따라서 지각-파악-파지는 기억이다.

28) ①에서 → ④로 이행하는 과정('→' · 지향성)이 치유의 과정, 의미화의 과정이다. 이런 지향적 의미화는 다름 아닌, '합리적 인과관계 이해와 적합한 단어 표상'으로의 작업이다. 이는 사물 표상(S1)이 단어 표상(S2)으로 전환되는 과정이다. 즉 감각이 제공하는 인상(지각/사물 표상)을 다른 기표(언어, 단어 표상)로 번역-해석-이해하는 과정이다. 이러한 인과적 절차의 과정(상식)이 이루어지지 않아 나타난 것이 증상이다. 증상은 적합한 단어 표상을 찾지 못해 나타난 것이다. 이렇게 귀의처를 찾지 못해 부유한 인상(이미지)은 환각의 속성을 지닌다. 단어 표상에 실패한 환각은 구체적으로 자극될 수 있는 몸에서 자신의 존재성을 확인받고자 한다. 그래서 자해와 자살, 문신, 마조히즘, 사디즘, 즉물적 물신(성애 상품화 등은 신체적 자극을 통해 자신의 존재성을 확인받고자 하는 현상이다. ①에서 → ④로 이행하지 못하고, ①에서 다시 → ①로 도착(전도)되는 그것이 정신증이다.

29) '자신만의 고유한 방식'이 과연 누구의 고유한 방식인지를 정신분석은 계속 질문한다. 그리고 그 질문을 통해 내담자 스스로 자신의 것으로 생각했던 자신의 고유성이 타자의 언어, 타자의 욕망임을 자각하고 그것을 해체하여 자신만의 고유한 언어와 욕망으로 건립할 수 있도록 결단하게 한다.

9) 그들은 대상을 살피기 전에 먼저 자신의 지각 경험을 살핀다.[30] 대상의 속성은 자신의 지각 경험에 따라 달라진다. "향 싼 종이 향내 나고, 똥 싼 종이 똥내 난다."

10) 기억은 지각 경험이다. 기억은 회상과 재현으로 재구성된다.[31]

11) '자신만의 고유한 언어와 욕망'이란 더 이상 타자의 시선(언어, 욕망)이나 의식에 물들이지 않고, '이미 전제해 있는' 유기체 자신의 고유한 욕망(안정성)이 무엇인지를 자각함을 말한다. 여기서 '이미 전제해 있음'은 무의식을 의미한다.[32]

12) 자신의 증상(기억체계, 지각 경험)으로 나타나는 담화에서, 자신이 어떤 담화를 사용하고 있고, 그 담화에서 어떤 위치를 점유하고 있는지 객관화할 수만 있다면, 감정의 동일시에서 휘둘리지 않고 벗어날 수 있다. 자신의 담화(증상)가 ①어떤 구조에서, ②어떤 상황에서, ③어

---

30) 우리는 자신의 지각 경험을 살피기 전에 대상을 먼저 파악한다. 이 파악의 목적은 자기보존을 위한 욕구(안정성)인 '意·必·固·我'이다. 불교에서는 이를 '탐·진·치'로 집약되는 '집(執)'의 문제로 본다.
31) 재구성에는 과거-현재-미래의 시간개념이 개입한다. 즉 두 기표로 작동한다. 재구성에는 이미 유기체 내부 환경의 안정성 회귀를 위한 지향적 의미를 띠고, 과거에 지각된 것을 미래로 투사하여 현재 시점에서 종합 재구성한다. 'S1을 → S2로', 또는 'A를 → B로' 번역, 해석, 이해의 연상에는 이미 의미를 띠고 나타나는 지각을 전제할 수밖에 없다.
32) 무의식은 몸의 기억이다. 이는 오랜 훈련과 습관을 통해 형성(능동적 기억)되기도 하고 획득되기도 한다(수동적 기억). 일상을 살아가면서 우리는 95% 이상 습관적으로 무의식적(나도 모르게, 저절로)으로 판단하고 행동한다. 자동적 사고와 패턴에 '장애'가 생길 때만 자동적 무의식을 멈추고 장애를 의식하게 된다. 이때 그 의식이 제삼자의 언어나 시선이 아니라, 자신만의 고유한 의식으로 구성될 수 있도록 안내한다. 프로이트나 브로이어가 사용한 최면술은 무의식의 영역에 있는 몸의 기억을 전의식 상태에서 말하게 하는데, 이는 타자의 언어나 시선에 지배받지 않고 내담자의 숨겨진(은폐) 것을 드러내는 것에 그 목적이 있다.

떤 사태에서, ④어떤 국면에서, ⑤어떤 마음의 심상에서 비롯되었고, ⑥상대방 또한 어떤 구조에서, 어떤 상황에서, 어떤 사태에서, 어떤 국면에서, 어떤 마음의 심상에서 발현했는지를 알 수 있다면, 이내 분석은 끝나게 된다. 이런 자각은 자신을 넘어 타자를 향하기 때문이다(타자성). → 하나의 담화(내담자의 말)에는 여러 구조(시스템)와 장(場, field, 공간), 국면(t1-t2-t3-t4…), 심적 양상(무늬)이 다형(多形)적으로 존재한다. 순간순간 진행되는 담화에서 변주되는 자신의 심상을 전체적으로 조망할 수 있다면 감정의 동일시에서 벗어날 수 있다.

13) 메타픽션의 픽션(시적 작업): 내담자의 담화에서 그가 숨기고자 한 충동(무의식)이 무엇인지 찾아본다. 말은 실재를 방어하고 은폐한다.

실천 3
동양의 죽음교육

<내용 요약>

동양의 죽음교육에서 공자는 생사와 운명을 천명(天命)으로 설명하며, 인간의 노력과 의지보다 하늘의 뜻에 의해 결정된다고 본다. 공자는 천명을 자각하고 경외하는 것이 도덕적 주체로서의 삶을 실현하는 길이라고 강조했다. 맹자는 공자의 천명 관념을 계승하면서도, 천명의 실현을 인간의 행위와 민의에 기초하여 설명하고, 후천적인 노력으로 바꿀 수 없는 자연적이고 필연적인 측면을 인정했다. 그는 또한 인간의 자질이나 기질이 천명에 의해 정해졌다고 보며, 인간은 도덕적 실천을 통해 천명의 뜻을 따르는 존재로서 살아가야 한다고 주장했다.

<핵심어>

천명 (天命), 공자, 맹자, 도덕적 주체, 인간의 행위

<학습 목표>

- 천명(天命)의 개념 이해: 인간과 우주, 자연의 조화와 질서를 이루는 천명의 중요성을 파악한다.
- 공자와 맹자의 사상 비교: 공자와 맹자의 인간관 및 도덕적 주체에 대한 관점을 비교하고 분석한다.
- 도덕적 주체로서 인간의 역할: 인간이 도덕적 책임을 다하는 존재로서 어떤 역할을 해야 하는지 이해한다.
- 행위와 인간성에 대한 이해: 인간의 행위가 천명에 부합하도록 하는 방법을 탐구한다.
- 유교의 윤리적 가치 탐구: 공자와 맹자 사상 속 윤리적 가치를 현재

삶에 적용할 수 있는 방안을 모색한다.

<적용 실천>
- 자기 성찰과 도덕적 책임 실천: 인간은 도덕적 주체로서 자신의 행동을 성찰하고, 천명에 부합하는 삶을 살기 위해 도덕적 책임을 다하는 자세를 기른다.
- 공정하고 정의로운 사회 만들기: 공자와 맹자의 사상을 바탕으로 개인의 이익보다는 공공의 이익과 정의를 추구하는 행동을 통해 공정한 사회를 구현하려 노력한다.
- 타인에 대한 존중과 배려 실천: 유교에서 강조하는 예의와 인간 관계의 중요성을 바탕으로, 주변 사람들에게 존중과 배려의 마음을 가지며, 상호 존중을 통한 건강한 사회적 관계를 형성한다.
- 자연과 우주와의 조화 이루기: 천명에 따른 자연의 조화와 질서를 이해하고, 환경 보호와 지속 가능한 삶을 실천하며 자연과의 조화를 이루는 삶을 추구한다.
- 자녀 교육에서의 유교적 가치 적용: 유교의 가르침을 바탕으로 자녀에게 도덕적 가치와 책임감을 교육하며, 예의와 존경, 인간성 함양을 위한 가정 내 교육을 실천한다.

동양의 죽음교육

I. 공자의 실존(命)

철학사에서는 일반적으로 주(周) 초부터 춘추(春秋) 시기까지 발전한 천인(天人) 관념이 이후 공맹의 성명(性命) 사상의 주요 원천이라고 평가한다.[33] 그리고 이 점은 공자가 평생 주(周)의 성왕들의 덕성과 치적을 흠모하여 그것을 그가 살던 시대에 새롭게 복원하려고 노력했던 사실에서도 간접적으로 확인된다. 실제로 공자는 천명이나 천도에 대해 거의 언급하지 않은 것으로 알려져 있다. 이 때문에 곁에서 공자를 섬겼던 자공(子貢)조차도 "선생님의 문장에 대해선 들어 봤지만, 선생님이 성(性)과 천도(天道)에 대해 말씀하신 것에 대해선 들어보지 못했다."[34]라고 말했다. 그리고 『논어』의 다른 곳에서도 "선생님께서는 이(利)와 명(命)과 인(仁)에 대해 드물게 말씀하셨다."[35]라고 적고 있다. 이러한 내용들은 공자가 평소 천명과 천도에 대해 전적으로 침묵한 것은 아니지만 상대적으로 적게 언급했다는 사실을 보여준다.

한편, 남송 시대의 사상가인 주희(朱熹)는 그 원인에 대해 다음과 같

---

33) 牟宗三 著, 『心體與性體』上卷, 31쪽.
34) 『論語』「公冶長」. "子貢曰: 夫子之文章, 可得而聞也: 夫子之言性與天道, 不可得而聞也." 사실 이 구절의 맥락과 관련하여 여전히 논쟁의 여지가 있다. 사실 『논어』 전체의 분량을 고려할 때, 공자가 기타 주요 개념보다 천명에 대해 적게 언급하고 있는 것은 사실이다. 그럼에도 자공의 견해는 여러 가지로 해석이 가능하다. 가령 그의 본의가 공자가 천도에 대해 드물게 말했다는 것인지 아니면 공자가 평소 말하는 것을 정작 자신은 듣지 못했다는 것인지가 불분명하다. 이를 고증하는 것은 본 절의 취지가 아니므로 상세한 논의는 생략한다.
35) 『論語』「子罕」. "子罕言利與命與仁." 사실 이 구절도 본래 의론이 분분하다. 왜냐하면 『논어』에서 가장 많이 등장하는 용어 중의 하나가 인(仁)이기 때문이다. 하지만 이에 관한 논의는 본 절의 주제를 벗어나므로 구체적인 논의는 생략한다.

이 말한다. "공자께서 명(命)을 드물게 말씀하신 까닭은 길흉화복(吉凶禍福)이 모두 명(命)에 속하는데, 오로지 명(命)만을 말하면 사람들이 모두 길흉화복을 명(命)에만 의탁하여 인사(人事)가 폐지될까 드물게 말씀하셨다."[36] 이 구절은 길흉화복(吉凶禍福)과 명(命)의 이중적 관계에 관해 설명하고 있다. 곧 길흉화복의 원천은 본래 명(命)이지만 공자가 이 점을 설파하지 않은 이유는, 만일 이 사실을 강조하면 인사(人事)에서 비롯되는 길흉화복을 모두 명의 탓으로 돌리는 숙명론이 만연하게 되고 결국 인사를 소홀히 할까 염려해서라는 것이다. 실제로 공자의 명(命) 관념을 전반적으로 살펴보면 이러한 우환 의식이 일관되게 반영되어 있다.

먼저, 공자는 인간의 삶과 죽음, 그리고 요절과 장수의 소재로 천명을 제시한다. 예를 들면, 그의 문인인 안연(顔淵)이 요절한 것을 단명(短命)으로 규정하거나[37], 또 다른 문인인 백우(伯牛)가 중병에 걸린 것을 '명(命)'으로 규정한 것이 그것이다.[38] 공자의 이러한 천명관은 일찍이 자하(子夏)가 "생사는 명(命)에 달려 있고, 부귀(富貴)는 하늘에 달려 있다."[39]고 말한 천명(天命)의 함의와 정확히 일치한다. 그리고 이때 천명은 인간의 의지나 노력과 무관하게 실현되는 생사요수와 부귀빈천의 명수(命數)를 가리킨다.

사실, 사상사의 측면에서 보면 이러한 천명관은 이미 공자 이전 춘

---

[36] 『朱子語類』 36:1. "行夫問 : 子罕言利, 與命, 與仁. 曰: 罕言命者, 凡吉凶禍福皆是命. 若儘言命, 恐人皆委之於命, 而人事廢矣, 所以罕言."

[37] 『論語』 "哀公問: 弟子孰爲好學? 孔子對曰: 有顔回者好學, 不遷怒, 不貳過, 不幸短命死矣, 今也則亡.未聞好學者也."

[38] 『論語』 「雍也」. "伯牛有疾, 子問之, 自執其手曰: 亡之. 命矣夫. 斯人也而有斯疾也, 斯人也而有斯疾也."

[39] 『論語』 「顔淵」. "子夏曰: "商聞之矣: 死生有命, 富貴在天."

추 시기에도 널리 성행했다. 대표적인 예로 노나라의 대부인 공백료(公伯寮)가 공자의 문인인 자로(子路)를 모함한 것에 대해 공자는 "도(道)가 행해지는 것도 명(命)이요, 도(道)가 폐지되는 것도 명(命)이다. 그러니 공백료가 명(命)을 어쩌겠는가?"[40]라고 말한 적이 있다. 이때 명(命)은 명법(命法)을 가리키는 것으로 인간의 능력과 노력을 초월한 우주의 자연적이고 객관적인 운행 법칙의 실현을 의미한다. 공자의 이러한 명(命)의 관념들은 대체로 전통적인 명 관념을 계승한 것으로 공자의 독창적인 천명관을 대변하지 못한다.

공자의 독창적인 천명관은 천명을 삶의 궁극적인 이념과 연관시켜 설명하는 부분에서 두드러진다. 그는 일찍이 그의 이상이 좌절된 것과 관련하여 "나를 알아주는 사람이 없구나! … 나는 하늘을 원망하지 않으며, 사람을 허물하지 않고, 아래에서부터 배워서 점차 위에 도달한 사람이다. 아마도 나를 알아주는 이는 하늘일 것이다."[41]라고 말한 적이 있다. 이때 하늘은 단순히 자연천을 가리키기보다 인간 삶의 목적과 가치의 연원으로서 주재천을 가리킨다고 보는 것이 타당하다. 다시 말하면, 공자가 생전에 그의 평천하의 이상을 실현하지는 못했지만 그럼에도 일찍이 50세에 천명을 자각하고 그의 덕성과 이상을 완성하려는 일관된 삶을 추구하였으므로 여한이 없으며 이러한 삶의 도정은 오직 천명을 주재하는 하늘만이 알 수 있다는 것이다.[42] 따라서 이때 천(天)은 사실상 천명(天命)과 동일한 내포를 지닌다고 말할 수 있다. 이 점은 공자가 이상적인 인격체와 천명의 관계를 언급하는 다음의 구절들에서

---

40) 『論語』「憲問」. "子曰: 道之將行也與, 命也; 道之將廢也與, 命也. 公伯寮其如命何?"
41) 『論語』「憲問」. "莫我知也夫!" 子貢曰: "何爲其莫知子也?" 子曰: "不怨天, 不尤人, 下學而上達. 知我者其天乎!"
42) 『論語』「爲政」. "五十而知天命."

도 확인할 수 있다.

> 군자는 세 가지를 두려워하니, 천명(天命)을 두려워하고, 대인(大人)을 두려워하고, 성인(聖人)의 말씀을 두려워한다.[43]
> 명(命)을 알지 못하면, 군자가 될 수 없다.[44]

여기서 공자는 천명에 대한 자각과 경외를 군자가 되기 위한 필수 조건으로 제시한다. 바꿔 말하면, 인간은 오직 천명을 자각하고 경외할 때만 비로소 도덕적 주체로 진입할 수 있다는 점을 설파한 것이다. 이 점은 공자가 일찍이 50세에 천명을 깨달았다고 술회한 곳에서도 확인할 수 있다.[45]

결국 공자가 말한 천명의 자각이란 삶의 시작과 끝을 지배하는 생사의 법칙과 구체적인 삶의 굴곡에서 나타나는 운명적 요소에 대한 통달을 가리킨다고 말할 수 있다. 이것은 자아실현의 본분을 확립한 것을 가리키는 것으로 인간으로서 삶의 본질에 대한 자각을 통해 그에 따른 인륜적 사명감과 소명 의식을 갖는 경계를 말한다.[46]

여기서 논의의 초점은 이러한 천명 개념이 앞서 살펴본 천명의 의미와 어떻게 다른가이다. 이 점은 공자가 천명을 덕성과 관련지어 언급하는 구절과 종합해 보면 보다 분명해진다. 공자는 송나라의 대부였던 환퇴(桓魋)가 그를 궁지로 몰아넣었을 때 "하늘이 내게 덕을 주셨으니 환

---

43) 『論語』「季氏」. "君子有三畏: 畏天命, 畏大人, 畏聖人之言."
44) 『論語』「堯曰」. "不知命, 無以爲君子也."
45) 『論語』「爲政」. "五十而知天命." 여기서
46) 신창호, 「유교의 자아실현과 삶의 맥락」, 『한국철학논집』제29권, 한국철학사연구회, 2010, 164-165쪽.

퇴가 나를 어쩌겠는가?"⁴⁷⁾라고 말한다. 또한 그는 광(匡) 지역에서 한때 양호(陽虎)로 오인당하여 고립되는 위기에 처했을 때도 "하늘이 장차 이 문(文)을 없애려 하신다면 후에 죽지도 모르는 내가 이 문(文)에 참여하지 못했을 것이다. 하늘이 아직 이 문(文)을 없애려고 하지 않으니 광인(匡人)들이 나를 어쩌겠는가?"라는 신념을 피력한 적도 있다.

여기서 문(文)은 본래 천도(天道)가 예악형정(禮樂刑政)과 같은 구체적인 인문적 가치와 제도로 구현된 것을 가리키는데, 공자는 하늘이 이 인도(人道)를 실현할 사명을 자신에게 부여했다고 확신하는 것이다.⁴⁸⁾ 따라서 여기서 공자는 천과 천명을 인간 덕성의 원천과 인문의 실현 근거로 설명한다. 그러므로 천명을 자각하고 경외한다는 것은 결국 생래적인 덕성을 자각하고 실천을 통해 그 결과를 천리(天理)의 절문(節文)으로 실현한다는 것을 의미한다.

이 때문에 공자는 기존 천명의 의미 가운데 대체로 자율적이고 능동적으로 구현할 수 있는 인문적 가치와 규범인 천과 천명을 추구할 것을 강조하고, 이를 넘어서 주체와 무관하게 실현되는 운명 제약적이고 객관적인 천명은 그 존재 가능성을 인정하되 추구하지 않는다.

그래서 공자는 일찍이 부귀(富貴)의 성취와 관련하여 "만일 부유함이 추구하는 것만큼 성취할 수 있는 것이라면, 나는 마부의 일이라도 할 것이다. 하지만 그것을 추구하여 얻을 수 없다면, 내가 좋아하는 일을 하겠다."⁴⁹⁾라고 말하기도 하고, 또는 "부귀는 사람들이 모두 원하는 것

---

47) 『論語』「述而」. "子曰: 天生德於予, 桓魋其如予何?"
48) 『論語集註』「子罕」. "子畏於匡. 曰: "文王旣沒, 文不在茲乎? 天之將喪斯文也, 後死者不得與於斯文也; 天之未喪斯文也, 匡人其如予何?" 畏者, 有戒心之謂. 匡, 地名. 史記云: "陽虎曾暴於匡, 夫子貌似陽虎, 故匡人圍之." 道之顯者謂之文, 蓋禮樂制度之謂. 不曰道而曰文, 亦謙辭也. 茲, 此也, 孔子自謂."
49) 『論語』「述而」. "富而可求也, 雖執鞭之士, 吾亦爲之. 如不可求, 從吾所好."

이지만, 도(道)에 따라 얻을 수 있는 것이 아니라면, 나는 부귀를 취하지 않을 것이다. 빈천은 사람들이 모두 싫어하는 것이지만, 도(道)에 따라 얻을 수 없다면, 나는 또한 빈천을 버리지 않을 것이다."50)라고 말하기도 한다.

이러한 공자의 견해 이면에는 이중적 관점이 전제되어 있다. 우선 부귀는 일정한 정도까지는 인간의 노력에 비례하여 획득할 수 있지만, 그 과정에서 더 중요한 것은 타당한 획득 방식의 확보 여부이다. 하지만 보다 큰 부귀는 방법의 타당성 여부와 무관하게 인간의 노력에 비례하지 않고 오히려 타고난 명운(命運)에 좌우된다는 점도 동시에 지적한다. 따라서 공자는 최종적으로 개인의 노력에 따른 부귀의 성취는 결국 명운과 방법에 따라 한계 지워지므로 추구할만한 진정한 가치가 없다는 사실을 암시한다. 이러한 맥락에서 공자는 "거친 음식을 먹고 팔을 베고 누운 중에도 즐거움은 있다. 의(義)에 부합하지 못한 부귀는 나에게 뜬구름과 같다."51)라고 결론 짓는다.

II. 맹자의 실존: 하늘이 정해준 명(天命)의 자각

맹자가 활동한 시기는 전국시대이다. 사람이 죽어 나가는 군웅할거의 전쟁 시기에 과연 맹자는 무슨 생각을 했고 그는 어떻게 난세를 대처했을까? 전국시대는 야스퍼스나 빅터 프랭클이 말한 그 어느 '한계

---

50) 『論語』「里仁」. "富與貴是人之所欲也, 不以其道得之, 不處也: 貧與賤是人之所惡也, 不以其道得之, 不去也."
51) 『論語』「述而」. "飯疏食飲水, 曲肱而枕之, 樂亦在其中矣. 不義而富且貴, 於我如浮雲."

상황'보다 더 깊다. 극한에까지 몰린 한계상황에서 인간은 자유의지를 포기하기도 하고, 굳어지기도 한다. 맹자는 극한에까지 처한 한계상황에 어떻게 대처하고 극복했을까? 본 글에서는 하늘이 정해준 명(天命)의 자각과 실천, 즉 입명(立命)과 안명(安命)의 실존적 자각에서 그 해결방안을 찾고자 한다. 이 자각은 "인간이 인간일 가능성"과 실천 방법을 우리에게 제공해준다.

맹자에게는 귀신(鬼神) 관념이 거의 없다. 실제로 『맹자』에는 단지 신(神)개념이 세 차례 등장할 뿐이다. 그 가운데 두 번은 그나마 귀신을 설명하기 위한 것이 아닌 인간의 덕성이 성취한 경지와 감화력을 설명하는 데 초점이 있다. 따라서 엄밀하게 말하면, 『맹자』에서 귀신과 관련하여 등장하는 신(神)개념은 단 한 차례에 등장한다.[52] 이러한 사실은 춘추와 선진 유학에서 이목을 끌었던 귀신 관념이 전국시대에 이르러 약화하면서 새로운 국면으로 전화되었다는 것을 의미한다. 그리고 그 중심에는 기존 귀신의 존재 가능성 및 영향력에 관한 관심에서 벗어

---

52) 예를 들면, 사람의 덕성이 도달한 경계 및 감화와 관련된 신(神)으로는 다음의 두 구절을 참조. 『孟子』「盡心下」. "浩生不害問曰: "樂正子, 何人也?" 孟子曰: "善人也, 信人也." "何謂善? 何謂信?" 曰: "可欲之謂善, 有諸己之謂信. 充實之謂美, 充實而有光輝之謂大, 大而化之之謂聖, 聖而不可知之之謂神. 樂正子, 二之中, 四之下也." 『孟子』「萬章上」. "夫君子所過者化, 所存者神, 上下與天地同流." 이 밖에 백신(百神)의 개념으로 사용한 용례는 다음의 구절을 참조할 것. 『孟子』「萬章上」. "萬章曰: "堯以天下與舜, 有諸?" 孟子曰: "否. 天子不能以天下與人." "然則舜有天下也, 孰與之?" 曰: "天與之." "天與之者, 諄諄然命之乎?" 曰: "否. 天不言, 以行與事示之而已矣." 曰: "以行與事示之者如之何?" 曰: "天子能薦人於天, 不能使天與之天下: 諸侯能薦人於天子, 不能使天子與之諸侯: 大夫能薦人於諸侯, 不能使諸侯與之大夫. 昔者堯薦舜於天而天受之, 暴之於民而民受之, 故曰: 天不言, 以行與事示之而已矣." 曰: "敢問薦之於天而天受之, 暴之於民而民受之, 如何?" 曰: "使之主祭而百神享之, 是天受之: 使之主事而事治, 百姓安之, 是民受之也. 天與之, 人與之, 故曰: 天子不能以天下與人. 舜相堯二十有八載, 非人之所能爲也, 天也. 堯崩, 三年之喪畢, 舜避堯之子於南河之南. 天下諸侯朝覲者, 不之堯之子而之舜: 訟獄者, 不之堯之子而之舜: 謳歌者, 不謳歌堯之子而謳歌舜, 故曰天也. 夫然後之中國, 踐天子位焉. 而居堯之宮, 逼堯之子, 是篡也, 非天與也. 太誓曰: '天視自我民視, 天聽自我民聽', 此之謂也."

나 인문주의적 관심이 자리 잡고 있다. 이 점은 맹자가 비록 귀신 개념을 표면적으로 사용하지 않음에도 그가 공자 이래 귀신의 함의를 주로 천명(天命)의 새로운 함의로 통합시켜 설명하는 데에서도 확인할 수 있다. 따라서 맹자의 실존적 태도의 주요 내용과 특징을 이해하려면 무엇보다도 그의 천명 관념을 전반적으로 고찰하는 것이 필요하다.

천명 개념과 관련하여 맹자는 기본적으로 주(周) 시대에서부터 공자에 이르기까지 발전해온 천명사상을 계승한다. 하지만 그는 기존의 천명 개념을 더욱 발전시켜 독창적인 성명(性命) 이론을 확립한다. 구체적으로 말하면, 맹자는 우선 공자가 일찍이 명의 본질 및 특징과 관련하여 제시한 이중적 천명 관념, 곧 생물학적 명수 및 인륜적 사명 관념을 수용한다. 그런데, 이 두 가지 상반된 천명 관념은 언제나 상호 대립과 충돌의 여지를 내포하고 있다. 왜냐하면 전자(생물학적 명수)의 견해는 일종의 운명론으로 실존요수는 개체의 노력 및 의지의 강약과 상관없이 선천적으로 결정되어 있다고 보고, 반면 후자(인륜적 사명)는 개체의 덕성 실천과 완성은 오히려 전적으로 개체의 실천 의지에 의존하므로 이러한 실존요수의 선천적 운명성과 무관하다고 보기 때문이다. 따라서 단일한 천명 개념 아래 이 두 가지 다른 함의를 동시에 수용할 경우, 심지어 모순을 초래할 가능성이 매우 높다. 그러므로 맹자는 공자의 천명 관념을 기본적으로 계승하되 이 모순점을 해결하려고 노력하는데, 그것이 곧 성명(性命) 이론이다.[53]

그러면 아래에서는 그의 성명 이론의 구체적인 내용과 특징을 살펴보자. 먼저, 맹자는 천의(天意)와 관련하여 다음과 같이 말한다.

---

53) 이에 관한 상세한 분석과 설명은 勞思光 著, 鄭仁在 譯, 『中國哲學史(古代篇)』, 探求堂, 1994, 161-174쪽.

만장이 물었다. "요(堯) 임금이 천하를 순(舜) 임금에게 주었다는데, 그런 일이 있었습니까?"
맹자가 대답하였다. "아니다. 천자는 천하를 남에게 줄 수 없다."
만장이 말했다. "그러면 순이 천하를 소유한 것은 누가 주신 것입니까?",
맹자가 대답하였다. "하늘이 주신 것이다."
만장이 말했다. "하늘이 주었다는 것은 말로써 일러주신 것입니까?"
맹자가 대답하였다. "아니다. 하늘은 말하지 않는다. 오직 행위와 일로써 보여주실 뿐이다. … 『태서』에서 '하늘이 보는 것은 우리 백성이 보는 것을 통해서이고, 하늘이 듣는 것은 우리 백성이 듣는 것을 통해서이다.'라고 말한 것은 바로 이런 경우를 가리켜 한 말이다.[54]

(순임금과 우 임금, 그리고 익의) 자식들의 현명함과 불초함은 모두 하늘의 뜻이니, 인간이 능히 그렇게 되도록 할 수 있는 것은 아니다. 그처럼 작위 하지 않아도 이루어지는 것을 '천(天)'이라 하고, 부르지 않아도 오는 것을 '명(命)'이라고 한다.[55]

두 인용문은 공통으로 하늘의 뜻에 대해 말하고 있다. 첫 번째 인용문에서 두드러진 점은 맹자가 천의의 실현 방식으로 더 이상 기존처럼 거북점이나 시초점에 근거한 계시의 형태를 제시하지 않고 인간의 구체적인 일과 행위를 제시한다는 점이다. 특히 만장이 천의의 실현 방식으로 하늘의 고시(告示)를 예로 들었을 때 이를 부정한 점은 그가 천(天)의 존재 방식을 더 이상 상제와 같은 초월자 모델로 존재할 가능성을 배격했

---

54) 『孟子』「萬章上」. "萬章曰: "堯以天下與舜, 有諸?" 孟子曰: "否. 天子不能以天下與人." "然則舜有天下也, 孰與之?" 曰: "天與之." "天與之者, 諄諄然命之乎?" 曰: "否. 天不言, 以行與事示之而已矣." … 太誓曰: '天視自我民視, 天聽自我民聽', 此之謂也."
55) 『孟子』「萬章上」. "其子之賢不肖, 皆天也, 非人之所能爲也. 莫之爲而爲者, 天也: 莫之致而至者, 命也."

다는 점을 잘 보여준다. 또한, 천의의 실현 근거와 토대로서 백성 일반을 제시했다는 것은 결국 백성들의 여론과 행위를 천의의 최종 심급으로 간주했다는 것을 의미한다. 이것은 결국 전통적인 천의의 초월적 본질과 특징을 백성들의 일반의지의 차원으로 인문화한 결과이다.[56]

이 때문에 맹자는 계속해서 다음과 같이 말한다. "순임금이 제사를 주관케 하니 백신(百神)들이 흠향하고 하늘이 받아준 것이요, 일을 주재하여 잘 다스려져서 백성들이 편안하니, 이것은 백성들이 받아준 것이다. 하늘이 받아주고 백성들이 받아주었기 때문에 천자가 천하를 남에게 줄 수 없다."라고 말한 것이다. 순임금이 요 임금을 28년 동안 보좌하였으니, 이것은 인력으로 그렇게 할 수 있는 것이 아니니 하늘이 그렇게 한 것이다."[57]라고 말한다. 비록 여기서 백신(百神)이라는 개념이 등장하지만, 이것은 어디까지나 제사와 관련된 전통적인 수사법을 습관적으로 차용한 것에 불과하여 큰 의미가 없다. 오히려 초점은 순임금이 천명을 받아 결국 천자의 지위에 오를 수 있었던 최종적인 원인을 일과 행위에 기초하여 천의와 민의를 동시에 충족시켰기 때문이라고 설명한다.

이와 대조적으로, 두 번째 인용문에 보이는 천의(天意)는 첫 번째와 다른 의미를 내포한다. 맹자는 이것을 천명(天命)의 개념을 차용하여 설명하면서 각기 천(天)과 명(命)으로 세분한다. 그에 따르면, 부모가 성왕이나 성인임에도 그의 자녀들에게 현우(賢愚)의 상태가 공존하는 까닭

---

56) 이 때문에 정세근은 맹자가 말하는 백신(百神)은 사실상 백성(百姓)을 표상한 상징에 불과한 것으로 보고 있다. 정세근,「공맹의 정신론」,『大同哲學』제70집, 대동철학회, 2015, 12쪽.

57)『孟子』「萬章上」. "使之主祭而百神享之, 是天受之: 使之主事而事治, 百姓安之, 是民受之也. 天與之, 人與之, 故曰: 天子不能以天下與人. 舜相堯二十有八載, 非人之所能爲也, 天也."

은 모두 천명의 결과라는 것이다. 그런데, 이때 '천(天)'은 무작위성으로서 천의의 자연성을 가리키고, '명(命)'은 '부르지 않아도 오는 것'으로서 천의의 필연성을 가리킨다. 종합하면, 인간의 자질이나 기질은 모두 자연적이고 필연적인 천명의 산물로서 후천적인 노력이나 실천과 무관하다는 것이다. 따라서 이때 천명 관념은 인간의 후천적인 노력과 의지에 따른 변화의 가능성을 제약하는 운명이나 숙명적 내용과 특징을 가리키는 것으로, 맹자가 비록 한편으로는 기존의 천(天)의 인격화된 초월성을 인간 일반의 내재적 본질과 특징으로 전환했음에도 다른 한편에는 여전히 천명이 인사(人事) 영역을 넘어서 고유한 자기 질서와 의지를 갖는 초월자의 형태로 존재할 가능성을 시사하고 있다.[58]

이 점은 또한 맹자가 천의와 천하의 도의 상관성에 대해 말하는 다음의 구절에서도 확인된다. "천하에 도가 있으면, 덕이 적은 사람이 덕이 많은 사람에 의해 다스려지고 현명하고 능력이 적은 사람이 현명하고 능력이 큰 사람에 의해 다스려진다. 하지만 천하에 도가 없으면, 힘이 약한 사람이 힘이 강한 사람에게 복속되고 세력이 약한 사람이 세력이 강한 사람에게 복속된다. 이 두 가지는 하늘의 이치이다. 하늘에 순응하는 사람은 살아남고 하늘의 이치를 거스르는 사람은 멸망한다."[59] 다시 말하면, 천의가 반드시 천하의 도의 구현의 근거라는 점이다.

주의할 점은 도가 구현된 상태뿐만 아니라 구현되지 않은 상태 역시 천의의 불변 법칙의 범위에 들어간다고 강조하는 점이다. 따라서 이때 천의는 각 개인들의 주관적 의지와 노력을 포괄하는 각 시대의 주요 흐

---

58) 차이런호우는 두 번째 인용문에 보이는 맹자의 천관(天觀)을 의지천과 대비되는 '운명적 한계'로서 천명으로 본다. 채인후 지음, 천병돈 옮김, 『맹자의 철학』, 예문서원, 2000, 105쪽.
59) 『孟子』「離婁上」. "天下有道, 小德役大德, 小賢役大賢; 天下無道, 小役大, 弱役強. 斯二者天也. 順天者存, 逆天者亡."

름인 형세나 사세(事勢)를 가리키는 경향이 강하다. 이처럼 운명이나 사세의 관점에서 설명한 천의와 천명 관념들은 주로 인간의 숙명이나 불가항력을 설명하기 위한 개념들로 이때 초월성은 주로 인간의 자율성과 능동성에 대한 한계상황으로 작용한다. 하지만 맹자의 천명사상을 전반적으로 고려할 때, 천의와 천명에 대한 이와 같은 맹자의 초보적인 설명은 극히 제한된 분량에 불과하며 그의 천명관의 중심 내용은 성명 이론에서 백미를 이룬다. 그러므로 아래의 절에서는 그의 성명 이론을 살펴보기로 하자.

III. 실존의 근거와 토대로서 성명(性命)

앞의 절에서는 맹자의 천명 이론의 분화 과정을 개괄하였다. 이 과정에서 맹자가 기존 천명의 함의를 백성들의 일반의지라는 민의 관념으로 대체하였다는 점을 지적하였다. 그런데, 이처럼 기존의 초월적인 천명 관념을 백성으로 대변되는 인간 일반의 의지로 내재화했다는 사실은 무엇보다도 그가 천명을 인간의 본질 및 특징과 관련하여 새롭게 정립하려고 노력했다는 점을 시사해준다. 그리고 그 결실은 그의 성명 이론에서 구체화한다. 그러면 천명과 인간의 성명(性命)은 어떠한 관계에 있는가? 먼저 본 절의 주제와 관련하여 그의 성론(性論)부터 살펴보자.

 그 정(情)으로 말할 것 같으면, 선하다고 할 수 있으니 이것이 곧 내가 말한 선(善)이다. 불선으로 말할 것 같으면, 그것은 타고난 자질의 잘못이 아니다. 측은지심은 사람이라면 누구나 갖고 있으며, 수오지심은 사람이라면 누구나 갖고 있으며, 공경 지심은 사람이라면 누구나 갖고 있으며, 시비지심은 사람이라면 누구나 갖고 있으니, 측은지심은 인(仁)

이요, 수오지심은 의(義)요, 공경 지심은 예(禮)요, 시비지심은 모두 지(智)이니, 인의예지는 외부에서 나에게 녹아 들어온 것이 아니요, 내가 본래 가진 것이지만 사람들이 생각하지 못할 뿐이다. …『시경』에서 "하늘이 뭇 백성들을 내시니, 이에 사물이 있으면 법칙이 있게 되었네. 백성들이 떳떳한 본성을 갖고 있으니 이 아름다운 덕을 좋아하네."라고 하였는데, 공자께서 "이 시를 지은 자는 그 도를 아는구나!"라고 말씀하셨다. 그러므로 사물이 있으면 반드시 그에 따른 법칙이 있는 것이니 백성들에게 떳떳한 본성이 있으므로 이 아름다운 덕을 좋아하는 것이다.[60]

주지하는 것처럼, 맹자는 성선설을 주창하고 그 증거로 인간이 가진 사덕(四德)과 사단(四端)을 제시한다. 그런데 인용문에서 우리의 시선을 끄는 부분은 후반부로서 곧 『시경 詩經』과 공자의 평가가 등장하는 대목이다. 거기서 맹자의 본의는 『시경 詩經』과 공자의 평가를 인용하여 그의 성선설을 정당화하는 데 있다. 먼저, 『시경』의 구절은 천인 관계 및 그 본질과 특징에 관해 개괄하고 있는데, 그 중심 내용은 인간은 하늘의 피조물로서 태어날 때 개체의 고유한 법칙을 지닐 수밖에 없는데 그것이 곧 인성(人性)이며 그 자연적이고 필연적인 결과로써 미덕을 지향하게 된다는 것이다. 그리고 공자의 호평을 차용하여 결국 이것이 불변의 진리임을 강조한다. 이상의 논지를 정리하면, 맹자는 결국 '천도(天道)→물칙(物則)→인성(人性)→호덕(好德)'의 논리를 긍정한 것으로

---

[60] 『孟子』「告子上」. "乃若其情, 則可以爲善矣, 乃所謂善也. 若夫爲不善, 非才之罪也. 惻隱之心, 人皆有之; 羞惡之心, 人皆有之; 恭敬之心, 人皆有之; 是非之心, 人皆有之. 惻隱之心, 仁也; 羞惡之心, 義也; 恭敬之心, 禮也; 是非之心, 智也." "仁義禮智, 非由外鑠我也, 我固有之也, 弗思耳矣. 故曰: '求則得之, 舍則失之.' 或相倍蓰而無算者, 不能盡其才者也. 詩曰: '天生蒸民, 有物有則. 民之秉夷, 好是懿德.' 孔子曰: '爲此詩者, 其知道乎! 故有物必有則, 民之秉夷也, 故好是懿德.'"

그 본의는 천도의 창조 활동이 그 피조물의 본질과 특징으로 내재화된 것이 곧 물성(物性)과 물리(物理)이며 그 가운데 인성(人性)은 무엇보다도 덕성 지향을 그 본질로 삼는다는 것이다.

천인 관계에 대한 『맹자』의 이러한 사유 방식과 규정은 『중용』 1장의 성(性)·도(道)·교(敎)에 관한 견해와 일맥상통한다. 곧 『중용』에서는 "하늘이 명한 것을 성(性)이라고 하고, 이 성을 따르는 것을 도(道)라고 하며, 이 도를 닦는 것을 교(敎)라고 한다."[61]고 하여 인성은 천명의 산물이고 솔성(率性)은 인도(人道) 실현의 근거이며 그 방법은 수도(修道)로서 성현의 가르침과 교육을 따르는 것임을 강조하고 있기 때문이다. 따라서 맹자가 『시경』과 공자의 말을 인용한 까닭은 결국 성선의 근거와 특징을 천도의 창조성에 근거하여 새롭게 도출하려는 과정을 정당화하려고 했기 때문으로 볼 수 있다. 이 과정을 통해서 기존 천명의 본질과 특징은 철저하게 인성으로 전환되고 내면화된다. 여기서 다시 한 가지 의문이 제기될 수 있다. 만일 인간의 본성이 이처럼 천도의 창조적 활동의 결정체라면 인간의 본성과 행위는 모두 순선하다는 것인가? 인간의 마음과 행위의 관계는 무엇인가? 그리고 인간의 본성과 욕구, 또는 마음과 욕망의 관계는 어떠한가? 맹자는 이에 대해 다음과 같이 말한다.

> 입이 좋은 맛을 추구하고, 눈이 좋은 색을 추구하고, 귀가 좋은 소리를 추구하고, 코가 좋은 냄새를 추구하고, 몸이 편안함을 추구하는 것은 성(性)이다. 그러나 거기에는 명(命)이 존재하므로 군자는 그것들을 성(性)으로 규정하지 않는다. 부모와 자식 간의 인(仁)과, 군주와 신하 간의 의(義)와, 손님과 주인 간의 예(禮)와 현자에게 있어서 지(智)와 성인

---

61) 『中庸』. "天命之謂性, 率性之謂道, 修道之謂敎."

(聖人)에게 있어서 천도(天道)의 관계는 모두 명(命)이지만, 거기에는 성(性)이 있으므로 군자는 그것을 명(命)으로 규정하지 않는다.[62]

여기서 맹자는 기존의 천명 개념이 내포하고 있는 이중적 함의를 더욱 분화시켜 새로운 성(性)과 명(命)의 함의를 도출하고 있다. 그의 견해에 따르면, 천명 개념은 본래 인간의 심신(心身)에 속하는 모든 내용과 특징을 포괄한다. 왜냐하면 원론적으로 볼 때, 인간이 천도의 피조물인 이상 인간이 갖고 있는 모든 특징이 우선 천도의 창조적 결과로 귀속되지 않을 수 없기 때문이다. 그럼에도, 맹자가 보기에 인간이 태어날 때 선천적으로 부여된 천명의 내용과 속성은 크게 두 부분으로 구분된다. 곧 인간이 자율적이고 능동적으로 실현할 수 있는 것과 그렇지 못한 것으로 구분하고, 전자를 성(性)으로 후자를 명(命)으로 재분류한다. 부연하면, 먼저 외부 사물이 신체의 오감을 자극하여 발생시키는 욕구와 욕망 역시 인성의 산물이라는 점에서 인간의 본성에 속하지만, 그 실현 과정에 여전히 명(命)의 제약이 작용한다는 점에서 진정한 인성으로 보기 어렵다는 것이다. 이와 반대로, 인간이 타고날 때 선천적으로 갖추는 인(仁)·의(義)·예(禮)·지(智)·성(聖)과 같은 덕성들도 모두 일단 동일한 천명의 소산이라는 점에서는 역시 명(命)이라고 말할 수 있지만, 그 최종적인 실현 여부가 주로 개체의 실천 의지에 의존한다는 점에서 성으로 간주할 수 있다는 것이다.

이러한 견해를 종합하면, 성과 명에 대한 맹자의 규정과 구분은 세 가지 기준에 근거하고 있다. 첫째, 천명의 유행과 현상이다. 곧 천명의

---

62) 『孟子』「盡心下」. "口之於味也, 目之於色也, 耳之於聲也, 鼻之於臭也, 四肢之於安佚也, 性也, 有命焉, 君子不謂性也. 仁之於父子也, 義之於君臣也, 禮之於賓主也, 智之於賢者也, 聖人之於天道也, 命也, 有性焉, 君子不謂命也."

유행이라는 측면에서 볼 때 인간의 성명은 근본적으로 통일되어 있어서 성과 명의 함의를 구분하기 어렵지만, 생성 활동의 결과인 인성이라는 측면에서 보면 성과 명은 그 실현 기제가 다르므로 차별화된다. 둘째, 실현 방식의 자율성과 타율성, 그리고 능동성과 수동성의 기준이다. 곧 천명 가운데 그 실현 방식이 주체의 자율성과 능동성에 의존하는 부분은 성으로 규정하고, 그렇지 않고 그 실현 방식이 타율적이고 수동적이면 명으로 규정한다. 셋째, 실현 내용과 가치에 따른 구분이다. 성은 도덕성과 인륜 관계를 포함한 규범성 일반의 실현과 관계되고, 명은 의식주를 포함하는 생물학적 욕구 및 욕망 일반의 실현과 관계된다.

이러한 점들을 고려할 때, 맹자가 발전시킨 명 개념은 대체로 기존 천명의 함의 가운데 주로 명운(命運)으로 대변되는 개인의 운명에 대한 제약이나, 또는 시대적 사세(事勢)에 따른 한계적 요소들을 추출하여 통칭하는 것으로 보인다. 이 때문에 맹자는 다른 곳에서 "인간의 몸도 천성(天性)이다. 하지만 오직 성인이 된 후에야 그 몸을 온전히 실현할 수 있다."[63]고 말한다. 이것은 한 개인이 타고난 성명을 실현하는 방식에 대해 개괄한 것으로 오직 본성을 온전히 실현한 성인이라야 비로소 그 몸의 욕구와 욕망을 완성할 수 있다는 말이다. 맹자가 이처럼 진심진성(盡心盡性)의 전제 위에서 천형(踐形)을 강조한 까닭 역시 오직 인간이 자율적이고 능동적으로 제어하고 실현할 수 있는 본성과 그 확충이라는 범위 안에서 기타 천명의 운명적이고 제약적인 요소의 가치와 의의를 인정하려고 했기 때문이다. 논의의 핵심은 왜 맹자가 이처럼 성과 명의 분계를 나누고 명의 가치와 의의를 상대적으로 축소하려고 했

---

63) 『孟子』「盡心上」. "形色, 天性也. 惟聖人, 然後可以踐形."

느냐는 점이다. 맹자의 다음 말을 음미해 보자.

> 구하면 얻고 놓으면 잃는 것, 이것은 구해서 얻으면 유익한데, 왜냐하면 구하는 것이 나에게 있기 때문이다. 구하는 데 일정한 방도가 있고, 얻는 데 명(命)이 있는 것, 이러한 것은 구해서 얻어도 무익한데 왜냐하면 구하는 것이 밖에 있기 때문이다.[64]

위의 인용문에서 맹자는 왜 성을 구하는 것이 유익하고 명을 구하는 것이 무익한지를 구분하여 설명한다. 그에 따르면, 성에 대한 득실은 매우 즉각적이고 직접적이어서 어떠한 매개나 방법도 필요하지 않다고 말한다. 왜냐하면 구하는 대상이 다름 아닌 각 주체의 심성에 갖춰져 있어서 내향적 자각만 있으면 획득할 수 있기 때문이다.[65] 이와 대조적으로, 외부에 존재하는 대상들은 구하는 데 일정한 절차와 방법이 요구될 뿐만 아니라, 설사 그러한 절차와 방법을 모두 충족시켰다고 하더라도 거기에는 또한 명의 기제가 작용하고 있어서 반드시 그것을 얻는다는 보장이 없다는 것이다.

실제로, 이 점은 우리의 삶에서도 언제나 확인되는 사실이기도 하다. 어떤 사람이 자신의 목표와 관련하여 동기와 절차, 그리고 과정 면

---

64) 『孟子』「盡心上」. "求則得之, 舍則失之, 是求有益於得也, 求在我者也. 求之有道, 得之有命, 是求無益於得也, 求在外者也."

65) 맹자는 이와 관련된 인간의 고유한 능력으로 여러 곳에서 사(思)를 든다. 예를 들면, 그는 특히 인간의 대체와 소체에 관해 논의하면서 그 이유를 설명하고 있는데, 신체의 오감과 욕구를 가리키는 소체는 사(思)의 능력과 작용을 결여한 데 마음의 대체는 사(思)를 본질로 삼는다. 이때 사(思)는 외부 대상에 대한 단순한 사려 행위를 가리키는 것이 아니라 자신의 본성에 대한 직접적인 직각(直覺) 능력과 성찰 능력을 가리킨다.(『孟子』「告子上」. 公都子問曰: "鈞是人也, 或爲大人, 或爲小人, 何也?" 孟子曰: "從其大體爲大人, 從其小體爲小人." 曰: "鈞是人也, 或從其大體, 或從其小體, 何也?" 曰: "耳目之官不思, 而蔽於物, 物交物, 則引之而已矣. 心之官則思, 思則得之, 不思則不得也. 此天之所與我者, 先立乎其大者, 則其小者弗能奪也. 此爲大人而已矣.")

에서 모두 충실했음에도 그 결과가 언제나 긍정이거나 선한 것은 아닌 경우가 그것이다. 이와 반대로, 동기와 절차, 그리고 과정 면에서 그다지 충실하지 않았음에도 오히려 그 결과는 더 좋은 경우는 어떻게 설명할 수 있을 것인가? 이때 이처럼 당혹스러운 결과를 어떻게 수용하고 정당화할 것인가? 이처럼 불행한 상황은 그나마 수용하는 방안 가운데 하나가 사세(事勢)나 운명으로 치부하는 방법일 것이다. 그러므로 이때 맹자가 외부 대상으로 규정한 것은 단순히 주체의 노력 안에서 단순하게 획득될 수 있는 협의의 특정 대상을 일방적으로 지칭하기보다 오히려 이 양자를 포괄하는 다양한 경제적·사회적·정치적 인간관계와 그에 따른 환경을 총칭하는 것으로 보인다.[66] 이러한 외적 대상과 그에 따른 명은 한 개체의 주관적 노력의 범위로 전적으로 환원되지도 않을 뿐만 아니라 또한 각 개체의 노력 또한 그 능력과 정도 면에서 서로 다른 한계가 있다는 점에서 매우 복잡한 역학관계를 구성한다고 볼 수 있다. 그러므로 맹자는 삶에서 상대적으로 그 실현 방식이 쉽고 그 완성 가능성이 매우 높은 성을 삶의 가치와 의의의 근거로 삼을 것을 강조한다.

넓은 영토와 많은 백성은 군자가 바라는 것이지만 그가 즐거워하는 것은 여기에 있지 않다. 천하의 중심에 서서 사방의 백성들을 안정시키는 것은 군자가 즐거워하는 것이지만 그가 본성으로 삼는 것은 여기에 있지 않다. 군자가 본성으로 삼는 것은 천하에 크게 행해지더라도 그로 인

---

[66] 한 예로 맹자는「고자」편에서 "귀하게 되고 싶은 것은 사람이라면 모두 가진 마음이다. 그런데 모든 사람은 자기 몸에 귀한 것을 갖추고 있다는 것을 생각하지 못할 뿐이다. 남이 귀하게 해주는 것은 정말로 귀한 것이 아니다. 조맹이 귀하게 해준 것은 조맹이 다시 천하게 할 수 있다. (『孟子』「告子上」. "欲貴者, 人之同心也. 人人有貴於己者, 弗思耳. 人之所貴者, 非良貴也. 趙孟之所貴, 趙孟能賤之.")이 말은 앞서 인용문에서 말한 외부 대상 및 그에 따른 명(命)이 인작(人爵)의 획득하는 방식 및 상실과 관련된 것이라는 점을 잘 보여준다.

해 늘지 않고, 곤궁하게 지내더라도 그로 인해 줄지 않는데, 왜냐면 그 분(分)이 정해져 있기 때문이다. 군자가 본성으로 삼는 것은 인의예지로 마음에 뿌리박고 있다. 그로부터 발산되는 기색은 안색으로 해맑게 드러나고 등으로 넘쳐흐르며 사지로 퍼져 나가 말로 설명하지 않아도 몸이 스스로 알아차리게 된다.[67]

맹자는 군자의 본성, 욕구, 즐거움을 각기 그것들이 지닌 '분정(分定)'을 기준으로 구분하여 설명한다. 여기서 분정(分定)은 '분계(分界)'를 가리키는 말로써 본성과 욕구, 그리고 즐거움이 모두 심성의 요소들임에도 이들 사이에는 각기 서로 분기되는 경계가 명확하게 존재한다는 것이다.

만일 심성론의 관점에서 보면, 본성, 욕구, 즐거움은 각기 본성, 감성적 욕구, 경지에 해당할 것이다. 곧 군자도 모든 사람과 마찬가지로 정치적 지위를 획득하기를 바라고 나아가 이를 바탕으로 천하를 안정시키는 이상을 실현하는 것을 분명 그의 즐거움으로 삼는 것은 사실이지만 이것은 어디까지나 본성 자체의 실현과는 구분된다는 것이다. 다시 말하면, 본성을 점진적으로 실현해가는 수기(修己)의 과정에서 그 자연스러운 결과로, 정치적 지위를 획득해 치인(治人)하게 되고 다시 그것의 궁극적 경지로서 평천하(平天下)의 감화를 실현함으로 오는 즐거움을 향유할 수는 있지만, 그것은 어디까지나 본성을 실현해가는 과정에서 나타나는 단계적 효과에 불과할 뿐 군자가 애초부터 정치적 지위와 감화를 위해서 본성을 확충해가는 것이 아닐 뿐 아니라 엄격히 말해 본성 실현과도 무관하다는 것이다. 결론적으로, 본성 실현은 정치적 지위

---

67) 『孟子』「盡心上」. "廣土衆民, 君子欲之, 所樂不存焉. 中天下而立, 定四海之民, 君子樂之, 所性不存焉. 君子所性, 雖大行不加焉, 雖窮居不損焉, 分定故也. 君子所性, 仁義禮智根於心. 其生色也, 睟然見於面, 盎於背, 施於四體, 四體不言而喩."

와 감화의 충분조건인 데 반해, 정치적 지위와 감화는 본성 실현의 필요 조건조차도 구성하지 못하는 셈이다. 맹자는 성명에 대한 이러한 관점과 논리를 천작(天爵)과 인작(人爵)에 대한 논의에서 집약한다.

> 하늘이 주는 벼슬이 있고, 사람이 주는 벼슬이 있다. 인의충신(仁義忠信)과 선(善)을 즐기되 지겨워하지 않는 성향은 하늘이 준 벼슬이고, 공경대부(公卿大夫)의 관직은 사람이 준 벼슬이다. 옛사람들은 천작(天爵)을 닦아서 인작(人爵)이 자연스럽게 따라오게 했다. 그런데 오늘날의 사람들이 천작(天爵)을 닦는 이유는 인작을 구하는 데 있으므로 일단 인작을 얻으면 천작을 버린다. 이것은 미혹이 심한 것이니 결국 반드시 망할 것이다.[68]

그는 성과 명의 구분과 의의를 천작 및 인작과 연결해 부연한다. 문맥을 고려할 때, 맹자는 성과 명의 실현에서 비롯되는 즐거움을 구분한다. 성에서 비롯되는 즐거움은 도덕성과 인륜 관계에 기초한 즐거움이고, 명에서 비롯되는 즐거움은 일종의 사회정치적 이상을 실현한 데서 오는 즐거움이다.

하지만, 이 두 가지 즐거움은 그 실현 대상과 방법, 그리고 후천적인 가감(加減)의 발생 유무를 기준으로 서로 완전히 구분된다. 예를 들면, 성에서 비롯되는 즐거움은 주체의 자발적인 의지와 실천의 정도에 비례하여 즉각적으로 확충되고 또한 그 내용과 과정이 어떠한 외부 요인이나 환경 때문에 증감되지 않는다는 점에서 일종의 절대적인 즐거움

---

68) 『孟子』「告子上」. "有天爵者, 有人爵者. 仁義忠信, 樂善不倦, 此天爵也; 公卿大夫, 此人爵也. 古之人修其天爵, 而人爵從之. 今之人修其天爵, 以要人爵; 既得人爵, 而棄其天爵, 則惑之甚者也, 終亦必亡而已矣."

으로 규정할 수 있다.[69] 반면 명에서 비롯되는 즐거움은 그 출발점에서부터 외부 조건이나 환경에 따라 그 자체로 부단히 증감되므로 상대적 즐거움에 해당한다. 그러므로 맹자는 이러한 논리를 토대로 천작의 불변성을 닦아 인작의 상대성을 획득해 갈 것을 제안한다. 왜냐하면 천작을 얻는 과정에서 비롯되는 즐거움은 그 자체로 절대적이고 불변하는 것으로서 인작으로 대변되는 명에서 비롯되는 모든 후천적인 즐거움의 토대가 되기 때문이다. 더 중요한 것은 만일 명이 내재하여 있는 인작에서 비롯되는 즐거움을 획득하지 못했다고 하더라도 상관없다. 왜냐하면 이때에도 천작을 실현해가는 과정에서 획득되는 사체(四體)의 즐거움과 인륜적 즐거움이 여전히 유효하기 때문이다.

IV. 실존 치료: 올바른 성명관의 확립과 실천

앞서 맹자의 성명과 주요 내용과 특징에 대해 상술하였다. 그리고 마지막 부분에서는 그가 성과 명의 경계를 구분하려는 동기와 목적이 최종적으로 어디에 있는지 확인하기 위해서 그의 천작과 인작 이론을 분석하였다. 현대적 관점에서 볼 때 맹자의 이러한 성명 관념은 여전히 재론의 여지가 있는 것도 사실이다. 왜냐하면 도덕성과 인륜 관계의 구축이 여전히 인간다운 삶의 필수 불가결한 요소임은 틀림없지만, 현대에 들어서 인간성의 실현 및 완성과 관련하여 경제적·사회적·정치적 요

---

69) 주지하는 것처럼, 맹자는 '군자의 세 가지 즐거움[君子三樂]'에 제시하는데, 그 내용을 살펴보면 결국 내면의 도덕성과 인륜적 관계를 성취할 때 누릴 수 있는 즐거움을 구체화한 것에 해당한다. 이에 대해서는 다음의 구절을 참조. 『孟子』「盡心上」. "君子有三樂, 而王天下不與存焉. 父母俱存, 兄弟無故, 一樂也. 仰不愧於天, 俯不怍於人, 二樂也. 得天下英才而敎育之, 三樂也. 君子有三樂, 而王天下不與存焉."

소가 점차 중시되는 것도 간과할 수 없기 때문이다.

실제적인 역사적 사례를 보아도 그렇다. 공맹은 대체로 성(性)을 통한 자연스러운 명(命)의 성취를 강조했지만, 공맹과 같은 성현조차도 정작 명(命)의 실현에는 실패했고, 오히려 다른 사람들의 경우 그 반례가 더욱 많다. 그럼에도 맹자의 논지가 여전히 가치 없거나, 또는 반박되는 것은 아니다. 맹자의 관점은 여전히 다음과 같이 정당화될 여지를 갖고 있다. 곧 천작은 개인의 본성에 내재한 것이므로 그것을 추구해서 얻은 후에 설령 그에 상응하는 인작으로 실현되지 못했다고 하더라도 여전히 본성의 실현에서 구축된 인륜적 관계 및 그에 따른 즐거움은 불행한 사회경제적 조건과 환경과 무관하게, 확고하게 보장된다는 것이다.

맹자가 말한 명은 일종의 외재적 명으로 개체의 내재적 성을 넘어선 기명(氣命)을 가리킨다. 그리고 이러한 기명은 생물학적 실존요수와 사회적 부귀빈천(富貴貧賤)의 요소를 포괄한다.[70] 성명은 본래 동일한 천명에서 유래했지만, 그 실현 과정에서는 내재성과 외재성으로 분화되고, 그 실현 내용에서는 규범성과 사실성으로 분화되므로 언제나 그 자체로 상호 대립과 충돌의 여지를 안고 있다. 이 때문에 맹자는 올바른 성명 관념을 확립하는 것과 관련하여 다음과 같이 말한다.

> 요절과 장수에 미혹되지 않고 몸을 닦으면서 죽음을 맞이하는 것이 명(命)을 확립하는 것이다.[71]

---

70) 이상선, 「기명(氣命)으로 본 덕(德)과 복(福)」, 『공자학』제21호, 한국공자학회, 2011, 156-164쪽.
71) 『孟子』「盡心上」. "殀壽不貳, 修身以俟之, 所以立命也." 사실 여기서 '之'의 대상이 무엇인지에 대해서는 여전히 재론의 여지가 있다. 가령 맹자는 다른 곳에서 앞의 구절과 흡사한 내용을 말하고 있는데, 군자의 수신 목적과 관련하여 "군자는 법도를 행하면서 명

어느 것도 명(命)이 아닌 것은 없다. 그러나 그 가운데 바른 것을 수용하고 따라야 한다. 그러므로 명(命)을 아는 사람은 위태로운 담장 아래에 서 있지 않는다. 그 도(道)를 온전히 실천하다가 죽음을 맞는 것이 정명(正命)이다. 죄를 저질러서 형벌로 죽는 것은 바른 명이 아니다.[72]

여기서 맹자는 올바른 성명 관념의 확립과 관련하여 입명(立命)과 정명(正命)에 대해 말한다. 먼저, 입명의 본의와 관련해서는 많은 연구자의 논의가 분분하다.[73] 참고로 어떤 연구자는 '명'은 인간의 본성에 내재한 천명을 가리키고, '입'은 이러한 내재된 천명을 도덕성의 형태로 확고하게 확립해가는 행위를 가리킨다고 보기도 한다.[74]

하지만 문맥의 전후를 살펴볼 때, 이러한 해석들은 다소 모호하다. 전체적인 문맥을 고려할 때, 그 기본적인 의미는 생명의 장단에 구애받지 않고 죽을 때까지 일관되게 수신하면서 임종을 맞는 것을 가리킨다. 다시 말하면, 주어진 생물학적 수명의 한계에서 비롯되는 공포나 근심을 초월하여 죽는 날까지 윤리적 본성을 일관되게 실현해가는 것이 곧 입명이라는 것이다. 따라서 여기서 입명은 명(命)의 본질과 특징을 제대로 이해하고 이를 대하는 태도를 가리킨다. 만일 명에 내포된 운명과 명수(命數)의 작용을 진정으로 온전히 파악한 사람이라면 오히려 그것에 의해 동요되지 않을 것이다. 왜냐하면 그것은 인력이 개입할 수 없

(命)을 기다릴 뿐이다."라고 말한다. (『孟子』「盡心下」. "君子行法, 以俟命而已矣.") 그런데, 이때 명(命)은 단순히 생물학적 수명의 종결을 가리키는 것이 아니라, 오히려 사회정치적 천명(天命)의 의미가 강하다. 만일 이 내용의 연장선상에서 보면, '之'는 수명이 아닌 천명이 된다.

72) 『孟子』「盡心上」. "莫非命也, 順受其正. 是故知命者, 不立乎巖牆之下. 盡其道而死者, 正命也. 桎梏死者, 非正命也."

73) 이때 명을 '운명', '수명', '덕성', '사명' 등으로 보는 견해가 있다. 이에 관한 상세한 논의는 이택용 지음, 『중국 고대의 운명론』, 도서출판 문사철, 2014, 32-37쪽을 참조.

74) 蒙培元, 『蒙培元講孟子』, 北京:北京大學出版社, 2006, 101-102쪽.

는 일종의 불가항력적 흐름이고 따라서 그에 대한 공포나 근심은 더 이상 무의미한 것이기 때문이다. 따라서 오히려 행위 주체는 그가 자율적이고 능동적으로 실현할 수 있는 것, 곧 본성 실현이라는 수기에 전념할 것이다. 이 경우 죽음의 의미는 다만 이러한 진성(盡性)의 의미를 지닐 수밖에 없다. 다음으로 정명(正命)에 관한 견해 또한 분분하지만, 전체적인 문맥을 고려할 때 앞서 살펴본 입명의 연장선상에서 이해될 수 있다.

맹자는 먼저 어떠한 형태의 실존요수도 결국은 명의 범주에 속한다고 천명한다. 다시 말하면, 인간학적 관점에서 보면, 실존요수 현상은 행과 불행의 부단한 교차로 다가오지만, 천명의 관점에서 보면 이 모든 현상이 결국 명의 제약적 작용의 구현일 뿐이다. 따라서 맹자의 이러한 언급은 결국 기수와 운명으로서 명의 필연적 작용을 환기시킨 것이라고 말할 수 있다. 그런데, 맹자는 계속해서 그 가운데 바른 명을 수용하고 따라야 한다고 강조한다. 그리고 그 대표적인 예들로 경사져 있는 담장 아래 위태로이 서 있는 경우와 범죄로 처벌받아 죽는 경우를 들고 있다. 이러한 예들은 일견 명이 불가항력적이고 불가사의하다는 점에서 운명처럼 작용하지만, 그렇다고 인위적으로 위태로운 행위나 범법 행위를 감행하여 죽음을 재촉하는 것은 운명에 순응하는 자세가 아니라 오히려 운명을 거스르는 것이라는 점을 분명하게 지적한다. 이것은 마치 인간이라면 누구나 반드시 죽을 운명이지만, 그 시점을 아무도 모른다는 사실 때문에 운명을 시험하기 위해서 빠르게 달려오는 자동차에 정면으로 뛰어들거나 잔인한 살인을 범해 사형을 받아 죽는 것과 같다. 주의해서 살펴보면, 이러한 것들이 분명 운명의 범주에 속하지 않는 점은 매우 분명하다. 왜냐하면 이러한 행위들은 대체로 인간의 후천적인 자유의지에 의해 변경할 수 있기 때문이다.

따라서 명을 바로잡는 정명이란 생물학적 의미의 실존요수에 따른 수명 자체를 변화시킨다는 것이 아니라, 이러한 실존요수의 불가지성에서 비롯되는 공포와 불안에 동요되지 않고 인도(人道)를 추구하는 일관된 삶의 태도와 자세를 가리킨다. 하지만 맹자는 여기서 한발 더 나아가 진정한 실존의 의미와 관련하여 최후로 다음과 같이 말한다.

> 삶도 내가 원하는 것이지만, 삶보다 더 간절히 원하는 것이 있으므로 구차하게 삶을 영위하려고 하지 않는다. 죽음도 내가 싫어하는 것이지만, 죽음보다 더 싫어하는 것이 있기에 환난을 피하지 않고 죽는 경우가 있다. 만일 사람들이 삶보다 더 간절하게 원하는 것이 없다면, 삶을 영위하는데 필요한 어떤 방법인들 사용하지 않겠는가? 만일 사람들이 죽음보다 더 싫어하는 것이 없다면, 환난을 피할 수 있는 어떤 방법인들 강구하지 않겠는가? 그러나 나에게 삶보다 더 간절히 원하는 것이 있기에 생존할 수 있는데도 그 생존의 방법을 사용치 않는 경우가 있다. 또 나에게 죽음보다 더 싫어하는 것이 있으므로 환난을 피할 수 있는데도 그 환란을 피하는 방법을 사용치 않는 경우가 있다. 그러므로 사람에게는 삶보다 간절히 원하는 것이 있으며, 죽음보다 더 싫어하는 것이 있다. 오직 인자만 이런 마음을 가지고 있는 것이 아니라, 사람이라면 누구나 다 이런 마음을 가지고 있다. 인자는 다만 그것을 잃지 않을 따름이다.[75]

---

75) 『孟子』「告子上」. "生, 亦我所欲也; 義, 亦我所欲也, 二者不可得兼, 舍生而取義者也. 生亦我所欲, 所欲有甚於生者, 故不爲苟得也; 死亦我所惡, 所惡有甚於死者, 故患有所不辟也. 如使人之所欲莫甚於生, 則凡可以得生者, 何不用也? 使人之所惡莫甚於死者, 則凡可以辟患者, 何不爲也? 由是則生而有不用也, 由是則可以辟患而有不爲也. 是故所欲有甚於生者, 所惡有甚於死者, 非獨賢者有是心也, 人皆有之, 賢者能勿喪耳."

맹자는 인간이라면 누구나 가진 보편적인 명 관념을 소개한 후에 그것을 초월할 가능성을 역설한다. 인간은 대체로 삶을 좋아하고 죽음을 싫어하는 경향성을 갖고 있다. 그리고 이러한 관점은 여러 가지 가능성 가운데 의식적으로 선택한 인위적 태도라기보다 일종의 생물학적 본능에 가깝다. 또한 삶과 죽음에 대한 태도 가운데 상대적으로 강한 충동은 죽음에 대한 회피이다.

그런데 맹자는 인간의 심성에는 실존에 관한 이러한 생물학적 욕구를 초월하는 더욱 고차원적인 의지 활동도 동시에 존재하는데 그것이 곧 본성에서 비롯되는 도덕성과 인륜 관계를 추구하고 완성하려는 욕망이라고 본다. 그런데, 특정 상황에서 실존 문제와 관련하여 생물학적 성향과 윤리적 성향이 상충하면서도 인간은 때로 죽음을 각오하고 윤리적 경향성에 따라 결단을 내릴 때가 있다. 왜냐하면 이러한 극단적인 한계상황에서조차 인간은 본성적으로 윤리적 삶을 실현하기를 더 간절하게 바라기 때문이다. 맹자의 이러한 관점은 앞서 공자가 말한 살신성인(殺身成仁)의 취지와도 정확히 일치한다.[76]

하지만 주의할 점은 맹자가 말한 살신성인은 단순히 도덕적 의무감의 산물은 아니라는 점이다. 예를 들면, 맹자는 여러 곳에서 "인(仁)은 사람의 편안한 집이고, 의(義)는 사람의 바른길이야. 편안한 집을 비우고 거처하지 않고 바른길을 버리고 말미암지 않으니 슬프구나!"[77]라고 말하기도 하고, 또한 다른 곳에서는 "무릇 인(仁)은 하늘이 내려준 존귀한 작위이니 사람의 편안한 집이다. 그런데 그를 통제하지 않았는데도

---

76) 『論語』「衛靈公」. "志士仁人, 無求生以害仁, 有殺身以成仁."
77) 『孟子』「離婁上」. "仁, 人之安宅也: 義, 人之正路也. 曠安宅而弗居, 舍正路而不由, 哀哉!"

인하지 못하면 그것은 지혜롭지 못한 것이다."[78]라고 말하기도 한다.

여기서 맹자는 인(仁)과 관련된 근본 정서를 공통으로 '편안함[安宅]'으로 규정하고 있다. 그리고 그 본의는 어떠한 후천적인 가공 이전에 인(仁)은 그 자체로 본성이 지닌 선천적인 도덕적 성향으로서 그로부터 파생하는 도덕 의지와 정감은 불편하고 인위적인 것이 아니라 자연스럽고 편안한 것임을 역설하는 데 있다.[79] 따라서 맹자가 입명과 정명을 제시한 최종 목적은 무엇보다도 협의의 생물학적 관념을 넘어서 인간의 본성에 더 심층적으로 잠재된 광범위한 도덕 성향과 그에 따른 실천 의지를 일깨우는 데 있다. 그러면 왜 입명과 정명이 필요한가?

> 하늘이 이 백성들을 낳은 이래 선지자로 하여금 뒤에 오는 사람을 깨닫게 하도록 하였고, 선각자로 하여금 뒤에 깨달을 사람을 깨닫게 하였다. 나는 백성들 가운데 선각자다. 그러므로 요순의 도로 이 백성들을 깨닫게 할 것이다. 내가 깨닫게 하지 않는다면 누가 그렇게 할 것인가?[80]

> 하늘이 장차 큰 임무를 이 사람들에게 내려주고자 할 때는 반드시 먼저 그 심지를 고통스럽게 하고 그 몸을 수고롭게 하고 굶주리게 하며 궁핍하게 하고 그 행하는 바를 고통스럽게 한다. 그리하여 심성을 놀라게 하고 인내심을 키우게 하니 이것은 그가 능하지 못한 것을 길러주기 위한 것이다.[81]

---

78) 『孟子』「公孫丑上」. "夫仁, 天之尊爵也, 人之安宅也. 莫之禦而不仁, 是不智也."
79) 다른 시각에서 보면, 이 쟁점은 본성에 내재한 선천적인 도덕성과 그로부터 후천적으로 파생되는 정감인 즐거움의 관계 문제로 환원하여 설명할 수 있다. 이에 관한 상세한 논의는 박길수, 「도덕 심리학과 도덕 철학의 이중적 변주」, 『哲學硏究』제48집, 고려대학교 철학연구소, 2013, 70-71쪽 참조.
80) 『孟子』「萬章上」. "天之生此民也, 使先知覺後知, 使先覺覺後覺. 予, 天民之先覺者也: 予將以斯道覺斯民也. 非予覺之, 而誰也?"
81) 『孟子』「告子下」. "天將降大任於是人也, 必先苦其心志, 勞其筋骨, 餓其體膚, 空乏

위에서 맹자는 생의 원천과 목적에 관해 설명하고 있다. 그에 따르면, 삶의 원천은 천도의 창조 활동이고 그 목적과 의의는 궁극적으로 삶의 본질을 철저하게 자각하는 것이다. 그리고 그 과정은 이러한 삶의 본질과 의의를 먼저 이해하고 깨달은 선지자나 선각자가 후생(後生)을 교화하는 방식으로 이루어진다. 그리고 그 교화의 핵심 내용이 요순의 도이다.

그러면 맹자는 왜 요순의 도를 생의 도를 자각한 전형으로 제시하는가? 맹자가 보기에 요순이야말로 하늘로부터 품부 받은 본성대로 살다가 간 인물들이기 때문이다.[82] 하지만, 세상에 요순과 같은 인물은 드물 뿐만 아니라, 선지와 선각의 여정도 평탄한 것이 아니다. 이 목표는 오랫동안 지속되는 동심인성(動心忍性) 과정을 통해 성취된다. 다시 말하면, 천명에 대한 무지로부터 출발하여 동심인성으로 대변되는 실존적 우환 의식의 부단한 수행 과정을 거쳐서 마침내 본성에서 비롯되는 안정과 즐거움을 자각해가는 긴 과정이라고 말할 수 있다.

맹자는 일찍이 이 여정을 "근심에서 태어나 안락에서 죽는다."[83]라는 간결한 말로 개괄한다. 따라서 맹자의 관점에서 삶에서 죽음에 이르는 과정은 삶의 목적과 의의에 대한 무지로부터 비롯되는 근본적인 불안과 염려를 해소해가는 과정이다. 그런데 이 과정은 생물학적 성향으

其身, 行拂亂其所爲, 所以動心忍性, 曾益其所不能."

82) 맹자는 일찍이 요순을 평가하면서 본성을 온전히 실현하고 간 인물들로 평한다(『孟子』「盡心上」. "堯舜, 性之也.",『孟子』「盡心下」. "堯舜, 性者也.") 또한 맹자의 문인들은 맹자가 성선을 말할 때에는 반드시 요순의 예를 들어 설명했다고 지적한다.(『孟子』「滕文公上」. "孟子道性善, 言必稱堯舜".) 그리고 다른 곳에서는 요순과 일반 사람들의 본성의 동질성을 설명한다(『孟子』「離婁下」. "何以異於人哉? 堯舜與人同耳".) 이러한 내용들을 종합해 볼 때, 맹자가 요순의 도라고 말한 것은 곧 인간의 내면적 본질로서 성선과 그 실현 방법을 가리키며 그것이 실현 가능한 것은 인간 본성의 보편성 때문이다.

83) 앞의 책, 같은 곳. "生於憂患, 死於安樂."

로부터 비롯되는 관념 및 성향에 따라서는 해결할 수 없다. 오히려 이 문제는 본성 실현의 실천 과정을 통해 점진적으로 해소되며, 이 과정이 최종적으로 완성될 때만 인간은 비로소 편안한 죽음을 맞이하게 되는 것이다. 이것이 바로 맹자가 올바른 성명 관념의 확립과 관련하여 입명과 정명을 강조한 본의이다.

마지막으로 맹자의 실존에서 주목할 점은 기존의 천명 이론이 각기 성과 명의 의미로 분화된 과정이 갖는 사상적 의의이다. 앞서 상술한 것처럼, 개체의 본질과 특징을 기준으로 설명할 때 성은 개체의 인성이나 본성을 가리키고, 명은 개체의 실존요수나 부귀빈천의 요소를 가리켰다. 그리고 인성과 본성은 주체적이고 능동적인 실현의 대상으로 간주하였고, 반면 명은 객관적이고 수동적인 실현의 대상으로 여겨졌다. 그런데 성과 명이 분화된 결과를 분석해보면, 결국 기존 천명의 함의 가운데 개체가 주체적으로 실현할 수 있는 것들은 모두 성의 범주에 귀속시키고, 이와 대조적으로 개체의 역량을 초월하는 것들은 모두 명에 귀속시켰다는 것을 알 수 있다.

실존의 관점에서 이러한 성과 명의 내용과 특징을 다시 규정하면, 성은 생의 범주에 속하고, 명은 사의 범주에 속한다. 왜냐하면 성은 이미 천(天)이 사물을 창조하였을 때 각 사물이 탄생하면서 갖는 고유한 개체성을 가리키고, 이러한 개체성은 이후 사물이 삶을 영위해가는 과정에서 지속적으로 발현되는 것을 포함하기 때문이다. 이 점은 본래 성(性)자의 어원이 생(生)자에서 인식되었다는 역사적 사실에서도 확인할 수 있다. 한편, 명은 이와 대조되는 특징을 지닌다. 피상적으로 보면, 공자와 맹자가 실존의 함의를 명의 범주로 귀속시킨 것은 사실이다.

그럼에도 명의 실제 의미를 근거 짓는 것은 사실상 한계상황인 사

(死)이다. 객관적이고 제약적인 명수나 운명의 관점에서 본생(生)은 기껏해야 개체의 삶이 본인의 의지나 의사와 무관하게 홀연히 주어진 것이라는 의미밖에 없기 때문이다. 오히려 맹자가 입명과 정명을 강조한 것처럼, 일단 주어진 생이 문제가 아니라 이후 인간이 살아가면서 언젠가는 필연적으로 직면할 한계상황인 죽음을 어떻게 대할 것인가가 매우 중요한 문제로 드러나기 때문이다. 왜냐하면 명으로서 이 필연적이고 불가항력적인 죽음 자체가 문제가 아니라 이 죽음을 어떻게 맞이할 것인가가 인간의 실존적 삶의 가치와 의의를 최종적으로 확정하기 때문이다. 따라서 명은 일차적으로 죽음의 함의와 연결되고, 입명과 정명은 이 죽음의 함의를 어떤 형태로든 올바로 정립하는 것을 가리킨다.

　맹자의 실존적 태도인 입명과 정명은 오직 성의 함의를 온전히 발휘할 때 충족된다. 이러한 태도는, 명의 함의 안에서 매우 제한된 형태로 여전히 보존하되, 그 적극적인 의미는 사실상 성의 함의로 대체한 결과이다. 결론적으로 말해, 성에 기초한 삶의 원리와 의미로 명에 근거한 실존의 원리와 의미를 포섭한 것이다.

[1부와 2부 사이에서 반드시 살펴봐야 할 것들]

현대 한국 사회는 물질주의와 경쟁 중심의 문화 속에서 인간성 상실과 삶의 의미에 대한 위기를 겪고 있으며, 이를 극복하기 위해 죽음학과 죽음교육이 필요하다. 죽음학은 죽음을 성찰하여 인간다운 존재로 회복하는 인간학이다. 죽음교육은 죽음학을 토대로 발달 단계와 직업군에 맞는 맞춤형 프로그램과 윤리적 실천을 통해 개인의 존엄성과 공동체적 가치를 회복하고, 삶과 죽음을 하나로 바라보며 삶의 본질과 우선순위를 재정립하도록 돕는다. 나아가 공교육화를 통해 죽음에 대한 이해와 대처 기술을 교육하고, 상실과 비탄을 치유하며 새로운 삶의 가치를 발견하는 실천적 접근을 강조한다.

죽음교육은 인간의 삶과 죽음을 통합적으로 이해하며, 죽음을 단순한 생물학적 현상이 아닌 실존적 결단과 의미화로 바라본다. 이러한 맥락에서 죽음교육은 개인의 삶의 본질과 가치관을 재정립하도록 돕는다. 이는 죽음이 금기시된 현대 사회에서 상실과 비탄을 수용하고 대처하는 문화적 방식의 필요성을 제기하며, 동서양 철학과 문화적 관점의 차이와 다름을 이해해야 함을 강조한다. 따라서 죽음학과 죽음교육의 맥락적 관점은 동서양 사상과 문화 사회학적 차이를 학습하며, 죽음 대처 방식과 비탄 해결을 탐구하는 문화사회론 주제로 자연스럽게 확장되고 연결된다.

제2부 문화·사회론

제2부 문화·사회론

한국 전통사회에서는 죽음을 금기시하거나 회피하지 않고 오히려 긍정적이고 심미적으로 받아들였다. 예를 들어 살아생전에 수의를 준비하거나 가묘를 미리 짓는 등 자기 죽음을 미리 받아들이며 준비하는 풍습이 있었다. 옛사람들은 결코 죽음을 부정하거나 회피하지 않고, 적극적으로 맞이하고 받아들였다. 그러나 현대 사회는 오히려 죽음을 금기시하고 거부한다. 이는 죽음을 부정적으로 보는 인식에서 비롯된다. 이러한 죽음을 거부하고 금기시하는 현상은 오늘날 우리 사회의 구조적 특성을 반영한다. 우리말에서는 죽음을 '돌아가셨다'라고 표현한다. 이는 죽음이 끝이 아니라, 마치 저쪽 세상(저승)에서 이쪽 세상(이승)으로 여행해 왔듯이 본래 있던 곳으로 돌아가는 것을 의미한다. 따라서 죽음은 단순한 종말이 아닌, 생명의 한 현상으로서 지나가는 과정 혹은 본원적 상태로의 회귀를 의미했다. 이처럼 선조들은 죽음을 부정하거나 금기시하지 않고, 오히려 긍정하면서 죽음을 미리 준비하는 삶을 살았다. 한편 최근 우리 사회에서 시행되는 연명치료는 죽음을 거부하고 지속적인 생명 유지를 추구하는 현대 의학의 생명관을 여실히 보여주는 상징적인 치료 방법이다. 따라서 오늘날 죽음의 금기와 부정은 현대 사회구조의 성격과 현대의학이 만들어낸 결과라 할 수 있다. 그렇다면 이처럼 죽음이 금기시된 사회에서 어떤 태도와 관점으로 죽음을 바라보아야 품위 있는 죽음에 이를 수 있을까? 이 장에서는 죽음이 금기시된 사회에서의 바람직한 죽음의 태도와 품위 있는 죽음에 이르는 방법을 알아보고자 한다. 또한 동서양의 다양한 문화·종교적 관점에서 상실과 죽음을 어떻게 맞이하고 대처하였는지 비교문화·종교사적 관점에서 관찰한다.

기본 1

죽음이 금지된 사회의 죽음

<내용 요약>

전통사회에서는 죽음을 생-노-병-사의 자연스러운 과정으로 받아들였고, 죽음을 거부하거나 금기시하는 일이 없었다. 그러나 산업 혁명 이후 의학의 발달로 죽음은 의료 실패로 간주하였고, 의료진은 죽음을 거부하며 무의미한 연명치료를 하게 되었다. 필립 아리에스(Philippe Aries)는 이러한 현대 사회의 죽음을 '죽음이 금지된 사회'라고 규명하며, 죽음의 다섯 가지 유형을 제시했다. 그 유형은 '길들여진 죽음', '자신의 죽음', '멀리 있지만 임박한 죽음', '다른 사람의 죽음', '부인된 죽음'이다. 특히 '부인된 죽음'은 의료기술 발달로 죽음이 병원에서 이루어지고, 죽음이 금기시되거나 거부되는 현상을 설명한다.

<핵심어>

죽음의 다섯 가지 유형, 금지된 죽음

<학습 목표>

- 전통사회에서 죽음에 대한 태도와 의례가 어떻게 변화했는지 이해한다.
- 산업 혁명과 의료 발전이 인간의 죽음 인식에 미친 영향을 파악한다.
- 필립 아리에스의 사망에 관한 이론을 학습하고 그 의미를 논의한다.
- 현대 사회에서 죽음이 어떻게 부인되고 숨겨지게 되었는지에 대해 성찰한다.
- 죽음과 관련된 다양한 사회적, 문화적 변화를 분석하고 비교한다.

<적용 실천>

- 죽음에 대한 개방적 태도의 발전: 개인과 사회가 죽음을 부정하거나 숨기지 않고, 더 건강하고 개방적인 태도를 갖도록 한다. 예를 들어, 죽음에 대한 교육과 상담을 통해 사람들이 두려움 없이 죽음에 관해 이야기할 수 있도록 한다.
- 죽음 관련 의례와 문화의 이해: 다양한 문화권에서의 죽음 의례와 태도를 연구하고, 이를 존중하며 다문화 사회에서의 죽음에 대한 인식 차이를 이해하는 데 도움이 된다.
- 죽음교육프로그램 개발: 학교나 사회복지 기관에서 죽음 교육과 상담 프로그램을 개발하여 사람들에게 죽음에 대한 이해를 돕고, 정신적 준비를 할 수 있는 기회를 제공한다.
- 의료 종사자와의 협력 강화: 의료 분야에서 죽음을 다루는 의료 종사자들이 더욱 개방적이고 공감적인 접근을 하도록 돕는 교육을 제공한다.
- 현대 사회의 금지된 죽음 문제 해결: 죽음이 부정되거나 숨겨지지 않도록 사회적 캠페인과 토론을 통해 사람들에게 죽음에 대한 인식을 바꾸는 활동을 추진한다.

죽음이 금지된 사회의 죽음

I. 전통사회의 죽음

전통사회는 대체로 자연의 리듬, 즉 봄-여름-가을-겨울의 순환처럼 인생의 흐름도 생-노-병-사의 리듬과 흐름의 연속으로 생각했다. 그러나 산업 혁명 이후 과학과 의학 기술의 발달, 특히 광학과 현미경의 발달로 그동안 보이지 않았던 세균과 미생물이 가시화되면서 질병을 실체(눈에 보이는 대상)로 파악하게 되었다. 이에 따라 질병 치료의 의미는 몸속의 세균을 박멸하거나 눈에 보이는 실체를 제거하는 것으로 인식되어 왔다.

사람의 죽음은 그동안 축적한 의료기술의 적절한 적용과 응용의 실패(의학의 실패)로 여겨졌기에, 생명을 다루는 주체는 그 실패를 쉽게 인정하기 어려웠다. 실패를 인정하는 것은 곧 자신이 실패자가 된다는 의미였기 때문이다. 그래서 의료진은 죽음을 거부하고 실패를 막기 위해 적극적인 의료 개입과 무의미한 연명치료 형태의 의료기술을 탐색하게 되었다. 그 결과 자연스럽게 맞이해야 할 죽음이 의료의 적극적인 개입(생명을 살리고 최선을 다해야 한다는 명분 아래)으로 인해 금기시되고 거부되었다. 프랑스의 문화 역사학자인 필립 아리에스(Philippe Aries)는 이러한 현대 사회의 특징을 '침묵의 음모'(죽음을 인정하지 않고 마치 살아있는 것처럼 생명을 연장하는 사회)로 규정한다.

'죽음이 금지된 사회의 죽음'을 최초로 제기한 사람은 필립 아리에스다. 그는 죽음을 긍정적으로 보거나 혹은 부정하고 금기시하는 관점이 문화와 시대, 민족마다 각기 다른 특성을 지닌다는 것을 전제로 했다. 그러면서도 죽음의 유형이 문화와 시대, 민족마다 다르게 나타나지만, 동시에 인류 공통의 특성이 있음을 밝혔다. 그는 고대에서 현대에 이르기까지 수 세기에 걸친 죽음에 대한 태도와 관련해 5가지 주요 유형을 발견했다. 이러한 유형별 분류와 구분이 지나치게 도식적이라는 비판도 있으나, 그가 분류한 죽음의 유형은 현대 죽음학에서 여전히 유의미한 가치를 지닌다.

II. 죽음에 대한 다섯 가지 유형

필립 아리에스는 이 죽음의 유형을 특정한 시대의 문화 사회적인 틀과 관련이 있다고 보았다. 죽음의 다섯 가지 유형을 소개하면 다음과 같다.

① 길들여진 죽음(tamed death), ② 자신의 죽음(death of the self), ③ 멀고 임박한 죽음(remote and imminent death), ④ 다른 사람의 죽음(death of the other), ⑤ 부인된 죽음(death denied: 몇몇 사람들은 이를 금지된 죽음이라고도 부름)이라고 명명하였다. 이를 좀 더 구체적으로 살펴보면 다음과 같다.

1) 길들여진 죽음

길들여진 죽음은 고대의 모든 민족이나 군집 및 가족 사회에서 공통으로 발견되는 것으로, 주로 '자연적인 죽음'을 의미한다. 이는 생(生)-노(老)-병(病)-사(死)의 자연스러운 과정을 통해 죽음에 이르는 것을 말한다. 누구도 부인할 수 없는 자연스럽고 익숙한 이 죽음은, 그것을 피하려는 어떤 시도도 불가능한 불가역적인 현상이다.

따라서 죽어가는 사람은 대부분 죽음을 거부하거나 피하기보다는 자연적인 순리로 받아들인다. 일반적으로 그들은 죽음을 조용히 수용하면서 사랑하는 사람들과 공동체의 구성원들에 둘러싸여 평화롭게 죽음을 기다린다. 이때 죽음과 고인은 자연스럽게 남아 있는 유가족의 삶으로 들어온다.

유가족이 흘리는 눈물과 감정 표현은 고인과의 관계를 건강하게 만들며, 그들의 삶으로 들어온 죽음의 비탄과 애도는 새로운 의미망으로 구성되어 새롭게 살아갈 수 있는 질서와 재적응의 힘을 제공한다. 거부하거나 부인하지 않은 죽음은 유가족을 건강한 애도로 이끌고, 슬프지만 고인에 대한 적절한 그리움을 안고 살아가게 한다.

아리에스가 말한 '길들여진 죽음'의 의미는 죽음과 삶이 분리되어 있거나 죽음을 거부하고 금기시하는 것이 아니다. 오히려 죽음을 살아 있는 사람들의 삶 속으로 받아들여 고인과 깊은 관계와 의미망을 형성하면서 더욱 바람직한 삶을 영위해 나가는 태도를 뜻한다.

2) 자신의 죽음

아리에스는 '자신의 죽음'에서 나타날 수 있는 심리적 현상을 다음과 같이 분류한다. 자신의 죽음은 힘들고 고통스러우며 존엄하지 못한 채 맞이하게 될 수 있다. 또한 가족이 아닌 낯선 기관이나 병원에서 자신의 필요와 소원을 존중받지 못한 채 의료진들의 보살핌을 받는 힘든 상황을 겪을 수도 있다.

이에 따라 내면에서는 다음과 같은 물음과 소원이 일어날 수 있다:

① 죽음이 고통 없이, 그 시기를 알지 못한 채 잠든 중에 찾아오기를 바라는 마음
② 갑작스럽고 예측 불가능한 죽음이 아닌, 자신의 충분한 인식과 고려를 통해 '끝내지 못한 과업'에 대해 이야기하고, 사랑하는 사람과 이별을 고하며, "나 먼저 다녀올게.", "이제 조상님을 만나러 갈 준비가 되었어."라고 말할 수 있는 시간을 갖고 싶은 바람
③ 현세의 신체적, 심리적, 관계적, 영적 측면에서 겪는 어려움과 고통으로부터의 해방 통로가 될 수 있을지에 대한 의문과 기대
④ 죽음 이후 미지의 세계에 대한 기대와 공포(신의 구원이나 두려운 판결, 처벌에 대한 걱정), 천국의 보상, 더 나은 삶으로의 이행, 또는 먼저 간 이들과의 재회에 관한 생각

이와 관련해 종교마다 비슷하면서도 다양한 전통의 믿음으로 다음과 같은 기도를 한다. 예를 들어, 유대인들은 임종 시 "이스라엘이여 들어라! 주님은 우리 하나님이시며, 주님만이 하나님이시다. 주님이신 하나님을 온 마음과 영혼과 힘을 다해서 사랑할지어다."(신명기 6:4, 5)를 암송한다. 이슬람교도들은 신성한 이름을 부르는 것이 구원의 길이라 믿으며, 불교도들은 아미타불의 이름을 부르면 사후 정토에 이른다고 믿는다.

⑤ 남겨질 사랑하는 이들(배우자, 자녀 등)에게 자신의 질병과 죽음의
   부담을 지우게 된다는 걱정과 자신이 떠난 후 그들에게 일어날 일들에
   대한 근심

이처럼 죽음의 순간에 대한 불안을 해소하기 위해 각 민족과 문화, 사회마다 죽음의 방식(Ars Moriendi)과 올바른 죽음의 방법을 연구하

고 발전시켜 왔다. 임종 의식과 장례 절차, 제사와 기념식이 그 대표적인 예다.

3) 멀리 있지만 임박한 죽음

현대인 대부분은 죽음에 대해 양가적(ambivalent)인 태도를 보인다. 죽음은 누구나 맞이하게 되는 전적으로 필연적이고 자연적인 사건이지만, 사람들은 여전히 죽음과 일정한 거리를 두기 위해 큰 노력을 한다. 이때 죽음은 길들여지지 않은 죽음, 즉 거부되고 금지된 죽음으로 나타난다.

그러나 죽음은 인간이라면 누구도 피할 수 없는 자연적인 현상이기에 반드시 찾아온다. 동시에 그것은 위험하고 무서운 것이기에 자기 삶으로부터 멀리 떨어뜨려 놓거나 분리하려 한다. 요약하자면, 죽음은 찾아오는 동시에 거부되는 것이며, 평온하면서도 두려운 것이어서 죽음에 대한 태도는 양가적이라 할 수 있다. 하지만 이러한 양가성이 지향하는 궁극적인 지점은 죽음을 자기 삶으로 받아들이고 재적응하기 위한 과정이다.

아리에스가 규정한 '멀리 있지만 임박한 죽음'의 의미는 죽음을 맞이하는 사람들이 겪는 보편적인 마음의 양면성을 뜻한다. 이 양면성은 부정적인 의미가 아닌, 길들여진 죽음으로 나아가는 심리적 과정이다. 따라서 그는 죽음을 거부하거나 금지하는 유형의 죽음 태도 이면에는 필연적으로 죽음을 받아들일 수밖에 없는 심리적 압박감이 작용한다고 보며, 이에 대한 적절한 대처가 중요하다고 말한다.

4) 다른 사람의 죽음

우리가 살면서 겪는 모든 죽음은 엄밀히 말해 제 죽음이 아닌, 다른 사람들의 죽음을 간접적으로 경험하는 것에 불과하다. 특히 이는 문화 사회화나 종교가 만들어 놓은 집단 공동체의 죽음 처리 방식이나 장례, 의례, 공동묘지, 기념일 등을 의미한다. 예컨대, 문화 사회적 사건의 기념(6·25전쟁, 천안함 사건, 세월호 사건과 기념일 등)이나 종교적 상징(그리스도의 죽음과 부활, 붓다의 열반 등)으로서의 죽음이 이에 해당한다.

그러나 정작 제 죽음이 아닌 타자의 죽음에 대해 우리는 그렇게 심각하게 받아들이지 않는다. 예를 들어, 뉴스미디어에서 전하는 대부분의 죽음 소식은 다른 사람들의 죽음이다. 뉴욕에서 일어난 총기 사고나 아프가니스탄에서 발생한 폭탄 테러로 인한 사망 소식은 심각하게 받아들여지지 않는다.

하지만 정작 자기 죽음에 대해서는 본질적인 질문을 하게 된다. 이러한 질문은 다른 사람의 죽음에 대해서는 할 수 없는 것으로, 오직 임박한 자기 죽음에 대해서만 할 수 있는 본질적인 질문이다. 이는 자신이 자신일 가능성으로 안내하는 실존적 질문이다. 만약 자기 죽음 앞에서 이런 질문을 할 수 있다면, 그 죽음은 전혀 헛되지 않다.

음미 되지 않은 삶은 살만한 가치가 없다. 의미를 잃은 삶은 목표와 방향 없이 표류하는 난파선과 같다. 우리가 누구이며, 무엇이 의미 있는 삶인지 모른다면 그것은 진정한 의미의 삶이 아니다. 자신이 살아낸 삶이란 주체가 되어 자신을 되돌아보고 삶의 의미를 깨닫고 발견하며 살아가는 것을 말한다.

이런 의미에서 자기 죽음은 가장 깊은 곳까지 내려가 자신의 본질을 발견하도록 한다. 그래서 임종은 또 다른 영적 성장의 과정이다. 그렇다고 타자의 죽음이 무의미하다는 것은 아니다. 사랑하는 가족이나 자녀, 친밀한 친구의 죽음은 일상의 모든 관계를 파괴할 수 있다. 이는 생존자들에게 견딜 수 없는 분리의 감정을 만들어내며, 이때의 감정과 행동은 거의 통제할 수 없는 상태(울부짖음, 통곡)가 되기도 한다. 이러한 아픔은 생존자가 고인과의 관계를 재구성하게 하고 긴밀한 관계를 맺도록 이끌 수 있다. 사랑하는 사람의 죽음 이후 생존자는 다른 방식으로 고인과 재결합하며 삶에 재적응해 나가기도 한다.

여기서 아리에스가 말하고자 한 것은 다른 사람(타자)의 죽음(사랑하는 사람의 죽음을 포함해서)은 자기 죽음만큼 본질적이지 않다는 점이다. 즉 자기 죽음이야말로 자신이 누구인지를 깨닫게 하는 실존으로 안내하는 죽음이라는 것이다.

5) 거부된/금지된 죽음

아리에스는 거부된/금지된 죽음의 유형의 출발을 산업화와 의료기술의 발달로 본다. 즉 산업화가 진행되면서 의료기술과 병원이 발달하게 되었고, 그에 따라 사람들은 점차 자신의 생명을 자연요법으로 치유하기보다는 병원에 의존하게 되었으며, 병원은 환자를 곧 질병과 동일시해서 관리하고 치료하는 대상으로 인식하고 사례로 다스리게 되는 것에서 거부된/금지된 죽음이 나타났다고 본다. 이런 시스템 속에서 죽어가는 사람은 가족과 이웃으로부터 고립되어 죽어갔다고 한다. 예컨대, 한국에서는 1960년대만 하더라도 장례는 온 마을이 함께 치러야 할 풍습이었다. 즉 죽음을 한 개인이나 가족의 사건으로서가 아니라, 온 마을과 이웃이 함께 아픔을 나누고 슬픔을 처리해 나갔다. 고인을 보낸 유가족에게는 상을 당했다는 표식을 옷섶에 달아 위로와 격려를 받게 하였다. 즉 죽음이 개인이나 이웃, 마을로부터 거부되고 금지된 것이 아니라, 그들의 삶으로 들어감으로써 또 다른 재적응의 삶으로 살아가게 하였다.

그러나 2000년대 들어서 죽음의 장소가 모두 병원으로 바뀌게 되었다. 이제 병원은 죽음을 상대로 비즈니스를 하게 되었고, 기이하게도 병원 바로 옆에(또는 지하에) 장례식장을 둠으로써, 슬픔과 애도를 형식화하여 또 다른 병리적 비즈니스로 탈바꿈하였다. 이런 상황에서 과연 죽임을 당한 사람이나 유족의 아픔과 슬픔이 진정으로 나누어질 수 있을까? 나누어진다고 하는 그 아픔과 슬픔은 어느덧 박제된 형식적인 의례 치례만으로 고착된 것이 아닐까? 이렇게 형식적 의례로 굳어진 병원에서의 죽음은 당사자와 보호자, 그리고 그 주위에 있는 사람들로부터 받아들이지 못하고 부인되는 현상으로 나타나게 되었다. 또 서양 사회의 의료화 과정과 함께, 죽음은 더 이상 자연적인 것이 아니게 되었다.

어떤 사람들은 죽음을 미리 방지하기 위해 특별한 의료기술을 추구하게 되었는데 이는 연명의료기술로 발전하게 되었다. 연명의료기술의 초점은 죽어가는 사람의 실존적 고민이나 삶의 질의 문제를 고려하기보다는 오히려 환자를 지켜보는 사람들(보호자들)의 의견에 더 초점이 맞추어져 있었다. 즉 그들은 환자의 죽음을 받아들일 수 없는 불편함 때문에, 환자를 보낼 수 없어서 연명의료를 이용하게 되었다. 그리고 의학의 입장에서도 죽음은 의학의 실패로 인식되기에, 죽음을 받아들일 수 없어 무의미한 연명치료를 하게 된 것이다. 그리고 죽음이 일어날 때, 죽은 환자와 가장 가까운 관계있는 사람들이 참여하는 짧은 장례 기간을 제외하면, 우리 사회에서는 유족이 상실과 비탄의 감정을 충분히 표현하고 애도할 수 있는 기간과 쉼이 제공되지 않는다. 전통 장례 풍습에서 오일장, 사십구재, 3년 시묘살이 등이 있어서, 고인에 대한 그리움과 비통의 감정을 충분히 표현할 수 있도록 한 것과 달리 너무도 짧은 시간 안에 장례를 치른 후 급히 사회 시스템으로 복귀해야 한다. 이는 아리에스가 말한 '길들여진 죽음'과 반대이다. 고인의 죽음이 유가족의 삶 안으로 혹은 사회 안으로 들어오지 못하고 단지 처리되고 관리되는 대상일 뿐이다. 고인을 보내고 난 후 대부분 감정은 억압되거나 감추어져, 고인에 대한 감정이나 인식이 후에는 역기능적으로 나타나기도 한다. 즉 애도 자체가 병적이거나 병리적인 것으로 나타나게 된다. 이런 모든 현상은 죽음이 일상적인 시선으로부터 감추어지고, 부자연적이고, 금지된 것에 연유한다.

이 다섯 가지 패턴은 문화마다 민족마다 시대마다 각기 다른 독립적인 범주에서 혹은 개별적인 사람 내에서조차 서로 겹쳐 나타날 수 있다. 이런 패턴은 단지 서양인들만이 아니라 인류 공통의 특성이기도 하며 그 각각의 요소들은 거의 모든 사회에서 발견될 수 있다. 오늘 현대 사회에서는 그 유형이 보편적으로 나타나는 것을 알 수 있다.

우리가 죽음에 대한 유형을 살펴보고자 한 이유는, 오늘 우리가 겪는 죽음의 유형적 특성이 어디에 있고, 그 유형의 특성이 지닌 강점과 약점이 무엇인지 알아야만 개인이 경험한 상실과 죽음의 의미가 비로소 온전히 해석되고 이해되어 재적응의 삶으로 안내할 수 있다는 것이다. 그렇다면 오늘날 한국 사회가 경험하는 죽음 경험의 태도는 어떤 유형에 속할까? 오늘 한국 사회가 겪는 죽음의 유형은 아리에스가 이야기한 5가지가 모두 중첩되어 있지만, 그래도 가장 크게 두드러지게 나타나는 현상은 거부-부정-금지된 죽음의 유형적 특성이 아닐까 싶다.

III. 길들여진 죽음의 특징

죽음학(Thanatology)의 관점에서 품위 있고 행복한 죽음의 요건을 제시하면 다음과 같다. 첫째, 삶의 의미, 만남의 의미 그리고 자신의 존재적 의미를 깨닫는 것. 둘째, 가장 소중한 사람과의 화해와 용서의 전달, 사랑을 안고 떠나는 것. 셋째, 무의미한 연명의료의 중단을 넘어 자기 삶의 가치관과 신념에 의해 죽음을 마무리하는 주체적이고 능동적인 태도를 말한다. 우리는 이렇게 누구도 피해 갈 수 없는 죽음을 삶의 일부로 받아들일 뿐만 아니라(아리에스가 말한 길들여진 죽음), 오늘이 자신의 생애 중 마지막이라면, 그 죽음이 자신의 인생을 살아가는 데 얼마나 중요한 역할을 하는지 생각해보아야 한다. 예컨대 헬렌 켈러(Helen Keller)가 "내 생애 마지막에 사흘만 볼 수 있다면 첫날은 황혼녘 아름답게 물들인 하늘과 산 그림자를 보고 싶고, 둘째 날은 시장 어귀에서 팔짱을 낀 청춘남녀들의 쾌활한 모습을 보고 싶으며, 셋째 날은 엄마 품에서 마음껏 젖을 빨고 곯아떨어진 아이의 평화로운 미소를 보고 싶다."라고 한 것처럼, 만약 여러분에게 생애 마지막 3일이 주어진다면 여러분은 무엇을 하고 싶은가? 한계상황으로서의 3일은 우리의 삶에서 가장 소중한 것이 무엇인지 알게 한다. 그 소중한 것은 고원하고 멀리 있는 것이 아니라, 가장 일상적이고 가장 가까이 우리 곁에 있는 소소한 것들이다. 여러분이 잘 아는 스티브 잡스(Steve Jobs)의 생애 마지막 3개월, 법정 스님의 마지막 3일, 김수환 추기경님의 마지막

3일은 그분들에게 있어서 생애 가장 소중한 시간이었다. 그 시간은 평생을 살아온 삶과 비교할 수 없을 만큼 소중하고 의미 있는 시간이면서, 자신이 누구인지를 결정하고 확인하는 시간이었다.

그렇다면 죽음이 금지된 사회에서 누구도 피해 갈 수 없는 죽음에 대해 어떤 관점과 태도로 준비해야 할까? 죽음 준비는 '삶의 질'을 향상하는 근원이다. 죽음은 개인의 경험을 넘어서 가족의 경험, 사회적 경험이기도 하다. 따라서 죽음의 경험을 개인에 한정시켜서 대처하거나 부정하거나 금기시하지 말아야 한다. 인간은 사회적 존재이기에 죽음도 사랑하는 가족이나 소중한 사람, 그리고 다양한 사회적 시스템의 원활한 협력과 함께 대처할 때, 멋진 마무리가 될 수 있다. 죽음학에서는 다음의 항목을 죽음이 금지된 사회에서 길들여진 죽음의 사회로 나가는 방법으로 제시하고 있다. ① 감추지 말고 정직하게 드러내기, ② 원활한 가족 간의 의사소통과 사랑 나누기, ③ 다양한 죽음 서비스 시스템과의 원활한 협력체계, ④ 감정적 공유를 탈락한 채 통계학적 시선으로만 바라보는 사회학적 시선의 수정, ⑤ 죽어가는 사람에 대한 사회적 이해와 공감의 확장, ⑥ 유년에서 노인에 이르기까지 다양한 죽음교육의 확장과 사회 시스템의 보장 등이다.

IV. 죽음이 금지된 사회에서 품위 있는 죽음으로의 실천

품위 있는 죽음은 크게 다음의 항목으로 분류할 수 있다. 환자와 함께 있어 주기, 환자의 자율성 존중해 주기, 환자 스스로 성장할 수 있도록 격려해 주기, 환자가 죽음이라는 드라마에서 주인공이 되고 적극적인 역할을 하도록 도와주기, 환자가 자신의 질병에 대한 진실을 알 수 있도록 돕기, 환자가 존엄하게 죽을 수 있도록 도와주기, 환자들이 자기 삶을 검토하여 갈등을 해결하고 존엄성을 유지하도록 도와주기, 환자의 통증이 조절되도록 도와주기, 환자가 유머 감각을 키우고 웃을 수 있도록 도와주기, 사후 세계의 가능성을 생각할 수 있도록 도와주기 등이 있다. 이를 구체적으로 기술하면 다음과 같다.

1) 죽음을 맞이하는 사람을 위해 해줄 수 있는 두 가지 중요한 일이 있다. 첫째는 죽어가는 환자에게 자신의 사랑을 전하고 그를 놓아주는 것이다. 즉 그가 사랑 속에서 평온하게 죽음을 맞이할 수 있도록 해주는 것이다. 그에게 사랑을 보내고, 작별 인사를 하고, 조용히 그의 여정에 행운을 빌어줄 때 떠나는 자와 보내는 자 모두 평온함과 사랑을 느낄 수 있다. 둘째는 죽어가는 사람이 어떤 종교적인 믿음을 가지고 있든 간에 죽음의 순간에 성취할 수 있는 영적인 깨달음의 기회를 준비할 수 있도록 의미 있는 기도를 하게끔 격려하는 것이다. 사람 대부분은 인간을 더 이상 치료 불가능하다고 판단될 때 전원 스위치를 꺼버리면 정지하는 기계에 불과하다고 생각한다. 그러나 이러한 인식은 인간의 영적 차원에 대한 이해가 결여된 것이라고 본다. 그리고 이러한 인식은 죽음을 앞둔 사람이나 가족, 사랑하는 사람에게 죽어감이 주는 마지막 성장 기회의 능력을 빼앗을 뿐만 아니라, 이들의 괴로움과 고통에 대해 수치스럽고 죄책감을 느끼게 함으로써 품위 있게 죽음을 맞이할 기회조차 앗아간다. 다른 한편으로 자신이 죽어간다는 사실을 안 환자를 개인적, 도덕적 패배자로 단정 짓거나 죄책감에 시달리게 하여 괴로움을 더욱 심화시킬 수 있다.

2) 환자가 선택하고 결정한 것을 존중해주는 일이다. 비록 그 결정이 보호자 측면에서 볼 때 이해되지 않고 받아들이기 힘들어도 환자가 요청한 것이라면 일단 존중해야 한다. 임종 시에 이루어지는 환자의 말은 일생에 가장 소중한 말이며 진실한 것이다. 따라서 환자의 요청을 존중하는 것은 평온함과 성취감 속에서 죽음을 맞이할 수 있도록 하는 길이다.

3) 환자가 자기 죽음을 받아들일 수 있도록 해야 한다. 만일 자기 죽음을 받아들이지 않고 계속 거부와 분노 속에 있다면 평온한 죽음을 맞이할 수 없다. 따라서 싸나톨로지스트는 환자가 거부, 분노하는 것이 무엇인지 살펴서 화해할 수 있도록 안내해야 한다.

4) 보호자는 환자에게 환자의 상황이 어느 정도인지 알려주어야 한다. 만약 환자가 자기 죽음을 인지하지 못하고 죽는다면 얼마나 비극적일까? 인지하지 못한 죽음은 환자가 하고 싶은 말과 소중한 것을 놓치게 할 수 있다. 따라서 어떤 경우에도 환자가 제 죽음을 미리 인지할 수 있도록 해야 한다. 환자는 인지적 죽음을 통해 비로소 각자 존재의 의미와 가족과의 관계의 의미를 깨달을 수 있다.

5) 죽어가는 사람과 그들의 사랑하는 사람들이 겪는 가장 마음 아프고 불필요한 고통 중 하나는 죽음 직전에 서로의 마음을 열지 못하는 경우이다. 그리고 아직도 죽음을 준비하지 못하는 많은 사람은 사랑하는 사람이 죽기 전에 하고픈 말을 서로 나누거나 전달하지 못한다. 특히 갑작스러운 죽음의 경우는 더욱 그렇다. 가장 상처받기 쉽고 고통스러운 상황에서 죽음에 직면하는 사람들은 사실 위로와 안도감, 애정

과 사랑을 절실히 원한다. 그러나 비참하게도 그들의 원하는 것과 반대로 나타나는 경우가 많다. 이렇게 된 많은 이유 중 하나는 자존심 때문에 자신을 내려놓지 못하는 것과 진정한 소통이 이루어지지 않는 인간관계의 피상적이고 형식적인 대화 등을 들 수 있다. 가까운 배우자나 사랑하는 사람의 임박한 죽음 소식을 듣고도 의사와 합의하여 사랑하는 사람에게 비밀로 지키는 것이 흔한 일이다. 그 결과 배우자나 가족, 사랑하는 사람들이 자연스러운 감정을 감추어야 하고 피상적인 대화와 환자 상태에 대한 거짓말 등 진실을 감추기 위한 살얼음판 밟기가 하루하루 아슬아슬하게 진행되는 경우가 많다.

그러나 우리가 지극히 자연스러운 우리의 슬픔조차 드러내기를 두려워할 때 우리는 서로로부터 숨을 수밖에 없게 된다. 그렇게 되면 결국 진정한 관계를 맺을 수 없는 무능력이 죽어가는 사람의 고립감과 절망을 한층 더 심하게 만들게 된다. 모든 가식과 허위, 거짓말은 이런 무능력을 더욱 증가시킨다. 죽어가는 사람에게 진실하지 못하고 허위로 대한다는 사실이 얼마나 끔찍한 일인가? 사랑하는 사람과 진실한 마음으로 대면할 때 비록 슬픔과 절망, 아픔이 사라지지는 않지만, 그 속에서 사랑과 웃음, 기쁨을 나누고 표현할 수 있다. 이것은 생명이 있는 자만이 느낄 수 있는 선물이다.

6) 고통에 잠겨 있거나 죽어가는 사람들은 그들의 가장 가까운 사람들과 깊고 의미 있는 교감을 나누고자 한다. 진실한 대화와 소통은 아무리 주제가 고통스러운 것일지라도 곧 사랑의 힘으로 치유되는 것이다. 어쩌면 죽음을 비극이 아닌 삶의 선물로 받아들인다면 남아 있는 시간이 오히려 감사하고 소중하게 여겨질 뿐만 아니라 시간을 더 잘 활

용할 수 있게 될 것이다. 심지어 최악의 힘든 날일지라도 서로의 존재를 인정하고 사랑을 전함으로써 의미 있는 날들을 만들 것이다. 얼마 남지 않은 시간에 사랑하는 사람의 말 한마디, 행동 하나, 사소한 그 어떤 것도 모두 의미가 있다. 그동안 소중하지 않게 보이던 일상의 모든 것들이 이제는 모두 소중하게 보이게 된다.

기본 2

상실과 죽음에 대한 문화·사회학적 관점의 차이와 다름

<내용 요약>

죽음과 상실에 대한 문화·사회학적 관점은 각 문화와 사회의 특성에 따라 차이를 보인다. 죽음에 대한 의사소통 방식은 문화에 따라 달라지며, 예를 들어 일부 문화에서는 개방적 소통을 지지하고, 다른 문화에서는 회피적 소통을 선호한다. 의사 결정의 과정도 문화적 차이에 따라 다르며, 예를 들어 동양 문화에서는 가족 중심으로, 서양 문화에서는 개인의 자율성이 중요시된다. 또한, 죽어가는 사람을 돌보는 책임은 문화마다 다르게 분배되며, 가족 중심의 돌봄에서 사회적 기관으로 변화하는 경향도 있다. 슬픔과 애도의 표현 역시 문화마다 다르게 나타나며, 그들의 고유한 방식으로 상실을 처리하는 과정이 중요하게 여겨진다.

<핵심어>

문화적 차이와 다름, 의사소통, 돌봄 책임, 슬픔과 애도 표현

<학습 목표>

- 문화적 차이가 죽음과 관련된 의사소통 방식에 미치는 영향을 이해한다.
- 다양한 문화에서의 죽음에 대한 태도와 의사 결정을 비교한다.
- 죽음을 맞이한 사람들에게 제공되는 돌봄 책임을 문화적으로 살펴본다.
- 슬픔과 애도 표현이 각 문화에서 어떻게 다르게 나타나는지 분석한다.
- 문화적 민감성을 바탕으로 죽음과 관련된 상황에서 적절한 대응 방법을 학습한다.

<적용 실천>
- 다양한 문화의 죽음에 대한 태도와 의사 결정을 존중하며, 환자와 가족에게 적절한 돌 봄을 제공한다.
- 문화적 배경을 고려하여 슬픔과 애도 표현에 대한 민감성을 가지고 지원한다.
- 죽음과 관련된 대화에서 문화적 차이를 인식하고, 불편함을 줄이는 방법으로 의사소통을 시도한다.
- 다양한 문화적 관점을 반영하여 죽음과 관련된 정책과 절차를 개선한다.
- 문화적으로 민감한 죽음 교육을 제공하여, 다양한 배경을 가진 사람들이 어려운 상황에 서 적절히 대처할 수 있도록 돕는다.

상실과 죽음에 대한 문화·사회학적 관점의 차이와 다름

I. 문화·사회학적 관점

모든 사람은 삶에 영향을 미치는 문화적, 사회적, 종교적, 민족적 환경 속에서 태어나고 자란다. 우리가 '문화적 요소'라고 부르는 이러한 변수들은 죽음과 죽어감에 대해 각자 개인들이 가지는 관점과 그의 상호작용에도 영향을 미친다. 왜냐하면, 이런 문화적 요인은 개개인이 삶을 규정하고 살아가는 데 있어 기준을 제시해 주기 때문이다.

보통 문화란, 믿음이나 가치, 대화 방식, 의식(ritual)이나 다른 사람과 관계 맺는 방식 그리고 삶을 조직하는 방식이나 자신과 다른 사람들을 규정하는 방식 등 특정 사회 내 독특한 것들의 집합이라고 말할 수 있다. 그래서 모든 것들이 문화에서 나오고, 죽어감, 죽음, 비탄 같은 것들의 의미와 형태도 문화에 의해서 부여되기도 한다. 그리고 사회화란, 한 사람이 문화에 개입하여, 그 문화에 적합하게 되어 가는 방식이면서 동시에 주위의 사람들이 그 사람을 문화에 적합하여지도록 만들어 가는 과정을 말한다. 사회화는 삶을 통해 그 변화와 발달이 계속된다. 왜냐하면, 사회화는 그들에게 일어나는 모든 것, 그들을 둘러싼 사람, 대중 매체, 그들을 둘러싸고, 진행되는 문화에 계속하여 영향을 받기 때문이다.

따라서 문화와 사회화는 한 집단의 사람들이 공유하고 있는 통일된 가치, 관념, 믿음, 기준의 집합으로 규정할 수 있다. 그것은 생애를 통해서 경험을 수긍하고, 명령하고, 해석하고, 이해하는 방식이기도 하다. 즉 우리가 주의를 집중하고, 우리가 안다고 생각하는 바를 요약하도록 도움을 주는 추상적인 방식이다. 문화와 사회화는 의사소통과 사고에 있어서 유용할 수 있지만, 한편으로는 우리가 실제로 아는 것보다 더 많은 것을 안다고 착각하게 만들기도 한다. 그러나 상실에 대처하는 사람들에 대한 사고방식을 고려할 때, 그들이 알고 있는 부분적인 진실 때문에 상실에 처한 사람들이 지닌 문제들을 획일화시켜서 볼 수는 없다. 한 국가나 민족 내에서도 다양한 문화 집단이 존재하기 때문에 각 문화 집단별 문화적 방식의 차이와 다름을 이해해야 한다. 이를 통해 죽음과 죽어감에 대해 각자가 이해하고 관계 맺는 방식으로 대처할 수 있도록 하는 것이 문화·사회학적 관점에서의 죽음을 이해하는 궁극적인 의미이기 때문이다.

따라서 문화적 집단과 이 집단 내부의 차이와 다름이라는 다양성에 대해 민감해야 한다. 한 문화 안에서 그 문화적 요인이 인간에게 영향을 미치는 방식에 대해 일반적인 방식으로 말하는 것에는 한계가 있어서 특정한 문화적 집단으로 직접 들어가서, 그들이 죽음과 관련된 문제들에 대해서 어떻게 말하고 있는지를 살펴보아야 한다. 그래야만 그를 통해 그들 문화 속에서 죽음을 맞이하는 사람들의 아픔과 비탄의 감정을 그들의 방식으로 적절하게 대처할 수 있으며, 궁극적으로는 그들을 재적응의 삶으로 안내할 수 있게 된다.

그렇다면, 왜 문화사회화에서는 이처럼 차이와 다름이 생길까? 그리고 문화사회화에서 죽음에 관한 차이와 다름은 어떻게 나타나는 것일까? 더 나아가 문화사회화를 어떻게 이해하고 그에 따라 죽음교육을 어떻게 정립시켜서 실천할 수 있을까? 이상 세 가지 내용은 죽음학에서 문화사회학을 배우는 근본 목적이다. 그러면 이제 첫 번째 질문부터 살펴보겠다.

II. 죽음과 죽어감에 대한 문화·사회학적 관점의 차이와 다름

우리는 하나의 사건이나 어떤 사태를 직시하고 판단할 때, 그것을 자신의 관점, 자신이 머물러 있는 문화사회화의 관습과 교육, 또는 자신의 과거 경험이나 기억으로 재구성하여 파악하게 된다. 우리는 이를 주관적 관점이라고 한다. 이 주관적 관점은 그 사람이 처했던 시대 상황이나 특수한 시점, 공간, 존재 방식 등으로부터 형성되는 것이기 때문에 모든 사람은 어떤 사건을 바라보는 자신의 주관적 관점에서 벗어날수 없다. 이러한 주관적 관점과 시각이 바로 차이와 다름을 나타내게 된다.

죽음과 죽어감에 대해 문화·사회학적인 관점에서의 차이와 다름을 볼 수 있는 핵심 키워드 세 가지를 살펴보겠다.

1) 의사소통의 문제

첫 번째, 죽음과 죽어감에 대한 가족과 문화 집단 내부 및 외부 사람들 사이의 의사소통 문제는 문화마다 고유한 특성을 보인다. 죽음학에서 의사소통의 문제를 연구한 학자는 글레이서와 슈트라우스(B. Glaser & A. Strauss)이다. 이들은 『죽어감의 자각(Awareness of Dying)』(1965)이라는 책에서, 죽어가는 환자가 임박한 죽음에 대해서 알고 있거나 의심스럽게 생각하고 있는 것을 연구하였으며, 네 가지 다른 자각(awareness), 즉 닫힌 자각(closed awareness)의 문화, 의심스러운 자각(suspected awareness)의 문화, 상호 회피(mutual pretense)의 문화, 개방적 자각(open awareness)의 문화에서 죽어가는 사람들을 기록하였다. 여러분의 환경은 지금 어떤 문화에 속하는가? 그리고 어떤 문화의 방식을 선택하고 싶은가?

죽음교육전문가 입장에서는 마지막 항목인 개방적 의사소통을 지지하고 있다. 그 이유는 닫힌 자각이나 의심스러운 자각, 상호 회피는 정작 죽어가는 사람과의 진실한 시간이나 남기고 싶은 내밀한 말을 다 하지 못하고 마무리하기 때문이다. 이런 비극적인 마무리는 비단 환자에게만 국한된 것이 아니다. 사랑하는 사람을 보내고 남아 있는 자(생존자) 또한 개방적 의사소통이 아닌, 닫힌, 의심스러운, 또는 상호 회피적 관계를 통해 환자를 보낸다면, 이후의 삶이 고통스러울 수도 있기 때문이다.

2) 의사 결정의 문제

두 번째, 죽음과 죽어감에 대한 가족과 문화적 집단들 내에서의 의사 결정의 문제도 문화마다 다른 고유한 특성을 보인다. 동양 문화권, 특히 한국 문화사회의 경우 가부장적, 위계적 구조가 팽배해 있어서 죽어가는 가족 구성원의 돌봄(care)에 대한 결정권은 가장 나이가 많은 남성이거나 적어도 연장자일 경우가 많다(Blackhall, Murphy, Frank, Michel, & Azen, 1995). 반면에 외부 사람들, 즉 그동안 환자를 돌보았던 의사나 재산과 유산을 관리했던 변호사의 의견은 가족의 친밀한 관계를 훼손하거나 균형을 깨트리는 것으로 인식된다. 하지만 미국이나 유럽의 경우, 죽어가는 사람에 대한 의사 결정은 가족이나 외부인보다는 죽어가는 당사자의 의견과 결정을 전적으로 존중한다. 즉 그들은 환자의 자율성을 존중하기 때문에 본인의 결정이 그 어느 다른 사람의 결정보다도 상위의 위치에 있는 것이다. 이는 의식이 있을 때 미리 자기 의사를 분명히 밝힐 수 있는 사전의료의향서나 연명의료결정법에 따라 보호를 받을 수 있다.

현재 한국에서도 사전연명의료의향서와 연명의료결정법이 법으로 통과되어 시행되고 있다. 이는 기존 전통의 문화사회화가 현대의 문화사회화로 변해가고 있다는 것을 보여주고 있는 사례이다. 즉 가부장적이고 가족 중심의 의사 결정 방식에서 한 개인의 자율성에 바탕을 둔 의사 결정을 존중하는 방식으로 문화사회화가 변해가는 것이다. 그렇다고 해서, 이러한 문화사회화의 변화 과정에서 모든 사람이 모두 동일한 방식으로 의사 결정을 하는 것은 아니다. 같은 문화사회 속에서 의사 결정 방식이 다르게 나타날 때, 그 차이의 근본 동기가 어디에 있는가?에 주목해야 할 것이다. 그 차이와 다름의 근본 동기를 알아야, 죽어가는 사람이나 그의 가족 또는 보호자가 적절한 의사 결정을 내릴 수 있도록 안내할 수 있기 때문이다.

3) 돌봄의 책임에 대한 문제

세 번째는 죽어가는 사람들을 돌보는 데 있어서 누가 책임을 져야 하는가에 대한 문제이다. 전통 유교문화권에서는 집에 죽어가는 사람이 있다면 당연하게도 가족이 책임을 지고 돌봤다. 지금도 한국의 많은 가정에서는 여전히 집에서 부모를 봉양하고 있다. 그러나 최근 한국 사회도 맞벌이 부부가 늘어나면서, 죽어가는 사람들에 대한 돌봄이 가족에서 사회복지시설이나 만성기 요양병원으로 바뀌고 있다. 현대 미국 사회에서도 주로 외부 기관(병원, 장기 요양 시설, 호스피스 프로그램의 전문가들과 봉사자들)이 죽어가는 사람들을 돌보고 있다. 그러나 멕시코나 히스패닉 문화에서는 이러한 역할이 계속해서 가족 내에서 이루어지고, 대부분 여성이 이를 담당하고 있다(Cox & Monk, 1993:

Delgado & Tennstedt, 1997).

　미국 사람들은 부모를 시설(요양원)이나 기관(병원)에 모시지 않고 집에서 병간호하는 유교 문화권이나 멕시코, 히스패닉 문화를 이해할 수 없을 것이다. 반대로 멕시코나 히스패닉 문화의 사람들은 자신을 낳아준 부모를 집에서 모시지 않고 일반 시설이나 병원에서 관리하도록 하는 미국식 제도를 이해할 수 없을 것이다. 이렇게 각 민족이나 국가마다, 그리고 문화마다 죽음을 처리하는 방식과 태도가 모두 다르다. 그러나 우리는 이 다름과 차이를 통해서 상대방의 관점을 이해할 수 있다.

　지금까지 문화사회화에서 차이와 다름을 구분할 수 있는 키워드 세 가지, '의사소통의 문제', '의사 결정의 문제', '누가 책임을 져야 하는가?'에 대한 문제에 대해 살펴보았다. 인간의 이해는 모두 일정한 문화·사회적 인식 위에서 이루어져 있어서 선입견으로부터 완전히 자유로울 수 없다. 철학자 가다머(H.G. Gadamer)(1960)는 '선입견이 없는 이해는 없다'라고 말했고, 역사학자 카(E.H. Carr)(1961)는 '모든 이해는 선입견(언어)을 통해 이루어진다'라고 말했다. 이렇게 두 세기적인 석학이 강조한 것은, 우리가 지닌 근대 이성주의적 독단을 경계하면서, 자신의 이해가 선입견에 바탕을 두고 있다는 것을 겸허히 인정할 때, 우리는 상대방에 대해 좀 더 유연한 태도를 보일 수 있고 비로소 다양한 의견에 귀를 기울일 수 있다는 것이다. 이러한 이해의 궁극적인 목적은 바로 슬픔과 상실을 당한 사람에게 가장 적합한 대처법과 태도를 제시하기 위함이다.

III. 죽음과 상실 이후 문화·사회별 차이와 다름

그렇다면 이제 한 걸음 더 깊이 들어가서 죽음과 상실 이후에 나타나는 비탄(사랑하는 사람의 죽음 직후 갖게 되는 큰 슬픔)이나 그 이후의 슬픔의 감정에 대한 문화별 관점의 차이를 살펴보겠다. 우리 개인들은 이런 감정을 어느 한쪽의 문화적 관점과 시각에서 도식적이고 정형화된 시선으로 파악하고 규정하는 경우가 많다. 그래서 다양한 죽음교육 전문가들의 의견을 공유함으로써 우리의 그런 관점을 지양하고 시선을 좀 더 확장하고자 한다.

1) 문화별 슬픔의 표현 정도

아프리카계 미국인들은 죽음의 순간이나 장례식에서 유럽계 미국인들보다 슬픈 감정을 더 직접적으로 표현한다(Rosenblatt & Wallace, 2005b). 반면 이집트에서는 비탄에 빠진 사람들에게 침묵하게 한다. 어느 아프리카 원주민은 사별하는 순간에 자신에게 상처를 입히거나, 다른 사람에게 위협적일 만큼 화를 냄으로써 슬픔을 대체하기도 한다(Rosenblatt & Walsh, & Jackson, 1976).

이처럼 한 문화에서는 이상하거나 병리적인 것으로 보이는 현상이 다른 문화에서는 지극히 정상적인 것이 될 수 있다. 따라서 문화사회화에는 어떤 것은 옳고 어떤 것은 그르고, 또 어떤 문화는 좋은 문화이고 또 어떤 문화는 나쁜 문화라는 것이 없다. 여기에는 오로지 상실과 슬픔을 적절히 표현하고 해소하여 통합과 재적응의 삶을 유지해 나가고자 하는 각각의 적절한 표현방식만이 있을 뿐이다. 어떤 메이저 문화는 보편문화이고, 어떤 마이너 문화는 특수문화라고 구분을 지음으로써 문화 우월주의나 문화 패권주의적 관점을 개입해서 보는 경우가 있는데 이는 모두 경계해야 할 것들이다. 문화에는 보편문화와 특수문화, 지배문화와 소수 문화가 있을 수 없다. 다만, 민족마다 상실과 슬픔을 극복하고자 하는 고유하고 독특한 재적응의 삶과 지혜가 담겨있을 뿐이다.

2) 문화별 성별 슬픔 표현방식

여성이 비탄에 있어 더 직접적으로 감정을 표현하는 데 비해, 남성은 비탄의 문제를 해결하려고 하는 의도에서 오히려 감정을 억압한다고 한다(Robenblatt, Walsh, & Jackson, 1976). 이런 성별 이분법에 반대해, 마틴과 도카(T.L. Martin & K.J. Doka)(2000)는 이런 문제들이 실제로 성별의 차이라기보다는, 양식의 차이로 나타난다고 보았다. 그들은 여성은 감정을 경험하고 표현하는 것을 강조하는 '직관적(intuitive)' 비탄 방식을 보이지만, 남성은 실천적 문제들이나 문제 해결에 초점을 맞추는 '도구적(instrumental)' 비탄 방식을 보인다고 하였다. 그러나 이는 다만 문화적 양식을 구분하고자 하는 양식의 차이일 뿐, 모든 문화사회에서 반드시 또 그렇게 나타나는 것은 아니라고 하였다. 역시 성별 슬픔 표현방식도 정형화된 틀로 바라보는 관점에서 벗어나 좀 더 보편적이고 문화이해적 방식에서 다름을 찾아보려는 노력을 엿볼 수 있다.

3) 문화별 애도의 차이

많은 문화와 민족들은 장례와 애도의 기간을 삼일장, 오일장, 3개월, 혹은 6개월, 심지어 3년으로 두는 경우가 있다. 그동안 애도에 참여하는 사람들에게는 다른 사람들과 구분해서 상을 당했다거나 애도 기간임을 표식 할 수 있는 옷이나 리본을 닮으로써 정서적 표현에 제한을 두기도 한다(Rosenblatt, Walsh, & Jackson, 1976). 우리나라의 전통 장례 풍습에도 삼일장, 오일장, 49재, 기일, 3년 시묘살이, 탈상, 기일 등이 있다. 이들이 지정한 기간이나 기한은 모두 비탄을 처리해 나가는 과정이다. 이 기간에는 음식 먹는 것과 입는 것, 행동하는 것 등이 제한되어 있다. 이런 애도는 문화와 민족마다 다른 풍습을 두고 있는데, 이는 모두 슬픔을 처리해 나가는 문화적 방식의 차이에서 나타난 현상이다.

그들만의 고유하고 특별한 방식으로 이루어져 온 애도는 문화와 사회화의 변화를 보여주기도 한다. 따라서 문화적 보편주의와 지배주의적 관점에서 제3의 문화인 특수문화와 소수 문화를 폄훼하거나, 고유하고 특별한 방식의 문화에서 나타나는 차이와 다름을 보편주의적 문화로 동일화시켜서는 안 된다. 그럴 경우, 상실과 비탄에 빠진 사람들의 재적응 능력이나 감정은 손상될 것이다. 따라서 우리는 상실과 비탄에 처해 있는 사람들을 대할 때, 나 자신이 그들을 어떻게 바라보고 인식하고 있는가를 늘 성찰해야 한다. 그들에게 나 자신이 바라보고 대처하는 것과 동일한 방식으로 극복할 것을 강요하고 있지는 않은지 돌아봐야 한다. 더 나아가 그들의 정상적인 애도를 이해하고 돕기 위해서는 그들의 문화를 그들의 처지에서 이해하는 것이 중요하다.

4) 시대별 차이

죽음에 대한 관점과 태도는 문화와 사회마다, 그리고 시대마다 아주 큰 차이를 보일 때가 많다. 예컨대 논어에 나타난 공자와 문인 자로(子路) 사이의 대화를 잠깐 엿들어 보자. 자로가 귀신을 섬기는 것에 관해 묻자, 공자께서는 "아직 사람도 능히 섬기지 못하거늘 어찌 귀신을 섬기겠는가?"라고 대답하였다. 자로가 또다시 죽음에 관해 묻자, 공자께서는 "아직 삶을 알지 못하는데, 어찌 죽음을 알겠는가?"라고 대답하였다. 이 구절은 일반적으로 삶과 죽음에 대한 공자의 관점을 대변하는 구절로 널리 알려져 있다. 그리고 학계에서는 공자 대답의 취지를 흔히 현실과 유리된 형이상학적 세계에 대해 무관심하거나, 적어도 미루는 태도를 밝힌 것으로 이해한다. 자로가 귀신과 죽음에 대해 질문했다는 것은 그가 평소에 '사(死)'로 대변되는 죽음의 현상이나 사후 영역의 신비에 관해 관심과 의문을 품고 있었다는 사실을 보여준다. 그런데, 이러한 의문에 대해 공자는 삶과 인사(人事)의 문제로 화답했다. 이것은 죽음과 귀신의 문제를 보다 올바로 이해하려면 먼저 삶과 인간의 문제를 더 세밀하게 파악할 필요가 있다는 점을 강조한 것으로 이해할 수 있다. 다시 말하면, 위의 문답은 죽음과 사후 영역의 문제를 논외로 했다기보다 이들의 문제를 삶과 인문적 가치 차원 안에서 적극적으로 해소하려고 했다고 볼 수 있다.

따라서 공자의 관점은 오히려 생과 사를 이분화한 것이라기보다 오히려 생사일여(生死一如)의 관점을 전제로 이루어진 것으로 간주할 수 있다. 간단히 말해 공자는 죽음과 사후 영역의 가치와 의의는 오히려 살아있을 때 일상적 삶에서 나타나는 심적 자세나 태도에 달린 것으로 파악했던 것이다. 즉 공자 생사관의 구도에서 웰다잉(well-dying)은 결국 웰리빙(well-living)의 영역에 포함되는 것이다. 위의 예문에서도 나타났듯이 같은 유교문화와 한 시대, 한 학풍에서 삶을 나눈 자로와 공자 사이에서도 죽음에 대한 태도와 관점이 서로 다름을 알 수 있다. 하물며, 동양과 서양, 고대와 중세, 현대, 남자와 여자, 어린아이와 청년,

장년과 노년 모두 죽음을 바라보는 관점과 태도가 확연히 다르다는 것을 인지해야 한다. 이렇게 차이와 다름을 인정해야 비로소 그들의 고유성과 특이성을 인정할 수 있고 존중받을 수 있다. 그렇게 할 때 더 풍성하고 다양한 죽음학 이론과 관점들이 나타날 수 있다.

그렇다면 이제 문화사회화가 지닌 특성을 좀 더 깊이 이해함으로써 문화적 손상을 방지하고, 상실과 비탄에 처한 사람들과 더불어 그들을 도울 수 있는 관점이 무엇인지 살펴보도록 하겠다.

IV. 문화사회화에 대한 올바른 이해

각각의 문화는 획일적이지 않을뿐더러 내적으로도 지속적이고 변하지 않는다는 특성이 있다. 그래서 죽어감의 방식에 대한 의미, 비탄 방식, 애도 관행 등의 방법이나 중요성 역시 아주 다양하다. 하지만 한편으로는 문화는 늘 변화하고 있기도 하다. 특히 주변의 다른 문화와의 접촉이라든가, 경제적, 정치적 환경의 변화에 따라 서서히 변화하고 있다. 하지만 한 문화 안에 있는 모든 사람의 행동양식이 갑자기 동시에 변화하지는 않는다. 그래서 문화가 변화하면, 내부의 문화도 다양한 양상으로 나타날 수 있다. 가족 내에서조차, 죽음에 대처하는 방식 혹은 비탄 방식에 대한 의견에서 큰 차이가 있을 수 있다. 또한 어떤 가족들은 하나 이상의 문화에 토대를 둔 가족 구성원들로 구성되어 있을 수 있다. 한 문화 혹은 가족 내에서 다양성이 있을 때, 임종 시 혹은 그 이후, 죽어감과 죽음에 대처하는 문화적 차이가 드러나며 상호 간의 긴장 혹은 갈등이 발생할 수 있다.

비근한 예로, 한 집안에 종교와 신앙이 모두 다른 예도 있다. 장남은 목사, 차남은 불교 신자, 막내는 천주교, 그런데 정작 죽어가는 당사자인 아버지는 무교이다. 그 아버지는 평소 자신이 지닌 가치와 신념 그리고 양심에 따라 행동하는 것이 그 어느 종교 생활보다도 더 우월하다고 생각하며 부지런히 살아왔다. 그런데 이제 막 그 아버지가 임종 직전까지 왔다. 당연히 한국에서는 장남이 부모를 모시고 모든 장례 절차 또한 장남이 거의 결정한다. 그리고 이분은 목사님이셨기에, 하나님을 믿지 않는 아버지를 구원하기 위해 임종 직전 마지막까지 아버지에게 이렇게 말했다. "아버지 예수 구원, 예수 구원, 아버지 그냥 '아멘'만 하세요, 아멘, 아멘…." 말뿐만 아니라 눈조차 뜨기 힘든 임종 환자의 팔과 가슴을 마구 흔들며 종교적 구원을 강요하는 치열한 목사님, 이를 보고 있던 불교 신자와 천주교 신자인 동생의 눈에는 아버지를 구원하겠다고 필사적으로 나대고 있는 형의 모습이 곱지 않아 보였을 것이다. 정작 임종 직전에 죽음을 평온하게 맞이해야 할 시점에서 아버지의 구원을 위해 노력하는 목사님의 갸륵한 마음은 이해되지만, 임종자의 입장이나 다른 종교와 신앙을 지닌 사람들과 동의하지 않은 종교적 행위는 그리 마뜩잖아 보인다. 그런데 그 순간에 한참 몸의 흔들림과 어수선함을 인지한 아버지가 다음과 같이 마지막 안간힘을 쏟으면서 말했다. "명철아, 내 '아멘' 하마, 이제 고만해라."라는 말을 마지막으로 마치며 운명하셨다.

이 사례를 언급하는 것은 어느 특정 종교의 구원 행위를 비난하거나 찬동함에 있지 않다. 한 가정 내에 존재하는 다양한 문화와 사회, 종교, 신앙이 공존하는 상황에서 어느 한 문화나 종교를 강요하는 것은 죽음을 대처하는 가족이나 사회에서 또 다른 부작용과 부적응을 나타낼 수 있다는 것이다. 임종할 때 가장 중요한 것은 임종자가 평온하게 죽음을 맞이할 수 있도록 하는 것이다. '평온하게 죽음을 맞이할 수 있도록 하는 것'은 임종자의 의견과 임종자가 원하는 것이 무엇인지를 알고 받아주는 것이다. 임종자가 원하는 것이 무엇인지를 알면 거기에는 어느 특정 문화나 종교의 개입이 없이도 임종자가 가장 평온하게 죽음을 맞이할 수 있도록 안내할 수 있을 것이다.

우리는 다른 사람들이 비탄을 처리해 나가는 과정이나, 가족과 공동체의 관계, 가족과 공동체 구성원과 죽은 사람의 영적인 건강을 돌보는 과정에서 다른 사람들을 돕고자 할 때 다음과 같은 점을 주의해야 한다.

상대방이 우리 자신 혹은 우리 문화에 속한 사람들과 비슷하다고 해서, 우리가 배운 방식으로 슬퍼하고 애도해야 한다고 해서는 안 된다.

1) 또한 그들이 어떤 특정한 문화의 구성원이기 때문에 어떤 방식으로 슬퍼하고 슬퍼해야하는지 이미 알고 있다고 단순하게 가정하고, 그들 문화에 대한 우리의 좁은 이해에 기반하여, 그들을 정형화(스테레오 타입화)해서도 안 된다. 특정 문화 속에 있는 사람들이 상실에 대처하는 방식에 대해, 단순한 성격을 부여한 나머지 사실과 다른 자료들을 매우 자의적으로 해석하여 '오도할 가능성'이 많다(Gunaratnam, 1997: Rosenblatt, 1993, 1997).

2) 사별의 정서와 죽음을 이해할 때 문화적 차이를 이해하고 존중해야 한다. 또한 하나의 문화 속에 있는 사람들이 어떻게 상실에 대처하는가를 다룰 때, 그 문제의 복잡성과 다양성, 변화하는 성질에 늘 열려 있어야 한다. 각 나라의 문화와 사회에서 나타난 죽음관과 대처방식의

차이와 다름을 이해하고자 하는 중요한 목적은 상실과 죽음에 처한 사람의 슬픔을 잘 대처하고 재적응의 삶을 살아갈 수 있도록 이끄는 데 있다.

3) 죽어가는 사람과 사별한 사람, 그리고 그들의 가족들과 함께 일하는 죽음교육전문가는 효과적인 연구를 위해서, 문화와 민족에 대한 지식을 가지고 있어야 한다(Stroebe & Schut, 1998). 문화와 민족에 대한 지식은 인간다움의 가능성을 인식하게 해주기 때문이다. 예를 들어, 한국에서는 HIV나 AIDS 환자에 대해 큰 낙인(stigma)을 찍어 죄인처럼 바라보는 시선이 있을 수 있다. 그러나 미국 샌프란시스코나 LA에서는 그들도 자신과 동일한 인격체와 존재로 보고 존중한다. 이란에서는 남편을 잃은 과부들이 전통적으로 다른 사람들을 똑바로 바라보지 못한다. 우리가 그 사실을 알게 되면, 그들과 함께 일할 경우, 그에 대한 사전 인식을 갖추어야 한다. 그러나 더욱 중요한 것은, 우리는 우리가 도움을 주기를 원하는 사람들의 믿음과 현실을 이해하고, 그들이 타당하고, 중요하며, 적절하다고 말하는 바를 받아들이는 '경청의 기술'을 발달시켜야 한다. 그것은 사람들이 어떻게 상실에 대처하고, 대처해야만 하는가에 대한 가치관을 넘어, 그들의 모습 그대로, 어떤 판단도 하지 않고 작업할 준비가 되어 있어야 한다는 것을 의미한다.

이렇게 각기 다른 문화사회에서 발견되는 다양한 차이와 다름을 이해하고, 그 이해의 폭을 좁혀나가 합일적 동의를 끌어내는 역할을 해야 한다.

문화사회화의 관점에서 보면, 상실과 비탄의 시간은, 사람들이 원하는 바와 상관없이, '개개인으로서 성숙하기 위해' 투쟁하는 시간이다.

사별한 사람들은 이런 어려움과 두려움, 내적 변화에 가장 잘 대처하는 방법에 대해 잘 모를 수 있다. 누군가 이들을 잘 안내해 줄 때, 사람들은 변화하고 성숙하게 된다. 교사들도 다문화 학생들의 문화에 대해서 많은 것을 배우며, 그들에게 적합한 것이 무엇인지를 제시해 주면서 그들 문화의 관점에 '열려' 있어야 한다. 이미 사회화된, 문화에 기반한 행위, 생각, 믿음, 의식들을 바꾸고자 하는 것은 많은 경우 도움이 되지 않고 오히려 소외시키고 해로운 일이 되는 경우가 많다. 문화와 사회, 종교와 신앙의 무늬는 달라도, 문화와 사회, 종교와 신앙이 궁극적으로 지향하고자 하는 것이 무엇인지를 안다면, 다양한 갈등의 국면에서도 공감이라는 합일적 이해에 도달할 수 있다. 공감은 상대의 체험과 느낌에 긍정적으로 반응하는 일에서부터 시작된다. 이를 위해 도움을 주고자 하는 사람이 먼저 취해야 할 태도는 상실자에 대해 모든 판단을 중지하고 그의 이야기를 주의 깊게 경청하는 일이다. 공감적 이해는 상실자의 고유한 인격의 실재성과 그 인격 중심을 둘러싸고 있는 체험의 고유성에 대한 존중을 전제해야 한다.

심화 1
차이와 다름의 고유성

<내용 요약>

이 글은 상실과 고통을 경험한 내담자에게 분석가가 어떻게 접근해야 하는지에 대해 설명한다. 분석가는 내담자를 도덕적으로 판단하지 않고, 그들의 고통을 이해하고 문제를 해결하도록 돕는 역할을 해야 한다. 대화와 공감을 통해 내담자는 자신의 감정을 직면하고, 능동적으로 문제를 해결하려는 태도를 가질 수 있다. 분석가는 내담자의 고유성을 존중하며, 타자와의 관계에서 차이를 인정하고 자기동일성의 오류를 극복하도록 돕는다. 이를 통해 분석가는 내담자가 더 주체적이고 진정한 자기 이해를 형성할 수 있도록 돕는 중요한 역할을 한다.

<핵심어>

상실, 고통, 분석가, 공감, 자기동일성, 내담자

<학습 목표>

- 상실 경험과 그로 인한 고통을 이해하고, 내담자에게 이를 다루는 방법을 지원한다.
- 분석가가 내담자의 고통을 공감하고 효과적으로 반영하는 기술을 습득한다.
- 상실의 고통을 인식하고, 이를 통한 성장과 변화의 가능성을 탐구한다.
- 분석가의 자기동일성에 대한 인식을 통해 더 나은 치료적 관계를 구축하는 방법을 배운다.
- 내담자가 상실을 처리하고 이를 극복하는 과정에서의 심리적 변화를 지원할 수 있는 전략을 익힌다.

<적용 실천>

- 상실 경험에 대한 깊은 공감: 내담자의 상실 경험에 대한 깊은 공감을 바탕으로 그들의 감정을 진지하게 경청하고, 이를 반영하여 감정적으로 지원하는 방법을 실천한다.
- 상실에 대한 정상화 과정 제공: 내담자가 상실의 고통을 인정하고 표현할 수 있도록 돕고, 이를 통해 상실을 정상적인 경험으로 받아들이고 치유의 과정을 촉진한다.
- 자기동일성 유지: 분석가로서 자신의 감정과 경험을 충분히 인식하고, 이를 통해 내담자에게 안정감을 주며 건강한 치료적 관계를 유지한다.
- 상실을 통한 성장 촉진: 상실 경험이 내담자에게 변화를 유도할 수 있다는 점을 인식하고, 이를 긍정적인 성장과 회복의 기회로 전환할 수 있도록 지원한다.
- 지속적인 학습과 반성: 상실과 그로 인한 고통에 대해 지속적으로 학습하며, 내담자와의 치료적 관계에서 더 나은 접근 방법을 지속적으로 모색하고 적용한다.

차이와 다름의 고유성

Ⅰ. 들어가는 말

상실과 죽음을 맞이한 사람이 자신의 고통을 직면-대면-대처하는 방식은 다르다. 따라서 분석가는 정형화된 방식으로 내담자를 판단해서는 안 된다. 분석가는 자칫 우월한 지위에서 도덕적 잣대를 갖고 내담자를 판단하기 쉽다. 내담자는 자기 문제로 인하여 심리적으로 불안하거나 공포를 느낄 수도 있는데, 이런 심리 상태에서는 내담자가 자기 주체성을 상실하고 수동적으로 되거나 더 의존적으로 되기 쉽다. 이런 상황에서 분석가의 태도나 말은 내담자에게 권위적으로 다가올 수 있어서 분석가는 이를 경계해야 한다. 왜냐하면 분석의 목적은 내담자가 자기 문제 해결에 있어서 주체적인 존재가 될 수 있도록 하는 일이기 때문이다. 주체적 존재가 되는 길은 우선 무의식적으로 자기를 억압하는 불안, 공포, 두려움으로 야기된 사태를 의식적으로 직시하는 안목과 자기 자신에 대한 긍정에서 출발한다.

상담에서 이루어지는 대화는 타인의 체험을 함께 느낌으로써 타인과 정서적으로 교감할 수 있게 도와주는 직접적인 도구이다. 내담자 문제의 핵심에 들어가 내담자 스스로가 자기 문제를 해결하도록 도움을 줄 수 있는 것도 대화이다. 그렇다면 왜 대화를 통한 분석에서 이성적 추측이 아닌 감정적 느낌으로서의 공감과 전이가 중요한가? 또 감정이입(Einfühlung)보다 공감(Mitgefühl)이 되어야 하는 이유는 무엇인가? 내담자의 아픔과 고통에 주의를 기울여야만 하는 분석 영역에서 공감과 전이는 분석가와 내담자 사이의 긴밀한 교감을 위해 요구되는 필수적인 요소이다. 분석과정에서 공감과 전이는 분석가와 내담자 사이의 상호 이해를 위한 단순한 교감의 차원을 넘어 치료하고자 하는 내담자의 의지를 효과적으로 활용하는 적극적 수단이 되기 때문이다. 따라서 내담자를 단지 치료받아야 할 병자나 환자의 측면으로만 보아서는 안 된다. 그들은 인격적 관계를 통해서 새롭게 자기 자신을 정립해 가야 할 분석가와 대등한 관계에 있는 고유한 인격체이다. 그래서 분석가가 내담자에 대해 일체의 도덕적 가치 판단을 중지하고 내담자의 체험에 귀를 기울이는 일은 내담자의 '존재 강화'를 위해 매우 중요한 일이다.

그래서 차이와 다름을 나타내는 내담자의 '인지 계열'의 특성을 살펴보는 것이 분석의 중요한 한 방법이 된다. 이를 전제로 한 공감과 전이는 분석가에 대한 신뢰를 불러일으켜 내담자가 자유롭게 자기 자신을 개방하는 실마리가 될 수 있을 뿐만 아니라 내담자가 자신의 불안한 감정을 극복하고 이성적으로 판단할 수 있는 계기가 된다. 그러나 내담자가 자신의 인격적 고양을 통해 '존재 강화'할 수 있는 근본적인 계기는 인격에 상응한 행위를 통해서이다. 이에 기초한 공감의 대화를 우리는 '인격적 대화'라 부른다. 인격적 대화 안에서 분석가는 내담자와 특별한 관계 맺음을 갖게 되는데, 이 관계 맺음은 다름 아닌 상호 인격의 주고받음을 통해 인격의 변화가 수반되는 매우 역동적이며 개방적인 인격적 관계가 될 수 있는 행위이다.

내담자가 고통을 '느낀다'라는 것, 그것은 곧 수동성에서 능동성으로 전회할 가능성을 의미한다. 다시 말해 고통을 느낄 수 있다는 것은 곧 상처받을 수 있다는 것이기도 하고 이는 곧 치유할 수 있는 능력이 있다는 것이다. 이 능력은 온전히 고통을 느끼는 주체의 것이어야 한다. 그것은 자신에게 찾아온 아픔과 슬픔, 고통을 고스란히 '자신의 것'으로 맞이함에 있다. 자신에게 찾아온 아픔과 슬픔, 고통을 억압하거나 부인한다는 것은 자신의 주체성을 포기하는 것과 같다. 이런 포기의 행동은 고통의 회피나 전가, 양도, 의존, 대체물을 만드는 방식으로 나타난다. 이는 또한 자신만의 고유한 욕망이 아닌, 타자의 욕망으로 살아가는 모습이다. 타자의 욕망으로 대체되는 고통은 정직한 자신과 대면할 수 없다.

그러나 분석가는 내담자의 아픔과 고통을 분석가의 아픔과 고통으로 번역·전환해서 해석하는 경우가 종종 있다. 특히 전이와 역-전이를 공감이라는 이름으로 혼동한 나머지 분석이 엉뚱한 방향으로 연결되거나 결국 끝낼 수 없는 분석이 될 수도 있다. 이는 우리의 인지도식인 '범주-계열화 착오(자기-원인적 동일성)'가 만든 오류이다. 따라서 분석가는 자신이 해석 번역한 내담자의 아픔과 고통이 온전히 '그의(of 소유된 바의) 것'이 될 수 있도록 해야 한다. 분석의 시작은 내담자 자신의 아픔과 고통을 정직하게 대면하는 데에서 출발하기 때문이다.

Ⅱ. 차이와 다름

타자는 자기동일성을 지닌 개별적인 유기체를 둘러싼 외부의 환경 및 사물의 총칭을 말한다.[84] 유기체는 자신의 내부 환경의 안정성을 통해 외부 사물의 차이와 다름을 느낀다. 만약 차이와 다름을 느끼지 못한다면 유기체는 곧 사멸한다. 차이와 다름을 느낀다는 것만큼 가장 중

---

84) 에마뉘엘 레비나스, 김성호 옮김, 『우리 사이』, 그린비. 2019, 141~157면 참조.

요한 면역반응도 없다.[85] 이렇게 차이와 다름을 느끼는 주체는 유기체의 '자기동일성'이다. 이렇게 외부 자극에 대해 반응하는 자기-원인적 동일성 구조를 구조주의에서는 'S1 → S2' / 'A → B'의 구조로 표기한다.[86] 모든 언어의 출발은 인체에 자극된 그 무엇(S1, 또는 A)을 이해하고 해석하게 되는데 이것이 바로 반응(S2 또는 B)이다. 여기서 반응은 자극된 사물 표상을 모두 포섭하지 못한다. 인간이 사물을 인식할 때, 자신의 내부 환경의 안정성을 기준으로 해서 분절하는 방식(歪像)으로 사물을 해석한다. 즉 언어를 사용하는 인간은 외부 사건의 이미지(표상)를 언어로 이해하고 해석하고자 한다. 이렇게 처음 일어난 사건의 이미지를 은유(S1)라 언명하고, 이 사건의 이미지를 다른 단어로 이해하고 해석하고자 하는 언어-상징을 환유(S2)라 언명한다.

현상학에서는 A를 B로 바라보고 이해하고 해석할 때 그 대상 A를 고정불변의 실체로 보지 않는다. A는 'A'를 B로 바라보고 이해하고 해석하는 주체에 의해 계속 바뀌는 것으로 파악한다.[87] 그러니까 A는 고정된 것이 아니라, B로 바라보고 이해하고, 해석자의 관점에 따라 변주되는 것이다. 그래서 현상학에서는 고정된 외부 대상(실체, 진리, 실재)은 없는 것으로 본다. 우리가 바라보는 모든 현상은 우리의 의식 작용이 만들어 낸 가현(假現, 허상, fiction, 이미지)이다. 따라서 대상은 바라보는

---

85) 최근 인문학에서는 이런 생물학적인 현상을 유한성 내에서의 '차이와 반복'으로 설명한다. 유한성을 지닌 유기체는 자신의 생명을 지속 반복(운동)하기 위해 반드시 '차이와 다름'이라는 틈, 결여를 매개로 진화 성장한다. 차이와 다름의 부정성을 전제로 하지 않는다면 생명은 진화 성장하지 않는다.
86) 프로이트, 윤희기·박찬부 옮김, 『정신분석학의 근본개념』, 열린책들. 2011, 자크 라캉, 자카-알랭 밀레 편, 맹정현·이수련 옮김, 『세미나 11, 정신분석의 네 가지 근본개념』, 새물결. 2008.
87) 에드문트 후설, 이종훈 옮김, 「의식의 흐름의 통일성 및 동시성과 잇따라 일어나는 것의 구성」, 『시간의식』, pp. 169-174 참조.

사람에 따라 달라진다.[88]

그렇다면 타자의 차이와 다름을 인정한다는 것은 무슨 뜻인가? 무엇을 인정한다는 것인가? 그 인정의 내용은 무엇인가? 이는 타자가 지닌 고유한 속성(개성, 특성, 성향, 상황과 국면, 인지, 환경·場(field))을 인정한다는 것이다. 그러나 우리 각자는 타자의 고유성을 '있는 그대로' 인정할 수 없다. 나는 곧 타자(이웃)일 수 없기 때문이다. 우리는 각자 개인의 고유성을 유지한 채, 타자의 차이와 다름을 인정할 수밖에 없는 한계를 지닌다. 그렇다면 '자신의 고유성을 유지하면서 타자의 고유성을 인정하는 것'은 무엇을 의미하는가? 그것은 모든 사람의 인식 체계가 '인과적 자기동일성'의 인과 체계에서 벗어날 수 없다는 한계를 자각해야 한다는 것이다. 우리가 아무리 타자의 고유성을 지켜줘야 한다고 말할지언정, 그 말에는 여전히 '자신이 이해하고 바라보는 관점의 동일성 그늘에서 벗어날 수 없다'라는 뜻이 내포되어 있다. '자신이 이해하고 바라보는 관점의 동일성 그늘에서 벗어날 수 없다'라는 것, 바로 이 점을 분석가와 내담자가 자각하고 알아차리는 순간에만 진리가 잠깐 도래할 뿐이다.

환대는 '진정한 주체성'이 확립될 때 가능하다. 여기서 말하는 '진정한 주체성'은 '자아동일성의 강화'와 전혀 다른 의미이다. 집필자가 말하는 '진정한 주체성'을 다르게 표현하면 '능동적 수동성'이다. '능동적 수동성'이란 타자의 주체성이 강화되도록 자신의 주체성을 내려놓는 행위의 결단을 의미한다. 이렇게 타자 행위의 결단이 온전히 타자의 것이 되도록 자신의 주체성을 끊임없이 내려놓는 결단이 '능동적 수동성'이다. 그러니까 타자를 위해 자신의 권리를 그에게 '양도'한다는 의미

---

88) 에드문트 후설, 이종훈 옮김, 『시간의식』, 한길사, 2018, 45~57면 참조.

에서 수동성이고 이 수동성을 결단한다는 의미에서 능동적이다.[89]

Ⅲ. 자기동일성: '범주 계열화' 착오의 오류

인간의 사유에서 자기-원인적 동일성의 오류는 '범주 계열화' 착오에서 발생한다.[90] '범주 계열화' 착오는 자기-원인적 동일성과 같은 뜻이다. 자기-원인적 동일성 오류의 예를 한번 보자. 누군가가 산길을 가다가, 길가에서 기다란 물체를 보고 뱀으로 여겨 도망쳤다고 하자. 그는 무엇을 보았는가? 그가 본 뱀은 그의 마음이 그려낸 것이지 실재하는 것(reality)이 아니다. 즉 그가 본 것은 그곳에 실재하지 않는다, 그렇지만 그는 무엇인가를 보긴 보았다. 즉 그가 본 것은 거기 실제로 존재하는 것(fact)이긴 하다. 그가 본 어떤 것 X는 분명히 있는 것이지만, 그는 그 X를 X가 아니라 Y인 뱀으로 보았다. 그렇게 그는 뱀을 보았지만, 그가 본 뱀 Y는 거기 존재하지 않는다. Y는 그의 마음이 그린 것(그림자, 이미지, 이마고, 표상, 假現)일 뿐 실재하지 않는 것이다.[91] 이렇게 인간이 보통 사물을 보고 해석하는 의식의 작동 패턴을 우리는 "X를 Y로 인식한다."라는 명제로 표식한다. 여기서 X는 객관 대상이며 Y는 인식하고 회상하는 사람의 의식구성 때문에 수집된 정보(언어나 인식 패턴)이다.[92]

---

89) 에마뉘엘 레비나스 위의 책 참조.
90) 레비나스, 김연숙 외 옮김, 『존재와 다르게』, 인간사랑, 2010, 126면 참조.
91) 한자경, 『유식무경』, 예문서원, 2004, 45~56면 참조.
92) 하루히데 시바, 박인성 옮김, 『유식사상과 현상학』, 「후설의 생활세계와 역사의 문제」, 도서 출판 b(2014).

이처럼 우리는 의식이 어떻게 구성되는지 알 수 있다. 의식은 본래 그가 본 X와 그가 본다고 생각한 Y의 두 항목으로 구성된다. 그 둘은 모두 의식의 대상이다. 그러므로 의식에는 서로 구분되는 대상이 있게 되고, 그 존재하는 무엇을 나타내는 X는 의식 대상이고, 그것을 분별한 결과인 Y는 의식구성에 의한 인식 결과이다. 뱀으로 인식하는 순간의 그 의식은 바로 이전의 경험으로 구성된 것이다.[93]

우리는 '그'라는 사건을 '나'라는 사건으로 동일시, 전회, 번역한다. '그'라는 사건의 계열(개성, 특성, 성향, 상황과 국면, 인지, 환경·場(field))은 '나'라는 사건의 계열(개성, 특성, 성향, 상황과 국면, 인지, 환경·場(field))과 다르다. 이렇게 차이와 다름의 계열이 있음에도 불구하고 우리는 같은 계열로 '그'와 '나'를 묶어 버린다(동일시-집단화-집합화). 다음 예시에서 자기동일성의 인과적 오류가 어떻게 해서 나타나는지 좀 더 구체적으로 살펴보자

비탄의 공시성 · 범주 계열화 : y축

(암 환자) 나는-병원에서-항암치료를-받고-집에서-명상을-했다.
(아내) 나는-장을-봐서-암 환자에게-좋은-음식을-만들었다.
(아들) 나는-기말고사를-치르고-신문을-돌렸다.
(딸) 나는-엄마와-아버지의-심부름을-했다.
(영아) 나는-젖을-달라고-계속-칭얼거리며-울었다.

비탄의 통시성 · 시간적 연쇄:x축

[억압(압축)] 투사·전치·내사·퇴행·대체·전위·승화 [방어(치환-애도-의미화)]

---

93) 프로이트, 임진수 옮김, 「고통」, 『정신분석의 탄생』, 열린책들(2011), pp. 230-250, 참조.

위 표에서 암 환자는 아내·아들·딸·영아로 대체할 수 없는 공시적 계열의 존재자이다. '나는-장을-봐서-암 환자에게-좋은-음식을-만들었다.'의 문장에서 각 단어는 직선으로 결합하여 서로 인접 연쇄해 있으며 그 과정에서 단어가 대체되면서 의미가 생성된다. 의미의 생성은 곧 억압된 자극이 감산 되는 과정이다. '나는-장을-봐서-암 환자에게-좋은-음식을-만들었다.'라는 문장에서 '장'과 비교되는 단어는 항암·기말고사·심부름·젖이다. 그런데 이들 요소 가운데 '나는-장을-봐서-암 환자에게-좋은-음식을-만들었다.'라는 문장에서 '선택되지 않은 부재한 단어는 절대로 부재하지 않은 것'이 아니다. 왜냐하면 대상을 기술할 때는 언제나 '선택되지 않은 부재한 다른 단어'를 염두에 두고(전제하고) 기술하기 때문이다. 계열화에서 나타난 단어의 선택 여부는 언표의 주어(주체)가 누구인가에 따라, 그 주어(주체)의 역할의 적절성에 따라 선택된다. 그리고 그 선택된 단어는 선택되지 않은(부재) 다른 단어들과의 암묵적 비교와 평가와 종합에 의해 예기되면서 선택된다. 이렇게 '암묵적 비교'와 '평가'와 '종합'에 의해 '예기'되면서 선택하는데, '선택'의 작업은 마치 억압과 방어의 형식으로 작동되는 심적 기제와 동일한 구조를 지닌다.

 그런데 중요한 것은 우리의 언어체계나 인식체계는 종종 범주 계열에서 인과적 자기동일성의 오류를 범한다는 사실이다. 분명히 위에서 제시한 암 환자·아내·아들·딸·영아의 범주 계열에는 그 범주에 합당한 유사한 통시적 연쇄의 문법체계가 잇달아-이어져-있다. 만약 어느 한 계열의 문법체계를 다른 한 계열의 문법체계로 전회(인과적 동일시)하여 해석·번역 이해하면 어떻게 될까? '아내가-기말고사를-항암 해서-심부름으로-울었다.'라는 우스꽝스러운 문장으로 조합될 수 있다. 그런데 아이러니하게도 우리의 의식체계는 종종 당연히 지켜져야 할 범주 계열의 문법체계를 무시하고 다른 계열로 침범해서 몰상식의 규범을 자행한다.

비극적이게도 우리는 이렇게 무의식적으로 범주 계열의 오류를 수시로 자행하는 존재라는 사실이다. 우리는 자기-원인적 동일성의 한계의 그물에서 벗어날 수 없는 '깨진 유리잔'이기 때문이다. 그렇다면 어떻게 범주 계열의 인과적 자기동일성의 오류에서 벗어날 수 있을까? 그것은 우리의 생각과 행위가 어디에서 무엇을 하고 있는지 그리고 그 결단이 자신이 속한 범주 계열의 틀에서 벗어나지 않았는지 매 순간 '자각하고 알아차리는 것'에 있다.

우리가 인지해야 할 것은, 처음 일어난 자극을 '원-억압'이라고 부르고, '방어'는 첫 번째 일어난 억압을 감산하고자 여러 번 연쇄적으로 일어난다는 것이다(내사·투사·퇴행·전치·역전·대체·승화 등의 변주를 통해서 일어남, 프로이트(S. Freud)·라캉(J. Lacan)의 관점).[94] 야콥슨(R. Jakobson)은 언어학에서 이렇게 한번 일어난 자극(억압-압축)을 공시적 계열로 배치하고 자극을 감소하기 위해 나타나는 반응(방어-

---

[94] 프로이트가 무의식에서 발견한 대표적인 언어학적 메커니즘은 압축과 전치이다. 압축과 전치는 꿈 분석의 대표적인 메커니즘이다. 압축은 꿈속에서 하나의 이미지로 집합시키는 것, 전치는 심리적으로 가치가 적은 것들을 꿈속에 등장시킴으로써 검열을 회피하는 꿈-분석을 의미한다. 꿈이 압축과 전치 메커니즘을 사용하는 이유는 무의식의 욕망을 은폐하기 위함이다. 라캉은 전자를 은유로, 후자를 환유로 해석한다. 자아는 자기동일성을 유지하기 위해 '억압과 방어'라는 심적 기제를 이용해서 불쾌적 요소가 의식의 수면으로 나타나지 않도록 갖은 노력(에너지)을 동원한다. '억압과 방어'의 심적 기제에서 우리가 유의해야 할 점은, 어떤 사건에 대해 원-억압은 한번 일어나지만, 방어(기제)는 한번 원-억압된 감정을 감산하기 위해 여러 가지 감정을 변주해 나가면서 모양을 바꾸어 나간다. 예컨대, '부정-거부-회피-미래적 연기-성급한 낙관(잘되겠지)이나 긍정주의-손쉬운 위로-전이-대체물 형성-중독' 뿐만 아니라 '내사·투사·퇴행·전치·역전·반동·대체·승화'와 같이 다양한 형태의 무늬로 감산해 나간다. 일반적으로 우리가 알고 있는 억압은 자아가 만들어 놓은 방어가 변주된 형태로 이해하기 쉽다.

치환)을 통시적 계열로 배치한다.[95] 그러니까 <자극과 반응>, <억압과 방어>, <압축과 치환>, <은유와 환유>는 <인과적 자기동일성>의 다른 표현이다.

Ⅳ 분석의 기술 : 내담자 입장의 평가
 - <상실과 죽음을 맞이한 '실존적 주체'의 입장이 되어>

원활한 분석이 되기 위해서는 분석가와 내담자 사이의 문자적 의미나 지칭 관계가 아니라 그 언어 사용자들의 자연적·문화적 조건과 상황, 그리고 그에 따른 총체적 경험과 이해가 중요하다.[96] 그렇다면 고통

---

95) 라캉의 은유와 환유 개념은 야콥슨의 언어학 이론에서 '압축'과 '전치'론에 기초해서 적용한 것이다. 야콥슨에 따르면 언어는 두 축을 중심으로 작동한다. 하나는 통시축이고 하나는 공시축이다. 공시축(압축)은 기표의 수직성, 은유와 관련되고 통시축(전치)은 기표의 직선적 결합, 인접성, 환유와 관계된다. 라캉은 무의식적 주체의 발생과 욕망의 지속을 언어 법칙인 은유와 환유를 통해 설명한다. 한번 자극받은 인상(S1)은 유기체 내부 환경의 안정성에 바탕을 두고 사건화(압축, 억압)되는데 이는 무의식적 주체로 은유(표상) 된다. 그리고 유기체는 그 자극(S1, 불쾌적 요소-외상)을 감소시키기 위해 다양한 감정(S2....Sn, 환상)으로 변주해 나가는데, 이 과정에서 잉여향유(쾌감, 욕망)가 발생한다. 잉여향유는 한 번의 반응으로 의미화(기의)할 수 없기에 계속 미끄러지면서 결여를 양산한다. 결여에서 나타난 욕망은 존재의 결핍, 즉 결여를 기표의 연쇄 고리를 통해 환유적으로 채워나간다. '환유적으로 채워나감'이 곧 방어기제이고 이 방어기제는 자아가 만들어 낸 또 하나의 향유가 된다. 라캉이 정신분석적 수사학인 은유와 환유를 통해 궁극적으로 보여주려 한 것은 기표에 대한 주체의 의존과 그것을 넘어 불가능한 향유로 향하려는 욕망과의 긴장 관계이다. 이것은 기표와의 결합 속에서 지워지면서도 소멸하지 않고 실제의 모습으로 자신을 드러내는 존재의 양상으로 해석된다.
96) 과거 다른 시대 상황과 공간의 장에서 경험된 개인은 그들이 처한 특수한 시점과 존재 방식으로 이해해야 한다. 분석가 자신은 또 그 자신의 시대와 일상생활의 지평에 제약된다. 상실자의 과거 경험이 분석가가 바라보는 인식의 관심 속에서 읽혀진다는 것은 상실자 자신이 아닌 제3의 의미화의 과정임을 직시해야 한다. 모든 인간의 감정은 과거 경험의 부분이며, 삶의 체험의 문맥에서 설명되어야 한다. 일상생활에 처한 인간 자기 경험은 다른 시대와 공간에 따라 다른 특성이 있어서 추상적으로 이해되어서는 안 된다. 중요

의 감정은 어떻게 구성되는가? 감정은 자극에 의해서, 수동적(객체)인 반응으로 구성되기도 하지만, 습득된 능력에 의해 능동적으로 고통의 감정을 재구성하기도 한다. 어떻게 고통의 감정을 재구성하는가? 어떻게 증상을 만드는가? 감정(증상)을 재구성함으로써 자극을 감산(소)해 나가는 과정이 애도의 메커니즘이다. 시간을 재구성한 심적 방어기제가 곧 애도의 과정이다. 애도의 과정을 통해 안정성(쾌감)을 느끼며 현실에 재적응해 나간다.[97] 욕망은 의식-의지-행위의 주체성을 지니며

한 것은 상실자의 직접경험에 대한 해석은 과거의 객관적 사실에의 도달이 아니라 지금의 '나'의 생의 경험을 통해 과거의 '나'의 생의 경험과 만나는 것이다. 이 만남이 이해(Das Verstehen)이다. 애도는 인간의 삶의 비탄을 단순한 물리적 사건의 불연속적 집합이 아닌 '의미의 체계'로서 파악하고 그 의미의 체계는 반드시 그 경험이 일어나고 있는 삶의 체험의 지평 속에서 이해되어야 한다. 우리 삶의 경험은 주관적이며 시공적이며 역사적이다. 애도학에서는 삶의 경험이 깔고 있는 상실자의 세계관(Weltanschauungen)의 다원적 용인을 요구한다. 즉 이러한 다원성의 인식, 다시 말해서 모든 해석과 평가의 상대성의 용인이야말로 우리의 정신을 개방성으로 안내하고 그 시점에서 비로소 상실자의 치유는 시작된다.

97) 분노나 불안에 대한 감정에 맞는 적절한 반응을 하지 않거나 금지되면 다른 대체물로 바뀐다. 히스테리 환자의 지속적인 전이는 그때그때 나타나는 증상에 대해 적절한 대처가 없었기 때문에 전이된 것이다. 욕설이나 무모하고 아무 목적이 없는 행동조차도 모두 대체물에 속한다. 하나의 운동 행동이 다른 것으로 고의적으로 대체된 자연스러운 통증 반사가 다른 근육수축으로 대치된 것이다. 통증이 일으킨 흥분을 한 근육 집단에서 다른 근육 집단으로 옮기고 있는 것이다. 그러나 억압에 의해 흥분을 전혀 발산시키지 못하는 감정도 있다. 이는 '정서의 비정상적인 표현'이 형성된 것이다. 여기에서 나타난 현상이 의식 분열이다. 의식 분열은 모든 히스테리에 원형적인 형태로 존재한다. 분열은 체화하지 못한 감정의 이미지나 관념이 귀의처를 찾지 못해 방향을 상실한 현상이다. 이미지의 제어는 구체적인 몸의 느낌인 체화를 통해 이루어질 수 있다. 이미지와 관념의 연결과 종합이 끊어진 현상이 곧 의식 분열증이다. 그렇다면 무엇이 이미지와 관념을 연결 종합하는가? 거기에는 인과론적 이해와 해석의 부재가 원인이다. 둘째는 이를 통합할 수 있는 의미의 부재이다. 여기에서 의미란 주체가 살아가야 할 목표와 방향성이 내적 욕구와 일치되는 것을 말한다. 이것은 신체의 신경지배 통제권을 얻게 하는 힘이다. 어쩌면 감정은 자신의 잃어버렸던 목소리, 잃어버린 자아, 밀봉한 자아를 다시 찾고자 하는 치열한 몸부림일 수 있다. 따라서 삶을 온전히 누리기 위해서는 다가온 상실과 죽음에 회피하거나 억압할 것이 아니라, 온 존재로 대면해야 한다. 이제 상실과 죽음이 예외적이고 이질적이며 정상적인 생활을 침해하고 방해하는 것이 아니라, 일상 속으로 통합되고 심지어 일상을 규정해 주는 것이어야 하며 우리 삶의 중심이 되어야 한다. 비탄에 젖을 줄 모르는 것은 삶

무엇인가 내담자의 욕망이 의식-의지-행위의 지향성을 지닌 주체자의 것이 되도록 안내한다.

'죽어가는 사람'에 대한 객관 대상화된 기술 대신, '그의 죽음', 혹은 '그의 죽어감'으로 기술하면, 대상화된 죽음이 주체로 전환된다. 이때 죽음은 죽어가는 주체의 소유가 된다. 여기서 소유격 '~의'는 영어의 'of/ 주체의 소유격'이다. 이는 죽음이 관찰자 시점의 삼인칭 언어에 의해 포획 지배되어 기술된 것이 아니라, 일인칭 주체 자신에 의해 관여되기에 죽음이 재귀(귀의)적 목적이 된다. 즉 죽음이 타자의 것이 아닌, 그 자신의 것임(mineness)이 된다. 이제 죽음은 자기 관여적(self-involving)이고 주관적 경험이 된다. 죽음이 더 이상 타자의 죽음(객관 대상-분리-객체)이 아닌, 그 스스로 일인칭 경험이 된다. 이제 상실과 죽음을 ① 맞이한 ② 사람'의' 슬픔과 고통(아픔)이 그를 ③ 통해 ④ 어떻게 반응되고 ⑤ 대치(맞이, 준비)되는지를 ⑥ 그의 입장이 되어 ⑦ 질문해 본다.

1) 맞이함: 사람이 주인이 되어 죽음을 맞이함, 수동적 객체가 아닌, 능동적 주체가 됨, 거기에 결단하는 인간의 존엄성이 깃들게 됨. 따라서 인간이 더 이상 죽음에 당하는 객체가 아니라, 죽음을 통어(統御)하고 자신의 삶을 조율하는 주인이 된다.

2) 사람의 슬픔과 고통(아픔): 우리가 말을 하고 있지만, 이 말은 개인의 언어가 아니라, 이미 타자가 만들어 놓은 언어를 답습하고 익혀, 그 문법 체계에 맞게 사용함으로써 일정한 의미와 이해 체계에 도달하게

을 하나로 이을 줄 모르는 것이다. 만일 비탄을 거부한다면, 우리의 삶은 단편적인 에피소드나 일화, 아무렇게나 시작되었다가 아무렇게나 끝나는 사건의 파편화가 될 것이다.

된다. 이렇게 우리가 사용하는 언어는 자신의 언어가 아니라 타자의 언어이며, 언어에서 발생하는 욕망조차 자신의 고유한 욕망이 아닌, 타자가 만들어 놓은 시스템 속에서 욕망하는 타자의 욕망이다. 따라서 슬픔과 고통 또한 온전히 그의 것이 아니다. 슬픔과 고통이 온전히 그의 것이 아니기에 더욱 괴롭다. 슬픔과 고통이 온전히 그의 것이 되기 위해서는 어떻게 해야 하나? 거기에는 '직면'의 기술이 요청된다. 직면은 타자의 죽음이나 언어, 욕망이 아닌, 자신만의 고유한 슬픔과 고통으로 스스로 자신에게 책임 지워지는 실재의 힘이다. 이 슬픔과 고통은 자신으로 되돌아가는 증상이다. 그런 의미에서 슬픔과 고통의 증상은 상실된 것을 다른 것으로 대체해 나가고자 하는 보상이며 부정의 쾌감이 된다. 따라서 이 증상은 제거해야 할 것이 아니라, 그 실재가 무엇을 말하고자 하는지, 그 의미를 찾아내고 발견함으로써 자신과의 정직한 만남이 이루어지는 계기가 되도록 해야 한다. 죽음은 이제 타자의 것, 또는 회피하고 도피해야 할 것이 아니라, 그의 고유한 것, 책임지는 것이 된다.

3) 통해: 치유는 밖에 있지 않다. 치유는 나타난 현상 - '이' 슬픔과 고통을 통해서 시작된다. 슬픔과 고통을 없애거나 제거한다면 치유는 일어나지 않는다. '이'것을-통해(through)- 잇달아-일어나-이어져-있음-일-됨-사건으로 나타난다. 실재는 이러한 과정(생성) 그 자체이다. 따라서 슬픔과 고통은 실재(Reality)의 도래다. 이 도래는 언제나 가면(위장)을 쓴 채 반복·재현·재구성된다.

4) 어떻게 반응: 현상적으로 나타난 슬픔과 고통이 ① 무엇에 의해, ② 무엇을 위한, ③ 무엇이 그가 그렇게 반응하게 하는지를 살핀다.

'③'의 '무엇'은 겉으로 드러나지 않은 무의식적이다. 현상적으로 나타난 것은, 보이지 않은 무의식이 가면(위장)을 쓰고 나타난(도래한) 것이다. 따라서 슬픔과 고통이 무엇을 지시하고 무엇을 찾고자 하는지, 무엇에 의해 그렇게 나타나는지를 살펴야 한다. 그리고 그것을 내담자가 인지할 수 있도록 표현하게 한다. 내담자는 표현의 인과적 이해를 통해 적합한 단어 표상을 획득하여, 의미화, 상징화하게 된다. 평가와 개입에서 반응은 내담자가 사용하고 있는 언어 구조(문법 체계-담화구조)를 통해 살펴볼 수 있다. 언어구조는 첫째, 자신을 보호하고자 하는 보호본능으로 언어를 사용하는 인간의 정형화된 인지 패턴을 의미한다. 둘째, 언어구조는 개인을 지배하고 있는 억압과 방어체계를 의미한다. 셋째 언어구조는 억압과 방어체계 속에서 성 충동(삶의 리비도, 의지, 생의)이 발현하는 구조이다. 넷째, 언어구조는 주체가 어떤 대상에 대해서 '관계를 맺는 방식'을 의미한다. 이제 죽음교육전문가는 반응방식을, 수동적 반응에서 능동적 반응으로, 객체에서 주체로, 강제에서 결단으로, 관념적 앎(인지, 생각)에서 실천으로, 일회성에서 지속성으로 전회되는 과정으로 기술(記述)한다.

5) 대처(맞이, 준비)하는지를: 대처의 기술은 (대자對自적) 직면이다. 직면의 반대는 '억압(무의식-망각-은폐-위장-가면-거짓-박탈-합리화-당연시-판단-비교-강제-비난)과 방어(부정-거부-회피-미래적 연기-잘될 거야-위로-전이-대체물 형성-중독)'이다. 평가와 개입에서 제삼자(타자)의 억압과 방어를 차단한 채, 오직 그만이 그의 언어로, 그의 방식으로 표현 대처할 수 있도록 해야 한다. 이때 한계상황(실존적 단독자)에 어떻게 대처해야 할 것인지 주체의 실존적 결단만이 남게 된

다. 거기에 비로소 인간의 가능성이 그대로 있게 된다. 올바른 대처는 억압과 방어로부터 의식화와 의미화로 연결한다.

6) 그의 입장이 되어: 분석과정에서 나타나는 내담자의 반응이나 태도, 언어에서 무엇이(억압과 방어의 주체) 그에게 억압으로 작용했는지, 충동 중에서 무엇이 억압과 방어에 '저항'했는지, 그리고 궁극적으로 무의식의 그것이 ① 무엇을 말하고자 하는지, ② 무엇에 이르고자 하는지, ③ 무엇이 되고자 하는지를 내담자 스스로 자각하고 발견할 수 있도록 해야 한다. 자칫 죽음교육전문가가 내담자의 증상을 제거하거나 억압하고 또다시 보편적 문법 체계에 익숙하도록 안내하거나, 강제화한다면(죽음교육전문가가 주인, 주체가 된다면) 분석은 실패로 가게 된다. 물론 보편이라는 문법의 질서 체계가 내담자를 보호하기도 하고 안정감을 주기도 하지만, 내담자 스스로 무의식의 그것(실재)이 말하는 것을 망각하거나, 보편문법 체계로 대체하거나 익숙해지면, 자신의 언어로 의미화가 되지 않는 한 증상은 또다시 찾아온다. 증상은 타자의 욕망으로부터 주체 자신의 욕망으로 귀환하는 것에 그 속성을 지니고 있기 때문이다.

7) 질문
① 우리는 질문을 통해 막연한 이미지나 관념을 인과적 질서(문법적 어순의 배열)로 환원하여 이해한다. 이 과정을 통해 말하는 사람은 스스로 제 생각과 사유의 패턴을 검열하고 바로 잡아가기도 한다. 그래서 우리는 말을 하면서 저절로 깨달아지고 또 말을 하면서 그 길을 새롭게 내기도 한다. 말을 하는 것, 그것은 치료이다. 우리가 말을 한다는 것은

모두 어떤 사건에 이미지(기억)를 부여하여 상징화(기호화)하는 것이다. 자신의 감정을 상징화할 때 새로운 의미와 통제감을 획득한다. 상징화는 감정을 다루는 손잡이와 같다. 우리는 언어를 통해 감정을 수정한다. 감정에 명칭이 부여되면서 감정으로부터 자신을 분리하고 강한 자기감이 촉진된다. 감정을 상징화하면서 자신이 느끼는 감정이 어떤 것인지 알게 되고, 감정을 볼 수 있는 새로운 위치와 관점이 만들어지는 것이다.

② 실존적 태도에서 묻게 되는 질문은 두 가지로 크게 나뉜다. ⓐ 상실과 죽어감에 대한 질문(나는 누구지?, 죽어가는 사람은 누구지?, 나는 무엇 때문에 태어났지?, 무엇을 위해 살아왔지?, 어디로 가는 걸까?, 갈 곳은 있는가?, 남아있는 사람은 어떻게 마무리하는 게 인간다운 삶일까?, 삶의 의미는 무엇인가?)과 ⓑ 슬픔과 고통의 질문(이 불안은 어디에서 오는가?, 분리와 결합, 갈등, 용서와 화해, 진정한 평화는?). 화해와 용서의 방법과 실천을 재귀적 용법으로 기술한다.

③ 이제 분석가는 내담자가 증상을 자신의 언어로 표현하고, 의식화하도록 해야 한다. 그래야만 증상의 의미를 알아차릴 수 있다. 의미화가 되지 않는 증상은 무의식 속에서 끊임없이 적합한 '단어(표상)'를 찾아 표류한다. 즉 증상은 자신의 적합한 이름을 찾기 위해 부단히 반복되어 나타난다. 그래서 무의식을 의식화(언어화-상징화)해야만 비로소 그 무의식이 무엇을 의미하는지 알 수 있게 되어 증상이 멈추게 된다.

심화 2

동양사상에서 바라본 죽음 해석

<내용 요약>

동양사상에서 죽음은 인간 존재와 삶의 본질을 탐구하는 중요한 과정으로 해석된다. 죽음이 단순한 끝이 아니라, 삶과 죽음의 이원성을 넘어 삶의 연속적인 과정으로 이해된다. 자아는 변화 가능성과 상호연관성을 지닌 존재로, 죽음을 통해 새로운 존재적 가치를 추구한다. 동양의 죽음 해석은 모든 존재가 상호 연결된 우주의 일부로서, 죽음을 받아들이는 것이 삶의 진정한 의미를 깨닫는 방법이 된다. 궁극적으로, 죽음은 실존적 성찰을 통해 삶의 가치를 실천하는 중요한 계기가 된다.

<핵심어>

실존(Existence), 초월(Transcendence), 반성적 성찰(Reflective Introspection), 자아와 비아(Self and Non-Self), 무아와 연기(Non-Self and Interdependence), 생사관(Perspective on Life and Death)

<학습 목표>

- 죽음에 대한 실존적 이해 : 죽음의 본질과 인간의 실존적 태도를 탐구하고, 죽음이 인간 존재에 미치는 영향을 고찰한다.
- 초월적 사고와 삶의 깊이 확장 : 죽음 이후의 세계와 초월적 차원에 대한 이해를 통해 인간 삶의 의미와 깊이를 확장한다.
- 자아와 비아의 관계 탐구 : 자아와 비아의 관계를 통해 인간다움의 본질을 깨닫고, 자아의 의지와 자유를 탐구한다.
- 삶과 죽음의 통합 : 삶과 죽음을 하나의 연속적 과정으로 이해하며,

이를 통해 평화로운 존재 방식을 실천한다.
- 무아와 연기의 적용 : 불교적 관점에서 무아와 연기의 개념을 학습하고, 이를 일상에 적용하여 존재의 의미를 실천적으로 탐구한다.

<적용 실천>
- 죽음에 대한 열린 태도 유지 : 죽음을 자연스럽게 받아들이고, 이를 삶의 일부분으로 인식하여 철학적 성찰을 통해 삶을 통합한다.
- 실존적 성찰 실천 : 삶과 죽음의 의미를 지속적으로 성찰하며, 내적 성장을 위한 변화를 추구한다.
- 의식적 삶의 전개 : 매일의 선택과 행동에서 죽음을 의식적으로 연결하고, 이를 통해 삶을 더욱 진지하고 의미 있게 살아간다.
- 타인과의 깊은 관계 형성 : 죽음의 유한성을 인식하며, 타인과의 관계에서 진심과 진정성을 추구한다.
- 마음챙김 실천을 통한 평화 추구 : 죽음에 대한 이해를 바탕으로 마음챙김과 성찰을 통해 일상에서 평화와 내적 안정을 추구한다.

동양사상에서 바라본 죽음 해석

I. 죽음학의 요청

죽음학은 '인간의 실존(인간다움)'을 회복하는 데에 중점을 두고 있다. 그래서 상실 경험을 통해 자신의 참다운 본성을 발견하고 주변 환경(가족, 친척, 이웃 등)이 온전히 사랑으로 연결되어 있음을 자각하게 한다. 인간은 상실을 통해 삶의 의미를 발견한다. 의미는 반성적 성찰 그 자체이다. 여기서 반성적 성찰이란 자신이 자신을 대상으로 본질적인 물음을 던지는 고민이자 존재함의 방식이며, 자아정체성의 확인이자 점검이며 물음이다. 이런 반성적 성찰 없이 의미는 주어지지 않는다. 이 의미는 자기 자신을 자각하고 아는 것에서 시작한다. 우리는 자신이 본질적으로 누구인지 깨달을 때 자기 지배와 절제를 할 수 있다.

오늘 21세기 문명을 위기의 문명이라고 한다. 인륜성과 정신성은 물질주의로 물들어 있고, 인간다움은 물신주의에 가려 점차 도구화되고 있다. 싸나톨로지는 죽음 앞에 선 인간에게 "나는 누구인지", "나는 어떤 존재가 되기를 원하는지" 그리고 "오늘이 마지막이라면, 남은 삶을 어떻게 살아가는 것이 자신다움인지" 등의 실존적 물음을 묻게 한다. 이 물음에 정직한 답을 할 때, 그동안 놓치고 살았던 소중한 삶의 미학이 저절로 드러나게 된다. 거기에 '인간다움'이 있다.

'살아있다'라는 것은 바로 '죽음과 함께 살아간다는 것'이다. 그것은 바로 누군가를 '사랑하고 있다'라는 뜻이며 누군가와 '함께 하고 있다'라는 사실이다. 인륜성의 진화와 성숙은 여기에서 벗어나지 않는다. 이를 실천하는 삶, 그 자체가 우리 사회를 구원한다.

생사가 동전의 양면처럼 일관되어 있어서 상호 침투를 통해 영향력을 발휘하는 것이라면 개체가 선택한 삶의 가치와 의미는 죽음에 임하는 심적 자세나 태도에도 영향을 끼칠 것이다. 철학적으로 말하면, 이것은 곧 인생관이 죽음에 영향을 준다는 말로 바꿀 수 있다. 실제로 중국의 유학자들이 말한 '득기사(得其死)'와 '불득기사(不得其死)'는 이러한 생사관에 대한 가치 판단을 의미하며, 또한 『예기』가 군자와 소인의 죽음을 각기 '임종(臨終)'[98]과 '사(死)'로 구분한 것도 삶에 대한 가치론적 판단에 따른 것이었다. 이때 임종(臨終)과 선종(善終)은 모두 '종(終)' 자가 들어가는 것에서 알 수 있듯이 '삶을 무사히 마친 것'을 의미한다. 곧 우주의 조화로 홀연히 발생한 생명체에게 주어진 삶을 하나의 임무나 과제로 보고 사명을 갖고 그것을 무사히 마쳤을 때 주어지는 평가이다.[99] 이러한 삶의 구조와 과정에서 모든 존재와 사태는 끊임없이 주체적으로 결단하고 완수해야 하는 대상들로 다가오며, 따라서 그 과정은 삶이 끝날 때까지 지속될 수밖에 없다. 맹자가 말한 '입명(立命)'과 '정명(正命)'은 바로 이러한 실존적이고 주체적인 삶의 지향 과정을 표현한 것으로 볼 수 있다.

　이와 대조적으로 '사(死)'나 '비명(非命)'은 일반적인 사람들의 삶을

---

98) 또는 선종(善終)이라고도 한다.
99) 죽음이 비록 생명을 가진 모든 존재가 종국적으로 맞이해야 하는 불가항력의 사건이지만 의지-의미 존재로서 사람의 죽음은 여타 사물(동식물)의 죽음과는 구별되어야 한다고 하였다. 사람의 죽음은 사물의 죽음과 달리, '의지 활동의 종결' 또는 '의미 추구의 완결'을 의미하므로, 죽음 대신 '임종'이라는 표현이 더 적절하다고 지적한다. 특히 '죽음'이라는 용어가 내포한 수동적이고 피동적인 어감과 달리, '임종'은 의지적 존재로서의 '준비된 죽음'을 표현하며, '임(臨)'이라는 글자에는 '자기가 자신의 주인이 됨(self-sovereignty)'의 의미가 강하게 내포되어 있어 철학적 관점에서 싸나톨로지(Thanatology)를 죽음학이라는 용어 대신 임종학으로 표현하는 게 더 적절하다고 보았다. 임병식, 「품위 있는 임종을 위한 인간의 이해」, 『'죽음의 질' 향상을 위한 철학적 싸나톨로지』, 한국싸나톨로지협회 창립기념발표논문, 2013년 참조.

가리킨다. 삶이 주어진 것을 우주의 우연성으로 생각하고 그때그때 발생하는 존재와 사태와의 우발적인 관계 및 결과에 수없이 내맡기는 삶을 영위하다가 죽음을 맞이하는 수동적 삶의 방식을 가리킨다. 이러한 삶의 방식에서 그 가치와 의의를 관통하는 것은 주체성과 능동성의 결여에서 오는 삶의 피로와 고통이다.[100] 이러한 삶에서 죽음은 '피로와 고통의 정지나 휴식'을 뜻한다. 실제로 삶의 번민이나 고통의 강도가 커질수록 그에 비례하여 자살 충동이나 죽음 동경, 또는 기타 종교적 열망이 강해지는 것도 이를 간접적으로 증명해준다. 따라서 이러한 두 가지 다른 형태의 생사관을 종합하면, 군자의 생사관은 인생관이 죽음관을 유도하는 방식으로 결정화되고, 소인의 생사관은 오히려 죽음관이 인생관에 영향을 끼치는 형태로 형성된다.

오늘날 우리 시대는 죽음학이 무엇이냐고 묻는다. 이 물음의 궁극적인 지향성은 인간이란 무엇인가, 인간은 무엇으로 살아가느냐는 물음의 다른 표현이다. 신이란 무엇인가, 신은 누구인가라는 질문은 곧 인간이란 무엇인가, 인간은 누구인가, 나는 무엇 때문에 존재하느냐는 질문과 같다. 오늘 우리는 '죽음'의 의미를 너무 신체적 종식으로 국한해서 해석하고자 하는 경향이 있다. 여기에서는 죽음의 의미를 신체적 종식이 아닌, '자아의 죽음'에 초점을 맞춤으로써 지금까지 다루어왔던 죽음의 의미를 보다 더 인간학적인 관점에서 확장하고자 한다.

죽음을 모든 생명 현상이 제자리로 돌아가는 모습(여정)의 과정으로 본다면, 제 죽음(종식, 없어짐)이 끝이 아님을 알 수 있다. 주역에서

---

[100] 현대에서 이 점을 가장 잘 지적한 학자가 한병철이다. 그는 현대 사회의 핵심적인 문제점이 '절제' 아닌 무한한 자유의 이념 아래 모든 것을 허용한 것을 지적한다. 곧 모든 것은 개방되어 있고 할 수 있다는 신념이 곧 사람들을 무한하게 달리게 함으로써 결국 피로 사회로 이행하게 되었다고 지적한다.. 한병철, 김태환 옮김, 『피로 사회』, 문학과지성사, 2012.

는 이를 천지가 낳고 쉬지 않고 움직이는 것을 생명의 의지, 사랑이라고 말한다(生生不息曰仁). 불교에서는 이를 무상(無常)이라고 하였다. 모든 것이 변한다. 불변한 것은 없다. 모두가 바뀐다. 반열, 도반, 아제아제바라아제 바라승아제, 이를 곳도 머물 곳도, 떠날 곳도 없다. 모두가 공이다. 그렇다고 아무것도 없는 진공과 같은 것은 아니다(不一不二, 不生不滅, 不常不斷, 不來不去). 이것이라고 말할 수 있는 것도 아니고, 이것이 아니라고 말할 것도 아니다. 언어로 이것과 저것을 구분해서 말할 수 있는 경계를 넘어선 그곳을 지향한다. 나라는 현상이 억겁의 시간과 공간에서 한순간을 경험하여 우주 진화의 전 과정을 경험하고 자신의 존재가 곧 우주 변화 그 자체임을 자각한다면, 우리는 삶과 죽음이라는 이원적 도식을 넘어 죽음의 경험이 또 다른 생명 진화의 한 형식이자 과정임을 알게 된다. 그때 우리는 신비로운 떨림과 따뜻한 사랑의 감정을 느낀다(무한한 우주 속에 혼자 있는 느낌, 은하계와 지구를 바라보면서, 나는 그저 눈물을 흘렸을 뿐이다. 미첼(E.D. Mitchell)은 그의 자서전 『탐험가의 길 The Way of the Explorer』에서 "스스로 존재하는 우주와 그 우주를 여행하는 우리의 존재는 우연이 아니라고 직감했다." 라며 "완전한 일체로 온 우주의 구성원들이 서로 연결돼 있음을 느꼈다."라고 말했다).

II. 장자의 환각, 자아(自我)와 비아(非我)

"옛날에 장주(莊周, 장자의 이름)가 꿈에 나비가 되었는데, 훨훨 나비처럼 날아다니는 것이 스스로 기뻐 제 뜻에 맞아 자신이 장주임을 알지 못했다. 그런데 문득 깨어보니, 곧바로 다시 장자가 되었다. 장자가 꿈에 나비가 된 것인가, 나비가 꿈에 장자가 된 것인가? 알 수 없다. 장자와 나비 사이에 무슨 구별이 있기는 있을 것이다. 이것이 만물의 변화(物化)라고 하는 것이다." 『莊子』

장자가 꿈에서 나비가 되어 훨훨 날아다녔는데, 물론 꿈속에서는 자기가 장자라는 생각이 전혀 없었다. 꿈에서 깨어나서야 그것이 꿈이라는 것을 깨달았다. 그러나 꿈에서 깨어나서 다시 생각해보니, 지금이야말로 나비가 꿈을 꾸어 그 꿈속에서 장자가 되어 살아가면서 자기가 나비라는 생각을 하지 못하고 있는 것이 아닌가 하는 의문을 품게 된 것이다. 따라서 여기에는 장자가 나비가 되는 것과 나비가 장자가 되는 꿈이 동시에 거론되고 있다.

꿈이 꿈인 것을 알려면 일단 그 꿈에서 깨어나야 한다. 장자가 나비였던 것을 알려면 그 꿈에서 깨어나야 한다. 장자가 나비였던 것을 꿈이라고 깨달았다는 것은 그 꿈에서 깨어났다는 뜻이다. 지금 그 꿈에서 깨어난 상태를 다시 꿈꾸는 것으로 이해했다는 것은 그 깸에서 다시 한 번 깨어났다는 것이다. 이렇게 깸에서 다시 깨어나는 것이 큰 깨어남, 대각이다. 외부에서 자신을 보는 것은 삼인칭 관점에서 아바타를 보는 것과 같다. 내부에서 사물을 바라보는 것은 가상 세계에 완전히 들어가 버려서 아바타의 눈으로 보는 것과 같다. 즉 내부에서 바라보는 것은 일인칭 관점이고, 외부에서 바라보는 것은 삼인칭 관점이다. 삼인칭 관점은 꿈에 몰두하고 있으면서 구경꾼으로서 꿈 안에서 일정한 공간을 점유하거나 시공적 관점을 갖고 있다. 그러나 그 관점은 자신이 보고 있는 꿈속의 신체와 분리되거나 해리되어서 자신과 분리되어 있다. 일인칭 관점에는 이런 해리가 없다. 왜냐하면 자신은 꿈의 신체를 점유하고 있고, 그 꿈은 신체의 눈을 통해서 꿈을 꾸고 있기 때문이다.

　이 나비의 꿈은 인지과학에서 보면 단순히 인생이 일장춘몽임을 말하는 것이 아니다. 장자가 말하고자 하는 핵심 단어는 물화(物化)이다. 장자가 보는 세계는 모든 사물이 서로 얽히고설킨 관계, 서로 어울려져 있는 관계, 꿈의 세계와 현실 세계가 서로 상즉상입(相卽相入)이라는 세계로, 서로가 서로가 되고, 이것이 저것이 되고 저것이 이것이 되는 자아가 탈색된 동시성의 세계이다. 이러한 세계는 서로가 서로에게 물들 수 있는 불이성(不二性)이 병존하는 세계이다. 이런 세계는 상호합일, 상호침투, 상호연관, 상호의존, 상호변화, 상호연기, 상호존재 하는 세계이다.[101]

III. 나라는 자아의 동일성은 있는 것인가? 없는 것인가?

　동서양의 심리학은 모두 <자아가 만들어지고 구성된 자기>라는 것에는 의견이 일치한다. 두 관점 모두 방어적 자아가 "독특한 자신만의 정체성을 가지고 있으며 특별한 사람으로 느끼도록 해준다."[102]는 것으로 이해하는 반면, 핵심적인 차이로 동양 심리학에서는 자아가 비실재하고 무익한 것으로 보지만, 서양 심리학에서는 자아가 실재하며 지속

---

101) 꿈: 자기 안에 빠진 사람(나르시시즘), 자동적(습관화) 사고와 말, 무의식, 상분과 견분. 깸(각성): 현실, 꿈이 꿈인 것을 알 수 있다. 깸, 깨치다, 깨닫다, 자각하다, 의식, 자증분, 증자증분. 우리는 자각몽(예지몽)을 연습할 수 있다. 가수면 상태 혹은 막 꿈속으로 들어가거나 나오려고(깨려고) 하는 순간에 꾸는 꿈(약 2~5초 사이), 꿈에서도 자신이 꿈을 꾸고 있다는 사실을 주시할 수 있다. 내가 나비가 되는 꿈을 꾸어도 꿈속의 나비가 곧 꿈을 꾸는 자신임을 알(느낄) 수 있다. 하물며 깨어있는 현실이 또 다른 자신의 자아가 꿈을 꾸고 있는 꿈속임을 알(느낄) 수 없겠는가?
102) 어니스트 베이커, 『죽음의 부정』, 한빛비즈, 2019.

적이고 없어서는 안 될 것으로 바라보고 영구적인 지위를 부여하는 경향이 있다.

억압은 인간이 일상생활을 할 때, 의식에 계속 담고 있기가 고통스럽거나 유익하지 않은 관념과 충동을 의식의 영역 밖, 즉 무의식으로 밀어내는 작용을 말한다. 억압 때문에 의식 기능에 부합하는 경험 내용과 의식에 대립하는 정신 작용 및 내용이 분리된다. 프로이트는 이러한 구도에서 '억압'에 의해 형성된 무의식이 정신분석의 토대가 되는 개념임을 강조하며 '정신분석'은 무의식에 억압되어 있으나 굳이 억압할 필요가 없는 2차 억압 내용들을 전의식과 의식의 영역으로 옮김으로써 자아 에너지를 회복시키고 증상을 해소하는 작업을 제시한다.

IV. 인지과학과 유식학 : 자아는 과거-현재-미래의 시간의식으로 구성된 것

유식에서는 고유한 개별성, 즉 자기의식(에고)이 존재하지 않는다. 자기의식이 오감(오식, 오온)으로 구성되어 있다고 본다. 우리는 자아가 영원히 존재한다고 믿지만, 유식에서는 자아가 오온으로 구성되어 있고 이 또한 다른 의식으로 계속 변한다고 생각한다(무아, 무상, 무명). 이처럼 자기 개별성이 있다는 의식(생각) 그 자체가 허환이라고 본다. 그렇다면 왜 우리는 자아가 있다고 생각하는가?

인지과학에서 '나'의 자의식은 자기동일성(자기보호본능)을 유지하고자 하는 개체의식일 뿐이며, 이 개체의식은 개체의식 자체로 이루어지는 것이 아니라, 의식을 구성하는 인접 관계망에서 구성됨을 강조한다. 따라서 자아(자아동일성, 개체의식)는 실체하는 어떤 '것'이 아니라 의식을 구성하는 관계망에서 주어진다고 본다. 그런 점에서 유식에서 말하는 유식무경(唯識無境)의 유식은 어떤 '것(고정된 항구한 실체)'이 아니라 의식을 구성하는 관계망(五蘊: 색-수-상-행-식)에서 나타나는 것으로 본다(허환으로 규정)는 점에서 인지과학과 일맥상통하는 점이 있다. 인지과학과 유식학에서는 자아는 애초 의식이 만들어 낸 허환(虛幻)이며 또 언제나 다른 것으로 변화할 수 있는 존재로 본다.

일반적으로 자아에 대한 집착이 공포와 불안, 두려움을 자아낸다고 한다. 즉 자기동일성을 영원히 유지해야 한다는 생각(집착)과 변화에 대한 부정은 곧 평온한 임종을 방해한다. 그렇다면 과거-현재-미래라는 시간 형식으로 구성된 것이 의식의 특징이고, 이 의식의 특징으로 자기동일성을 유지하고자 하는 것이 인간 특유의 장점이라고 본다면, 결국 죽음에 대한 불안이나 두려움, 공포는 과거-현재-미래라고 하는 의식의 시간 형식이 만들어 낸 소산(所與)이라고 할 수 있다. 즉 이 말은 한 개체(자아)가 느끼는 죽음의 경험(두려움, 불안, 공포 등)은 과거-현재-미래의 시간의식에서 주어지며, 두려움과 불안, 공포의 감정은 한 개체성(자기동일성)을 유지하고자 하는 느낌(보호본능)의 반응으로 규정할 수 있겠다. 인간은 애초부터 유한성을 지닌 존재로, 자기동일성을 유지하고자 하는 본능이 불안 정서(공포)를 형성하였으며, 이 정서와 감정은 자기동일성(자기보존) 욕구의 다른 이름으로 볼 수 있다. 생명을 지닌 동물은 모두 자기보존 욕구가 있기에 죽음에 대한 공포가 있다.

V. 유식과 하이데거의 자아

유식에서는 자아 형성을 다음과 같이 본다.

자극 → 오식(오감, 신식) → 육식(마나스, 자아의식, 표층 의식) → 칠식(말라식, 의지) → 팔식(아뢰야식-잠재의식-심층의식) → 자극 → 오식(오감, 신식) → 육식(마나스, 자아의식, 표층 의식) → 칠식(말라식, 의지) → 팔식: 무한 소급 순환 생장

이와 같은 전변의 과정에서 보면 '나-자아-에고'라고 하는 실체를 찾아볼 수 없다. 오히려 '나-자아-에고'는 타자와의 연기-연합-의타기성에 의해서 나타나는 현상일 뿐이다. 하이데거(M. Heidegger)는 이를 '현존'으로 이름하였다. 현존은 과거의 경험적 기억과 다가오지 않은 사태에 대해 예측되는 가능성과 희망, 기대, 예감이 종합된 자아의 현재적 느낌을 말한다. 바꾸어 말하면, 현존은 과거 경험과 미래적 예감이 온축된 충만감(mindful-feeling)이다. 하이데거가 말하는 현존은 그-세계-내-존재(Das-In-Der-Welt-Sein)에서 상즉상입 하는 생명 의식의 활동장(인드라의 그물망, field)이다. 이 장은 너와 나의 개체적 구분이 하나의 리듬 안에서 활동이 펼쳐지면서 공명하는 체계이다.

모든 존재는 입자, 파동, 위치, 속도-공간, 시간, 물질, 객체, 인과를 지니고 있다. 원자는 견고한 고체의 입자가 아니라 미세한 입자-전자가 핵 주위를 돌고 있는 광대한 공간으로 구성되어 있다. 빛은 입자로 때로는 파동으로 나타난다. 존재는 입자도 파동도 아니며 어떤 상황에서는 입자처럼 보이고 다른 상황에서는 파동처럼 보인다. 소립자는 독립적으로 존재하는 분해할 수 없는 실체가 아니다. 그것은 본질적으로

다른 것과의 상관관계의 세트이다. 그 어떤 것도 그것 자체가 무엇이냐가 아니라 그 무엇은 다른 것과의 관계로 정의되어야 한다. 객체로서의 분리가 아니라 전체로서의 유기적 동시성이 존재한다.

존재(Sein)는 존재가 아닌 다른 것으로 구성되며 서로 영향을 준다. 연못에 던져진 돌 주변에 퍼지는 파동은 주변에 있는 다양한 사물에 영향을 주지만, 그 영향은 다시 반향 되어, 또 다른 사물에 영향을 주는 끊임없는 연속의 영향 관계를 확인할 수 있는 것처럼, 이 존재는 그렇게 영향을 주고받는 상즉상입(In)의 장(Welt)의 관계에서 존재한다. 즉 존재는 전체인 우주와 동시적 관계이다. S-행렬이론(S-matrix theory)에 의하면, 세계는 상호 연결된 관계의 그물이다. 자연은 물질의 기본 구성체와 같은 근본적인 실체로 환원될 수 없으며, 전적으로 자기 조화(self-consistency)를 통해서 이해된다. 아원자 입자의 모습은 "각 입자는 다른 모든 입자로 구성된다."라는 말로 요약된다. 아원자 입자는 독립된 실체가 아니라 진행 중인 역동적 과정 속의 상호 관련된 에너지 모형이다.

VI. 자아는 우리에게 어떤 영향을 주는가?

자아를 넘어서는 순수한 자아는 있는 것인가? 융(C.G. Jung)은 자아를 넘어선 초월적 자기에 대해 이야기했지만, 융의 초월적 자기는 결코 직접 깨달을 수 없으며, 이미지-원형적 이미지-를 통해서 드러날 뿐이다. 그래서 융은 다음과 같이 말한다. "자아 없이 의식에 대해 생각할 수 없다. 자아가 없다면 그것을 의식할 수 있는 존재가 없는 것이다. 그러므로 자아는 의식 과정에 있어서 필수적이다. 그러나 동양의 사상은 자아가 없는 의식(무아)을 상정하지만, 자아가 없다면 목격할 수 있는 주체가 없는 것이기 때문에, 자아가 없는 정신적 상태는 우리에게 의식되지 못한다."[103]

불교의 종자는 뇌과학의 간뇌 의식의 형태와 일치하고, 종자가 만들어 내는 현상 의식은 대뇌 의식과 같다. 그리고 현재 의식은 종자 의식의 반영이며, 이는 외부 대상을 지향한다. 반면에 종자 의식은 해마에 암장 된 무의식으로 미래의 예지력이 반영된 의식이다. 이는 내부 생명 균형을 지향한다. 칸트(I. Kant)는 이를 선험적 이성, 선험적 판단, 선험적 실천의 원형 또는 패턴으로 규정한다.[104] 불교의 유식론은 오늘 분석심리학의 종주인 융의 정신분석에 절대적 영향을 끼쳤다는 사실을 우리는 이미 잘 알고 있다. 특히 융이 말하는 원형집단 무의식은 아뢰야식의 종자 의식일 뿐이다. 그러나 그는 여전히 다윈(C.R. Darwin)과 프로이트의 생물 진화론의 거친 이원론적 시각적 한계에서 '종자'를 원형집단 무의식으로 환원 해석하는 우를 범하고 있다.

티베트 용어로 자아는 아집(dak-dzin, 나 스스로라고 생각하는 나를 붙드는 것, 혹은 자신의 심신 가운데 사물을 주재하는 상주불멸의 실체가 있다고 믿는 집착)의 뜻이다. 서양의 심리학에서는 자아의 발달을 수평적으로 보는 데 반해 선 치료는 자아를 매 순간순간 재창조되고 강화되는 수직적인 활동으로 본다. 즉 자아는 오온(skandhas, 五蘊)으로 불리는 다섯 가지 성향으로 구성되어 있어서 자아라고 할 수 있는

---

103) Jung, C. G. 1959, *The archetypes and the collective unconscious, Vol. 9 of Collected works,* New York:Pantheon Books.
104) 임마누엘 칸트, 백종현 옮김,『순수이성비판』, 아카넷(2009), pp. 34-40 참조.

실체가 없다(空)고 본다.[105]

105) 이는 선불교 덕산이 처음에 금강경을 강설하고 청룡소초(靑龍疏抄)를 지어 꽤 자기 도취에 빠져있었는데, 남방의 선석(禪席)이라는 선승의 해석이 출중하다는 소리를 듣고 가서 그를 깨우쳐 주겠다 하고는 드디어 소초를 지고 예양을 지나는데, 배가 고파 절 앞에서 떡을 파는 노파를 만나 떡을 사서 점심(點心)하려고 하자, 노파가 "무슨 책을 짊어졌습니까?"라고 물었다. 그래서 덕산이 "청룡소초이니라." 하고 대답하니 노파가 또 "무슨 경을 강설합니까?" 물으니, "금강경이니라."하고 대답했다. 그랬더니 노파가 말하기를 "내 질문이 하나 있으니, 그대가 만약 답을 한다면 점심(點心)을 주겠지만, 만약 답을 얻지 못한다면 다른 곳으로 가보시오."라고 했다. 덕산이 노파를 째려보면서 그래 "물어보아라."라고 했다. 노파는 "금강경에 말하되 과거심도 얻을 수 없고 현재심도 얻을 수 없으며 미래심도 얻을 수 없다고 했는데, 그대는 무슨 마음에 점을 찍겠다(點心)고 하는가?" 낮에 먹는 떡인 점심(點心)을 사먹으려 하였을 뿐이던 덕산은 그만 답이 막히고 땀을 뻘뻘 흘릴 뿐이었다. 덕산은 선종을 쳐부수려고 길을 떠났는데 그만 선사를 만나기도 전에 길거리의 떡장수 노파에게 보기 좋게 한 방 얻어맞은 것이었다.

　　<과거심도 얻을 수 없고 현재심도 얻을 수 없으며 미래심도 얻을 수 없다고 했는데, 그대는 무슨(어떤) 마음에 점을 찍겠다(點心)고 하는가? 이를 풀이하면 다음과 같다. ① 과거심은 과거의 경험과 기억, 이미 지나간 것, ② 현재심: 과거의 경험과 기억을 회상해서 앞으로 전개될 것 같은 예감과 예기(미래)로 구성된 현재의 마음, 결국 현재의 마음은 이미 지나가 없는 것과 아직 다가오지 않은 것(허구)으로 구성된 것이기에 현재심도 없음, ③ 미래심: 아직 다가오지 않은 것이기에 없는 것, ④ 없음: 실재가 모두 비어있음(空), ⑤ 얻을 수 있는 것: 실재가 모두 비어있기에 얻을 수 없다. 없는 것을 얻고자 하는 것이 헛된 욕망이다. ⑥ 무슨(어떤) 마음: 그 욕망을 피워내는 마음은 무슨 마음이며 어디에 있는 것일까, 있기는 있는 것일까? ⑦ 점을 찍겠다(點心) 하고자 하는가? ⑧ 점은 마음에 불을 붙임을 의미한다. 점을 찍을 마음은 있는 것일까? 그 마음에 찍겠다고 하는 그 마음은 또 무슨 마음일까? 본래부터 비워있는(없는) 마음인데 뭘 또 밝히고 깨닫겠다고 하는가? 밝히겠다(깨닫고자)고 하는 마음은 무엇인가? 있는 것인가? 무아(無我), 대상적 아와 없애고자 하는 아는 무엇인가? 없앤다고 없애지는 것인가? 임병식풀이> 덕산은 할 수 없이 쫄쫄 굶으면서 용담(龍潭)을 찾아가 당대의 유명한 용담선사를 친견하였다. 용담선사를 본 순간 덕산은 이렇게 비꼬았다. "용이 사는 연못이라는 소문을 듣고 찾아왔지만 막상 찾아오고 보니 연못도 보이지 않고 용도 보이지 않습니다." 눈앞에 있는 용담화상을 빗대어 한바탕 빈정대는 덕산을 용담선사는 그냥 웃으면서 맞아들였다. "그대는 이미 용이 사는 연못에 이르렀도다." 덕산이 입실할 때는 한밤중이어서 용담이 말하였다. "오늘은 그냥 돌아가서 자거라." 덕산이 인사를 드리고 밖으로 나오려 하자 너무 어두워 돌아서서 말하였다. "스님, 밖이 너무 어둡습니다." 이에 용담이 종이에 불을 붙여주었다. 덕산이 막 종이를 받아들고 나서려 하자 용담이 확 입으로 불을 꺼버렸는데 순간 칠흑 같은 어둠 속에서 덕산은 갑자기 깨달았다고 전해온다. 절대의 어둠 속에서 깨달은 덕산은 다음과 같이 말하였다고 한다. "내가 이제부터는 노화상의 혀끝을 의심하지 않겠습니다." 그러고 나서 덕산은 횃불 한 자루를 들고 법당 앞으로 나아가 청룡소초를 태우면서 말하였다. "온갖 현묘한 말재주를 다 부려도 터럭 하나를 허공에 날린 것 같고, 온 세상의 재간 다 부려도 마치 한 방울의 물을 바다에 던진 것 같다."

자기 동일시하는 반응을 일명 정서 도식이라고 부른다. 정서도식(emotion scheme)은 정서적 경험과 그 의미 기제를 유발하는 기본적인 심리적 자아 패턴이다. 도식은 일련의 조직화 원리를 의미하며 개인이 선천적으로 갖고 태어난 반응레퍼토리와 과거 경험으로 구성된다. 이런 도식은 현재 내담자가 처한 상황과 상호작용하며 나아가 현재 경험을 유발한다. 도식은 매우 개인적이며 독특하다. 도식에는 각 개인 삶의 경험으로부터 우러나온 고유한 정서적 기억, 희망, 기대, 두려움 그리고 지식이 누적되어 있다. 정서도식은 오로지 정서에만 기반한 것이 아니다. 정서도식에는 주관적으로 지각된 의미, 자신과 세계에 대해 통합된 감각(신체화된 습관에서 우러나오는)을 제공하는 정동, 인지, 동기 그리고 행위가 복합적으로 포함되어 있다. 그리고 이는 내담자 의식의 지향성과 밀접한 관계가 있다. 도식은 외부 세계의 복사판이 아니라 세계-내-존재로서 우리의 경험과 행위로 구성된 것이다. 이는 비언어적 수준에서 표상(부호)화하며 의식적이고 개념적인 앎보다는 존재 및 행위와 연관되어 있다. 예를 들면, 아동기 초기 기억에는 언어화되기 전의 느낌과 감각, 풍경, 소리와 냄새들로 구성된다. 따라서 정서도식은 살아온 경험의 주관적 기록과 같다. 도식은 정서적 경험을 기억하는 기본적인 판형이며, 전체 경험을 의미 있는 단위로 통합하는 기능을 수행한다.

VII. 자아의 특성: 언어 집착 / 우리는 자아를 어떻게 치유할 수 있나!

라캉은 인지도식을 언어표상으로 규정한다. 언어표상은 무의식의 무늬이다. 그래서 그들은 대화(언어)를 통해 무의식의 숨은 그림을 찾고 그 조각을 짜맞추고 해석한다. 그러나 인간은 언어표상으로 규정할 수 있는 그 너머에서 진실성을 추구하고자 한다. 라캉의 이론보다 말할 수 없는 것에는 차라리 침묵하라는 비트겐슈타인(L. Wittgenstein)의 말이 더 와닿는다.

장자가 혜시와 함께 호수의 다리 위를 거닐고 있었다. 장자가 말했다. "잉어가 나와서 한가롭게 놀고 있으니, 이것이 잉어의 즐거움이겠지." 혜시가 말했다. "자네는 잉어가 아닌데, 어찌 잉어의 즐거움을 안다고 할 수 있겠는가?" 장자가 말했다. "자네는 내가 아닌데, 어떻게 내가 물고기의 즐거움을 모른다는 것을 알 수 있는가?" 혜시가 말했다. "나는 자네가 아니니까 물론 자네의 마음을 모르지. 그렇다면 자네도 잉어가 아니니까 자네가 잉어의 즐거움을 알지 못한다는 것이 확실하지 않은가!" 장자가 말했다. "자 처음 질문으로 돌아가서 말해보세, 자네는 나더러 '어찌 잉어의 즐거움을 알 수 있단 말인가?'라고 했지만, 이 말은 자네가 이미 내가 잉어의 즐거움을 안다는 것을 알고 물은 것이네. 자네는 내가 아니면서도 내 잉어의 즐거움을 알고 있지 않소! 나는 호숫가에서 잉어의 즐거움을 알 수 있다네." 『장자』, 「추수 17:18」

이 예화가 우리에게 제시해 주는 것은, 혜시가 주객 이분법적 입장에서 장자와 잉어 둘 사이에 넘나들 수 없는 인식론적 간극이 있을 수밖에 없다는 논리를 펴고 있는 데 반해, 장자는 이런 이분법적 차원을 넘어선 경지를 이야기했다는 사실이다. 장자가 여기서 잉어의 즐거움을 안다고 한 것은 그것이 논리나 인식론의 문제가 아니라 주객 합일, 주객 초월을 통해서 나와 만물이 하나 됨에서 얻을 수 있는 직관적 체험에 근거한 것임을 시사했다고 볼 수 있다. 그리고 더 중요한 것은, 인간은 언어를 사용할 때, 그 전제조건이 언어로 기술되어 있지는 않지만, 사전에 이미 암묵적 용인을 전제로 해서 언어를 사용한다. 그러나 많은 기호학자나 언어학자, 논리학자는 기술된(기표된) 언어 안에서 사실 명제를 끄집어내려고 한다. 과연 우리의 심상의 뜻을 언어기술로 모두 표현해 놓을 수 있을까? 혹은 어떤 언어를 선택해서 말한다고 해서, 선택되지 않은 낱말이나 그 낱말이 지닌 의미를 부정하는 것일까? 장자의 예화에서 보여주는 것은, 인간이 언어를 사용할 때는 이미 상대방과 암묵적으로 이해되고 용인된 약속 체계의 전제하에 진행된다는 점이다. 그리고 그 전제된 약속 체계는 공통의 과거 경험된 언어, 그리고 현재 선택된 언어, 그리고 이 언어가 사용되었을 때 어떤 효과가 있을 것인지에 대한 예후를 서로 동시적으로 알아챔으로써 전개되어 나간다. 그런데, 오늘날 기호학자나 언어학자, 논리학자의 인과 관계적 분석하에서는 이런 암묵적인 공통의 전제조건을 찾아볼 수 없다.[106]

예컨대 촘스키(A.N. Chomsky)의 언어관은 신체적인 어떤 것으로부터 발생하지 않는다. 그에게 있어서 두뇌와 몸에 관한 연구는 언어에 대한 어떤 추가적인 통찰을 주지 않는다. 촘스키의 언어관은 순전히 데카르트적인 형식주의이다. 언어는 보편적이고 선천적이며, 외부 세계의 사물들과의 연결로부터 독립된 마음의 자율적인 능력으로 보고 있다. 그는 언어 그 자체에 어떤 본질이 스스로 있다고 본다. 즉 현재의

---

[106] 혜시의 입장은 논리적, 인과적, 언어 법칙, 수사학적이고 장자의 입장은 배경, 네트워크(전제된 약속 체계), 신체화된 보편문법, 기표를 넘어선 득의망전의 관점이다.

언어를 스스로 만들어 주는 언어 속에 있는 법칙이 있다고 보고 있다. 이 본질을 그는 '보편문법(universal grammar)'이라고 명명한다. 이러한 촘스키의 언어관은 대체로 데카르트(R. Descartes)의 순수한 수학적 형식에 영향을 받은 것으로 보인다. 그래서 그는 언어를 마음의 자율적인 능력이라고 말한다. 여기서 마음의 자율성은 언어가 몸과 두뇌의 외적 측면들로부터 독립적이어야 한다고 요구한다. 그에게 있어서 언어는 단지 순수한 형식의 문제일 뿐이다.

인지적 요소인 언어는 소리가 지닌 음향적 특성으로 인해 인간 체내의 기와 감응하게 된다. 급박한 소리는 체내의 거스르는 기가 감응하게 되고, 유장한 소리는 체내의 순한 기가 응하게 된다. 인간은 거스르는 기가 활성화되면 그의 행동은 사회적 가치에 대해 거역하는 방향으로 흐르게 되며 순한 기가 활발해지면 사회적 가치를 따르는 올바른 행동을 하게 된다. 그렇다면 소리의 음향적 공명은 어떻게 체내의 기에 영향을 미칠 수 있는가? 인간은 소리의 의미를 언어적으로 보다는 오히려 신체적으로 느낀다. 즉 인간의 지각은 소리를 신체적 경험의 형태로 받아들인다. 이런 이유로 특정한 감정을 표현하는 언어를 들은 사람은 신체적이고 정서적으로 감동하는 것이다. 특히 중국 순자는 인간이 지속적인 음악적 자극을 통해 사회적 가치를 실현할 수 있는 감정들을 내재화하게 된다고 주장한다. 인간은 사회적 가치를 실현할 수 있는 감정들을 내재화함으로써 행동의 변화를 끌어내게 된다. 이렇게 외부 자극에 의한 소리나 사건(사태)이 직접 신체에 자극됨으로써 감정이 발생하게 되고, 그 감정은 철저히 신체를 통해서만 해결되어 진다.

1) 변계소집성(遍計所執性, 언어 집착: 자아 집착)

'변계소집성'이란 자신의 인지(정서) 도식(과거 경험이나 기억, 의식구성)이나 언어표상 때문에 사물을 판단하거나 바라보는 것을 의미한다. 일상을 사는 우리의 의식은 현상의 한 부분에 집착해서 바라보는 경향(상분과 견분)이 있다. 예컨대 우리는 습관적으로 어떤 문제를 해결하기 위해서나 대상 사물을 파악하기 위해 문제와 사물을 밖에 두고 객관화해서 바라보고 이를 처리하고자 한다. 그런데 그 문제라고 생각되는 것과 사물은 진짜 밖에 있는 것인가? 과연 밖에 문제와 사물을 두고 사건을 처리할 수는 있는 것인가? 흔히, "밤에 뱀인 줄 알고 놀랐는데 자세히 살펴보니 노끈임을 알게 되었다."라는 예를 들어 이 3가지 성질(변계소집성-의타기성-원성실성)을 설명한다. 즉, 뱀인 줄 알고 놀라는 것은 변계소집성의 상태이고, 노끈을 뱀으로 오인하게 된 것은 그 모습에 유사성이 있기 때문인데, 이러한 중간 상태의 모습 또는 의식의 구성(노에시스)이 실제로 뱀인지 확인하기 위해 자세히 살펴보는 것이 의타기성이고, 뱀이 아니라 노끈임을 알게 된 것은 원성실성이다. 변계소집성과 의타기성은 '현재 여기'라는 시간과 공간성에 '즉(卽)'해 있다. 변계소집성[107]과 의타기성[108]은 대상 사물 A를 기술하기 위해 B라는 용어를 사용한다. 그렇다면 B라는 용어가 A라는 대상보다 앞서 있는 것인가, 아니면 A라는 대상 사물이 있기에 B라는 용어가 생겨난 것인가? A와 B의 관계는 무엇인가? A와 B의 관계는 선후가 있는 것인

---

107) 산스크리트어 parikalpita-svabhāva: 삼성(三性)의 하나. 온갖 분별로써 마음속으로 지어낸 허구적인 대상이나 온갖 분별로 채색된 허구적인 차별상을 의미한다. 동의어로는 허망분별상(虛妄分別相), 변계소집성(遍計所執性), 변계소집상(遍計所執相), 망계자성(妄計自性), 망분별성(妄分別性), 망상분별성(妄想分別性), 망상자성(妄想自性), 분별상(分別相), 분별성(分別性), 분별성상(分別性相)이다.

108) 산스크리트어 paratantra-svabhāva: 문자 그대로의 의미는 '다른 것에 의지하여 일어나는 성질'이며, 영어로는 'other dependent(다른 것에 의존하는)'라고 직역되며 'dependent nature(의존성)'라고 번역된다. 즉 연기(緣起)의 성질을 말한다.

가? 종속적인 인과관계인가? 주체와 대상의 관계인가? 유식에서는 이 두 관계가 동시성 즉 '즉(卽)'해 있는 관계, 연기(緣起)적 관계로 본다.

2) 인지 도식의 확장: 상분-견분-자증분-증자증분-증증자증분[109]

오늘의 관점에서 바라보는 회상은 과거 경험의 기억 그 자체를 있는 그대로 순수하게 바라보지 않는다. 과거 경험은 어떻게 구성되는가? 일정한 시점에서 발생한 사건의 과거 경험은 그 순간의 주관적 관점에서 재구성된 경험이다. 따라서 우리가 경험하는 오늘의 회상은 과거의 주관적 경험을 오늘의 주관적 관점에서 구성한 것이다. 이렇게 구성된 기억에는 몇 가지 유형이 있다. 첫째는 사건이 발생하지 않음에도 불구하고 의식 스스로 무엇인가를 생각하거나 상상하여 기억화 할 수 있다. 즉 의식 스스로 홀로 기억을 만들어 낸다. 이렇게 의식에 의해서 상상화 된 의식의 대상은 이미 사라지고 없지만, 이전에 발생했던 과거 경험의 기억으로 그 의식을 재생해 내는 의식의 기억이다. 다른 하나는 감각 대상이 있지 않은 상태에서, 그리고 과거 경험과 무관하게 의식 스스로 독립적으로 활동하여 의미의 표상을 만들어 내는 의식이다. 이 의식은 다시 셋으로 분류된다. 하나는 본 적도 없고 일어나지도 않은 일을 떠올리는 상상이나 환상, 몽상의 의식이다. 둘째는 꿈속(무의식)에서 벌어지는 의

---

109) 이를 현대 인지과학적 입장에서 이해하면 다음과 같다. 상분(相分): 개별 사물(존재) 그 자체 - 객관 대상, 견분(見分): 객관 대상(개별 사물, 존재)를 바라보는 주체(주체의식이 없음), 자증분(自證分): 객관대상을 바라보는 자신을 느끼는 의식(대상이 자신에게 들어옴, 이게 뭐지?, 의식소여), 주체의식(반성과 성찰), 증자증분(證自證分): 객관대상이 자신에게 어떻게 느껴지는지, 그 느끼는 나를 주시하는 나, 증증자증분(證證自證分): 느끼는 나를 주시하는 나를 다시 주시하는 나이다. 이는 다시 다음과 같이 이해할 수도 있겠다. 문제덩어리 아=상분, 문제덩어리를 바라보는 아=견분, 문제덩어리를 문제로(a를 b로) 바라보는 아(반성과 성찰의 나)=자증분, 반성하는 아를 주시하는 아=증자증분, 주시하는 아를 다시 주시하는 아=증증자증분, 무아, 무명, 무상을 실천하는 아=상분을 통해 증증자증분에 이르는 아.

식 활동이다. 셋째는 마음을 집중해서 발생하는 의식이다.

그렇다면 우리는 어떻게 우리의 의식이 주관적 경험으로 재구성된 기억이라는 것을 알아챌 수 있을까? 이에 대해 후설(E. Husserl)은 의식의 지향성 개념인 시간의식으로 의식을 탐색한다.

예컨대, 들에 핀 꽃을 내가 지금 바라보고 있다고 하자. 내가 꽃을 볼 때는 보인 꽃과 꽃을 보는 내가 있을 뿐이지 과연 꽃을 보는 나의 인식 태도를 어떻게 발견할 수 있을까? 다시 말해 인식함에는 정말 객관성(인식객관)을 확보할 수 있는가? 이에 답하기 위해서는 다시 인식자 스스로 자신의 인식 자체를 주목하지 않을 수 없다. 우리는 언제나 바깥 세계를 인식 대상으로만 삼는 게 아니라, 그렇게 인식하는 나 자신을 객관화하여 인식 대상으로 삼을 수 있다. 이는 꽃을 인식할 뿐만 아니라, 그렇게 꽃을 보던 나 자신을 다시 대상화하여 인식할 수 있음을 의미한다. 그런데 이처럼 이전 순간의 인식 주관인 견분(대상을 바라다보는 나)을 대상화하려면 나는 우선 이전 순간의 견분(대상을 바라다보는 나)을 기억해야 하며, 또 현재 무엇인가를 기억할 수 있으려면 그 무엇인가가 이미 인식되어 있어야만 한다. 인식하지 않은 것을 어떻게 기억할 수 있겠는가? 즉 이전의 견분을 기억하자면 이전에 무엇인가가 그 견분을 인식했어야 하는 것이다. 이렇게 견분을 인식했었기에 지금 그 견분을 다시 기억할 수 있는 것이 자증분이다.

이처럼 상분(객관 대상)을 인식하는 견분을 확인하는 것이 자증분이다. 그렇다면 인식을 바라보고 기억하는 자증분을 확인하는 것은 무엇인가? 이것이 증자증분이다. 자증분이 상분에 대한 견분을 확인하는 것이라면, 증자증분은 대상 세계에 대한 견분을 다시 인식하는 자증분을 다시 확인하는 것이다.

3) 의타기성(A는 B이다, X를 Y로 보다): 언어-인간 존재의 굴레, 비극이자 축복

언어는 존재의 그물이라고 했듯이, 의타기성은 자신의 인지(정서) 도식(과거 경험이나 기억, 의식구성)이나 언어표상에 기대어 사물을 비교, 분별, 판단, 해석, 이해하여 온갖 분별을 잇달아 일으키는 (반성적) 인식 작용으로 장자가 말한 득어망전(得魚忘筌)의 일화와 유사하다.[110]

노자는 도가도비상도(道可道非常道), 명가명비상명(名可名非常名)을 이야기하고, 장자는 나는 언어가 필요 없는 사람과 말하고 싶다고 하였다. 그리고 왕필은 득의망상(得意忘象)을 이야기한다. 2000년 후, 비트겐슈타인은 말할 수 없는 것에는 차라리 침묵을 강조했다. 그러나 딜타이(W. Dilthey)나 가다머(H.G. Gadamer)는 언어를 기표와 기의에 매몰된 것이 아닌, 화자의 화행의 조건과 맥락적 이해, 그리고 그의 입장을 먼저 고려할 것을 주문한다.

언어 진화는 이전에 사용했던 몸짓언어(동사)가 보통명사화된 후에 추상명사로 발달하면서 이루어진다. 따라서 언어기술은 이전에 사용했던 개념을 당대에 이해하고 사용했던 언어로 재구성해서 사용한다. 이때 발생하는 것이 수반(supervenience) 개념이다. 수반은 불교의 의타기성(依他起性)과 유사하다. 의타기성(산스크리트어: paratantra-svabhāva)은 문자 그대로의 의미는 '다른 것에 의지하여 일어나는 성

---

110) 인간은 언어를 사용하는 동물이다. 언어가 지닌 폐해가 분명히 있지만, 우리는 또다시 그 언어를 사용해서(통해서) 언어가 지닌 폐해를 극복해 나간다. 언어를 버리고 다른 것을 찾으려 하는 것은 거짓이다. 대화와 이해는 차이와 다름을 전제로 그 차이와 다름을 부단히 극복해 나가는 삶이다. 언어는 인간의 축복이자 비극이다. 통발은 물고기를 잡는 도구인데, 물고기를 잡고 나면 통발은 잊어버리고 만다. 올가미는 토끼를 잡는 도구인데, 토끼를 잡고 나면 올가미는 잊어버리고 만다. 이처럼 말이란 마음속에 가진 뜻을 상대편에게 전달하는 수단이므로 뜻을 얻으면 말은 잊어버리고 만다. "뜻을 얻고 말을 잃어버린 사람과 말하고 싶구나(筌者所以在魚 得魚而忘筌 蹄者所以在兎 得兎而忘蹄 言者所以在意 得意而忘言 吾安得夫忘言之人 而與之言哉)." 장자, 외편.

질'이며, 영어로는 'other dependent(다른 것에 의존하는)'고 직역되며 'dependent nature(의존성)'라고 번역된다. 즉, 연기(緣起)의 성질을 말한다. 종교성과 영성, 마음, 의식, 정신은 개별적으로 독립된 실체가 아니다. 몸(Mom)의 생태적 관계망에서 형성된다.

의타기성을 현대적 의미로 다음과 같이 이해할 수 있을 것이다. ① 주체적 의지를 발현할 수 있는 일상의(구체성) 현재적 삶, ② 변계소집성을 분별할 수 있는 방편적 언어, ③ 통나무, 방법과 도구(수단)일 뿐이라는 의식, ④ 합목적성으로 이르는 길(넘어가네, 넘어가네, 다 넘어가네!), ⑤ 'A는 B이다'라는 관계가 전제, ⑥ 인과적, 필연적, 논리적, 연결-유기적-연합, 과정적, ⑦ 동시적-교호적/人間, 空間, 時間의 '間'-'사이', 관계(Relationship), 협력과 공생, ⑧ 변계소집성과 원성실성의 가교, 이행의 전변, 의식의 구성과 전변, 상분-견분-지증분-증자증분-증증자증분, 각각의 분을 통해서 전변, ⑨ 자기동일성에서 분별 의식으로, 다시 분별 의식에서 원성실성으로 가는 운동의 계기, ⑩ 인연과 연기(緣起) 등이다. 원성실성으로의 이행을 위해서는 반드시 의타기성에 의지해야 한다.

4) 원성실성(언어를 넘어 그 진실성으로: 판단중지)[111]

판단중지는 세계로 향한 우리의 시선을 우리 자신/주관/자아로 향하게 한다. 판단중지는, 세계의 존재를 세계의 '현상'으로, 나아가 세계

---

111) 염화미소(拈華微笑, 拈華示衆, 말로 통하지 아니하고 마음에서 마음으로 전하는 일), 이심전심(以心傳心), 직지인심(直旨人心), 불립문자(不立文字), 교외별전(敎外別傳), 견성성불(見性成佛), 득의망상(得意忘象), 판단중지("사태 자체로! - zu den Sachen selbst!")라는 현상학의 구호가 말해 주듯이 인식의 정체에 대한 일체의 선입견에 대해 일단 판단 중지한 후 그러한 선입견에서 벗어나 '환자 그 자체의 이해'로 귀환하는 일이다.)

에 관계하는 의식의 활동 영역(의식 현상)으로 전환한다. 후설은 판단중지를 통해 드러난 의식 현상의 본질을 다름 아닌 의식의 지향성에서 찾고 있으며, 지향적 의식에 대한 지향적 분석을 수행하고자 한다. 인간이 사용하는 언어의 의미는 경험적인 것으로 바꾸어 설명할 수 없다. 거꾸로, 의미를 구성하는 마음 작용이 있으면, 의미는 마음 작용으로 소급시켜서 설명할 수 있지만 이 마음 작용을 의미로 소급시켜서 설명할 수는 없다. 거꾸로 마음은 있지만, 작용을 사실적인 것으로 소급시켜서 설명할 수도 없다. 마음을 설명하는 다양한 논리가 있을 수 있지만, 후설이 보기에 우리의 마음의 조건은 기존의 인식론적 구도나 형이상학적 구도로는 설명될 수 없다. 후설의 의도는 기존의 인식론자도 형이상학자도 보지 못했던 의식의 한 지평을 설명하는 것이며 이를 드러내는 방법이 판단중지이다. 판단중지를 통해 우리는 '선험적 영역에 이르는 길'을 밟게 된다. 공감은 일체의 '판단중지'를 통해 내담자의 고유한 체험에 직접 참여하여 함께 느끼고 체험하는 정서적 이해 과정이다. 공감적 대화에서 상담자가 먼저 주의를 기울여야 할 점은 공감의 본질에 근거해 내담자가 자신의 체험과 느낌에 보다 솔직해질 수 있도록 내담자에게 적극적으로 반응하는 일이다. 공감은 상대의 체험과 느낌에 긍정적으로 반응하는 일에서부터 시작된다. 이를 위해 상담자가 먼저 취해야 할 태도는 내담자에 대해 모든 판단을 중지하고 그의 이야기에 주의 깊게 경청하는 일이다.

후설의 판단중지는 유식의 원성실성에 비견된다. 이는 마치 "오직 인자만이 사람을 좋아하고 싫어할 수 있다."[112]는 공자의 말과 다르지 않다. 어떤 사람이든 간에 모두 호오의 정감을 느끼고 있지만 무엇 때

---

112) 『論語.里仁』, 子曰: 「唯仁者能好人, 能惡人.」

문에 유독 인자만이 사람을 좋아할 수 있고 싫어할 수 있다고 하는가? 그것은 인자가 좋아하고 싫어하는 것에는 변계소집성이 탈색되어 있기 때문이다. 객관 대상에서 주어지는 호오가 개인의 주관적 애호나 혐오에서 나타난 것이 아니라 공적인 표준인 인의 이성 원칙을 나타냈기 때문이다.

5) 변계소집성-의타기성-원성실성의 발전단계(無明의 변증법적 지양)

① 언어를 사용하는 모든 인간의 행위와 사고는 변계소집성과 의타기성을 지니고 있다. 어떤 사건의 경험을 다음과 같이 도식해 보자. **사건**<외부 자극> - **감각**<됨과 함, 내부 환경의 안정성 기준> - **지각**<과거 경험과 기억에 의한 차이와 다름을 식별, 비교 구별해내는 능력이다. 즉 신체적 느낌인 지각은 개별적 자기동일성을 유지하면서 세계로 열려있다. 그리고 자동사적 존재의 방식(정서, 분위기, 기억, 정동, 성향, 바라봄)에 따라 사물을 드러낸다. 이렇게 드러난 사물은 곧 그 사물을 인식하고 바라본 사람의 의식구성 작동 방식에 의해서 나타난 것이다. 지각은 결코 물리적이거나 객관적인 것에 머무는 것이 아니라, 현상세계가 몸의 느낌(corporelle)으로 지각, 이해, 해석된다.> - **연합**<지각은 인접한 신경(언어)과 사물들과의 관계망을 통해(연합)서 지각된다. 자신의 체계만으로 외부 자극을 분별할 수 있는 능력이 없다. 모든 지각 능력은 반드시 인접한 신경과 언어체계와 사물 관계망의 연합에서 주어진다. 1차 지각 능력인 신경의 정보 능력은 신경 그 자체의 감수 능력에서 주어지는 것이 아니라, 연합되어 있는 다른 신경과의 소통(연대, 비교, 연역, 추측, 종합)에서 주어진다. 즉 (과거) 경험이나 기억에 기대어 앞으로 전개될 것 같은 예감과 예기(미래)로 (현재) 사건을

종합, 통합 판단, 선택한다.> - **행위**로 관통한다.

② 의타기성으로 자신의 변계소집성을 부단히 무화시키는 작업(반성과 성찰, 판단중지) 과정에 원성실성이 나타난다. 원성실성은 고정된 것이 아니라, 우리 삶의 실천에서 생성되는 것이다.

③ 변계소집성은 원성실성으로 이행하는 동인이다(고-집-멸-도).

④ 변계소집성(인지-정서 도식)은 '한 유한한 개체성이 자기 생명 보존을 위한 방어시스템이다.'

6) 인지 확장을 위한 실천
자신의 변계소집성(인지도식)을 제거, 거부, 억압, 회피의 대상이 아니라, 있는 그대로 대면 관찰(주시)해 보자 → 자기보존을 위한 치열한 몸부림이며 또 다른 모습의 자신임을 알 수 있다. → 자신을 허용(수용)한다 → 비로소 자신을 만난다(의미화, 한 존재가 한 존재를 만나는 발견과 자각, 새로움, 경이로움) → 따뜻한 감정이 생긴다(전율, 신비로운 떨림 mysterium tremendum) → 인지가 확장된다.

VIII. 정신분석과 선 치료

정신분석은 환자가 자신의 깊은 내면에서 바라고 있는 것(무의식적 충동)을 환자가 의식하게 만드는 것이라면, 선 치료는 무엇인가를 의식하게 함으로써 환자의 진정한 희망을 본능적 무의식의 영역에 제한하지 않고 일상적 상식으로 돌리는 데 정신적 긴장성을 제공한다. 즉 삶에서 구체적 진실성을 찾는데 관심을 끌게 한다. 정신분석이 장애나 과거에 기반을 두고 있다면, 선 치료는 현재 이 순간에 초점을 두고, 스스로 일상적 삶의 현재성으로 살아갈 수 있도록 안내한다. 선 치료는 삶의 의미에 중심을 둠으로써 신경증을 발달시키는 데 결정적 역할을 하는 모든 악순환의 형성과 피드백의 구조를 해체하며, 이를 통해 신경증 환자의 전형적인 자기중심성이 지속해 강화되거나 보상받는 것을 깨트린다.[113]

---

[113] 정신분석의 대상은 억압(부정의 대상, 무의식의 영역, 연기, 회피, 대체물 형성) 이다. 이는 중독과 우울증 → 무의식의 영역을 의식의 영역으로 재현 → 말하게 함 → 인과관계를 통한 이해와 소망 투여 → 무엇을 알 수 있는지, 무엇을 원하는지, 무엇을 할 수 있는지 → 주체적 의식과 자각을 통해 행위 하게 함이다. 인간은 언어와 문자를 사용하는 동물이다. 문자와 언어를 사용한다는 것은 인과적 법칙에 따라서 대상 사물(사건)을 이해한다는 의미이다. 따라서 내담자가 어떤 사건에 대해 말한다는 것은, 이미 내담자 주체가 대상 사건을 객관화해서 이해하고 분석한 것을 전제로 기술하는 것이다. 따라서 인간은 인과적 이해에 대한 욕구가 있다. 인과적 이해가 차단되는 것도 억압 기제로 작동해서 외상성이 된다. 말한다는 것은 곧, 자신의 이해를 바탕으로 한 것을 재구성한 것이다. 여기서 재구성은 현재적 관점에서 과거 사건에 대한 기억을 미래적 소망으로 투사한 것을 전제로 한 것이다. 재구성(말한다는 것) 에는 자아가 과거 경험의 부정적 요소(예컨대, 억압, 회피, 도피, 연기, 저항, 결핍, 상실, 불쾌 등)로부터 긍정적 요소(예컨대, 개방, 대면, 대처, 수용, 충족, 연합, 쾌감 등)로 이행하고자 하는 지향성이 이미 내함해 있음을 의미한다. 말하는 것은 이미지나 유희적 관념이 체화되어 나가는 과정이다. 즉 구강구조의 울림을 통해 위로는 전전두엽으로 공명하고, 횡으로는 외간으로, 횡적 상향으로는 뇌하수체를 자극한다. 이 자극은 말하는 사람이 전전두엽의 자극으로 더욱 명석 판단하게 인지할 수 있도록 하는 동시에, 뇌간과 뇌하수체를 자극하여 이미지화된 관념이나 환상이 체화(시간과 공간 감각, 즉 외부·내부 지각 감각을 활성화) 되는 과정이다. 따라서 말하는 행위는 소쉬르나 촘스키

선 치료는 환자가 자기 삶의 의미와 대면하고, 그 의미를 향해 삶의 방향을 다시 설정하는 것을 도와줌으로써 신경증을 극복할 수 있도록 한다. 이는 인간 존재의 의미, 즉 의미를 찾는 인간의 모습에 초점을 두고, 인간을 의미를 찾는 존재로 규정함으로써 의미치료를 추구한다. 선 치료의 궁극적인 목적은 인간의 원초적 동기의 힘인 바로 '삶에서 의미를 찾는 노력'이라고 본다. 인간의 근본적인 관심은 일차적 욕구의 충족이나 자아의 실현에 있는 것이 아니라, 인간의 정신적 차원의 의미 추구, 즉 가치 실현이나 의미 가능성의 충족에 있다. 이 말은, 인간 현존재의 최고의 목적이 '자아실현'이 아니라 인간의 '의미충족'과 '자기초월성'에 있다는 말이다.

정신분석에서는 내담자의 언어를 통해 무의식(꿈)을 재구성하며 상징과 은유를 동원한다. 선에서 동원되는 언어는 간화선(看話禪), 화두(話頭)를 사용하는데 이는 말(인과관계, 논리적 사고, 인지-정서 도식)에 빠지지 않고 말의 끄트머리(기미)를 통해 실재성을 찾게 하는 데 그 의의가 있다. 간화선과 화두의 지향성은 상징과 은유와 유사하다. 특히 선 수행에서 사용되는 방(棒)과 할(喝)은 중국의 선종에서 스승이 제자를 가르치는 데 인과적 언어(인지도식)에 빠지지 않도록 말로 꾸짖고, 봉으로 때리는 등 직접 행위로 호소하는 것으로, 덕산(德山)의 방(棒), 임제의 할(喝)이 유명하다. 이는 상대방이 스스로 깨침이 일어나도록 하는 또 다른 방편(수단과 방법)이다. 이것이 지향하는 바는 언어도단의 방편으로, 인과관계의 인지(정서) 도식을 깨트림, 몸의 훈련(일상적 삶의 훈련, 상식의 훈련, 체화), 삶의 의미 연관 맺음, 작용시성(作用是性)이다.

가 이야기하는 랑그와 파롤의 음성학이나 기호학으로 귀결될 수 없는 생명 본능의 문제이며 치료의 기전이다.

IX. 상처에서 평화로: 일상으로의 회귀

우리는 어디에서 이런 종교적 감정을 체험할 수 있을까? 칸트는 '떨림'을 종교적 법열로 해석한다. 떨림은 인간이 자신의 실존을 확인할 때 발생하는 자연스러운 느낌이다. 어떤 학자는 이를 전율이라고도 해석한다. 이 떨림과 전율은 단순히 말초 감각에서 주어지는 것이 아니다. 말초 감각 이전에 이미 대상적 존재 사태를 파악했기 때문에 감각 기관에 소여(givenness)되어 나타난 현상이다.

떨림과 전율이 공포와 비슷한 감정일 수 있지만, 한 걸음 더 깊이 들어가면 대상과 자신이 분리되었다가 다시 하나로 연결될 때 생기는 근원 감정이다. 이런 감정을 우리는 일상에서도 가끔 경험한다. 그중에서 죽음에 임하는 사람에게도 유사한 감정이 일어날 때가 있다. 이는 자신을 초월하고 타자와 연결될 때 저절로 깃드는 감정이다. 저절로 깃든다는 것은 억지로 조작해서 만들어 내는 인위적인 감정과 다르다.

종교의 탄생은 떨림과 외경의 감정에서 시작되었다. 따라서 떨림은 종교를 구성하는 초석이다. 떨림에서 멀어진 종교는 형식화(도그마)된 틀만 있을 뿐 거기에 어떤 생명도 찾아볼 수 없다. 떨림은 영성과 밀접한 관계가 있다. 외경의 대상이 자신의 실존과 하나가 되는 느낌에서 주어지기 때문이다. 처음에는 떨림이지만, 이내 그 떨림은 평화로 전환된다. 어쩌면 모든 평화는 떨림 이후에 깃드는 감정이다. '떨림과 평화'의 두 콘트라스트는 영성을 이루는 기초이다. 한쪽만 주어진다면 영성은 멀어진다. 칼과 검은 평화의 다른 이름이다. 대상이 실존과 하나가 되기 위해서는 부단한 반성과 성찰을 통해 자득되는 '의미화'가 반드시 전제되어야 한다. '의미화'는 영성의 핵심이다. 인간에게 자신의 실존적 상황에서 어떤 불안의 느낌인 스산(전율)한 순간이 도래함으로써 발아하는 것이다. 이는 깨달음의 세계로 회심할 때 나타난다. 존재를 자각하는 순간 스산한 감정과 무상한 느낌이 동시에 나타난다.

그렇다면 의미화는 무엇인가? 무엇을 의미화라고 부르는 것일까?[114] 의미화는 감정인가? 인지능력인가? 지금까지 누구도 속 시원하게 이를 밝히지 않는다. 왜냐하면 '의미화'는 개념화될 수 있는 것이 아니기 때문이다. 개념화될 수 없다는 것은 일반 명제화(추상)할 수 없다는 것이다. 그렇다면 언제 의미가 발생하는가? 보통 우리가 사용하는 말 가운데, "그 만남은 내게 의미가 있어.", "그 사람을 떠나보내게 된 후, 나는 새로운 삶의 의미를 얻었어.", "내가 그에게 이름을 불러주었을 때, 그는 내게 비로소 의미가 되었어." 등의 여러 가지 용례에서 의미라는 단어를 사용한다. "의미(Bedeutung)는 고유한 자기에 대한 체험과 이해가 타자에 대한 이해와 합치되면서 새로운 방식으로 삶의 가치와 목적이 일치될 때 생성되는 의식이다."[115] 특히 한계상황이나 죽음에 임했을 때, 비로소 자신의 존재적 가치를 깨달을 때 발생한다(야스퍼스(K. Jaspers)).[116]

---

114) 선 치료는 자신이 왜 존재해야 하는지, 왜 살아야 하는지, 그 존재의 의미를 발견함에 있다. 이는 자신이 어떤 존재인지를 자각함에 있다(chain-to-chain-in-love, 우리 각자는 모두 그가 되어서). 의미화는 한 존재가 한 존재를 만나는(발견과 자각) 새로움, 경이로움이다. 만남은 두 개의 존재였던 것이 하나로 연결됨을 의미한다. 이때 비로소 신비로운 떨림(*mysterium tremendum*)이 생긴다. 신비로움과 떨림은 종교의 시원이다. 발견과 자각의 새로움에는 이해가 필수적이다.

115) 임병식,「실존정신의학 입문」, 한국싸나톨로지협회 6기 후속 교육.

116) 한 예로 산중관화(山中觀花)의 일화를 들어보자, 양명이 남진에 있을 때, 한 제자가 바위에 핀 꽃나무를 가리키며, "하늘 아래에 마음 밖의 사물은 없다고 하셨지만, 이 꽃나무는 깊은 산 속에서 혼자서 피고 지니 내 마음과 또한 어떤 상관이 있습니까."라고 물었다. 이에 양명은 "자네가 이 꽃을 보지 않았을 때 이 꽃은 자네의 마음과 더불어 없음의 고요한 상태에 있었네. 그러다가 자네가 이 꽃을 보았을 때는 이 꽃이 모습이 일시에 뚜렷하게 자네에게 드러났네. 이로써 바로 이 꽃이 자네의 마음 밖에 있지 않다는 것을 알 수 있

의미는 삶의 내부에서 삶의 부분들이 전체에 대해 갖는 관계의 특별한 방식이다. 이는 마치 문장 안 단어의 의미를 인식하는 것과 같다. 우리는 회상과 미래의 가능성을 통해 의미를 인식한다. 의미 관계의 본질은 시간의 흐름 속에서, 삶의 흐름의 형성이 삶의 구조의 근거 위에서, 그리고 환경의 제약(한계와 제한성) 아래에 놓여있다. 간단히 말해, 의미의 범주는 현재적 의미를, 과거의 기억을 미래에 투여함으로써 그 의미를 생성한다. 이때 그 의미는 명백히 의미를 생성하는 사람의 생활 세상과 친밀한 연관(Zusammenhang zum Verstehen)을 갖는다.[117] 모든 삶의 표출은 하나의 기호로서 무언가를 표현하고, 또 하나의 표현으로서 삶에 속하는 무엇인가를 지시한다. 그런 언어적 한계 안에서 의미가 있다.

삶 자체는 (자신과 다른) 어떤 무엇을 의미하지 않는다. 삶에서 어떤 분리가 이루어지고, 이 분리에 따라 삶이 자신의 외부에 놓인 무언가를 의미하는 일은 있을 수 없다. 따라서 의미는 자신의 삶을 전제로 자신의 이해를 바탕으로 재구성된다. 주체는 모든 것을 통합할 수 있는 기반이다. 의미는 성찰과 반성, 탐색을 통해 자신이 자신다울 가능성(본래성)을 발견하는 능력이다. 이때 그 의미는 이해와 해석학적 의미(interpretive semantics)를 언어적 의미(linguistic semantics)로 지시한 것이다.[118]

네." 그러니 우리가 누군가에게 나타났다고 하는 것(또는 누군가가 내 앞에 나타났다고 하는 것)은 동시성으로 서로가 서로를 초대(끌림과 당김)한 것이다. 그러기에 우리 각자는 서로에게 그대(존재)가 되어야 할 책임과 의무가 있다. 우리 각자가 온전히 그대가 되기 위해서는 증증자증분의 본래적(원성실성) 의식으로 존재해야 한다.

117) 빌헬름 딜타이, 김창래 옮김, 『정신과학에서 역사적 세계의 건립』, 530~567쪽 참조, 아카넷(2009).
118) 한스게오르크 가다머, 『진리와 방법』, 언어를 통한 해석학의 존재론적 전환, 301~331쪽 참조, 문학동네(2012).

X. 죽음학과 선불교의 공통 핵심어[119]: 없이함(죽음)과 무(공, 허)

없이함과 무는 실체적 명사가 아니다. 살아가는 실존적 태도로서의 동사이다. 나는 나 자신으로 구성된 것이 아니라 타자와의 관계에서 구성된다. 나는 내가 아니고 너다. 너는 네가 아니고 나다. 나는 나의 개체성에만 머물지 않고 타자성으로 초월 된다. 너 또한 너의 개체성으로 머물지 않고 타자로 초월 된다. 불가에서 말하는 없음, 비움, 무아, 무소주, 공, 열반은 무엇인가? 없이 계시는 하나님, 없이 계시는 붓다님은 무엇인가? 무아는 자신 자체를 부정한 것이 아니라, 개체적 자아(ego)를 부정함으로써 진정한 자기성을 확보하려는 방편이다. 타타가타(tathagata, 여래장, 불성)는 자기성의 다름 아니다.

레비나스(E. Levinas)는 타인의 얼굴을 만날 때 자신은 비로소 책임적인 주체가 된다고 말한다. 주체성은 '타인을 받아들임'에서 형성된다. 인간의 삶은 자신의 고유한 세계를 가지면서도 얼굴을 통해 드러나는 타인의 고통에 대한 연대책임을 통해 이루어진다. 타인의 얼굴은 하

---

119) 선불교를 이해하기 위해 강연자는 다음 몇 개의 관점을 말하고자 한다. ① 자기 자신을 구성하는 것들, 오온, 공, 무아, 무기, ② 직지인심, 견성성불, 불립문자, 즉심즉불, 平常心是道, ③ 공안-한계상황으로 안내한다. 비논리적 비약, ④ 깨달음의 체험: 평정, 일치, 평온한 상태-삼매, 지관, ⑤ 분별지와 직관지/대상(분별성)-분리(소외성)-분석(인위적)-추상(강제성)-종합(의타기성)-결론(변계소집성): 그대-일체성-즉심즉불-자연이연-허기심, 실기복, ⑥ 불생불멸, 불상부단, 불일불이, 불거불래, ⑦ 마조-조주(무)-덕산(방)-임제(할)-혜능(이 뭐꼬), ⑧ 신-인간의 가능성, ⑨ 선은 주체적이고 구심적(내면적), 논리는 객관적이고 원심적, ⑩ 응무소주 이생기심, ⑪ 무관심적 관심성(disinterested interest), ⑫ 도가도비상도-득의망상 :그 완전한 대상이 정말 그물에 걸렸는가? 결코 그렇지 않다. 우리가 잡았다고 생각하는 그 대상은 언어기호적 추상의 그물이지 대상 그 자체가 아니다. ⑬ 선의 방법: 대상 그 자체로 바로 들어가서, 그 내부에서 있는 그대로의 사물을 보는 것이다. 어떤 꽃을 안다는 것은 그 꽃이 되어 그 꽃으로 있는 것이고, 그 꽃과 같이 피는 것이고, 꽃과 같이 비를 맞고 햇빛을 받는 것이다. 이렇게 되면 꽃은 나에게 대화를 해오며, 나는 모든 꽃의 일체의 신비와 기쁨과 괴로움들을 알게 된다.

나님이 자신을 계시하는 장소이다. 주체성은 타인의 얼굴에 비친 하나님의 빛을 통해 발아되기 시작한다. 하나님은 타인의 얼굴 속에 자신을 은폐하는 방식으로 계시하신다. 타인의 얼굴은 그 속에서 하나님이 자신을 계시하시는 하나님의 가면이다. '가면'을 의미하는 라틴어 페르소나(persona)에서 알 수 있듯이 타인의 얼굴은 하나님의 가면이며 따라서 하나님의 인격(person)이다. 이것은 나의 얼굴에도 적용된다. 나의 얼굴은 하나님의 가면이다. 하나님은 나의 얼굴 속에 자신을 은폐하는 방식으로 계시하신다. 타인의 얼굴을 거부하는 것이 하나님을 거부하는 것이라면, 내가 얼굴을 감추고 얼굴이 없이 살아가는 것은 하나님 없이 살아가는 것이다.

하나님과 함께 살아가는 실존적 태도는 삶에서 겪게 되는 아픔과 슬픔을 더 이상 거부하거나 대상화하지 않는다. 오히려 아픔과 슬픔을 자신의 실존적 삶으로 받아들이고 전회시킨다. 삼인칭의 사건과 대상(타자)을 일인칭의 사건으로 '받아들이고 전회'시키는 재귀적 삶을 살아간다. 즉 저들의 문제(죄)를 자신의 문제로 연결하는 실존적 태도이다. 이는 종교성과 영성의 다른 이름이다.

지금까지 우리는 죽음을 타자의 죽음만을 경험할 뿐 제 죽음을 경험할 수 없다고 보았다. 이는 지금까지(죽음학에서도 마찬가지) '죽음'을 단지 개념적, 정태적, 생물학적인 종국으로만 해석했기 때문이다. 그러나 학문적 개념 정립도 중요하지만, 이제는 죽음을 자신의 실존적 삶(태도)으로 전화(轉化)해야 한다. 그래야만 죽음학이 인륜성을 진화(Homo-spiritus)시키는 학문이 될 수 있다. 자신의 삶을 죽음으로 살아가지(실천하지) 않는다면, 죽음학과 선은 어느덧 삶과 무관한 개념화된 지식에 머물 뿐이다.

1) 죽음의 실존적 태도

첫째, 죽음의 실존적 태도란 자신의 미래적 죽음의 사태를 오늘의 시점으로 가지고 와서 죽음 앞에 자신의 문제를 물어보고 결정하는 태도를 말한다(선구적 결단). 즉 이 말은 다음의 명제로 말할 수 있다. "오늘이 마지막이라면 나는 누구와 무엇을 할 것인가?" 이 명제는 오늘이 자기 삶의 마지막이라는 한계상황을 전제로 했을 때, 비로소 삶에서 가장 소중한 것이 무엇이며, 우선순위가 무엇인지를 저절로 정하게 한다. 즉 이 질문은 지금까지 비본질적으로 살아왔던 자신의 삶을 본질적인 삶으로 살아가게 만든다.

둘째, 죽음이란 자신을 무화(無化)시키는 사태이다. 즉 자신을 비우는 삶의 다른 이름이다. 오상아(吾喪我), 무기(無己), 심재(心齋), 기일(忌日), 고종명(考終命), 우환의식(憂患意識), 내려놓는 마음(下心)의 실천은 바로 죽음의 실존적 태도를 말한다. 無, 虛, 空, 齋, 忌, 不, 考와 같은 단어를 명사형이 아니라 재귀적 실천 동사로 전환했을 때 생명은 온전해진다. 류영모 선생이 말한 '없이 계시는 분', 바울의 '나는 매일 죽노라'의 의미는 모두 자신을 없이하는 죽음의 실존적 태도를 말한다.

셋째, 타자의 아픔을 자신의 아픔으로(저들의 죄를 자신의 문제로) 전환하는 태도를 의미한다. 이 전환은 주체의 의도와 목적이 탈색된 채, 대상이 제공하는 자극에 대해 어떤 인위적인 조작함이나 강제함이 없이 있는 그대로(自然而然) 받아들여지는 것을 의미한다. 이는 역설적으로 주체가 해체되어 객체로 연결되는 것을 의미한다(내가 없이 하여 저가 된다).

2) 상실의 시대, 우리는 어떻게 살아 낼 것인가?

인간은 타 동물과 다르다. 제 죽음 앞에 불안과 공포를 느끼는 것은 당연한 생물학적인 현상이다. 그러나 인간이 여타 동물과 다른 점은 어쩔 수 없는 죽음 앞에 의지-의미적 삶을 추구한다는 것에 있다. 어찌 보면 인간에게 있어서는(인간다움의 측면) 의지-의미 추구적 삶이야말로 죽음의 불안과 공포를 극복할 수 있는 지점(심적 태도)이라고 본다. 인간은 생과 사의 경계를 넘어 의미 추구적 삶에 근원적인 염원(귀향처)이 있다. 이 염원에 도달하고자 하는 욕구가 불안이 지닌 속성이다.

그렇다면 우리는 죽음 불안의 극복 방법을 다음의 세 가지로 요약할 수 있겠다. 첫째는 과거-현재-미래의 시간 의식(대상적 시간 의식)을 현재적 시간 의식(한계상황 설정: 오늘이 내 생애 마지막이라면)으로의 전회, 둘째 한계상황에서 전회(자각)된 의지-의미 추구적 삶으로의 실천, 셋째, 자아는 고정된 실체가 아니라 늘 변화하는 존재임을 자각(수동 정서에서 능동 정서로의 이행)하는 데 있다. 자신의 동일성이 늘 지속되리라는 생각과 집착은 일인칭적 자기 실존으로 귀의하는 데 방해하는 요소가 된다. 따라서 모든 사물이 변한다는 사실을 인정한다면, 자신의 존재적 이유도 그 과정에 있다는 것을 자각하게 된다. 이 자각은 집착을 내려놓고 그 변화 자체에 자신의 정체성을 부여함으로써 보편적 자기성(Selbst)을 확보하게 된다. 이 자기성은 불안을 넘어 이내 평화의 정서로 바뀐다.

3) 공자의 삶-혜능의 삶-그리스도의 삶: 일상으로의 회귀

공자는 어떻게 죽음을 수용했을까? 논어에 나타난 공자의 죽음 수용의 사례를 살펴보자. 어느 날 공자가 병환으로 죽음에 이르자 제자 자로가 공자에게 신께 기도해서 나을 것을 청하였다. 그러나 공자는 "어찌 그러한 예도 있겠는가?"라고 반문한다. 그러자 자로가 대답하였다. "있습니다. 뇌문에 '너를 위하여 천지의 신명에게 기도한다.'라고 되어 있습니다." 그러자 공자께서 대답했다. "그렇게 신과 타협해서 나을 수 있는 그런 신이 있다면 그 신은 이미 신이 아니다. 진정 신이라고 한다면, 무엇을 빌어서 얻고자 하거나, 무엇을 얻고자 기도하는 것이 아니라, 내 안에 이미 상주한 신의 명령(소명)을 곡진히 실천함에 있다."

주희는 위 인용문의 구체적인 의미를 다음과 같이 설명한다. 곧 기도의 대상은 귀신이고 기도의 취지는 개과천선(改過遷善)의 행위를 통해서 신명의 도움을 받으려는 데 있다는 것이다. 그런데 공자는 성인으로서 그의 언행이 평소 신명의 뜻에 부합해서 더 이상 개과천선할 것이 없으므로 기도할 필요가 없고 따라서 자로의 요청을 완곡하게 거절했다는 것이다. 자로에게 한 말에 이어 다음과 같이 말한다. "하늘에 죄를 얻으면 기도할 곳이 없다." 여기서 공자는 기도의 최종적인 효험의 기준으로 평상시 행위의 과실 유무를 들고 있다. 다시 말하면, 기도란 평소 행위에 과실이 없을 때 하는 것이지 평소에 죄를 지으면 곧 천벌을 받을 텐데 이처럼 평소에 심신이 정결하지 못한 사람이 하늘에 기도를 드린들 무슨 효험이 있겠느냐는 것이다. 공자가 말한 "나의 기도는 오래되었다."라는 구절은 전체 문맥을 고려할 때, 공자가 행한 기도는 그의 신병보다는 그의 인문주의적 이상이 실현될 기미가 보이지 않음에도 심신이 노쇠해 죽는 날까지 자신에게 주어진 소명을 신이 알아주든 그렇지 않든 관계없이 묵묵히 오래도록 실천해 왔음을 의미하는 것으로 보는 것이 타당하다. 즉 개인의 신병이 관련된 기도는 부정했지만,

그의 이상 실현과 관련된 심중의 오래된 염원을 표출한 것이다.[120]

혜능은 자신의 바리마저 없애며, 죽으면 바로 땅에 묻으라고 했다. 중국불교에서는 다비식을 '천화(遷化)'로 표현했다. 천화란 말 그대로 '옮겨 이동하여 변하다(transportation & transformation)'의 뜻인데, 여기에는 '옮겨 이동하는 것'과 '변하는 것'의 시간적 전후가 없는 동시상응성(synchronism)의 단어이다. 즉 천(遷), 공간적 이동-이쪽 공간에서 저쪽 공간으로의 이동-그 자체가 바로 변하는(化) 것이다. 천은 공간적 이동, 화는 시간적 진행의 의미이다. 공간과 시간은 동시상응성으로 구성된다. 천화는 불교 용어로 고승(高僧)이 죽음을 의미하는데, 이쪽 세계(This Dimension, 이승)에서 저쪽 세계(There Dimension, 저승)로의 이행을 뜻한다. '천화'의 또 다른 의미는 임종을 앞둔 고승이 홀로 깊은 산속으로 걸을 수 없을 정도까지 걸어가, 어느 지점에서 쓰러지면 스스로 나뭇잎을 주워 모아 바닥에 깔고 다시 그

---

[120] 우리가 죽음(상실)과 함께 산다는 것은 계속 비우고, 덜어내는 것, 아래로 내려가는 것을 의미한다. 공자는 더 이상 운명 같은 불가항력적인 것, 수동적이고 우연적인 것에 마음을 두기보다는 의미 추구적 가치나 능동적이고 예측 가능한(필연적이고 상식적) 것에 마음을 두어(우환의식) 살아가야 한다고 말한다. "만일 부유함이 추구하는 것만큼 성취할 수 있는 것이라면, 나는 마부의 일이라도 할 것이다. 하지만 그것을 추구하여 얻을 수 없다면, 내가 좋아하는 일을 하겠다."라고 말하거나, 또는 "부귀는 사람들이 모두 원하는 것이지만, 도(道)에 따라 얻을 수 있는 것이 아니라면, 나는 부귀를 취하지 않을 것이다. 빈천은 사람들이 모두 싫어하는 것이지만, 도(道)에 따라 얻을 수 없다면, 나는 또한 빈천을 버리지 않을 것이다."라고 말하기도 한다. 공자의 이러한 생각의 배경에는, 한편으로는 부귀는 일정한 범위 안에서는 인간의 노력과 비례하여 획득할 수 있지만, 더 중요한 것은 그 방법이 반드시 정당해야 한다는 것을 강조하고 있다. 하지만 다른 한편으로는 일정한 정도를 넘어서는 부귀는 반드시 인간의 후천적인 노력과 비례하지 않으며 거기에는 반드시 명운(命運)이 개입하여 작용하다는 점도 동시에 지적하고 있다. 결국 부귀의 획득에는 일정한 한계가 있으므로 행위 주체의 자율성과 능동성을 바탕으로 천명의 인문적 가치를 추구할 것을 강조하는 공자에게 부귀빈천을 주관하는 수동적이고 운수의 작용으로서 명은 추구할 가치가 없다고 할 수 있다. 이 때문에 공자는 "거친 음식을 먹고 팔을 베고 누워도 그사이에 즐거움이 있는 법이다. 의(義)에 부합하지 못한 부귀는 나에게 뜬구름과 같다."

몇으로 자신을 덮어 생을 마치는 형태인데, 깊은 산속에서 홀로 생을 마감하는 이런 죽음은 아무도 알 수 없어서 그 흔적을 찾을 수 없다. 이는 떠나는 이나 보내는 이 모두 생사의 집착에서 벗어나겠다는 공의 정신이 묻어있다. 또한 깨어있는 성성한 의식이 있을 때 자기 죽음을 직각하면서 여여(如如, 진정한 평화와 기쁨)한 죽음을 맞이한 붓다의 열반(니르바나, Nirvānna)의 실천을 뜻하기도 한다.

월정사의 방한암 스님도 앉아서 당신의 죽음을 직각하면서 입적하셨다. 그리고 미국의 스콧 니어링(Scott Nearing)도 100세가 되자 정신이 육체의 제한을 받는다고 생각할 때 스스로 곡기를 끊으면서 성성한 의식이 있는 상태에서 죽음을 맞이했다. 폐암으로 돌아가신 법정 스님은 생전에 또 다른 형태의 '천화'를 꿈꾸었는데 그건 밤배를 타고 가다가 아무도 몰래 어둡고 깊은 바다에 뛰어내려 흔적도 없이 사라지는 것을 바라셨다. 이는 열반종요에 '출발할 곳도, 이를 곳도, 다다를 곳도, 머물 곳도 없는' 공적 세계와 하나가 되리라는 종지를 실천하고자 한 것이다.

영어로 죽음을 'pass away'라고 한다. 그냥 어디에서인가 왔다가 다시 어디론가 휙 지나간다는 의미이다. 분명히 어느 곳으로부터 와서 다시 어디론가 지나가는데 귀의처가 분명히 있는 듯하다. 그런데 그 죽음이 지나가는 형태에 다분히 선분적인 직선의 인식 체계가 묻어있다. 한국말로는 죽음을 '돌아가셨다'라고 표현한다. 이 단어에도 분명 어느 곳으로부터 와서 다시 왔던 그 자리로 돌아가는 귀의처가 설정되어 있다. 그리고 이 말에는 서양처럼 선분의 직선적인 인식 체계보다는 원순환적인 인식이 묻어있다. 이는 모두 동서양의 인식 구조의 차이에서 나타난 것으로 보인다. 그런데 우리는 진정 자신이 돌아가야 할 '귀의처'

가 어디인지, 무엇인지를 모르고 있다는 데에 비극(無明)이 있다.

혜능선사는 자신의 임종을 앞두고, 천화 의식(의례)인 다비식을 어떻게 할 것인가를 여쭙자 "내가 죽으면 다비고 뭐고 할 것 없이 바로 이 자리에 구덩이를 파서 그대로 파묻어라, 이미 천화가 되었는데 무슨 천화가 또 있단 말인가." 이에 비하면 오늘 한국 스님들의 다비식은 너무 화려하다. 혜능은 천화가 따로 있는 게 아니라, 일상의 삶에서 끊임없이 자신(에고)을 무화(無化, nothingness, Nichtigkeit)시키는 것, 그것이야말로 진정한 '천화'라고 하였다. 이는 마치 금강경의 '응무소주 이생기심(應無所住 而生其心)'의 실존적 태도와 같다. 무소주(無所住)의 의미는 다양하게 표현될 수 있다. '머물러도 머묾이 없다.', '머묾도 없고 움직임도 없고 의지할 곳도 없다.', '가지도 않고 오지도 않고 머물지도 않는다.' 무소주의 실천은 곧 머묾 없음에 머무는 것이다. 반야경에는 '무주(無住)', '비주(非住)' 혹은 '무소주(無所住)'로 표현한다. '머묾도 없고 머물지 않음도 없다(無住無不住)' 혹은 '머묾도 아니고 머물지 않음도 아니다(非住非不住)'라는 철저한 자기부정을 통한 자기 본연의 현현, 곧 반야바라밀다에 머무는 것(住般若波羅蜜多)으로 자아의 실체를 부정하고 없이하는 실존적 태도의 절정을 보여준다.[121]

---

121) 응무소주이생기심(應無所住而生其心)을 풀면 다음과 같다. "먹은(머무는, 걸리는, 의도한) 마음이 없이(빈 마음, 가난한 마음) 그 마음을 내어 응(대처, 대면)한다." ① 응(應): 자극과 반응, 외부 자극에 반응, 대처 대면하는 것의 자세, 먹은(머무는, 걸리는, 의도한) 마음이 없이(빈 마음, 가난한 마음) 그 마음을 내어 반응(대처, 대면)한다. 인간의 모든 행위, ② 무소주(無所住): 먹은(머무는, 걸리는, 의도한) 마음이 없이(빈 마음, 가난한 마음), 자기중심적인 마음이 탈색, 머묾 없음에 머무는 것, '머묾도 없고 머물지 않음도 없다[無住無不住].' 혹은 '머묾도 아니고 머물지 않음도 아니다[非住非不住]'라는 철저한 자기부정을 통한 자기 본연의 현현, 곧 반야바라밀다에 머무는 것[住般若波羅蜜多]으로 자아의 실체를 부정하고 없이하는 실존적 태도의 절정, 眞如 진실로 그러함, suchness, 'Gelassenheit', ③ 이(而): 먹은 마음이 없는 상태가 곧 그 마음, ④ 생(生): 드러내다, 발현하다,⑤ 기심(其心): 무소주의 마음(불성, tathagata)

오늘 우리의 의식 세계가 끊임없는 천화의 변증법적 내면의 변형을 이루지 못한다면, 우리는 진정 자신이 누구인지도 모르는 비극적 삶의 굴레에서 영원히 헤어 나오지 못하게 된다. 무명(無明)은 다른 곳에 있지 않다. 자신이 누구인지, 어디에 있는지 모르는 것, 이것이 극한의 비극이며 '죄'이다. 다석 류영모 선생은 하나님을 '없이 계신 분'으로 묘사하였다. 오늘 우리가 우리 자신의 아상을 끊임없이 없이한다면 그곳에 이미 하나님이 상존해 계신다. '천화'의 진정한 의미는 죽음 이후의 문제가 아니라, 살아있는 오늘 현재 이 순간 자신의 아상(에고)을 없애는 삶(無化, 죽음의 삶)에 있다. 거기에 비로소 동시성으로 하나님(순수한 본성과 의식)이 임재하신다. 불가에서는 이런 무화의 삶을 열반이라고 한다. 열반은 불성(깨달음-여래(如來), 이와 같음 suchness, 眞如 진실로 그러함, Gelassenheit)의 현현의 또 다른 이름이다. 필자는 이렇게 말하고 싶다. "살아있는 나를 당장(즉시) 산채로 이 땅에 묻어라!!"

"뜻이 하늘에서 이루어짐과 같이 이 땅에도 이루어지이다."(마태복음 6: 10) 그리스도는 산채로 십자가에 달렸다. 그는 십자가에 달리기 전날, 제자(베드로, 안드레, 야고보) 셋을 데리고 겟세마네 동산으로 올라가서 기도한다. 자신이 담당해야 할 십자가의 죽음을 할 수 있거든 피할 수 있었으면 하는 기도를 올린다. 즉 자신에게 닥친 죽음을 완곡히 거부(거절, 회피, 연기)한 것이다. 타자(스승)의 죽음을 본 제자들은 곧 잠에 빠진다. 제자들에게 몇 번이고 깨어서 함께 기도할 것을 주문하지만, 제자들은 제 죽음이 아닌 타자(스승)의 죽음 앞에 절실하게 자신의 문제를 대면하지 못한 채, 계속 잠에 빠진다. 그날 그리스도만 핏물 같은 땀을 흘리며 자신의 실존적 문제를 단독자로서 신과 온전히 대면한다. 그는 자기 죽음을 여러 번 거부하고 회피하지만, 끝내 그 죽음을 받아들인다. 이후 그리스도는 제자들과 함께 산에서 내려와 일상으로 돌아온다.

이 죽음은 그의 죽음이 아니라, 저들의 죄(삼인칭)를 자신의 죄(일인칭)로 전회해서, 죄로 인한 대가를 죽음으로 사면하고자 죽음을 맞이한 것이다. 그 자신은 정작 죄가 없음에도 불구하고, 저들의 죄를 자신의 죄로 대신(전회)해서 죽음을 맞이하는 것에 그의 위대성이 나타난다. 그는 그렇게 산 채로 죽음을 맞이했다.

죽음과 상실을 자신의 실존으로 받아들이는 모습은 마치 신과 함께하는 현존과 같다. 이는 키르케고르(S. Kierkegaard)가 말한 단독자의 실존적 모습이다. "하늘만이 날 알아주는구나.", "주의 뜻대로 하소서, 내 영혼을 주께 맡기나이다.", "삶보다도 더 소중한 것이 있기에, 죽음보다 더 싫은 것이 있기에 나는 삶과 죽음을 초월하노라.", "군자의 삶은 매일이 기일(忌日, 憂患意識)이다.", "나는 매일 죽노라.", "나는 내가 어떻게 죽어가고 있는지를 생생한 의식으로 지켜보노라, 안녕 플라톤이여!", "나는 나를 없이 하노라(無我).", "나는 나를 장사지낸다(吾喪我).", "죽는 날까지 하늘을 우러러 한 점 부끄럼이 없기를, 잎새에 이는 바람에도 나는 괴로워했다. 별을 노래하는 마음으로 모든 죽어가는 것을 사랑해야지."

만약, 우리가 삶과 죽음이 생명의 한 현상이고 자신의 존재가 없어지는 것이 아니라, 다른 존재와의 끊임없는 교섭과 연기(緣起)에 의해서 변화되어 가는 과정이라고 생각한다면 그가 맞이하는 임종의 질감은 어떤 것일까? 노사연의 노래에 "우린 늙어가는 것이 아니라 조금씩 익어가는 겁니다."라는 가사가 있다. 익어간다는 의미는 온전한 성장을 말한다. 노년기의 통합적 특성에는 자기중심적인 생각과 마음을 내려놓은 것, 그리고 모든 사물이 변한다는 것을 인정하는 것에 있다. 불교에서는 이를 무아, 무상이라고 표현한다. 고통의 원인은 자기중심적인 집착과 변화를 인정하지 않을 때 찾아온다. 평온한 임종과 품위 있는 죽음을 맞이하는 사람의 한결같은 특징은 바로 자기중심적인 생각을 내려놓고, 변화하는 사태를 수용함에 있다. 그들은 거기에서 또 다른 세계를 체험한다. 그 경계에는 말로 표현할 수 없는 안식과 평온함이 있다. 이런 심적 상태가 바로 품위 있는 임종이라고 말할 수 있다. 공자는 이런 상태를 노자안지(老者安之)라고 했다. 풀이하자면, 노년기의 모습과 지혜는 주변 사람들에게 평안함을 준다는 뜻이다. "이제 여한이 없다."라는 말이 있다. 품위 있는 임종은 더 이상 여한이 없이 마치는 것이다. 여한이 남아 있다면 좋은 죽음이 될 수 없다. 사람 대부분이 임종에 있어서 후회하는 것이, 정작 말하고 싶었고 마음에 담아 두었던 이야기를 마저 하지 못하고 헤어지는 것이라고 말한다. 그 말은 바로 "미안해, 고마워, 사랑해."라는 세 마디이다.

   신은 우리에게 언어를 주셨는데, 그 목적은 이 세 마디이다. 어쩌면 인간은 이 세 마디를 하기 위해 태어났고 살아가고 헤어지는 것 같다. 그러니까 이 세 마디는 신의 밀어라고 본다. 떠나는 사람이나 보내는 사람이 서로 이 세 마디를 하고 떠난다면, 슬프지만 떠나는 사람은 슬픔 속에 사랑을 안고 떠날 수 있고, 마찬가지로, 보내는 사람도 슬프지만, 아낌없이 사랑을 줌으로써 이내, 후회 없이 반듯하게 살아가는 힘이 생긴다. 어쩌면 인간의 본성은 맹자가 말한 대로 선하다. 그 선함은 이 세 마디를 표현할 때 비로소 깃든다. 이 세 마디를 차마 하지 못할 때 인간의 본성은 모래바람을 맞는 것처럼 앙칼지게 된다.

인간은 상실을 통해 자신의 진실한 모습을 회복할 기회를 얻는다. 상실은 우리가 인간임을, 그리고 우리의 존재가 진정 무엇인지 깨닫게 해주는 계기가 된다. 이러한 의미에서 상실은 치유와 깊은 관련이 있다. 치유의 초점은 질병에 있는 것이 아니라 환자의 삶의 질, 생활의 기술, 삶의 존재 방식의 문제에 더 초점을 두기 때문이다. 상실의 순간에 내담자는 마음의 본성을 드러낸다. 모든 것이 무너지고 신마저 소외될 때, 이때 자신의 실존만이 깃발처럼 바람에 펄럭이고 있다. 습관화되고 마음이 만들어 낸 거짓된 자아와 집착이 상실의 바람에 산산이 흩어지는 순간 자신의 정직한 본성과 만나게 된다. 상실은 영적 성장의 기회이다.

실천 1
죽음 대처 방식에 대한 동·서 철학 분기(分岐)

<내용 요약>

이 글에서는 인간이 직면하는 한계상황(죽음, 상실 등)에 대해 동서양 철학자들의 관점을 비교한다. 소크라테스는 죽음을 영혼을 돌보는 과정의 일환으로 보고, 삶의 의미를 찾기 위해 죽음을 맞이하는 자세를 강조한다. 그는 "음미되지 않은 삶은 살 가치가 없다."라며, 죽음과 삶은 분리될 수 없다고 주장한다. 공자는 죽음을 인간 존재의 진화와 성장의 일환으로 보며, 죽음을 불안에서 벗어나는 기회로 삼으려 했다. 결국 두 철학자는 죽음을 회피하지 않고 직면함으로써 더 나은 삶을 살아갈 수 있음을 강조한다.

<핵심어>

한계상황, 죽음, 소크라테스, 공자, 삶의 의미

<학습 목표>

- 한계상황 개념과 죽음의 의미에 대해 이해하고 설명할 수 있다.
- 소크라테스와 공자의 철학적 관점에서 죽음에 관한 생각을 비교할 수 있다.
- 죽음을 삶의 의미와 연결 지어 사고할 수 있다.
- 철학적 관점에서 죽음을 어떻게 인식할 수 있는지에 대해 논의할 수 있다.
- 죽음과 삶의 관계를 깊이 있게 탐구하고, 이를 통해 삶의 방향성을 모색할 수 있다.

<적용 실천>
- 죽음에 대한 대화와 토론 촉진: 학습 후, 일상생활에서 죽음에 대한 불안이나 두려움을 건강하게 다룰 수 있는 대화의 장을 마련하여, 사람들이 죽음에 대한 생각을 나누고 이해할 수 있도록 돕는다.
- 삶의 의미와 목적 재조명: 죽음을 삶의 일부로 인식하고, 자신과 타인 삶의 의미를 성찰하며, 존재의 목적을 찾아 삶의 방향성을 정립하는 데 도움이 될 수 있다.
- 종교적, 철학적 상담: 죽음에 대한 다양한 철학적 접근법을 기반으로, 개인이나 공동체의 심리적, 정서적 어려움을 상담하는 방법을 개발하여 적용한다.
- 죽음교육 프로그램 개발: 학교나 사회 교육에서 죽음에 대한 건강한 인식을 심어주기 위한 교육 프로그램을 기획하고, 학생들이 삶과 죽음을 긍정적으로 받아들이도록 돕는다.
- 윤리적 결정을 위한 기준 마련: 죽음과 관련된 윤리적 문제에 대해 철학적 사고를 바탕으로 합리적인 결정을 내릴 수 있는 기준을 제시하고, 실생활에 적용할 수 있도록 한다.

죽음 대처 방식에 대한 동·서 철학 분기(分岐)

I. 한계상황

우리는 자신의 의지와 관계없이 우연히 주어진(던져진) 세계 속에서 살아간다. 성숙해지는 것은 우연적이고 불가항력적인 사고로 인한 상실과 죽음에서 벗어나는 것으로 이루어지는 것이 아니라 오히려 그 우연성의 사건을 자기 세계로 전회하는 결단의 과정에서 형성된다. 예술가들은 제한(한계, 구속)을 사랑하는 법을 배운다. 시인은 소네트에 부여된 열네 줄이라는 제한을 자유의 형식으로써 존중한다. 화가는 캔버스라는 틀의 제한을 끝없는 주관주의에 대한 제어장치로서 인정하며 세상의 실재를 다룰 수 있는 자유로서 존중한다. 연주자는 보표(score)의 제한을 또 다른, 더 넓은 음악 세계에 참여할 수 있는 자유로서 존중한다. 작곡가는 다른 것에 방해받지 않고 바로 그 조성(tonality)을 자유롭게 탐구하기 위해 조표(key signature)의 제한을 존중한다. 자유는 제한된 한계와 구속으로부터 도피하거나 해방될 때 주어지는 것이 아니라, 그 제한을 받아들여서, 무엇을 선택하고 행위 할 것인지를 주체가 결단할 때, 그것이 곧 진정한 자유이다.

그렇다면 인간은 어떻게 우연적이고 불확실한 사건과 사고, 상실과 죽음 같은 경험으로부터, 또는 정형화된 교육의 형식으로부터 수동적이고 객체적 존재가 아닌, 자신의 고유성을 지켜나가면서 능동적이고 책임 있는 길을 펼쳐나갈 수 있을까? 안타깝게도 우연적이고 불확실한 사건과 사고, 상실과 죽음 같은 경험을 하게 될 경우, 인간은 더욱더 주체적 실천 행위와 멀어져 절망과 실의, 자포자기에 이르게 되어 생애 발달 과정에 큰 위험과 장애가 되기도 한다. 만약 인간이 인생의 과정에서 맞이하게 되는 우연적이고 불확실한 사건과 사고, 상실과 죽음에 사로잡힌다면, 인간은 자유의지를 발휘할 힘을 잃게 된다. 그리고 자신의 존재를 우연적이고 불가항력적인 운명 앞에 수동적 객체로 빠뜨린다. 나아가 사태를 객관적으로 파악하고 이해할 능력마저 잃게 되어 도덕적 내면화에 실패하게 된다. 그렇다면 이런 주체의 분열과 자기소외에서 벗어날 방법은 무엇일까? 이런 물음에 필연적으로 답할 수 있는 길은 한계상황 앞에서 자신의 존재를 직면하게 하는 죽음교육의 요청이다.

인간이면 누구나 살아가면서 만나는 사건과 사고, 상실과 죽음을 회피할 수 없다. 우연성과 불확실한 한계상황으로부터 피할 수 없는 것이 인간의 운명이라면, 인간은 그 한계상황과 대면하고 직면하는 기술이 필요하다. 그 직면의 기술과 힘을 기를 때 운명을 주체로 받아들이고 결단할 수 있는 주체적 인간으로 전환된다.

본 장에서는 삶에서 겪게 되는 한계상황 앞에서, 수동적이고 객체화되기 쉬운 존재가 아닌 능동적인 주체의 길을 걸어간 동·서양의 성현들, 소크라테스(Socrates)와 공자의 철학적인 죽음의 담론을 살펴보고자 한다.

우리는 소크라테스의 죽음관을 통해, 자신에게 다가온 죽음을 온전히 맞이함으로써 비본질적인 삶이 본질적인 삶으로, 불안과 고통이 오히려 영혼의 쾌적함으로 전환되는 메커니즘을 살펴볼 수 있다. 그리고 공자의 죽음관에서 모든 죽음을 인륜성 진화와 성장의 한 참여자로 인식함으로써 죽음 불안을 극복하려고 한 철학자의 삶을 엿볼 수 있다.

II. 서양철학에서의 죽음관 이해

1) 소크라테스 이전 철학의 관심

소크라테스 이전 철학자들은 그들 주위에서 벌어지는 현상에 대해 전통적으로 행해지던 신화적 해석을 거부하고 보다 이성적인 해석을 시도했다. 그들 대부분은 다음과 같이 물었다. ① 만물은 어디에서 유래하는가? 만물은 무엇으로부터 창조되었는가? ② 자연에서 발견되는 사물들의 다수성은 어떻게 설명해야 하는가? ③ 자연은 수학적으로 어떻게 기술해야 하는가? ④ 그들은 후에 수학적, 과학적 그리고 철학적 연구의 기초가 되는 문제들과 역설들을 정의하였는가? 물론, 초기 그리스 철학자들에 의해 제기된 우주론은 근대 과학에 기초한 관점에 의해 수정되었다. 그 이후의 철학자들은 대부분 그들이 내놓은 대답을 받아들이지 않았지만, 그들이 물었던 질문들은 이후 철학자들에게도 여전히 중요한 문제였다.[122]

그러나 소크라테스에 이르러 이렇게 외부적 대상에 대한 관점에서 인간 자신의 문제로 전회 되기 시작하였다. 이는 자연과학적 인식에서 인문학으로 이행한 것으로 볼 수 있다. 소크라테스는 자연 만물에 대한 해석보다는 객관 대상을 바라보고 해석했던 자신들의 인식과 태도에 오히려 더 관심이 많았다. 즉 객관 대상은 자신들의 인식패턴과 이해방식으로 재구성될 뿐이다. 따라서 자신의 인식 구조나 패턴을 먼저 성찰하는 것이 객관 대상에 접근하는 방식이라고 생각하였다. 그래서 소크라테스의 철학은 자신의 무지를 자각함에서 출발한다. 이는 일종의 삶 방식이며 실천이었다. 삶이란 매일 관계를 맺는 내적인 세계 그리고

---

122) 김인곤 외,『소크라테스 이전 철학자들의 단편 선집』, 아카넷(2008),

환경적 세계와 더불어 현존하는 것이다. 우리의 영혼은 매일 삶과 관계를 맺으며 슬픔과 기쁨, 권태와 희열, 의무와 책임, 투쟁과 고난, 탄생과 죽음이 함께 얽혀 구성되는 세계이다.[123]

소크라테스에게 있어서 영혼은 삶의 연속체이며 물화를 넘어 외부 환경과의 유기적인 관계와 교섭을 통해서 생명이 유지되는 자율적 구현체일 뿐이다. 평소 소크라테스는 "나는 아무것도 모른다. 다만 내가 모른다는 것을 알고 있을 뿐이다."라고 하였다. 무지(無知)의 지(知)로 겸손과 겸양의 표현을 했다. 그래서 그는 진리와 지혜를 찾기 위해 부단한 노력을 기울였다. 그리고 모든 사람이 진리를 깨닫도록 설득하고 일깨웠다.

소크라테스의 죽음관이 담고 있는 참된 의미는 바로 지금 여기에서 영혼을 보살피고 돌보라는 촉구이다. 이런 의미에서 자기 스승의 삶과 죽음의 올바른 의미를 전하는 플라톤(Platon)의 『변론 Apology of Socrates』과 『파이돈 Phaidon』은 '소크라테스 철학으로 초대'하는 텍스트이다.

2) 소크라테스의 죽음관

소크라테스는 자기 인식의 문제로부터 출발한다. 근본적으로 소크라테스에게 자기 자신은 '영혼'을 가리키며 영혼의 본성을 살펴보는 것이 가장 일차적인 철학적 작업이라 할 수 있다. 우리는 자기 자신을 먼저 알지 못하면 자기 자신을 다스릴 수 없으며 나아가 다른 사람을 다스릴 수 없다. 그러므로 철학은 영혼을 돌보는 일에 최선을 다해야 한다. 헬레니즘 철학에 이르러 자기 자신을 돌보는 것이 '훈련'의 개념과 긴밀하게 연관되면서 인식의 활동만이 아닌 행동양식과의 관계가 강조

---

123) 플라톤, 전헌상 옮김, 『파이돈-원제 Phaidon 정암학당 플라톤 전집 15』, 이제이북스 (2013).

된다. 그리하여 일종의 영적 훈련을 통해 영혼이 자기 자신을 인식하고 지배할 수 있게 되어 욕망이나 정념에서 벗어나 보다 자유로운 삶을 살 수 있게 된다. 이를 위해 그는 정직한 대화의 기술을 강조한다.

소크라테스는 우리가 본성에 대한 무지 때문에 불안과 두려움과 고통을 겪는다고 주장한다. 그래서 자연의 본성을 연구하여 진정한 지혜를 가지게 되면 두려움에서 벗어날 수 있고, 영혼의 본성을 탐구하면 헛된 욕망이나 정념에 사로잡히지 않아 평정심을 되찾을 수 있다고 한다. 자기 자신을 돌보고 변화시키는 힘은 '파레시아(parrhesia, 표현의 자유)'. 즉 진실하게 말하는 데 있다. 이는 타자뿐만 아니라 자기 자신에게도 솔직하게 말하는 것으로 자기 인식과 자기 돌봄에 있어 중요한 요소가 된다.[124] 파레시아는 내용이 항상 진실한 것이기에 형식에 의해 규정되지 않는다. 진실을 허용할 수 있는 능력이 최적인 순간에, 최적의 형식과 최적의 조건에서 개인이 진실을 말할 수 있도록 해주는 것이 중요하다. 그런 점에서 파레시아는 타자와의 소통이라는 측면으로 매우 중요하다. 파레시아의 목표는 '말을 듣는 순간에 타자의 담론을 더 이상 필요로 하지 않게 되는 정직한 본성과의 만남'[125]에 있다. 플라톤의 『고르기아스 Gorgias』에서 소크라테스는 칼리클레스(Callicles)에게 다음과 같이 말한다.

---

124) 파레시아(parrhesia)는 자아실현, 진실 찾기가 된다. 단순히 말하면 파레시아는 '진실 말하기'이다. '진실 말하기'는 누가 진실을 말할 수 있는가, 무엇에 관해 말하는가, 그 결과는 무엇인가, 권력과의 관계는 무엇인가 하는 질문들을 포함한 언술 행위이다. 파레시아는 실천과 행동의 문제이자 화자와 청자 간의 대면 접촉의 문제이다. 모든 것을 말하고, 아무 것도 숨기지 않으며, 자신의 마음과 정신을 타인에게 활짝 열어 보인다. 따라서 파레시아에는 다음의 3가지로 원칙이 있다. '진실을 말하기', '위험을 감수하는 말하기', '비판적 태도로 접근하기'다. 이는 대화를 통해 타자를 온전히 진실로 안내하는 대화의 형식이다.
125) 박욱주, 「부정적 비감(悲感) 속에 개현(開顯)되는 관계 지평: 소크라테스의 죽음에 대한 레비나스의 현상학적 해석」, 『人文科學』 제117집(2019).

"소크라테스: 나는 자네를 만나 횡재했다고 믿네. 칼리클레스: 어째서죠? 소크라테스: 나의 영혼이 갖는 의견들에 대해 자네가 내게 동의한다면, 바로 그것들이 진실이라는 것을 알게 되기 때문이지. 올바르게 사는 영혼과 그렇지 않은 영혼을 충분히 시험하고자 하는 자는 자네가 가진 에피스테메(episteme, 지혜), 유노이아(eunoia, 공감), 그리고 파레시아(parrhesia, 표현의 자유), 이 세 가지를 모두 가져야 한다는 생각에서 하는 말이네. 자네만큼 지혜롭지 않아서 나를 시험하지 못하는 자들을 나는 많이 만난다네. 다른 사람들은 지혜롭기는 하지만 자네만큼 나에게 관심을 두지 않기 때문에 내게 진실을 말해 주려고 하지 않네."

위의 예문에서 살펴보듯이 파레시아의 지향점은 정직한 자신의 영혼에 있다. 이를 위해 지난한 자기 질문과 반성으로 진행되는 대화법이 시작된다. 대화는 자기 자신을 인식하고 돌보기 위한 전형적인 방식이다. 소크라테스는 단지 자신이 아무것도 알지 못한다는 것만을 안다고 하면서, 수많은 질문을 통해 상대방이 자기 자신에게 관심을 돌려 성찰하고 자기 자신을 돌보도록 만들었다. 실제로 대화는 자기 자신과 진정한 만남으로 이끌 수 있다. 자기 자신과의 대화는 우리를 자기 내면 깊은 곳으로 이끈다. 대화는 일종의 공적인 영적 훈련(communal spiritual exercise)이다. 영혼의 정화는 대화자가 솔직하고 진실하게 말하는 것이 전제되어야 한다.

이러한 훈련이 되기 위해서는 무엇보다도 영혼의 '돌봄'이 중요하다. 여기서 돌봄의 대상이 되는 영혼은 구체적으로 무엇을 말하는가? 소크라테스가 말하는 영혼은 로고스(logos), 즉 정신과 이성, 언어(말), 지성의 기능과 인간다움을 나타내는 덕, 즉 지혜와 절제, 용기와 정의를 실현하는 탁월함의 능력을 말한다. 따라서 이러한 영혼의 기능이 잘 수행되려면 부단한 수행과 연습이 필요하다.[126] 수행과 연습, 훈련을 의미하는 단어가 멜레테(melete)이다. 따라서 멜레테는 자신을 돌보는 훈련과 밀접한 관계가 있다. 즉 '자신을 돌본다(epimelesthai-heautou)'라는 뜻의 돌봄(epimelesthai)은 '훈련'을 의미하는 것과 긴밀한 연관이 있다.

이는 돌봄이 인식 활동뿐만 아니라 행동양식을 포함하는 것을 의미한다. 자기 자신을 돌본다는 것은 무엇을 의미하는가? 소크라테스의 철학에 비추어볼 때 그것은 다음과 같이 분류할 수 있다. ① 자기 자신에게 주의 집중하기, 자기 자신에게 시선 돌리기, 자기 자신을 점검하기, ② 자기 자신에게 되돌아가기, 자기 자신으로 물러나기, 자기 가장 깊은 곳으로 내려가기(행위를 습관화하기) ③ 자기 자신을 성스럽게 하고, 존중하며, 자신 앞에서 부끄러움(수치)을 느낄 줄 알기(이는 타자와의 관계에서 일어나는 현상으로 윤리적 계기를 포함한다). ④ 자기 자신을 지배하기, 자신으로부터 즐거움을 얻고, 자족한 생활하기이다.

실제로 '돌봄'이라는 단어는 돌아본다, 돌이켜 살핀다, 반성한다는 뜻으로 외재적 대상 지향성이 아닌, 내재적 자기 지향성을 의미한다. (행위) 해봐, (소리) 들어봐, (맛) 먹어봐, 맛 좀 봐, (냄새) 맡아봐, (시야) 봐봐, 돌아봐 등의 단어에서 앞의 동사는 무의식적인 일반 행동을 의미하고, 뒤에 붙은 '봐'의 준동사는 앞의 단어를 자기 행동에서 재차 확인하고 점검, 반성하는 인지적 태도를 의미한다. 따라서 돌봄의 의미는 일인칭 재귀동사로서 내재적이면서 자기 지향성을 지닌다.

돌봄으로서의 멜레테는 영혼의 탁월함과 온전함이 유지되고 지속되

---

126) 플라톤, 박종현 옮김, 『소크라테스의 변명』, 박영사, 1990, 42쪽 참조.

는 현상 그 자체를 의미하기도 한다. 즉 돌봄은 밖에서 제삼자가 제공해 주는 것이 아니라, 영혼 스스로 자신의 본성(존재)을 막힘없이 열어 보이는 것, 드러내는 것 그 자체이다. 따라서 돌봄은 재귀적(즉자적) 지향성이라고 할 수 있다. 주체의 내면적 존재가 자연스럽게 드러나는 현상, 그 자체가 바로 돌봄이 된다. 돌봄은 대자적 대상이 아니라 즉자적 대상이다. 돌봄이 대자적이 되는 순간 영혼은 객체화되고 물화가 된다. 영혼은 개인의 고유성을 바탕으로 의미 형성이 되고 이를 통해 타자와 연결되는 초월성을 지닌다. 따라서 돌봄이 삼인칭 타자에 의해 주어지는 것이라면 영혼은 존재하지 않는다고 할 수 있다. 영혼은 일인칭의 주체적 존재 상태(selbst)에서 주어지는 것이기 때문이다. 그래서 돌봄은 자아가 자기다움(본래적 자아)으로 귀의하는 과정(현상)을 의미한다.

이제 소크라테스는 죽음을 '탁월한 영혼의 해석 가능성'으로 설정한다. 이는 '존재 자체가 자기 자신을 고유한 존재의 가능성'으로 드러내는 계기이다. 이는 마치 야스퍼스가 말한 한계상황에서 느끼는 심리적 파국(catastrophic-collapse)과 같다. 우리는 한계상황에서 그동안 망각했던 사물의 본질을 다시 온전하게 바라보게 된다. 즉 막다른 길목에 도달할 때, 죽음은 우리를 본질적인 곳으로 안내한다.

예컨대, 사형집행일에 이르러 죽음에 직면했을 때도 소크라테스는 "음미 되지 않은 삶은 살 가치가 없다."라는 주장을 통해 끊임없이 자기 삶을 성찰하고 변화시키는 일에 전념해야 한다고 말한다. 그에게 가장 중요한 것은 바로 자신의 영혼을 돌보는 일이다.[127] 우리는 소크라테스가 "음미 되지 않은 삶은 살만한 가치가 없다."[128]고 말한 이유를 생

---

127) 최성환, 민현기, 「철학적 문제로서의 죽음: 플라톤의 「파이돈을 중심으로」」, 『철학탐구』제61집(2021).
128) 최성환, 민현기, 위의 논문 참조.

각해 볼 필요가 있다. 우리 자신이 누구이며 어떻게 살아야 하는지를 알지 못한다면, 우리의 삶은 가치 없는 삶이 될 것이다. 소크라테스는 "세상 사람들의 평가와 명예에 대해서는 마음을 쓰면서, 지혜와 진리에 관해서 그리고 자신의 영혼이 온전해지게끔 영혼을 돌보거나(마음을 쓰거나) 생각하지 않는 것을 부끄러워해야 하지 않는가?"라고 묻는다. 영혼의 온전함 혹은 마음의 온전함이란 마음이 자기 본성에 합치해 있는 상태, 자기 자신과 일치해 있는 상태를 말한다.[129]

여기서 우리는 다음과 같이 잠정적으로 말할 수 있다. 소크라테스 철학에 있어 삶과 죽음은 양분될 수 없다는 사실이다. 즉 죽음의 연습이 잘 사는 연습이고, 죽음의 훈련이 삶의 훈련이며, 죽음의 수행이 곧 삶의 수행이 된다. 소크라테스는 삶의 의미와 훌륭함을 죽음에 물어봄으로써(혹은 죽음을 회피하거나 도피, 연기, 억압, 금지, 부정하지 않음으로써) 오히려 적극적으로 죽음을 맞이하고 현실의 훌륭함을 완결할 수 있다는 의미에서 현실의 삶보다 죽음으로서의 삶을 더 행복하게 보았다는 것이다.

이는 『파이돈』에서 소크라테스가 죽음을 맞이하면서 마지막 한 말에서 그에게 죽음이 무엇인지 구체적으로 살펴볼 수 있다. 임종의 순간에 크리톤(Kriton)은 소크라테스에게 다음과 같이 질문을 한다.

"소크라테스, 자네 지식이나 그 밖의 일에 관해 사람들이나 나에게 뭔가 남겨줄 말이 있는가? 무슨 말이든 자네가 남겨준 말을 우리가 실천해서 자네를 가장 기쁘게 할 수 있는 유언 말일세." 소크라테스는 다음과 같이 말했다. "그것은 다른 것이 아니라, 내가 늘 말했던 바로 그 말뿐이라네. 새로운 무엇이 더 있는 것이 아니고, 자네들이 스스로 영혼

---

129) 플라톤 지음, 박종현 옮김, 『소크라테스의 변명』, 박영사, 1990, 42쪽 참조.

을 돌아보는 것이네.", "설사 자네가 지금은 내게 약속하지 않더라도 무엇을 하던 내 가족과 자네의 영혼을 위해 기쁜 일을 하게나. 크리톤, 그리고 아스클레피오스(Aesculapius)에게 닭 한 마리 빚진 것이 있네. 기억해 두었다가 갚아 주게나."[130] 크리톤은 소크라테스에게 다음과 같이 질문을 한다.

소크라테스가 우리에게 남긴 말은 "자네들 스스로 영혼을 돌아보는 것이네, 자네의 영혼을 위해 기쁜 일을 하게나."이다. 이 말은 세상에서 가장 아름다운 말이다. 서양에서 인문주의의 시작이 소크라테스에서 비롯되었다는 의미는, 바로, 이 마지막 유언에서 찾을 수 있다. 예문에서 나타나는 아스클레피오스는 의학의 신을 말한다. 왜 소크라테스는 크리톤에게 의학의 신(神) 아스클레피오스에게 닭 한 마리를 갚아 달라고 했는가? 실제로 그가 아스클레피오스에게 닭 한 마리를 빌려왔는가? 여기서 닭 한 마리는 실제 닭이 아니라, 은유이다. 무엇을 은유했는가? 그것은 바로 삶이라는 질병으로부터 해방되어 즐겁고 기쁜 마음으로 죽음을 맞이하게 되었기에 아스클레피오스에게 빚을 진 것과 다름없다는 의미로 말한 것이다. 그런데 왜 하필이면 소크라테스는 죽음의 순간에 이 빚을 기억했을까? 인간은 자신이 죽는 순간에 삶의 가장 소중한 것과 우선순위가 무엇인지 깨닫게 된다. 그에게 있어서 죽음이란, 영혼이 몸으로부터 해방되는 것이었으며, 영혼이 육체의 오염에서 깨끗하게 정화되는 것이었다. 몸은 우연적이고 일시적이고 부수적인 것으로, 영혼만을 인간의 본질로 봤다. 따라서 그에게 죽음은 악이 아니라 선이다. 끝이 아니라 영혼을 새롭게 하는 새로운 시작일 뿐이다. 그래서 그는 완전한 삶을 기대하며 죽음을 통해 그 너머 삶의 지혜를

---

130) 플라톤 지음, 박종현 옮김, 『소크라테스의 변명』, 박영사, 1990, 42쪽 참조.

추구하였다.

독배를 마실 때 소크라테스는 아주 태연히 조금도 떨지 않고 또 안색이 조금도 변하지 않고 평상시와 조금도 다름없이 친구 에케크라테스(Echekrates)를 물끄러미 바라보면서 잔을 들고 이렇게 말했다.

"신에게 드리는 뜻으로 한 방울을 남겨도 되겠는가?" 집행관이 안 된다고 하자 그는 다음과 같이 말한다. "알았소. 나는 그저 저세상에 가는 여행을 잘하도록 기도드릴 수는 있을 테지…. 또 그렇게 해야만 하고, 그 기도대로 이루어지지." 이렇게 말하고 그는 잔을 입술에 대고 조용히 기쁜 낯으로 그 약을 마셨다.[131]

소크라테스는 그에게 다가온 죽음을 회피하거나 연기하지 않았다. 그는 죽음을 거부하거나 부정하지 않고 온전히 죽음을 맞이하였다. 한 방울의 독배도 흘리지 않고 죽음을 자신의 것으로 만들었다. 그가 사형을 피하는 방법이 있었음에도 의연히 죽음을 택한 이유를 여러 가지로 해석할 수 있지만, 그가 말한 몇 가지 대목에서 찾을 수 있다. 친구 크리톤의 탈옥 권유를 받고 "여보게 내 부유한 친구여! 나는 철학 하는 자유를 포기하느니, 차라리 죽는 것이 내 이성의 참된 명령이네."라며 사양하였다. 여기에서 우리는 그가 사람들에게 애걸하거나 불의와 타협해 목숨을 구걸하는 것은 그의 자존심과 명예를 훼손하는 것이었다는 걸 알 수 있다. 차라리 삶을 포기하더라도 자신의 자존심과 명예를 지키는 것이 더 올바른 일이라 생각했다. 또한 "아, 벌써 떠날 시간이 되었구려. 이제는 서로 각자 자기의 길을 가야 하오. 나는 기꺼이 죽으러

---

131) 플라톤, 전헌상 옮김, 『파이돈 - 원제 Phaidon 정암학당 플라톤 전집 15』, 이제이북스 (2013).

가야 하고, 당신은 살아야 할 시간이오. 우리 중에 어느 쪽이 더 좋은 일을 향해 가고 있는지는 신만이 알고 있소."라는 문장에서 보듯이 그는 자기의 죽음으로써 진리를 증명하고 싶어 했다. 구차하게 살아서 침묵하기보다는 죽어서라도 아테네 민중들에게 진리에 대한 경각심과 깨우침을 주고자 했다.

또 다음의 문장에서 그는 죽음을 두려워하지 않고 죽음을 오히려 자신을 찾아가는 해방구로 보았다. "먼저, 죽음은 완전히 무로 돌아가는 것이다. 이 경우 모든 감각이 없어지고 꿈도 꾸지 않을 만큼 깊은 잠을 자는 것과 같다. 그보다 더 즐거운 밤이 어디 있겠나? 다음, 죽음은 이 세상에서 저세상으로 가는 여행길과 같은 것이다. 생전에 만났던 훌륭한 사람들을 다시 만나볼 수 있으니, 이 또한 얼마나 좋은 일인가? 나는 죽음을 통해 귀찮은 일로부터 해방되는 것을 오히려 다행이라 여긴다."[132]

위의 여러 예문에서 우리가 알 수 있듯이, 소크라테스의 죽음의 특징은 그에게 다가온 죽음을 회피하거나 연기하지 않았다는 사실이다. 그는 자기 죽음을 다른 것으로 대체하거나 억압하지도 않았다. 또한 죽음을 피하고자 타자에게 전가하거나 다른 도시로 도망가지도 않았다. 그는 온전히 자기 죽음을 '맞이'하였다. 이는 '자신의 정신과 의식(영혼)을 가장 쾌적한 상태로 지속하는 것(돌봄)의 실천'인 것이다. 이는 곧 멜레테를 통해 얻어지는 마음의 상태와 스토아학파가 말하는 아타락시아(ataraxia)의 심적 상태와 비유할 수 있다.[133]

---

132) 전헌상, 위의 책.
133) 아타락시아(ataraxia)는 '영혼이 동요와 혼란에서 벗어난 평정한 상태'를 의미한다. 이는 아리스토텔레스가 말한 '엔텔레케이아(entelecheia-합목적인)'와 동일한 의미를 지닌다. '엔텔레케이아는 몸의 충만한 상태를 말하며 살아 있는 존재의 충분한 완성과 실현을 의미한다. 즉 영혼은 몸을 가장 충만한 상태로 이끌며, 몸은 영혼을 실어서 구체적인 역동

또한 그는 자신에게 찾아온 통증과 고통, 고뇌를 거부하거나 대상화하지 않는다. 오히려 통증과 고통, 고뇌를 자기 실존적 삶으로 받아들이고 전회시킨다. 자기 죽음이 아닌 타자의 죽음으로 전가하기 쉬운 사건을 온전히 일인칭의 사건으로 '받아들이고 전회'했다. 거기에서 인간다움이 나타난다. 인간다움은 일인칭적 자각에서 발견된다.

이제 이 능력은 고스란히 고통을 느끼는 주체의 것이 된다. 그것은 자신에게 찾아온 아픔과 슬픔, 고통을 온전히 자신의 것으로 맞이함에 있다. 자신에게 찾아온 아픔과 슬픔, 고통을 억압하거나 부인한다면, 그것은 자신의 주체성을 포기하는 것과 같다. 이런 포기의 행동은 고통의 회피나 전가, 양도, 의존, 대체물을 만드는 방식으로 나타난다. 이는 자신만의 고유한 욕망이 아닌, 타자의 욕망으로 살아가는 모습이다. 타자의 욕망으로 대체되는 고통은 정직한 자신과 대면할 수 없다. 정직한 자신으로 귀의하지 못한 고통에서는 평화를 기대할 수 없다. 평화는 고통을 통해서 정직한 자신의 대면에서 깃든다.

소크라테스에게 있어서 무지의 자각은 다른 사람이 아닌 자기 인생을 사는 것을 의미한다. 갑자기 더 행복해지거나 부자가 되거나 강해지는 것이 아니라 세상을 더 깊이 이해하고 자기 자신과 더 평화롭게 지내는 것을 의미한다. 삶의 배움을 얻는다는 것은 삶을 완벽하게 만드는 것이 아니라, 있는 그대로의 삶을 받아들일 줄 알게 되는 것이다. 자신이 누구인가를 알기 위해서는 진정한 자신이 아닌 것들을 모두 벗어던져야 한다는 것을 알게 된다. 삶의 마지막 순간이 가까워지면 사람들은 더 진실해지고, 정직해지고, 더 진정한 자신이 되기 때문이다. 소크라

작용을 실현하는 구현체의 역할을 한다. 아타락시아와 멜레테, 엔텔레케이아와 영혼의 쾌적함은 진정한 자기 자신으로 머문 상태의 다른 이름이다. 임병식, 「죽음학임상실천Ⅰ」, 2021년도 한국싸나톨로지협회 전반기 죽음학강좌.

테스가 그의 죽음을 온전히 그의 것으로 전회한 것은 죽음을 통해서 비로소 자신이 된다는 것을 깨달았기 때문이다.

우리는 소크라테스의 죽음관을 통해 자신에게 다가온 죽음을 온전히 맞이함으로써 비본질적인 삶을 본질적인 삶으로 전환하는 과정을 엿볼 수 있다.

III. 동양철학에서의 죽음관 이해

1) 선진 유학의 생사관 개괄

고대 중국의 문헌인 『상서』는 유학의 원초적인 생사관을 담고 있다. 그것의 오복관(五福觀)에 의하면, '수(壽)'와 '고종명(考終命)'은 서로 구별된다. 수(壽)가 생물학적 수명을 가리킨다면, 고종명은 천부적으로 부여된 수명 안에서 주어진 사명(使命)을 마치고 편안히 죽음을 맞이할 때 수반되는 심리적이고 정신적인 안정을 함축한다.[134] 이후 공맹(孔孟)

---

134) 윤용남은 『상서』가 제시한 '고종명'의 의미를 설명하면서 "천수를 다 누리면서 하늘로부터 받은 명을 모두 완수한 후에 죽는 가장 행복한 죽음이다."라고 설명한다. 윤용남, 「儒學의 生死觀과 考終命」, 새한철학회 학술대회 발표논문집(2009), 48쪽. 사(死)는 형기적 생사관과 도의적 생사관으로 분류할 수 있다. 형기적 생사관 타고난 기질에 따른 요사(夭死), 노사(老死), 병사(病死), 횡사(橫死) 등으로 나누는 것이다. 도의적 생사관이란 천명으로 인간에게 주어진 인의예지라고 하는 도덕적 본성의 구현 여부에 따라 삶과 죽음을 보는 관점을 말한다. 죽음의 도덕적 성격을 중시하는 유학이 문제시한 것은 도의적 생사관이다. 유학은 도의적인 천명의 완수 여부에 따라 죽음을 질곡사(桎梏死), 절의사(節義死), 고종명(考終命)으로 나누고 있다. 질곡사는 죄를 짓거나 혹은 억울한 누명을 쓰고 죽는 경우이다. 절의사는 살신성인 또는 사생취의를 이룬 죽음으로, 백제와 숙제를 들 수 있다. 고종명은 내성의 덕을 쌓고 외왕의 길을 가서 천명을 완수하고 천수를 누린 다음 의연하게 평상적인 모습으로 최후를 맞이하는 것이다. 『書經』「洪範」: 오복은 첫째 장수하는 것이며, 둘째는 부유하고 풍족하게 사는 것이며, 셋째는 강녕으로 일생동안 건강하게 사는 것이며, 넷째는 덕을 좋아하며 의미 있는 삶을 구현하는 것이며, 다섯째는 고종명이다 (五福 一曰壽 二曰富 三曰康寧 四曰攸好德 五曰考終命).

은 이러한 생사관을 계승하여 전형적인 유학의 생사관으로 발전시킨다. 공자의 생사관에서 우리의 시선을 끄는 대목은 공자와 자로(子路) 사이의 대화이다.

> 자로가 귀신을 섬기는 것에 관해 묻자, 공자께서는 "아직 사람도 능히 섬기지 못하거늘 어찌 귀신을 섬기겠는가?"라고 대답하였다. 자로가 감히 죽음에 관해 묻자, 공자께서는 "아직 삶을 알지 못하는데, 어찌 죽음을 알겠는가?"라고 대답하였다.[135]

흔히 이 구절은 공자의 생사에 대한 관점과 태도를 잘 대변해주는 것으로 알려져 있다. 또한 공자의 대답은 그가 현실과 무관한 형이상학적 세계나 대상에 대해 무관심하거나 유보하는 태도를 견지한 것으로 간주한다.[136] 실제로 공자가 다른 곳에서 "귀신을 공경하되 멀리할 수 있으면 지혜롭다고 할 만하다."[137]라고 말한 대목이나, "귀신에게 제사를

---

135) 『論語』「先進」. "季路問事鬼神. 子曰: "未能事人, 焉能事鬼?" 敢問死. 曰: "未知生, 焉知死?"

136) 勞思光 著, 『新編中國哲學史』一卷, 廣西師範大學出版社(2005), 103쪽. 또한 노사광은 그 문헌적 근거로는 "선생님께서 괴력난신에 대해 말씀하지 않으셨다."(『論語』「述而」. "子不語怪·力·亂·神.") 그리고 이러한 사상과 대비되는 구절로는 "선생님께서 늘 말씀하신 것은 시·서·집례이니, 이것들은 모두 늘 말씀하셨다."(『論語』「述而」. "子所雅言, 詩·書·執禮, 皆雅言也.")가 있다. 한편, 공자의 귀신관에 대해 주목할 만한 견해로는 전한(前漢)의 사상가인 유향(劉向:B.C 77~B.C 6)의 견해이다. 그는 공자가 귀신의 존재와 관련하여 유보적 태도를 취한 이유를 다음과 같이 재구성한다. "자공이 공자에게 물었다. '사람이 죽은 후 영혼이 존재합니까?' 공자가 대답하였다. 사람이 죽은 후 영혼이 있다고 말하려니 효자, 효손들이 부모 살아 계실 때 효도하지 않을까 두렵고, 사람이 죽은 후 영혼이 없다고 말하려니, 불효자가 장례와 제사를 지내지 않을까 두렵다. 네가 진정 사람이 죽은 후 영혼이 있는지를 알고 싶다면 네가 죽은 후에 스스로 알게 되어도 늦지 않다."(『說苑』「辨物」, "子貢問孔子, 死人有知無知也. 孔子曰: 吾欲言死者有知也, 恐孝子順孫妨, 生以送死也, 欲言無知, 恐不孝子孫棄不葬祠也, 賜欲知死人有知將無知也, 死徐自知之, 猶未晚也.")

137) 『論語』「雍也」. "樊遲問知. 子曰: "務民之義, 敬鬼神而遠之, 可謂知矣."

지낼 때, 마치 귀 신이 있는 것처럼 하였다."[138]라는 내용과 종합해 보면 이러한 관점들은 더욱 설득력이 있다.

그러나 이러한 일반적인 관점은 여전히 재고의 여지가 있다. 곧 귀신과 죽음에 대한 자로의 질문은 결국 사(死)의 영역에 대한 의문으로 요약할 수 있다. 그런데 공자의 대답은 죽음을 올바로 이해하기 위한 선결 요건이 곧 생의 본질에 대한 파악이라는 취지로도 이해할 수 있기 때문이다. 다시 말하면 생과 사의 실제적 선후 관계를 전제로 한 설명이 아니라, 생사일여(生死一如)를 전제로 한 대답으로 볼 수 있는 것이다.[139] 이 점은 공자가 위의 문답에 이어서 "내가 제사에 참여하지 않는 것은 제사를 지내지 않는 것과 같다."고 말한 부분을 참고하면 더욱 분명해진다. 이것은 죽음이나 사후 세계의 존재나 그 의의는 최종적으로 삶에 있어 주체의 심적 자세나 태도에 달려 있다는 점을 시사해준다. 그러므로 공자는 동일한 맥락에서 "살아 계실 때는 예로써 섬기고, 돌아가시면 예로써 장례 지내며, 제사는 예로써 모신다."[140]라고 말하기도 한다. 이상의 내용을 요약하면, 공자의 관점에서 살아가는 것이 죽어가는 것이요, 죽어가는 것은 살아간다는 등가의 논리가 성립한다. 곧 공자의 생사관에서 웰다잉(well-dying)의 문제는 결국 웰리빙(well-

---

138) 『論語』「八佾」. "祭如在, 祭神如神在. 子曰: "吾不與祭, 如不祭.""
139) 김수청, 「유교의 靈魂觀에 대한 분석적 고찰」, 『한국민족문화』 25집(2005), 270-271쪽. 또한 이 점은 정주(程朱)의 집주(集注)에서도 확인할 수 있다. 주자는 자로의 질문을 절실한 의문으로 간주하고 생(生)의 근거를 사(死)의 근거를 알기 위한 것으로 간주하고 최종적으로 생사의 관계를 동일한 이치로 간주하고 있고, 정이(程頤) 또한 생사를 주야(晝夜)의 도에 비유하여 설명한다.(『論語集注』. "問事鬼神, 蓋求所以奉祭祀之意. 而死者人之所必有, 不可不知, 皆切問也. 然非誠敬足以事人, 則必不能事神; 非原始而知所以生, 則必不能反終而知所以死. 蓋幽明始終, 初無二理, 但學之有序, 不可躐等, 故夫子告之如此. 程子曰: "晝夜者, 死生之道也. 知生之道, 則知死之道. 盡事人之道, 則盡事鬼之道. 死生·人鬼, 一而二, 二而一者也. 或言夫子不告子路, 不知此乃所以深告之也."")
140) 『論語』「爲政」. "生, 事之以禮: 死, 葬之以禮, 祭之以禮.""

living)의 문제로 환원되고, 웰리빙의 웰엔딩(well-ending)이 웰다잉인 것이다.

그럼 잘 산다는 것은 어떻게 사는 삶을 말하는가? 공자는 이와 관련하여 단적으로 "아침에 도를 들으면 저녁에 죽어도 좋다."[141]라고 말한다. 그에게 있어 좋은 삶, 또는 바람직한 삶의 기준은 도(道)를 추구하는데 있으므로 이와 무관한 생물학적 의미의 수명은 그다지 의미가 없다. 물론 이때의 도는 공자가 살신성인(殺身成仁)을 강조하는 점을 고려할 때, 인(仁)으로 대변되는 인문주의적 가치와 이상을 추구하는 삶일 것이다. 따라서 삶의 기타 영역과 가치들, 예를 들면 생물학적·경제적·사회적·정치적 영역들의 가치와 의의는 오직 이러한 인문적 가치와 이상을 실현하는데 기여할 때만 정당화될 수 있다. 만일 이러한 인문적 가치와 이상이 결여된 웰빙의 추구는 삶의 본질과 의의를 상실한 반쪽의 웰리빙에 불과하다.

2) 유학의 관점에서 보는 두 가지 죽음관

예기(禮記)의 기록에 따르면, 자장(子張, 공자의 제자)이 병이 깊어지자, 그의 아들인 신상(申祥)을 불러서 다음과 같이 말한다.

> 군자가 죽는 것은 '마친다(終)'라고 말하고, 소인이 죽는 것은 '죽는다(死)'라고 말한다. 내 오늘이 그날인 것 같구나![142]

자장(子張, 공자의 제자)이 인간의 죽음을 '죽음(死)'과 '마침(終)'으로 구분한 것처럼 유학의 관점에서 죽음에는 두 가지 방식이 있다. 죽음

---

141) 『論語』「里仁」. "朝聞道, 夕死可矣."
142) 『禮記』「檀弓上」. "子張病, 召申祥而語之, 曰: 君子曰終, 小人曰死. 吾今日其庶幾乎."

과 마침의 의미론적 차이는, 전자는 생물학적 의미의 생명의 자연스러운 소멸을 뜻하고, 후자는 인격적 주체가 능동적으로 그의 삶을 완결 짓는다는 의미이다. 따라서 죽음은 일반적인 삶의 종결을 뜻하는 데 반해 마침은 임종(臨終)의 성격이 짙다. 그러면 왜 군자의 죽음을 임종으로 표현하는가? 그것은 무엇보다도 삶을 마칠 때까지 지속되는 우환의식(憂患意識)과 연관되어 있다. 이것은 일생에 걸친 효의 실천과 관련된 것으로 증자(曾子, 공자의 제자)는 다음과 같이 말한다.

> 효자가 연로한 부모를 봉양하는 것은 그 마음을 즐겁게 하고 그 뜻을 거스르지 않으며 그 침소와 거처를 편안하게 해드리고 그 음식으로써 충심으로 봉양한다. 이것은 효자가 몸을 마칠 때까지 해야 하는 것이니, 여기서 몸을 마친다는 것은 부모의 몸이 마칠 때까지를 말하는 것이 아니라 그가 자기 몸을 마칠 때까지를 말하는 것이다. 이 때문에 효자는 부모가 사랑했던 것을 또한 사랑하고, 부모가 공경했던 것을 또한 공경한다.[143]

여기서 증자는 지극한 효도의 기준으로 종신(終身)을 제시한다. 이때 종신의 기준은 부모님의 몸이 아닌 효도하는 주체의 몸이다. 따라서 효도의 시작과 끝은 부모님의 생사를 기준으로 삼는 것이 아니라 효도하는 주체의 생사가 기준이 된다. 간단히 말해 효도의 주체가 생존해 있는 동안 효도가 지속되어야 하는 것이다. 이것이 효자가 삶을 마치는 날까지 견지해야 할 종신의 우환인 셈이다. 이 때문에 자사(子思)는 다른 곳에서 상사(喪事) 및 제사와 관련하여 군자가 기일을 맞을 때마다

---

143) 『禮記』「內則」. "曾子曰, "孝子之養老也, 樂其心, 不違其志, 樂其耳目, 安其寢處, 以其飮食忠養之. 孝子之身終, 終身也者, 非終父母之身, 終其身也. 是故父母之所愛亦愛之, 父母之所敬亦敬之."

즐겁지 않은 까닭으로 종신(終身)의 우환을 제시하기도 한다.[144] 그리고 같은 이유에서 「제의」에서는 "군자에게 종신토록 상(喪)이 있다는 것은 곧 기일(忌日)을 가리킨다."[145]라고 설명하기도 한다. 따라서 앞서 군자의 죽음을 '마침'이라고 표현한 것은 곧 종신의 우환으로서 효도의 임무를 완결했다는 것을 의미한다. 다음으로, 군자와 관련된 종신의 우환은 수기(修己)를 가리킨다. 예를 들면, 「제의」편에서는 군자의 효도와 기타 덕목과의 연관성에 대해 다음과 같이 부연한다.

> 부모가 돌아가신 후 그 몸을 삼가 송장하고, 부모의 오명을 남기지 않으면 가히 능히 '마쳤다'라고 이를 만하다. 따라서 인(仁)은 이것을 아는 것이요 예(禮)는 이것을 실천하는 것이요, 의(義)는 이것을 마땅히 하는 것이요, 신(信)은 이것을 확인하는 것이요, 강(强)은 이것을 굳건하게 하는 것이다.[146]

위의 인용문은 군자가 종신토록 실천하는 효도의 범위가 상례와 제례를 넘어서 생전의 부모의 오명을 제거하는 일까지도 포괄하며, 또한 이것을 종신토록 실천하는 것이 곧 기타 핵심적인 인륜적 덕목들, 곧 인(仁)·예(禮)·의(義)·신(信)·강(强) 등을 포괄한다고 강조한다. 따라서 증자가 제시한 군자의 임종은 '마침'의 범위와 더불어 좁게는 종족의 상례와 제례라는 의례 실천으로부터 넓게는 인간의 현실적인 삶의 영위에 필요한 경제적·사회적·정치적 이념의 실현을 포괄한다.

---

144) 『禮記』「檀弓上」. "子思曰: 喪三日而殯, 凡附於身者, 必誠必信, 勿之有悔焉耳矣, 三月而葬, 凡附於棺者, 必誠必信, 勿之有悔焉耳矣, 喪三年, 以爲極, 亡則弗之忘矣. 故君子有終身之憂, 而無一朝之患. 故忌日不樂."
145) 『禮記』「祭義」. "君子有終身之喪, 忌日之謂也."
146) 『禮記』「祭義」. "父母旣沒, 愼行其身, 不遺父母惡名, 可謂能終矣, 仁者, 仁此者也. 禮者, 履此者也. 義者, 宜此者也. 信者, 信此者也. 强者, 强此者也."

3) 공자의 죽음관

공자의 삶에 내재화된 죽음에 대한 인식은 죽은 자에 대한 정신적 태도와 이러한 태도가 반영된 상례와 제례를 중시하는 실천적 삶으로 나타난다. 상례와 제례에 임하는 공자의 태도는 다음과 같았다.

"공자께서는 상사(喪事)가 있는 자의 곁에서 음식을 먹을 때에는 배부르게 먹은 적이 없으셨다. 상사에 임함이 슬퍼 달게 먹을 수가 없어서이다. 공자께서는 어느 때든 조곡(弔哭) 소리를 들으면 노래를 부르지 않으셨다."[147]

임방이 예(禮)의 근본을 묻자, 공자께서 말씀하셨다. "훌륭하다! 질문이여! 예(禮)는 사치하지 않고 검소해야 하고, 상(喪)은 형식적으로 잘 치르는 것보다 잘 슬퍼해야 한다."[148]

그래서 공자는 재아가 삼년상을 치르는 것이 일 년만으로도 너무 길다고 했을 때 인(仁)하지 못하다고 안타까워한 것이다. 공자는 초상에서 형식적인 절차보다는 진심으로 슬퍼하고 애통함을 그 무엇보다 중요하게 여겼으며 이러한 진정성을 그 사람을 평가하는 중요한 잣대로 사용하였다.[149]

---

147) 『論語』「述而」9: 子食於有喪者之側 未嘗飽也 臨喪哀 不能甘也 子於是日 哭則不歌
148) 『論語』「八佾」4: 林放 問禮之本 子曰 大哉 問 禮 與其奢也 寧儉 喪은 與其易也 寧戚
149) 『論語』「陽貨」21: 宰我問 三年之喪 期已久矣 君子三年不爲禮 禮必壞 三年不爲樂 樂必崩 舊穀旣沒 新穀旣升 鑽燧改火 期可已矣 子曰 食夫稻 衣夫錦 於女安乎 曰安 女安則爲之 夫君子之居喪 食旨不甘 聞樂不樂 居處不安 故不爲也 今女安則爲之 宰我出 子曰 予之不仁也 子生三年然後 免於父母之懷 夫三年之喪 天下之通喪也 予也有三年之愛 於其父母乎 (재아가 말했다. "삼년상은 1년이면 이미 깁니다. 군자가 3년 동안 예(禮)를 행하지 않으면 예가 반드시 무너지고, 3년 동안 음악을 익히지 않으면 음악이 반드시 무너질 것입니다. 묵은 곡식이 다 없어지고 새 곡식이 익고, 불씨 만드는 나무도 바뀌어지니, 1

공자께서 편찮으시자 자로가 신께 기도할 것을 청하였다. 공자께서 말씀하셨다. "그러한 예가 있는가?" 자로가 대답하였다. "있습니다. 뇌문(誄文)[150]에 '너를 위하여 천지의 신명에 기도한다.'라고 되어 있습니다." 공자께서 대답하셨다. "나는 기도한 지 오래되었다."[151]

이 내용은 개인의 신병과 기도의 문제를 다룬 것이다. 주자는 그 구체적인 의미에 대해 다음과 같이 설명한다. 곧 기도는 귀신에게 기도하는 것을 가리키며 또한 그 본질은 '개과천선(改過遷善)'을 통해서 신명의 도움을 받는 것을 말하는데 공자는 성인으로서 그 언행이 평소 신명의 뜻에 부합하여 개과천선의 여지가 없으므로 기도할 필요가 없어 완곡하게 자로의 요청을 거절한 것으로 본다.[152] 공자가 말한 '나의 기도는 오래되었다'라는 구절을 공자의 평소 행위가 신명에 부합했다는 의미로 환원하여 설명할 수 있다. 간단히 말해 개인의 신병이 관련된 기도의 형식은 부정했지만, 그 내용은 내면화시켰다고 평가할 수 있다.

년이면 그칠만한 것입니다." 공자께서 "쌀밥을 먹고 비단옷을 입는 것이 너에게는 편안하냐?" 하시니, 대답하기를 "편안합니다." 하였다. 공자께서 말씀하셨다. "네가 편안하면 그리 해라. 군자가 거상할 때에 맛있는 것을 먹어도 달지 않으며 음악을 들어도 즐겁지 않으며, 거처함에 편안하지 않기 때문에 하지 않는 것이니, 네가 편안하면 그리 해라." 재아가 밖으로 나가자 공자께서 말씀하셨다. "재아의 인하지 못함이여! 자식이 태어나서 3년이 지난 뒤에야 부모의 품을 벗어나게 되니 삼년상은 천하의 보편적 상례이다. 재아도 그 부모에게 3년의 사랑을 받았을 것인데.)

150) 죽은 사람의 명복(冥福)을 빌거나 생전의 공덕(功德)을 칭송(稱頌)하며 조상(弔喪)하는 말이나 글. 옛적에 죽은 사람의 시호(諡號)를 내릴 때 이 뇌문(誄文)을 바탕으로 해서 지었음. [유사어] 뇌사(誄詞).-한국고전용어사전-

151) 『論語』「述而」. "子疾病, 子路請禱. 子曰: "有諸?" 子路對曰: "有之. 誄曰: '禱爾于上下神祇.'" 子曰: "丘之禱久矣."

152) 『四書集註』, 『論語集註』「述而」. "禱, 謂禱於鬼神. 有諸, 問有此理否. 誄者, 哀死而述其行之辭也. 上下, 謂天地. 天曰神, 地曰祇. 禱者, 悔過遷善, 以祈神之佑也. 無其理則不必禱, 旣曰有之, 則聖人未嘗有過, 無善可遷. 其素行固已合於神明, 故曰: "丘之禱久矣." 又士喪禮, 疾病行禱五祀, 蓋臣子迫切之至情, 有不能自已者, 初不請於病者而後禱也. 故孔子之於子路, 不直拒之, 而但告以無所事禱之意."

즉 '삶이 곧 기도가 되었다'라고 해석해 볼 수 있다.

공자가 생존한 시대 이전에 이미 다양한 천명 개념이 존재하였다. 연구에 따르면, 그것은 대체로 부명(賦命)·성명(性命)·명법(命法)·운명(運命)·명수(命數) 등으로 구분되고 그 내용은 '덕에 관한 것', '정치와 관련된 것', '작록(작위와 녹봉)과 관련된 것', '길흉에 관한 것', '생사요수에 관한 것'을 포괄한다.[153] 따라서 인간의 생사와 그에 따른 길흉화복은 일차적으로 하늘의 소관으로 간주했다. 그런데 문제는 천명의 다양한 의미와 특징이다. 다시 말하면, 천명은 종류상 '부명'·'명수'·'명법' 같은 수동적이고 객관적인 의미 외에도 '성명'과 '운명'과 같은 더욱더 능동적이고 주관적 특징을 고려하는 의미가 동시에 포함되어 있다. 또한 천명이 말하는 범위의 측면에서도 '생사'·'길흉화복'·'작록'처럼 운수의 요소가 강한 내용뿐만 아니라 '덕성'과 '정치'처럼 주체의 능동성과 자율성을 중시하는 요소들도 포함되어 있기 때문이다. 그리고 고대의 천명관에 포함된 이러한 두 가지 상반된 내용과 특징이 그대로 공맹순(孔孟荀)에게 계승된다. 다만 공맹순은 각기 그들이 처한 시대와 다른 문제의식에 따라 이 두 계열의 천명 관념 가운데 특정한 내용과 특징을 선택하여 발전시킨다.

흔히 철학사에서 주초(周初)에서 춘추(春秋)시대에 이르는 천인(天人) 관념의 전개와 발전은 이후 선진의 공맹이 제시한 성명(性命) 사상의 형성에 주요 원천이 되었다고 평가된다.[154] 이 점은 또한 공자가 실제로 평생 주나라의 성왕들과 제도들을 흠모하여 그 인문주의를 복원하는 과정을 통해 동시대의 혼란을 극복하려고 했던 점을 고려하면 충분히 긍정할 수 있기도 하다. 타카타신지(高田眞治)는 일찍이 천명을 이

---

153) 穴澤辰雄, 『中國古代思想論考』, 東京: 汲古書院, 1982, 57쪽.
154) 牟宗三 著, 『心體與性體』上卷, 31쪽.

해하는 문제는 모든 시대와 학파를 막론하고 고대 중국 사상에서 가장 중요한 과제 가운데 하나라고 지적한 바 있다.[155] 이 점은 공자에게 있어서도 예외가 아니다. 그런데 『논어』에 따르면, 공자는 천명이나 천도에 대해 드물게 말한 것으로 기록되어 있다. 실제로 공자를 측근에서 보필했던 뛰어난 문인 가운데 한 사람인 자공(子貢)조차도 일찍이 "선생님의 문장에 대해선 들어봤지만, 선생님이 성(性)과 천도(天道)에 대해 말씀하신 것에 대해선 들어보지 못했다."[156]라고 말할 정도이다. 그리고 『논어』의 다른 곳 에서도 "선생님께서는 이(利)과 명(命)과 인(仁)에 대해 드물게 말씀하셨다."[157]라고 지적하고 있다. 이러한 견해들을 종합하면, 결국 공자가 평소 천명과 천도에 대해 말하지 않은 것은 아니나 상대적으로 적게 언급했다는 것은 분명하다. 그 이유와 관련하여 남송의 주희(朱熹)는 "공자께서 명(命)을 드물게 말씀하신 까닭은 길흉화복(吉凶禍福)이 모두 명(命)에 속하는데, 오로지 명(命)만을 말하면 사람들이 모두 길흉화복을 명(命)에만 의탁하여 인사(人事)가 폐기될까 하여 드물게 말씀하셨다."[158]라고 설명한다. 이러한 주희의 설명은 명(命)과 길흉화복의 이중적 관계를 예시하고 있다. 곧 길흉화복의 일차적 원

---

155) 高田眞治, 『支那思想の展開』第1卷, 東京:弘道館圖書株式會社, 1944, 1~2쪽.

156) 『論語』「公冶長」. "子貢曰: '夫子之文章, 可得而聞也: 夫子之言性與天道, 不可得而聞也.'" 사실 이구절의 맥락과 관련하여 여전히 논쟁의 여지가 있다. 사실 『논어』 전체의 분량을 고려할 때, 공자가기타 주요 개념보다 천명에 대해 적게 언급하고 있는 것은 사실이다. 그럼에도 자공의 견해는 여러 가지로 해석이 가능하다. 가령 그의 본의가 공자가 천도에 대해 드물게 말했다는 것인지 아니면 공자가 평소 말하는 것을 정작 자신은 듣지 못했다는 것인지가 불분명하다. 이를 고증하는 것은 본 절의취지가 아니므로 상세한 논의는 생략한다.

157) 『論語』「子罕」. "子罕言利與命與仁." 사실 이 구절도 본래 이론이 분분하다. 왜냐하면 『논어』에서 가장 많이 등장하는 용어 중의 하나가 인(仁)이기 때문이다. 하지만 이에 관한 논의는 본 절의 주제를벗어나므로 구체적인 논의는 생략한다.

158) 『朱子語類』 36:1. "行夫問 '子罕言利, 與命, 與仁'. 曰: '罕言命者, 凡吉凶禍福皆是命. 若儘言命, 恐人皆委之於命, 而人事廢矣, 所以罕言.'"

천이 명(命)이지만 정작 공자가 이 점을 강조하지 않은 까닭은 이 점을 지나치게 강조하면 정작 인사(人事)의 역동성에서 비롯되는 길흉화복의 가능성도 모두 명의 탓으로 보는 숙명론이 팽배하게 되어 결국 인사의 중요성이 폐기되는 것을 염려했기 때문이다. 실제로 현존『논어』를 살펴보면, 명(命)에 관한 공자의 언급은 많지 않지만 이러한 중층적 함의는 『논어』의 명에 관한 언급에서 일관되게 나타난다.

먼저 공자는 그 이전과 마찬가지로 인간의 생사와 요절을 천명의 소관으로 간주한다. 대표적인 예로 그는 애제자 안연(顏淵)이 요절한 사태를 단명(短命)으로 규정하거나[159], 문인이었던 백우(伯牛)가 중병에 걸렸을 때도 그것을 '명(命)'으로 규정한다.[160] 공자의 이러한 관점은 그의 문인인 자하(子夏)가 "생사에는 명(命)이 있고, 부귀(富貴)는 하늘에 달려 있다."[161]고 말할 때의 명(命)과 동일한 것으로 모두 인간의 후천적인 노력이나 의지로 극복할 수 없는 일종의 불가항력적인 명수(命數)를 가리킨다. 또한 이처럼 불가항력으로서의 인간의 생사와 관련된 명수의 관념은 단순히 인간의 생사에만 국한되어 나타나는 것은 아니다. 그것은 한 인간의 생사요수의 범위를 넘어서 우주론적인 천도(天道)나 천리(天理)에도 적용된다. 예를 들면 노나라의 대부였던 공백료(公伯寮)가 공자의 문인인 자로(子路)를 모함했을 때, 공자는 다음과 같이 말한다. "도(道)가 장차 행해지는 것도 명(命)이요, 도(道)가 폐지되는 것도 명(命)이다. 그러니 공백료가 명(命)을 어쩌겠는가?"[162] 이때 명(命)은 명법

---

159) 『論語』"哀公問: 弟子孰爲好學? 孔子對曰: 有顔回者好學, 不遷怒, 不貳過, 不幸短命死矣, 今也則亡.未聞好學者也."

160) 『論語』「雍也」. "伯牛有疾, 子問之, 自執其手曰: 亡之. 命矣夫. 斯人也而有斯疾也, 斯人也而有斯疾也."

161) 『論語』「顔淵」. "子夏曰: "商聞之矣: 死生有命, 富貴在天.""

162) 『論語』「憲問」. "子曰: 道之將行也與, 命也: 道之將廢也與, 命也. 公伯寮其如命何?

(命法)으로서 우주의 객관적인 운행 법칙이나 그에 따른 규범의 자연스러운 구현을 가리킨다. 이러한 명(命)의 함의들은 모두 공자 이전부터 전통적으로 전승되어온 관념들로 공자의 독창적인 천명(天命)사상을 대변해주지 않는다.

이 밖에 공자에게는 또 다른 천명 관념이 존재하는데, 예를 들면 공자는 그의 삶의 이상 이 실현되지 않는 것과 관련하여 "나를 알아주는 사람이 없구나! … 나는 하늘을 원망하지 않으며, 사람을 허물하지 않고, 아래에서부터 배워서 점차 위에 도달한 사람이다. 아마도 나를 알아주는 이는 하늘일 것이다."[163]라고 말한 적이 있다. 이것은 비록 동시대의 사람들이 그의 이상과 도를 알아주지 않는다고 하더라도 적어도 하늘만큼은 그것을 알아줄 것이라고 자평한 말이다. 이 말은 비록 술회의 성격이 강하다고 하더라도 단순히 공자의 순간적인 푸념으로 치부하기는 어렵다. 그리고 하늘이 그를 알아줄 거라고 말하는 배경에는 그가 적어도 천의(天意)에 따라 일관되게 삶을 영위해 왔다는 뜻이 함축되어 있다. 실제로 다음의 언급들이 이러한 내용을 잘 보여준다.

> 군자는 세 가지를 두려워하니, 천명(天命)을 두려워하고, 대인(大人)을 두려워하고, 성인(聖人)의 말씀을 두려워한다.[164]

> 명(命)을 알지 못하면, 군자가 될 수 없다.[165]

여기서 공자는 천명에 대한 자각과 경외를 군자가 되기 위한 필수 조

---

163) 『論語』「憲問」. "莫我知也夫!" 子貢曰: "何爲其莫知子也?" 子曰: "不怨天, 不尤人, 下學而上達. 知我者其天乎!"
164) 『論語』「季氏」. "君子有三畏: 畏天命, 畏大人, 畏聖人之言."
165) 『論語』「堯曰」. "不知命, 無以爲君子也."

건으로 제시한다. 바꿔 말하면, 인간이 오직 천명을 경외하고 자각할 때 비로소 도덕적 인격체로 진입할 수 있다는 것이다. 이 점은 또한 공자의 직접적인 체험에 근거한 것인데, 그 자신도 오십 살에 천명(天命)을 깨달았다고 술회하고 있다.[166] 문제는 이때 공자가 말하는 천명의 함의이다. 그런데, 공자가 천명에 대해 다른 곳에서 언급한 내용을 좀 더 살펴보면, 그 논지가 더욱 분명하게 드러난다. 공자는 일찍이 송나라의 대부였던 환퇴(桓魋)가 그를 궁지로 몰아넣었을 때 "하늘이 내게 덕을 주셨으니 환퇴가 나를 어쩌겠는가?"[167]라고 말한 적이 있다.

또한 공자는 광(匡) 지역에서 한때 양호(陽虎)로 오인받아 고립되는 위기에 처했을 때 "하늘이 장차 이 문(文)을 없애려 하신다면 후에 죽을지도 모르는 내가 이 문(文)에 참여하지 못했을 것이다. 하늘이 아직 이 문(文)을 없애려고 하지 않으니 광인(匡人)들이 나를 어쩌겠는가?"라는 신념을 피력한 적이 있다. 여기서 문(文)은 본래 천도(天道)가 예악형정(禮樂刑政)과 같은 구체적인 인문적 가치와 제도로 구현된 것을 가리키는데 공자는 이러한 인도(人道)와 그 실현 여부가 다름 아닌 그의 일신에 달려 있다고 확신한다.[168] 따라서 이러한 내용을 종합하면, 천명에 대한 경외와 자각은 결국 그것이 인간의 심신에 부여한 덕성과 그것의 구현체로서 인문적 가치의 의의를 철저하게 자각하고 이를 적극적으로 사회에 실현하는 사명을 깨닫는 것을 가리킨다.

이 때문에 공자는 기존 천명의 다양한 의미 가운데 주로 삶의 실천

---

166) 『論語』「爲政」. "五十而知天命"
167) 『論語』「述而」. "子曰: 天生德於予, 桓魋其如予何?"
168) 『論語集註』「子罕」. "子畏於匡. 曰: '文王旣沒, 文不在茲乎? 天之將喪斯文也, 後死者不得與於斯文 也: 天之未喪斯文也, 匡人其如予何?'" 畏者, 有戒心之謂. 匡, 地名. 史記云: "陽虎曾暴於匡, 夫子貌似陽虎, 故匡人圍之." 道之顯者謂之文, 蓋禮樂制度之謂. 不曰道而曰文, 亦謙辭也. 茲, 此也, 孔子自謂."

을 통해서 자율적으로 획득할 수 있는 천과 천명의 인문적 가치와 질서를 추구하는 데 집중했다면, 기타 생물적·경제적·사회적·정치적 가치와 관련된 천명 개념은 그 존재를 인정하되 추구하지는 않는다. 이 때문에 공자는 부귀에 대해 "만일 부유함이 추구하는 것만큼 성취할 수 있는 것이라면, 나는 마부의 일이라도 할 것이다. 하지만 그것을 추구하여 얻을 수 없다면, 내가 좋아하는 일을 하겠다."[169]라고 하거나, 또는 "부귀는 사람들이 모두 원하는 것이지만, 도(道)에 따라 얻을 수 있는 것이 아니라면, 나는 부귀를 취하지 않을 것이다. 빈천은 사람들이 모두 싫어하는 것이지만, 도(道)에 따라 부귀를 얻을 수 없다면, 나는 또한 빈천을 버리지 않을 것이다."[170]라고 말하기도 한다. 공자의 이러한 생각의 배경에, 부귀는 일정한 범위 안에서는 인간의 노력과 비례하여 획득할 수 있지만, 중요한 것은 그 방법이 반드시 정당해야 한다는 것을 강조하고 있다. 하지만 다른 한편으로는 일정한 정도를 넘어서는 부귀는 반드시 인간의 후천적인 노력과 비례하지 않으며 거기에는 반드시 명운(命運)이 개입하여 작용한다는 점도 동시에 지적하고 있다.

이를 종합하면, 결국 부귀의 획득에는 일정한 한계가 있으므로 행위 주체의 자율성과 능동성을 바탕으로 천명의 인문적 가치를 추구할 것을 강조하는 공자에게 부귀빈천을 주관하는 수동적인 운수의 작용으로서의 명은 추구할 가치가 없다고 할 수 있다. 이 때문에 공자는 "거친 음식을 먹고 팔을 베고 누워도 그 사이에 즐거움이 있는 법이다. 의(義)에 부합하지 못한 부귀는 나에게 뜬구름과 같다."[171]라고 결론을 내

---

169) 『論語』「述而」. "富而可求也, 雖執鞭之士, 吾亦爲之. 如不可求, 從吾所好."
170) 『論語』「里仁」. "富與貴是人之所欲也, 不以其道得之, 不處也: 貧與賤是人之所惡也, 不以其道得之, 不去也."
171) 『論語』「述而」. "飯疏食飮水, 曲肱而枕之, 樂亦在其中矣. 不義而富且貴, 於我如浮雲."

린다. 따라서 공자의 사상 안에서 인문적 가치와 질서의 원천으로서 천명과 기타 사회적 일반 가치의 근거로서 명운 사이에는 그 본질상 상호 충돌의 여지가 존재하며, 때로는 심지어 양립 불가능하다. 이 때문에 공자는 이 두 명(命) 개념이 상호 대립하거나 충돌할 때 군자가 지켜야 할 삶의 태도로 "뜻 있는 선비와 어진 사람은 생존을 도모하려고 인(仁)을 해치는 예는 없으며 오히려 자기 몸을 버려서라도 인을 완성한다."[172]라고 지적한다.

공자의 관점에서 삶의 층위는 두 가지 양태로 구분된다. 하나는 신체의 생존과 지속 차원에서 말하는 삶으로 이것은 생물학적 삶의 영위를 가리킨다. 다른 하나는 윤리적 자아의 완성 차원에서 말하는 삶으로 이것은 인륜적 삶의 추구와 실현을 의미한다. 그런데 이러한 두 가지 삶의 층위가 상충할 때 공자는 전자(생물학적 삶)를 버리고 후자(인륜적 삶)를 선택할 것을 강조한다. 특히 유학 사상에서 인(仁)이 무엇보다도 최고의 덕성이자 인륜적 삶을 완성하는 근간으로 간주하는 점을 고려한다면 결국 공자에게 진정한 삶의 의미는 다름 아닌 윤리적 자아의 추구와 완성에 있다. 그러므로 공자는 그의 삶의 이상을 "아침에 도를 들으면 저녁에 죽어도 좋다."[173]라고 단언한다. 바꿔 말하면, 삶의 본질과 가치, 그리고 의의를 규정하는 인문적 원리와 규범을 파악할 수 있다면 이후 지속되는 여분으로서 생물학적 의미의 생존은 무의미하다고 볼 수 있다는 것이다. 결론적으로 말해 공자의 관점에서 인간의 삶의 가치와 의의는 오직 인륜성을 매개로 해서만 구현되는 것이다. 특히 『논어』에서는 올바른 임종과 관련하여 다음과 같이 말한다.

---

172) 『論語』「衛靈公」. "志士仁人, 無求生以害仁, 有殺身以成仁."
173) "子曰: 朝聞道, 夕死, 可矣."

민자건이 선생님을 곁에서 모실 적에는 부드럽고 기쁜 태도를 지녔고, 자로는 굳고 강한 태도를 견지하였으며 염유와 자공은 곧고 엄숙한 태도를 지녔다. 공자께서 즐거우셔서 말씀하셨다. "자로는 온전하게 죽지 못하겠구나!"[174]

공자가 좋아하던 제자들의 성품을 설명한 것이다. 제자들 가운데 자로는 성격이 매우 용맹스럽게 강직하여 자칫하면 해를 입기 쉬웠다.

남궁괄이 공자에게 물었다: "예는 활을 잘 쏘았고 오는 힘이 세어 배를 밀 정도였지만, 모두 온전한 죽음을 맞지 못했습니다. 그러나 우 임금과 직 임금은 몸소 농사를 지었는데도 천하를 차지하게 되었습니다." 공자가 대답하지 않자 남궁괄이 나갔다. 공자께서 말씀하셨다: "군자로구나! 이 사람은, 덕을 숭상하는구나! 이 사람은."[175]

위의 인용문에서 자로의 부족한 내공이 온전하게 죽음을 맞이하지 못할 것으로 여겨 '불득기사(不得其死)'로 표현하고 있다.[176] 바꿔 말하면, '득기사(得其死)'는 죽음다운 죽음, 곧 온전한 죽음을 말한다. 그러면 온전한 죽음이란 무엇을 가리키는가? 이와 관련하여 『논어집주』의 해설은 미흡한데, 윤돈(尹焞)은 다만 '그 죽음의 이치를 얻지 못한 것'이라

---

174) 『論語』「先進」. "閔子侍側, 誾誾如也: 子路, 行行如也: 冉有·子貢, 侃侃如也. 子樂. "若由也, 不得其死然."
175) 『論語』「憲問」. "南宮适問於孔子曰: "羿善射, 奡盪舟, 俱不得其死然: 禹稷躬稼, 而有天下." 夫子不答, 南宮适出. 子曰: "君子哉若人! 尙德哉若人!"
176) 이러한 사실은 또한 『좌전』의 기록에서도 확인된다. 예를 들면, 양공(襄公) 22년에 다음과 같은 기록이 보인다. "최무자는 장차 죽을 것이다! 군주에게 심하다고 말하면서 그는 더욱 지나치니 편안하게 죽지는 못할 것이다. 군주보다 자신이 더 의롭다고 해도 스스로를 억제하는 것이 신하의 도리. 그런데 하물며 더 악해서야 되겠는가?"(『左傳』「襄公」二十三年條. "崔子將死乎! 謂君甚而又過之, 不得其死, 過君以義, 猶自抑也, 況以惡乎?")

고 모호하게 설명하고 있다.[177] 한편 공영달(孔穎達)은 『예기』에서 "백성들이 그 온전한 죽음을 얻지 못한다(民莫得其死)."라고 말한 구절을 주해하면서 '이치에 근거하여 장수하다가 임종하는 것'으로 설명하고 있다.[178] 이러한 견해들을 고려할 때 결국 『논어』에서 말하는 바람직한 죽음이란 일차적으로 『상서』의 오복 가운데 '장수[壽]'와 '편안한 임종(考終命)'을 포괄한다는 것을 알 수 있다. 그런데 더욱 중요한 점은 공영달이 이러한 장수와 임종의 우선 조건으로 '이(理)'를 제시했다는 점이다. 여기서 말한 이(理)가 구체적으로 무엇을 가리키는가를 분명하게 확정하기 어려운 것이 사실이지만 전체 문맥과 취지를 고려할 때 그것은 인륜적 삶의 영위와 밀접한 관련이 있다는 점을 어렵지 않게 간파할 수 있다. 따라서 온전한 죽음은 '인륜적 삶의 방식을 오래도록 구가하다가 편안한 임종을 맞는 것'을 가리키는 것으로 이해할 수 있다. 간단히 말해 『논어』에서 말하는 '득기사(得其死)'는 『상서』의 '수(壽)', '고종명(考終命)', 그리고 '유호덕(攸好德)'의 요소를 함께 포함한 것이다.

---

177) 『論語集註』「先進」. 尹氏曰: "子路剛强, 有不得其死之理, 故因以戒之. 其後子路卒死於衛孔悝之難."
178) 『禮記正義』大傳16. "聖人南面而聽天下, 所且先者五, 民不與焉. 一曰治親, 二曰報功, 三曰擧賢,
　　曰使能, 五曰存愛. 五者一得於天下, 民無不足, 無不贍者. 五者一物紕繆, 民莫得其死.", 民莫得其死.
　　莫, 無也. 言無得以理壽終而死也. 참고로 원문의 내용을 소개하면 다음과 같다. "성인이 남면하여 천 하를 다스릴 적에는 또한 우선 힘써야 할 것이 다섯 가지가 있는데, 백성들은 여기에 관여하지 않는다. 첫째, 친한 사람을 다스리는 것이요, 둘째, 공이 있는 사람에게 보답하는 것이요, 셋째, 어진이를 천거하는 것이요, 넷째, 능력 있는 사람을 쓰는 것이요, 다섯째, 사랑하는 사람을 살피는 것이다. 이 다섯 가지 가운데 천하에 하나라도 행하면 백성들 가운데 부족한 사람이 없을 것이고 넉넉하지 않은 사람이 없을 것이다. 다섯 가지 가운데 하나라도 어긋나면 백성들이 온전한 죽음을 얻지 못할 것이다."

IV. 삶의 완성

이상의 논의를 종합하면, 공자는 참된 삶과 죽음, 참된 행복의 추구 및 완성과 관련하여 도덕적·윤리적 천명을 자각하고 그에 따른 사명을 완수하는 것을 최우선으로 하되 기타 요소는 가능한 한 배제했다고 말할 수 있다. 본래 공자 이전 천명의 관념은 매우 다양하고 포괄적이어서 생사요수(生死夭壽), 길흉화복(吉凶禍福), 부귀빈천(富貴貧賤), 사회정치적 운명, 그리고 윤리적 덕성 등을 포괄하는 개념이었다.[179] 하지만 공자는 일종의 사상사적 전회(轉回)를 통해 기존 천명의 함의를 전환해 주로 주체의 자각에서 비롯된 도덕적·윤리적 사명과 그에 따른 운명으로 설명한다.[180] 그 목적은 무엇보다도 새로운 천명사상에 근거하여 새로운 행복 관념을 제시하는 데 있다. 다시 말하면, 행복은 우연적 요소에 의해서 발생하거나, 또는 외재적 조건과 환경에 따라 저절로 주어지는 것이 아니라 오직 천명에서 비롯된 인간의 덕성과 사명을 주체적으로 자각하고 실현하려고 능동적으로 노력할 때만 비로소 획득되는 것이라는 점을 강조하는 데 있다.

---

179) 穴澤辰雄, 『中國古代思想論考』, 東京: 汲古書院, 1982, 57쪽.
180) 송인창, 「孔子의 天命思想에 대한 檢討」, 한국유교학회, 『유교사상문화연구』 Vol. 3, 1988, 178~179쪽.

실천 2

문화·사회화에서 본 『예기』의 비탄 해결 방식

<내용 요약>

이 글은 죽음과 상실 후 비탄의 감정이 어떻게 해결되는지를 다루고 있다. 애도는 비탄을 해결하는 과정으로, 감정의 내면화와 외면화가 중요하다. 감정은 신체와 직관적 반응을 통해 발생하고, 체화된 인지로 해결된다. 『예기』에서는 악(樂)의 소리가 감정을 유도하고, 감정의 표현과 절제가 중요하다고 강조된다. 상례와 제례는 슬픔을 표현하고 절제하면서, 비탄을 해결하고 일상으로 복귀하는 과정에서 중요한 역할을 한다.

<핵심어>

비탄, 애도, 감정의 내면화, 체화된 인지, 상례

<학습 목표>

- 비탄과 애도의 개념과 차이를 이해하고 설명할 수 있다.
- 애도의 과정에서 감정이 어떻게 내면화되고 체화되는지 설명할 수 있다.
- 상례 및 애도의 의례적 행위의 중요성과 그 기능을 이해할 수 있다.
- 애도 과정에서 절제가 갖는 의미와 역할을 설명할 수 있다.
- 상실 경험 후 감정의 표현과 조절 방법을 학습하고 적용할 수 있다.

<적용 실천>

- 애도상담 제공: 상실 경험을 겪은 이들에게 감정 표현과 조절에 대한 도움을 주는 상담 을 제공할 수 있다.
- 교회 내 애도 지원 그룹 조직: 교회나 커뮤니티에서 상실 경험을 공유하고 서로 지원할 수 있는 애도 그룹을 조직할 수 있다.
- 애도 의례 활용: 상례와 애도의 의례적 행위를 통해 고인에 대한 존경과 고마움을 표현하고, 참여자들에게 위로를 제공할 수 있다.
- 감정 표현 지도: 사람들이 자신의 감정을 건강하게 표현하고, 내면화된 감정을 외부로 표출할 방법을 지도할 수 있다.
- 비탄과 애도의 구별을 통한 감정 관리: 비탄과 애도를 구별하여 감정적으로 어려운 상황에서 자신이나 타인의 감정을 더 명확하게 이해하고 관리할 수 있다.

문화·사회화에서 본 『예기』의 비탄 해결 방식

I. 들어가는 말

죽음과 상실을 예상했든 혹은 예상하지 못했든 사랑하고 아끼던 물건, 동물, 사람이 상실되거나 사망하게 되면 살아남은 사람은 비탄 과정(grief process)의 정서적 반응을 겪게 된다. 이러한 비탄은 삶을 살아가는 동안 누구나 겪게 된다. 바로 이러한 비탄으로부터 재적응의 삶으로 복귀할 수 있도록 도와주는 것이 애도 상담이다.[181]

애도의 사전적 정의는 '비탄의 감정을 해결해 나가는 과정'을 말한다.[182] 비탄은 상실과 사별, 죽음의 과정에서 나타나는 감정이다. 어떻게 보면 비탄 그 자체가 '애도'의 과정일 수 있다. 애도의 목표는 내담자의 마음 먹음, 즉 사건(대상)에 대한 인식의 차원적 변화를 통해 재적응을 넘어 인간적인 삶을 영위해 나가도록 하는 데 있다. 그렇다면, 사건(대상)에 대한 인식의 차원적 변화는 무엇을 말하는가? 그것은 심적 내재화·내면화의 과정을 말한다. 감정치료를 위한 애도는 크게 두 가지로 나뉜다. 첫째는 감정의 심적 내재화(내면화)이고 둘째는 의례를 통한 감정의 심적 외재화이다.

감정의 분화 형식, 즉 심적 외재화의 대표적인 것이 상례·제례이다. 이 글에서는 예기에 나타난 비탄의 감정이 상례와 제례에서 어떻게 극복되고 있는지, 그리고 그러한 상례·제례가 어떻게 애도교육의 역할과

---

181) Deeken, A.(2001). 『生と死の教育』. 전성곤 역(2008). 『인문학으로서의 죽음교육』. 고양: 인간사랑.
182) 임병식, 「상실·비탄·애도의 재발견」, 한국싸나톨로지협회 공감프로그램세미나집 Ⅲ(2017).

기능을 수행하고 있는지 살펴보고자 한다.

II. 감정과 울음 : 체화된 인지로서 치유의 과정

감정은 외부 사태에 대해 자신의 생명을 지키고자 하는 보호본능에서 발현된다. 따라서 감정은 이성보다 더 빠르다. 이성은 인과적 논리와 표상을 통해서 외부 사태를 판단해서 행위 하도록 하지만, 감정은 인과적 논리와 표상을 넘어 직관적으로 판단한다. 그래서 흄(D. Hume)은 감정을 '완벽한 이성'으로 표현한다. 즉 감정은 이미 사태에 대한 파악과 이해, 어떻게 처리해야 할지를 무의식적 자동 반응으로 나타낸다. 따라서 많은 인지론자는 감정에는 인지능력, 공감 능력. 지각 능력과 심지어 자각 능력까지 포함되어 있다고 설명한다. 인지론자들은 이러한 감정의 능력을 한마디로 '인지능력(cognitive ability)'이라 부른다. 이러한 능력은 선천적이다. 인지는 외부 대상 사물과의 감응을 통해 마음의 작용을 일으키게 되고 희·노·애·락의 감정을 발생시킨다. 즉 인지능력에 의해 감정이 조율된다.

감정의 시원은 외부 자극 때문에 촉각 되는 오감(시각·후각·미각·청각·촉각)에 의해 형성된다. 또 이런 감각의 시원은 원시 생물의 온도에서 출발한다.[183] 감각적인 인식은 일차적인 인식이다. 감각에 대한 느

---

183) 사상의학을 창시한 이제마는 喜怒哀樂의 감정을 철저히 폐비 간신의 장부에서 기시하는 溫熱凉寒 온도의 변용으로 분류한다. 즉 폐에서는 따뜻한 기운이 나오는데 폐는 슬픔의 감정과 밀접하게 연결되어 있다. 비장에서는 뜨거운 기운이 나오는데, 비장은 분노의 감정과 밀접하게 연결되어 있다. 그리고 간장은 서늘한 기운이 나오는데, 간장은 기쁨의 감정과 밀접하게 연결되어 있다. 신장은 차가운 기운이 나오는데, 신장은 즐거움의 감정과 밀접하게 연결되어 있다. 이는 내분비학에서 규명된 도파민, 아세틸콜린, 세라토닌, 아드

낌은 기본적으로 온도와 관계한다. 따뜻하다(溫), 뜨겁다(熱), 서늘하다(凉), 차갑다(寒)는 생명체가 지닌 항상적 체온의 상대적 느낌에서 나온다. 자신의 체온에서 벗어나면 안 좋은 느낌이 들지만, 자신의 체온과 상응성을 이루면 좋은 느낌이 든다. 또 처음 의식의 형성은 감각에 의한다. 감각은 동물의 생존 연장의 본능에 기초한다. 감각은 일차적으로 자신과 외재적 환경과의 '차이'를 느끼고 구별하는 것에서 자기동일성을 지키고자 한다. '자기동일성'과 '차이'는 감각이 지닌 본성이다. 일상의 반복과 습관, 관성의 법칙은 '자기동일성'을 유지하고자 하는 감각의 발현일 수 있다. 갈등과 스트레스는 '차이'에서 오는 감정이다. 감정 중에서도 기쁨과 즐거움은 외재적 환경과의 일치에서 오는 감정이며, 분노와 슬픔은 '차이'와 '구별'에서 오는 감정이다. 감정과 정서는 감각에 기초한다. 뜨거움, 차가움, 따뜻함, 서늘함의 감각은 근육의 수축과 이완에 관계한다. 분노와 슬픔, 기쁨과 즐거움은 근육의 수축과 이완에 의한 신경전달물질과 상관성을 가진다. 또한 뜨거움, 차가움, 따뜻함, 서늘함의 감각적 느낌은 다양한 감정과 정서를 형성한다.

 감정의 문제 해결을 체화된 인지(embodied mind)의 방식으로 해결한 문헌이 『예기』이다. 특히 「악기」에서는 악(樂)이 지닌 소리의 음

레날린 호르몬이 애노희락의 감정과 상관성이 있음을 이미 주지한 사실이다. 그는 더 나아가 四象人의 臟腑生理의 특성을 발견하여 기질이 가지는 생리적 경향성을 네 부류로 나누어 생리에 따라 정서와 감정이 수반되며, 喜怒哀樂의 中節과 不中節이 온다고 밝혔다. 즉 太陽人 臟理는 肺大肝小로 폐 기능이 항진되고 간 기능이 상대적으로 기능 저하로 가는 체질로 哀性은 중절하지만 怒情은 급박(부중절)하고, 少陽人 臟理는 脾大腎小로 비장 기능이 항진되고 신장 기능이 상대적으로 기능 저하로 가는 체질로 怒性은 中節하지만 哀情이 급박(不中節)하고, 太陰人 臟理는 肝大肺小로 간장 기능이 항진되고 폐 기능이 상대적으로 기능 저하로 가는 체질로 喜性은 중절하지만 樂情은 부중절하고, 少陰人 臟理는 腎大脾小로 신장 기능이 항진되고 비장(소화) 기능이 상대적으로 기능 저하로 가는 체질을 말하는데, 樂性은 중절하지만 喜情이 부중절하다고 한다. 결국 네 기질 모두 장부의 大小로 편색 되어 있어 비록 부중절을 면치 못하지만 끊임없는 수양을 통해 기질을 변화시킬 수 있음을 말하고 있다. 「性命論」, 『동의수세보원』, 행림출판사.

향적 공명을 통해 특정 감정을 불러일으킬 수 있다고 설명한다. 인간은 미세하고 애처로우며 낮은음을 들으면 슬픔[思憂]이 생기게 되며, 여유롭고 평온하며 선율이 풍부하고 리듬의 변화가 간결한 악(樂)을 들으면 편안하고 즐거운 감정[康樂]이 생기게 된다. 이외에도 인간은 굳셈[剛毅], 공경[肅敬], 자애(慈愛), 음란함 등을 불러일으키는 악(樂)을 들으면 그에 상응하는 감정을 일으키게 된다.[184] 인간은 악(樂)의 음에의해 특정 감정을 발생한다. 그렇다면 악(樂)은 어떻게 인간의 감정에 영향을 미칠 수 있는가? 순자는 음악의 소리는 인간 내면의 기에 영향을 미친다고 말한다.

악(樂)은 그 소리가 지닌 음향적 특성으로 인해 인간 체내의 기와 감응하게 된다. 간사한 특성이 있는 악(樂)은 체내의 거스르는 기가 감응하게 되고, 바른 악(樂)은 체내의 순한 기가 응하게 된다. 인간은 거스르는 기가 활성화되면 그의 행동은 사회적 가치에 대해 거역하는 방향으로 흐르게 되며 순한 기가 활발해지면 사회적 가치를 따르는 올바른 행동을 하게 된다. 그렇다면 악(樂)의 음향적 공명은 어떻게 체내의 기에 영향을 미칠 수 있는가? 인간은 악(樂)의 의미를 언어적이라기보다

---

[184] 김명석은 음악의 감정에 대한 영향력을 감정의 전이과정으로 해석한다. 그는 다음과 같이 말한다. "감정의 전이 현상이란 간단히 말해 특정 감정이 누군가에게서 혹은 어떤 음악에서 표현되고 있음을 인지한 사람이 해당 감정의 표현을 내적으로 모방함으로써 같은 감정을 자신도 느끼게 되는 현상을 말하는데, 예컨대 우는 아이를 본 다른 아이도 울음을 터뜨리는 경우라든지 슬픈 음악을 듣는 사람의 마음도 함께 슬퍼진다든지 하는 경우가 그것이다. [...] 감정을 담은 발화(emotional speech)는 특정한 종류의 음악과 일정한 음향학적 특색을 공유할 수 있으며 우리의 신경 메커니즘은 음악과 인간의 음성을 가리지 않고 소리의 특정 음향학적 특색에 자동적으로 반응하여 슬픈 감정을 표현하는 것으로 인지되는 소리에 대해서는 슬픔을, 분노나 기쁨을 표현하는 것으로 인지되는 소리에 대해서는 각각 분노와 기쁨을 느끼도록 하는 내적 모방 기제를 작동시키는데, 이것이 다른 사람의 발화 혹은 음악의 연주에 의해 표현되는 감정을 관찰자 혹은 감상자로서의 우리도 느끼게 되는 감정의 전이과정이라는것이다."(김명석, 「중국 고대유가의 음악을 통한 도덕감정 계발 모형 연구: 서곡(序曲):『순자』와 『예기』「악기」의 감정관 분석을 중심으로」, 19-20쪽 참조.)

는 오히려 신체적으로 느낀다. 즉, 인간의 지각은 악(樂)의 소리를 신체적 경험의 형태로 받아들인다. 이런 이유로 특정한 감정을 표현하는 악(樂)을 들은 사람은 신체적, 정서적으로 감동을 하는 것이다. 특히 순자는 인간이 지속적인 음악적 자극을 통해 사회적 가치를 실현할 수 있는 감정들을 내재화하게 된다고 주장한다. 인간은 사회적 가치를 실현할 수 있는 감정들을 내재화함으로써 행동의 변화를 끌어내게 된다.[185] 이렇게 외부 자극에 의한 소리나 사건(사태)이 직접 신체에 자극됨으로써 감정이 발생하게 되고, 그 감정은 철저히 신체를 통해서만 해결된다. 체화의 과정 없이 생각이나 관념으로 머문다면 애도는 한계가 있다. 이는 감정과 직접 대면하지 못하고 억압하거나 회피의 또 다른 변용일 뿐이다. 이러한 변용은 외상을 해결할 수 없다. 이러한 변용은 일종의 해리(dissociation)일 뿐이다. 해리의 감정은 충격을 받은 일부 자아가 전체 자아 생존을 위한 희생양이 되어 영원히 멈춰진 상태로 일정한 심

---

[185] 비탄이 동반하는 울음은 사람의 마음이 대상 사물에 대해 느끼는 데에 있다. 이런 까닭으로 그 슬픔이 느껴지는 것은 그 소리가 타는듯하면서도 힘이 없다. 그 즐거움이 느껴지는 것은 그 소리가 명랑하면서도 여유가 있다. 그 기쁨이 느껴지는 것은 그 소리가 발산되어 흩어진다. 그 분노가 느껴지는 것은 그 소리가 거칠고 사납다. 그 공경심이 느껴지는 것은 그 소리가 곧으면서도 겸손하다. 그 사랑이 느껴지는 것은 그 소리가 화평하면서도 부드럽다. 이 여섯 가지는 본성이 아니다. 외부 대상 사물에 촉발된 뒤에 움직이는 것이다. 이런 까닭으로 선왕은 그 감촉하는 것을 신중히 하였다. 『예기』, 「악기」, 978쪽. "樂者, 音之所由生也, 其本{在人心之感於物也. 是故 其哀心感者, 其聲噍以殺, 其樂心感者, 其聲嘽以緩, 其喜心感者, 其聲發以散, 其怒{心感者, 其聲粗以厲, 其敬心感者, 其聲直以廉, 其愛心感者, 其聲和以柔, 六者非性也, 感於物而后動. 是故先王慎所以感之者." 무릇 음이라는 것은 사람의 마음에서 일어나는 것이다. 감정이 속에서 움직이기 때문에 성(聲)에 나타나며, 성이 형식[文]을 이루니 이것을 음(音)이라 한다. 이런 까닭으로 잘 다스려지는 시대의 음은 편안하면서도 즐겁다. 그것은 그 정치가 화평하기 때문이다. 어지러운 시대의 음은 원망해서 분노에 차 있다. 그것은 그 정치가 도리에 어긋나기 때문이다. 망국의 음은 슬프고 생각하게 한다. 이는 그 백성이 곤궁하기 때문이다. 성과 음의 도는 정치와 통한다. 『예기』, 「악기」, 978쪽. "凡音者, 生人心者也. 情動於中, 故形於聲. 聲成文,謂之音. 是故治世之音, 安以樂, 其政和. 亂世之音, 怨以怒{, 其政乖. 亡國之音, 哀以思, 其民困. 聲音之道, 與政通矣."

리공간으로 보내진다. 그것은 봉쇄, 분리, 차단되어 침묵 속에 던져진다. 직접 대면(체화)하지 못한 감정은 트라우마가 된다. 해리된 부분은 해결되지도 탐색되지도 않은 채, 늘 뒤에서 도사린다. 그러면 자아는 해리된 부분이 의식에 떠오르는 것을 저지하기 위해 많은 에너지를 소비한다. 해리의 방어기제는 최종 해결책이 아니다.

그렇다면 상실과 죽음 사별에 의한 비탄감정의 체화 과정을 『예기』에서 한 걸음 더 나아가 살펴보자.

III. 비탄의 표출과 조절

인간의 감정은 외부 대상과 감응하여 호오(好惡)의 정을 일으킨다. 호오의 정은 희(喜)와 노(怒)의 감정으로 변화한다. 인간은 좋아하는 것을 얻게 되면 기뻐하게 되고, 싫어하는 것을 얻게 되면 분노하게 된다. 이와 마찬가지로 싫어하는 것이 제거되었을 때 기뻐하게 되며 좋아하는 것이 제거되었을 때 분노하게 된다. 인간은 호오의 정이 일어남에도 불구하고 희와 노의 구체적인 감정으로 표현하지 못할 때 욕구 불만이 일어나게 된다. 이러한 불만으로 인해 사회는 혼란으로 치닫게 된다. 예기의 제왕은 이러한 문제를 인식하고 악(樂)을 만들어 호오의 정이 구체적인 희·노의 감정으로 표현되고 실현될 수 있도록 하였다.[186]

상례와 제례는 망자를 보낸 슬픔의 감정을 표출하는 데서 비롯되었다. 즉, 일차적으로 상례와 제례는 인간이 지닌 본연의 감정을 자연스

---

[186] Joel J., Kupperman, "Xunzi: Morality as Psychological Constraint", *Virtue, Nature, and Moral Agency in the Xunzi*, p.99.

레 드러내어 충분히 슬퍼할 수 있게 하는 제도적 장치였다고 할 수 있다. 선진 유가는 '예의 출발은 근본적으로 개개인의 진정한 내심을 기초로' 하고 있다는 점을 이해했기 때문이다.[187] 특히 선진 유가는 가까운 사람, 특히 부모를 잃은 슬픔을 잘 이해하고 있었으며, 상례와 제례가 지닌 감정 표출의 기능을 긍정하였다.

> 아버지가 죽은 초기에 아들은 마음에 슬픔이 지극하여 막다른 골목에 이르러 눈앞이 캄캄한 것 같고, 빈소를 설치하고 나면 눈을 급히 두리번거리며 무엇을 잃고 찾아도 찾아내지 못하는 것 같으며, 이미 장사하고 나면 마음이 허전하여 허둥지둥 무엇이 오기를 바라건만 오지 않는 것 같고, 소상에 이르러서는 세월이 빠른 것을 개탄하며, 대상이 되면 마음이 텅 빈 것 같다.[188]

> 자로가 말하였다. "내가 부자께 들으니, '상례는 애도함이 부족하고, 예가 남음이 있기보다는, 예가 부족할지언정 애도함이 지극하니만 못하고, 제례는 공경함이 부족하고, 예가 남음이 있기보다는 예는 부족할지언정 공경함이 지극하니만 못하니라'라고 하셨다."[189]

> 자공이 부모상에 대해 여쭈었다. 공자께서 말씀하셨다. "공경하는 것이 제일이요, 슬퍼하는 것이 그다음이요, 자기 몸을 해치는 것이 제일 아래니, 얼굴빛은 그 정(情)에 맞도록 하고 슬픈 모양은 그 상복에 맞도록 해야 한다."[190]

---

187) 석법성(2004). 『사망학 : 죽음과 삶의 지혜』. 서울: 운주사.
188) 『禮記』「檀弓」上: 始死, 充充如有窮. 既殯, 瞿瞿如有求而弗得. 既葬, 皇皇如有望而弗至. 練而慨然, 祥而廓然.
189) 『禮記』「檀弓」上: 子路曰, "吾聞諸夫子. 喪禮, 與其哀不足而禮有餘也, 不若禮不足而哀有餘也. 祭禮, 與其敬不足而禮有餘也, 不若禮不足而敬有餘也."
190) 『禮記』「雜記」下: 子貢問喪, 子曰, "敬爲上, 哀次之, 瘠爲下. 顔色稱其情, 戚容稱其服."

악정(樂正) 자춘(子春)의 어머니가 죽었다. 자춘이 5일 동안 먹지 않더니 이렇게 말하였다. "나는 예에 3일 동안으로 되어 있는 것을 억지로 5일 동안 먹지 않은 것을 후회한다. 내가 우리 어머니의 상에서부터 나의 실지의 정(情)대로 하지 못한다면 나는 어디에 나의 실지의 정을 쓰겠는가?"[191]

첫 번째 구절은 아버지를 잃은 슬픔을 설명한다. 선진 유가가 아들의 슬픔이 지극하다는 것을 충분히 이해하고 있음을 보여주는 대목이다. 두 번째와 세 번째 구절은 상례와 제례에서 이러한 정서가 더 본질적인 것임을 지적한다. 네 번째 구절은 효자로 이름난 자춘이 모친상을 치르면서 자신의 마음이 자연스러운 슬픔을 드러내지 못하고 과도한 예법으로 도리어 비례(非禮)를 행했음을 자책하는 내용이다. 이 구절들은 모두 슬픔이라는 자연스러운 정서를 드러내는 것을 긍정하고 있다. 이처럼 선진 유가는 비탄의 정서를 충분히 해소하고, 그것을 자연스럽게 드러내도록 하는 것을 상례와 제례의 중요한 기능으로 보았다. 『의례』「상복경전」 주(註)에서 정현은 다음과 같이 설명하였다. "(상복은) 천자 이하의 죽음에 서로 복(服)을 하면서 친소(親疎)와 융쇄(隆殺)에 따라 상복과 기간을 정하는 예이다. 이는 지극한 애통함을 문식하는 것이다."[192]

이처럼 상례와 제례의 "실질적인 의의는 내적인 슬픔을 밖으로 표현하는 데 있다."[193] 이는 충분한 비탄을 느끼는 것이 슬픔의 은폐나 지연

---

191) 『禮記』「檀弓」下: 樂正子春之母死, 五日而不食, 曰, "吾悔之, 自吾母而不得吾情, 吾惡乎用吾情?"

192) 『儀禮』「喪服經傳」: 鄭目錄云, "天子以下, 死而相喪, 衣服年月親疎隆殺之禮也, 喪必有服, 所以爲至痛飾也."

193) 공병석(2013).『예기 상례의 인문관』. 서울: 학고방.

보다 유익하다는 죽음교육의 입장과도 상통한다.[194] 그런데 비탄에 대한 선진 유가의 입장에서 주목해야 할 또 다른 지점은 이들이 한편으로는 비탄에 대한 감정 표현을 엄격하게 절제하고 있다는 부분이다. "인간 윤리에 따라 본연적으로 느껴야 할, 슬픔과 놀라움과 같은 원초적 감정의 표현은 동시에 이성적 규율의 엄격한 통제하에 있다."[195] 즉, 비탄에 대한 양가적 입장이 있다는 점에 주목할 필요가 있다. 『예기』는 다음과 같이 전한다. "상장(喪葬)의 예는 애척(哀戚)의 지극함을 나타내는 방법이다. 그 애척함을 절제하는 것은 효자의 슬퍼하는 심정에 따라 점차로 조금씩 변하도록 만들어졌다. 군자는 생(生)을 생각하는 자이다."[196] "가슴을 치고 뛰는 것은 애통함이 지극하기 때문이다. 가슴 치고 뛰는 횟수를 계산하는 것은 애통을 절제하기 위한 절문(節文)이다. 어깨를 드러내는 때도 있고, 옷을 입는 때도 있는 것은 슬픔을 절제하는 것이다."[197] 즉, 슬픔의 감정은 초기 단계에 고착되어서는 안 되며, 점진적으로 절제되어야 할 대상으로 이해된다. 일정 수준 이상의 비탄을 절제하는 과정에서 상례와 제례는 크게 두 가지 기능을 수행한다고 할 수 있다. 첫째, 자연적 정서와 인위적 예법 간의 조화를 가능하게 한

---

194) Kubler-Ross, E. & Kessler, D.(1959). *On grief and grieving: finding the meaning of life through the five stages of loss*. 김소향 역(2007). 『상실 수업 : <인생수업> 두 번째 가르침』. 파주: 이레.

195) 정창수(2013). 『예의 본질과 기능: 『예기』의 사회학적 서설』. 서울: 성균관대학교 출판부.

196) 『禮記』「檀弓」下: 喪禮, 哀戚之至也. 節哀, 順變也. 君子念始之者也. 復, 盡愛之道也. 有禱祠之心焉. 望反諸幽, 求諸鬼神之道也. 北而, 求諸幽之義也. 拜稽顙, 哀戚之至隱也. 稽顙, 隱之甚也. 飯用米具, 弗忍虛也. 不以食道, 用美焉爾. 銘, 明旌也. 以死者爲不可別已, 故以其旗識之. 愛之斯錄之矣, 敬之斯盡其道焉耳. 重, 主道也. 殷主, 綴重焉, 周主, 重徹焉.

197) 『禮記』「檀弓」下: 辟踊, 哀之至也, 有算, 爲之節文也. 袒括髮, 變也. 慍, 哀之變也. 去飾, 去美也. 袒括髮, 去飾之甚也. 有所袒, 有所襲, 哀之節也.

다. 선진유가는 개인의 자연스러운 감정의 발흥과 인간이 제정한 예법 간에는 충분한 조화가 필요하다고 보았는데, 이러한 조화가 바로 상례와 제례라는 의례를 통해 가능한 것이다.

> 자유가 말했다. "예는 애통한 정을 쇠미하게 만드는 것이 있어 슬픈 마음을 흥기 시키는 것이 있다. 만약 자기 심정이 내키는 대로 곧바로 경솔하게 행하는 자가 있다면 그것은 오랑캐의 도이다. 중국의 예도는 그렇지 않다. 원래 사람의 마음은 기쁘면 도연(陶然) 해져서 즐거 우며, 즐거우면 노래를 부르고, 노래를 부르면 몸이 움직이고, 몸이 움직이면 춤추게 되고, 춤추면 마음이 앙양되고, 마음이 앙양되면 이윽고 마음이 아프고, 아프면 탄식하고, 탄식하면 가슴을 두드리게 되고, 가슴을 두드리면 춤춘다는 식으로 변화한다. 그러므로 이를 조절하는 것을 예라고 한다."[198]

> 변방의 어떤 사람이 그의 어머니가 죽자 어린아이의 울음처럼 절제 없이 울고 있었다. 공자께서 말씀하셨다. "그 우는 것이 슬프기는 하다. 그러나 저렇게 하여서는 남이 본받을 수 없다. 대체로 예라는 것은 남에게 전할 수 있고 남이 본받을 수 있어야 한다. 그러므로 울부짖음과 몸부림치는 일에도 절도가 있는 것이다."[199]

위 두 구절에서는 상례와 제례에서 감정의 억제가 정서와 예법을 통합하고 있다는 사실을 입증한다. 자신이 내키는 대로 행하는 것은 자연스러운 모습일지는 모르나, 경솔한 행동이자 오랑캐의 예절로 이해된

---

198) 『禮記』「檀弓」下: 予\游曰, 禮有微情者, 有以故興物者, 有直情而徑行者, 戎狄之道也. 禮道則不然, 人喜則斯陶, 陶斯咏, 咏斯猶, 猶斯舞, 舞斯慍, 慍斯戚, 戚斯歎, 歎斯辟, 辟斯踊矣. 品節斯, 斯之謂禮."

199) 『禮記』「檀弓」上: 弁人有其母死而孺}子泣者. 孔子曰, "哀則哀矣, 而難爲繼也, 夫禮爲可傳也, 爲可繼也, 故哭踊有節."

다. 그뿐만 아니라 그러한 행동은 남이 본받을 수 있는 것이라는 예의 속성과도 부합되지 않는다. 상례와 제례에서 절제된 감정표현은 개인의 정서와 보편적인 예절 간의 상호 조화를 끌어낼 수 있다. 둘째, 한층 중요한 차원에서, 상례와 제례는 감정의 조절과 일상으로의 회복 기능을 담당한다. 상례와 제례는 일상적인 삶과는 완전히 다른 방식으로 진행된다. 하지만 여기에는 역설적인 의미가 있는데, 바로, 이 과정이 산 자가 비일상적인 방식을 통해 망자를 떠나보내고 정상적인 삶으로 돌아오는 과정이라는 점이다. 상례와 제례는 "근친이 죽기 이전의 삶에서 죽은 이후로의 삶으로 옮기기 위해 거쳐야 하는 하나의 '이행 시기'로서의 특징을 지닌다."[200] 상례와 제례가 복귀와 회복으로 기능한다는 것은 다음과 같은 구절들을 통해 알 수 있다.

> 상중의 사람이 지켜야 할 예절은 몸이 헐고 수척한 정도가, 뼈가 드러날 정도가 되어서는 안 되고, 시력과 청력이 쇠잔해져서는 안 되며, 계단으로 오르내리지 않으며, 나가고 들어갈 때 문의 한가운데를 통과하지 않는다. 상중의 사람이 지켜야 할 예절은 상주(喪主)의 머리에 부스럼이 있으면 머리를 감으며, 몸에 종기가 있으면 몸을 씻으며, 병이 있으면 술도 마시지 않고 고기도 먹지 않는다. 상(喪)을 견디어내지 못하는 것은 곧 자손에게 자애하지 못하고 부모에게 효도하지 않는 것에 견주게 되는 것이다.[201]
>
> 상장의 예를 후하게 거행하기 위해 거택을 근심하게 만들지 않으며, 거상에 몸을 지나치게 야위도록 하여 위태롭게 만들지 않는다. 상장의 예를 위하여 살아갈 집을 근심하지 않도록 하지 않는 것은 집이 없으면 사

---

200) 정창수(2013). 『예의 본질과 기능: 『예설』. pp.69-70, 서울: 성균관대학교 출판부.
201) 『禮記』 「曲禮」 上: 居喪之禮, 毀瘠不形, 視聽不衰, 升降不由阼階, 出入不當門隧. 居喪之禮, 頭有創則沐, 身有瘍則浴, 有疾則飲酒食肉, 疾止復初. 不勝喪, 乃比於不慈不孝.

당이 있을 수 없기 때문이고, 상중에 몸을 위태롭게 만들지 않는 것은 몸이 없으면 후손이 없게 되기 때문이다.[202]

자사께서 말씀하셨다. "(초략) … 상은 3년 동안을 가장 극진하게 한다. 이미 장사한 뒤에도 어버이를 잊지 않는다. 그러므로 군자는 종신토록 근심은 있어도 하루아침에 갑자기 일어나는 우환은 없다. 또 어버이의 기일에는 슬퍼하고 음악을 금한다."[203]

상례를 거행하는 사람은 그 슬픔을 절제하여 자기 몸을 돌볼 필요가 있는데, 이는 자기 몸이 상할 정도로 슬픔에 빠지는 것은 후대를 건사하지 못하는 결과로 이어져서 도리어 불효가 될 가능성이 있기 때문이다. 자신의 삶을 제대로 영위하지 못하고 후손을 남기지 못하는 것은 망자와 현세와의 연결고리를 끊는 일이 되어버린다. 따라서 상례와 제례 과정은 슬픔을 확실하게 떨쳐내고 다시 일상으로 복귀하는 이행기로 기능하는 것이다. 또한 자사의 언사에서 보이듯, 상례와 제례는 갑작스럽게 발생하는 비탄을 줄여준다. "상례와 제례에서 슬픔을 표현하는 최종적인 목적은 망자를 영원히 그리워하는 것이며 산 자는 고통을 이겨 냄으로써 망자에게 더 깊은 정을 바치는 것이다."[204] 즉, 상례와 제례는 망자와의 점진적인 이별 과정으로, 남겨진 사람들의 비탄을 조절하고 완충하는 기능을 수행할 수 있다는 것이다. 여기에서 상례와 제례를 통해 부모를 극진하게 장사 지냄으로써 오히려 정서적인 회복

---

202) 『禮記』「檀弓」下: 喪不慮居, 毀不危身. 喪不慮居, 爲無廟也. 毀不危身, 爲無後也.
203) 『禮記』「檀弓」上: 子思曰, "喪三日而殯, 凡}附於身者, 必誠必信, 勿之有悔焉耳矣, 三月而葬, 凡}附於棺者, 必誠必信, 勿之有悔焉耳矣, 喪三年, 以爲極, 亡則弗之忘矣. 故君子有終身之憂, 而無一朝之患. 故忌日不樂."
204) 공병석(2013). 『예기 상례의 인문관』. p.174, 서울: 학고방.

이 훨씬 수월해질 수 있음을 알 수 있다. 서구의 비탄 교육 가운데 웨스트버그(G.E. Westberg)가 제안한 비탄의 10단계[205]에 의하면 마지막 8-10단계는 슬픔에서 현실로 돌아가고, 새로운 삶을 받아들이며, 현실을 인정하는 과정이다. 이와 유사하게 퀴블러 로스(E. Kübler-Ross)와 케슬러(D. Kessler)는 비탄이 치유의 힘을 지니고 있다는 점을 강조하면서, 비탄 이후에는 비극적 감정뿐만 아니라 '희망, 재조정, 참여, 그리고 치유의 시간'이 오게 된다는 점을 설명한다.[206] 『예기』의 상례와 제례 역시 궁극적으로는 그 과정을 통한 삶의 복귀에 목적을 두고 있다. 특히 『예기』의 상례와 제례는 상당히 구체적이고 현실적인 근거를 통해 정신적·신체적 복귀의 필요성을 역설하고 있다. 『예기』는 지나친 비탄은 도리어 고인과 산 자를 연결하는 생명의 연속성을 해치고, 사회적으로 통용되는 예법을 벗어난다는 점을 강조한다. 이는 죽음교육의 내용에서 비탄의 충분한 분출과 적절한 조절이 동시에 필요하다는 주장을 뒷받침하는 또 다른 근거로 작용할 수 있다. 이러한 점은 애도교육의 필요성을 밝히는 동시에 동양적 애도교육 특성을 이해하는 바탕이 된다.

---

205) Westberg, G. E.(1962). *Good grief*. 고도원·키와 블란츠 역(2008).『굿바이 슬픔: 슬퍼하라. 그리고 아름답게 떠나보내라!』. 서울: 두리미디어.

206) Kubler-Ross, E. & Kessler, D.(1959). *On grief and grieving: finding the meaning of life through the five stages of loss*. 김소향 역(2007).『상실 수업 : <인생수업> 두 번째 가르침』. p.297. 파주: 이레.

IV. 비탄감정의 해소와 절차

비탄감정의 해소와 절차를 의례를 통해 구체적으로 제시한 사람이 순자이다. 순자는 인간의 탄생과 지속이라는 가장 기본적인 생사 관념을 예의 세 가지 근본정신에 투영하고 있다. 실제로 순자는 인간의 생사와 관련하여 예의 기능과 의의를 본격적으로 설명한다.

> 예는 태어남과 죽음을 다스리는 일에 신중하다. 탄생은 삶의 출발점이고, 죽음은 삶의 종착점이다. 그러므로 시작과 끝이 함께 잘되어야 인간의 도가 완성되는 것이다. 그러므로 군자는 삶의 출발점을 경외하고 삶의 종착점에 신중하니 시작과 끝이 한결같은 것, 이것이 군자의 도이고 예의의 문식이다. 무릇 그 삶만 후하게 하고 그 죽음은 박하게 하는 것은 그 지각이 있을 때만 경외하고 그 지각이 없을 때는 소홀히 하는 것이니, 이것은 간악한 사람의 도이자 도리에 어긋나는 마음이다. … 이처럼 삶과 죽음의 시작과 끝을 일관되게 다스려 한결같으면 사람이 평생 원한 것이 충분히 이루어지니, 이것이 곧 선왕의 도이자 충신과 효자의 지극함이다.[207]

순자의 말대로 인간이 탄생한 직후 생을 마감하기까지 걷는 길이 모두 인문화의 과정으로 정의된다면, 인문주의의 정화(精華)로서 예는 인간의 생사 과정을 관통하지 않을 수 없다. 생사를 관통한다는 것은 살아 있을 때(지각이 있을 때)와 죽었을 때(지각이 없을 때)를 차별하지

---

207) 『荀子』「禮論」. "禮者, 謹於治生死者也. 生, 人之始也, 死, 人之終也, 終始俱善, 人道畢矣. 故君子敬始而愼終, 終始如一, 是君子之道, 禮義之文也. 夫厚其生而薄其死, 是敬其有知而慢其無知也, 是姦人之道而倍叛之心也….使生死終始若一, 一足以爲人願, 是先王之道, 忠臣孝子之極也."

않고 일관되게 예를 적용한다는 것을 말한다. 특히 후자(죽었을 때)와 관련된 대표적인 예법들이 곧 상례(喪禮)와 제례(祭禮)일 것이다. 그리고 이처럼 생사를 예로 다스리는 가장 근본적인 이유는 무엇보다도 인간의 원초적 정감, 곧 삶에 대한 경외심과 죽음에 대해 삼가는 마음을 제도적으로 처리하려는 데 있다. 그리하여 생으로부터 사에 이르는 전 과정이 잘 다스려져 일관성을 성취했을 때 비로소 개인 차원에서는 군자의 도가 완성되고 인간의 차원에서는 인도(人道)가 완성된다고 순자는 강조한다.

이 때문에 순자는 특히 사자(死者)에게 공경과 예의를 지키지 않은 것을 '야(野)'로, 그리고 사자를 장송할 때 공경과 예의를 다하지 않는 것을 '척(瘠)'으로 규정하고 군자의 도에 어긋나는 것으로 지적한다.[208] 그러면 삶의 출발점과 죽음의 종착점을 일관되게 예로 다스리는 것은 구체적으로 무엇을 의미하는가? 순자는 이에 대해 "살아 있는 사람을 섬기는 것은 생의 시작을 꾸미는 것이고, 죽은 사람을 잘 보내는 것은 생의 마지막을 꾸미는 것이다. (생의) 시작과 끝이 갖추어져야 효자의 할 일이 끝나고 성인의 도가 완비된다."[209]고 말한다. 따라서 순자가 생사와 관련하여 말하는 시작과 끝은 말 그대로 삶의 시작점과 종점을 가리키는 것이 아니라 삶의 전 과정을 통칭하는 것이고, 생사를 예로 다스린다는 것은 곧 예법에 따른 문식을 잘 실행한다는 것이다.

이것은 마치 공자가 일찍이 효와 관련하여 "살아 계실 때는 예로 섬기고, 돌아가시면 예로 장례 지내며, 제사는 예로 모신다."[210]라고 말한 것과 일맥상통한다. 실제로 순자는 동일한 맥락에서 "무릇 예는 산 사

---

208) 위의 책, 같은 곳. "事生不忠厚不敬文, 謂之野, 送死不忠厚不敬文, 謂之瘠."
209) 『荀子』「禮論」. "事生, 飾始也, 送死, 飾終也. 終始具而孝子之事畢, 聖人之道備矣."
210) 『論語』「爲政」. "生, 事之以禮: 死, 葬之以禮, 祭之以禮."

람을 섬길 때 기쁨을 문식하는 것이고, 죽은 사람을 보낼 때 슬픔을 문식하는 것이며, 제사를 지낼 때 공경을 문식하는 것이다."[211]라고 부연 설명한다. 이 밖에, 순자는 생사를 일관되게 다스리는 의미와 관련하여 상례(喪禮)의 경우를 들어 다음과 같이 설명한다.

> 돌아가신 분 모시기를 산 사람 모시듯 하고, 없는 분 모시기를 계신 듯이 하여, 시작과 끝이 일관되어야 한다.[212]

다시 말하면, 예로 생사를 일관되게 다스린다는 것은 살아서 지각이 있을 때와 죽어서 지각이 없을 때를 분별하여 다른 방식으로 대한다는 것이 아니라, 심지어 사자가 지각이 없을 때도 생전에 대하던 심적 태도의 연장선상에서 예법에 맞게 처리하는 것을 말한다. 왜 그렇게 해야 하는가? 이와 관련하여 순자는 "제사란 죽은 사람에 관한 생각과 의지, 그리고 사모의 정을 표현하는 것이다. 그러므로 남달리 애달프고 울적한 마음이 때로 일어나지 않을 때가 없다."[213]고 말한다. 곧 사자를 마치 살아 있는 것처럼 대하는 까닭은 어떤 강제적인 의무감에서가 아니라 자연스러운 정감의 발로로서 생전에 사자와 오랫동안 교감을 통해 자연스럽게 축적된 사모와 애정 때문이라는 것이다.

따라서 예로 생사를 문식한다는 것은 일차적으로 삶과 죽음의 과정에서 사태에 따라 부단히 발생하는 정감을 적절하게 조절하여 실현하는 것을 의미한다. 그리고 이 과정은 마음의 주관적인 기준과 판단에

---

211) 『荀子』「禮論」. "凡禮, 事生, 飾歡也. 送死, 飾哀也. 祭祀, 飾敬也.", 또한 동일한 견해가 다른 곳에도 보인다.(『荀子』「大略」. "禮之大凡, 事生, 飾驩也, 送死, 飾哀也.")
212) 위의 책, 같은 곳. "喪禮者, 以生者飾死者也, 大象其生以送其死也. 故事死如生, 事亡如存, 終始一也."
213) 『荀子』「禮論」. "祭者, 志意思慕之情也. 愅詭唈僾, 而不能無時至焉."

따라서 이루어지는 것이 아니라 역대 성왕들이 제시해 온 다양한 예제를 기준으로 이루어진다. 이를 통해서 인간의 정감 작용과 문식의 조리가 내외와 표리의 측면에서 완벽하게 교직되어 조화를 이루면 비로소 그 예는 중도(中道)에 부합하는 것이다.[214]

순자의 생사관을 전반적으로 고찰해 보면, 그가 표면적으로는 생사에 대한 일관된 예의 문식을 강조하는 태도를 지니더라도, 실제적으로는 생(生)의 개념의 확장안에서 사(死)의 함의를 포괄하고 있다는 사실을 발견하게 된다. 순자의 이러한 태도는 어쩌면 당연한지도 모른다. 왜냐하면 그가 기존의 천명 내용과 의의를 인간의 광범위한 생의 영역 가운데 주로 선천적이고 자연적인 생사요수의 범주로 국한하고 그것이 내포한 다양한 인문적 가치와 의의를 예의 함의로 환원시켰기 때문이다. 따라서 예의 관점에서 생사를 바라보면 자연적이고 생물학적인 생사요수의 생명 현상은 그 자체로 경이로운 탐구의 대상이 아니라 오직 살아 있는 사람의 문식의 완성이라는 정도에서만 제한된 의의를 지닐 수밖에 없다.

실제로 순자가 예의 적절한 실현과 관련하여 빈번하게 강조한 감정에 대한 문식도 역시 지각이 없는 죽은 자의 것이 아닌 산 자의 감정의 조절을 생각한 것일 수밖에 없다. 이러한 맥락에서 순자는 예의 문식이 갖는 최종적인 의의를 감정의 변화와 관련지어 다음과 같이 요약한다.

---

214) 『荀子』 「禮論」. "文理情用, 相爲內外表裏, 竝行而雜, 是禮之中流也.", 앞의 책, 같은 곳. "凡禮, …好惡以節, 喜怒以當." 주의할 점은 순자가 비록 마음의 정감 작용과 예의 문식의 조리의 조화와 병행을 강조했다고 해서 그가 내면의 정감보다 외부의 예제를 더 강조했다고 보기는 어렵다. 실제로 순자는 다른 곳에서 "정감에 맞추어 문식을 확립한다."라고 말한다(『荀子』 「大略」. '稱情而立文.'). 따라서 성인이 제정한 예제를 따른 것은 어떠한 외재적이고 강제적인 규범 체계를 따른다기보다 결국 지극한 수행을 통해 감정의 중절을 선취한 성인이 자신의 체험과 지혜에 근거하여 인간의 정감 실현에 보편적으로 적용될 수 있는 문식을 제공한 것이라고 이해하는 것이 순자의 본의에 가깝다.

상례의 개요는 절차가 바뀔 때마다 문식하고 안구를 옮길 때마다 멀리 하면 시간이 오래될수록 평온해진다. 그러므로 죽은 사람을 대하는 도는 문식하지 않으면 추하고 추하면 슬프지 않게 된다. …그러므로 절차가 바뀔 때마다 문식하는 것은 추한 모습을 없애려는 것이고 안구를 옮길 때마다 멀리하는 것은 공경을 다 하려는 것으로 시간이 오래될수록 평온하게 하는 것은 산 사람을 여유롭게 하려는 것이다.[215]

다시 말하면, 상례에서 집행되는 문식의 최종적인 의의는 살아 있는 사람이 사자에 대하여 느끼는 자연적 정감을 온전히 표출하도록 돕는 데 있으므로 산 사람의 슬픔은 장시간 진행되는 상례의 절차에 맞춰 표현하는 과정에서 점차 슬픔의 강도가 완화되어 최종적으로 평온을 회복하게 된다는 것이다. 순자의 이러한 관점은 현대의 죽음학에서 제시하는 연구 결과와도 일치한다.

예를 들면, 알폰소 디켄(Alfons Deeken)은 가장 가까운 혈족이 갑작스럽게 죽게 되었을 때, 산 사람에게 발생하는 비탄(grief)을 일련의 의례 절차를 통해 완화하던 방식이 곧 상례의 기원이라고 지적한다. 그래서 이러한 의례 절차와 과정은 상초(喪初)에 발생할 수 있는 강한 정신적 쇼크와 마비 상태를 미리 방지하고 탈피하게 해주는 동시에 이후 다양한 감정의 변이 과정을 거쳐서 최종적으로 당면한 현실을 그대로 수용하게 만들어 최종적으로 평온한 감정으로 전이시키는 역할을 한다는 것이다.[216]

---

215) 『荀子』「禮論」. "喪禮之凡, 變而飾, 動而遠, 久而平. 故死之爲道也, 不飾則惡, 惡則不哀. …故變而飾, 所以滅惡也, 動而遠, 所以遂敬也, 久而平, 所以優生也."
216) 알폰소 디켄은 한 개체가 사랑하는 사람이 갑작스럽게 사망했을 때 나타날 수 있는 '비탄 과정(grief process)'을 지적하고 그 과정을 12단계로 구분하여 설명하고 있다. 그런데 흥미로운 점은 그는 첫 단계의 현상으로 '정신적 쇼크와 마비 상태'를 제시하고 열한 번째와 열두 번째 단계의 현상으로 각기 '새로운 희망:유머와 웃음의 재발견', '회생 단계:새로

또한 다른 시각에서 보면, 상례와 제례는 사람이 예기치 못한 혈족의 죽음에 직면했을 때 그로부터 엄습하는 공포감을 절차에 따라 점진적으로 애절한 슬픔의 형태로 대체시켜주는 의례적 장치로 볼 수 있다. 이러한 애사(哀死) 체험은 죽음에 대한 두려움을 특수한 방식으로 체험하는 것으로 죽음의 목도에서 비롯되는 급박하고 날카로우며 강렬한 심리적 긴장과 무거운 정신적 압박을 비교적 부드럽고 온화한 슬픔과 애수의 감정으로 전환해 준다.[217] 따라서 상례와 제례와 같은 예법으로 죽음을 문식해가는 과정은 근친이 생존해 있을 때 익숙했던 삶의 조건과 환경에서 근친이 죽은 이후에 진행되는 새로운 삶의 형태로 더욱 신속하고 원활하게 복귀할 수 있는 통과 의례의 내용과 성격을 부여해준다.[218] 이 점에서 볼 때, 생사와 관련하여 순자가 제시하는 예론의 가치와 의의는 인문적 문식 과정을 통해서 인간의 삶에 대한 경외감을 고취하고, 나아가 인간의 긍정적인 정감의 역량을 극대화하는 데 있다.

V. 비탄에서 인격적 함양으로의 재적응

『예기』에는 상례와 제례가 내포한 의례적 함의 외의 생사에 대한 태도를 내포한 더욱 심층적인 윤리적 의의에 관해 서술하고 있다. 그리고

운 아이덴티티의 탄생'을 제시하는데, 이러한 견해는 순자가 언급한 상례 시 개체의 감정의 변화 과정과 매우 유사하다. 알폰소 디켄의 견해는 알폰소 디켄(Alfons Deeken) 저, 전성곤 역, 『인문학으로서의 죽음교육』, 인간사랑, 2008, 85-92쪽 참조.
217) 何顯明 지음, 현채련·리길산 옮김, 『죽음 앞에서 곡한 공자와 노래한 장자』, 예문서원, 1999, 57쪽.
218) 정창수 저, 『예의 본질과 기능: 「예기」의 사회학적 서설』 성균관대학교 출판부, 2013, 69-70쪽.

이러한 윤리적 의의는 의례를 실천하는 주체가 그의 덕성을 점검하고
발전시킬 수 있는 통과 의례의 기능을 갖는다. 『예기』에서는 이에 대해
다음과 같이 말한다.

> 죽은 자를 보낼 때 그를 완전히 죽은 사람처럼 대하는 것은 어질지 못한
> 것이니 그렇게 해서는 안 된다. 죽은 사람을 보낼 때 온전히 산 사람처
> 럼 대하는 것은 지혜롭지 못한 것이며 그렇게 해서는 안 된다.[219]

위의 인용문은 산 자와 죽은 자를 대하는 태도를 인(仁)과 지(知)의
덕목과 연관시켜 설명하고 있다. 그에 따르면, 사자를 장송할 때 그를
완전히 죽은 사람으로 취급하는 것은 어질지 못한 태도이고, 이와 대조
적으로 완전히 산 사람으로 취급하는 것은 지혜롭지 못하다는 것이다.
사실, 위의 내용은 정작 그 이유에 대해서는 더 이상 제시하지 않는다.
그러므로 그 이유는 다른 곳의 관점들과 유기적으로 통합하여 추론할
수밖에 없다.

앞서 말한 것처럼, 제례의 근본정신은 본래 보본반시(報本反始)에 있
다. 그리고 인(仁)은 유학에서 추구하는 최고의 덕목인데, 공자는 일찍
이 이러한 인을 행하는 가장 기본적인 덕성과 정감으로 효(孝)를 제시한
적이 있다. 그런데, 이러한 두 가지 관점을 종합하면, 결국 보본반시는
효의 구체적인 실천 내용을 설명한 것이므로 인을 실천하는 출발점이
자 동시에 목적이 되는 셈이다. 따라서 사자를 전적으로 생명력이 완전
히 단절된 단순한 시체로 간주하는 태도는 결국 보본반시의 근거와 토
대를 철저하게 차단하는 것이므로 효의 근본정신에 배치된다.

---

219) 『禮記』「檀弓上」. "孔子曰: 之死而致死之, 不仁而不可爲也. 之死而致生之, 不知而
不可爲也."

한편, 「제통」에는 또 다른 시각에서 이를 보충하는 설명이 등장한다. "무릇 사람을 다스리는 도 가운데 예보다 더 시급한 것은 없다. 예에는 다섯 가지 법도가 있는데 제사보다 더 중요한 것은 없다. 무릇 제사는 외부로부터 이른 것이 아니라 진심이 마음으로부터 흘러나온 것이다. 마음이 출척해져서 예로 그것을 받드는 것이니 이런 까닭에 오직 현자만이 능히 제사의 큰 뜻을 온전히 행할 수 있다."[220] 이것은 인과 정감의 관점에서 효를 설명한 구절이다. 그에 따르면, 제사를 지낼 때 마음의 진정성에서 유출되는 순수한 정감은 출척이라는 것이다. 이때 출척은 특히 내면의 진정성인 성(誠)을 가리킨다. 따라서 제례를 거행할 때 치성(致誠)은 곧 인(仁)의 자연 정감인 진성측달(眞誠惻怛)의 심정을 순수하게 발휘하는 것을 뜻한다.[221]

이 점에서 볼 때, 제사 때 제사의 대상을 마치 생물학적인 시체로 대하는 것은 결국 사자에 대한 연민과 흠모의 정감이 결핍되었다는 것을 시사해 주므로 예라고 볼 수 없다. 전자이든 아니면 후자이든 간에, 이 두 가지 부정적인 태도는 모두 보본반시로서 효의 덕성과 정감에 정면으로 배치된다. 그렇다고 사자를 완전히 생인으로 취급하는 상반된 태도 역시 바람직 하지 않다. 왜냐하면 지는 지혜를 뜻하는데, 사자를 생인으로 대하는 태도는 생사의 분기점을 구분하지 못하고 결과적으로

---

220) 『禮記』「祭統」. "凡治人之道, 莫急於禮. 禮有五經, 莫重於祭. 夫祭者, 非物自外至者也, 自中出生於心也. 心怵而奉之以禮, 是故唯賢者, 能盡祭之義."

221) 참고로 『예기』에서는 현자가 제사를 모시는 이상적인 태도로 '성신(誠信)'과 '충경(忠敬)'을 다 발휘하는 것을 들고 있다. 다음의 원문을 참조할 것. 『禮記』「祭統」. "賢者之祭也, 致其誠信與其忠敬, 奉之以物, 道之以禮, 安之以樂, 參之以時, 明薦之而已矣.", 이 밖에, 「대학」에서는 마음의 진정성을 성(誠)으로 규정하는데, 이것은 결국 마음에 가식이 없는 상태를 가리키는 것으로 이해할 수 있다. "부모에게 순종하는 데 방법이 있으니, 자신의 몸으로 돌이켜서 성(誠)하지 않으면 부모에게 순종할 수 없다."(『大學』"...順乎親有道, 反諸身不誠, 不順乎親矣.")

망자에게 집착하는 태도이기 때문이다. 그리고 그 결과는 최종적으로 사자를 숭배하거나, 또는 미신과 주술의 대상으로 실체화하는 부정적 결과를 초래한다.

그러면 제사 시 사자를 완전히 죽은 사람도 산 사람도 아닌 상태로 대한다는 것은 구체적으로 무엇을 말하는가? 선진의 순자는 일찍이 이에 대해 그것은 무엇보다도 사자가 살아 있을 때 갖고 있던 정감을 제사 시에 계속 견지하는 것이라고 설명한다. 다시 말하면, 망자를 모시기를 마치 살아 있을 때처럼 하며 거기에 존재하지 않지만 마치 존재하는 것처럼 대하여 살아 있을 때와 죽었을 때를 끝까지 일관되게 대하는 태도를 말한다.[222] 따라서 유학의 제례에서 올바른 생사관 정립의 관건은 생과 사의 변별점을 인지하면서도 동시에 이 양자를 어떠한 태도로 일관하는가에 달려 있다. 그리고 이 과정에서 생과 사의 영역의 연속성을 유기적으로 파악하여 일관되게 유지하는 태도는 인덕에 속하고, 이와 대조적으로 생과 사의 영역의 차이점을 올바로 자각하는 태도는 지덕에 속한다. 그럼에도 지금까지 제례에 대한 『예기』의 전반적인 논지를 고려하면 후자(지)보다는 전자(인)가 효의 실천 및 확장과 관련하여 제례의 본질과 기능을 더 잘 설명해 준다는 사실은 부인할 길이 없다.

그런데, 특히 본 주제와 관련하여 흥미로운 점은 『예기』가 죽음의 두 가지 양태를 구분한다는 사실이다. 두 가지 상반된 관점에서 정의하는 것이다. 예를 들면, 자장(子張)이 병이 깊어 죽음이 다가왔을 때 그의 아들인 신상(申祥)을 불러서 다음과 같이 말한다.

> 군자가 죽는 것은 '마친다(終)'라고 말하고, 소인이 죽는 것은 '죽는다

---

[222] 『荀子』「禮論」. "喪禮者, 以生者飾死者也, 大象其生以送其死也. 故事死如生, 事亡如存, 終始一也."

(死)'라고 말한다. 내 오늘이 그날인 것 같구나!²²³⁾

　여기서 군자와 소인의 죽음은 서로 구별되는 것으로 묘사된다. 곧 군자와 소인의 죽음을 각기 '마침'과 '죽음'으로 정의하고 있다. 그리고 이러한 구분 이면에는 전자(마침)는 한 개체가 인격적 측면에서 주체적으로 삶을 영위하다가 죽음의 때에 이르러 능동적으로 삶을 마무리하는 데 반해, 후자(죽음)는 주로 피동적인 삶을 구가하다가 부득이하게 죽음을 맞이하는 수동적 태도에 관한 생각이 전제되어 있다. 따라서 마침은 현대에서 말하는 '임종(臨終)'의 개념에 가깝다.
　그러면 왜 군자의 죽음은 마침이라고 규정하는가? 그것은 군자가 삶과 관련해 지속적으로 견지하는 우환의식 때문이다. 『예기』에 따르면, 죽음과 관련된 종신의 우환의식은 대체로 두 가지이다. 그 가운데 첫 번째는 살아 있는 동안 견지해야 하는 효의 실천과 관련된다.

　　효자가 연로한 부모를 봉양하는 것은 그 마음을 즐겁게 하고 그 뜻을 거스르지 않으며 그 침소와 거처를 편안하게 해드리고 그 음식으로써 충심으로 봉양한다. 이것은 효자가 몸을 마칠 때까지 해야 하는 것이니, 여기서 몸을 마친다는 것은 부모의 몸이 마칠 때까지를 말하는 것이 아니라 그 자기 몸을 마칠 때까지를 말하는 것이다. 이 때문에 효자는 부모가 사랑했던 것을 또한 사랑하고, 부모가 공경했던 것을 또한 공경한다.²²⁴⁾

---

223) 『禮記』「檀弓上」. "子張病, 召申祥而語之, 曰: 君子曰終, 小人曰死. 吾今日其庶幾乎."
224) 『禮記』「內則」. "曾子曰, 孝子之養老也, 樂其心, 不違其志, 樂其耳目, 安其寢處, 以其飮食忠養之. 孝子之身終, 終身也者, 非終父母之身, 終其身也. 是故父母之所愛亦愛之, 父母之所敬亦敬之."

위의 인용문에서 증자는 지극한 효도의 기준으로 종신(終身)을 제시한다. 그리고 종신의 최종적인 근거와 기준은 부모의 몸이 아닌 효를 행하는 개체의 몸이다. 따라서 효도의 시작과 끝은 부모의 생사가 기준이 아니라 효도하는 개체의 생사가 기준이 되는 것이다. 따라서 효도는 효도의 주체가 살아 있는 동안 지속되는 것이어야 한다. 이 때문에 효자는 그의 삶을 마칠 때까지 종신의 우환을 가지지 않을 수 없다. 동일한 맥락에서 자사(子思)는 다른 곳에서 군자가 기일 때마다 상사(喪事)와 제사를 지낼 때 즐겁지 않은 원인으로 종신의 우환을 제시하기도 한다.[225]

한편,「제의」는 동일한 맥락에서 "군자에게 종신토록 상(喪)이 있다는 것은 곧 기일(忌日)을 가리킨다."[226]고 설명하기도 한다. 따라서 앞서 군자의 죽음을 '마침'이라고 표현한 것은 이러한 종신의 우환으로서 효도의 임무를 완수해가는 측면에서 말한 것이다. 『예기』는 이처럼 효도의 본질과 의의를 기존의 효도 관념과 달리 그 객관적 대상인 부모로부터 그것을 행하는 주체의 실존적 우환의식으로 크게 전환시키고 내면화하는데, 이것이 곧 『예기』의 생사관의 가장 큰 사상적 의의라고 평가할 수 있다.

두 번째로 군자와 관련된 종신의 우환은 수기(修己)를 통한 인륜성의 완성과 관련된다. 예를 들면,「제의」에서는 군자의 효도와 기타 덕목과의 상관성을 다음과 같이 설명한다.

---

225) 『禮記』「檀弓上」. "子思曰: 喪三日而殯, 凡附於身者, 必誠必信, 勿之有悔焉耳矣, 三月而葬, 凡附於棺者, 必誠必信, 勿之有悔焉耳矣, 喪三年, 以爲極, 亡則弗之忘矣. 故君子有終身之憂, 而無一朝之患. 故忌日不樂."
226) 『禮記』「祭義」. "君子有終身之喪, 忌日之謂也."

부모가 이미 돌아가시면 그 몸을 삼가 송장하고, 부모의 오명을 남기지 않으면 가히 능히 '마쳤다'라고 이를 만하다. 따라서 인(仁)은 이것을 행하는 것이요, 예(禮)는 이것을 실천하는 것이요, 의(義)는 이것을 마땅하게 하는 것이요, 신(信)은 이것을 증험하는 것이요, 강(强)은 이것을 굳건하게 하는 것이다.[227]

위의 내용은 군자가 행하는 종신의 효도는 그 범위에서 상례와 제례를 거행하는 것은 말할 것도 없고 부모가 생전에 행한 오명을 제거하는 일도 포함하며, 나아가 기타 인륜적 덕목들, 곧 인(仁)·예(禮)·의(義)·신(信)·강(强) 등을 실천하고 완성하는 일도 포괄한다고 지적한다. 이 때문에 「제통」에서는 또한 제사와 복의 관계에 대해 다음과 같이 말한다. "현자의 제사는 반드시 복을 받는다. 이때 복은 세상에서 말하는 복이 아니라, 완비하는 것을 말한다. 완비는 모든 것이 순조로운 것을 가리킨다. 순조롭지 않은 것이 없는 것을 가리켜 완비라고 하니, 안으로 자기를 온전히 발휘하고 밖으로 도에 따르는 것을 말한다."[228]

다시 말하면, 현자가 제사를 통해 점차 성취해 가는 복은 더 이상 우연적이고 외재적인 요소에 의해 좌우되는 경제적·사회적·정치적 길(吉)과 복(福)이 아니라, 심성의 덕성 배양과 인륜 관계를 완성하는 것으로부터 모든 일들이 순조로워져서 자신의 참아, 자아를 온전히 발휘하는 동시에 자연스럽게 인도에 부합하는 경지를 가리킨다. 실제로 『예기』가 여러 곳에서 귀신에 대한 제사의 태도를 말할 때 빈번하게 '치성(致誠)'과 '치경(致敬)'을 강조하는 이유도 오직 마음의 성경(誠敬)을 다 할

---

227) 『禮記』「祭義」. "父母旣沒, 愼行其身, 不遺父母惡名, 可謂能終矣, 仁者, 仁此者也. 禮者, 履此者也. 義者, 宜此者也. 信者, 信此者也. 强者, 强此者也."

228) 『禮記』「祭統」. "賢者之祭也, 必受其福. 非世所謂福也, 福者, 備也. 備者, 百順之名也. 無所不順者謂之備, 言內盡於己而外順於道也."

때만 귀신의 덕을 비로소 체증(體證)할 수 있기 때문이다.[229]

　행위 주체의 관점에서 보면, 성경의 태도를 통해 귀신의 덕을 내면에서 점차 체증한다는 것은 결국 내면적 덕성을 함양하고 그것을 인륜 관계로 완성해 간다는 것을 의미한다.[230] 이러한 점들을 종합적으로 고려할 때, 제사를 통한 효도 실천의 최종적인 의의는 가깝게는 개체의 심신을 정결하게 하는 효과로 드러나고 그 정점에서는 최종적으로 덕성의 함양으로 귀결된다.[231]

　유학사의 관점에서 볼 때, 효를 종신의 우환과 경지로 설명한 인물은 맹자이다. 맹자는 일찍이 우환의식과 순임금에 대해 다음과 같이 말한 적이 있다. "군자에게는 종신의 우환이 있을지언정 하루아침의 걱정은 없다. 이에 만약 우환이 있다면 다음과 같다. 순임금도 사람이고, 나도 사람인데, 순임금은 천하에 모범이 되어서 가히 후세에 전해지고 나는 향인이 되는 것을 면하지 못한 것, 이것이 우환이다. 우환이 있으면 어

---

[229] 로저 에임스는 예의 교육적 기능은 인간의 능력의 확충을 통해 미성숙한 상태로부터 탈피하는 데 있으며 가장 핵심적 기능은 실천자로 하여금 역동적인 영적 체험을 경험하게 하는 것이라고 설명한다. Ames, R. T. 저, 장원석 역,『동양철학, 그 삶과 창조성』, 성균관대학교, 2005, 119쪽.

[230] 공병석,「『禮記』와『墨子』의 鬼神觀」,『東아시아古代學』제39집, 동아시아고대학회, 2015, 287-288쪽. 또한 제사에 참여해서 성경을 발휘할 때 체현되는 심적 태도와 몸가짐에 대해「제의」에서는 다음과 같이 묘사하고 있다. "효자가 제사를 지내려고 할 때에는 반드시 정결하고 장중한 마음을 가지고서 제사의 일을 깊이 헤아려야 한다. ...제사 당일에는 안색은 반드시 온화해야 하고 행동은 두려워해야 하니, 마치 사랑하는 사람을 만나지 못할까 두려워하듯이 해야 한다. 공물을 바칠 때에도 용모를 반드시 온화하게 해야 하며 몸은 반드시 공손하게 낮추는 것을 마치 돌아가신 부모님께 말씀을 여쭙고 아직 대답을 못 들은 것처럼 해야 한다.(『禮記』「祭義」. "孝子將祭祀, 必有齊莊之心以慮事. ...及祭之日, 顔色必溫, 行必恐, 如懼不及愛然. 其奠之也, 容貌必溫, 身必詘, 如語焉而未之然.")

[231] 앞의 책, 같은 곳. "祭者, 所以追養繼孝也. 孝者, 畜也. 順於道, 不逆於倫, 是之謂畜." 또한 이유정과 강선보 역시 제사 의식의 윤리적 기능과 관련하여 행위 주체는 제사 의식이라는 종교적 실천을 통해 거기에 내포된 도덕적 기제들을 습득하는 것이 가능하다고 지적하고 있다. 이유정·강선보,「『예기(禮記)』의 상례(喪禮)·제례(祭禮)에 나타난 죽음론의 교육적 의의」,『교육철학연구』제37권, 한국교육철학학회, 2015, 83~84쪽.

쩌겠는가? 순임금처럼 되려고 할 뿐이다. 무릇 군자에게는 하루아침의 근심은 없다. 인(仁)이 아니면 행하지 않고 예(禮)가 아니면 행하지 않는다. 하루아침의 근심으로 말할 것 같으면 군자에게는 근심이 없다."[232]
여기서 맹자는 가장 모범적인 인격체로 순임금을 제시하고 이러한 순임금처럼 되는 것을 종신의 우환으로 삼을 것을 강조한다. 주지하는 것처럼 순임금은 일반적으로 대효(大孝)로 널리 알려진 인물이다. 이 때문에 『중용』에서는 순임금의 효에 대해 다음과 같이 기술하고 있다.

> 순임금은 훌륭한 효자였을 것이다! 덕으로는 성인이 되시고 존귀함으로는 천자가 되셨으며 부유함으로는 사해를 차지하셨다. 그리고 종묘에서는 그를 흠향하였고, 자손들은 그를 보중하였다. 그러므로 큰 덕을 지닌 자는 반드시 그 지위를 얻고, 반드시 그 녹을 얻으며 반드시 그 명성을 얻고 반드시 그 장수를 얻는다. …그러므로 큰 덕을 지닌 사람은 반드시 천명을 받는다![233]

위의 인용문에 따르면, 순임금이 지위·녹봉·명성·장수를 얻게 된 근거로 대효(大孝)를 들고, 이러한 대효의 성취가 곧 천명을 받는 데 없어서는 안 될 대덕(大德)임을 강조하고 있다. 따라서 『예기』가 올바른 생사관의 정립과 관련하여 효의 덕목을 제시하고 그것을 군자가 추구해야 할 종신의 과제로 제시한 배경에는 선진 유학에서부터 면면히 전승

---

232) 『孟子』「離婁下」. "君子有終身之憂, 無一朝之患也, 乃若所憂則有之. 舜人也, 我亦人也. 舜爲法於天下, 可傳於後世, 我由未免爲鄕人也, 是則可憂也. 憂之如何? 如舜而已矣. 若夫君子所患則亡矣. 非仁無爲也, 非禮無行也. 如有一朝之患, 則君子不患矣."
233) 『中庸』 "子曰: 舜其大孝也與! 德爲聖人, 尊爲天子, 富有四海之內. 宗廟饗之, 子孫保之. 故大德必得其位, 必得其祿, 必得其名, 必得其壽. 故天之生物, 必因其材而篤焉. 故栽者培之, 傾者覆之, 詩曰: 嘉樂君子, 憲憲令德! 宜民宜人: 受祿于天: 保佑命之, 自天申之! 故大德者必受命."

되어온 우환의식과 효에 관한 이러한 사상적 단서들이 전제되어 있다.

『예기』는 효도 개념을 적극적으로 전환해 효도 대상에게 귀속되어 있던 생사의 내용과 범위를 효도 주체의 생의 가치와 의의 안에서 새롭게 자리매김한다. 그리고 이러한 효도 관념의 변천을 토대로 기존의 제례와 상례는 덕성 함양과 인륜 관계의 완성이라는 생의 가치와 의의를 더욱 풍부하게 지닌다. 이에 따라 죽음의 가치와 의의도 마침과 죽음이라는 양태로 분화된다. 그리고 이때 마침은 군자의 인격으로 표현되는 도덕성과 인륜성을 중심으로 한 자발적이고 능동적인 삶의 시작과 종결을 뜻하게 된다. 그러므로 상례와 제례에서 말하는 효의 보본반시는 그 실천 내용에서 천지의 신, 조상신, 그리고 귀신에 대한 전문적인 의례로부터 인간의 생사관을 관통하는 근본적인 관념이라고 말할 수 있다.

VI. 나가는 말

이 글은 『예기』 독해와 분석을 통해 상례와 제례에 대한 선진 유가의 죽음관을 도출하고, 상례와 제례의 교육적 기능 탐색을 통해 그 교육적 의의를 살펴보고자 하였다. 상례와 제례를 통해 본 선진 유가의 죽음관을 크게 두 가지로 나누어 볼 수 있었다. 우선 선진 유가의 영혼론은 혼백의 구별로 설명할 수 있다. 선진유가는 영혼론 자체를 부정하지는 않았다. 이는 혼백의 구별로 설명할 수 있는데, 여기에서 혼백은 양음을 대표하는 것이다. 사람이 살아 있을 때는 혼과 백이 얽혀 있었으나, 사람이 죽으면서 이들은 흩어지게 된다. 그 결과 혼은 하늘로 올라가고 백은 땅으로 내려가며, 혼은 신령의 무리로 들어가고 백은 땅에서 썩게 된다. 이들은 혼백을 통해 망자와 산 자의 존재 방식을 분별하였다. 한편, 선진 유가의 생사관은 생사의 연속성이라는 독특한 관념으로 설명된다. 선진유가는 망자가 현세에서 형성했던 관계들은 그가 사망한 이후에도 지속될 것이라 이해하였다.

이러한 입장은 '생명 연속형'으로 설명된다. 즉, 선진유가는 죽음이 현세와의 완전한 단절이라고 이해하지 않았다. 망자의 삶은 그의 후손들을 통해 지속될 수 있기 때문이다. 상례에서 망자가 상례의 주체와 연결된 사람이라는 것을 깨우치게 한다. 제례의 과정 역시 고인을 살아 있는 사람들의 삶 속에 불러일으키게 한다. 상례와 제례의 교육적 기능은 크게 세 가지로 정리된다. 첫째, 상례와 제례는 비탄의 표출과 조절을 가능하게 하였다. 여기에는 비탄에 대한 양가적인 입장이 전제된다. 우선, 선진유가는 가까운 사람을 잃은 슬픔을 잘 이해하였으며, 상례와 제례가 지닌 감정 표출의 기능을 긍정하였다. 이때 상례와 제례의 의의는 내적 슬픔을 외부로 표출하게 하는 데 있다. 하지만 다른 한편으로 선진유가는 비탄에 대한 감정표현을 엄격하게 절제하고 있었다. 슬픔의 감정은 점진적으로 절제되어야 할 대상으로 이해되었다. 비탄을 절제함으로써 상례와 제례는 크게 두 가지 기능을 수행하였다. 하나는 자연적 정서와 인위적 예법 간을 조화할 수 있게 한다는 점이다. 다른 하나는 상례와 제례는 감정의 조절과 일상으로의 회복 기능을 담당했다는 것이다. 상례와 제례 과정은 슬픔을 떨쳐내고 다시 일상으로 복귀하는 이행 과정이었다. 즉, 상례와 제례는 망자와의 점진적인 이별로, 남겨진 사람들의 비탄을 조절하는 기능을 하였다. 이는 비탄을 자연스럽게 표출하되 결과적으로는 비탄에서 회복하여 일상으로 복귀하게 하는 비탄 교육의 과정이다.

『예기』의 상례·제례는 현시점의 애도학 구성과 이해에도 많은 도움을 줄 수 있다. 죽음교육의 출발은 서구적 사유에 기반하고 있다. 따라서 기존의 죽음교육론에만 의존하여 동양, 특히 한국의 죽음교육론을 새로이 구성하는 데는 어려움이 따른다. 한편,『예기』의 상례·제례는 동양적 애도학의 원형이라는 점에서 기존의 서구 모델에 적절한 대안을 제안할 수 있다는 가능성을 지닌다. 이러한 측면에서 상례·제례의 교육적 의의를 다음과 같이 설명해 보고자 한다. 첫째, 선진유가의 상례·제례 애도론은 한국에서의 죽음교육론을 구성하는 본바탕이 될 수 있을 것이다. 기존의 죽음교육은 주로 서구 철학적 기반에서 시작되었다. 따라서 그 세부 논의들 가운데는 동양과 한국에 그대로 적용하기 어려운 부분들이 존재한다. 그와 같은 이질적인 부분들을 극복하고 한국인의 죽음사유의 원형을 탐색하기 위해서 동양 전통의 죽음관인 선진유가의 죽음관에 대한 검토를 통해 죽음교육에 대한 의의를 구할 수 있다. 둘째, 상례와 제례에 보이는 비탄에 대한 입장을 통해 비탄교육의 방향을 모색해 볼 수 있다. 애도학의 화두 가운데 하나는 바로 남겨진 사람들의 비탄을 조절하는 것이다. 선진유가는 상례와 제례 과정을 통해 비탄을 충분히 표현하되, 점진적으로 일상에 복귀할 것을 촉구하였다. 이는 남겨진 사람들을 위한 애도론의 이론적 근거가 될 수 있으며, 새로운 애도교육 모델을 모색하게 한다. 셋째, 죽음이라는 종교적 경험을 통한 도덕교육의 실천을 모색해 볼 수 있다. 선진유가에서 상례와 제례는 죽음을 다루는 종교적 행위로 종결된 것이 아니라, 도덕성을 확충하는 계기로 작용하였다. 이는 죽음교육이 죽음을 어떻게 다룰 것인가라는 문제에만 천착할 것이 아니라, 오히려 죽음이라는 사건을 통해 그 사건을 다루는 사람들의 내면적 정서와 도덕의식에 영향력을 끼쳐나가는 방향으로도 나아갈 수 있음을 시사한다.

[2부와 3부 사이에서 반드시 살펴봐야 할 것들]

전통사회에서 죽음은 자연스러운 과정으로 받아들여졌으나, 현대사회에서는 의학 기술의 발달과 물질주의적 관점으로 인해 '죽음이 금지된 사회'가 형성되었다. 필립 아리에스의 죽음 유형을 통해 이러한 변화가 분석되며, 죽음과 상실에 대한 문화·사회학적 관점의 차이는 의사소통 방식, 의사결정, 돌봄 책임, 애도 표현에서 나타난다. 동양사상은 죽음을 삶의 연속과정으로 보며, 죽음을 통해 삶의 가치를 실현하도록 강조하며, 소크라테스와 공자는 죽음을 직면함으로써 더 나은 삶을 추구할 수 있음을 주장한다. 비탄과 애도는 감정의 체화와 표현을 통해 해결되며, 『예기』의 상례와 제례는 슬픔을 조절하고 일상으로 복귀하도록 돕는다. 이러한 논의는 죽음학의 관점에서 상실과 고통을 이해하고, 문화적 다양성과 차이를 수용하며, 삶과 죽음의 본질적 가치를 탐구하는 문화사회론으로 연결된다.

죽음학의 맥락적 관점에서 죽음은 단절이 아닌 삶의 연속과정으로, 상실은 이를 성찰하고 존재의 본질을 탐구하는 계기로 이해된다. 죽음교육은 이러한 상실을 직면하고 대처하며, 개인의 감정과 삶의 가치를 재정립하도록 돕는 실천적 과정이다. 앞서 논의된 문화사회론은 죽음과 상실에 대한 다양한 문화적 차이와 고유성을 탐구하며, 상실 후 비탄과 애도 과정을 통해 삶의 복구와 치유를 강조한다. 이는 상실론에서 다루는 상실의 정서적, 심리적 반응과 치유기제, 그리고 반려동물 상실이나 문학작품 속 치유 과정이 죽음과 상실을 하나의 연속적 과정으로 이해하는 데 기반을 제공하며, 죽음학과 죽음교육의 실천적 목표를 확장하는 데 기여 한다.

제3부 상실론

제3부 상실론

삶은 상실의 연속이다. 삶은 상실을 통해 지속되며, 상실은 삶의 동력이 된다. 상실을 극복하기 위해 인간은 부단히 노력한다. 어쩌면 삶 자체가 상실을 극복하고자 하는 과정일지 모른다. 따라서 상실과 삶은 분리될 수 없다. 이는 곧 인간 그 자체가 상실의 존재이며, 상실을 통해 인간은 자신의 길을 걷게 된다는 의미이기도 하다. 상실을 경험한 인간은 슬픔으로 반응한다. 그리고 그 슬픔을 해소하기 위해 다양한 감정의 변주를 만들어낸다. 이러한 감정의 변주는 이내 우리 각자의 삶의 무늬가 된다. 그것은 다름 아닌 애도라는 문양이다. 이 장에서는 상실과 죽음을 겪은 인간이 슬픔과 상처를 극복하기 위해 어떤 길을 걷게 되었는지, 그리고 그 도정(道程)에서 만난 자기다움과 인간다움이 무엇인지 살펴보고자 한다.

기본 1

상실, 삶의 연속과정

<내용 요약>

상실은 인간 삶의 일부분으로, 생명은 상실을 통해 시작되고 성장한다. 상실은 단순한 고통을 넘어서 깊은 배움과 영적 성장을 가져오며, 이를 통해 진정한 자아를 발견할 수 있다. 상실은 여러 형태로 나타나며, 이를 겪는 과정에서 비탄, 애도, 치유가 중요한 역할을 한다. 또한 상실은 고통을 동반하지만, 사랑과 친밀감을 경험한 사람에게 더 깊은 슬픔을 안겨준다. 상실 이후의 변화는 감정적, 인지적, 행동적 영향을 미치며, 이를 이해하고 대처하는 것이 중요하다.

<핵심어>

상실, 영적 성장, 애도, 치유, 새로운 변화

<학습 목표>
- 상실의 경험을 통해 개인의 영적 성장과 발전을 이해한다.
- 애도의 과정을 인식하고 치유와 변화의 중요성을 설명한다.
- 인간학적 관점에서 상실을 이해하고, 그것이 삶에 미치는 영향을 평가한다.
- 상실의 경험을 통해 삶의 의미를 재조명하고 개인적인 성장의 기회를 찾는다.
- 상실과 애도 과정에서의 치유를 돕는 방법을 학습한다.

<적용 실천>
- 상실의 경험을 통한 영적 성장 지원: 개인의 상실 경험을 이해하고, 그들을 지원하는 과정에서 영적 성장을 돕는 방법을 적용한다.
- 애도지원 프로그램 개발: 지역 사회에서 애도지원 프로그램을 만들어 상실의 경험을 가진 사람들에게 실질적인 지원을 제공한다.
- 인간학적 상담 제공: 상실과 애도의 과정을 설명하고, 그 과정에서 발생할 수 있는 정신적 고통을 치유하는 방법을 제시한다.
- 심리적 회복 촉진: 상실 후 심리적 회복을 촉진하기 위한 실천적인 방법을 적용하여, 개인들이 자신의 감정을 건강하게 처리할 수 있도록 돕는다.
- 상실의 의미를 삶에 적용: 상실을 경험한 사람들에게 그들이 겪고 있는 고통을 통해 삶의 의미와 목적을 새롭게 찾아가도록 격려하고 지원한다.

상실, 삶의 연속과정

Ⅰ. 들어가는 말

생명은 상실에서부터 시작된다. 인간은 어머니의 자궁으로부터 떨어져 나오는 상실을 겪으며 인생을 출발한다. 세포의 성장은 분열과 분리를 통해서 이루어진다. 많은 사람이 삶이 곧 상실이고 상실이 곧 삶이라는 것을 이해하지 못한 채, 평생 상실과 싸우고 그것을 거부한다. 상실 없이 삶은 변화할 수 없고 생명도 우리도 성장할 수 없다. 소중한 물건이나 능력, 건강을 잃었을 때 비로소 우리는 자기가 잃어버린 것이 얼마나 소중한 것이었는지 깨닫게 된다. 상실이 주는 배움을 통해 어느 순간 우리는 삶에서 당연하게 여기던 것들이 얼마나 중요한 것이었는지 깨닫게 된다. 더 나아가 상실은 인간을 하나로 묶어주고 서로 깊이 이해하게 해 준다. 그리고 상실 너머에 존재하면서 절대로 사라지지 않는 자신의 진정한 면, 사랑하는 이들의 진정한 면을 발견할 수가 있다. 이들은 사라지지 않고 영원히 간직되고 나눌 수 있는 것이다.

상실을 통해서 인간은 자신의 진실한 모습을 회복할 기회를 얻는다. 상실은 우리가 인간임을, 그리고 우리의 존재가 진정 무엇인지 깨닫게 해 주는 계기가 된다. 이러한 의미에서 상실은 치유와 깊은 관련이 있다. 치유의 초점은 질병에 있는 것이 아니라 환자 삶의 질, 생활의 기술, 삶의 존재 방식의 문제에 더 초점을 두기 때문이다. 상실의 순간에 내담자는 마음의 본성을 드러낸다. 모든 것이 무너지고 신마저 소외될 때, 이때 자신의 실존만이 깃발처럼 바람에 펄럭이고 있다. 마음이 만들어낸 거짓되고 습관화된 자아와 집착이 상실의 바람에 산산이 흩어지는 순간 우리는 자신의 정직한 본성과 만나게 된다. 상실은 영적 성장의 기회이다.

　상실로 인한 애도 과업은 고통을 앓고 있는 내담자의 주체적인 인식과 존재 방식, 그리고 죽음을 맞이하는 그의 삶의 방식에 더 큰 초점을 맞추고 있다. 따라서 싸나톨로지스트는 내담자 앞에 어떤 자세와 태도가 필요한지, 깊은 성찰을 통해 다가가야 한다. 내담자의 마음을 고요히 유지해 주는 것은 절대적으로 중요하다. 상실 앞에서, 삶은 의미 있는 것임을 깨닫게 함으로써 생과 진실하게 대면할 수 있도록 하고, 그가 가는 길이 절대로 혼자가 아님을 인지하게 하여 관계를 회복하고 새로운 영적 성장의 기회가 되도록 해야 한다.

　사랑을 경험했거나 누군가와 친밀함을 가진 사람은 사랑하는 사람 혹은 그 대상을 잃고, 그 상실의 결과를 고통스러워할 위험에 처해 있을 수 있다. 그렇다면, 그의 슬픔은 "사랑에 대가를 지불하는 것이다." 물론 사랑은 다른 사람과 삶을 공유하고, 그것을 풍부하게 할 수 있다. 그런 친밀함(attachment)은 매우 특별한 것이며, 인간의 근본적인 필요를 만족하게 하는 지속적인 관계이다.

　"사랑하게 된다는 것은 어쩌면 약해지는 일이다. 사랑하는 사람과의 안 좋은 일을 생각해 보라, 당신의 마음은 분명 불편할 것이고, 아마도 부서질 것 같은 느낌이 들 수 있다. 만약 당신이 그런 감정에 접하고 싶지 않다면, 어떤 누구에게도, 심지어 동물에게도 마음을 주지 않아야만 한다. 대신 취미나 비싼 장식물로 사랑하는 사람을 대체시킬 수도 있다. 그리고 모든 복잡한 관계를 피한다. 마음이 동하지 않도록 그것을 상자나 당신 이기심의 관 속에 안전하게 넣어 둘 수 있다. 하지만 세상은 당신의 마음을 움직이지 않게 가두어 놓을 수는 없다. 천국을 제외하고,

당신이 모든 위험과 동요로부터 완전하게 안전할 수 있는 유일한 장소는 지옥이다."(C.S. Lewis)

우리가 가진 모든 것을 잃을 수 있다. 우리가 접하고 있는 모든 것들로부터 분리될 수 있다. 우리가 사랑한 모든 것이 우리로부터 멀어질 수 있다. 그러나 만약 우리가 진정 아무것도 잃기 싫다면, 우리는 아무것도 갖지 못한다. 상실의 고통을 경험하지 않을 수 있는 유일할 가능성은 삶에서 상실할 가치가 있는 어떤 것도 갖지 않는 일이다. 사랑을 피하는 사람만이 슬픔을 피할 수 있다. 우리가 살아간다고 하는 것은, 때로 사랑 앞에 한없이 연약해지고 슬퍼하는 일이다.

II. 상실의 양태와 종류

1. 상실, 비탄, 애도의 의미와 연결성

상실(喪失, Loss)은 내게 소중한 무언가를 잃어버리거나 잊어버리는 것, 빼앗기거나 박탈당하는 것, 즉 죽음이든 혹은 다른 방식으로든 내게 가치 있는 사람, 대상, 지위 혹은 관계로부터 분리되거나 박탈되는 것을 의미한다. 상실은 개인의 삶에 큰 변화를 불러오며, 이에 따라 감정적, 심리적 반응이 시작된다.

비탄(grief)은 상실에 대한 내적인 개인 반응을 의미하며, 감정적, 신체적, 인지적, 사회적 반응을 포함한다. 비탄은 슬픔, 분노, 혼란, 신체 증상 등으로 나타날 수 있다. 애도(mourning)는 상실로 인한 비탄과 함께 살아가기 위한 대처 혹은 배움의 과정이며 학자에 따라서는 이 개념을 상실에 대한 사회적, 공적, 혹은 의식적 반응에 제한해서 사용하기도 한다.

　상실, 비탄, 애도는 서로 유기적으로 연결된 개념이며, 각각 다른 방식으로 상실에 대처하는 과정에서 중요한 역할을 한다. 이 장에서는 상실과 사별의 주요 개념을 중심으로 상실의 본질을 탐구하고, 4장과 5장에서는 각각 비탄과 애도의 개념을 더 깊이 다룰 것이다.

2. 상실의 다양성에 대한 이해

　상실은 우리 삶에서 피할 수 없는 경험이지만, 그 형태와 영향은 매우 다양하다.

1) 상실의 종류

　우리는 살면서 매우 다양한 상실을 경험한다. 미셸과 앤더슨은 우리가 경험할 수 있는 모든 상실을 다음 6가지로 분류한다.

　첫째는 우리에게 소중한 재산이나 수입 등의 **물질적인 상실**이 있다. 핸드폰을 잃어버리거나 사기를 당해 퇴직금을 몽땅 날리는 등의 상실이 여기에 속한다.

　둘째로는 이혼하거나 이별하거나 배신을 당하거나 왕따당하거나, 사별을 겪는 등 **관계적인 상실**이다.

　셋째로는 평생 지녀왔던 꿈과 희망을 잃어버리는 등의 **정신적인 상실**이 있다. 치매로 인지기능을 상실하는 것도 정신적인 상실에 포함된다.

　넷째로 **기능적인 상실**이 있다. 나이가 들면서 노안이 오거나 치아가

약해지거나, 머리카락을 상실하거나, 또는 신체 일부를 상실하거나 말기 질병을 앓기도 하는 것이 기능적인 상실의 예이다.

다섯째로 실직하거나 이직하거나 은퇴하는 등의 **역할의 상실**이 있다.

마지막으로 이사, 전학, 이민 등으로 인한 **공동체의 상실**이 있다.

2) 사별 (Bereavement)

사별이라는 말은 빼앗긴(bereaved) 혹은 박탈된(deprived) 상태를 의미한다. 즉 박탈(감)은 가치 있는 어떤 사람이나 물건의 상실을 경험하는 사람의 객관적 상태를 의미한다. 모든 박탈에는 세 가지 요소가 본질적이다. (1) 가치 있는 사람 혹은 물건과의 관계 혹은 접촉 (2) 관계의 상실(종말, 파손, 분리) (3) 상실에 의한 가치 있는 사람이나 사물로부터 박탈된 사람

'bereavement'와 'bereaved'는 모두 옛 동사인 'reave'에서 온 것인데, 이것은 '망치다, 빼앗다, 강제로 박탈한다'라는 의미가 있다. 따라서 사별한 사람은 그 사람이 가치 있다고 생각한 사람 혹은 사물을 빼앗긴(deprived, robbed, plundered, stripped) 사람이다. 원래 사별한 사람이 경험하는 상실감은 여러 종류일 수 있다. 이 용어는 죽음 때문에 상실을 경험하는 사람의 상황을 가리키는 데 훨씬 더 자주 사용된다.

사별(bereavement)은 우리가 경험하는 상실 중 가장 큰 상실이라 할 수 있다. 베레나 카스트는 "사랑하는 사람이 죽으면 우리는 그의 죽음에서 자신의 죽음을 미리 경험할 뿐 아니라, 어떤 방식으로든 그와 함께 죽는다."라고 말한다. 그만큼 사별은 죽음의 극적인 체험이며, 그와 함께 내 자아의 일부가 죽는 체험이라 할 수 있을 만큼 크나큰 사건

이다. 정도의 차이는 있겠지만 배우자뿐만이 아니라 부모, 자녀 등 우리에게 소중한 이와의 사별은 우리에게 큰 슬픔과 고통을 남긴다.

상실(사별)의 경험은 사람마다 다 다르게 경험되어진다. 상실의 경험은 누구에게도 같지 않다. 왜 그럴까? 동일한 사건이라 할지라도 그 상실을 경험하고 슬픔과 비탄을 느끼고 표현하는 방식은 사람마다 모두 다르기 때문이다.

워든(J.W. Worden, 2002)은 사별 경험에 영향을 주는 주요 요인 7가지를 제시한다.

고인과의 관계 (배우자, 직장동료 등)
고인과의 애착 정도는 어떠하였는가,
죽음의 원인 (자연사, 외상, 알 수 없음 등)
과거의 상실 경험 (해결되지 않은 가족 간의 역학, 개인적/가족 간 갈등 등)
다른 스트레스 상황이 있었는가 (경제적, 가족, 직장, 등)
개인적인 요소 (사별자의 성별, 나이, 성격, 성향, 자존감, 대처 기술 등)
사회적 요소 (사별자를 지지해 줄 지인이나 공동체가 있는가?),

이러한 7가지 요소는 복합적으로 작용한다. 그래서 상실 경험에 유사한 부분이 존재하지만, 온전히 동일한 상실 경험이란 있을 수 없다. 우리는 종종 "나도 경험해 봐서 아는데…"라며 자신의 상실 경험을 통해 사별자를 위로하거나 충고하는 경향이 있다. 이러한 일반화는 사별자의 아픔을 이해하는 데 오히려 방해될 수 있으므로 우리는 각자의 고유한 방식대로 상실을 경험하고 상실을 겪어나간다는 사실을 기억해야 한다.

3) 일차적 상실 vs. 이차적 상실

이런 다양한 상실이 공통으로 가지는 것은 어떤 것을 상실한 사람은 상실한 사람, 물건, 지위, 혹은 관계로부터 분리되거나 박탈되어 있다는 사실이다. 일차적 상실은 상실의 대상이고 이차적 상실은 일차적인 상실에 뒤따른다.[234] 죽음교육에서 '일차적 상실(primary loss)'과 '이차적 상실(secondary loss)'은 죽음이나 중대한 상실 사건이 개인에게 미치는 영향을 이해하는 데 중요한 개념이다. 이 두 개념은 상실 경험의 본질과 그에 따른 심리적, 사회적 반응을 구분하는 데 도움을 준다.

일차적 상실은 개인이 직면하는 직접적인 상실을 의미한다. 예를 들어, 가까운 가족 구성원의 죽음은 그 자체로 일차적 상실로 간주한다. 이 상실은 개인이 사랑하는 사람과의 관계, 그들과의 일상적 상호작용, 그리고 함께했던 시간에 대한 직접적인 손실을 포함한다. 일차적 상실은 대개 즉각적인 충격과 슬픔을 동반하며, 이는 사랑하는 사람의 죽음이나 신체적 능력의 상실과 같은 중요한 사건에 대한 즉각적인 반응으로 나타난다.

반면, 이차적 상실은 일차적 상실로 인해 발생하는 간접적이고 부수적인 상실을 말한다. 예를 들어, 배우자의 죽음은 일차적 상실이지만, 이에 따라 발생하는 경제적 어려움, 사회적 지위의 변화, 그리고 새로운 생활 방식에 적응해야 하는 필요성 등은 이차적 상실에 해당한다. 이차적 상실은 종종 시간이 지나면서 점진적으로 인식되며, 일차적 상실 이후에 나타나는 후속적인 상실 경험이다. 이러한 이차적 상실은 일상생활에서의 역할 변화, 대인관계의 재구성, 그리고 미래에 대한 불확

---

234) Rando, T.A. *Clinical dimensions of anticipatory mourning : Theory and practice in working with the dying, their loved ones, and their caregivers.* Champaign, IL Research Press, 2000.

실성으로 인해 개인에게 깊은 영향을 미칠 수 있다.

일차적 상실과 이차적 상실은 서로 연결되어 있으며, 그 본질과 영향을 구분하여 이해하는 것이 중요하다. 일차적 상실은 상실의 직접적인 충격을 다루지만, 이차적 상실은 그 상실이 개인의 삶에 미치는 장기적이고 종합적인 영향을 이해하는 데 초점을 맞춘다. 이러한 구분은 개인이 상실을 어떻게 경험하고 극복하는지를 더 잘 이해하는 데 도움을 주며, 이를 바탕으로 적절한 지원과 치료를 제공할 수 있다.

4) 상실 예감

상실 예감은 상실이 일어난 것은 아니지만 상실이 일어날 것을 예감하며 느끼는 감정과 고통을 의미한다. 다가오는 상실에 대해 불안, 두려움, 비탄을 미리 느끼는 것이다. 중증질환을 앓고 있는 환자의 가족들이 겪는 아픔을 예로 들 수 있다. 사랑하는 이가 상태가 호전되지도 않고 죽지도 않으며 단지 형편없는 삶의 질 속에서 생명을 유지하고 있을 때 우리 자신도 상실의 예감 속에서 다음 순간에 무슨 일이 일어날지 모르는 매우 불확실한 중간 상태를 경험하며 깊은 슬픔과 고통을 겪게 된다. 이것은 예견되는 상실을 준비하려는 마음의 무의식적 작용이다.

퀴블러 로스(E. Kübler-Ross)는 이런 중간 상태에 대해 죽음처럼 치명적이지는 않지만 죽음보다 더 지독한 상태이며, 불확실한 일종의 고문과도 같다고 말한다. 상실 예감은 이미 상실을 인지하고 예견한다는 의미에서 실제 상실로 인해 느끼는 비탄과는 차이가 있다. 상실 예감은 예견된 상실을 준비하는 데 도움이 되기도 한다. 하지만 때에 따라 정서적 소진으로 이어질 수도 있으므로 간과해서는 안 되는 중요한 상실 경험이다.

이처럼 상실은 매우 다양하게 일어나며, 이러한 상실의 다양성을 인지하는 것은 매우 중요하다. 왜냐하면 우리가 상실을 상실로써 인지하지 못한다면 상실로 인해 고통을 겪는 이들의 아픔을 간과해버릴 수 있기 때문이다.

III. 상실 그 이후

1. 상실의 영향

상실이 개인에게 미치는 영향은 매우 복잡하고, 감정, 인지, 행동에 걸쳐 다양한 변화를 일으킨다. 또한 상실의 영향은 단순히 슬픔을 넘어서, 그로 인한 깊은 심리적 변화와 회복 과정을 포함한다. 상실의 영향과 그로 인해 개인이 겪는 변화에 대한 이해는 그들의 경험을 보다 잘 공감하고, 그들이 상실에 효과적으로 대응할 수 있도록 돕는 데 중요한 역할을 한다.

1) 감정적 영향
충격과 무감각: 상실에 대한 초기 반응으로, 개인이 큰 상실을 경험할 때 자주 나타난다. 충격을 받은 사람들은 멍해지거나 집중력이 떨어지고 기본적인 신체적 요구나 의사결정조차 힘들어질 수 있다. 마치 심리적으로 차단된 상태에 놓인 것처럼 느낀다. 이는 감당할 수 없는 감정적 부담을 피하려는 방어기제로 죽음이나 고통스러운 소식에 대한 자연스러운 반응이다.

분노와 좌절: 상실을 겪은 사람들은 때로 상황의 불공정함에 대해 분노를 느낀다. 특히 갑작스러운 죽음이나 사고 같은 예상치 못한 상실에서는 '왜 나에게 이런 일이 일어났는가?'에 대한 의문과 함께 분노가 나타나기도 한다. 이 감정은 세상에 대한 분노로 확장되거나, 자신이나 주변 사람을 비난하는 형태로 나타날 수 있다.

죄책감: "내가 더 잘했어야 했는데." 혹은 "나 때문이야."라는 생각이 죄책감을 유발한다. 자신이 상실을 어느 정도 막을 수 있었을 거라는 생각에서 비롯되며, 이는 돌봄의 책임이 크거나 중요한 역할을 맡았던 사람들에게 특히 강하게 나타난다.

2) 인지적 영향

혼란과 집중력 저하: 상실의 충격은 인지적 능력에도 영향을 미친다. 일상적인 사고 과정이 방해받아 집중력이 떨어지거나, 기억력이 감퇴하고, 의사결정을 내리기 어렵게 된다. 이는 슬픔과 스트레스로 인해 뇌의 정보 처리 능력이 저하되면서 발생한다.

반복되는 생각(obsessive thinking): 상실을 겪은 사람들은 상실된 대상이나 과거의 순간을 반복적으로 떠올리는 경향이 있다. 이는 상실을 이해하고 받아들이려는 심리적 과정으로 볼 수 있다. 흔히 나타나는 가정적 사고, 즉 '만약에 내가 이렇게 했더라면'이라는 생각은 후회와 죄책감을 더 강하게 만들 수 있다.

3) 행동적 영향

사회적 고립: 상실 후 많은 사람은 타인과의 관계에서 멀어지며 자신을 고립시키는 경향이 있다. 이는 타인과의 상호작용이 부담스럽거

나, 자신의 감정을 표현하는 것이 두려워서 나타난다. 사회적 활동에서 물러나게 되면 외로움과 고독감이 커지며, 이는 상실로 인한 고통을 더 깊게 만든다.

일상생활의 변화: 상실을 경험하면 일상생활의 패턴도 변하게 된다. 수면 패턴이 흐트러지거나 식욕이 변할 수 있다. 일부 사람들은 과도하게 먹거나 잠을 자지만, 어떤 사람들은 식욕 부진이나 불면증을 겪기도 한다. 일상적 책임을 회피하거나, 반대로 자신을 과도하게 일에 몰두시키는 등 행동 패턴이 극적으로 변화하는 예도 있다.

통제할 수 없는 감정적 폭발: 상실의 고통은 예상치 못한 순간에 강렬한 감정의 폭발로 나타날 수 있다. 평범한 일상 상황에서 갑작스러운 울음이나 분노가 터져 나오기도 하며, 이는 상실을 충분히 처리하지 못했음을 나타낸다.

4) 정체성의 변화

자아 상실: 상실은 개인의 정체성에도 깊은 영향을 미친다. 오랫동안 지속된 관계에서 누군가를 잃으면, 그 관계를 통해 형성된 자아의 일부가 사라진다. 예를 들어, 배우자를 잃은 사람은 자신을 '남편' 또는 '아내'로 인식했던 정체성을 상실하게 된다. 이는 상실 후 새로운 자아 정체성을 찾아가야 하는 과정으로 이어진다.

정체성의 재구성: 상실 후 사람들은 자신의 삶을 다시 정의해야 하는 순간을 맞게 된다. 상실된 대상이 삶에서 중요한 의미를 차지하고 있었던 경우, 그 공백은 자아를 다시 재구성해야 하는 압박으로 다가온다. 이러한 과정은 새로운 삶의 방향을 찾는 전환점이 되기도 하며, 새로운 정체성을 확립하기 위한 시도가 시작된다.

5) 장기적 심리적 영향

우울증: 상실이 충분히 처리되지 않으면 우울증으로 이어질 수 있다. 우울증은 계속해서 슬픔과 무기력감, 삶의 흥미 상실, 절망감 등을 동반하며 일상생활에 지장을 준다. 상실로 인한 우울증은 비탄이 장기간 지속될 때 발생하며, 전문적인 치료나 상담이 필요할 수 있다.

외상 후 스트레스 장애 (PTSD): 충격적인 상실, 특히 사고사나 폭력적인 사건 후에는 외상 후 스트레스 장애가 발생할 수 있다. 이는 상실의 트라우마가 계속해서 재경험 되는 상태로, 불안, 과민 반응, 플래시백 등이 나타난다. PTSD는 갑작스럽고 예상치 못한 상실에서 주로 발생한다.

복합적 비탄 (complicated grief): 복합적 비탄은 상실 후 몇 개월 혹은 몇 년이 지나도 슬픔과 상실감에서 벗어나지 못하는 상태를 말한다. 이는 상실을 충분히 처리하지 못한 결과로 나타나며, 일상 기능에 심각한 영향을 미칠 수 있다.

6) 회복과 성장

애도를 통한 회복: 상실의 심리적 영향을 극복하는 과정에서 애도는 중요한 역할을 한다. 애도는 상실된 대상에 대한 감정을 인정하고, 그 감정을 외부로 표현하며 심리적으로 처리하는 과정이다. 이를 통해 개인은 점차 슬픔을 극복하고 일상으로 돌아가게 된다.

상실 후 성장: 상실을 경험한 많은 사람들이 고통을 겪지만, 그 과정에서 개인적인 성장을 이루는 일도 있다. 상실 후 성장은 상실을 계기로 인생의 의미를 재발견하고, 내적으로 더욱 성숙해지는 경험을 말한다. 상실 후에는 이전에 없던 강인함과 통찰력을 얻게 되는 경우도 많다.

2. 상실의 비탄 방식(Grieving Styles)

상실에 대한 반응으로서 슬픔과 비탄을 느끼고 표현하는 방식은 사람마다 모두 다르다. 많은 사람은 비탄과 애도의 패턴들이 본질적으로 성별과 관련되어 있으며, 남성과 여성은 서로 다르거나 반대되는 방식으로 슬퍼한다(애도한다)고 주장한다. 이런 성별 이분법에 반대하여, 도카(K.J. Doka)는 이런 문제들이 실제로 성별에 따른 것은 아니며, 살아가는 사람의 자세일 뿐이라고 한다. 그는 감정을 경험하고 표현하는 것을 강조하는 '직관적(intuitive)' 비탄 방식과 실천적 문제들이나 문제 해결에 초점을 맞추는 '도구적(instrumental)' 비탄 방식으로 구별할 것을 제안하였다. 도카는 오늘의 사회에서 이런 방식 중 하나는 여성들에게, 다른 하나는 남성들에게 더 많이 적용될 수 있다는 것을 인정하지만, 이런 분류 방식은 엄격한 방식으로 보편적으로 적용되지 않는다. 남성과 여성 모두 다른 배경, 인성, 삶을 살아온 방식이 다를 수 있어서, 어떤 여성은 도구적인 방식으로, 어떤 남성은 직관적인 방식으로 슬퍼할 수 있기 때문이다. 우리는 이 책에서 상실의 비탄 방식이 여성과 남성의 이분법적 성별에서 주어지는 것이 아니라, 인간이라는 전체 종에서 나타나는 보편적 현상이며 이는 그 사람의 기질적 성향이나 인지적 태도에서 차이가 있다고 본다.

정서는 기본적으로 동기와 행위에 관한 것이며, 목표를 설정하고 개체가 행위를 할 수 있도록 준비시키는 것이다. 반면 인지는 지식에 관한 것이며, 상황을 분석하고 행동을 결정하는 것이다. 정서는 인지에 앞서 작동한다. 현재 진화적 과정에서 보면 인지적 기능 없이 정서를 경험하는 것이 불가능하다. 정서는 본질적으로 무엇이 중요한지를 가르쳐주며 행위를 하도록 우리를 조직화한다. 그러나 상황을 분석하고 우리의 자동적 평가나 걱정이 옳은지 혹은 수정할 필요가 있는지, 어떤 행위를 정확히 수행해야 하는지 계획하고 결정하는 데는 사고와 이성이 필요하다. 따라서 비탄 방식이 직관적이든, 도구적이든 모두 정서와 감정의 표현이며 그 작동 방식에는 감정과 이성이 동시에 작동한다.

3. 상실과 문화적 차이

상실은 인간이라면 누구나 겪는 보편적 경험이다. 하지만 상실을 어떻게 받아들이고 다루는지는 문화에 따라 다를 수 있다. 예를 들어 전통적인 일본 사회에서는 불교의 영향으로 죽음을 삶의 자연스러운 과정으로 받아들이며 비교적 평온하게 받아들이는 태도를 보인다. 일본의 장례 절차는 매우 절제된 방식으로 진행된다. 그리고 신토의 조상신과 조상숭배의 관습으로 인해 장례 후에도 가족들은 고인을 기리며 정기적으로 제사를 지낸다. 상실을 다루는 과정에서 개인은 비탄과 다른 상실과 관련된 감정을 억제하고 조용히 삭이는 것을 미덕으로 여기며 표현한다고 하더라도 가족과의 내밀한 공간에 국한되며 외부에는 정제되고 절제된 모습을 유지한다.

반면 멕시코를 비롯한 라틴 아메리카 국가에서는 죽음이 공개적인 축제의 방식으로 다루어진다. 가톨릭 신앙의 영향을 많이 받은 라틴 아메리카에서 죽음은 삶의 끝이 아니라 새로운 삶, 영원한 삶의 시작으로 여겨진다. 이들에게 장례식은 슬픔을 공개적으로 표현하고 가족과 친구들 그리고 공동체가 함께 고인을 기리는 사회적 행사다. 애도의 과정에서도 개인은 감정을 적극적으로 표현하며 울음, 기도, 이야기 등을 통해 상실을 극복한다. 그 과정에 가족, 친지와 친구가 적극적으로 참여하면서 지지와 지원을 제공하고 개인 상실의 고통과 슬픔을 나눈다. 멕시코와 라틴 아메리카 국가들에서는 '죽은 자의 날(Dia de los Muertos)'을 기념한다. 매년 11월 1일과 2일에 고인을 위한 제단을 만들고 고인의 사진, 음식, 꽃, 촛불 등을 올리고 죽은 이들을 기리며 그들과의 영적 연결을 축하하는 시간을 갖는다.

죽음을 이해하고 다루는 방식 그리고 애도의 관습은 나라마다 문화마다 다르다. 종교, 전통, 신념, 사회적 맥락 등 다양한 요소가 여기에 영향을 미친다. 따라서 다양한 문화적 배경을 가진 사람들의 상실과 애도를 돕고자 할 때 문화적 감수성과 공감이 매우 중요한 역할을 한다. 각자의 상실과 애도의 경험을 존중하고 그들의 문화적 맥락과 특수성을 이해하는 것이 그들에게 더욱 적절하고 효과적인 지원을 제공하는 데 중요하다.

4. 상실 교육의 필요성

우리는 살면서 누구나 상실을 경험하게 된다. 가까운 가족 중 돌아가시는 일도 있고 친구나 지인 중 돌아가시는 일도 있다. 때로는 예기치 않게 사랑하는 배우자나 자녀와도 이별을 경험하기도 한다. 그 대상이 누구든 상실은 우리 인간에게 피할 수 없는 일이다. 특히 예상치 못한 사별을 겪을 때는 그 충격이 너무 심해 일상생활을 지탱하기 어려운 경우도 발생한다.

이 과정에서 중요한 것은 이렇게 피할 수 없이 누구나 겪게 되는 상실을 어떻게 겪어낼 것인가 하는 것이다. 인간이 죽음을 피할 수 없듯이 사랑하는 사람을 잃는 일도 삶의 불가피한 속성이다. 상실의 고통을 잘 극복하지 못한다면 크나큰 심신의 어려움을 겪을 수 있다. 바울비는 '이르든 늦든 간에, 사별로 인한 슬픔을 회피하는 사람 중 일부는 우울증 등의 어려움을 겪게 될 것이다. 평생 고통을 지고 살아가지 않게 하는 것이 중요하며, 적절하게 치료하지 않으면 나중에 오히려 힘겹게 치료받아야 한다.'라고 하였다. 상실을 잘 겪어내는 것은 잘 살아가기 위해 노력하는 것만큼 중요한 일이다.

우리나라 2023년도 전체 사망자 통계를 보면, 1년에 352,511명이 사망하고 있으며, 이 수치를 1일로 환산하면 하루 평균 966명이 사망하고 있다. 1명이 죽으면 최소 6명의 사람이 사별로 인한 영향을 받는다고 본다면 하루 평균 5,795명의 사람이 사별의 고통을 겪는다고 할 수 있다. 그렇다면 이 많은 사별자는 어떻게 상실의 고통을 겪어내고 있을까? 아쉽게도 우리 사회는 상실에 대한 이해가 부족하며, 애도의 필요성과 애도 교육의 중요성에 대한 인식이 부족하다. 이런 측면에서 상실 교육은 곧 애도 교육이다.

이제는 상실과 그에 따르는 아픔을 잘 겪어낼 수 있도록 돕는 애도 교육이 필요하다. 애도 교육의 핵심 주제는 상실과 비탄, 그리고 애도다. 상실(loss)은 내게 소중한 무언가를 잃어버리는 경험이며, 비탄(grief)은 상실에 대한 반응으로 나타나는 슬픔, 아픔, 고통을 의미하며, 애도(mourning)는 상실로 인한 비탄 감정을 해결하며 상실과 더불어 살아가는 과정을 의미한다. 애도 교육 목적은 이러한 '상실과 비탄, 애도'에 대해 배움으로써 사별자 스스로 슬픔을 딛고 일어설 힘을 기르고, 슬픔에 빠진 이웃에게 진정하고 적절한 위로와 도움의 손길을 내밀어 슬픔으로부터 회생할 수 있도록 돕는 데 있다.

이러한 애도 교육은 어린아이로부터 노인에 이르기까지 전 세대가 배워야 한다. 발달단계에 따른 죽음교육이 필요하듯, 발달단계에 따른 애도 교육도 필요하다. 특히 학교에서의 애도 교육은 더욱 중요하다. 학생들도 반려견의 죽음, 조부모의 죽음 등 다양한 상실을 경험한다. 그러한 상실 경험을 잘 극복할 수 있도록 배우고 도움을 받는다면, 학생들이 성장하고 살아가면서 겪게 될 보다 큰 상실의 아픔들을 이겨낼 큰 힘과 자원을 얻게 될 것이다.

기본 2
증상의 지향성과 무늬

<내용 요약>

자아 정체성은 태어날 때의 환경과 불안에서 시작하여, 이를 안정시키려는 자아 형성 과정을 거친다. 자아는 연약함과 의존을 통해 형성되며, 이는 자아의 자기 이미지와 이야기로 발전한다. 표상적 자아는 기억과 경험을 바탕으로 형성되며, 과거의 경험이 현재의 자아 인식에 영향을 미친다. 증상과 고통은 억압된 무의식이 의식화되며, 언어와 표상을 통해 표현된다. 감정과 신체적 경험을 상징화하는 과정은 치료적 작업에서 중요한 역할을 하며, 이를 통해 내적 자원과 새로운 목표를 발견할 수 있다.

<핵심어>

자아 정체성, 불안, 자아 형성, 자기 이미지, 표상적 자아 (Representational ego), 기억, 무의식

<학습 목표>

- 자아 정체성의 형성과 변화를 이해하고, 개인의 삶에 미치는 영향을 분석할 수 있다.
- 환경과 사회적 맥락이 자아 형성에 어떻게 영향을 미치는지 설명할 수 있다.
- 자아 정체성의 형성 과정에서 발생할 수 있는 불안과 그 극복 방안을 탐구할 수 있다.
- 표상적 자아의 개념과 그것이 자기 이미지에 미치는 영향을 설명할 수 있다.

- 무의식적인 자아와 기억의 관계를 이해하고, 그것들이 치료적 작업에 어떻게 활용될 수 있는지 탐구할 수 있다.

<적용 실천>
- 자아 정체성 개발을 돕는 상담 기술 활용: 자아 정체성을 형성하고 변화하는 과정을 이해하여, 상담 시 내담자가 자신의 정체성을 확립하고 변화시키는 데 도움이 되는 질문과 대화를 할 수 있다.
- 사회적 맥락을 고려한 접근법 적용: 상담 시 내담자의 환경과 사회적 배경을 고려하여 자아 정체성을 형성하는 데 영향을 미치는 요소들을 파악하고, 이를 반영한 맞춤형 지원을 제공할 수 있다.
- 불안 해소 및 자아 안정화를 위한 기법 적용: 자아 정체성 형성 과정에서 불안이 발생할 수 있음을 인식하고, 이를 해결할 수 있는 스트레스 관리 기법이나 심리적 안정화를 돕는 방법을 적용할 수 있다.
- 자기 이미지 개선을 위한 치료적 접근: 표상적 자아의 중요성을 이해하고, 내담자가 긍정적인 자기 이미지를 구축할 수 있도록 자아에 대한 새로운 인식을 심어주는 치료기법을 실천할 수 있다.
- 무의식적 자아와 기억의 연관성 활용: 무의식적인 자아와 기억의 관계를 고려하여, 내담자가 겪는 심리적 문제의 원인을 파악하고, 이를 치료적 작업에 반영하여 깊이 있는 상담을 제공할 수 있다.

증상의 지향성과 무늬

Ⅰ. 자아는 어떻게 형성되는가?

자아 정체성은 감각에서부터 진행된다. 우리는 태어나는 순간부터 전혀 다른 환경에 놓이게 된다. 엄마의 태중에 함께 있다가(동질성) 세상에 놓일 때 전혀 다른 이질적 환경을 경험한다. 이질적 환경은 불안의 원인이 된다. 불안은 모든 감정 형성의 근원이 된다. 이제 아이는 이질적 환경을 동질적 환경으로(적응) 바꾸기 위해 노력한다. 자아 정체성의 출발은 이질적 환경을 동질적 환경으로 적응하는 과정에서 형성된다. 예컨대 어린아이는 자신의 연약함을 보호하기 위해 힘이 있는 부모에게 온전히 의지한다. 유년기가 지닌 연약함이 자아 정체성의 모티브가 된다. 그러니까 유년기의 자아 형성은 연약함과 의존(신뢰)과 긴밀한 관계가 있다. 즉 아이의 자아 정체성은 연약함에서 기인한 불안 정서가 안정된 자기 존재의 형상을 만들어내어 자신을 보호하고 확인하려 한다. 아이는 자신을 규정하는 자기 이미지(거울 이미지)와 자신에 관한 이야기에 기초해서 정체성의 구조를 발달시킨다. 이러한 정체성은 자기 표상의 집합체이며 처음부터 다른 사람과의 관계를 통해 형성된 것이다. 긍정적이든(나는 특별해) 부정적이든(나는 아무것도 아니야 등) 자신에 관한 생각이 자기 정체성을 유지하게 된다. 이렇게 자신에 집착하는 이유는 바로 '지금 있다'라는 '현실감'이 구체적 감각과 존재감을 주기 때문이다.

아이들은 존재에 대한 불안감을 안정적인 정체성으로 바꾸어 그 불안을 없애는 데에는 엄청난 재능을 보여준다. 정체성을 찾으려는 충동은 결핍에 대한 두려움을 극복하고, 자신이 누구인지 이해하고, 자신의 가치를 평가하고, 자신이 실재한다는 것을 느끼고 싶은 욕망에서 비롯된 것이다. 이처럼 개인의 정체성은 탁월한 생존전략에서 비롯된 것이고, 개인이 본래 가지고 있는 성품으로 형성된 것이다. 그러나 강박적으로 자신의 정체성에 집착하면 결국 내적인 갈등을 일으키고 개인의 성장에 방해가 되기도 한다.[235]

Ⅱ. 언어-표상적 자아

표상적 자아는 자기라는 익숙한 느낌의 연속성, '나는 전에도, 앞으로도 이러한 사람이다.'라는 신념이 만든 자아이다. 그러니까 자아는 존재하지 않는 개념(언어-표상)적 자아일 뿐이다. 즉 표상적 자아는 자신의 과거 기억의 경험이 만든 자아이다. 그렇다면 "자아가 궁극적으로 실재하지 않는다면 어떻게 내가 나와 같은 동일 인물이라고 느낄 수 있는가?" 심리학에서나 불교에서는 이렇게 일관된 자기를 느끼고 표상하는 것에 대해, 카르마나 기억의 관점 즉 한 마음의 순간에서 다음 마음의 순간으로 전달되는 것으로 설명한다. 마음은 매 순간 이전 마음의 순간을 이어받아 다음 순간으로 전달한다. 즉 그 이전의 생각은 다음의

---

235) 불교 심리학은 자아를 하나의 활동 즉 스스로 견고하고 규정된 것으로 만들어 정체성을 유지하는 것이라고 본다. 티베트 용어로 자아는 아집(dak-dzin, 내가 나라고 생각하는 나를 붙드는 것, 혹은 자신의 심신 가운데 사물을 주재하는 상주불멸의 실체가 있다고 믿는 집착)의 뜻이다. 서양의 심리학에서는 자아의 발달을 수평적으로 보는 데 반해 불교 심리학은 자아를 매 순간순간 재창조되고 강화되는 수직적인 활동으로 본다. 즉 자아는 오온(skandhas, 五蘊)으로 불리는 다섯 가지 성향으로 구성되어 있다고 본다.

생각으로 이어져 교체된다.[236] 그 뒤에 따라오는 각각의 생각이나 앎은 이전의 생각을 모두 포함하고 있는 마지막 저장소(무의식)이다. 모든 생각과 의식의 단위는 중첩된다. 그렇기에 내가 현재 나라고 생각하는 것은 항상 한순간 이전에 나라고 생각했던 것에 의해 결정된다.[237]

외부 자극에 대해 자기동일성을 유지하면서 반응하는 패턴을 우리는 일명 '정서도식'이라고 부른다. 정서도식(emotion scheme)은 과거 경험과 그 기억흔적(사물 표상)의 기제를 재구성하는 심리적 패턴이다. 도식은 일련의 조직화 원칙(안정성)을 의미하며 개인이 선천적으로 갖고 태어난 반응 레퍼토리와 신체기억에 의해 구성된다. 이런 도식은 현재 내담자가 처한 상황과 상호작용하며 또다시 현재 경험을 불러온다. 도식은 매우 개인적이며 독특하다. 도식에는 각 개인 삶의 경험으로부

---

[236] 기억이 없으면 의식이 외부에 알려질 수 없다. 기억은 의식 속에서 현재라는 시제에서 느껴지는 정서와 나란히 병존하며 다수의 다른 감각들과 공존한다. 결국 '나'라는 자아의식은 감각-지각-연합-종합의 단선과 병렬로 통합된 개념(언어-표상)이다. 기억은 언어-표상으로 재구성된 것이다. 언어가 없다면 '나'도 없다. '나'는 언어-표상에서만 찾아지는 허구다.

[237] 언어 진화는 이전 사용했던 몸짓언어(동사)를 보통 명사화하면서 후에 추상명사로 발달한다. 따라서 언어기술은 이전에 사용했던 개념을 당대에 이해하고 사용했던 언어로 재구성해서 사용한다. 이때 발생하는 것이 수반(supervenience) 개념이다. 수반은 불교의 의타기성(依他起性)과 유사하다. 의타기성(산스크리트어: paratantra-svabhāva): 문자 그대로의 의미는 "다른 것에 의지하여 일어나는 성질"이며, 영어로는 "other dependent (다른 것에 의존하는)"라고 직역되며 "dependent nature (의존성)"라고 번역된다. 즉, 연기(緣起)의 성질을 말한다. 종교성과 영성, 마음, 의식, 정신은 개별 독립된 실체가 아니다. 몸(Mom)의 생태적 관계망에서 형성된다. 의타기성은 대상 사물 A를 기술하기 위해 B라는 용어를 사용한다. 그렇다면 B라는 용어가 A라는 대상보다 앞서 있는 것인가, 아니면 A라는 대상 사물이 있기에 B라는 용어가 생겨난 것인가? A와 B의 관계는 무엇인가? A와 B의 관계는 선후가 있는 것인가? 종속적인 인과관계인가? 주체와 대상의 관계인가? 유식에서는 이 두 관계가 동시성 즉 '즉(即)' 해 있는 연기(緣起)적 관계로 본다. 우리는 습관적으로 어떤 문제를 해결하기 위해서나 대상 사물을 파악하기 위해 문제와 사물을 밖에 두고 객관화해서 바라보고 이를 처리하고자 한다. 그런데 그 문제와 사물은 진짜 밖에 있는 것인가? 과연 밖에 문제와 사물을 두고 사건을 처리할 수는 있는 것인가? 크리스틴 케널리 지음, 전소영 옮김, 『언어의 진화』, 189~211쪽, 참조, 알마(2009).

터 우러나온 고유한 정서적 기억, 희망, 기대, 두려움 그리고 지식이 누적되어 있다.

정서도식에는 주관적으로 지각된 의미, 자신과 세계에 대해 통합된 감각(신체화된 습관에서 우러나오는)을 제공하는 정동, 인지, 동기 그리고 행위가 복합적으로 포함되어 있다. 이는 내담자 의식의 지향성과 밀접한 관계가 있다. 도식은 외부 세계의 복사판이 아니라 세계-내-존재로서 우리의 경험과 행위로 구성된 것이다. 이는 비언어적 수준에서 표상(기호)되며 의식적이고 개념적인 앎보다는 존재 및 행위(생존 보호 본능)와 연관되어 있다. 예를 들면, 아동기 초기 기억은 언어화되기 전의 느낌인 감각(촉각), 풍경(시각), 소리(청각)와 냄새(후각), 맛(미각)으로 구성된다. 이들 감각의 안정성 여부와 쾌·불쾌에 따라 결핍과 충족에 따라 정서가 형성된다. 따라서 정서도식은 살아온 경험의 주관적 기록과 같다. 도식은 정서적 경험을 기억하는 기본적인 판형이며, 전체 경험을 의미 있는 단위로 통합하는 기능을 수행한다.

Ⅲ. 사물 표상과 단어(언어) 표상

억압(verdrängung)은 사물 표상이 언어 표상으로 해석되어 의식 속에 들어오지 못한 채 남아 있는 상태를 말한다. 그리고 이 억압(무의식)의 대상이 언어화(의식화)되지 못한 것이 충동이다. 그러니까 충동의 메커니즘은 억압된 무의식의 대상을 의식화(언어화)하기 위해 발현되는 것이다. 예를 들어 신체에 나타난 증상도 충동의 하나이다. 그렇다면 **충동과 증상을 없애는 방법은 억압된 무의식의 사물 표상을 언어**

표상으로 의식화(의미화, 자각) 하는 데 있다고 할 수 있다. 그래서 인간의 심적 장치는 동물과 다르게 현실원칙(불쾌 원칙)에 의해 억압이 성공했다고 해서 충동이 계속 무의식 상태에 갇혀 있지 않게 한다. 충동이 자아로 혹은 초자아의 주체로 변형되어 무의식에서 전의식으로 또는 의식의 국면으로 횡단하고자 한다. 충동(생의)은 끊임없이 또 다른 경로(전의식)로 나타나는데, 그것이 말의 실수와 같은 현상(예컨대 어떤 이름을 부르려고 할 때 정작 그 이름이 아닌 다른 이름으로 발음하는 것)이고 증상이다. 언어-표상은 처음의 자극에 받은 첫인상이나 이미지를 다른 단어로 대체하여 그 첫인상이나 이미지로 재구성해서 나타나는 이미지이다.[238] 즉 언어-표상에는 두 개의 이미지 즉 사물 표상과 단어 표상, 즉 **이항기표**(하나의 신체 자극-사물 표상을 다른 하나의 심리적 인상-언어 표상으로 연결해서 해소하고자 하는 것)로 구성된다. 그러나 동물은 외부 자극에 대한 신체 자극-사물 표상에 머물러 있다. 즉 **단항기표**만 있다.

후설(E. Husserl)에 있어서 언어-표상은 현재 지금의 상태와 순간에 과거의 자극된 이미지를 소환해서 앞으로 어떻게 행동할 것인가 하는 '**예기감**'으로 종합 재구성되는 이미지(표상)이다. 재구성은 과거의 자극적 인상이나 앞으로 전개될 예기 감각이 현재라는 자기-동일성으로 귀결된다. 즉 자기-동일성에는 과거의 인상과 미래의 예기가 종합된 것이다.[239]

---

238) 프로이트와 라캉에게 있어서 억압과 증상 그리고 충동은 수동적 객체에서 능동적 주체에 전환하는 계기로 본다. 데리다는 억압과 증상을 '유령', 혹은 '괴물' 또는 '선물'로 보고 레비나스 또한 '환대'해야 할 사물로 본다.

239) 에드문트 후설, 이종훈 옮김, 「의식의 흐름의 통일성 및 동시성과 잇따라 일어나는 것의 구성」, 『시간의식』, pp. 169-174 참조. 만약 인간에게 예기감이 없다면 어떤 심적상태가 될까? 예를 들어 치매 환자에게는 예기감이 없다. 그들에게는 불안, 두려움, 공포가 없다. 이들 감정은 모두 앞으로 도래할 예기감에서 비롯되는 감정이다. 희망, 소원, 욕망 또한

이처럼 언어작용은 ① 제한적, ② 배타적, ③ 선택적, ④ 규칙적, ⑤ 논리적, ⑥ 추상적, ⑦ 은유적인 특성을 갖는다.[240] 그래서 증상이나 고통의 작용 또한 언어-표상적이다. 증상과 고통의 발생은 어떤 제한된 유한적 조건에서 발생한다. 그리고 이것의 부정적 이미지를 해소하기 위해 끊임없이 다른 이미지를 소환해서 해석 이해하고자 한다. 은유와 환유 기표의 연쇄에서 의미를 산출시키듯이, 증상과 고통 또한 끊임없는 반복과 재현을 통해 다양하게 나타난다. 언어가 기표의 연쇄를 통해 의미가 발생하고 그 의미를 봉합하는 데서 일정한 쾌감이 생기듯, 증상과 고통의 기표 또한 자신의 존재를 확인하는 계기가 되기에 증상과 고통이 이내 쾌감으로 변환되기도 한다.[241]

프로이트(S. Freud)는 리비도와 억압과 죽음충동을 사물 표상(무의식, 기억흔적)으로, 부인을 언어-표상(전의식, 의식)으로 명명하며, 이 두 관계는 상호작용하는 것으로 해석한다.[242] 사물 표상이 1차 억압에 대한 무의식적 이미지라면, 이 이미지가 단어 표상으로 언어화되면서 의식화되어 나타나는 것이 언어-표상이다.[243]

사물 표상과 언어 표상은 무의식과 의식의 같은 뿌리에 속하는 이중의 심적 장치이며 일상에서 증상과 고통이 계속해서 발생하는 이항 기

예기감에서 나온다. 그러니까 불안-두려움-공포는 희망-소원-욕망의 다른 이름일 뿐 이중 구속의 양태를 지닌다.

240) 언어학에서 기능(機能)이란 주로 발화(發話)가 지니는 역할을 가리킨다. 야콥슨(R. Jacobson)은 언어의 기능을 여섯 가지로 제시하고 있다. ① 말하는 이, ② 말 듣는 이, ③ 쓰인 말 자체, ④ 말이 관계를 맺고 있는 관련 상황, ⑤ 말이 쓰인 분위기 내지 경로, ⑥ 사용되는 언어의 종류이다. 야콥슨(R. Jacobson), 박여성 역,『언어의 토대 Fundamentals of language』, 문학과지성사 (2009), 언어의 이중적 속성 참조.

241) 라캉, 홍준기 외 옮김, 위의 책, pp. 311-331 참조.

242) 프로이트, 윤희기·박찬부 옮김, 위의 책, pp. 137-179, 참조.

243) 프로이트, 윤희기·박찬부 옮김, 위의 책, pp. 180-189, 참조.

표이다. 이는 의식이나 무의식이 다 같이 언어-표상을 통해 경험이 구체화하기 때문이다.[244] 표상, 즉 기억흔적을 되살리고 대상을 그것에 연결하면서 신체적 자극을 일종의 기호 같은 정신적 구성물로 바꾸지 않는다면 충동도 존재하지 않을 것이고, 무의식도 존재하지 않는다고 할 수 있다.

여기서 어떤 충동이 자아에 의해 격리되고, 무의식 속에 억압되지만, 쾌락 자아가 표상을 계속하는 한 이 갈등은 계속되어 전의식으로 우회해서 나타날 수밖에 없다. 사물 표상이 언어 표상으로 번역되려고 하는 역동성이 바로 프로이트가 말한 '무의식'이다. 그러니까 무의식은 사물 표상이 단어 표상으로 언어화하지 못하거나 단어 표상이 사물 표상으로 체화하지 못한 갈등이나 억압에서 형성된다.

우리의 심적 체계는 사물 표상으로서의 쾌락 자아와 단어 표상으로서의 현실 자아가 서로 끊임없이 교호하여 욕망을 실현해 내려고 한다. 어떻게 보면 사물 표상과 단어 표상, 쾌락과 현실 자아, 무의식과 의식의 밀고 당기는 길항작용은 상황에 따라 욕망을 적절하게 실현해 나가고자 하는 심적 체계의 변주라고 할 수 있겠다. 따라서 이 두 길항작용(억압과 방어)은 반대가 아니라, 욕망을 탐색해 나가는 음양의 교호작용이다.

인간은 분명 생물학적 욕구를 지니고 있고 내적, 외적 자극을 해소하는 과정에서 자신도 모르게 행동을 규정하는 무의식적 메커니즘의 지배를 받지만 무의식[245]은 인간이 표상과 언어를 통해 외부 현실과 관계

---

244) 우리는 왜 라캉이 프로이트의 메타심리학의 전제적 관점에서 기표이론으로 재구성하여 무의식의 언어적 본성을 강조하는지 알 수 있다. 라캉은 프로이트의 충동이론을 기반으로 기억흔적을 쫓는 표상의 작용에 더 주목한다.
245) 다마지오(Damazio)는 뇌과학에 근거해서 생리적 무의식을 다음과 같이 분류한다. ① 우리가 주의하지 않는 완전히 형성된 모든 심상들, ② 결코 심상이 되지 못하는 모든 신경

를 맺는 조건 때문에 발생한다는 점을 인지할 필요가 있다.

이처럼 주체는 처음에는 자극이 주는 쾌와 불쾌를 기준으로 내부와 외부를 구별하다가 점차 외부에 있는 좋은 대상을 내부로 내-투사하거나 불쾌한 것을 외부로 투사하면서 쾌락 자아를 구체화한다. 그리고 이런 투입과 투사를 반복하고 만족과 연관된 대상의 표상에 부응하는 대상을 외부에서 찾는 과정에서 현실 자아가 만들어진다. 이제 현실의 대상과 현실이 부과하는 제약이 중요하지만, 중요한 것은 대상 자체가 아니라 대상을 통해 획득한 만족과 연관된 '기억흔적(erinnerungsrest)'이다.

프로이트는 표상을 고도의 관념적 재현이나 추상적인 사유로 보는 것이 아니라 리비도 에너지를 집중시키면서 대상과 맺는 양태로 이해한다. 프로이트가 말한 표상은 기억흔적(사물 표상)을 쫓는다는 점에서 일종의 우리 뇌가 외부 정보(자극)를 이해하기 위해 일련의 해석 체계인 기호로 입력된 것이다. 따라서 그는 기억흔적(사물 표상)을 리비도를 통해 활성화하는 기호 작업의 표상으로 본다. 일단 경험이 시냅스를 통과해서 기억이 형성되면 이때부터 쾌락 자아는 만족을 위해 그 흔적에 상응하는 대상의 표상을 계속해서 만들려고 하는데 여기에서 이 표상과 연관되어 다시 이차적으로 충동이 발생하게 된다.

표상이 기억흔적을 활성화하고 기억흔적은 다시 표상을 끌어들인다. 그리고 이런 과정이 무한히 반복되면서 무의식적 욕망이 발생한다. 충동이 생물학적인 본능과 다른 점은 신체적 자극의 직접적 표출이 아니라 이처럼 기억흔적에 대한 기호 작용이 개입한다는 것이다. 표상은

패턴들, ③ 경험을 통해 습득되고, 휴면 상태로 있고, 결코 가시적인 신경 패턴이 되지 않을 모든 성향들, ④ 그런 성향들의 모든 조용한 갱신과 결코 드러나지 않을 모든 조용한 성향들의 망 재구성, ⑤ 천성이 타고난 항상성 속에 구현시킨 모든 숨겨진 지혜와 요령. 『스피노자의 뇌』, 다마지오 저, 임지원 옮김, 사이언스북(2016) 참조.

육체적 작용만도 정신적 작용만도 아니라 그 둘의 연합적 산물이다. 그렇기에 프로이트는 충동을 정신적인 것 속에서 신체적인 욕구를 대변하는 일종의 '대표자'로 정의한다.

신체적 자극에 대한 이미지(인상)가 표상이다.[246] 본능과 달리 충동은 항상 기억흔적(사물 표상)을 드러낼 대표자를 필요로 한다. 표상은 육체적인 것이 정신적인 것으로 가공하는 것이다. 대표-표상(대리자, 재현자, representation)은 자극과 욕구에 대한 정신적 표현이자 기억흔적에 대한 리비도집중이며 자극을 해소할 수 있는 대상의 이미지를 호출하면서 충동을 구체화한다. 프로이트는 이 메커니즘을 사후적 재구성(또는 사후적 억압)으로 언명한다. 충동은 인간이 받는 다양한 신체적 자극에서 시작되지만, 그 자극이 남긴 기억흔적에 대한 표상 과정을 매개로 여기에 부합되는 대상을 찾는 항구적인 작용이다. 충동이 요구하는 것은 특정한 대상이 아니라 최초 만족의 표상(엄마의 가슴)에 부합되는 대상의 표상이다. 그러나 이는 사실상 찾기가 불가능하다. 충동의 목적은 이런 표상 작용과 그것에 부합되는 불가능한 대상을 찾아 다시금 최초 만족을 실현하려는 것이다. 이처럼 기억흔적에 대한 기호화 작업(언어-표상)을 거치기 때문에 신체적 자극과 그것의 표상이 서로 어긋나는 모순이 발생하기도 한다. 충동이 아니라 표상적 대표자가 무의식의 내용물을 이루기 때문에, 나중에 라캉이 무의식은 언어처럼 구조화되어 있다고 재해석한다.[247]

---

246) 프로이트는 이를 '충동의 대표자'(triebrepräsentanz) 혹은 '대표 표상'이라 부른다.
247) 라캉은 충동을 언어의 산물로 보면서 언어적 존재인 인간에게는 순수하게 동물적이고 자연적인 본능이 아예 불가능하다고 말한다. 일단 언어가 모든 것을 상징화하면서 대상에 대한 상실을 구조화하는 데 이 상실을 채우려고 하면서 계속 기표에 의존하는 작용이 바로 충동이다. 또 라캉은 억압의 대상이 되는 것은 항상 기표(signifiant)라고 강조하는데 기표이론은 프로이트가 말한 '대표 표상'의 재해석이라 할 수 있다.

Ⅳ. 인지도식의 변화

프로이트의 사물-표상은 사건에 대한 원초적(무의식적) 이미지를 의미하고, 언어-표상은 원초적 이미지를 다른 이미지로 번역(해석)한 것(A를 → B로, 언어, 기호화, 상징화)을 말한다. 사물 표상과 언어-표상은 일치하지 않는다(≠). 이미지는 본능적 경험에서 발원한다. 그러나 언어-표상은 본능적 경험의 이미지를 이해(번역 해석)하기 위해 동원한 기호나 이미지로 사후적 재구성에 해당한다. 사물 표상이 자연감정에 해당하는 것이라면, 언어-표상은 인지 감정에 해당한다. 분석은 사물 표상을 언어-표상으로 번역 환기하는 작업이다. 하나의 사건에 대해 사물 표상을 불러내는 방식은 사람마다 다르다. 같은 사물 표상이라고 하더라도 이를 바라보고 해석하는 사람의 언어-표상 혹은 인지구조에 따라서 사물 표상은 다르게 번역 해석된다.

이처럼 사물 표상을 언어-표상으로 변환하는 작업은 감정 지향적 치료 중에 가장 단순하고 직접적인 작업이다. 이를 죽음학 임상 실천에 적용하면 다음과 같다. 먼저 상실자는 일차적인 ① 자연감정을 충분히 해소하고 그때의 ② 사건을 이미지화하고 ③ 상징화할 필요가 있다. 이때 그 이미지는 우리에게 방향감각을 제시하고 문제 해결을 위한 정보를 알려주는 역할을 한다. 예컨대 분노는 경계선을 설정하게 해 주며, 두려움은 도피를 유발하고, 슬픔은 잃어버린 대상에 대한 추구나 위로를 시도하게 하거나 일시적 고립을 통해 자기 안의 힘을 회복하도록 한다.

이런 과정에는 ① 감정과 신체감각에 주의를 기울이고 ② 이를 의식 속에 상징화하는 것이 포함된다. 만약 감정적 경험을 상징화하지 못하면 감정 본래의 적응적 기능이 발휘되지 않는다. ③ 감정의 체화과정은 주의를 바꾸거나 관점을 변화시킬 때 일어난다. 중요한 것은 상실자가 새로운 욕구와 목표, 내적 자원에 주의를 기울일 때 지향적 재구성이 가능하다는 점이다.

감정적 고통을 허락하고 수용하는 치료 작업은 감정을 회피하지 않고 직면하게 하는 데 있다. 따라서 고통을 허락하는 과정은 일종의 노출 치료-고통을 일으키는 구조를 변화시키기 위해 상실자를 고통에 드러내는 것-와 유사하다. 감정체험은 이미지(관념)를 신체화하는 과정이다. 흘릴 눈물이 있다면 모두 흘려야 한다. 그때 비로소 찾아오는 신체의 후련함이 있다. 이는 밖으로 나갔던 감정(체화되지 못하고 신체에서 유리된 것=이미지=표상)이 신체로 돌아오는(체화) 과정이다. 체화는 상실자 자신이 '지금-여기'라는 구체적 현실성을 자각하는 출발이다. 이는 곧 지금-나라는 주체의 확인을 통해 사건을 인지할 수 있는 인식적 공간을 부여한다.

유기체는 자기 안정화를 위한 보호본능으로 외부적 자극에 대해 시시각각 의식이 전의식-무의식의 국면을 창조하여 리비도(이드)의 대표 표상인 충동의 힘을 적절하게 작용(기능, 대처, 배분)할 수 있도록 한다.

'비탄을 어떻게 해석할 것인가'에 대한 근본적인 관점을 제시하기 위해, 비탄의 위상학적이고 경제학적인 위치를 도표화했다. 우리는 이 도표를 통해 ① 누구의 비탄인지 ② 비탄을 만들어낸 상황과 그 상황(국면)에 부닥친 다른 계열의 사람(가족 관계)들은 누구인지 ③ 누구와의 관계에서 비탄이 만들어지는지 ④ 비탄은 내담자의 고유한 것인지 ⑤ 무엇이 그를 비탄하게 하는지 ⑥ 비탄의 위치는 어디인지(어디에서 비탄이 발생하는지)를 좌표에서 찾을 수 있다.

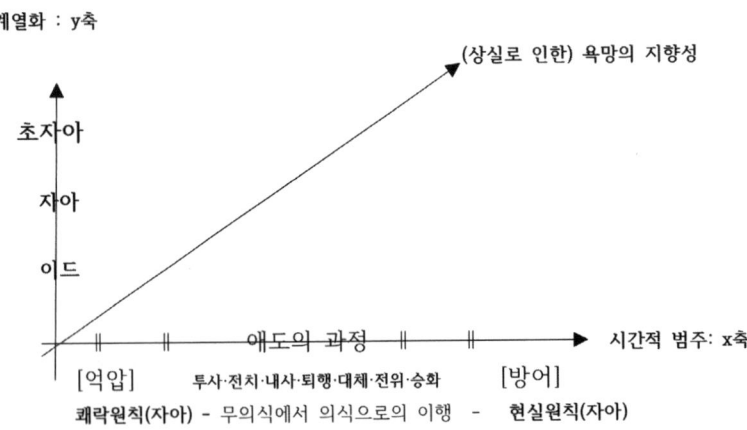

표1 〈범주 계열화에서 바라보는 심적(비탄) 과정〉

<도표설명>

- 비탄은 <공간의식 × 시간의식 × (사물) 대상>의 연합에 의해 구성된다. 따라서 비탄에는 위치와 형식' 사이의 내적인 긴장 관계로 결합해 있다. 연합은 '상호침투', '서로에 의해서 조건 지어져 있음'을 의미한다. 그러니까 '비탄'은 복합적인 전체의 상황을 고려한 유기적 관계망에서 잇달아 일어나는 질서와 계열을 통해 '자기정립'된다.
- 느낌(정서+감정)은 유기체마다 다르게 구성된다. 하루살이와 600년의 수명을 지닌 팽나무는 저마다 고유한 생명의 내재적 원리에 의해 구성된다. 수시로 변화하는 사람의 마음(의식, 감정)도 <공간의식 × 시간의식 × (사물) 대상>의 연합에 의해 구성된다. 동물과

인간의 차이가 있다면 동물의 심적 구조의 연합은 단선(시간계열, x축)으로 이루어진 것에 비해, 인간의 심적 구조의 연합에는 공간계열(y축)이 하나 더 있다. 이 공간계열은 자신을 대상화하고 초월하는 기능이다.

<계열화 y축의 이해>

- 계열화 y축에 배속된 모든 존재자는 각자 고유한 활동의 장(場, field-유사한 기표의 연쇄)이 있다. 이 장은 다른 어떤 계열의 주체로 대신할 수 없다.

- 계열화 y축은 억압(압축-은유)을 의미한다. 이는 프로이트의 독법에 따르면 쾌락원칙이 지배하는 영역이다.

- y축 : ① 억압의 강도(+): 이드(0) → 자아(+) → 초자아(+++), 위상학, / ② 감각, 질(질성)/힘의 경제학적 분배: 이드(+++) → 자아(++) → 초자아(+), ③ 쾌락원칙이 지배

- 모든 존재자는 한번 일어난 '사건'의 억압(압축) 때문에 형성된 '결핍'의 존재이다.

- 계열화 y축은 프로이트가 설정한 '이드-자아-초자아'가 작동하는 존재 계열의 공간이다.

- 이드는 무의식의 흔적(표상-침전물)이 남아 있는 영역이다. 따라서 죽음교육전문가는 무의식(자동적 의식)을 의식화하기 위해 자아의 영역에 있는 표상(말, 기호, 행동, 감정 등)을 통해 작업하게 된다.

<시간적 범주 x축의 이해>

- '사건'의 억압(압축) 때문에 형성된 '결핍'의 존재가 결핍을 채우려고 부단히 욕망하는 지향적 시간 의식을 의미한다. ① 에너지(힘)의 변형과 감정의 변주·변이·다양한 방어기제: 무의식 → 전의식 → 의식, ② 자각과 인식(인지) 레벨, 추론, 논리, 추상적 개념화 의미화, ③ 현실원칙이 지배

- 시간적 범주 x축은 프로이트가 설정한 '무의식-전의식-의식' 현실원칙이 일어나는 강도이다. 이는 논어 공야장에 나오는 "소자회지(小者懷之) - 붕우신지(朋友信之) - 노자안지(老者安之)"로 이행하는 발전 도식으로 이해할 수 있다.

- 시간적 범주 x축은 한번 형성된 압축파일인 억압을 풀기 위해 방어기제를 사용해서 투사·전치·내사·퇴행·대체·전위·승화의 다양한 모습으로 진행한다.

- 방어기제는 억압의 충격인 결여(결핍)를 복구하고자 길을 나서는 인생 항로이다. 이 과정에서 상실에 의한 비탄은 인접 유사한 대체물로 잠깐 쾌락을 얻게 되지만, 처음 상실된 것을 온전히 대체하지

는 못한다. 그래서 또다시 다른 대체물을 계속 찾게 된다. 이 과정을 통해 의미화가 형성되고 주체가 도래하게 된다.

• 시간적 범주 x축은 이드(生意-仁)의 자기-동일성(나르시시즘)에서 자아를 거쳐 사회·집단화의 논리로 확장해 나가는 과정을 의미한다.

<심리 주체의 공간학적 계열>

※ 우리의 심적 주체는 신체 내의 에너지 균형과 분배에 따라 <이드-자아-초자아>로 적절하게 변환하면서 주체로 작동한다. 따라서 주체는 고정되어 있지 않고 x축 시간성(무의식-전의식-의식)의 국면에 따라 다른 주체로 변할 수 있다.

1) 이드(사물 표상-상상계): 욕망·힘·에너지·리비도·충동(분출하고자 하는 욕동)·성욕/쾌락의 원칙에 의해 움직임 → bottom up

2) 자아(단어 표상-상징계): 이드와 초자아 사이의 갈등(이것이냐 저것이냐? 그것이 문제이다), 고뇌·시선·쾌락원칙과 현실원칙 사이, 힘 조정의 주체, 자아는 <의·필·고·아>의 지향적 특성이 있음 → Equilibrium(평형, 중재, 조정, 완충 역할)

3) 초자아(사건·증상-실재계): 죽음충동·이드(生意-仁)의 대변·금지·명령·터부·양심·도덕·규범 → top down

<의식의 시간학적 국면>

※ 신체 에너지 작동의 주체인 <이드 - 자아 - 초자아>는 의식의 국면 변

화에 따라 <무의식-전의식-의식>과 결합하여 특별한 심적 현상을 나타낸다. 의식은 외부적 자극에 대처하기 위해 상황에 따라 <무의식-전의식-의식>의 국면으로 적절하게 전환해서 대처해 나간다. 이 과정은 분리되어 있지 않고 언제나 연결 통합되어 있다. <무의식-전의식-의식>의 국면은 사물 표상(해독되지 않는 상형문자)이 단어 표상으로 번역해독, 의미화하는 과정을 말한다. 해독되지 못한 무의식(사물 표상, 상형문자)은 음성과 기호로 구성된 단어 표상으로 번역, 의미화되어 증상이 멈춘다.

1) 무의식: ① 쾌·불쾌의 욕망이 자신도 모르게 자동으로 <꿈·말·감정·의식·정신·마음·행동>으로 나타나는 모습을 형용한 것(형용사), 또는 ② 쾌·불쾌의 욕망이 자아의 현실원칙에 의해 은폐(억압)된 의식의 국면. ③ 처음의 쾌·불쾌 경험에 대한 기억(처음의 기억은 내부 환경의 안정성에 의해 구성되고, 이렇게 구성된 인상은 두 번째 쾌·불쾌 경험을 재구성하는데 작용한다. 즉 이전의 경험으로 재구성된 무의식적 추론(A를 → B로 번역 해석, 자기-원인적 동일시)의 인상이나 관념(환상-환각)이 무의식이다.[248]

2) 전의식: 무의식에서 은폐(억압)된 욕망이 아무 생각 없이 최면, 말실수, 농담 등 무의식적으로 말하는 의식이다. 분석가는 무의식적으로 말하는 단어 표상을 재료로 내담자가 자신이 쏟아낸 말을 대상화하여 의식하도록 안내한다. 이것이 정신분석 절차이다. 이것을 가지고 분석가는 숨겨진 내담자의 욕망이 무엇인지를 파악하고 내담자로도 숨겨진

---

248) 생물학에서는 쾌감을 생명의 안정성으로 보고 있다. 안정성은 항상성(Homeostasis)의 다른 이름이다. 물리학에서는 이를 평형성(Equilibrium)이라고 부른다. 미학에서는 조화(Harmony)와 고르기(Symmetry), 레오나르도 다빈치의 황금비율(Cannon)을 의미하기도 한다. 인륜적 규범체계에서 맹자는 이를 인(仁)이 거주하는 안택(安宅)으로 언명한다.

억압의 침전물(욕망)을 자각하도록 한다. 최면, 말실수, 농담 등은 모두 무의식의 침전물(표상)이다.

3) 의식: 현실원칙이 지배하는 의식(이성·정신)의 국면을 말한다. 현실원칙은 자아가 현실적인 상황에서 쾌락을 누릴 수 있는 최적의 조건을 탐색하며 주로, 불쾌의 요소를 없애는 방어의 패턴을 나타낸다.

<심리 장치 현상>
 ※ 공간의식의 주체(이드-자아-초자아)가 시간의식(무의식-전의식-의식)의 국면을 만날 때 나타나는 심리 장치의 현상과 사건.

초자아 × 무의식: 인신 공양의 신화시대
초자아 × 전의식: 엄격한 자기 규율과 양심 → 강박증
초자아 × 의식: 타자화된 강력한 계율과 헌법수호, 도덕규범

자아 × 무의식: 정신증(폐기), 주변이 보이지 않음, ADHD 형
자아 × 전의식: 자기중심의 이익을 위한 의·필·고·아, 불안, 공포증, 공황증, 죄책감, 수치심
자아 × 의식: 신경증(히스테리), 멜랑콜리아, 실존과 정신 의식, 철학의 병

이드 × 무의식: 동물적 충동, 어린아이의 울음
이드 × 전의식: 조현증
이드 × 의식: 도착증(피학증, 가학증), 관음증, 노출증, 물품성애증, 동성애, 바바리맨

V. 생각함과 사유의 패턴

생각과 사유함에 대해 먼저 고려해야 할 것은 '현상과 언어'의 관계이다. 인간에게 있어서 언어는 '존재의 집'이다. 그래서 현상학과 실존철학에서는 현상(눈에 보이는 모든 사물과 사건, 또는 '있음'과 존재) 혹은 현시(눈에 나타나 보이는 것, 의미화되는 것)를 언어-표상으로 재구성된 것으로 설명한다. "제 눈에 안경이다.", "보고 싶은 데로 보고, 듣고 싶은 데로 듣는다.", "향 싼 종이 향내 나고, 거름 싼 종이 거름 내 난다."라는 말처럼 인간이 어떤 의식과 관점으로 바라보느냐에 따라 사물이 주어진다. 그래서 눈에 나타난(보이는) 사물은 사물을 바라보는 사람의 의식과 관점에 따라 달리 나타난다. 이렇게 사물을 바라보는 관점과 인식하는 체계가 바로 언어이다. 그림이든 예술이든, 종교이든 무용이든, 수학과 실험과학, 물리학과 우주학이든 모두 인간의 언어-표상 체계를 벗어나지 못한다. 위에 예시한 학문은 모두 어김없이 언어-표상으로 체계화된 것이다.[249] 그렇다면 고유한 인지 패턴으로 작동되는 생각함과 사유함에는 어떤 특징이 있을까?

1) "존재는 사유(생각함)에서 드러난다." 사물은 사유하는 데로 보인다. 사유는 언어체계의 작동으로 이루어진다. 따라서 존재는 언어-표상으로 나타난다. 그래서 존재는 언어와 밀착해 있다. 언어표현 방식에 따라 존재가 달라진다. 하나의 존재가 언어표현 방식에 따라 다양하게

---

249) 의식은 충동을 완벽하게 억압(verdrängung)하지 못한다. 억압구조 자체가 언어의 구조이며, 언어는 모든 사건의 이미지를 완벽하게 봉합(억압)할 수 없기 때문이다. 봉합되지 못한 잔여(잉여물, 무의식의 침전물) 이미지는 다른 이미지를 소환해서 또 다른 고통과 증상을 만듦으로써 안정성을 찾고자 한다. 이렇게 끊임없이 미끄러지면서 찾고자 하는 동력은 완벽하게 봉합하지 못한 억압의 실패에서 산출된다.

보인다는 뜻이다. 알랭 바디우는 이를 '1:多'로 표현한다. 하나의 존재가 다양한 방식으로 표현된다. 다양하게 나타난 사물은 하나가 있어야 있게 된다. 하나(一者)가 없다면 다양성은 없다. 하나가 있어야 다양성의 존재적 의미가 획득된다. 이렇게 다양성이 하나로 통합되는 것을 추상화 또는 동일성이라 부른다. 다양성은 일자의 구체적인 경험을 의미한다. 구체적인 경험의 다양성만 있고 일자가 없다면 혼돈이 된다. 역으로 일자만 있고 다양성이 없다면 공허하다. 즉 사물(존재자)이 없다. '1:多'는 존재론의 명제이다.

2) '1'은 이미 주어진 세계이며 '규정'된 인식이다. '봄에는 씨앗을 뿌려야 한다'라는 명제를 예로 들어보자. '씨앗을 뿌려야 한다'라는 서술은 '봄'이라는 추상개념을 먼저 인식해야만 기술이 가능하다. '봄'에는 다양한 현상이 존재한다. 언 땅이 녹고, 비가 오고, 강남 갔던 제비도 돌아오고, 물푸레나무에도 생기가 돌고 날씨도 포근하고, 아지랑이도 돌고, 개구리도 나오고…. 등등 이런 모든 현상을 한마디로 추상해서 규정한다면 '봄'이다. 규정된 '봄'을 인식해야 무엇을 어떻게 할지를 결정할 수 있다. 만약 규정된 '봄'을 알 수 없다면 봄에 나타나는 다양한 현상을 설명할 수 없다. 다양한 현상을 한마디로 규정한 것을 '1', 또는 일자, 혹은 동일성, 연역적 해석, 추상명사로 명칭 한다. 그래서 '1'은 다양성을 하나로 통합하고 묶어주고(봉합하는), 하나의 인과적 방향성을 지향하도록 한다. '1'이 전제하지 않는다면 우리의 마음은 어디로 튈지 모르는 럭비공이 된다. 그런데 문제는 이 '1'만을 너무 강조하거나 극대화한 나머지 개개 다양성과 구체성을 '1'로 통합하거나 억압, 무시하기도 한다. 이렇게 나타난 심리적 기제가 초자아에 의한 강박증

혹은 도착증으로 나타나기도 한다.

3) 아리스토텔레스(Aristoteles)는 피직스(자연, physics)를 '사물의 그대로의 모습'으로 말한다. 이는 '사물의 본성이 있는 그대로 나타나는 것(드러남, 현시함, 개시함)'을 의미한다. 이렇게 다양하게 보이는 사물의 본성 하나하나를 언어로 명제화한 것이 소피스트들의 공과이다. 그러나 플라톤(Platon)은 다양한 사물의 본성 하나하나에 주목하지 않고 이들을 하나로 통합하고 추상(연역)할 수 있는 기원(근원)을 창조했는데 그것이 바로 일자(一者)이다.

그러나 21세기 철학자 하이데거(M. Heidegger)는 하나의 '1'로 통합하거나 전제해서 설명하는 연역적 해석 방식(형이상학적)을 해체해서 다시 하나의 존재에 대한 물음을 제기한다. "왜 있음(존재)은 그냥 있는 것으로 그대로 있지 않고, 아무것도 아닌 다른 것으로 보이는가?"라는 존재의 근원적인 질문을 던진다. 왜 어떤 사람에게는 '있음'(존재, ~은, 는, 이, 가)이 '있음' 그대로 보이고(타자가 규정한 개념으로 존재를 해석함), 어떤 사람에게는 있음이 결코 아무것도 아닌, 다른 것으로 보이는가? 즉 타자가 만들어 놓은 언어방식이나 개념 규정이 아닌, 자신만의 방식과 새로운 관점으로 질문과 의문을 던지면서 다르게 해석하고 보는가? 지금까지 규정해 놓은 형이상학적 질문이나 개념 규정의 낡은 인식 체계를 해체하고 개별 존재자의 새로운 사유와 존재의 질문을 던지게 되었다. 그 존재의 질문은, ① 모든 것은 어떻게 셈해졌는가? ② 모든 것은 어떻게 알려지게 되었는가? ③ 모든 것은 이미 사유가 되었는가? ④ 우리의 삶에서 새로운 것은 없는가? ⑤이렇게 던진 질문은 진정 자신의 질문인가? 아니면 또다시 타자가 만들어 놓은 그물의 연장일 뿐인가?

파스칼(B. Pascal)은 인간이 사용하는 모든 언어와 명제는 이미 주어진 것을 전제로 나타난 것이기에, 아무리 객관화된 진술이더라도, 기존의 언어를 사용하고 있는 한 그 언어를 처음 창안한 사람의 경험을 다시 동어반복하고 있다는 점에서 모든 기술은 'A는 A이다'라는 구조에서 벗어날 수 없다고 본다. 예컨대 A는 A이다, A는 B이다, A는 C이다…. 이렇게 A의 무한 수, 또는 A의 다양한 표현은 모두 A를 이해하고 규정한 것(A는~~이다)을 전제로 할 때 '~이다'라는 서술이 가능하다. 이를 공리로 수식하면 다음과 같다. A⊃{A는… n이다}. 그래서 '~이다'라는 서술을 보면 그 서술은 'A'를 이미 규정하고 이해한 것을 서술한 것이기에 '나는 나다.', '나는 스스로 있는 자이다'의 어법과 같이 'A는 A이다'라는 동어반복이 된다.

파스칼이 우리에게 예시하고자 한 점은 무엇인가? 그것은 우리가 사용하는 모든 언어가 타자가 만든 언어의 권위를 빌려 합리화하고 당연시하고 그것으로 비교, 추측, 판단, 결정한다는 것이다. 그곳에 자신의 언어도 진실의 언어도 아닌 동어반복의 우화(픽션)가 나열되고 있음을 직시해야 한다는 점이다. 이 직시야말로 다시 우화에 **빠질지언정, 빠진** 자신을 소외시켜 직시함이 타자의 문법에서 벗어나는 길이다.

4) 진정 질문이 자신의 것이 되려면, 그리고 타자가 만든 언어의 그물에서 벗어나기 위해 우리는 어떤 심적 상태를 지속해야 하는가? 죽음학에서는 그 심적 상황을 '한계상황'으로 가정한다. 죽음학에서 말하는 '한계상황'은 다름 아닌 존재의 상실과 죽음이다. '상실과 죽음'은 새로운 변화를 위한 존재의 필연적인 요청이다. 존재는 지금까지 살아왔던 길을 끝내는 방식으로 존재가 되기 때문이다. 섣부른 애도로 통

합하거나 의미화하지 않는다. 섣부른 애도, 또는 상실의 무게를 가볍게 해 주는 애도나 의미는 타자가 규정해서 만들어 놓은 방식이기 때문이다. 그렇다면 자신만의 방식으로 자신만의 문법으로 존재의 질문을 통해 새로운 변화를 이끌 애도는 무엇인가? 우리에게 주어진 길은 단 하나뿐이다. 그것은 상실의 아픔과 슬픔(눈물, 고통)을 온전히 맞이함에 있다. 타자에게 양도하거나 앞질러 미리 봉합하거나, 섣부른 개입으로 가볍게 하는 방식은 존재의 무게를 더욱 값싸게 할 뿐이다.

5) 자신에게 주어진 선택은 고통(증상)을 온전히 맞이함을 결단하는 '자유' 그 하나에 있다. ① 상실(결핍, 결여, 불안, 외로움)의 감정에서 자유롭기, ② 치열하게 깨어있기, ③ 그래서 더 단단해지기, ④ 과거의 나를 전복시키고 진실과 대면하기, ⑤ 더 이상 기존의 질서가 규정한 질서에 쉽게 편입하거나 순응하지 않기, ⑥ 친숙하거나 편안함에 길들이지 않기, ⑦ 과거의 나(자아-에고)를 강화하지 않고 해체하기, ⑧ '자신을 없이 하는 방식'의 '무'를 창조의 공간으로 만들기다.

심화 1
상실 이후 정서

<내용 요약>

상실을 경험하며 우리는 인간으로서의 본질을 깨닫고, 이를 통해 영적 성장을 경험한다. 슬픔을 배우지 않으면 현실을 부정하고 고통과 상실을 피하려는 경향이 생기지만, 그것은 성숙을 방해한다. 상실은 진정한 자아와 만나는 기회를 제공하며, 치유의 과정은 삶의 질을 향상하는 데 초점을 둔다. 현대사회는 신체적 현실감을 잃고 환각과 중독에 빠지기 쉬운 환경을 만들어, 이를 극복하려는 노력이 중요하다. 의식은 무의식의 자아를 인식하고, 자아-에고를 넘어서는 과정에서 진정한 존재로 나아간다. 고통을 겪으면서 우리는 자신의 문법을 새롭게 구성하고, 상처와 기억을 언어로 표현하면서 치유와 성장을 이룬다.

<핵심어>

상실 (Loss), 영적 성장 (Spiritual Growth), 슬픔 (Grief)
치유 (Healing), 의식 (Consciousness), 고통 (Pain)

<학습 목표>

- 상실의 경험과 감정 이해: 상실을 경험한 사람들의 감정과 행동을 분석하고, 그들이 겪는 슬픔의 다양한 양상과 그로 인한 심리적 영향을 이해한다.
- 영적 성장의 과정 탐구: 상실과 고통을 통해 개인이 어떻게 영적으로 성장할 수 있는지에 대해 학습하고, 영적 성장을 촉진하는 방법을 이해한다.
- 슬픔의 단계와 회복 과정 이해: 슬픔의 단계별 특징을 이해하고, 슬

픔을 회복하는 방법과 치료적 접근 방안을 학습한다.
- 의식과 무의식의 관계 탐구: 상실 경험이 의식과 무의식에 미치는 영향을 이해하고, 이를 통한 치유 과정을 탐구한다.
- 고통의 의미와 치유 방법 습득: 고통의 의미를 심층적으로 이해하고, 고통을 치유하는 다양한 방법과 이를 통해 성장하는 방법을 학습한다.

<적용 실천>

- 상실을 겪는 이들에게 감정적 지원 제공: 학습한 슬픔의 단계를 바탕으로, 상실을 경험한 사람들에게 감정적으로 지지하고, 그들의 회복 과정을 이해하며 도움을 줄 수 있다.
- 영적 성장 촉진: 상실을 겪은 이들이 영적으로 성장할 수 있도록 돕는 상담적 접근을 사용하며, 이를 통해 위로와 희망을 제공하는 방법을 실천한다.
- 슬픔 회복을 위한 프로그램 개발: 슬픔의 회복 과정을 돕기 위한 프로그램을 개발하고, 상실을 겪은 사람들이 자신의 감정을 건강하게 표현하고 회복할 수 있는 환경을 제공한다.
- 의식적 치유 방법 적용: 상실 경험에 대한 의식적인 반응을 인식하고, 무의식적인 감정을 치유하기 위한 다양한 기법(명상, 상담 등)을 적용하여 치유를 돕는다.
- 고통의 의미를 재해석하여 회복적 활동 도입: 고통을 재해석하고, 이를 통해 개인적인 성장을 이루도록 돕는 활동(예: 일기 작성, 예술적 표현 등)을 활용하여 실천한다.

상실 이후 정서

Ⅰ. 상실에서 발견되는 영성

1. 우리가 살아간다는 것은 늘 제한 속에서 살아간다. 성숙한다는 것은 어쩌면 제한을 벗어남으로써 인간이 되는 것이 아니라 그 제한 안에서 인간이 된다. 예술가들은 제한을 사랑하는 법을 배운다. 시인은 소네트에 부여된 열네 줄이라는 제한을 자유의 형식으로써 존중한다. 화가는 캔버스 틀의 제한을 끝없는 주관주의에 대한 제어장치로서 인정하며 세상의 실재를 다룰 수 있는 자유로서 존중한다. 연주자는 보표(score)의 제한을 또 다른 음악 세계, 대개 더 넓은 음악 세계에 참여할 수 있는 자유로서 존중한다.

2. 우리는 슬퍼하는 법을 배워야 한다. 슬퍼하는 법을 배우지 못하면, 우리는 그때그때의 기분을 좋게 유지하는 것이 가장 중요하다고 믿게 된다. 그러면 거절당할 때마다 그 현실을 부인하려고 할 것이며, 자신의 존재는 결국 타인의 거절 여하에 좌지우지될 것이다. 실패할 때마다 그 현실을 회피할 것이며, 그럼으로써 결국 그 실패는 우리의 삶을 빈곤하게 만들 것이다. 고통과 상실, 거절과 실패에 대한 부인과 회피가 쌓여감에 따라 우리는 점점 우리 이하의 존재, 남을 하찮게 여기는 하찮은 존재, 거짓 미소를 띤 빈껍데기가 되어갈 것이다. 상실을 피해가는 행운이나 영리함은 인간을 성숙시켜 주지 못한다. 부인하고 회피하는 것은 더욱 그렇다.

3. 상실은 인간에게 고통을 수반하지만 동시에, 성찰과 성장의 기회를 제공하며 자신의 진정한 모습을 회복할 기회가 된다. 상실은 우리가 인간임을, 그리고 우리의 존재가 진정 무엇인지 깨닫게 해 주는 계기가 된다. 이러한 의미에서 상실은 치유와 깊은 관련이 있다. 치유의 초점은 질병에 있는 것이 아니라 환자 삶의 질, 생활의 기술, 삶의 존재방식의 문제에 더 초점을 두기 때문이다. 상실의 순간에 그동안 밀봉되었던 마음의 본성을 드러낸다. 모든 것이 무너지고 신에게마저 소외될 때, 이때 자신의 실존만이 깃발처럼 바람에 펄럭이고 있다. 습관화되고 마음이 만들어낸 거짓된 자아와 집착이 상실의 바람에 산산이 흩어지는 순간 자신의 정직한 본성과 만나게 된다. 상실은 영적 성장의 기회이다.

II. 무의식(전반성적 의식)에서 의식(반성적 의식)으로

1. 현대사회는 신체 성을 박탈하는 사회이다. 체화되지 못한 이미지가 난무하고 있다. 심부감각인 신체성이 박탈되면 환각에 빠진다. 이런 환각을 없애고자 하는 행위가 자해와 중독이다. 자해와 중독은 구체적인 신체감각을 체화하고자 하는 몸부림이다. 자해와 중독이 궁극적으로 지향하고자 하는 것은 구체적인 현실성을 되찾는 것에 있다. 즉 극단적인 물리적 자극을 통해서라도 현실감을 찾고자 한 것이 이것의 증상이다. 잃어버린 자아를 물리적 폭행으로라도 찾으려는 것은 그나마 다행이다. 찾으려는 감각마저 마비되고 망각한 것이 문제다. 그러나 더 큰 문제는 그 망각한 것조차 모른다는 것에 있다. 그 망각의 자리에 물

신(fetish)을 조장하는 권력도 큰 문제다.

2. <실존정신언어분석>은 자신의 의식을 자각하지 못한 채 발화하는 자신을 자각할 수 있도록 안내하는 학문이다. 따라서 정신분석의 중핵은 '무의식'에 있다. 타자가 만들어 놓은 언어에 포획(억압)된 자신을 자각함으로써, 주체 자신의 언어와 문법 체계를 새롭게 구획(재구성)할 수 있도록 안내한다. '주체 자신의 언어와 문법 체계를 새롭게 재구성함'이 <실존정신언어분석>의 실천이다. 이 실천은 인지(인식)의 확충에 있다. 그 계기는 누구나 겪게 되는 사건의 도래를 통해서다. '증상'이 곧 사건의 도래이다. <실존정신언어분석>에서는 증상을 자아-에고(이미지와 허구)로부터 벗어나는 계기로 본다. 증상은 지금까지 익숙했던 무의식적 자아를 객관화(소외와 성찰)해서 볼 수 있는 실재의 도래로 본다.

3. 다음의 예문에서 주체의 인식이 어떻게 확장할 수 있는지를 살펴보자. **"나는 내가 나를 바라보는 나를 바라보았다."** 이 문장에서 '나'라는 일인칭 단어가 몇 개가 있는가? ① 나는 ② 내가 ③ 나를 바라보는 ④ 나를 보았다 → 이 문장에는 4개의 '나'가 존재한다. ③의 '나'는 문장 속에 대상화된 '나'이며, ④의 '나'는 ③의 대상화된 '나'를 바라보는 '나'이다. 그리고 ②의 '나'는 ④의 의식화된 '나'를 다시 한번 더 의식화(성찰의 성찰)해서 바라보는 '나'이다. 그리고 ①의 '나'는 ②의 '내'가 ③과 ④의 '나'를 어떻게 의식하고 바라보았는지를 다시 한번 더 여과(중첩, 반복)해서 나를 주시하는 '나'이다. 우리는 이 문장에서는 4개의 '나'가 존재하는 것을 알 수 있지만, 문장에는 보이지 않지만(부재)

'바라 보았다'고 '말하는' 발화 주체로서의 '나'가 있음을 가정할 수 있다. 그리고 말하는 '내'가 어떤 심산(心算)으로 이것을 말하고 있는지를 의식하고 있는 '나'를 또 상정할 수 있고, 상정한 '나'를 다시 점검하고 검열하는 초-자아적 나를 또한 무한 상정할 수 있다. 이렇게 우리는 말을 하면서 다양한 '나'(분열적 나, 혹은 타자화가 된 나, 객관적인 나, 초-자아적인 나)로 확장될 수 있다. 우리는 말을 하면서 자기 동일시적 인식에서 벗어나 무한 직관으로 승화되는 존재이다.[250]

4. 위의 문장에서 ①의 '나'는 끊임없이 분열 대상화되어 가는 '나'를 지켜보는 관찰자로서의 '나'이고, ②, ③, ④의 '나'는 관찰자에 의해 보이는 대상화된 '나'로 규정할 수 있다. 이렇게 관찰자로서의 '나'와 대상화된 '나' 사이에는 간극이 있다. 이 간극이 바로 우리의 심상(심적 의지)이 작동되는 공간이다. 이 공간이 없다면 의식은 작동되지 않는다. 프로이트는 이 공간을 언어가 작동되는 공간 또는 표상(이미지)이 작동하는 공간, 즉 무의식의 공간으로 본다.[251] 그러니까 의식이 작동되기 위해서는 반드시 두 이미지(표상)가 있어야 하고, 두 이미지의 표상, 즉 두 자아 사이(간극)에는 간극이 존재한다. 이 두 자아는 다음과 같은 방식으로 작동된다. "A를 →(간극) B로 바라본다." 인간의 의식은 끊임없이 무엇인가를 지향한다. 그리고 그 지향은 인과적 언어의 반복

---

250) 시인 이상의 '거울'에도 이와 같은 구조를 엿볼 수 있다. "거울 속에는 소리가 없소(무의식), 저렇게도 조용한 세상은 참 없을 것이요, 거울이 아니었던들 내가 어찌 거울 속의 나를 만나보기라도 했겠소. 나는 지금 거울을 안 가졌소만, 거울 속에는 늘 거울 속의 내가 있소"(이상). 무의식으로 나타난 행위를 의식으로 하여금 대면(자각)하게 한다. 내가 나를 나로 바라보게 함으로써 불안이 감소(중화)한다. 바라본다는 것(직면, 대면)은 억압에 대한 방어로써 억압을 해소해 나가는 과정이다.
251) 프로이트, 황보석 옮김, 「억압, 증상 그리고 불안」, 『정신병리학의 문제들』, 열린책들(2011), pp. 205-223, 참조.

과 재현을 통해 이루어진다. 그 반복과 재현을 통해 진리(실재)가 잠깐 허상처럼 도래한다.[252] 그런데 그렇게 언어기호에 의해 도래된 진리는 과연 온전한 진리인가?

위에 제시한 문장에서 나를 의식하는 나(자기의식)는 서로 다른 문장의 위치와 상황에 따라 다른 차이와 다름을 나타낸다. 그러니까 우리의 자기의식은 언제나 고유하게 고정해 있는 것이 아니라, 말을 사용하는 표현과 어법(문장)의 위치에 따라 자기의식은 다양하게 변주되어 나타난다. 따라서 가장 무의식(즉자적)적이고 습관적인 자기동일성에서 발원하는 ②의 '나'는 주시하고 검열하는 ①의 '나'(대자)의 자기의식을 위해 소여하는 '나'이다. 만약 이 '나'가 없다면 ①의 '나'는 성립 불가능하다. 이는 마치 프로이트가 말한 "그것이 있는 곳에서 내(주체)가 탄생한다"라는 의미와 같다. ②의 '나'는 획득된 나이고, ①의 '나'는 형성된 '나'이다. 우리는 획득된 '나' 형성된 '나', 그리고 그사이에 있는 ③의 '나'의 중재와 작용으로 또 다른 '나'의 자기의식을 변주해 나간다. 이렇게 변주해 나가는 과정에서 우리는 스스로 자신이 무슨 말을 하고 있으며 왜 이 말을 하고 있는지 주시할 수 있다.

III. 상흔과 증상의 치료

1. 기억흔적은 사건의 자극이 남긴 물리적 기록인데 이를 '표상'(이

---

[252] 프로이트, 임진수 옮김, 「인지와 재현적 사고」, 『정신분석의 탄생』, 열린책들(2011), pp. 257-260, 참조.

미지)이라고 명명한다. 표상은 뇌에 의해 외부 정보(자극)에 대한 정보가 '**무의식적**'으로 일련의 해석 체계인 기호로서 입력된 것이다. 그래서 라캉(J. Lacan)은 "무의식은 언어처럼 구조화되어 있다."라고 말한다. 일단 경험이 시냅스를 통과해서 기억이 형성되면 이때부터 쾌락원칙은 안정화를 위해 그 이미지(표상)를 다른 이미지로 소환해서 자극을 이해하고 해석한다. 이 과정에서 첫 이미지와 두 번째 이미지 사이에 충동이 발생하게 된다.[253]

2. 본능과 달리 충동은 항상 기억흔적을 동반한다. 신체적 감각에 의한 이미지(표상, 상상력, 관념 등)는 주변의 다른 감각기관(시냅스)과 연합해서 구성된다. 이렇게 이미지는 자극과 욕구에 대한 의식의 표현이자 기억흔적에 대한 리비도의 집중으로서, 그 자극을 해소하기 위해 쾌락적 충동을 언어적 충동으로 전환한다.[254] '언어적 충동으로의 전환'은 무슨 뜻인가? ① 의식에 기록된 자극을 언어의 의미화 작업으로 해소하는 과정이다. ② 자극을 언어-상징 체계로 의미화한다는 것은, 억압과 부인의 과정을 거친다는 의미이다. ③ '억압과 부인의 과정을 거친다는 의미'는 곧 언어 의미화의 과정이며, 인간은 언어 의미화의 과정을 통해서만 자극이 해소된다. 즉 인간은 동물과 달리, 자극(첫 이

---

253) Freud, S 전집 11권, 354, GW XIII 1940, 244.
254) 유기체에 있어서 언어 충동은 자극-감각-지각-연합-행위의 연쇄 과정으로 이루어진다. 여기서 지각은 과거 경험과 기억에 의한 차이와 다름을 식별, 비교 구별해내는 능력이다. 즉 개별적 자기동일성을 유지하면서 외부로 열려있다. 즉 인접한 신경(언어)과 사물들과의 관계망을 통해(연합)서 지각된다. 자신의 체계만으로는 외부 자극을 분별할 수 있는 능력이 없다. 모든 지각 능력은 반드시 인접한 신경 언어체계(축삭돌기-수상돌기)인 관계망의 연합에서 주어진다. 1차 지각 능력인 신경의 정보 능력은 신경 그 자체의 감수 능력에서 주어지는 것이 아니라, 연합되어 있는 다른 신경(대뇌의 구심성 신경-간뇌의 원심성 신경)과의 소통(연대·비교·연역·추측·종합)에 있다. 즉 (과거) 경험이나 기억에 기대어 앞으로 전개될 것 같은 예감과 예기로 (현재) 사건을 종합, 통합, 판단, 선택한다.

미지)을 언어기표의 연쇄로 전회(표상, 재현)해서 받아들인다.

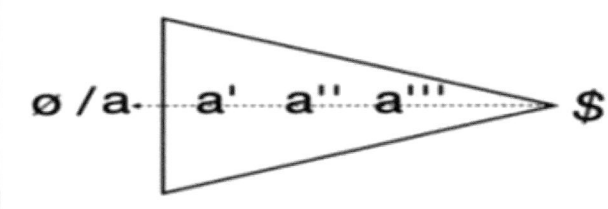

표1) 라캉, 주체의 대상· 사물· 공백 인식 태도

3. 부서지고 파편화된 외상의 이미지를 다시 세우기 위해서는 상징화된 언어로 말해져야 (표현되어야)한다. 한번 말하고 두 번 말하고 세 번 말하고 계속 말해야 한다.[255] 말을 한다는 것은 억압적 체계로부터 미끄러져 새로운 언어와 문법을 건립하는 과정이다. 이 과정에 쾌락이 생긴다. 말함의 행위는 즐거움이 되고 앞으로 무엇을 할지를 스스로 예감하며 결단하게 한다. 말을 사용하는 인간은 응시(초자아)가 주는 불안을 해소하기 위해, 인과적 문법 체계 속에서 적합한 용어로 이해하고 의미화하고자 한다. 이러한 생성의 과정을 통해 우리의 시냅스는 탄력을 더해간다. 말한 그 자리에 말만 지나간 것이 아니라, 말과 함께 이미지도 함께 지나간다. 그렇다고 이미지만 헛되이 바람처럼 지나가지 않는다. 이내 뿌리 없는 환각은 신체 현실의 구체성을 띤 환상으로 전환

---

[255] 사람은 말함으로써 말 속에서 스스로 자각하고 깨닫게 된다. 말, 언어는 곧 배움이다. 공자는 "태어나면서부터 아는 자(깨우침이 빠른 자)는 상등이고, 배워서 아는 자는 그 다음이며, 깨우치는데 부족함이 있지만 배우는 자가 또 그 다음이다. 부족한데도 배우지 않으면 백성 중에서 하등이다."(孔子曰 生而知之者 上也, 學而知之者 次也, 困而學之 又其次也, 困而不學 民斯爲下矣, 『논어』, 「계씨」)고 말한다. 분석가는 분석가의 말이 아닌, 내담자 스스로 그의 문법 체계에서 새로운 말이 나타나도록 안내하는 것에 분석가의 소임이 있다. 응당 내담자가 말할 주권마저 분석가가 가로채지 않도록 주의해야 한다. 더 나아가 분석가는 분석 상황에서 더 이상 타자의 말과 욕망이 내담자의 말을 사로잡지 않도록 보호하여 내담자 주체의 말과 욕망이 나오도록 해야 한다.

된다. 행복 하고자 하는 마음이 있는 한, 비록 그 마음이 부서지고 파편화된 이미지일지라도 말하는 현재 시점에서 과거의 기억과 미래의 예감이 재구성되기에 치유가 깃든다.

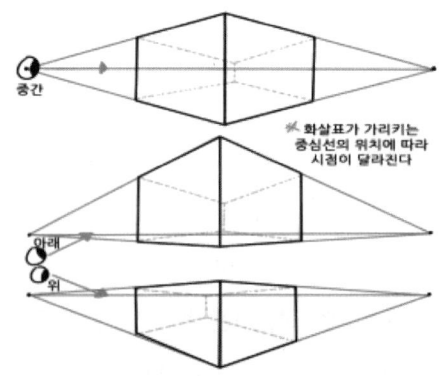

표2) 라캉, 사물 인식의 왜상(歪象, anamorphosis) 태도

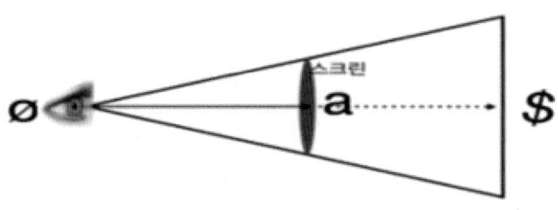

표3) 라캉, 욕망의 원근법 이미지[256]

4. 언어(상징기호)는 억압적이다. 언어는 억압과 부인을 은유와 환유의 방식으로 나타낸다. 일정한 문법 체계로 이루어진 것, 그 자체가 억압적이다. 이 문법 체계에서 벗어나면 이해되지 못한다. 소위 정신증자

---

256) 백상현, 『라캉 미술관의 유령들』, p.51. 참조, 책세상(2019).

들의 문법은 이미 정해진 문법(상식과 정상이라고 하는)에서 일탈한 자들이다. 신경증자들과 강박증자들이 언어에 집착한다면, 정신증자에게는 언어적 억압 체계가 없다. 부인은 주어진 사태를 거부(부정)하는 방식으로 내부 환경을 보호 방어하는 체계이다. 모든 생명은 억압과 방어체계 시스템에서 자신을 보호한다. 그리고 또 한편으로 그 보호의 질식으로부터 또다시 일탈(창조, 새로움으로 비약)하고자 한다.

5. 차이와 동일성의 무한 반복(차이에서 동일성으로 귀속되는 것이 억압 체계이고, 동일성에서 차이로 일탈하는 것이 자유다) 만이 생명을 생장시킨다. 이 모든 체계는 억압과 부인의 형식을 통해 해결해 나간다. 상흔은 외부 자극인 상처를 체내 최적의 환경을 만들고자 한 억압과 부인의 문법으로 각인된 것이다. 따라서 말을 하는 과정에서 주체가 형성된다. 그러니까 주체는 본래부터 있는 것이 아니라 사건에 반응하는 과정에서 형성되는 것이다. 더 깊이 들어가서 말하면, 주체는 억압과 부인의 절차를 통해 형성된다. 만약 이 과정이 없다면 주체도 없다. 상처도 말하는 행위를 통해서 자기 안에 동화해 가는 과정을 밟아 가게 된다. 감정적 상처를 상징화하면서 이전에는 말로 분명하게 표현할 수 없었던 경험들에 명시화가 허락되고 의미가 부여된다. 상처의 기억을 안전한 환경에서 활성화하고 상징화함으로써 통제력을 회복하고 희생자가 아닌 주체가 되어가는 것이다.

6. 우리가 과거의 사건을 기억하는 것은 이미지로 기억하는 것이다. 이미지는 아주 모호하면서도 개연성이 있다. 따라서 내담자에게 사건에 대한 기억을 '적합한 용어'로 '상징화'해서 '의미화'를 할 수 있도록

해 주는 것이 치료의 관건이 된다.[257] 따라서 분석가는 내담자에게 신체에 직접 나타난 1차 사물 표상(기억흔적)이 '표상'을 매개로 인지적인 비탄으로 전환될 수 있도록 ① 상징화하고, ② 그 상징을 은유적 기술로 표현하고, ③ 한번 일어난 은유적 기표가 다시 인접한 다른 기표로 대체될 수 있도록 ④ 말(이야기)의 형식을 끊임없이 만들어내도록 해야 한다. 이 과정에서 타자가 만들어 놓은 문법이나 의미, 욕망에서 벗어나 자신만의 문법과 의미, 욕망을 만들게 된다. ⑤ 이 과정에서 내담자는 이제 본래 자기의식의 자리 주체로 돌아간다.[258]

---

257) 프로이트와 라캉에게 있어 외상(트라우마)은 언어표상적이다. 즉 사건에 대한 '적합한 단어(표상)'를 지니지 않은 채 자극만 주어진다면, '의미가 부재한 기호', '시니피에 없는 시니피앙'이 되어 외상이 된다. 그래서 그들에게 있어서 치료는 항상 한 이미지가 다른 이미지를 소환하는 방식 즉 단어표상이 사물표상을, 또는 사물표상이 단어표상을 불러오는 방식(소급, 재현하는 방식, 사후성)을 동원한다. 거기에는 적합한 단어표상과 올바른 이해와 의미화, 그리고 이를 재현(소급, 소환, 재구성)하는 주체의 여부가 결정적이다. 따라서 프로이트는 ① 흥분되고 긴장된 자극을 해소하거나, ② 사물표상으로서의 이미지(무의식)를 적합한 단어표상으로 상징화, 의미화(의식화)하는 것, ③ 불쾌한 사물표상을 좋은 이미지로 연관시키거나 대체, 환기시키는 것을 치료의 방법으로 제시한다. 그러나 만일 ①, ②,③의 요소를 온전히 대면(직면)할 수 없다면(즉 주체의 부재) 외상이 된다. 정신분석에서 말하는 주체는 사건이 주는 자극과 이미지에 대해 저항(대면, 직면)하는 의미에서의 주체이다. 증상, 회상, 반복 강박, 재현하는 것도 엄밀히 말하면 무의식적 성충동(자아의 의지와 상관없이 실재가 도래하는, 즉 사물표상이 단어표상으로 연결하고자 하는 충동)이 자신을 드러낸다는 의미에서 주체라고 말할 수 있다. 만일 사건에 대해 회피와 도피, 연기, 금지와 억압, 대체물로만 이루어진다면(→그래서 성충동이 의식으로 드러나지 못하고 무의식으로 남겨진다면), 더 이상 주체가 들어설 자리가 없고 치료와 더욱 멀어진다. 따라서 정신분석의 요체는 '무의식의 의식화'에 있다. '무의식의 의식화' 과정은 ① 적합한 단어표상, ② 올바른 연결(이해와 의미화), ③ 주체의 재현의 작업과정이다.

258) 직면은 감각에 접촉되는 사물의 인상을 '있는 그대로' 맞이해보는 것을 말한다. 예컨대, 사건의 인상(이미지·소리·냄새·빛·맛), 그 당시의 감정(분노, 슬픔, 외로움, 두려움, 불안, 고독, 절망, 우울, 죄책감, 수치심)을 자기 몸으로 느껴보는 것이다. 더 이상 수동적인 희생자가 아닌 책임지는 주체로 전환하기 위해서는 온전한 접촉(직면)이 필요하다. 접촉은 '감각에서 나타나는 느낌'을 알아차리는 것이다. 감각의 느낌은 더 이상 환상이 아닌 구체적인 현실감각(내가 지금 여기 이곳에 서 있다. 바닥에 발이 닿는 느낌, 엉덩이가 의자에 닿는 느낌, 냄새와 온도, 빛과 채도 등 예민하게 깨어있음)을 준다. 직면은 대면으로 이어진다. 온전한 접촉이 이루어지지 않으면, 온전한 대면도 이루어지지 않는다. 성급하게 인정하거나 회피, 투사, 치환하기도 한다. 이는 모두 병리적 환상을 만든다. 직면은 신체감

7. 자신에게 주어진 선택은 고통(증상)을 온전히 맞이함을 결단하는 '자유' 그 하나에 있다. ① 상실(결핍, 결여, 불안, 외로움)의 감정에서 자유롭기, ② 치열하게 깨어있기, ③ 그래서 더 단단해지기, ④ 과거의 나를 전복시키고 진실과 대면하기, ⑤ 더 이상 기존의 질서가 규정한 질서에 쉽게 편입하거나 순응하지 않기, ⑥ 친숙하거나 편안함에 길들이지 않기, ⑦ 과거의 나(자아-에고)를 강화하지 않고 해체하기, ⑧ '자신을 없이 하는 방식'의 '무'를 창조의 공간으로 만들기다.

IV. 고통에서 영성(실존적 현존)으로: 상흔이 성흔으로

1. 자신의 고유한 방식의 문법과 언어로 표현되지 않은 욕망의 표상은 무의식 속에서 억압된 상태로 계속 머물러 있게 된다. 무의식에서 의식(자각과 이해)으로의 이행은 언어적 지각의 잔재(기억흔적)와 연계(하나의 이미지를 다른 하나의 이미지 B로 해석)를 통해서만 얻을 수 있다. 우리가 말을 한다는 것은 어떤 사건에 이미지(기억)를 부여하여 상징화(기호화)한다는 것이다.[259] 우리는 자신의 감정을 언어화할 때 새로운 의미와 통제감을 획득한다. 언어화는 감정을 다루는 손잡이와 같

각을 예민하게 깨어있게 한다. 이는 구체적인 현실감을 제공한다. 만일 자신의 욕구와 소원이 현실적 감각에 바탕을 두지 않는다면 추상적이거나 환상과 몽상에 빠지게 된다. 그때 자신은 주체가 아닌 타자에 의해 휘둘리는 객체가 된다. 이때 알아차림은 더욱 불분명하게 된다. 따라서 구체적 현실감에서 시작되는 소원과 욕망, 주체를 건립하기 위해서는 먼저 신체감각에 예민하게 깨어있어야 한다. "나는 내가 무엇을 하는지 모르겠어"라는 표현은 감각이 마비(둔감)되었을 때 나타나는 현상이다. 예를 들어 자해 행위는, 구체적 현실을 자신에게서 찾고자 하는 현상이다. 조지 레이코프 지음. 임지룡 외 옮김.『몸의 철학, Philosophy in the flesh』, 박이정(2002), pp. 178-234 참조.

259) 앙리 베르그손 지음. 박종원 옮김,『물질과 기억』, 아카넷(2005), pp.134-156 참조

다. 우리는 감정을 언어적으로 상징화하면서 자신이 느끼는 감정이 어떤 것인지 알게 되고, 감정을 볼 수 있는 새로운 위치와 관점이 만들어지는 것이다.[260] 언어는 이렇게 새로운 의미 생성을 촉진한다. 감정에 명칭이 부여되면서 자기 감각을 구체화한다.

2. '있는 그대로' 현존의 느낌을 말해보자 : 먼저 몸에서 나타나는 증상의 느낌부터 이야기하자. 그리고 그 이야기를 하나의 상징-기호화해보자. 이 단어로 지난 사건을 서사(나레이션) 해보면 증상의 원인이 자신에게서 기인했다기보다는 타자와의 관계에서 비롯된 것임을 알게 된다. 자신의 서사가 자기 말이 아니라, 타자의 말을 반복하고 있음을 자각하게 된다. 이 자각은 타자의 문법에서 자신의 문법으로 말할 가능성이다. '말하는 것'의 핵심은 자신을 포획하고 있는 상흔을 회상하여 직면-대면-대처-결단하게 하는 데 있다. 이는 손상된 감정(슬픔, 분노, 외로움, 고립감 등)을 억압(부인과 회피)하지 않고 느껴보고 대면하는 것을 의미한다. 그리고 신체에서 느껴지는 감정을 언어로 구술하여 자신이 느끼는 감정이 어떤 것인지 알게 되고, 감정을 볼 수 있는 새로운 위치와 관점이 만들어진다. '내'가 '이것을' 느낀다고 말할 때, 이것은 나로부터 분리되어 존재한다. 그리고 이때 자기를 감정의 수동적인 희생자가 아닌 책임지는 '주체'로, 즉 응집력 있는 자기(coherent self)로 경험하게 된다.

3. '있는 그대로' 정직하게 직면하기 : 우리는 어쩔 수 없는 사태나 결정적인 사건, 한계상황 앞에서 아무것도 할 수 없다. 바꿀 수 없다.

---

[260] J. L. 오스틴 지음. 김영진 옮김, 『말과 행위: 오스틴의 언어철학 의미론 화용론』, 서광사 (1992), pp. 67-78 참조.

먼저 '아무것도 할 수 없다'라는 말에 주목하자. '아무것도 할 수 없다'라는 사실을 우리는 인정하지 않으려 한다. 부정한다. 일단 거부를 하고 나서 뭔가의 방도를 찾으려 한다. 그런데 안타깝게도, 찾고자 하는 그 방도가 없다는 사실을 인지하지만, 끝까지 그 방도를 포기하지 않고 찾으려 한다. 심지어 찾을 수 있다고 하는 희망과 환상, 환각마저 만들어 자신을 마취시키기도 한다. 이는 엄밀하게 말해서 현실을 부정하는 것이다. 부정은 구체적 현실을 직시하지 못하고 환각을 낳는 기제이다.[261] 우리는 환상을 극복하기 위해 직접 주어진 몸의 감각에 예민할 필요가 있다. 슬픔, 아픔, 고통이 어떻게 주체의 것이 될 수 있는가? 주체의 것이 될 수 있는 것을 방해하는 것은 무엇인가?

4. 치료의 시작은 주체의 소유 감각에서 출발한다. 소유 감각에서 분리된 애도 또는 타자의 것으로 대체된 주체는 환각이나 이인증, 해리증을 나타낸다. 예수는 개별 존재의 주체성을 주체의 것으로 인정했다. 개별성이 지닌 믿음을 있는 그대로 인정했다. 저들의 믿음을 저들의 것으로 인정한 것이다. 예수의 것으로 전환하지 않았다. 간음한 여인의 고사를 읽어보면 이 사실은 더욱 선명하게 드러난다. 예수는 여자의 입을 통해 상황을 파악하고 말을 하도록 했다.

5. 법정 스님이 쓴 『살아있는 것은 다 행복하라』 책에서 남편과 기업 그리고 아들을 잃은 어느 보살님의 의미화 과정을 세 단계로 생각해 보자.

① **외상적 슬픔**-붓다(신)의 거부(부정)-방황-먼지바람-눈물-회한-우

---

[261] 몸에서 일어나는 이인증이나 해리증은 모두 자기 감각의 둔감증에서 비롯된 것이다. 이는 우리에게 다가온 상실과 슬픔의 감정을 온전히 직면하지 않음에서 비롯된 것이다.

울-자살

② 누가 거기에 있었는가 : 법정 스님, 신뢰와 공감, 개방 → 아프더라도 몸이 상하지 않을 만큼만, 손수 밥을 만들어 곡기를 먹게 함 / 온 존재자-들 바람 숲들, 상징 언어들

③ 어떻게 해서 보살님은 상실의 슬픔을 허용하게 되었는가? → 의미화의 서사 시간

<의미화의 서사>

① 법정 스님의 태도: 일정한 거리, 잠잠히 있는 그대로 바라봄, 판단하지 않음

② 슬픔을 재구성하는 그만의 의미적 시간을 허용, 기다려줌 → <신의 거부(부정)-방황-먼지바람-눈물-자살>은 **지속성**으로 그리고 **직관**으로 작용. 이것이 없다면 어디에서 무엇으로 무엇을 통해 치유될 수 있을까? - Tuche: 너에게 방문한 사건을 선용하라, 선용하라, 또 선용하라.

③ 몸이 상하지 않도록 조용히 식사를 준비해 줌, 같이 먹음, 같이 산책함, 묵언 수행을 통해 발화행위의 주체가 건립(감정과 의식의 재구성)하도록 함.

④ 3자에 의해 평균 이해와 고정관념으로 규정하지 않은 여백의 공간을 통해 비로소 새로운 문법 창안이 생김 → 새로운 의미적 기표 생산, **말하기는 욕망을 점화시킨다**. 누군가 그대가 되어야 한다.

⑤ 의미화: "저는 붓다(신)가 없는 줄 알았습니다. 그러나 붓다 님은 여전히 저와 함께 계셨습니다. 제가 붓다 님을 거부하는 그 마음에, 마음 놓을 것 없이 온통 눈물바다처럼 떠돌아다닐 때도 그 방황 속에, 먼지, 바람 이는 영혼에 붓다 님은 모습을 바꾸어 가며 여전히 그곳에 계셨습니다." → 애도는 따로 있지 않다. 슬퍼하고 분노하고 부정하고 힘들어 하는 **것 자체**가 애도이고 절차이다.

⑥ 심적 태도의 변화: 대상화에 대한 심적 태도에서 존재론적 태도로 전

환. 즉 'about', 'for',의 심적 태도에서 'of'의 존재론적 태도로 전환[262)]
㉦ 그동안 부정, 소외 시 했던 것들이 결국 자신을 보호하고 지키고자 한 생명(붓다)이었음을 자각 → 자기 삶 허용과 새로운 변화인식의 전환(전변)

6. 현존: '아무것도 하지 않음의 결단'은 포기나 체념을 의미하지 않는다. '아무것도 하지 않음'의 결단은 차라리 자유에 가깝다. 즉 '아무것도 하지 않음'을 해보는 것이다. 그렇게 되면 자신이 진정 어디에 있는지 알게 된다. 즉 구체적 현실감을 찾게 된다. 더 이상 물러날 수 없을 때 피하거나 연기할 수 없을 때 지금 여기의 '현존'을 느낄 수 있다. 현존은 자신이 지금 어디에서 무엇을 하는지, 단독자로서 마주해 있다는 것을 온 존재로 느끼는 사태이다. 이 사태의 심적 국면이 자신이 무엇을 결단하고 무엇을 해야 할지 저절로 자각하게 한다. 사태의 느낌을 자신의 것으로 소유했을 때만 결단할 수 있다. 피하거나 연기 도피, 억압과 방어(대체물), 투사 기제에서는 현존을 느낄 수 없다. 영성은 현존의 다른 이름이다.

[262)] 'about'의 심적 태도는 객관적인 지식체계, 타자에 의해 이미 규정된 것이거나 선험적으로 규정된 것을 전제로 재구성된 것이다. 이는 관념어, 추상어, 개념어는 보편이라는 명제에서 성립한 것이기에 주체와 멀어진다. 대상에 대한 객관적인 인식 태도가 'about'이다. 이때의 발화는 제삼자의 것이 된다. 'for'의 심적 태도는 목적성을 위한 것이다. 예를 들어 슬픔을 위한 슬픔, 애도를 위한 애도와 같이 감정이 이론적 논리의 정합성(순수명제이론)을 위한 것으로 규정된다면, 어느덧 슬픔은 개념 그 자체의 목적성을 이루기 위해 강요된 도구적 수단으로 전락한다. 'of'의 심적 태도는 슬픔의 주체가 자신의(소유), 자신으로(재귀), 자신만의 방식으로(특이성), 자신에서 슬픔이 발출되고, 발출된 슬픔은 다시 자신으로 귀속된다(식인성-내가 나를 마신다) → 이때 슬픔에 '책임성'과 '결단', '한계(경계)'의 무늬가 형성된다. 슬픔의 '책임성'과 '결단', '한계(경계)'는 슬픔(감정)이 지닌 속성이다. 슬픔은 자신만의 것으로 소유(mines)될 때 치유된다.

심화 2

상실의 치유 기제 : 상상(想像)과 은유적 투사와 변환

<내용 요약>

이 글은 상실의 치유 기제로서 상상과 은유적 투사와 변환을 다룬다. 상상은 신체적 자극에 의해 유도된 환상으로, 자아와 욕망의 관계에서 발생하며, 이미지를 해석된 것으로 전환하는 능력이다. 은유는 사물이나 경험을 다른 시간과 공간으로 투사하는 방식으로, 인간은 이를 통해 구체적인 경험을 추상적인 개념으로 변환해 이해한다. 또한, 내입과 투사는 유아가 경험하는 초기 상실과 그에 대한 반응으로 나타나며, 엄마의 역할이 중요한 의미가 있다. 언어 표상은 인간 존재의 특성으로, 충동과 욕망을 언어적으로 표현하며 억압과 방어의 메커니즘을 통해 작동한다. 마지막으로, 마음의 이미지 도식은 감각적 경험의 반복적 구조를 통해 무의식적으로 형성되며, 이는 신체적이고 정신적인 경험을 연결하는 역할을 한다.

<핵심어>

상실의 치유(Healing of loss), 상상(Imagination), 은유 (Metaphor), 내입과 투사(Introjection and projection), 언어 표상(Linguistic representation), 마음의 이미지 도식(Mental image schema)

<학습 목표>

- 상실과 치유의 개념 이해: 상실과 치유의 의미를 깊이 이해하고, 이를 다양한 심리적 관점에서 분석할 수 있다.
- 상상력의 역할 이해: 상상력이 상실을 경험한 개인의 치유 과정에서 어떤 기능을 하는지 설명할 수 있다.

- 은유와 마음의 이미지 도식 분석: 은유와 마음의 이미지 도식이 상실 후 치유에 어떻게 기여하는지 이해하고 분석할 수 있다.
- 내입과 투사의 심리학적 이해: 내입(introjection)과 투사(projection) 개념을 이해하고, 이들이 상실을 경험한 사람들의 감정표현에 어떻게 작용하는지 설명할 수 있다.
- 언어와 심리적 표상의 관계 설명: 언어가 개인의 심리적 경험을 어떻게 형성하고 표현하는지, 특히 상실의 맥락에서 어떻게 기능하는지 설명할 수 있다.

<적용 실천>
- 상실 경험에 대한 심리적 지원 제공: 상실을 겪은 사람들에게 감정적으로 지지하고, 그들의 치유 과정을 돕기 위한 심리적 지원을 제공할 수 있다.
- 은유적 접근법을 통한 치유적 대화: 상실의 감정을 표현할 때 은유를 활용하여, 내담자가 자기 경험을 더욱 쉽게 표현하고 이해할 수 있도록 돕는다.
- 심리적 방어기제 분석 및 치료: 내입과 투사의 개념을 이해하고, 이를 통해 내담자의 방어기제를 인식하고 치료적 개입을 할 수 있다.
- 상실에 대한 심리적 언어표현 훈련: 언어가 상실 경험을 어떻게 표현하는지 교육하고, 사람들에게 상실을 표현하는 건강한 방법을 습득하도록 돕는다.
- 심리적 상처를 치유하는 상상력 활용: 상실 후 치유를 돕기 위해 상상력의 역할을 강조하고, 내담자가 자신만의 치유적 상상을 통해 심리적 상처를 치유할 수 있도록 지원한다.

상실의 치유 기제 : 상상(想像)과 은유적 투사와 변환

Ⅰ. 상상과 은유

1. 욕동(충동)은 신체적 자극에 환상을 덧입힌 것이다. 환상은 상상을 매개로 욕망을 투사한 것이다. 그러니까 환상은 자아를 중심으로 욕망에 의한 지향성으로 구성된 것이다. 상상(想像)은 이미지와 다르다.[263] 이미지는 해석되지 못한 사건(사물)의 인상이라면 상상은 해석된 이미지다. 즉 상상은 사건(사물)의 인상을 다른 하나의 단어 표상(개념)으로 전환하는 능력이다. 즉 이미지는 하나의 기표로 이루어진 것이라면, 상상은 두 개의 기표로 나타난 것이다. 상상은 하나의 자극(감각인상)에 대해 다른 하나의 이미지로 전환해서 나타내는 반응이다. 자극과 반응 사이에는 사람마다 모두 다른 심상의 재구성이 이루어진다.

2. 상상력은 시간과 공간 안에서 이미지를 일정한 체계로 질서화한 작용이다.[264] 상상력은 시간성과 공간성의 특성이 있다. 상상력은 심상의 다른 이름이다. 상상은 대상-지향적 동일성으로 구성된다. 대상 지

---

263) 신체는 외부 자극에 반응하기 위해 최적의 게슈탈트(전경과 배경)를 구성한다. 상상은 과거의 기억(경험)을 소환하여 앞으로 어떻게 될 것인가에 대한 예기감으로 현재를 통합하고 결정하는 구조를 지닌다. 상상은 기억의 공간, 의식의 공간이다.
264) 인간의 모든 체험은 시간과 공간이라는 두 좌표축과 함께 규정된다. 즉 어떤 체험은 시간이라는 감성의 형식에 의해 '언제의 체험'으로, 공간이라는 감성의 형식에 의해 '어디의 체험'으로 질서가 잡히며 체계적으로 인식되는 것이다. 그런데 다양한 사례를 통해서 야스퍼스는 정신병리학적 질병을 앓고 있는 환자들의 시간과 공간 체험이 무질서하고 체계가 없다는 공통점을 발견한다. 따라서 누군가 자신이 체험한 시간과 공간에 관해서 기술한 내용을 분석함으로써 그가 체험한 내용을 정신병리학적으로 분석할 수 있다. 환자의 시간 의식과 공간 의식에 관한 기술 현상학적인 분석이 정신병리학적 큰 의미가 있는 것이다.

향성은 상상적 동일성, 상징적 동일성, 실재적 동일성으로 구분할 수 있다.[265] 동일성은 자아의식에 의해 규정된다. 자아는 무엇을 대상으로 한 동일성을 지향하느냐에 따라 '이상적 자아', '자아 이상', '초자아'가 그를 지배한다.[266]

3. 여기에서 말하는 '은유'는 일반문학에서 말하는 수사학적 표현

---

265) 동일시와 내면화 사이의 구분을 위해서는 좀 더 조심해야 한다. 왜냐하면 그 구분은 주체가 동화되는 것의 본질과 관계된 이론적인 가정을 활용하기 때문이다. 순전히 개념적인 관점에서, 동일시는 대상 -어떤 사람(<어떤 자아의 다른 자아에 대한 동화>)이나, 사람의 어떤 특징이나 부분 대상-과 이루어진다고 말할 수 있는 반면에, 내면화는 주체 간의 관계에 대한 것이다. 그래도 그 두 과정 중 어느 것이 먼저인가라는 문제는 남는다. 일반적으로 주체 B에 대한 주체 A의 동일시는 총체적인 것이 아니라 부수적이라는 사실을 지적할 수 있다. 그것은 B에 대한 A의 관계의 특수한 측면에 관계된 것이다. 가령 나는 나의 주인과 동일시하는 것이 아니라, 그와 나의 가학·피학적 관계와 결부된 그의 특징 중 어떤 것과 동일시하는 것이다. 그러나 다른 한편으로, 동일시는 항상 그것의 최초 원형에 의해 각인되어 있으며, 합체는 사물에 근거를 두고 있다(왜냐하면 관계는 그 관계가 구체화 되는 대상과 분리할 수 없어서). 실제로, 어린아이가 공격성의 관계를 유지하는 대상은 그 당시에 내입된 <나쁜 대상>이다. 다른 한편으로, 본질적인 사실은 한 주체의 동일시의 총체가 일관성 있는 관계 체계를 전혀 구성하지 못한다는 것이다. 예컨대, 초자아와 같은 하나의 심역 내에서 서로 갈등을 일으키는 잡다하고 다양한 요구를 발견할 수 있다. 마찬가지로 자아 이상은 반드시 서로 조화로운 것이 아닌 문화적 이상들과의 동일시에 의해 구성되어 있다.

266) <실존정신언어분석>에서는 다양하게 변주되는 '심리적 주체'들을 하나로 통합해서 '자아'로 표현한다. 다시 자아를 두 가지로 범주화해서 보면 다음과 같다. 첫째 영역은 기능적 자아(functional ego)로, 이는 정신의 내적인 기능뿐만 아니라 세계를 향한 외적인 기능 모두를 조직하고 관리하는 능력을 말한다. 둘째는 자기 표상적 자아(self representational ego)이다. 이것은 다양한 자기 이미지로부터 자기라는 일관된 개념을 통합해 내는 능력을 의미한다. '나'라는 느낌은 대부분 생각과 이미지로 구성되어 있다. '나'를 정확히 말하면 '나라는 생각(I-thought)'을 의미한다. 자기 자신에 대한 경험이 언어-표상적 개념 혹은 이미지를 통해 걸러진 것이다. '나'라는 생각의 동일시가 모든 문제를 파생한다. 즉 동일시와 조건화된 신념에 기반을 둔 '나'는 정신의 중심부, 즉 인식하는 나, 관찰하는 나, 억압하는 나, 행위 하는 나, 초월하는 나로 분리되어 나타나는데 이때 진정한 자기의 본질과 단절된다. 자아는 외부 세계와 관계를 맺으면서 정신의 작용을 총괄하는 인격 단위로 신체 이미지에 대한 동일시를 통해 구성된다. 그래서 자아 또는 마음은 '본래 내 것'이라고 할 수 있는 것이 없다. 모두 타자와의 관계에서 빚어진 이미지로 구성된 것이기 때문이다. 그래도 지금 여기 나라고 느낄 수 있는 구체적인 '나'라는 감각은 신체가 주는 공간과 시간 감각에서 느껴질 뿐이다. 이마저 감각이 무뎌지거나 소실되면 '나'라는 의식도 없다.

을 의미하지 않는다. 다만 은유 되는 방식, 즉 'A는 → B이다'에서 하나의 기표가 다른 하나의 기표로 대체되는 과정을 의미한다. 즉 'A가 → B'로 전환, 투사-이행-내사-지향해 나가는 과정을 말한다. 이 과정에는 두 개의 기표가 반드시 있어야 한다. 두 개의 기표 사이 즉 '→'에는 사람마다 개별 심상이 작동한다. 이렇게 작동되는 심상의 형식은 <과거-현재-미래>의 시간의식을 전제로 해서 재구성된다. 재구성되는 문양에 따라 다양한 종류의 환상(상상, 환각, 망상)과 투사적 동일시[267], 내사와 전치, 내입, 전이, 우울, 편집, 대상관계가 형성된다.[268] 은유는 실재하는 하나의 (공간) 사건을 다른 시간영역 체계로 '~으로 봄(seeing~as)', 또는 '~으로 생각함(conceiving~as)'이라는 인지 활동

---

267) 투사는 배설 및 침 뱉기, 땀흘리기, 변 보기, 오줌누기, 소리 지르기, 발로 차기 등의 신체 기능과 관련을 가지고 있다. 내적 세계 안에서 내사의 기제와 먹는 기능은 밀접하게 연결되어 있다. 아동의 내적 구성물은 처음에는 먹는 행동으로 나타나는 신체 기능과 관련되어 있기 때문이다. 이렇게 투사 및 내사의 관점을 계속 밀고 나간다면, 변화는 근본적으로 먹는 것, 즉 구강기적 성애와 구강기적 가학과 관련해서 생기는 것으로 드러난다. 아동이 화가 나서 깨무는 것은 박해적 요소를 지닌 내적 대상의 힘을 증가시키게 되며, 그 결과 아동은 고통을 느끼거나 내부로부터 위협당한다고 느끼거나 또는 실제로 아프게 된다. 또는 투사 기제를 사용함으로써 외부로부터 위협당한다고 느끼는 아동은 공포증을 발달시키거나, 깨어있을 때 및 잠들어 있을 때 자신을 위협하는 환상을 갖게 되거나, 아니면 의심에 사로잡히게 된다.

268) 투사의 가장 일반적인 원리는 프로이트의 욕동의 개념에서 찾을 수 있다. 인체는 긴장을 낳는 두 종류의 흥분에 종속되어 있다. 하나는 피할 수 있고 자신을 보호할 수 있는 흥분이고, 다른 하나는 피할 수 없고 처음에는 보호 장치나 보호막이 없는 흥분이다. 그것이 바로 외부와 내부의 흥분을 가르는 첫 번째 기준이다. 그 시점에서 투사는 내적인 흥분-강도 때문에 아주 불쾌한 것이 되는-에 대한 최초의 방어 수단으로 나타난다. 주체는 그 흥분을 외부로 투사함으로써, 그것을 피하고(가령 공포증적인 회피), 그것으로부터 자신을 보호한다. 그것은 <마치 그 흥분이 내부로부터 작용하는 것이 아니라 외부로부터 작용하는 것처럼 그것을 취급하여, 그것에 대해 보호막이라는 방어 수단을 사용하려는 것이다. 프로이트에 따르면, 투사는 내입과 함께 주체(자아)-대상(외부 세계)의 대립의 탄생에 아주 중요한 역할을 한다. 투사가 처음 발견된 것은 편집증에서였다. 프로이트는 「방어 정신 신경증에 대한 새로운 고찰」(1896)에서 투사는 불쾌의 원인을 외부에서 찾는 정상적인 기제의 남용인 원초적인 투사로 기술되고 있다.

안에서 상호작용하는 사고 과정이다.[269]

4. 인간은 은유를 통해 물리적 경험(실재)에서 얻어지는 느낌을 다른 것으로 대체해서 이해(의미화)한다. 이해는 구체적인 것에서 추상적인 것(다수성)으로 투사(지향, 대체)해서 얻어진다. 즉 두 가지 기표 때문에 의미화된다. 이 **투사(寫像-mapping, 상상)**는 일정한 도식(언어 기표의 제한성) 때문에 제약된다(환각이나 정신 분열은 도식의 붕괴를 의미한다).[270] 은유적 투사는 자의적이지 않으며 신체 기능과 경험으로 제약받는다.[271] 또한 은유의 특성은 '1: 多'이다. 즉 하나의 사물적 속성(phor)을 다양하게(meta) 표현되는 것이 은유의 특성이다. 하나의 사

---

[269] 예컨대 내면화적 동일시에는 구순기적 합체와 결합하는 것이 특징이다. 게다가 그 두 용어는 프로이트와 여러 연구자에 의해 자주 동의어로 사용되고 있다. 프로이트는 동일시-투사의 대립이 일반화되기 이전에, 그것이 처음에 어떻게 구순기적 방식으로 나타나는지를 보여준다. 그 과정은 <구순기적 언어-나는 그것을 먹고 싶다든지, 나는 그것을 뱉고 싶다>로 표현되거나, 더 일반적인 표현 <나는 그것을 내 속에 넣고 싶다든지, 내 바깥으로 쫓아내고 싶다>로 번역된다.

[270] 동일시와 투사의 관계는 얽혀 있다. 부분적으로 그것은 용어의 느슨한 용법 때문이다. 가령 히스테리 환자는 어떤 사람과 동일시한다거나 그 사람에게 자기 자신을 투사한다는 말을 가끔 별 구분 없이 사용하곤 한다. 동일시와 투사라는 두 기제 사이의 관계를 전혀 다루지 않더라도, 그것은 투사라는 용어의 남용이라고 말할 수 있다. 왜냐하면 투사에 대한 정신분석적 정의에서 항상 전제되는 것-개인 내부의 양분과 거부된 자기의 부분을 타자에게 폐기하는 것-을, 동일시에서는 찾아볼 수 없기 때문이다. 그러한 혼동을 예증하는 데 도움이 되는 일화가 있다. 서로 다른 두 경향의 철학자들 사이에 토론이 진행되는 중 한 참석자가 물었다. <우리가 동일한 프로그램을 가지고 있는 것입니까?> 반대편을 지지하는 사람이 대답했다: <나는 그렇지 않기를 바랍니다> 일반적인 심리학의 관점에서, 첫 번째 사람은 프로이트적인 관점에서 <투사를 했고>, 두 번째 사람은 그의 자세가 반대자의 생각-자신 속에서 발견될까 봐 두려워하는 생각을 근본적으로 거부하고 있다는 것을, 보여준다는 점에서 투사했다고 가정할 수 있다.

[271] 신체는 유한성을 지닌다. 즉 신체의 힘은 상호작용한다. 주체, 대상, 힘의 경험은 어떤 대상(질량)이 공간 안에서 특정한 방향으로 운동하는 것을 포함한다. 신체는 충동이라는 생리적 힘의 작용을 한다. 힘은 벡터 성질, 방향성과 지향성, 의도성을 지닌다. 신체는 힘(force), 긴장(tension), 숨겨진 구조(본능적으로 균형-안정성을 찾고자 하는 힘) 분배, 반작용, 균형, 중력장, 무게, 힘, 수학 방정식으로 환원 해석된다.

물 인상이 다른 하나의 인상으로 기술될 때는 그 사이에 간극이 존재한다. 간극에는 의식(정신, 정서, 감정, 마음)이 무한하게 작동된다. 그 작동의 토대는 한 유기체가 지닌 개별 특성(질성, 과거 경험, 위치-공간과 시간의식, 지향성)에 따라 재구성된다.

Ⅱ. 내입과 투사

1. 유아가 겪은 첫 기억은 '엄마의 가슴(요람)'에 대한 느낌일 것이다. 프로이트는 이 느낌이 곧 환상을 구성하는데 그 차이는 '쾌와 불쾌'에서 주어지는 것으로 본다. 예컨대 엄마의 충분히 좋은 수유와 보호막(안아주기)은 유아에게 존재의 연속성 위에 성격을 형성하게 하는 동인으로 해석한다. 만약 그렇지 못하다면 유아는 자아(자아동일성)의 연속성에 방해가 된다.[272] 존재의 연속성을 파괴하는 반동이 지속해 반복된다면, 자아는 존재의 파편화 유형을 형성한다. 존재의 연속성의 흐름이

---

272) 자아동일성은 쾌와 불쾌의 상황(차이와 다름)에서, 나와 나-아닌 것 사이의 경계가 된다. 다른 말로 하면, 자기동일성과 상상성이 몸속에서 살아가게 되고, 이는 주체 형성의 기본이 된다. '나는 이다'라는 자기의식이 불안이라는 특수한 정서를 수반한다. 이런 불안 정서는 자기 한계, 즉 피부에 대한 쾌 불쾌의 감각과 함께 나타나는 '나 아닌 것'에 대한 거부감 안에 본래부터 있는 것이다. 이것을 기반으로 세상을 해석하는 주체가 발원된다. 신체감각에서 주어지는 불쾌 감정(불안)은 정신성에 영향을 준다. 이는 정신 신체의 연합 또는 몸과 정신의 통합이 해체되는 것에 대한 방어기제로 작동된다. 통합은 환경적으로 '엄마의 가슴(요람)'의 기능과 밀접히 연결되어 있다. 통합되면 하나의 단위(자아)가 형성된다. 우선적으로 형성된 이 '나'는 '그 외의 모든 것은 내가 아니다'라는 의미를 포함한다. 그리고 나서 '나는 이다. 나는 존재한다. 나는 경험을 모으고, 나 자신을 풍성하게 하며 나-아닌 것, 즉 공유하는 현실의 실제 세계와 내사 및 투사적 상호작용을 한다'가 오게 된다. 여기에 덧붙여서 나는 누군가에 의해 존재하는 것으로 보이고 이해된다. 그리고 다시 '나는 내가 존재로서 인식되고 있다는 것을 확인할 수 있는 증거를 거울 속에 비친 얼굴로서 되돌려 받는다'

파편화되는 유형을 가진 유아는 처음부터 정신병리의 방향으로 발달하게 된다. 따라서 산만함, 과도한 신체 움직임, 그리고 부주의함(후에 집중력 결핍이 됨) 등은 아주 초기에 있었던 '엄마의 가슴(요람)'에서 비롯된 것이다.

2. 엄마는 아동의 일부이다. 이 단계에서 유아의 행동 유형은 개인적 실재로서의 엄마에 대한 유아의 경험을 포함한다. 통합의 반대는 해체이다. 유아에게 있어서 편히 쉼은 어머니의 자아-지원하는 기능을 당연하게 여기므로 통합될 필요를 느끼지 않는 상태를 의미한다. 해체와 파편화된 의식은 정교화된 방어를 창조하게 한다. 여기서 방어는 모성적 자아 지원이 주어지지 않은 결과로, 즉 절대적 의존 단계에서 '엄마의 가슴(요람)'의 실패의 결과로 발생한 것이다.

3. '엄마의 가슴(요람)'의 실패로 기인한 유아 자기동일성의 감각은 다음과 같은 신체감각으로 파편화된다. ① 자신이 조각나는 것 같은 느낌, ② 끝없이 떨어지는 것 같은 느낌, ③ 몸과 아무런 관련이 없는 것 같은 느낌, ④ 아무런 방향감각이 없는 것 같은 느낌 등이다. 이것들은 특히 정신병적 불안의 재료가 되며, 임상적으로 정신분열증이나 정신병까지는 아니어도 분열성 성격에 속한 것이다.

4. 정신분석에서 육체적인 경계는 안과 밖의 모든 구분의 원형이다. 합체의 과정은 그러한 육체적인 외피와 관계가 있다. 내입[273]이라는 용

---

273) 내입은 주체가 환상을 통해 대상이나 그 대상에 내재한 특질을 <바깥>에서 <안>으로 들여오는 것을 말한다. 이는 동일시와 밀접한 관계가 있다. 내입과 대립하는 용어가 투사이다. 투사라는 용어와 대칭적으로 만들어진 내입이라는 용어를 도입한 사람은 페렌치 S. Ferenczi이다. 「내입과 전이Introjektion und Übertragung」(1909)에서, 그는 다음과 같

어는 좀 더 광범위하다. 거기서는 육체의 내부 뿐아니라 심리 장치나 심역의 내부도 문제가 된다. 그래서 자아 속으로의 내입, 자아 이상 속으로의 내입 등으로 말하는 것이다. 내입이 육체적인 원형에 의해 각인되어 있는 한, 그것은 대상에 대한 환상으로 표현된다. 그래서 그 개념은 <좋은> 대상과 <나쁜> 대상이 환상적으로 오고 가는 것(내입, 투사, 재-내입réintrojection)을 기술한 것이다.

5. 여기에서 우리는 '나'로부터 '나-아닌 것'을 분리하기 전의 초기 단계에서 충분히 좋은 돌봄을 받지 못한 유아의 상태를 가정할 필요가 있다. 이는 '엄마의 가슴(요람)'의 실패의 정도와 다양성 때문에 나타날 수 있는 복잡한 문제이다. 예컨대, ① 분열적 성격 특징의 토대가 되는 자아 조직의 왜곡, ② 스스로 자신을 안아주는 특수한 도착적 방어, ③ 돌보는 자기의 발달과 거짓 성격의 조직화(이때 거짓이란 보이는 것이 그 자신에게서 온 것이 아니라 어머니에게 맞추기 위해서 만들어진 파생물이라는 의미임), 이 방어는 비록 자기의 핵을 숨기고 보호하기 위한 것이지만, 그것이 성공한다면 자아 형성에 새로운 위협 요소로 작동한다. 위협 요소는 '엄마의 가슴(요람)'의 불쾌를 방어하기 위한 것이며, 그것은 생각할 수 없거나 원초적인 불안을 방어하기 위해서 생긴 적극적인 혼돈의 산물이다. 해체의 혼돈(chaos of disintegration)은 신뢰할 수 없는 환경만큼 해로울 수 있다. 그러나, 그것은 아기에 의해 만들어지는 것이며, 그것은 아기의 전능함의 영역 내부에 있다. 따라서 생각할 수 없는 불안은 분석할 수 있지 않지만, 해체의 혼돈은 분석할

이 쓰고 있다. "편집증 환자는 불쾌해진 충동을 자아 밖으로 추방하는 데 반해, 신경증 환자는 외부 세계의 가능한 한 많은 부분을 자아 속으로 들여와, 그것을 무의식적 환상의 대상으로 만듦으로써 문제를 해결하려고 한다. 따라서 우리는 그 과정에 투사와는 대조적으로 내입이라는 이름을 붙일 수 있을 것이다."

수 있다.

6. 신체 자극에서 생기는 본능은 심리적으로는 대상과의 관계에 대한 무의식적 환상으로 표현된다. 무의식 환상들은 주체, 의도를 지닌 것으로 간주하는 대상, 주체가 대상이 지닌 의도에 근거해서 대상에게 어떤 것을 하고 싶어 하는 관계 등을 포함하는 타고난 형태를 가지고 있다. 유아의 정신 안에는 몇 가지 타고 난 원시적 구별 능력이 존재한다: ① 대상은 주체의 내부나 외부에 있다. ② 대상이 지닌 의도는 주체에게 악의적이거나 호의적으로 느껴진다. ③ 자극되는 신체감각, 예컨대, 배고픔, 수유, 따뜻함과 추움, 방광의 가득 참이나 비워짐 등에 따라 구별되는 다른 대상들과 관계들이 구별된다(이런 것들은 위의 ①과 ②의 구별과 짝을 이루고 있다) ④ 무의식 환상들은 처음에 신체감각으로 경험되고, 나중에는 유연하게 변화할 수 있는 이미지들과 극적인 표상들 그리고 결국에는 언어로 경험된다.

III. 언어 표상

1. 내입과 투사는 신체적 자극에 의한 표상(이미지) 때문에 작동한다.[274] 표상은 항상 기억흔적을 동반한다. 신체적 감각에 의한 표상(이미지)은 주변의 다른 감각기관(시냅스)과 연합해서 재구성된다. 이렇게 표상은 자극과 욕구에 대한 정신적 표현이자 기억흔적에 대한 리비

---

[274] 프로이트는 이를 '충동의 대표자' 혹은 '표상적 대표자'(vorstellungs repräs-entanz)라 부른다.

도 집중이며 자극을 해소하기 위해 쾌락적 충동을 언어적 충동으로 전환한다. 충동은 신체적 자극에서 비롯된 불쾌를 쾌감으로 전환하고자 하는 본능의 지향적 작용이다. 충동이 도달하고자 하는 목표는 항상성이다. 생리학에서 항상성은 쾌감의 다른 표현이다. 충동이 지닌 이미지의 구성은 '불쾌에서 쾌감으로의 지향적 목적'의 실현에 있다. 이 메커니즘의 요체는 바로 충동인 쾌락적 자아를 언어적 자아로의 코드 전환, 즉 인지에 있다. 인지는 지각에 기초한다. 외부와 내부의 자극으로 지각된 인지는 신경 시냅스에 의해 기호화(en-code)와 인지(de-code)화 하는 과정을 통해 기억의 흔적이 강화(plasticity)된다.[275] 이처럼 기억흔적에 대한 기호화와 인지 작업은 신체적 자극에 의한 이미지(꿈, 환각, 환시, 환청)에 의해 나타난다. 충동은 무의식의 내용물을 이루기 때문에, 나중에 라캉이 무의식은 언어처럼 구조화되어 있다고 재-해석한다.[276]

2. 정신분석에서는 임상의 중핵을 '언어 표상'에서 찾는다. 그나마 인간 세상에서 언어 표상이 실재에 가장 가까이 접근할 수 있기 때문이다. 인간은 언어 표상으로 존재하기 때문이다. 언어 표상으로 존재한다는 사실, 그것이 인간 존재의 특성이다. 언어 표상으로 존재한다는 사

---

[275] 꾸준한 학습과 훈련은 '능동적인 습관'을 형성한다. 습관에는 '획득된 습관'과 '형성된 습관'이 있다. 이 차이는 수동성과 능동성, 또는 감각과 자각의 차이이다. 생명은 수동성과 능동성의 대립 모두를 내포한다. 이것은 생명의 조건인 동시에 습관의 조건이기도 하다. '획득된 습관'이란 수동적으로 받아들이게 된 습관을 말하고, '형성된 습관'이란 적극적으로 자발성이 개입되어 노력한 결과로 이루어진 습관을 말한다. 라베쏭(Ravaisson) 지음, 최화 역주, 『습관에 대하여』, 누멘(2010), pp. 64-112 참고.

[276] 라캉은 충동을 언어의 산물로 보면서 언어적 존재인 인간에게는 순수하게 동물적이고 자연적인 본능이 아예 불가능하다고 말한다. 일단 언어가 모든 것을 상징화하면서 대상에 대한 상실을 구조화하는 데 이 상실을 채우려고 하면서 계속 기표에 의존하는 작용이 바로 충동이다. 또 라캉은 억압의 대상이 되는 것은 항상 기표(signifiant)라고 강조하는데 기표이론은 프로이트가 말한 '표상적 대표자'의 재해석이라 할 수 있다.

실은 무엇을 의미하는가? '처음 경험의 상실'(S1)을 다시 찾고자 하는 열망-욕망-동력으로 그와 유사한 다른 대체물(S2)을 찾아(만들어) 쾌감을 얻고자(보상) 하는 것을 말한다.

3. 인간은 사물을 분절하는 방식(歪像)으로 의식을 지향한다. 언어를 사용하는 인간은 외부 사건의 이미지(표상)를 언어로 이해하고 해석하고자 한다. 이렇게 처음 일어난 사물 표상을 은유(S1)라 언명하고, 이 사물 표상을 다른 단어로 이해하고 해석하고자 하는 단어 표상을 환유(S2)라 언명한다. 그런데, 단어 표상은 사물 표상을 온전히 포섭하지 못한다. 그래서 단어 표상은 또 다른 단어 표상을 불러와서 사물 표상을 표현하지만, 그것 또한 포섭하지 못하고 미끄러진다. 그래서 또다시 다른 단어 표상을 부른다. 이렇게 계속 미끄러지면서 다른 단어를 불러 표현한 것을 환유적 구조로 언명한다.

4. 모든 언어구조는 'S1 → S2' / 'A → B'로 구성된다. 언어의 출발은 인체에 자극된 그 무엇(S1, 또는 A)에 대해 이해하고 해석하게 되는데 이것이 바로 반응(S2 또는 B)이다. 그래서 자극은 은유로, 반응은 환유적 특성이 있다. 여기서 환유적 특성은 자극된 사물 표상을 모두 포섭하지 못한다. 이것이 언어의 한계이다. 이렇게 사물 표상(S1, 또는 A)을 분절하는(S2 또는 B) 언어의 특성을 은유와 환유, 억압과 방어로 표현한다.

5. 'S1 → S2'로의 방향(지향성)을 언어학에서는 기호-인과적(알레고리) 논리체계로 언명한다. 모든 기호-인과적(알레고리) 논리체계는

'억압과 방어'(거부-부정-부인-회피-도피-연기-거짓-대체물-선택적)의 속성을 지닌다. '억압과 방어'의 질서 체계가 없다면 언어는 성립하지 못한다. 언어의 속성은 '억압과 방어'에 있다. 언어의 속성은 ① 제한적, ② 배타적, ③ 선택적, ④ 규칙적, ⑤ 논리적, ⑥ 추상적, ⑦ 은유적이기 때문이다. 또 마음의 뜻을 표현하는 사람(발화자)의 인지나 의식 또한 특정한 패턴과 도식으로 이루어져 있으며, 듣는 사람의 인지 또한 특정한 패턴과 도식으로 이루어져 있어, 발화자와 듣는 사람 사이의 **간격**은 전하는 사람의 내용을 미끄러지게 할 수 있다(언표 살해)는 점에서 억압적이다. 따라서 언어를 사용하는 사람은 의식적이든 무의식적이든 일단 언어를 사용하는 한, 언어의 억압적 기제를 벗어날 수 없다. 그래서 말을 사용하는 인간은 자신의 충동(쾌와 불쾌)을 억압과 방어의 형식을 통해 조정해 나간다. 언어의 규칙 작용인 ① 은유와 환유, ② 반복과 재현, ③ 차이와 다름, ④ 미끄러짐, ⑤ 선택과 배제는 억압과 방어의 기능과 같다.

6. 이렇게 무한 반복되는 언어 과정에서 인간의 의식은 무의식적으로, 저절로, 내 마음 나도 모르게, 의식하지 못하는 상태에서도 반복될 만큼 달인이 된다. 이 달인은 저마다 고유한 무늬(문법 체계), 즉 증상을 형성한다. 이 증상은 적합한 단어로 표상되지 못하고 미끄러진 잔영들로 구성된다. 그러니까 이 잔영의 증상이 적합한 단어로 표상된다면 증상은 곧 멈추게 된다. 언어(억압과 방어)는 무의식을 형성시킨다. 언어는 존재(사물)를 언어적으로 분절하는 기표 연쇄의 자동 항법 장치이다. 어떻게 보면 언어는 외부 충격의 사건을 자신이 소화해 낼 수 있을 만큼의 이해 폭으로 받아들이는 범퍼(완충) 역할을 한다. 만약 언어가 없다

면 어떻게 될까? 외부 충격이 그대로 직격 되어 삶을 이어나갈 수 없다.

7. 언어로 구조화된 무의식은 불쾌에 바로 도달하지 않기 위해 다양한 방어(부인)의 장치를 고안해서 지연(회피, 도피, 연기, 거짓, 환상)시킨다. 그것이 바로 언어이다. 이렇게 여과된 언어 장치-대체물에서 약간의 쾌감(욕망 a)이 발생한다. 이 욕망은 실재와의 대면을 무한 연기시키는 환영 장치이다. '억압과 방어'에 의해 형성되는 것이 무의식이다. 무의식 때문에 지배받는 형태는 사람마다 모두 다르다. 이 차이와 다름을 분석하고 주체가 자신의 무의식적 지배 형태를 발견하고 자각하도록 해서 그만의 고유한 문 법체계로 다시 구성하도록 안내하는 것이 분석가의 일이다.

Ⅳ. 마음의 판형

1. 마음의 판형 이미 지(상상)도식은 다음의 세 가지 주요 양상이 있다. 첫째, 이미지(상상)도식은 우리의 신체적 경험이 우리에게 의미를 갖도록 한다. 의미는 감각 운동 경험의 반복적 구조와 패턴의 의미이다. 그래서 그것은 통상 의식적 인식의 층위 아래에서 작용한다. 물론 그것은 우리의 신체적 방위와 경험의 윤곽을 식별하는데도 역할을 한다. 이런 의미 구조는 '인지적 무의식'의 일부이다. 이는 다음의 운동적 속성을 지닌다.

① 이미지는 반복적이고 안정적인 감각 운동 경험의 패턴이다.

② 이미지는 감각의 질성 전체의 위상 구조를 보존한다는 점에서 '증상'이다.
③ 이미지는 공간의 위치에 시간 내에, 그리고 시간을 통해 역동적으로 작용한다.
④ 이미지는 '신체적'임과 동시에 '정신적'이다.
⑤ 이미지는 더 넓은 환경과의 상호관계 때문에 작동한다.
⑥ 이미지는 위상적 신경 지도안에서 활성화 패턴으로 실현된다.
⑦ 이미지는 감각 운동 경험을 개념화와 언어에 연결하는 구조이다.
⑧ 이미지는 인과적 추론을 발생시키는 내적 구조를 지닌다.

<마음(이미지)의 지향성>	
근원 영역(공간 이동)	목표영역(정신적 활동)
출발점 A ⇒	처음 상태
끝점 B ⇒	최종 상태
목적지 ⇒	달성해야 할 목적
A에서 B로의 이동 ⇒	목적 달성의 과정
이동의 장애물 ⇒	목적 달성의 어려움

2. 네모 칸에서 기술한 마음(이미지)의 지향성은 시간 경과를 이해하기 위한 가장 기본적인 은유이다. 이 은유에서 시간 변화는 경로를 따른 특정 위치로의 이동으로 이해된다. 이 은유의 한 가지 버전에서 관찰자는 시간선을 따라 이동한다. 이때 미래는 관찰자 앞의 공간이고, 과거는 관찰자 뒤의 공간이며, 현재는 그가 있는 지점이다. 예컨대 다음의 문장을 살펴보자. "We have a long way to go until our campaign fund drive is finished."(자금 모금 운동이 끝나려면 한참 남았다.)를 말할 때, 우리는 마치 직접 경로를 따라 목적지(자금 운동의 완료)로 이동하는 것으로 은유적으로 이해하고, 우리의 전진을 늦출 수

있는 장애물이 경로 위에 있을 수 있다고 상상할 수 있다.[277] 이처럼 이미지는 사물 표상(S1)을 단어 표상(S2)으로, 또는 단어 표상(S2)을 사물 표상(S1)으로 투사해서 의미를 확보한다.

3. **도식은** 이미지를 생성하고 재구성하는 절차(패턴, 반복성)이다. 도식은 일정한 게슈탈트를 형성한다. 도식은 사람마다 고유한 질성에 의해 다르게 구성한다. 상상력의 도식은 감각적 이미지를 다른 이미지로 전환, 해석, 은유, 환유, 대체 매개함으로써 추상 개념화하여 비교·평가·분류·범주화한다. 이미지는 일정한 세계(게슈탈트)적 도식을 지닌다. 이 도식은 상상력 또는 비명제적, 신체화를 수반한다.[278] **도식은 신체의 <上·下·左·右·內·外·出·入·升·降·前·後>를 기준으로 공간과 시간을 지각한다.** 도식은 은유적 투사(metaphorical projections)를 의미: 신체적 기호화-신체적 운동과 대상 조작, 포함, 힘, 균형, 지각적 상호작용, 의미 있는 구조 창발.[279]

4. **신체-생리적 힘: 안-밖**의 지향성 **힘(벡터)**의 방향, 방향성, **강도**, 인과적 상호관계, 운동 경로, 힘의 기원(원천), 방향, 표적, 힘의 능력(세기의 강도), 인과적 연쇄, 외부적 힘에 의한 떠밀림과 강제, 차단, 대

---

277) M. 존슨, 노양진 옮김, 『마음속의 몸』, The Body in the Mind: The Bodily Basis of Meaning, Imagination, and Reason, 철학과 현실사(2000) 참고.
278) 상상(심상, 영상도식, 의식의 구조): ① 경로 초점에서 종착지로의 이동(지금 여기에서 다음 저기로), ② 개개의 다수를 하나의 집합 덩어리로 추상화, 또는 전체를 부분으로 분석화(전경과 배경), ③ 과거-현재-미래의 시간의 궤적 따르기와 공간(외부 내부)의 확장과 수축. 도식은 제어와 안정성을 추구한다.
279) 은유의 창조성, 영상(이미지), 새로운 게슈탈트로 변형, 이미지의 재구성 ⇒ 새로운 변화

응력, 전환, 제약의 제거, 가능성 부여, 흡인, 반복, 통합.[280]

V. 분석 요소

우리는 내담자가 사용하고 있는 언어 구조(문법 체계-담화구조)를 통해 증상(症狀·證狀)의 속성을 살펴볼 수 있다. 언어구조는 첫째, 자신을 보호하고자 하는 보호본능으로 언어를 사용하는 인간의 정형화된 인지 패턴을 의미한다. 둘째, 언어구조는 개인을 지배하고 있는 억압과 방어 체계를 의미한다. 셋째 언어구조는 억압과 방어체계 속에서 성 충동(삶의 리비도, 의지, 생의)이 발현되는 구조이다. 넷째, 언어구조는 자아가 어떤 대상에 대해서 '관계를 맺는 방식'을 의미한다. 그러나 이러한 인지 도식이나 명제적 단어나 구조만으로 그의 심리적 기제를 모두 밝힐 수는 없다. 그 이유는 도식이나 구조, 단어 명제에는 내담자 고유의 말하기(발화)에서 나타나는 강세, 리듬, 운율, 느림과 빠름 성급함, 느긋함, 쭈뼛쭈뼛함, 머뭇머뭇함, 느낌, 호흡, 의식의 국면 등 신체화되고 비명제적인 차원의 것이 탈색되어 있기 때문이다. 분석가가 할 수 있는 일은 '증상의 편재적 질성의 상황'을 예민하게 가다듬어야 한다.[281]

---

280) 안(in) : 그릇(한계, 제한, 통로), 차별과 분리, 구분, 포함, 경계성, 보호 의식, 밖(out) : 거부, 분리, 차별, 추상성, 확장 인지 영역, 지향성, 경로, 주기, 척도, 연결 중심과 주변, 포함, 경계진 영역, 집합의 구성, 이행성(transitivity), 부정, 연결사

281) Dewey, J. 1925/1981. *Experience and Nature*. Vol. 1 of The Later Works, 1925-1953, edited by Jo Ann Boydston. Carbondale: Southern Illinois University Press, 1981. Dewey, J.1930/1988. *Qualitative Thought*. In The Later Works, 1925–1953, vol. 5, edited by Jo Ann Boydston. Carbondale: Southern Illinois University Press, 1988. Dewey, J.1934/1987. *Art as Experience*. Vol. 10 of The Later Works, 1925-1953, edited by Jo Ann Boydston. Carbondale: Southern Illinois University Press, 1987.

심화 3
증상의 방문과 치유 기제

<내용 요약>

증상은 내담자의 말하기에서 발생하며, 이는 내담자의 생각과 사유를 반영한다. 정신분석은 신경생물학적 접근과 달리, 증상의 기원을 말하기를 통해 파악하며, 기억흔적은 경험을 통해 형성된 표상으로 리비도 에너지를 통해 활성화되어 충동을 유발한다. 불안은 억압에서 발생하는 것이 아니라, 억압을 초래하는 자아의 결과로 나타나며, 불안증과 공포증은 증상의 방어기제로, 공포증은 불안을 특정 대상에 집중시키는 역할을 한다. 심리적 가공은 육체적 리비도를 표상으로 전환해 신경증을 예방하는 중요한 역할을 한다.

<핵심어>

마음 챙김 (Mindfulness), 주의 집중(Attention), 스트레스 관리 (Stress Management), 감정 조절 (Emotion Regulation), 자아 성장 (Self-Growth)

<학습 목표>

- 마음 챙김의 이해와 실천: 마음 챙김의 기본 개념과 방법을 이해하고, 이를 일상생활에 적용할 수 있도록 실천한다.
- 주의 집중 향상: 주의 집중 능력을 향상시켜, 현재의 경험에 몰입할 수 있는 능력을 개발한다.
- 스트레스 관리 기술 습득: 다양한 스트레스 관리 방법을 학습하고, 이를 통해 자신의 스트레스를 효과적으로 관리한다.
- 감정 인식 및 조절 능력 향상: 감정을 잘 인식하고, 부정적인 감정을

건강하게 처리하는 방법을 배운다.
- 자아 성장 및 자기 이해 증진: 자아 성장과 자기 이해를 통해 개인의 잠재력을 개발하고, 더 건강한 정신적 성장을 도모한다.

<적용 실천>

- 일상에서의 마음 챙김 실천: 매일 아침이나 저녁에 5분간 마음 챙김 명상을 실천하여 현재 순간에 집중하고, 스트레스를 줄이며 마음의 평화를 유지한다.
- 주의 집중 훈련: 하루 중 여러 번 짧은 시간을 정해 주의를 집중하는 훈련을 통해 작업의 효율성을 높이고, 산만함을 줄인다.
- 스트레스 관리 전략 적용: 직장이나 가정에서 스트레스를 받을 때, 깊은 호흡이나 짧은 휴식을 통해 스트레스를 효과적으로 관리한다.
- 감정 인식과 표현: 감정을 인식하고, 부정적인 감정을 일기나 대화를 통해 건설적으로 표현함으로써 감정을 조절하고 타인과의 관계를 개선한다.
- 자기 성찰 및 목표 설정: 자기 이해를 깊게 하고, 개인의 성장 목표를 설정하여 지속적으로 자기 발전을 도모하고, 자신의 가치와 강점을 반영하는 삶을 살아간다.

증상의 방문과 치유 기제

Ⅰ. 들어가는 말

1) 내담자가 말하는 특성이 곧 증상이다. 증상을 신경생물학에서 찾는다면 그 행위는 의사나 과학자가 될 것이다. 그러나 정신분석은 증상을 '말하기'에서 찾는다. '말하기'는 내담자의 생각과 사유의 특성을 나타낸다. 정신분석에서는 '생각과 사유'의 특성을 말하기에서 찾으며, 말하기가 곧 증상을 표현하는 것으로 본다.

2) 만약 정신분석의 연구방법론을 신경생물학에서 찾거나, 멜라니 클라인(Melanie Klein), 도날드 위니컷(Donald Woods Winnicott), 비온이 말하는 오이디푸스 이전 단계(언어를 배우기 전)나 어린 시절 부정적 불쾌감으로 생기는 심리적 동일시와 투사를 통해, 내담자의 심리를 파악한다면 **'진실의 충실성'**[282]은 약화된다. 이는 '마음학'이라는 심령의 세계로 쉽게 귀결될 경향이 크기 때문이다.

3) 오늘날 객관·실증의 이름으로 자행되는 통계와 수치에 맹신적으로 매달리는 이유도 분석이 심령학으로 빠질 우려가 있기 때문이다. 이러한 실증주의의 객관 일반화(당위의 횡포)는 한 개인의 고유성을 탈색시킬 뿐이다. 그렇게 된다면, 심리학이나 상담학은 그 본연의 학문으로서의 위상을 놓치게 된다. 이들 학문 본연의 의무는 내담자가 주체의

---

282) 진실은 주체에서 나타난다. 주체의 진실을 타자의 언어로 규정된다는 의미에서 진실은 약화된다.

길에 서서 자신의 길을 걷도록 하는 데 있기 때문이다. 그래서 <실존정신언어분석>은 내담자의 '말하기'에 집중한다.

4) 말하기의 핵심은 '의심과 비판적 성찰'에 있다. "나는 나를 바라보는 나를 바라보고 있다." 우리는 말을 하면서 자신이 무슨 말을 하는지 알 수 있다. 그리고 그 말이 상대방에게 어떻게 전달될 것인지도 상대방의 태도에 의해 느낄 수 있다. 양태, 국면, 상황, 인지 정도, 분위기, 성형, 습관, 인지 도식은 말하기의 현장성에서 건져낼 수 있는 진실들이다.

Ⅱ. 기억흔적과 증상의 방문

1) 어째서 증상이 나타나는 것일까? 프로이트는 그 이유를 사물 표상, 즉 기억흔적의 문제로 본다. 기억흔적은 대상을 통한 만족의 경험이 남긴 자극의 물리적 기록이면서 표상 작용의 대상이라 할 수 있다. 프로이트는 표상을 고도의 관념적 재현이나 추상적인 사유로 보는 것이 아니라 리비도 에너지를 집중시키면서 대상과 맺는 양태로 이해한다.

2) 프로이트가 말한 표상은 기억흔적을 쫓는다는 점에서 일종의 우리 뇌가 외부 정보(자극)를 이해하기 위해 일련의 해석 체계인 기호로 입력된 것을 의미한다. 따라서 그는 기억흔적을 리비도를 통해 활성화하는 **기호 작업의 표상으로 본다. 일단 경험이 시냅스를 통과해서 기억으로 형성되면 이때부터 쾌락 자아는 만족을 위해** 그 흔적에 상응하는 대상의 표상을 계속해서 만들려고 하는데 여기에서 이 표상과 연관되

어 다시 2차 충동이 발생하게 된다고 보았다.[283]

   3) 표상이 기억흔적을 활성화하고 기억흔적이 다시 표상을 끌어들인다. 그리고 이런 과정이 무한히 반복되면서 무의식적 욕망이 발생한다. 충동이 생물학적인 본능과 다른 점은 신체적 자극의 직접적 표출이 아니라 이처럼 기억흔적에 대한 기호 작용이 개입한다는 것에 있다. 표상은 육체적 작용만도 정신적 작용만도 아니라 그 둘의 연합적 산물이다.[284] 그렇기에 프로이트는 충동을 정신적인 것 속에서 신체적인 욕구를 대변하는 것으로 정의한다.

   4) 그렇다면 증상의 기원과 구조는 어떤 양태를 지니고 있는가? 그리고 동력은 무엇인가? 프로이트는 한마디로 그 시원과 동력을 불안과 공포증으로 본다. 그 시원과 구조를 도표화하면 다음과 같다.

---

283) Freud, S 전집 11권, 354, GW XIII 1940, 244.
284) 인간의 모든 체험은 시간과 공간이라는 두 좌표축과 함께 규정된다. 즉 어떤 체험은 시간이라는 감성의 형식에 의해 '언제의 체험'으로, 공간이라는 감성의 형식에 의해 '어디의 체험'으로 질서가 잡히며 체계적으로 인식되는 것이다. 그런데 다양한 사례를 통해서 야스퍼스는 정신병리학적 질병을 앓고 있는 환자들의 시간과 공간 체험이 무질서하고 체계가 없다는 공통점을 발견한다. 따라서 누군가 자신이 체험한 시간과 공간에 관해서 기술한 내용을 분석함으로써 그가 체험한 내용을 정신병리학적으로 분석할 수 있다. 환자의 시간 의식과 공간 의식에 관한 기술 현상학적인 분석이 정신병리학적 관점으로 큰 의미가 있는 것이다. 카를 빌러 지음, 지광신·최경은 옮김, 『언어이론』, 나남(2008), pp. 264-280 참조.

도표1 〈증상 형성 과정〉

```
    히스테리    -    강박증    -    도착증    -    정신증
 (갈증과 결여탐색) (죄책감과 처벌) (초자아에 의한 자기비난) (폐제)   ←감정발현
         ↖         ↑         ↗         ↗  ←재현(사후적 재구성)의 인지도식
                    ↻ ←심적 세공(회전판-연결-접점-접합)
                    ↑
                  공포증 ←대상 선정
                    ↑
                       ←억압과 방어
                  불안증 ←대상 부재
                    ↑
                       ←안정화를 위한 심적 지향성
          지각      불균형     신경감응에   의한   심리적   가공
```

<도표설명>

1) 불안 = 불안 + 대상 부재

불안은 정서이다. 그러나 정서는 억압에서 생기는 것이 아니라 이미 존재하는 기억의 이미지에 따라 정서 상태가 재현되는 것이다. 따라서 불안은 억압 과정에서 억압된 충동에서 나오는 것이 아니라 억압하는 자아 자체에서 나온다. 그런 의미에서 불안은 억압의 결과가 아니라, 억압의 원인이다. 불안은 외상적 상황에서 체험했던 기억이 예기적 불안정에서의 형태로 재현되는 것이다. 그렇지만 그러한 불안은 구체적인 특정 대상이나 상황이 없어도 언제든지 지속해 나타난다. 반면에 공포증에는 불안을 일으키는 표상과 대상이 선명하다. 그리고 그 표상과 대상에서 기인하는 불안은 불안의 진정한 원인 앞에서 예기적 불안의

역할과 동시에 스크린(억압과 방어) 역할을 한다. 말하자면 공포증의 대상은 불안의 회피전략으로서, 불안의 진정한 대상 앞에 세워진 대체물이다.[285] 즉 불안이 먼저 일어나고 공포증은 특정한 대상에 초점을 맞춤으로써 불안을 공포로 바꾸는 방어기제로 나타난 것이다.[286] 그런 의미에서 불안은 하나의 기호(기표)로 된 이미지(인상)와 정서라고 한다면, 공포는 두 개의 상징적 기호(기표) 형식으로 이루어진 감정이다.

---

285) 프로이트, 「다섯 살배기 꼬마 한스의 공포증 분석」, 열린책들, p.147.
286) 방어기제는 자아를 중심으로 이루어진다. 자아가 자신을 지키기 위해서 방어기제를 개발하고 이용한다. 그러한 자아의 방어기제에는 격리, 소급적 취소, 반동 형성, 투사 등, 수없이 많은, 정확히 말하면 정신분석이 발견한 웬만한 기제는 모두 자아의 방어 기제라고 할 수 있다. 그것에 관한 연구는 안나-프로이트의 저작과 함께 정신분석 탐구의 중요한 주제가 된다. "안나 프로이트는 구체적인 예에 근거하여, 방어기제의 다양성과 복잡성, 그리고 그것의 외연(外延)을 기술한다. 특히 방어적 목적이 어떻게 아주 다양한 활동 환상, 지적 활동을 이용하는지, 그리고 방어가 어떻게 욕동의 요구뿐만 아니라 불안의 발전을 야기할 수 있는 모든 것. 감정, 상황, 초자아의 강요 등에 근거하고 있는지를 보여주고 있다. 자아의 존재가 방어기제의 전제조건인지는 이론적인 문제로 남아 있다. 만약 그것이 자아의 존재를 전제한다면 그것은 좁은 의미의 방어기제인데 방어기제에는 자아의 방어기제 말고도 퇴행, 반전, 선회와 같은 욕동의 과정 중에 나타날 수도 있고, 내입, 투사와 같은 자아 형성 이전의 기제가 자아의 방어로 사용될 수도 있다. 만약 그것이 자아의 방어기제라면 사후 억압이 방어에 속하고 무의식을 형성하는 원-억압은 방어와 별개의 심리작용이라고 보아야 한다. 방어는 심리적 갈등에서 자아가 사용하는 모든 기술을 가리킨다. 그렇다면 억압과 방어는 어떠한 점에서 구분하는가? 이는 <무의식 구성의 기원>이 된다. 무의식이 보편적이라면 그것을 구성하는 억압도 보편적이다. 방어가 자아가 형성된 후 자아가 이용하는 심리적 기제인데 반해, 억압은 자아형성 이전에 이미 무의식 형성에 중핵이 된다. 물론 방어를 넓은 의미에서 심리장치가 내외적 자극에 대해 행사하는 자기 보호 수단을 총칭하는 개념으로 볼 수 있다. 억압은 항상 일차적이고 병인의 기원에 있다. 그에 비해 방어는 이차적일 수 있으며, 억압 과정에 의해 형성된 증상에 대해 나타날 수도 있다. 예컨대, 프로이트는 '이차적 방어'(증상 자체에 대한 방어)를 다룰 때, 그것을 결코 이차적 '억압'이라고 부르지 않는다. 좁은 의미의 방어는 자아 수호적이고 그에 따라 자아가 조직화 되기 이전에 원초적으로 무의식을 구성하는 억압에 비해 이차적일 수밖에 없다. 억압과 방어의 차이는 심리적 갈등의 한 축인 무의식이 억압에 의해 구성되어야, 그 이후에 그것에 대해 심리적 갈등에서 자아가 방어기제를 작동시킨다는 사실에 있다. 억압이 외부의 자극에 의한 반동으로 이루어진 것이라면, 그것을 해소해 나가는 자아의 심리적 기술이 곧 방어이다. 프로이트는 무의식과 의식적 자아 사이의 심리적 갈등을 강조하기 위해 방어라는 용어를 등장시킨 것이다. 라플랑슈, <억압>, 『정신분석 사전』(임진수 역), 열린책들, p.247 참조.

2) 공포 = 불안 + 대상

말하자면 공포증은 특정 대상에 초점을 맞춤으로써 불안을 어떤 대상에 대한 공포로 바꾸는 불안에 대한 방어기제 작용이다. 따라서 "불안 히스테리 환자는 점점 더 '공포증'의 방향으로 발전하게 된다." 그래야만 불안에서 벗어날 수 있기 때문이다. 이렇게 공포증의 대상으로의 이동은 대상에 구속되지 않은 자유로운 불안의 출현보다 이차적이라고 말할 수 있다. 공포증은 불안의 회피전략으로 불안을 대상화 해서 나타낸 증상이기에 실체 없는 불안보다 공포증이 오히려 견디기 쉽다. 공포증에서는 적어도 불안이 어떤 대상에 대한 공포로 대체되기 때문에, 대상만 피하면 주체는 공포증으로부터 보호되기 때문이다. 반대로 불안은 특별한 대상이 없이 공백(없음, 무, 부재, 결여, 보이지 않음) 주위를 맴돌고 있기에 무섭다. 공포는 불안을 특별한 대상에 집중-수정-대체할 수 있기에 상징적 언어기호로 훈습 될 가능성이 있다.

3) 불안증에서 공포증으로의 이행

은 상징언어를 배우기 시작하는 2~4세에 있다. 이때 상징언어가 순조롭게 진행되어 나가는가에 따라, 히스테리, 강박증, 도착증, 정신증으로의 발달 잠복기가 배태된다. 정상적인 발달 과정에서는 불안, 공포, 히스테리, 강박증, 도착증, 정신증이 동시에 항존하되, 상황과 국면에 따라 다른 양태로 적절하게 가면을 쓰고 나타난다.

〈대인공포증, 공황장애 치료〉

상상, 가동된 불안의 이미지를 → 구체적인 공포의 대상으로 상징(언어기호)화 및 전환

※ 하나의 기호(기표) 이미지를 두 개의 기호로 상징화하여 외상의 상황

을 다시 생각하게 하고 함께 살아갈 만한것으로 만들어 준다.

III. 심리적 가공

1) 프로이트에 따르면, 육체적인 **성적 긴장이 축적**되면, 심리 장치는 그 흥분을 통제할 목적으로 그것을 심리 속으로 통합하는 작업을 수행하는데, 그 작업이 바로 심리적 가공이다. 그 작업에서 가장 중요한 것은, 육체적이고 물리적인 양이 **표상과 결합**함으로써 표상들의 관계로 이루어진 **연상 망**을 따라 흘러가는 심리적 양으로 바뀐다는 사실이다. 말하자면 야생 상태의 **육체적 에너지가 표상에 묶임**으로써 심리적 에너지로 **구속**되는 것이다.

2) 다른 한편, 여기서 이론적으로 주목해야 할 사실은 육체적인 성적 긴장이 심리적 가공에 의해 정동(Affekt, affect)으로 변환된다는 점이다. 그래서 정동은 욕동의 에너지양과 그 심리적 가공에 의해 나타난 질적인 감정을 말한다. 즉 육체적인 성적 긴장이 표상과 결합될 때, 그것은 고통스럽거나 기분 좋은 느낌을 불러일으킨다.(이것을 프로이트는 정동이라고 부른다) 결국 **정동**이 원억압(원외상)의 **표상화에 의해 발생하는 것**이라면, 모든 욕동(충동)은 정동과 표상이라는 두 영역으로 표현될 수밖에 없다.[287]

---

[287] 의식 분열은 히스테리 증상의 중핵으로 존재한다. 이중의식과 의식 분열은 히스테리(신경증)의 기본 현상이다. 의식 분열은 체화하지 못한 감정의 이미지나 관념이 귀의처를 찾지 못해 방향을 상실한 현상이다. 이미지의 제어는 구체적인 몸의 느낌인 체화를 통해 이루어질 수 있다. 이미지와 관념의 연결과 종합이 끊어진 현상이 곧 의식 분열증이다. 그렇다면 무엇이 이미지와 관념을 연결 종합하는가? 그것은 감각과 지각에 있다. 둘째는

3) 육체적인 리비도가 심리 장치에 이르러 표상(환상)과 결합하여 심리적으로 구속 가공된 뒤, 무의식과 전의식을 거쳐, 그 리비도를 충족시킬 현실 속의 대상을 획득하여 방출됨으로써 해소된다. 만약 프로이트가 발견한 **통사론적 문법**에 따라 진행되지 않는다면(진행의 흐름이 막히는 데는 두 가지 경우가 있다. 하나는 정체되는 것이고, 다른 하나는 역행하는 것이다. 전자를 때로 고착이라고 하고, 후자를 퇴행이라고 한다.) 이때 심리적인 문제가 발생한다. 그것이 바로 프로이트가 보는 신경증의 원인이다.

4) 프로이트에 따르면 육체적 리비도의 흐름은 크게 두 장소에서 방해받는다. 하나는 육체적인 흥분의 심리 장치에 도달하여 신체로 통합되고, 다른 하나는 연상의 망에 통합된 심리적 리비도가 무의식적 표상과 함께 (전) 의식화되는 과정이다. 이는 프로이트가 원억압(원외상)으로 부르는 정동(1차 심리적 가공)인데, 이것이 육체적인 성적 긴장을 통제할 목적으로 신체 속의 연합(복합)신경망과 연결하여 나타나는 '증상(symptom)'이다. 마치 유기체 자신의 내부 환경을 보호하기 위해 존재하는 심리 장치라는 둑이, 바깥에 물이 어느 정도 이상 쌓이면 자동으로 안전밸브가 열리면서 심리 안으로 그 물을 흘려보내는 것처럼 진행되는 것과 같다. 그렇지 않으면 심리 장치의 둑이 무너져 더 큰 화를 입기 때문이다. 이 비유에 맞춰 심리적 가공과 연합 신경 복합체라는 개념을 설명하면, 연합 신경 복합체는 심리 장치 내부에 나 있는 촘촘한 수로라는 표상의 망이고 심리적 가공은 육체적인 성적 긴장이 심

이를 통합할 수 있는 의미의 부재이다. 여기에서 의미란 주체가 살아가야 할 목표와 방향성이 내적 욕구와의 일치를 말한다. 이것은 신경을 지배하는 통제권을 얻게 하는 힘이다. 어쩌면 증상은 자신의 잃어버렸던 목소리, 잃어버린 자아, 밀봉한 자아를 다시 찾고자 하는 치열한 몸부림이다.

리 장치를 와해시키지 않도록 그것을 표상에 연결하여 연합복합체의 수로-즉 연상의 통로를 따라 흘러가게 하는 작업이다.

5) 따라서 심리적 가공이라는 개념은 프로이트의 이론에서 리비도의 흐름이라는 경제학적인 차원과 표상이라는 상징적 차원의 접점을 이루고 있다. 그러한 심리적 가공의 목적은 날 것 상태의 육체적 리비도를 표상으로 묶거나(프로이트는 이것을 구속(Bindung, liaison)이라고 말한다), 다른 곳으로 흘림으로써 제어하는 것이다. 만약 그러한 가공이 일어나지 않는다면, 다시 말해 육체적인 성적 긴장이 계속 축적만 된다면, 그 긴장은 심리로 통합되지 못하고 육체적인 신경 속으로 역류하면서 육체적인 증상으로 직접 전환(conversion)된다. 이것이 '현실신경증(névroses actuelles)'이다.[288]

---

288) 현실신경증은 크게 두 가지로 나뉜다. 하나는 육체적인 성적 긴장이 자위행위로 방출되기는 하나 불충분하게 충족되기 때문에 발생하는 신경쇠약이고 다른 하나는 아예 육체적인 성적 흥분이 방출되지 않아 성적 만족이 부재한 경우 발생하는 불안신경증이다. 병인학적인 관점에서 현실신경증의 병인은 육체적인 것이지 심리적인 것이 아닐뿐더러, 증상 형성의 기제도 상징적이지 않다. 즉 현실신경증은 표상과 결합하지 못한 육체적 리비도가 육체적인 불안으로 직접 변형되는 것이기 때문에 심리 표상들 사이에서 일어나는 상징 작용(압축, 이동 등)도, 그것들 사이의 심리적 갈등도 없다. 현실신경증의 기제는 히스테리의 핵심 시제인 전환(conversion)과 닮은 점이 있다. 그러나 전자에는 후자에게 있는 심리적 갈등이 없다. 프로이트는 나중에「나르시시즘 서론」에서 건강염려증을 현실신경증에 포함시킨다. 그러면서 그것을 파라프레니아나 자기애적 정신신경증, 정신분열증과 편집증에 연결시킨다.(in 프로이트,『정신분석학의 근본 개념』과 열린책들, pp.58~59)

Ⅳ. 히스테리 구조[289]

1) 히스테리 환자는 억압과 방어기제를 통해 자신의 상실(결여, 공백)된 욕망을 미래적 예기감으로 대체물을 꾸준히 바꾸어 가면서 찾아내려고 한다. 즉 하나의 대체물에 만족을 느끼지 못하여 이내 다른 대체물에서 욕망을 충족시키려고 끊임없이 찾아 나선다. 온전하게 충족되지 않은 욕망의 '결여'를 찾아 나서는 행위의 과정을 오히려 즐긴다. 그에게는 멈춤이 없다. 멈춤과 고정됨은 오히려 그에게 죽음이다. 그래서 고정된 지배 이념이나 아버지로 상징되는 것에 저항하고 해체하고자 한다. 예를 들면 상징화된 사건이나 아버지를 의심하고 소환해서 묻고 따지고 해체해서 새로운 대체물로서의 문법을 건립하고자 한다(예, 설렘과 두

---

[289] 브로이어(Josef Breuer)와 지그문트 프로이트(Sigmund Freud)는 신경증과 히스테리를 유발하는 외상의 원인을 다음과 같이 기술한다. 1) 환자가 심리적 외상에 반응하지 못하는 경우이다. 즉 의도적으로 의식적 사고로부터 억압되어 억눌려지고 억제된 경우를 말한다. 2) 극한 감정에 처했을 때, 사건에 대한 반응을 불가능하게 만든 환자의 심리내적 상태의 경우이다. 즉 사건해석에 대한 인과관계에 대한 연결고리(종합할 수 있는 능력이 없거나 정보가 차단 은폐된 경우)가 없는 경우이다. 3) 재생과 소산을 통해 정상적으로 바래어지는 과정(역치 혹은 망각, 치매)을 거치지 않는 경우이다. 따라서 브로이어와 프로이트는 "환자가 히스테리의 ① 원인이 되는 사건을 다시 완전하게 기억해 내고, 동시에 ② 그 기억에 얽혀있는 감정을 불러일으키는데 성공하고 가능한 ③ 그 사건에 대하여 상세하게 진술하고 감정을 말로 표현하게 된다면 개개의 히스테리 증상은 곧 소멸되고 두 번 다시 일어나지 않는다는 사실을 발견했다."고 단언한다. 그래서 그들은 사건이 발생했을 당시의 심리적 과정이 가능한 한 생생하게 재생되어야 성공할 수 있다고 보고 <발생 당시의 상태>그 대로 거슬러 올라가서 그것이 <그들의 언어로 표현되어야만> 한다는 것을 주장한다. 그들은 다음과 같이 주장한다. <원인이 멈추면 결과도 멈춘다>. 히스테리 환자의 대부분은 무의식적인 기억으로 인해 괴로워한다. 인간은 인과적 이해에 대한 욕구가 있다. 인과적 이해가 차단되는 것도 억압 기제로 작동해서 외상성이 된다. 인간은 언어와 문자를 사용하는 동물이다. 문자와 언어를 사용한다는 것은 인과적 법칙에 의해 대상 사물(사건)을 이해한다. 실컷 울어버리면 가슴이 시원해진다, 화를 폭발해 버리면, 뒤끝이 없다는 말을 듣는다. 이는 모두 감정을 모두 표현했을 때, 비로소 의식이 정상으로 돌아오게 된다. 억제되면 감정이 기억에 붙어 있는 채 그대로 남아있게 된다. 카타르시스나 복수, 통곡이나 비밀의 고백은 감정을 소산시킨다.

려움으로 불안한 행복이지만-김광석). 히스테리의 말하기 특성은 '은유와 환유'와 같은 다의성과 중의성을 지닌 화법이다. 그래서 그에게는 전이, 이동, 전치, 내사 등의 직관적 상상성과 은유가 계속해서 일어난다. 반면 강박증의 말하기 특성에는 '은유와 환유'가 없다. 직설법이나 단어 1 : 단어1의 일대일의 일의적인 것에서 벗어나지 않으려고 하는 특성이 있다. 히스테리 증과 강박증이 대화하면 서로 미끄러진다.

2) 강박증은 히스테리 환자와 동일한 심리적 노선상에 있지만, 미래적 예기감의 대체물을 찾아내는 것을 멈추고, 그 자리에 외부의 권력자, 아버지로 상징화되는 초자아(신)를 세팅해서 거기서 안위를 얻고자 한다. 지루한 반복의 일상, 도덕과 양심의 결벽증, 자신과 타자에 대해 위반을 허용하지 않으며 위반 시 가혹한 처벌을 가한다. 간접화법보다는 직접화법, 은유나 시적 언어가 없다. 초자아를 설정해서 거기서 의심과 불안 상실의 공백을 몰아낸다(헌법수호자, 종교 지도자). 그래서 강박증은 히스테리와 도착증 사이에 있다.

3) 그러니까 강박증은 언제라도 도착증(물품성애증이나 사디즘과 마조히즘)으로 전이될 가능성이 크다. 물품성애증은 결여와 상실된 대상을 구체적 물품을 통해서 확실성을 보증하고자 하는 심리적 기제에서 발현되며, 사디즘과 마조히즘은 자기 내면에 초자아를 세팅해서 결여를 처벌의 형태로 보상(대체)하고자 하는 기제이다. 강박증자에게는 행복이 멀리 있다. 설사 즐거움이 주어져도 즐기지 못한다. 즐거움이 처벌로 전환되어야 안심하기 때문에 즐거운 상황에서도 엄숙하다.

4) 히스테리 환자는 즐거움이 주어지면 일단 즐긴다. 그런데 그 향락

은 오래가지 않는다. 이내 불만족을 느껴 다른 것을 찾는다. 현재를 즐기고 있으면서도 눈과 마음은 이미 다른 곳으로 떠나있다. 불안과 확실성, 해체(운동)와 고정화(멈춤), 히스테리는 여기(이것)보다는 저것(저기) 보이지 않는 것에서 즐거움을 찾는다면, 강박증은 지금 여기 이곳(이것), 눈에 보이고 느낄 수 있는 것에서 안정감을 찾는다(도마의 경우). 미래적 예기감으로 방향을 잡지만 어느 하나의 인상에 머물러(고착) 벗어나지 않으려고 한다. 구체적 물질성이나 자신의 신체적 감각에 머물러 즐거움을 찾는 도착증은 여러모로 강박증과 교집합을 이루는 부분이 많다. 다만 도착증은 미래적 예기감으로 진행하지 않고 오히려 과거 쾌락적 기억의 흔적을 신체의 감각으로 돌아가 즐기는(퇴행) 것에서 차이가 있다. 도착증자에게는 미래적 예기감이 단절되어 있다.

V. 치유 기제

1) 분노나 불안에 대한 감정에 맞는 적절한 반응을 하지 않거나 금지되면 다른 대체물로 바뀐다. 히스테리 환자의 지속적인 전이는 그때그때 나타나는 증상에 대해 적절한 대처가 없었기에 전이된 것이다. 욕설이나 무모하고 아무 목적이 없는 행동조차도 모두 대체물에 속한다. 하나의 운동 행동이 다른 것으로 고의로 대체된 자연스러운 통증 반사가 다른 근육수축으로 대치된 것이다. 통증이 일으킨 흥분을 한 근육 집단에서 다른 근육 집단으로 옮기고 있는 것이다.

2) 그러나 억압 때문에 흥분을 전혀 발산시키지 못하는 감정도 있다.

이는 '정서의 비정상적인 표현'이 형성된 것이다. 여기에서 나타난 현상이 의식 분열이다. 의식 분열은 모든 히스테리에 원형적인 형태로 존재한다. 분열은 체화하지 못한 감정의 이미지나 관념이 귀의처를 찾지 못해 방향을 상실한 현상이다. 이미지의 제어는 구체적인 몸의 느낌인 체화를 통해 이루어질 수 있다.

3) 이미지와 관념의 연결과 종합이 끊어진 현상이 곧 의식 분열증이다.[290] 그렇다면 무엇이 이미지와 관념을 연결 종합하는가? 거기에는 인과론적 이해와 해석의 부재가 원인이다. 둘째는 이를 통합할 수 있는 의미의 부재이다. 여기에서 의미란 주체가 살아가야 할 목표와 방향성이 내적 욕구와의 일치를 말한다. 이것은 신체의 신경지배 통제권을 얻게 하는 힘이다. 어쩌면 감정은 자신의 잃어버렸던 목소리, 잃어버린 자아, 밀봉한 자아를 다시 찾고자 하는 치열한 몸부림일 수 있다. 따라서 상실과 죽음이 예외적이고 이질적이며 정상적인 생활을 침해하고 방해하는 것이 아니라, 일상 속으로 통합되고 심지어 일상을 규정해 주는 것이어야 하며 삶의 중심이 되어야 한다.

4) 환자가 두려워하고 있는 바로 그 일을 환자가 스스로 하도록 하거나 혹은 그런 일이 또 일어나기를 바라면 몸의 본능은 안정성을 지향한다. 그것에 따라 환자의 의도가 다른 방향으로 전환된다. 즉 병적인 공포가 역설적인 소망으로 바뀌는 것이다. 여기에는 사태를 객관화하여 그 사태를 인지한 상태에서 그 사태에 의도적으로 **빠짐**으로써 자신의 감정이 사태와 동일시하는 자연감정에서 벗어나 사태를 주목하는 인지

---

[290] 브로이어 & 프로이트, 『히스테리 연구』, 열린책들, p.163.

감정으로 대처할 수 있음을 스스로 자각하고, 앞으로 그 사태에 빠지더라도 자연감정이 아닌 인지 감정으로 유지하게 된다.

5) 우리는 자신의 감정 상태가 어떤지 표현해 봄으로써(정서의 재처리, 또는 감정의 재구성) 새로운 의미와 통제감을 획득한다. 이때 자기를 감정의 수동적인 희생자가 아닌 책임지는 '주체'로, 즉 응집력 있는 자기(coherent self)로 경험하게 된다. 감정과 자기 간의 관계가 확립됨으로써 응집력과 주체성이 확보된다. 감정적인 외상 경험을 이야기하면서 이전에는 말로 분명하게 표현할 수 없었던 경험에 이제 의미가 부여된다. 외상적인 기억을 안전한 환경에서 활성화하고 이야기함으로써 통제력을 회복하고 희생자가 아닌 주체가 되어가는 것이다.

실천 1
상실과 슬픔 치유

<내용 요약>

상실과 슬픔을 치유하는 과정에서, 우리는 자신에게 중요한 것이 무엇인지 다시 깨닫게 된다. 상실은 우리가 인간임을 인식하고, 사랑의 의미와 우선순위를 되돌아보는 기회를 제공한다. 그러나 사별한 사람에게 도움이 되지 않는 말들은 슬픔을 억압하거나 무시하려는 경향이 있다. 이런 말들은 상실을 대면하지 못하게 하고, 비탄을 압박하는 결과를 낳을 수 있다. 대신, 사별한 사람에게 필요한 것은 자신의 감정을 인정하고, 감정표현을 허용하며, 구체적인 도움을 주는 것이다. 중요한 것은 상실한 사람의 감정과 필요를 존중하며, 그들이 스스로의 애도 과정을 완성할 수 있도록 돕는 것이다.

<핵심어>

상실(Loss), 슬픔(Grief), 감정 표현(Emotional Expression), 애도(Mourning)

<학습 목표>
- 상실과 슬픔의 감정을 이해하고 그 과정에서 나타나는 감정의 변화를 인식한다.
- 애도와 치유의 과정에서 필요한 지원과 도움이 무엇인지 설명할 수 있다.
- 다양한 감정표현 방식과 그 중요성에 대해 이해한다.
- 사랑과 관계의 중요성을 통해 상실을 극복하는 방법을 배우고 적용할 수 있다.

- 상실을 경험한 사람들을 위한 적절한 애도 및 지원 방안을 제시할 수 있다.

<적용 실천>
- 상실과 슬픔을 경험한 사람들에게 감정표현의 중요성을 이해시키고, 그들이 감정을 안전하게 표현할 수 있도록 지원한다.
- 상실을 경험한 공동체 구성원들에게 애도 및 치유의 과정을 설명하고, 그들이 필요한 지원을 받을 수 있도록 돕는다.
- 사람들 간의 연결을 강화하고, 상실 후 관계 회복에 도움이 될 수 있도록 돕는다.
- 개인이나 가족이 상실의 감정을 건강하게 다룰 수 있도록 전문적인 상담 서비스나 지원 네트워크를 연결한다.

상실과 슬픔 치유

Ⅰ. 오늘이 마지막이라면 나는 무엇을 할 것인가?

오늘이 마지막이라면 나는 오늘 무엇을 할까? 그리고 누구와 함께 있을 것인가? 또 사랑하는 사람에게 무슨 말을 할 것인가? 무엇이 가장 품위 있는 마무리가 될 것이며 자신다운 모습일까? 상실을 통해서 인간은 자신의 진실한 모습을 회복할 기회가 된다. 상실은 우리가 인간임을, 그리고 우리의 존재가 진정 무엇인지 깨닫게 해 주는 계기가 된다. 그래서 상실에 처한 실존은 영성으로 연결된다. 실존은 자신의 본질이 무엇인지 정직한 자아와 대면하는 물음이다. 그리고 자신의 존재가 바로 이 세계의 모든 존재와 이어져 있음을 확인한다.

세상에서 가장 소중하고 아름다운 말은 사랑이다. 우리는 이 말 때문에 태어났고, 이 한마디 때문에 살아갈 의미와 목표가 생긴다. 그리고 이 한마디를 가슴에 안고 떠난다. 그러나 현실은 이렇게 소중하고 아름다운 말을 서로 하지 못하고 떠날 때가 많다. 무엇이 우리를 이렇게 만든 걸까. 세상에서 가장 아름다운 순간은 서로 사랑을 건네주고 받는 순간이다. 세상에서 가장 품위 있고 훌륭한 모습은 사랑하고 용서하고 포용하는 것이다. 그것은 바로 지금 여기 이 순간이다. 오늘이 마지막이라면 자신에게 가장 소중한 것이 무엇일까? 내가 해야 할 것은 무엇인가? 내가 돌아갈 것은 또 어디인가?

아래의 글을 찬찬히 그리고 묵상하면서 읽어 나가보자.

1) 텅 빈 대기실에서, 당신은 집으로 돌아가기 전에 생각을 정리하느라

잠시 멍하니 앉아 있다. 방금 의사로부터 전해 들은 충격적인 소식에 앞이 캄캄해져 흥분을 가라앉힐 시간이 필요하다. "현재로서는 치료 방법이 없어요. 앞으로 6개월 정도 더 사실 수 있을 거예요."

2) 잠시 생각해 보라! 지금 느낌이 어떤가? 가장 큰 걱정거리는 무엇인가? 내게 필요한 것은 무엇이지? 일상적, 정상적으로 매일 사는 모습과 주어진 시간과 에너지를 가지고 남은 6개월 동안 사는 모습을 곰곰이 생각해 보라. 바꾸고 싶은 것이 있는가? 중단해야 할, 다시는 하지 않아야 할 습관이나 행동, 혹은 마무리 지어야 할 무엇이 있는가?

3) 이제 이 소식이 당신의 친구나 가족에게 어떤 영향을 미칠지 생각해 보라. 누구에게 제일 먼저 이 소식을 알릴 것인가? 그에게 혹은 그녀에게 말하는 것을 상상해 보라. 남은 몇 달 동안 또 누구에게 말할까? 사랑하는 사람 한 사람 한 사람과 당신의 임박한 죽음에 대해 말하는 느낌이 어떨지 생각해 보라.

4) 몇 달이 지나 질병에 따른 여러 가지 치료를 받고 그에 따른 부작용을 경험하고 있는 자신을 생각해 보라. 매 순간 변하는 새로운 증상, 육체적 고통과 괴로움, 그리고 달마다 며칠씩 병원에서 보내야 하는 답답함, 무기력함, 소외감, 예전에 할 수 있었던 많은 것을 이젠 더는 할 수 없고 점점 더 많은 시간을 휠체어에서 보낸다. 낯선 사람과 의료진, 돌보는 사람이 일상의 자질구레한 부분까지 돌봐주고, 결국엔 신체적 돌봄의 가장 사적인 생리적 현상까지도 돌보게 된다.

5) 당신의 몸과 피부, 머리카락은 신속히 노화되고 있으며, 점차 쇠약해 보이기 시작한다. 이러한 질병과 퇴행의 과정을 상상하면서 잠시 생각해 본다. 내게 가장 필요한 것은 무엇인가? 무엇이 도움이 될까? 죽음

을 마주하면서 내가 진정 두려워하는 것은 무엇인가?

6) 당신이 가장 두려워하는 것, 당신이 상상할 수 있는 최악의 상황, 혹은 고통은 실제로 일어날 수 있다. 만일 그렇게 되었다면, 자문해 본다. 무엇이 도움이 될 것인가? 가장 힘든 이 과정을 이겨나가기 위해 어떤 외적, 내적 자원에 의지할 것인가? 실제로 고통의 과정을 겪는 동안 소중한 외적, 혹은 내적 자원으로부터 도움을 받는 자기 모습을 상상해 본다.

7) 다시 몇 달이 지나 이제 당신은 인생의 마지막 한 주를 앞두고 병원에 있다. 누가 무엇을 받을 것인지 결정하고 적어 내려가면서, 당신의 물건을 하나둘 내려놓기 시작한다. 그리고 마지막 의학적 처치와 시신 처분에 관한 요구사항을 적고 당신 삶의 구체적 세부 사항에 관한 내용으로 끝을 맺는다.

8) 가까운 친구와 가족 구성원 각자에게 마지막 작별 인사를 하는 것을 마음에 그려본다. 누군가에게 특별히 전하고 싶은 마지막 메시지가 있는가? 그 내용이 무엇인지 생각해 본다.

9) 이제 죽음의 시간은 바로 눈앞에 다가왔다. 천정에서 당신 자신이 죽음을 맞이하는 순간을 내려다본다.

10) 병원 침대에 누워있는 당신의 마지막 숨은 아주 약하고 실낱같이 가늘다. 이 순간 누가 당신의 곁에 있었으면 하는가?

11) 죽음의 순간, 그들이 당신 곁에서 무엇을 하고 있기를 바라는가?

12) 마지막 숨을 내쉬는 당신 자기 모습을 보면서 생각해 본다. 내 인생

의 마지막 이 순간, 나는 무엇을 생각하고 느끼는가?[291]

"오늘이 내 생애 마지막이라면 나는 무엇을 할 것인가?" 이 질문은 내 삶에 있어서 가장 소중한 것이 무엇인지를 알려주는 지표이다. 우리의 삶이 지치고 힘들 때, 때로 상처받고 절망할 때, 이 말을 되뇌면 비로소 우리는 삶의 가장 소중한 것과 우선순위가 무엇인지 알게 된다. 치유는 오늘 주어진 삶이 마지막이라는 생각으로, 삶의 우선순위를 정해 그것과 하나가 되어 누리는 삶에서 드러난다.

Ⅱ. 상실과 비탄에 대한 대처 : 도움 되지 않는 말들

우리는 무의식적으로 사별한 사람들에게 도움이 되지 않는 말을 자주 건넨다. 일반적으로 이런 경우는 다음과 같이 분류될 수 있다.: (1) 이미 경험한 상실을 최소화해서 말하려는 시도: (2) 경험하고 있는 강력한 비탄 반응을, 그렇게 느끼지 말라고 조언하는 일(최소한 공공연하게 표현하지 않도록): (3) 빨리 일상을 회복하고 비탄과 애도로 다른 사람을 불편하게 하지 말라는 말이다. 이것 중 첫 번째에 해당하는 말은 다음과 같다.

- "네 아기가 죽어서 하늘에 천사가 됐을 거야." (하지만 내가 아기를 가진 것은 하늘에 천사를 만들기 위한 것이 아니다.)
- "아이는 언제라도 가질 수 있잖아. '혹은' 다른 자식들도 있으니까."

---

291) 크리스틴 롱가커(Christine Longaker) 저, 조원현 역 『죽음 앞에서 만나는 새로운 삶』 (Facing Death and Finding Hope), 계명대학교 출판부(2006) 재인용.

(하지만 어떤 아이들도 죽은 아이로 대체할 수 없다.)
- "아직 젊으니까 또 결혼할 수 있을 거야." (하지만 그런다고 해도 그 사람은 돌아오지 않고, 내 상실감도 줄어들지 않는다.)
- "이미 훌륭하고, 긴 결혼생활을 했잖아." (하지만 바로 그 사실이 내가 잃어버린 것에 대해서 심한 고통을 느끼게 만든다.)
- "할아버지께서 나이가 많이 드셨지." (하지만 그 사실 때문에 나는 할아버지를 더 좋아했다.)

사별의 관점에서, 이런 메시지는 상실이 중요하지 않거나, 고인을 그 무엇으로도 대체할 수 있다는 사실을 의미하고 있다. 어떤 메시지는 유가족이 죽은 사람에 대해서 그만 생각하라고 말하고 있다. 이는 사별과 비탄이 어려운 경험인 것으로 인식되어서는 안 된다는 것이다. 또 다른 의미는 사별한 사람의 친구들과 친척들, 혹은 사회 전체가 정작 사별한 사람이 필요로 하는 것에 더 이상 개입해서는 안 된다고 말한다.

사별한 사람에게 전하는 다음의 메시지는 비탄의 깊이와 강도를 억압한다. 예를 들면, 사별한 사람은 다음과 같은 말을 듣게 된다.

- "강해져야 해." 혹은 "어금니를 꽉 물어."
- "괜찮을 거야.", "화내지 마.", "얼굴에 미소를 지어봐."
- "이제는 네가 이 집의 가장이야."
- "왜 아직도 화나 있니? 그건 이미. [4주, 6개월, 일 년이] 된 일이잖아."
- "너는 바쁜 일상과 네 일로 돌아가야 하고, 그녀를 잊어야 해."

사실 그 누구도 경험하고 있는 것을 경험하지 못하도록 할 수는 없다. 감정과 다른 중요한 것에 대한 반응이 실제로 존재한다. 우리는 이런 비탄 반응과 함께 살아가면서, 그것을 이겨내며 살아갈 필요가 있다. 그러나 그런 반응은 그 반응의 방식으로, 그 반응의 속도에 맞추어 변화할 뿐이다. 이런 두 번째 메시지 묶음의 기저에 있는 주제는 어떤 감정이나 비탄을 경험하는 것이 사별한 사람에게 좋지 못하다는 것이다. 비탄 반응이 원칙적으로 인정될 때조차 확실한 방식(특히 공적이고 강력한 방식)으로 그런 반응을 경험하지 않도록 권장된다. 그런 메시지의 주요 주제는 비탄을 그런 식으로 경험하는 것이 사별한 사람의 주위에 있는 사람에게 허락되지 않는다는 것이다. 즉, 위와 같은 말들의 실제적인 메시지는 상실자의 비탄이 다른 사람들을 불편하게 만들고 있으며, 그것은 부적절하다는 것이다.

세 번째 메시지의 묶음은 위의 두 묶음의 변이이다. 그것은 '억압된 관용(oppressive toleration)'이라는 사회의 공통적인 관행에서 나온 것이다. 이것은 사람들이 다른 사람을 방해하지 않는 한, 원하는 것이 무엇이든(이 경우에는 원하는 대로 비탄을 경험하거나 표현할 수 있다는) 행동하거나 말할 수 있다는 관점이다. 따라서 사별한 사람이 하고자 한다면, 그들이 원하는 대로 슬퍼할 수 있지만, 그렇게 하면서 주위에 있는 사람들을 불편하게 하거나 사회 전체의 평안과 행복을 방해해서는 안 된다는 점이다. 이런 관점은 사별한 사람에게 하루나 이틀 정도 휴가를 주고 그런 다음에는 마치 아무 일도 없었다는 듯이 본래 기능으로 복귀하는 것을 원하는 **조직들의** 관행이 반영되어 있기도 하다.

사람들이 비탄의 '수용가능성(acceptability)'에 대해서 말할 때 그것은 사별한 사람들에 대해서가 아니라 해당 그룹에 대한 수용가능성을 의미한다. 케네디(J.F. Kennedy) 대통령이 저격당하고, 레이건(R.W. Reagan) 대통령이 죽었을 때, 미국 사회는 미망인들이 사별을 대하는 자세에 대해서 갈채를 보냈는데, 이는 미망인이 상실의 슬픔을 절제하는 금욕적인 모습을 언론 매체를 통해 비추어졌고, 이런 모습은 많은 사람으로부터 경탄의 대상이 되었다. 그것은 다른 사람들을 방해하지 않았다는 이유에서이다. 물론 케네디 부인은 갑작스럽고 충격적인 남편의 죽음을 접했지만, 레이건 부인은 알츠하이머병에 걸린 남편의 죽음을 오랜 시간 예상해 왔다는 점에서 서로 다르다. 그런데도 이 두 미망인의 예는 대부분의 사별한 사람에게 적절함을 갖거나 적용될 수 있는 사례가 아니며, 상실에 대한 반응을 표현하는 데 어려움을 느끼는 사람들에게는 특히 도움이 되지 않는다.

Ⅲ. 도움을 주려는 건설적 제안

어떻게 말을 하는 것이 비탄에 빠진 사람에게 도움이 될까? 상실에 빠진 사람이 느끼는 감정 중 하나가 죄책감이다. 그 상실의 원인이 본인 탓이라는 생각이 지배적이다. 그래서 자연스럽게 발생하는 감정을 억압하거나 그 상황으로부터 회피하고자 하는 양가적 본능이 잠재해 있다. 결국 상실의 감정을 대면하지 못하고 슬픔을 회피하게 될 때 상실자는 역기능적인 감정에 쌓이게 된다. 그래서 우리는 다음과 같은 기본 가이드를 제안하고자 한다.

1. 일어난 일에 대해서 자신을 탓하지 말라.
2. 용기 있거나 강하게 굴지 마라.
3. 도망치려고 하지 마라.
4. 스스로에 대해서 미안해하지 말라.

스미스(S.H. Smith)는 다음과 같은 조언을 하고 있다.[292]

1. 상실 직후에 무언가 구체적인 도움을 주려고 하거나(가족을 대신해서 상실을 알릴 사람에게 즉 상실을 알리는 일, 전화를 받아 주는 일, 사별을 한 사람들에게 의미 없어 보이는 잡일을 대신해 주는 일), 즉 어떤 실천적인 방식으로 도울 의사가 있음을 알게 하는 일.
2. 가족이 혼자 있고 싶어 하는 마음을 존중해 주는 일.
3. 장례식에서 구체적인 방식으로 도움을 주는 일(음식 제공, 세탁, 음주).
4. 장례식 후 어려울 때 사별한 사람들과의 접촉을 피하지 않는 일.
5. 사망하기 전과 마찬가지로 고인의 이름을 일상적으로 부르거나 언급하는 일.
6. 사별한 사람이 고인에 대해서 말하고 싶건 그렇지 않건, 그것을 결정하도록 허락하는 일.
7. 사별한 사람이 대답할 수 없는 질문을 하거나 심적으로 어려운 사별한 사람에게 종교적인 철학적 믿음을 강요하지 않는 일.
8. 설령 같을지라도 "난 네가 어떻게 느끼는지 알아."라고 말하지 않는 일. 그것은 당신이 똑같은 일을 당하지 않는다면 결코 알 수 없다.
9. 사별한 사람이 본인을 언제든 만날 수 있고, 애도 기간 내내 그 사람이 자기 애도 방식을 찾을 수 있도록 배려하는 일.

상실자의 주변인들은 종종 머뭇거리면서 심각한 비탄을 경험하는 사람들에게 다가가는 것이 부적절한 것이라고 느끼기도 한다. 하지만 아무것도 하지 않는 그것보다는 도와주는 것이 더 낫다. 도와주려고 노력하면서 상투적인 어구와 진부한 이야기를 늘어놓지 않는 것이 좋다.

---

292) Smith, S.H. *Anticipatory grief and psychological adjustment to grieving in middle-aged children.* American Journal of Hospice & Palliative Medicine, 22, 283-286, 2005.

때로는 "네게 무슨 이야기를 해야 할지 모르겠어." 혹은 "어떻게 도와 줄지 모르겠어." 혹은 "내가 지금 무엇을 해야 할까?"라고 말하는 것으로 충분하다. 사별한 사람과 같이 앉아서 함께 울어 주는 일이 더 도움이 될 때도 있다.

IV. 애도 과정에서 사별한 사람에 대한 도움

사별한 사람들에게 중요한 일은 고인이 없는 상황에서 삶을 건축해 가는 일을 배우는 것이다. 도움을 주는 방식에는 네 가지 주요 범주가 있다. 첫째는 사별한 상황에 대한 인지와 이해(인지주의적 과업), 둘째는 감정과 상실에 대한 느낌(정서적 과업), 셋째 무엇을 할 것인가(행위적 과업), 넷째, 무엇에 가치를 두는가(가치 평가적 과업)이다.

애도 과정에서 도움을 주는 사람이 마음속 깊이 염두에 두어야 할 것이 있다. 사별한 사람이 자신을 통제할 수 없거나 강한 감정, 반응, 고통에 유약할 때, 외부 사람은 사별한 사람의 애도 과업을 점거하려고 해서는 안 되며, 사별한 사람이 그들 자신을 스스로 만들어 갈 수 있도록 은근히(혹은 그렇게 은근히는 아니더라도) 주의를 기울여야 한다는 사실이다.

인지적 과업에서의 도움

사별한 사람은 누구나 지금 일어난 일이 뭐냐고 묻는다. 모든 사별한 사람은 정보가 필요하다. 일어난 일에 대한 사실을 아는 것이 내적 세계에서 그런 사건을 현실적으로 만들려는 첫 발걸음이다. 그 때문에 많은 사별한 사람은 죽음이 발생했던 상황에 대해서 세부적인 것까지 알고자 한다. 외부 사람은 이런 과정에 대해 인내를 갖지 못하곤 한다. 그들은 묻는다 "그녀를 치고 간 차가 파란색인지 빨간색인지가 무슨 상관이야? 그녀가 죽었는데." 사별한 사람이 생각의 파편들을 모자이크 조합하듯, 그런 방식으로 상세한 부분을 채우게 될 때 비로소 현실성이 있게 된다. 그때까지 상실은 비어있으며, 무채색이며, 삶과는 달리 실제적이지도 않고 진실하지도 않다. 신속하고, 정확하고 믿을만한 정보를 제공하는 일은 도움을 주는 사람들에게 중요하다. 특히 갑작스러운 사고로 죽음이 일어날 때 정확한 정보는 더욱 중요하다. 상실의 충격이 비현실감과 함께 저항처럼 밀려온다. "그럴 리가 없어.", "이런 일은 일어날 수 없어.", "이건 꿈일 거야." 정보가 긴급하게 요구될 때도 있다. 그리고 정확한 정보는 사별한 사람이 쇼크와 혼동으로부터 상실과 비탄에 대한 건설적인 대처 과정으로 나아가는 하나의 방식이다.

정서적 도움

상실에 대한 정서적 혹은 감정적 반응에 대해 사별한 사람들에게 도움을 줄 수 있다. 이런 반응은 일반적으로 감정과 신체적 요소를 포함한다. 대부분의 사별한 사람은 상실 혹은 죽음에 대한 반응을 표현할 필요가 있다. 이렇게 하기 위해서는 낯설고 편치 않은 감정과 반응을 확인하고 명확하게 할 필요가 있다. 어떤 사별한 사람은 그들의 비탄을 인정하거나 설명하는 데 있어 어려움을 겪는다. 그들은 자신에게, 그리고 다른 사람에게 다음과 같이 묻는다. "내게 무슨 일이 생긴 것이지?" "왜 나의 육체는 이런 이상한 방식으로 반응하는 것이지?", "왜 내가 이런 이상한 감정, 감정의 롤러코스터를 경험하는 것이지?" 여러 정보를 잘 알고 있고 민감한 사람은 사별한 사람들이 경험하는 정서적 반응들에 대해서 이름을 부여할 수 있다. 강한 감정과 반응을 표현하는 적절한 방식을 발견하는 데에도 도움을 줄 수 있다.

가장 필요한 것은 감정의 표출을 인정하고 그런 정서적 반응의 적합성을 타당한 것으로 말해줄 수 있는 도움을 주는 친구이다. 예를 들어 많은 사별한 사람은 『헤아려 본 슬픔(A Grief Observed)』이라는 책을 읽으면서 편안함을 느낀다. 그 책은 루이스(C. S. Lewis)가 아내의 죽음 이후 그가 경험했던 감정과 반응의 다양한 변화에 관해 썼던 노트를 출판한 것이다. 그는 원래 비탄을 환기하는 방식으로 자신을 위해 글을 썼지만, 그의 묘사는 이 작은 책이 많은 사람이 간절하게 필요로 하는 정상화(normalization)와 재확신(reassurance)을 제공해 주고 있기에 다른 사별한 사람들의 심금을 울렸다. 사별에 관한 생각과 감정, 그 밖의 다른 반응들에 대해 글을 작성해 보는 이런 모델에는 많은 좋은 결과들이 있는데, 많은 사별한 사람들이 일이나 다른 사별 경험에 대한 기록을 작성하고 있다.

행동 과업에 대한 도움

사별한 사람은 상실에 대한 반응을 행위로 나타낼 필요가 있다. 비탄의 이런 행동적 과업은 외적 사건 혹은 행위를 통해 죽음을 표시하고 알아차리게 할 필요성을 반영하는 행동의 형태이다. 예를 들어 최근에 자동차 사고 현장에 즉흥적으로 설치된 길거리표식을 보곤 한다. 사별에 있어 행동 과업의 또 다른 유형은 고인의 삶과 남긴 유산을 기억하고자 의도하고 있는 추모행위에서 나타난다. 어떤 미망인은 고인이 된 남편을 알고 있는 사람들에게서 받은 혹은 그녀에게 낯선 사람들로부터 받은 위안의 편지를 말해줌으로써 추모행위의 가치를 서술해 주고 있다. 이런 애도 행위의 목적은 고인이 된 사람에 대한 기억과 상실된 것에 대한 기억을 보존하는 일이다. 이것은 언제나 어떤 행위 혹은 외적 행동이 연관된다. 예를 들어 사람은 죽은 사람을 추모하기 위해 나무를 심을 수 있다. 이것은 때때로 반복적인 방식으로 새로운 삶을 일구어 가는 일과 관련되기도 한다.

추모의 단순한 형태는 함께 촛불을 밝히거나 밤새도록 고인의 이름을 되뇌거나 장례에 참석하는 일이다. 왜냐하면 장례 의식의 중요한 부분은 고인에 대한 추모와 기억에 관련되기 때문이다. 다른 추모행위로 사진과 기억을 합쳐서 스크랩북을 만들거나 고인의 삶을 상징적으로 나타낼 수 있는 콜라주들을 모은다든가 죽은 사람에 대한 시를 쓰거나 가계도에서 고인의 자리를 따라가 보는 일이 있다. 중요한 것은 어떻게 추모가 행해지는가 보다는 끝나 버린 삶에 대해 주의를 기울이고 죽음 그 자체를 넘어서는 의미와 효과를 축복하는 일이다.

가치 평가적 과업에 대한 도움

사별한 사람에 대한 도움의 네 번째 영역은 상실을 의미 있게 만드는 일과 관련이 있다. 의미를 발견하거나 의미화하는 과정은 사별에 있어 중심적인 일이다. 죽음과 상실을 통해서 그동안 삶의 의미를 위한 기반으로써 인정되어 오던 것이 심각한 도전을 받게 된다. 애도는 삶의 변화된 현실을 설명해 주는 새로운 틀을 건설하고자 한다. 가족의 삶에서 일어난 사건으로부터 의미를 발견하고 만들어 가는 과업에도 초점을 맞추어야 한다. 우리에게 일어난 일에 대해서 신에게 그 책임을 묻는 것보다 그 일이 우리에게 어떤 의미가 되는가를 묻는 것이 인간이 할 수 있는 최고의 방법일 수 있다.

어떤 사람은 상실을 직접적으로 삶에 포함하거나 최소한 의미가 자연스럽게 명확하게 될 때까지 인내해야 한다고 생각하고 있다. 어떤 사람은 계속해서 궁극적인 질문인 "왜"를 묻는다. 의미 만드는 방법은 개인적이지만, 많은 것들이 사람들 사이에서 공유되고 있다. 어떤 사람은 종교적 공동체와 공유하는 확신에서 위안을 발견한다. 다른 사람은 개인적인 철학이나 영적인 믿음에 의존한다. 때로 이 모든 근원에서 오는 대답이 기꺼이 활용할 수 없을 때도 있다. 거의 모든 인간은 삶이 진실로 살아갈 가치가 있으며 죽음이 사랑하는 사람을 앗아갈 때조차도 가치가 있으며 고통속에서도 그 가치를 굳게 믿는 것이 중요하다

V. 비탄 상담(Grief Counseling)

워든은 비탄 상담(grief counseling)과 비탄 치료(grief therapy) 사이의 중요한 구분을 제안한다. 전자는 일상적이거나 비 복합적인 비탄과 애도에 대처하는 사별한 사람들의 과업을 도와주거나 쉽게 하는 일이다. 후자는 비정상적이거나 복합 비탄 반응들에 대해 사람들에게 도움을 제공하는 매우 전문적인 기술을 의미한다. 사별한 사람들에게 도움을 주는 데 있어서 복합 비탄 반응의 표현에 민감해야 한다. 복합 비탄 반응이 나타나면, 그 사람은 비탄 치료를 위한 적절한 지원을 받아야 한다. 하지만 일상적인 비탄 반응을 비정상적이거나 병리적인 반응으로 잘못 해석해서는 안 된다. 그것은 사별한 사람을 잘못 이해하는 일이고, 그들이 필요로 하는 도움 이상으로 개입하는 것이 될 수 있다.

비탄 상담이 사별한 사람들에 대한 일대일 개입의 형태를 띠는 경우가 자주 있다. 그것은 이런 과업에 적절하게 준비되어 있고, 자격이 있는 누구에 의해서도 제공될 수 있다. 비 복합적인 비탄과 애도에 대처하는 사람들에게 도움을 주려는 전문적인 개입으로서의 비탄 상담은 싸나톨로지스트, 심리학자, 사회복지사, 목사, 간호사, 의사, 상담사, 장례지도사에 의해 제공될 수 있다. 하지만 모든 전문 직종이 동등하게 비탄 상담의 능력이 있는 것은 아니라는 것에 주의해야 한다. 워든은 비탄 상담의 10가지 원칙을 기준으로 제시하였다. 이들 대부분의 원칙은 사별한 사람에게 도움을 주는 비전문적인 방식들에도 관련된다.

1) 유가족이 상실감을 실현할 수 있도록 도와주기

종종 사별에 동반하는 비현실성의 느낌에 반대해서, 이 원칙은 '상실이 실제로 일어났으며, 그 사람이 죽었고, 결코 돌아오지 못하다는 사실을 더 완전하게 자각하게 되는' 노력의 과정을 제안한다. 이것이 왜 비행기 사고, 자연재해, 전쟁, 테러 같은 경우에 사망한 사람의 시신을 확인해야만 하는가 하는 이유이다. 또 사람은 사별한 사람이 그들의 상실감에 관해서 이야기할 수 있도록 도움을 줄 수 있다. 감정을 이입해서 들어주고, 열린 마음으로 질문하는 등의 일은 무덤을 자주 방문하는 등 상실의 경험을 반복적으로 되짚어보는 기회를 제공한다. 직접적인 가족 구성원은 이런 세부적인 것들에 익숙해 있으며, 종종 그런 것들이 반복되는 것을 견디지 못해한다. 하지만, 셰익스피어(W. Shakespeare)가 맥베스(Macbeth)에서 썼듯이, 사별한 사람은 '슬픔의 말을 전달해야 할' 필요가 있다. 돌봄을 제공하는 사람은 상실에 대한 자각과 그 효과에 대해 도움을 줄 수 있다. 하지만 사별한 사람이 아직 대처할 준비가 되어 있지 않은데 죽음의 현실을 강제적으로 혹은 빨리 파악하라고 몰아붙이지 말아야 한다.

2) 유가족이 감정을 확인하고 경험할 수 있도록 도와주기

사별한 개인은 죄책감, 불안, 고통, 무력, 슬픔과 같은 불쾌한 감정을 인정하지 않으려고 한다. 그들은 상실에 대한 감정과 여타 반응을 건설적인 애도를 위한 방식으로 표현할 수 없다. 도움을 주는 사람은 사별한 사람들이 상실에 대한 반응을 자각하고 그런 반응들이 적절한 초점을 발견할 수 있도록 도움을 주어야 한다. 사별했지만 죽음에 의해 별로 영향을 받지 않는 사람들에게 분노가 일기도 한다. 고인이 죽었다는 것에, 수많은 문제를 남기고 떠나갔다는 사실에 분개하는(그런 사실을 인정하기 싫어하는) 사람도 있다.

고인이 된 남편이 떠날 준비도 없이 떠나 삶에 많은 어려움을 주고 아이들의 양육 역시 혼자 떠안아야 한다는 사실에 고인을 질책하기도 한다. "그 사람의 무엇이 그리운가요?", "그가 그립지 않으세요?"라는 질문은 사별한 사람이 긍정적인 감정과 부정적인 감정 사이의 균형을 발견하도록 도움을 줄 수 있다. 전체 비탄 반응의 일부로서 경험되는 비현실적인 죄책(unrealistic guilt)은 현실 테스트(reality testing)에 반응하여 "우리는 할 수 있는 모든 일을 다했어."라고 깨닫게 한다.

많은 경우 사별한 사람은 슬픔과 울음을 짓누르기보다는 부드럽게 표현하는 것이 좋다. 분노와 질책 같은 강한 감정을 인정하는 것은 슬픔을 겪는 사람들이 관점을 가지고 이행할 수 있도록 도움을 주는 일이다. 비슷하게 죽음에 앞서서 어떤 긍정적인 일을 했으며, 다른 상황이 불안정하고 통제를 잃었을 때조차도 효과적인 방식으로 행동했다는 사실이 마음에 위안을 줄 수 있다. 하지만 슬픔을 겪는 사람은 그 스스로가 편안과 용서를 발견해야 한다. 도움을 주는 사람은 그런 과정을 쉽게 할 뿐이며, 민감함과 보살핌의 관계 속에서 사별자가 스스로 애도해 갈 수 있도록 지지해 주어야 한다.

3) 고인 없이 살아갈 수 있도록 도움주기

조력자는 사별한 사람들이 문제를 말하도록 하고, 스스로 결정을 내릴 수 있도록 도움을 줄 수 있다. 왜냐하면 급성 비탄(acute grief) 기간에는 훌륭한 판단을 하기 어렵기 때문이다. 재산 처분, 이직, 이주와 관련된 문제들의 경우, 그런 시기에는 삶을 바꾸는 결정은 하지 않도록 조언해야 한다.

도움을 주는 사람의 역할은 사별한 사람을 위해 문제를 떠안고 의사를 결정하는 일이 아니다. 조력자의 주요한 역할은 단지 의사결정과정에서 도움을 제공하는 일뿐이다. 이렇게 함으로써 사별을 타당한 것으로 하고, 사별한 사람들을 판단하지 않는 방식으로 원하는 일이 가장 잘 성취될 수 있다. 사별한 사람이 새롭고 효율적인 대처 기술을 획득하도록 도움을 주는 일은 사별에서 무력감을 느끼는 사람들에게 힘을 준다.

4) 상실의 의미를 발견하도록 도움을 주는 일

사랑하는 사람의 죽음과 상실에서 의미를 발견하는 일은 사별한 사람에게 아주 개인적인 투사(projection)이다. 도움을 주는 사람은 사별에 중요한 의미를 부여하려고 하거나 상실이 개인에게 의미하는 바를 결정하려고 해서는 안 된다. 그러나 도움을 주는 사람은 사별자가 앞으로 갖고 살아갈 의미를 탐색하거나 지금 살아가고 있는 변화된 세계에서 의미를 다시 지정하는 일에 도움을 줄 수 있다. 도움을 주는 사람은 그 자신의 믿음을 견지하면서 도움을 받는 사람이 그 자신의 믿음을 발견할 수 있도록 도움을 줄 수 있다. 사별한 사람은 특정 용어나 종교적 혹은 영적 확신에서 평안함을 발견한다. 생존하였던 동안 고인이 행동했던 방식을 통해 사별의 이유를 설명하는 사람도 있다. 또 어떤 사람은 상실을 무언가를 배울 수 있는 사건으로 간주한다. 상실에 대해서 만족스러운 답을 하지 못했을 때조차 많은 사람은 그들로부터 사랑하는 사람을 앗아갔던 죽음의 방식이 관련된 행위에서 의미를 발견한다. 예를 들어, 고인의 이름으로 기념관이나 장학금을 설립하기도 하고, 어떤 사람은 고인의 죽음을 허무하게 만들지 않기 위해 혹은 미래에 그렇게 의미 없고, 불필요한 죽음을 방지하고자 하는 희망으로 총기나 음주운전을 최소화하는 일을 수행하곤 한다.

5) 고인에 대한 감정적 이탈(emotional relocation)을 쉽게 하기

이 원칙은 사별한 사람이 새로운 관계를 맺도록 도움을 주는 것에만 관련된 것이 아니다. 애도에는 적절한 시간이 꼭 필요하고 시간이 지남에 따라 그렇게 하는 것이 적절한 일일 것이다. 하지만 적합한 애도를 방해하는 방식으로 너무나 빨리 서두르지 않는 것이 중요하다. 이 원칙의 핵심인 지점은 '유가족이 그 사람의 삶에서 떠나간 사람을 위한 새로운 자리, 유가족이 삶을 계속해서 진전시켜 가면서 새로운 관계를 맺도록 할 수 있는 자리를 발견하도록 돕는 일'이다. 이 원칙은 상실의 인정, 비탄의 표현, 관계의 재구축, 지속적인 접촉 등을 용이하게 한다. 고인과의 관계를 재구축하는 일은 고인을 버리는 것도, 대체하는 것도,

명예를 훼손하는 것도 아니다. 그것은 사별한 사람이 가능한 한 미래를 잘 살도록, 그 사람을 사랑하고 아꼈던 고인이 그렇게 살기를 원하기에 잘 살도록 독려하는 일이다.

6) 슬퍼할 시간을 주는 일

끝이 난 과거의 국면들을 닫고, 새로운 애착을 구축하는 일에는 시간이 걸린다. 친밀한 관계는 다양한 수준에서 발전되며, 많은 갈림길을 가진다. 어떤 사람은 삶에서 재빨리 평형을 획득하고, 친숙한 일상으로 돌아온다. 어떤 사람은 느리게 나아가며, 상실과 비탄에 대처하는 데 어려움을 겪는 사람들도 있다. 사람은 사별한 사람이 사망 후 3개월에서 6개월의 시간-장례식이나 사별 초기에 있었던 많은 도움이 더 이상 없게 될 때-이나 중요한 기념일에 대처하는데 얼마나 힘겨워하는지 생각하지 못할 수 있다. 효과적으로 도움을 주기 위해서는 사람들이 생각하는 것보다 더 많은 시간을 함께할 필요가 있다.

7) '정상적' 행위의 해석

사별한 사람은 그들이 '미쳐가거나', '정신이 나갔다'라고 느낀다. 이것은 삶에서 경험하지 못한 것을 경험하기 때문이다. 그래서 최소한 일시적으로라도 과거보다 원활하게 기능을 수행할 수 없다. 비탄의 정상화에 대한 도움은 사별에 대해 앎이 있는 사람이나 경험한 사람에 의해서 제공될 수 있다. 비정상적인 삶(멍하게 초점을 잃은 삶), 고인에 대한 집착이 사별에 있어서 공통적인 현상이기는 하지만, 일반적으로 그것이 실제로 미쳐 있는 것은 아니다.

8) 개인적인 차이를 인정하기

이것은 도움을 주고자 하는 사람이 기억해야 하는 중요한 원칙이다. 어떤 사람의 죽음은 사랑하는 사람에게 서로 다른 방식으로 영향을 미친다. 각각 사별한 사람은 고인과의 관계, 그 자신의 인격, 대처 기술에 있어서 유일무이한 개별성을 가진다. 각 사람은 그들 자신의 방식으로 애도한다. 비탄 반응과 애도 과정의 개별성을 평가하기 위한 도움은 특히 구성원을 잃은 가족 등의 그룹에 중요하다. 그런 사실은 두 부모가 자식의 죽음에 대한 다른 방식을 이해하게 될 때 더욱 중요하게 된다. 동일한 상실에서 영향을 받는 다른 사람들의 비탄과 애도의 개별성을 존중해야 한다.

9) 방어와 대처방식 탐색

조심스럽고 믿을 수 있는 방식으로 사별한 사람들의 대처방식에 주의를 기울임으로써, 도움을 주고자 하는 사람은 사별한 사람이 그들의 행동 방식을 인지하고, 평가하고, 수정할 수 있도록 지원할 수 있다. 다른 대처방식을 제안하는 이런 조심스러운 과업은 직접적으로 수행된다기보다 사별한 사람과의 상호적 관계 속에서 사별자가 자기 생각과 행동을 평가함으로써 이루어진다. "어떤 것이 이런 날을 이겨내기 위해 당신에게 도움이 되는 것 같습니까?", "당신이 대처하는 데 있어 가장 어려운 점은 무엇입니까?" 등의 질문이 사별한 사람의 대처방식을 이해하는 데 도움을 준다.

10) 병을 확인하고 의사에게 가도록 하는 일

사별한 사람에게 도움을 주는 데 관여하고 있는 사람 대부분은 그들 스스로 복합 비탄에 대처할 준비가 되어 있지 않다. 왜냐하면 우리 대부분은 전문적인 기술과 자격이 주어진 비탄 치료사의 전문성을 갖추고 있지 않기 때문이다. 하지만 조력자나 상담사는 복합 비탄 반응의 표출에 신경을 쓰면서, 필요한 사람에게 적절한 자원을 활용할 수 있도록 안내해야 한다. 이렇게 다른 전문가에게 안내하는 일(referral)이 실패는 아니다. 그것은 그 자신의 한계에 대한 책임 있는 인식이다.

실천 2

반려동물 상실과 치유

<내용 요약>

반려동물 상실(pet loss)은 반려동물을 잃은 사람이 겪는 정신적 고통으로, 펫로스 증후군은 그로 인한 우울감과 상실감을 포함한다. 상실의 원인으로는 질병, 사고, 재난, 실종 등이 있으며, 각 원인에 따라 비탄의 형태가 달라진다. 반려동물 상실은 다양한 연령층에서 발생하며, 특히 아이들에게 죽음에 대한 중요한 교육적 기회를 제공한다. 반려동물의 상실은 사회적으로 인정받지 못해 더 큰 비탄을 초래할 수 있으며, 그로 인해 치유가 어려워질 수 있다. 반려동물을 잃은 후에는 충분한 시간과 적절한 지원이 필요하며, 특히 새로운 반려동물을 입양하기 전에 심리적 준비가 중요하다. 펫호스피스와 반려동물 장례 의례는 유가족의 슬픔을 치유하는 데 중요한 역할을 하며, 이를 통해 감정 해소와 삶의 의미 재구성을 도울 수 있다.

<핵심어>

반려동물 상실(Pet Loss), 펫로스 증후군(Pet Loss Syndrome), 비탄(Grief), 호스피스(Hospice), 반려동물 장례 (Pet Funeral), 애도(Mourning)

<학습 목표>

- 반려동물 상실에 대한 이해를 통해 펫로스 증후군의 증상과 원인을 파악한다.
- 다양한 원인에 따른 반려동물의 상실과 그에 따른 비탄 반응을 분석한다.

- 생애 발달단계별로 반려동물 상실에 대한 애도와 회복 과정의 차이를 이해한다.
- 반려동물 상실 후 애도 활동과 회복을 돕는 방법을 학습한다.
- 펫호스피스와 반려동물 장례 절차를 통해 상실에 대한 적절한 대응 방안을 익힌다.

<적용 실천>

- 펫로스 상담 제공: 반려동물의 상실을 경험한 사람들에게 감정적 지원을 제공하며, 펫로스 증후군을 겪고 있는 이들에게 적절한 상담과 애도 활동을 안내한다.
- 죽음교육 프로그램 개발: 유아 및 청소년을 대상으로 반려동물과의 사별을 다루는 교육 프로그램을 마련하여, 죽음과 상실에 대한 건강한 인식을 형성한다.
- 펫호스피스 서비스 제공: 반려동물이 임종을 맞이할 때, 고통 없는 죽음을 맞이할 수 있도록 전문적인 펫호스피스 서비스를 제공하여 보호자와 동물 모두의 슬픔을 덜어준다.
- 반려동물 장례 의식 지원: 반려동물의 죽음을 존중하는 장례 의식을 지원하여 유가족이 감정을 치유하고, 삶의 의미를 재구성하는 데 도움을 준다.
- 사회적 인식 변화 촉진: 반려동물 상실에 대한 사회적 인식을 높이고, 애도할 권리를 인정하는 문화를 형성하기 위해 커뮤니티와 교육 프로그램을 통해 펫로스의 중요성을 전파한다.

반려동물 상실과 치유

I. 반려동물 상실

레오나르도 다빈치(Leonardo da Vinci)(1452~1519)는 "언젠가 동물을 죽이는 것을 사람을 죽이는 것과 마찬가지로 여기는 날이 올 것이다."라고 말했다.

반려동물의 상실(pet loss), 즉 펫로스는 반려동물을 잃는 것을 의미하며, 펫로스 증후군은 반려동물을 잃은 사람이 겪는 상실감, 우울감 등의 정신적 고통을 일컫는다. 여기서 주목할 점은 펫로스 증후군의 당사자가 동물이 아닌 사람이라는 것이다.

II. 반려동물의 상실 원인과 그에 따른 비탄의 형태

그렇다면 반려동물의 상실 원인과 그에 따른 비탄의 형태에는 어떤 종류가 있을까?

비탄(grief)이란 상실한 대상에 대해 겪게 되는 심리적, 생리적 반응을 말한다. 외부 세계에 관한 관심 감소, 추억에 대한 집착, 슬픔과 회한에 빠지는 행동, 그리고 일상생활의 장애 등의 증상이 나타날 수 있다.

1) 질병으로 인한 상실이 가장 흔한데, 연구 및 단체들의 조사에 따르면 동물 종별 선천적 취약성에서 비롯된 질환이 주된 사망 원인이다.

반려동물의 질병 치료는 별도의 보험이나 예산 지원이 없어 충분한 의료적 돌봄을 받지 못한 채 죽음에 이르는 경우가 많다.

  2) 사고 및 재난으로 인한 상실은 격렬한 비탄 반응을 일으킬 수 있다. 특히 교통사고가 대부분을 차지하는데, 보호자의 부주의를 배제하기 어려워 큰 죄책감으로 이어지기 때문이다.

  실종으로 인한 상실의 경우, 반려견은 중성화를 하지 않았을 때나 문과 창문을 통해 호기심으로 이탈하는 경우, 또는 새집 이사 시 목줄 없이 산책하다가 잃어버리는 경우가 많다. 반려묘의 경우 실외 고양이는 영역 본능 때문에 이사할 때 이전 거주지로 돌아가려다 실종되고, 실내 고양이는 우연한 기회에 호기심으로 탈출하여 실종되는 경우가 많다.

III. 반려동물 상실의 특징

  1) 전 연령에 걸친 상실이 이루어질 수 있다. 아이가 있는 가정, 1인 가구, 독거노인 등 다양한 환경에서 반려동물의 상실이 발생할 수 있으며, 발달단계와 과정에 따라 다양한 비탄 반응이 나타난다. 특히 유아와 청소년의 경우 처음으로 겪는 소중한 존재와의 사별일 가능성이 높아, 이는 그들의 죽음관 형성에 큰 영향을 미친다.

  2) 반려동물의 상실은 공개적으로 인정받지 못하고, 공적인 애도가 허용되지 않으며(장례에 따른 휴가 청구가 법률·제도적으로 인정되지

않음), 사회적 지원에서도 배제되어 있다. 이런 점에서 우리 사회에서 반려동물의 상실은 전형적인 권리 박탈적 비탄의 예라고 할 수 있다.

특히 아이들은 야생동물이나 집에서 기르는 동물들을 통해 처음으로 죽음을 경험하는 경우가 많다. 반려동물은 때로는 가혹하고 두려운 세상 속에서 아이들에게 조건 없는 사랑을 준다. 반려동물은 사람보다 기대수명이 짧아서 아이들이나 다른 이들이 상실, 슬픔, 죽음에 대해 배울 기회를 제공한다. 이러한 이유로 반려동물의 상실은 아동을 위한 죽음 관련 교재의 주요 주제가 된다. 또한 반려동물은 전 연령대에 걸쳐 다른 생명체를 돌보는 책임감을 배우게 하고, 이를 통해 자존감을 높이는 데 도움을 준다.

그러나 사람들은 동물과 깊은 애착 관계의 중요성을 제대로 평가하지 못하거나 무시하기도 한다. 이러한 태도는 좋은 의도에서 비롯된 것이라도 사별 경험을 더 어렵게 만들 수 있다. 예를 들어, 반려견이 교통사고로 죽었을 때 즉시 사체를 처리하는 경우가 있다. 부모는 아이가 없을 때 이를 처리함으로써 아이의 고통을 덜어주려 할 수 있지만, 사실 아이가 이러한 의식에 참여하는 것이 필요하며, 이를 통해 사고에 대한 죄책감도 줄일 수 있다는 점을 간과하고 있다.

반려동물은 우리 사회에 다양한 방식으로 기여한다. 외롭고 고립된 사람들에게 위안을 주고, 장기 요양시설 환자들에게 즐거움을 선사하며, 위험한 상황에서 사람들을 보호하고 경찰과 군대에서 중요한 임무를 수행한다. 또한 장애인들은 안내견이나 도우미견을 통해 일상생활의 도움을 받으며 깊은 감사와 사랑을 느낀다. 이러한 관계는 삶에서 매우 중요하며, 동물의 죽음과 상실은 관련된 인간에게 강력한 영향을 미친다.

애도란 중요한 의미를 지닌 대상을 상실한 후 마음의 평정을 회복하는 정신적 과정을 의미한다. 죽음학(Thanatology)에서는 이를 사별에 따른 비탄에 대한 인간의 대응으로 설명한다.

IV. 반려동물을 상실한 반려인의 생애 발달단계별 비탄 반응

1) 유아기에서 청소년기 자녀들에게 반려동물은 강한 정서적 유대감과 친교를 나누는 중요한 존재다. 반려동물과의 사별은 자녀들이 죽음에 대한 본질적 의문을 제기하고 자신의 관점을 정립하는 계기가 될 수 있다. 이때 자녀들에게 가장 중요한 것은 죽음에 관해 솔직하게 설명하는 것이다. 아이들은 죽음을 직시하는 것만으로는 쉽게 무너지지 않으나, 지나친 간접적 표현은 오히려 왜곡된 인식을 초래하여 더 큰 문제를 일으킬 수 있다. 자녀들과 함께하는 반려동물 애도 방법으로는 장례식 치르기, 반려동물과의 행복했던 추억 나누기, 애도(기도) 시간 갖기 등이 있다.

2) 성인의 경우, 반려동물 돌봄은 먹이기, 배변 처리, 목욕시키기 등 어린 자녀를 키우는 것과 유사한 경험이며, 반려동물의 수명을 고려할 때 함께 보내는 시간도 자녀 양육 기간과 비슷하다. 따라서 반려동물과의 사별은 자녀 상실과 유사한 비탄 반응을 유발한다. 특히 사고나 실종으로 인한 상실의 경우, 서로에게 책임을 전가하는 등 높은 수준의 죄책감이 형성되어 격렬한 비탄으로 이어질 수 있다.

3) 노인의 경우, 현대사회의 특성상 많은 노인이 외로움에 노출되어 있다. 현재의 노인 세대는 대가족 제도의 안정과 보호가 사라지고 자녀, 손주 등 후손과의 만남이 어려운 환경에 처해있다. 반려동물 돌봄은 노인들의 일상생활에서 큰 비중을 차지하며, 신체활동 증진과 사회적 교류 촉진에도 긍정적인 영향을 미쳐 삶의 활력을 준다. 반려동물은 노인들에게 정서적 즐거움을 주고 꾸준한 관심과 충실한 동반자 역할을 하기에, 이들을 상실했을 때 노인들이 겪는 상실감은 더욱 크다.

V. 반려동물을 떠나보낸 이들의 애도와 회복 과정

1) 기르던 반려동물이 죽었을 때 곧바로 새로운 동물을 입양하는 것이 상처 치유에 도움이 될까? 특히 아이들에게 새로운 반려동물을 급히 사주는 것은 생명이 쉽게 대체될 수 있는 하찮은 존재라는 잘못된 인식을 심어줄 수 있다. 따라서 충분한 시간과 통찰이 필요하다. 이후 새로운 반려동물을 입양할 때는 비슷하되 똑같은 품종은 피하는 것이 좋다. 이전 반려동물의 분신으로 여기게 되어 새로운 반려동물의 고유한 특성을 받아들이기 어려울 수 있기 때문이다.

2) 펫로스 애도 활동 지원에서 중요한 것은 반려동물과 사별한 이들의 슬픔을 어떻게 위로할 수 있느냐다. 반려동물과의 사별 후 1~3개월간의 우울은 정상적인 반응이지만, 그 이상 지속되면 전문가 상담이 필요하며, 1년 이상 지속되면 PTSD나 복합 비탄으로 발전할 가능성이 높다. 이는 반려동물의 죽음이 사회적으로 잘 인정되지 않거나, 유가족

의 애도할 권리가 박탈당하기 때문이다.

   3) 상실과 비탄은 다음과 같은 상황에서 더 깊어진다:
     - 더 이상 동물을 돌볼 수 없을 때
     - 다른 사람에게 동물을 맡겨야 할 때
     - 필요한 병원비를 감당할 수 없을 때
     - 이사로 인해 동물을 포기하거나 아픈 동물의 안락사를 선택해야 할 때

현재 우리나라는 이러한 상실과 슬픔에 대처하는 데 도움을 주는 체계적인 조직이 부족하며, 있더라도 그 처리방식이 매우 조악하다. 반면 미국의 경우 반려동물 묘지가 증가하고 있으며, 사망한 동물을 기념하는 다양한 방식이 존재한다. 심지어 인간의 유해를 반려동물 곁에 묻어 달라는 요청도 늘고 있다.

반려동물을 잃은 유가족의 회복을 위한 애도 활동 지원은 다음과 같이 이루어져야 한다:

   1) 사건과 감정의 인정: 동일한 상실을 경험한 그룹과의 나눔과 애도를 통해 삶의 의미를 재구축할 수 있도록 지원
   2) 긍정적 회상과 새로운 시작: 반려동물과의 행복했던 시간을 이야기하고, 가능하다면 반려동물의 후손을 기를 수 있도록 배려하거나 새로운 반려동물 입양을 고려
   3) 미래 지향적 접근: 상실에 대한 집착에서 벗어나 현재의 삶에서 새로운 의미를 찾을 수 있도록 도움

이는 반려동물 상실로 인한 정서적 반응이 사람을 떠나보냈을 때와 유사하기 때문이다. 이제 이러한 이별이 단순한 이별로 끝나지 않고, 오히려 유가족이 새로운 삶으로 적응할 수 있도록 돕는 호스피스와 의례에 대해 살펴보도록 하자.

VI. 반려동물의 호스피스와 의례

1) 펫 호스피스

펫 호스피스란 무엇인가? 일반적으로 호스피스는 치료가 불가능한 말기 환자나 임종을 앞둔 이들에게 제공하는 전문적 의료 관리, 통증 관리, 정서적·영적 돌봄을 의미한다. 이러한 돌봄의 개념을 반려동물에게 적용한 것이 펫 호스피스다. 더이상 치료가 불가능하거나 죽음이 임박한 반려동물을 위해 전문 수의사나 동물전문가가 호스피스 서비스를 제공한다.

많은 경우, 반려인들은 이별을 받아들이지 못해 무리한 연명치료를 선택한다. 이는 오히려 반려동물에게 더 큰 고통을 주거나, 제대로 된 작별 인사도 나누지 못한 채 이별하게 만든다. 결과적으로 떠나는 반려동물과 남겨진 유가족 모두의 슬픔이 깊어지고, 이후의 삶에 적응하기도 더욱 어려워진다.

펫 호스피스의 핵심은 떠나는 반려동물과 이들을 보내야 하는 가족이 마지막 작별 인사를 나누며 서로의 사랑을 확인하는 데 있다. 이를 통해:

- 반려동물은 통증 없이 평온하게 사랑받으며 생을 마감할 수 있다.

- 가족들은 반려동물과 마지막 순간을 함께하며 사랑의 말을 전할 기회를 얻는다.
- 유가족은 외상적 슬픔 없이 현실에 더 잘 적응해 나갈 수 있다.

펫 호스피스는 반려동물의 죽음 과정을 통해 생명 존중의 진정한 의미를 깨닫게 한다. 이는 더 깊은 사랑과 생명 그 너머의 세계까지 헤아릴 수 있는 인식의 지평을 넓혀주며, 반려동물과 인간의 관계를 재정립함으로써 모든 생명체에 대한 경외심을 가진 인성으로 성장하게 한다.

2) 반려동물의 장례

반려동물 장례비용은 동물의 크기에 따라 20~100만 원이 소요되며, 화장시설, 운구비, 유골함과 관, 염습, 봉안당 안치 여부 등에 따라 추가 비용이 발생한다. 최근에는 유골을 응집하여 반지나 목걸이 등 액세서리인 '반려석'을 만들어 평생 소장하는 이들도 많다. 미국, 유럽, 호주에는 전문 의료센터가 있으며, 한국의 경우 반려동물 의례 전문 업체가 20여 곳에 달하고 꾸준히 증가하는 추세다.

"개까지 호사스럽게 장례를 치르나.", "개 팔자가 사람 팔자보다 낫다.", "굶주리는 사람도 많은데 그 돈으로 사람을 살리는 게 낫다."라는 비판의 목소리도 있다. 이러한 지적에 일면 공감되는 부분도 있으나, 이는 매우 중요한 사실을 간과한다. 반려동물 의례는 동물을 위한 것이 아닌, 남겨진 유족을 위한 것이라는 점이다. "정승의 개가 죽으면 문상객이 많고, 정승이 죽으면 문상객이 없다."라는 옛말처럼, 장례는 고인보다 살아있는 이들을 위한 의식이다.

다음은 실제 사례다:

당진의 한 사람은 가족에게 인정받지 못하고 배척당하며 평생 상처와 외로움 속에 살았다. 그러다 반려동물을 만나 20년간 함께 지내며 처음으로 온전한 인정과 사랑을 경험했다. 반려동물이 세상을 떠났을 때, 그는 며칠에 걸쳐 홀로 장례를 치르며 모든 슬픔과 아픔을 쏟아냈다. 친구들과 동료들은 위로를 건네고 일부는 장례식에 참석해 슬픔을 함께했다. 이후 그는 여전히 슬픔을 안고 있었지만, 일상생활이 가능했고, 심지어 자신을 배척했던 가족을 이해하고 용서하며 새로운 관계를 맺는 법을 배웠다.

이러한 치유 과정이 가능했던 이유는 다음과 같다:
- 반려동물의 무조건적 수용과 사랑
- 장례 의식을 통한 감정의 완전한 표출
- 지인들과의 진정한 슬픔 공유
- 의식을 통한 체계적인 애도 과정

따라서 장례 의식은 다음과 같은 역할을 한다:
① 공동체적 슬픔 나눔
② 관계의 분리 인정
③ 감정 해소
④ 객관적 성찰의 기회 제공
⑤ 삶의 의미 재구성과 재적응 촉진

이처럼 의례는 단순한 형식이 아닌, 유족의 치유와 회복을 위한 필수적 과정이다.

VII. 죽음교육전문가로서의 덕목: 역지사지

현재 한국에는 펫로스 교육전문가가 없다. 이는 전문가를 양성할 교육기관이나 기반 시설이 전혀 없기 때문이다. 그러나 펫로스를 통한 생명교육과 삶의 소중함, 올바른 죽음과 상실에 대한 가치관 정립은 그 어떤 교육보다 중요하고 효과적이다.

펫로스 교육의 핵심은 누구나 공감할 수 있는 능력의 확장과 실천에 있다. 특히 어린이의 인생관과 가치관, 생명의 소중함을 일깨우는 데 있어 펫로스 교육만큼 효과적인 접근법은 없다. 어린 시절부터 병아리나 곤충, 반려동물을 통해 자연스럽게 생명과 죽음을 배우고 상실의 의미를 체화하기 때문이다.

그러나 우리는 일상에서 쉽게 접할 수 있는 이러한 교육 기회를 등한시하고 있다. 심지어 어린이가 겪는 죽음의 경험을 무시하거나 억압하고, 학습 능력 극대화를 위해 이를 회피하기도 한다. 이런 환경에서 어린이가 겪는 감정적 외상과 일상적 삶의 이탈을 깊이 생각해 볼 필요가 있다.

"꽃잎으로도 아이를 때려서는 안 된다."라는 말이 있다. 아이는 꽃잎 하나의 낙화에도, 날아가는 새들의 날갯짓에도, 작은 곤충 한 마리에도 경이로운 마음으로 감정을 교류한다. 우리가 진정 그들의 마음을 헤아리려면, 우리의 감성과 시선이 그들보다 더 예민하게 깨어있고 꽃잎보다 더 여린 감성을 지녀야 한다. 그렇지 않으면 무심코 던진 시선과 말이 그들에게 비수가 되어 상처를 남긴다.

워즈워드(W. Wordsworth)의 시구처럼 "어린이는 어른의 아버지,

내 생의 하루하루가 경건한 마음으로 이어지길 바라네", 우리가 어린이의 마음을 진정으로 이해하고 지켜줄 수 있다면 교육 현실은 지금보다 더 나아질 것이다.

어린이의 마음이나 반려동물의 마음은 자연스럽고 순수하다. 우리가 그들의 마음을 본받는다면 세상은 더 나은 곳이 될 것이다.

펫로스에서 가장 중요한 것은 동물의 죽음이든 사람의 죽음이든, 그것을 맞이하는 사람의 상실, 비탄, 애도가 다르지 않다는 점을 인식하는 것이다. 펫로스라는 말이 더 이상 필요 없어지는 순간이 바로 펫로스에 대한 진정한 이해가 이루어지는 때다.

실천 3
문학작품 속의 상실 치유

<내용 요약>

죽음에 대한 성찰을 다룬 시들은 죽음을 단지 부정적인 현상으로만 보지 않고, 그것을 새로운 생명의 출발점으로 해석한다. 박영근의 「물의 자리」에서는 죽음이 '본디 자리'로의 회귀를 의미하며, 이는 삶과 죽음이 상호 연관된 존재임을 시사한다. 황인숙의 「병든 사람」은 고독한 자기 자신과의 대면을 통해 본래의 자아를 찾는 과정을 숭고한 경험으로 그린다. 신동집의 「날이 지기 위해선」에서는 죽음이 새로운 탄생을 위한 필수적인 과정으로 나타나며, 죽음을 통해 생명의 본질을 깨닫는 계기를 제공한다. 상실과 비탄을 다룬 시들에서는 박완서와 고정희의 작품이 상실의 고통과 애통한 감정을 표현하며, 이러한 감정은 인간의 본래 상태로 돌아가는 자연스러운 과정으로 이해된다. 김춘수는 아내의 죽음 후 비탄을 겪으며, 죽은 자의 부재를 현존처럼 느끼는 내적 혼란과 그리움을 통해 애도의 복잡한 감정을 드러낸다.

<핵심어>

죽음(Death), 상실(Loss), 애도(Mourning), 변화(Change),
의미(Meaning), 기억(Memory), 연결(Connection)

<학습 목표>

- 죽음과 상실의 개념을 이해하고, 애도 과정에 대한 이해를 심화한다.
- 자아와 자아 정체성을 죽음과 상실을 경험하며 어떻게 변화하는지 설명할 수 있다.
- 죽음과 상실을 다루는 다양한 심리적, 사회적 접근 방법을 학습한다.

- 애도의 과정에서 발생할 수 있는 다양한 감정적 반응을 인식하고 적절하게 대처할 수 있다.
- 죽음을 통해 삶의 의미와 가치를 재조명하고, 회복의 중요성을 이해한다.

<적용 실천>

- 애도 과정에 있는 개인이나 가족을 지원하는 상담 및 지원 서비스를 제공할 수 있다.
- 죽음과 상실에 대한 교육을 통해, 이를 경험한 사람들에게 적절한 심리적 지원을 제공할 수 있다.
- 죽음, 이혼, 이사 등 상실 경험을 겪는 어린이나 성인에게 효과적인 애도 프로그램을 설계하고 운영할 수 있다.
- 사별한 사람들을 위한 그룹 상담을 진행하여, 상실감을 극복하도록 돕는다.
- 의료기관이나 복지시설에서 죽음과 상실에 대한 교육을 통해 종사자들이 적절히 대응할 수 있도록 훈련을 제공할 수 있다.

문학작품 속의 상실 치유[293]

I. 시 속에 나타난 죽음의 숭고: 죽음, 본디 자리로의 회귀

앞서 우리는 죽음에 대한 부정적 인식이 죽음에 대한 의식을 억압하고, 사람들을 죽음으로부터 가능한 한 멀어지게 만든다는 점을 살펴보았다. 그러나 이러한 태도는 필멸의 존재인 인간에 대한 올바른 대응이라 보기 어렵다.

유한한 인간 존재를 탐구하기 위해서는 죽음에 대한 이해가 필요하다. 죽음을 이해하기 위해서는 이를 회피하지 않고 자신의 실존 기저에 깔린 허무와 직면해야 하는데, 우리는 이 과정부터 외면하고 있다.

이제 죽음과 대면하는 성찰을 통해 독자에게 죽음에 대한 편안하고 깊은 사유로 인도하는 시들을 살펴보면서, '죽음이 과연 그렇게 부정적인 것인가'에 대한 답을 스스로 찾아보는 시간을 가져보자. 먼저 죽음과 대면하며 자신의 실존에 대한 아름다운 성찰을 보여주는 시들을 살펴보도록 하자.

    물 위로 꽃 한 송이 피어난다.
    나 오래 물의 자리에 내려앉고 싶었다
    더 깊이 가라앉아
    꽃의 뿌리에 닿도록
    아픈 몸이여, 흘러라
    나 있던 본디 자리로
                박영근, 「물의 자리」 전문, (창작과비평사, 2002)

---

[293] 문학작품 속의 상실과 치유는 『삶의 성찰, 죽음에게 묻다』에 게재한 국제공인 싸나톨로지스트, 죽음교육학자 김난희교수의 글을 게재했다.

이 시는 1980년대 대표적 노동자 시인으로 알려진 박영근이 말년에 죽음을 앞두고 병상에서 쓴 작품이다. 이 시에서 우리는 겉으로 피어난 아름다운 꽃송이(삶)의 뿌리에 자리 잡은 본디 자신의 자리, 즉 '나 있던 본디 자리'로 가고자 하는 시인의 마음을 읽을 수 있다. 여기서 '본디'란 사물의 맨 처음 바탕을 뜻한다.

사람들은 겉으로 보이는 꽃송이만 보고 아름답다고 찬양한다. 하지만 그 예쁜 꽃송이는 물속 깊은 곳에 자리한 뿌리가 피워 올린 것이다. 시든 꽃처럼 병들어버린 몸 때문에 힘든 시인은 꽃의 뿌리에 닿고자 한다. 그곳은 어둠이요, 죽음이지만, '본디'라는 말이 뜻하듯 '사물의 맨 처음 바탕', 즉 새 생명이 열리는 곳이다.

우리는 생명이 삶만을 뜻하는 것으로 생각하기 쉽지만, 생명은 삶과 죽음을 모두 포함하는 개념이다. 생명 안에는 죽음과 삶이 함께한다. 시인의 아픈 몸이 닿고자 하는 곳은 겉으로는 죽음이지만, 그곳은 자신의 '본디 자리', 즉 자신의 생명이 새롭게 생성되는 자리다.

이 과정은 물 위로 꽃이 피는 동안 반대 방향인 꽃의 뿌리로 내려앉고 싶어 하는 수직적 이미지가, 무정형의 본체라 할 수 있는 물의 이미지로 바뀌면서 자신의 본디 자리로 회귀하는 것으로 그려진다. 그래서 이 시에서 아픈 몸의 이미지는 어둡기보다는 아픔과 함께하면서도 새로운 생성을 향해 나아가는 희망적 이미지로 다가온다.

이 시에서 시인은 아픔이나 죽음에 대한 깨달음의 상태를 보여준다. 깨달음이란 자신의 존재와 하나가 됨으로써 느끼는 자연스러운 상태이며, 자신의 이름과 모습 뒤에 있는 본래의 '나'를 발견하는 것이다(김근하·임병식, 2015). 이 시의 '본디 자리'로의 회귀 역시 죽음과 대면한 가운데 얻게 된 깨달음의 시구(詩句)라 할 수 있다.

우리는 죽음을 통해 역설적으로 새로운 생명을 꿈꾸며, 깨달음에 도달할 수 있는 계기를 얻게 된다. 정재걸 교수는 죽음이 중요한 것은 그것이 깨달음의 마지막 과정이고, 사실은 가장 결정적인 계기이기 때문이라고 언급한다. 그리고 죽음교육의 목표는 본래의 자기 자신이 되는 것이라고도 주장한다(정재걸, 2010).

　　　몸이 굉장히
　　　굉장히, 굉장히
　　　어려운 방정식을 푼다
　　　혼자서
　　　하염없이 외롭게
　　　혼자서
　　　　　　　　황인숙, 「병든 사람」 전문(문학과지성사, 2003)

　죽음교육의 목표가 본래의 자기 자신이 되는 것에 있다고는 하지만, 사람들은 자기 자신이 되는 것을 두려워한다. 자기 자신이 되려고 하면 혼자가 되기 때문이다. 그래서 사람들은 군중 속에 묻히려 하고, 홀로 있는 것을 두려워한다.

　그런데 사람은 병중에 있거나 죽음과 대면하게 될 때, 자기 자신과의 고독한 대면을 더 이상 피할 수 없게 된다. 병도 그렇지만, 죽음도 그 누가 대신해서 겪어주는 것이 아니기 때문이다. 오롯이 자신이 겪고 자신이 해결해야만 하는 과제다. 위의 시에서는 그 과제를 '혼자서/ 굉장히, 굉장히 어려운 방정식을 푸는' 것으로 표현한다. 그것도 '하염없이 외롭게' 말이다.

　이 시에서 우리는 본래의 자신을 찾기 위해 외롭게 몰두하는 인간의 모습을 떠올리게 된다. 이때의 모습은 고독하지만, 그 영혼은 빛나 보인다. 몸의 고통을 단지 신체적인 통증 차원으로만 보는 것이 아니라, 실존적 차원에서 그 답을 찾고자 외로운 고투를 하고 있기 때문이다. 따라서 외로움과 슬픔은 인간 영혼의 정화 과정이며, 외로움을 통해 인간은 자신의 본성을 인식하게 된다는 것을 알 수 있다.

본디의 자기를 찾아가는 이런 고독한 과정은 일종의 숭고(崇高)에 가깝다. 숭고라는 한자 뜻을 살펴보면, '숭(崇)'과 '고(高)' 모두 높다는 뜻을 지니고 있어, 떠받들 만큼 높은 가치를 일컫는다. 우리 인간이 죽음과 병을 대면하는 가운데 본래의 자기 자신을 찾아가는 것이야말로 평범한 일상에서는 쉽게 도달할 수 없는 숭고의 경지라고 할 수 있다. 그러니 죽음을 단지 부정적인 것으로만 인식할 수는 없다.

> 날이 지기 위해선
> 한 사람의 들판이 저물어야 한다
> 수많은 사람의 날은 저물어도
> 상기 남은 한 사람의 들판
> 해 그늘은 황망히 밀어닥치고
> 으스스 언저리는 어둡다
> 이러할 때 사람은
> 무엇을 잃어야 하나
> 한 삶의 가장 귀한
> 무엇을 잃어야 하나
> 갓 뜬 저
> 별을 맞기 위해선
>
>   신동집,「날이 지기 위해선」전문. (종로서적, 1989)

신동집은 십여 년의 와병 끝에 고인이 된 시인이다. 그는 저무는 들판에서 외롭고 황망한 목소리로 "갓 뜬 저 별"을 맞기 위해 "한 삶의 가장 귀한 무엇"을 잃어야 하는지 자문한다. 이는 자신의 참된 본성을 찾기 위해 무엇을 버려야 하는가에 대한 절박한 성찰로 보인다.

우리는 무엇을 얻기 위해 절박했던 경험은 있어도 무엇을 잃기 위해 절박했던 경험은 별로 없을 것이다. 그래서 "잃어야 한다"는 반복 어구는 다소 충격적으로 다가온다. 하지만 "갓 뜬 별"을 맞기 위해서는 가장 귀한 무엇을 잃어야 한다는 시인의 진술은 생명에 대한 심오한 성찰을 담고 있다. 이는 죽음을 통해야만 새로운 탄생이 가능한 생명의 원리를 상징적으로 보여줌과 동시에, 자신이 누구인가를 알기 위해서는 자신이 아닌 것들을 모두 벗어던져야 한다는 것을 보여준다.

생명의 이치에 대한 성찰은 온전한 자기 자신으로 존재할 수 있는 깨달음의 경지로 인도한다. 이때의 인간은 더 진실해지고 평화로워지는데, 이는 죽음에 대한 기존의 부정적인 이미지와는 거리가 멀다. 특히 죽음을 앞둔 시인의 작품 속에는 죽음이 "생명의 그 밝은 첫 자리"(박영근, 「절정」), "나, 별자리에 누워 환히 흘러가리라."(박영근, 「몽골초원에서 2」), "밝아올 어둠의 자리"(박영근, 「폐사지에서 1」) 등 밝고 환한 이미지로 많이 드러난다. 이는 좀 더 넓은 관점에서 생명을 이해하고 그 속에서 자신의 본디 자리를 찾는 가운데 길어 올린 죽음에 대한 이미지라고 할 수 있다.

II. 시 속에 나타난 상실, 비탄, 애도: 현존의 사랑에서 부재 속의 사랑으로

이번에는 두 번째 소주제인 상실과 비탄, 그리고 애도에 관한 시들을 살펴본다. 시를 살펴보기 전에 이십 대의 아들을 잃고 참척의 슬픔을 겪은 박완서 선생이 쓴 『한 말씀만 하소서』(솔, 1994)에서 상실과 비탄에 관한 부분을 소개한다.

"…… 그래, 나는 주님과 한 번 맞붙어보려고 이곳에 이끌렸고, 혼자 돼 보기를 갈망했던 것이다. 주님, 당신은 과연 계신지, 계시다면 내 아들은 왜 죽어야 했는지, 내가 이렇게까지 고통받아야 하는 건 도대체 무슨 영문인지, 더도 말고 덜도 말고 한 말씀만 해보라고 애걸하리라.

애걸해서 안 되면 던지고 쥐어뜯고 사생결단을 하리라. 나는 방바닥으로 무너져 내렸고 몸부림을 쳤다. 방안을 헤매며 데굴데굴 굴렀다. 나는 마침내 하나의 작은 돌멩이가 되었다. 돌멩이처럼 보잘것없었고, 돌멩이처럼 무감각해졌다.

그리고 돌멩이가 말랑말랑해지려고 기를 쓰듯이 한 말씀을 얻어내려고 기를 썼다. 돌멩이가 말랑말랑해질 리 없듯이 한 말씀은 새벽미사를 알리는 종소리가 울릴 때까지도 들려오지 않았다. 처절한 밤이었다………"

자식의 죽음은 부모에게 오장육부를 쥐어짜는 고통이고 어떤 위로로도 극복할 수 없는 절규이며, 어떤 말로도 형용할 수 없는 상명(喪明)의 고통이자 창자가 끊어지는 단장(斷腸)의 비애다. 전도유망한 의사 지망생 아들이 스물여섯이라는 꽃다운 나이에 죽었고, 그 슬픔을 헤아리려 박완서는 이 글을 썼다. 이 글은 글이라기보다는 육성의 절규로 다가온다. 마치 절규가 활자를 뚫고 넘쳐흐르고 있는 것처럼 느껴진다.

다음의 시도 마찬가지다. 1980년 5·18 광주항쟁에서 아들을 잃은 어머니의 넋을 위로하고자 쓴 시인데, 이 시에서도 아들을 잃은 어머니의 슬픔은 애간장 타는 호곡(號哭)으로 나타난다.

> 보고잪거 보고잪거
> 우리 애기 보고잪거
> 얼굴이나 한번만
> 봤으면 원 없겠네
> (중략)
> 맨발로 달려나가
> 온 몸에 맞아보건만
> 한번 가서 오지 않는 우리 애기
> 봄비에도 가을비에도 살아나지 않으니
> (중략)
> 아적에 밥 먹고 나간 자식아
> 눈이 오면 누가 쓸어줄까
> 비가 오면 누가 덮어줄까
> 좋은 것만 봐도 생각키고
> 궂은 것 만나도 생각키고
> 에미 제상 받아먹는
> 이 무정한 놈아!
> 목소리 한번만 들었으면 좋겠네
>   고정희,「넋이여, 망월동에 잠든 넋이여」부분 (창작과비평사, 1990)

고정희 시인은 이 시에서 자식을 잃은 어미의 통한을 "뜨겁게 달은 번철 위에 오장육부 다 뽑아 지글지글 볶아친다 해도 그날의 고통에 비기지는 못한다."라고 썼다. 또한 "일천 간장 갈가리 찢어지는 이 사연, 내장에 고춧가루가 확 뿌려지는 이 곡절."이라고 토해내고 있다. 모든 상실은 슬픔을 동반하지만, 사랑하는 자식을 잃은 부모의 슬픔은 이처럼 통한의 절정을 이루며, 좀처럼 회복될 것 같지 않아 보인다.

죽음학에서는 죽음이라는 상실에 대한 반응을 비탄(grief)이라고 한다. 어떤 사람이 심각한 상실을 겪을 때 경험하는 비탄이란 상실의 영향에 대한 내적·외적 반응을 의미한다. 비탄의 경험은 사람마다, 상황에 따라 다를 수 있지만, 심각한 상실에도 비탄을 경험하지 않는 것은 정상적이지 않다고 본다. 그것은 상실에 앞서 어떤 접촉도 없었거나, 일상적인 것과는 거리가 있을 정도로 복잡한 것이었거나, 상실에 대한 반응을 억누르거나 숨기고 있다는 것을 암시한다(김근하·임병식, 2015). 따라서 박완서나 고정희의 글에서 볼 수 있는 애절한 비탄은 오히려 정상적인 것으로 볼 수 있다. 린더만(E. Lindemann)의 입장에 따르면, 비탄의 경험에 관련된 격렬한 고통을 피하거나 연기, 혹은 억압하는 것은 오히려 비탄 과업을 방해하고 복잡하게 만들 뿐이다. 두 작가의 애간장 타는 비탄은 그 자체로 정상으로 돌아가고자 하는 반응이라고 볼 수 있다.

한편, 비탄은 정서적인 반응만이 아니라 물리적, 생리적, 행위적 차원도 포함한다. 이는 공복감, 답답함, 숨이 가쁨 등의 물리적인 감각으로 나타나기도 하고, 불신, 혼동, 몰두, 죽은 사람이 현존하는 듯한 느낌 등의 인지적 차원으로 나타나기도 한다. 또는 누군가를 계속 찾거나 불안한 행동 과잉 등의 행위로도 나타난다(김근하·임병식, 2015). 아래

김춘수의 시는 아내와 사별한 뒤의 이러한 비탄 반응을 보여주고 있다.

> 내 살이 네 살에 닿고 싶어 한다.
> 나는 시방 그런 수렁에 빠져 있다.
> 수렁은 밑도 없고 끝도 없다.
> 가도 가도 나는 네가 그립기만 하다.
> 나는 네가 얼마만큼 그리운가.
> 이를 테면 내 살이 네 살을 비집고 들어가
> 네 살을 비비고 문지르고 후벼파고 싶은
> 꼭 한 번 그러고 싶을
> 그만큼.
>
> 김춘수, 「제28번 비가(悲歌)」 전문, (예담, 2005)

"빛깔과 향기에 가장 알맞은 이름(「꽃」에서)"을 붙여 부재를 현존으로 불러오고자 했던 '꽃'의 시인 김춘수는 55년을 같이 지내 온 아내를 먼저 떠나보내고 난 후, 아내의 죽음 앞에서 부재의 절망을 겪었다. 이 부재의 절망 속에서 시인은 죽은 아내가 현존하는 듯한 착각 속에 빠지기도 한다. 그래서 김춘수는 자신의 상태를 "수렁에 빠져 있다/ 수렁은 밑도 없고 끝도 없다."라고 언급한다. 하지만 김춘수 시인에게 그 수렁은 "아내의 살을 비집고 들어가 비비고, 문지르고, 후벼파고 싶은" 자신의 그리움을 허용해 주는 것이 될 수 있다. 죽은 아내의 살을 만지는 것은 수렁에서나 가능한 것이지만, 시인은 그 수렁에서 빠져나오고 싶지 않은 것이다. 이러한 비탄 반응은 비탄이 단지 감정적인 것만으로 끝나는 것이 아니라 인지적, 행위적 차원에서도 다양하게 경험되고 표현될 수 있음을 보여준다.

프랑스 구조주의 학파의 대표적 학자였던 롤랑 바르트(Roland Barthes)(1915~1980)는 세기의 지성을 자랑하는 학자였지만, 그 역시 사랑하는 어머니가 병고 끝에 숨을 거두자, 어머니에 대한 사무치는 마음을 어떻게 정리해야 할지 모르는 혼돈 속에서 2년에 걸친 쪽지 일기를 쓰게 된다. 이 일기는 나중에 『애도 일기』(김진영 옮김, 이순, 2012)라는 제목으로 출간되었는데, 이 책에는 프랑스 구조주의의 대표주자가 쓴 글이라고 믿기 어려울 만큼, 죽은 마망(엄마)에 대한 바르트의 감정이 날것 그대로 나타나 있다. 대표적으로 몇 편의 일기만 추려보면 다음과 같다.

"그 누구에게 이런 질문을 할 수 있을까(그것도 대답을 얻으리라는 희망을 품으면서)? 우리가 그토록 사랑했던 사람을 잃고 그 사람 없이도 잘 살아간다면, 그건 우리가 그 사람을, 자기가 믿었던 것과는 달리, 그렇게 많이 사랑하지 않았다는 걸까?"(1977.11.28)

"애도: 그것은 (어떤 빛 같은 것이) 꺼져 있는 상태, 그 어떤 '충만'이 막혀있는 그런 상태가 아니다. 애도는 고통스러운 마음의 대기 상태다: 나는 지금 극도로 긴장한 채, 잔뜩 웅크린 채, 그 어떤 '살아가는 의미'가 도착하기만을 기다리고 있다."(1977.12.8)

"눈이 내렸다. 파리에 폭설이 내렸다. 참 드문 일이다.
나는 그렇게 혼잣말한다. 그리고 그 혼잣말이 나를 아프게 한다. 그녀는 결코 지금 여기에 있을 수 없으리라, 이 눈을 보기 위해서, 이 소식을 나로부터 듣기 위해서."(1978.2.12)

"마망의 죽음 때문에 빠져버린 고독은 이제 그녀와 아무 상관이 없는 영역으로까지 팔을 뻗는다: 일들의 영역으로까지. 어떤 공격들(상처받은 일들)은 일의 영역 안에서 일어난 것인데도 나는 그것들을, 전보다 더 심하게 버림받은 것처럼 자리를 외롭고 불쌍하게 느끼면서 겨우겨우 받아들이게 된다. 이건 내가 직접 도움을 구한 적은 없지만 늘 그 자리에 있었던 의지처가 없기 때문이다."(1978.5.10)

"내가 늘 두르고 다니는 검은색 혹은 회색의 목도리처럼 내가 입고 다니는 외투도 침울하다. 이런 내 모습을 마망은 분명 그냥 놔두지 않았을 거라는 생각을 한다. 그러자 내게 말하는 그녀의 목소리가 들린다. 좀 색깔이 있는 옷을 입고 다니렴. 처음으로 색깔이 있는 목도리를 두른다 (체크무늬가 그려진)."(1978.6.1.)

1977년 10월 25일에 어머니를 여읜 바르트가 쓰기 시작한 『애도 일기』에는 상실을 경험한 자의 비탄이 그리움과 죄책감, 고독, 슬픔과 뒤범벅이 된 채 드러난다. 구조주의 기호학자였던 바르트였지만, 어머니를 잃은 비탄은 기존의 기호로는 해명될 수 없는 '나만의 고유한 슬픔'으로 다가온다. 그리고 자신의 슬픔을 "고통스러운 마음의 대기 상태"라고 표현한다. 이 "고통스러운 마음의 대기 상태"는 양가적이다. 한편으로는 기다림만이 연장되는 삭막한 상태이지만, 한편으로는 "그 어떤 소리 없는 것"이 찾아드는 영역이기도 하다. 그래서 논리적으로는 설명 불가능한 상태다. 그 영역에서 아마 새로운, 제3의 무엇이 태어나고 발생하는 것인지도 모른다. 그래서 바르트는 "자기만의 고유한 슬픔을 지시할 수 있는 기호는 없다. 이 슬픔은 절대적 내면성이 완결된 것이다. 그러나 모든 현명한 사회들은 슬픔이 어떻게 밖으로 드러나야 하는지를 미리 정해서 코드화했다. 우리 사회가 안고 있는 패악은 그 사회가 슬픔을 인정하지 않는다는 것이다."(『애도 일기』, 165쪽)라고 지적한다.

볼비(J. Bowlby)는 사랑하는 사람의 상실에 대한 반응에서 사랑하는 사람을 떠올리고, 되찾으려고 하며, 그 사람과 재결합하려는 강박과 그 과정에서 동반되는 불안, 동경, 분노, 저항, 탐색은 그 자체로 병적이지 않다고 했다. 오히려 그것은 객관적 세계 속에서 이미 현실화한 것을 내적 세계 속에서 현실화하고자 하는 건설적인 과정의 일부라고 보았다(Bowlby, 1969). 그래서 시간이 지날수록 건강한 애도는 죽음과 관련된 상실의 불변성을 수긍하는 쪽으로 나아간다고 했다. 이때의 삶은 상실 이전의 삶과 같지 않지만, 새로운 질서를 만들어 나가는 것은 투쟁 속에서 얻어진 영웅적인 성취와도 같다고 볼비는 예찬했다.

> 어머니는 죽어서 달이 되었다
> 바람에게도 가지 않고
> 길 밖에도 가지 않고
> 어머니는 달이 되어
> 나와 함께 긴 밤을, 같이 걸었다
>
> 김태준, 「사모곡」 전문, (이진, 1998)

"나와 함께 긴 밤을 같이 걸어주시는 어머니". 밤길을 걷는 이에게 이보다 더 큰 위안이 있을까? 돌아가신 어머니가 보고 싶을 때마다, 어머니 없는 삶이 외롭고 쓸쓸할 때마다, 환한 달을 보며 밤길을 동행해 주시는 어머니를 떠올리는 것은 어머니의 부재에 대한 슬픔을 '부재 속의 사랑'으로 정화한 것일 뿐이다. 이는 상실과 직면하여 흘려야 할 슬픔과 눈물이 마를 때까지 표현한 후에 찾을 수 있는 새로운 삶이다. 우리 인간은 상실과 애도를 통해서 성숙해 나간다고 한다. 그래서 슈나이드만(E.S. Shneidman)은 다음과 같이 말한다. "애도는 인간이 가질 수 있는 가장 심오한 것이다. 사랑하는 사람의 상실을 슬퍼하고, 그 사람의 기억을 계속해서 소중히 여기는 심오한 능력은 우리 고귀한 인간의 특징 중의 하나이다." 그러고 보면, 상실과 비탄, 애도는 우리 인간이 더 인간답게 진화해 나갈 수 있는 동력이 되는지도 모른다.

III. 죽음교육 도구로서의 '시 감상 활용법' 소개

문학작품을 통해 학생들에게 죽음에 대한 교육을 시도하고자 할 때 주목할 점은 크게 두 가지다. 첫째는 문학작품 자체에 대한 해석과 감상 차원이며, 둘째는 죽음교육 차원에서 문학작품을 어떻게 받아들일 것인가에 대한 안내가 반드시 따라야 한다는 점이다. 죽음교육에서 문학작품을 활용하는 것이 좋은 이유는 일반적인 이론이나 담론과는 달리 문학 속에서는 죽음에 대한 경험이나 정서, 감정 등이 매우 다양하고 구체적으로 드러나기 때문이다.

다음으로 살펴볼 수 있는 문학작품의 활용법으로는 먼저 죽음에 대한 접근을 세 가지 카테고리로 범주화하여 각각의 범주에 적용할 만한 문학작품을 소개하고, 그에 대한 감상과 토론을 진행하는 것을 그 골자로 할 수 있다.

① 죽음은 과연 부정적인 것일까?
② 죽음으로 인한 상실과 비탄은 어떤 양상으로 나타나며, 어떻게 받아들여야 할까?
③ 애도란 무엇이며 애도 과업은 어떻게 이루어지는 것일까?

아래는 앞에서 소개한 문학작품을 세 개의 카테고리로 나눈 후, 각각에 해당하는 감상 포인트 및 토론 주제를 예시한 내용이다.

1) 죽음은 과연 부정적인 것인가?: 죽음을 부정하고 회피해야 할 것으로 여기는 것이 일반 사람들이 갖는 공통적인 생각이지만, 우리는 앞서 황인숙, 신동집 시인의 시를 통해 죽음의 긍정적인 면도 살펴보았다. 죽음은 우리 인간의 '본디 자리로의 회귀'이며, 자신의 실존과 대면할 수 있는 중요한 계기임을 생각해 보며 아래의 문제에 관한 생각을 정리해 보고서로의 생각을 나누어 보도록 한다.

(1) 박영근의 시「물의 자리」를 읽고 떠오르는 이미지를 하나의 색채로 표현한다면 어떤 색이 떠오르나? 그 이유는?
(2) 이 시에 나타난 꽃, 물, 뿌리는 각각 무엇을 의미할지 제 생각을 말해보고, 이것이 '본디 자리'라는 시구(詩句)와 어떤 관련이 있을지 얘기해 보자.
(3) 황인숙의 「병든 사람」이라는 시에서는 병든 사람의 상태를 "혼자서 굉장히 어려운 방정식을 푸는 것"으로 표현한다. 이 표현이 어떤 의미로 다가오는지 각자의 생각을 말해보자.
(4) 신동집의 시, 「날이 지기 위해서는」에서는 "갓 뜬 저 별"을 맞기 위해서는 "한 삶의 가장 귀한 무엇"을 잃어야 한다고 했다. 자신이 생각하는 "한 삶의 가장 귀한 것"은 무엇인지 각자의 생각을 말해보자. 그리고 이 구절에서 찾아볼 수 있는 생명의 원리란 무엇일지 생각해 보자.

2) 죽음으로 인한 상실과 비탄: 죽음으로 인한 상실과 비탄의 양상은 다른 무엇으로도 대체할 수 없는 "나만의 고유한 슬픔"이라고 롤랑 바

르트는 말했다. 앞서 살펴본 박완서, 고정희, 김춘수의 작품은 이 대체 불가능한 개인의 슬픔을 그리고 있다고 볼 수 있다. 상실과 비탄의 고유성과 절대성을 생각해 보면서 다음의 문제에 관한 생각을 발표하고, 다른 사람의 의견을 들어보도록 한다.

(1) 박완서의 「한 말씀만 하소서」라는 죽은 아들에 대한 어머니의 비탄 감정을 여과 없이 보여주고 있는 산문이다. 이 산문에서 가장 슬프게 다가오는 구절들을 찾아서 각자 발표해 보자.
(2) 고정희의 「넋이여, 망월동에 잠든 넋이여」는 5.18 항쟁 당시 죽은 아들에 대한 어머니의 애끓는 심정을 그리고 있다. 이 시는 개인 차원의 비탄에서 그치지 않고, 사회적 차원에서의 비탄도 보여준다. 이러한 사회적 비탄을 다룬 시나 기타 문학작품을 알고 있다면 소개해 보자. 그리고 이러한 사회적 비탄을 다룬 작품이 왜 필요한가에 대한 각자의 의견을 말해보자.
(3) 비탄의 과정은 감정적인 것뿐만이 아니라, 인지적인, 행위적인 것도 포함한다고 하였다. 김춘수의 「제28번 비가(悲歌)」에서 이러한 인지적, 혹은 행위적 비탄에 해당하는 부분이 있다면 찾아보자. 주변에서 이러한 비탄의 경우를 경험한 적이 있는가? 그럴 때, 우리는 어떤 반응을 보여야 할까?

3) 애도와 애도 과업: 애도는 상실과 비탄에 처한 사람들에게 중요한 과정이라고 할 수 있다. 예수는 "애도하는 자(슬퍼하는 자)에게 축복이 있을지니"라는 산상수훈을 남겼는데, 이때의 축복이란 아마도 우리 인간이 상실과 애도를 통해서 성숙해 가는 능력을 뜻하는 것으로 보인다. 성숙을 향한 이 능력은 상실을 맞은 사람이 주체적이고 능동적이며, 자율적으로 애도 과업(work)을 만들어 가는 과정에서 형성되는 것이라

할 수 있다. 그래서 죽음학에서는 애도 작업(labor)이라는 용어보다는 애도 과업(work)이라는 용어를 사용한다.

예를 들어, 롤랑 바르트가 어머니의 죽음에 대한 여러 감정과 생각들을 일기로 정리하고자 했던 것이나, 김태준의 「사모곡」에서 나타난 '고인과의 지속적인 유대관계' 등은 모두 애도 과업(work)- 스스로 자신의 슬픔을 인정하면서 고통의 경험 방식을 받아들이는 가운데 상실의 고통과 함께 살아가는 방법을 배우게 되는 성숙의 과정-에 해당한다고 볼 수 있다. 그렇다면, 이를 바탕으로 아래의 문제에 대한 자기 생각을 정리해 보고, 다른 사람의 의견에도 귀를 기울여 보자.

(1) 애도란 무엇이며 애도 작업(labor)과 애도 과업(Work)은 어떻게 다른 것인지 알아보자. 이는 롤랑 바르트가 『애도 일기』에서 언급한 "나만의 고유한 슬픔"과 어떤 관계가 있을까?

(2) 슈나이드만은 "애도는 인간이 가질 수 있는 가장 심오한 것이다. 사랑하는 사람의 상실을 슬퍼하고, 그 사람의 기억을 계속해서 소중히 여기는 심오한 능력은 고귀한 인간의 특징 중의 하나이다."라고 말한 바 있다. 우리 인간은 누구나 슬픔이나 고통보다는 기쁨이나 즐거움을 추구하는데, 과연 맞는 말일까? 자기 생각을 말해보자. 그리고 고통이나 슬픔을 통해 자신의 심오한 능력을 느낀 경험이 있는지 얘기해 보자.

(3) 김태준의 시「사모곡」은 애도의 과업과 관련하여 볼 때, '새로운 삶에 착수하는 과정에서 고인과의 지속적인 유대를 발견하는' 과업으로도 읽을 수 있다. 어느 부분에서 그러한 애도 과업을 읽어낼 수 있는지, 자신의 의견을 말해보자. 이 시처럼 적절한 애도 과업을 보여주는 시나 기타 문학작품이 있다면 추천해 보자. 그 추천 이유에 관해서도 설명해 보자.

참고문헌

서문

Balk, David E., and David K. Meagher, editors. Handbook of Thanatology: The Essential Body of Knowledge for the Study of Death, Dying and Bereavement. Routledge, 2013.

Corr, Charles A., et al. Death and Dying Life and Living. 7th ed., Wadsworth Thomson Learning Publishing Co., 2012.

안도 오사무 지음, 인경 스님·이필원 옮김, 『심리치료와 불교』, 불광출판사, 2011

인경. 『명상심리치료: 불교명상과 심리치료의 통합적 연구』. 명상상담연구원, 2013.

임병식. 「중국유학의 생사관연구.」 Ph.D. dissertation, 고려대학교, 2018.

임병식. 「주자는 죽음불안을 어떻게 극복했는가?」 『동양철학』, vol. 46.

임병식. 「생애발달단계별 죽음교육 교과서 구성 연구.」 『한국죽음교육학회 학술자료집』, no. 8, 한국싸나톨로지협회, 2018.

임병식, et al. 『삶의 성찰, 죽음에게 물어보다』. 가리온, 2019.

조성택. 「한국사회를 위한 죽음학; 죽음의 '학됨'(爲學)을 염려하며.」 『한국싸나톨로지협회 학술집』, no. 2, May 2013.

서광. 『치유하는 불교읽기』. 불광출판사, 2016.

제1부 죽음교육론

Balk, David E. & Meagher, David K. (Eds.). Handbook of Thanatology: The Essential Body of Knowledge for the Study of Death, Dying and Bereavement. New York: Routledge, 2013.

Corr, Charles A., Nabe, Clyde M., & Corr, Donna M. Death and Dying Life and Living. 7th Edition. Belmont: Wadsworth, Thomson Learning Publishing Co., 2012.

Dewey, John. Experience and Nature. Vol. 1 of The Later Works, 1925-1953. Carbondale: Southern Illinois University Press, 1981.

Dewey, John. "Qualitative Thought." In The Later Works, 1925-1953, vol. 5. Carbondale: Southern Illinois University Press, 1988.

Dewey, John. Art as Experience. Vol. 10 of The Later Works, 1925-1953. Carbondale: Southern Illinois University Press, 1987.

Freud, Sigmund. Vorlesungen zur Einführung in die Psychoanalyse. Wien: Hugo Heller, 1917.

Gendlin, Eugene T. Experiencing and the creation of meaning. New York: Free Press of Glencoe, 1962.

Johnson, Mark. The Body in the Mind: The Bodily Basis of Meaning, Imagination, and Reason. Chicago: University of Chicago Press, 1987.

Lacan, Jacques. Le Séminaire, Livre XI: Les quatre concepts fondamentaux de la psychanalyse. Paris: Éditions du Seuil, 1973.

노사광(勞思光).『중국철학사(고대편)』. 정인재 역. 서울: 탐구당, 1994.
박길수.「도덕 심리학과 도덕 철학의 이중적 변주」.『철학연구』 48: 70-71, 2013.
신창호.「유교의 자아실현과 삶의 맥락」.『한국철학논집』 29: 164-165, 2010.
이상선.「기명(氣命)으로 본 덕(德)과 복(福)」.『공자학』 21: 156-164, 2011.
이택용.『중국 고대의 운명론』. 서울: 문사철, 2014.
임병식·신경원.『죽음교육교본』. 서울: 가리온, 2017.
정세근.「공맹의 정신론」.『대동철학』 70: 12, 2015.
채인후.『맹자의 철학』. 천병돈 역. 서울: 예문서원, 2000.
한병철.『피로 사회』. 김태환 역. 서울: 문학과지성사, 2012.

고전 문헌

공자(孔子) 述, 자공(子貢) 等 編.『논어(論語)』. 춘추말기(기원전 5세기경).
맹자(孟子) 述, 만장(萬章) 等 編.『맹자(孟子)』. 전국시대(기원전 4-3세기경).
묵종삼(牟宗三).『심체여성체(心體與性體)』.
자사(子思).『중용(中庸)』. 전국시대(기원전 4세기경).
주희(朱熹).『논어집주(論語集註)』. 남송 순희 14년(1187).
주희(朱熹).『주자어류(朱子語類)』. 여정덕(黎靖德) 편. 남송 순우 12년(1252).

제2부 문화·사회론

Ames, Roger T. East Asian Philosophy and the Creative Process. New York: State University of New York Press, 2005.

Becker, Ernest. The Denial of Death. New York: Free Press, 1973.

Deeken, Alfons. 生と死の教育. Tokyo: Iwanami Shoten, 2001.

Dilthey, Wilhelm. Der Aufbau der geschichtlichen Welt in den Geisteswissenschaften. Leipzig und Berlin: B.G. Teubner, 1927.

Freud, Sigmund. Die Traumdeutung. Leipzig und Wien: Franz Deuticke, 1900.

Freud, Sigmund. Vorlesungen zur Einführung in die Psychoanalyse. Wien: Hugo Heller, 1917.

Gadamer, Hans-Georg. Wahrheit und Methode: Grundzüge einer philosophischen Hermeneutik. Tübingen: J.C.B. Mohr, 1960.

Husserl, Edmund. Zur Phänomenologie des inneren Zeitbewusstseins (1893-1917). The Hague: Martinus Nijhoff, 1966.

Jung, Carl Gustav. The archetypes and the collective unconscious. Vol. 9 of Collected works. New York: Pantheon Books, 1959.

Kant, Immanuel. Kritik der reinen Vernunft. Riga: Johann Friedrich Hartknoch, 1781.

Kübler-Ross, Elisabeth & Kessler, David. On Grief and Grieving: Finding the Meaning of Life through the Five Stages of Loss. New York: Scribner, 2005.

Kupperman, Joel J. "Xunzi: Morality as Psychological Constraint." In Virtue, Nature, and Moral Agency in the Xunzi.

Lacan, Jacques. Le Séminaire, Livre XI: Les quatre concepts fondamentaux de la psychanalyse. Paris: Éditions du Seuil, 1973.

Lévinas, Emmanuel. Autrement qu'être ou au-delà de l'essence. La Haye: Martinus Nijhoff, 1974.

Lévinas, Emmanuel. Entre nous: Essais sur le penser-à-l'autre. Paris: Éditions Grasset & Fasquelle, 1991.

穴澤辰雄.『中國古代思想論考』. 東京: 汲古書院, 1982.

高田眞治.『支那思想の展開』第1卷. 東京: 弘道館圖書株式會社, 1944.

柴田治滋.『唯識思想と現象学―インド仏教と西洋哲学の対話』. 東京: 春秋社, 2004.

공병석.『예기 상례의 인문관』. 서울: 학고방, 2013.

공병석.「『禮記』와『墨子』의 鬼神觀」.『동아시아고대학』39: 287-288, 2015.

김명석.「중국 고대유가의 음악을 통한 도덕감정 계발모형 연구」. 19-20.

김수청.「유교의 靈魂觀에 대한 분석적 고찰」.『한국민족문화』25: 270-271, 2005.

김인곤 외.『소크라테스 이전 철학자들의 단편 선집』. 서울: 아카넷, 2008.

박욱주.「부정적 비감(悲感) 속에 개현(開顯)되는 관계 지평」.『인문과학』117, 2019.

석법성.『사망학: 죽음과 삶의 지혜』. 서울: 운주사, 2004.

송인창. 「孔子의 天命思想에 대한 檢討」. 『유교사상문화연구』 3: 178-179, 1988.

이유정·강선보. 「『예기(禮記)』의 상례(喪禮)·제례(祭禮)에 나타난 죽음론의 교육적 의의」. 『교육철학연구』 37: 83-84, 2015.

임병식. 「품위 있는 임종을 위한 인간의 이해」. 『'죽음의 질'향상을 위한 철학적 싸나톨로지』, 2013.

임병식. 「실존정신의학 입문」. 한국싸나톨로지협회 6기 후속교육.

임병식. 「상실·비탄·애도의 재발견」. 한국싸나톨로지협회 공감프로그램세미나집 Ⅲ, 2017.

임병식. 「죽음학임상실천Ⅰ」. 한국싸나톨로지협회 전반기 죽음학강좌, 2021.

정창수. 『예의 본질과 기능: 『예기』의 사회학적 서설』. 서울: 성균관대학교 출판부, 2013.

최성환, 민현기. 「철학적 문제로서의 죽음」. 『철학탐구』 61, 2021.

한자경. 『유식무경』. 서울: 예문서원, 2004.

한병철. 『피로사회』. 김태환 역. 서울: 문학과지성사, 2012.

고전 문헌

공자(孔子) 述, 자공(子貢) 等 編. 『논어(論語)』. 춘추말기(기원전 5세기경).

도원(道原). 『경덕전등록(景德傳燈錄)』. 1004년(송).

대성(戴聖) 編. 『예기(禮記)』. 전한(기원전 1세기경).

묵종삼(牟宗三). 『심체여성체(心體與性體)』.

순황(荀況). 『순자(荀子)』. 전국 말기(기원전 3세기경).

왕수인(王守仁). 『전습록(傳習錄)』. 명대.

이제마(李濟馬). 『동의수세보원(東醫壽世保元)』. 1894.

자사(子思). 『중용(中庸)』. 전국 초기(기원전 4세기경).

장주(莊周) 述, 곽상(郭象) 編. 『장자(莊子)』. 전국시대(기원전 4-3세기경).

좌구명(左丘明). 『춘추좌씨전(春秋左氏傳)』. 전국 초기.

주희(朱熹). 『논어집주(論語集註)』. 남송 순희 14년(1187).

주희(朱熹). 『사서집주(四書集註)』. 남송(1190년경).

주희(朱熹). 『주자어류(朱子語類)』. 여정덕(黎靖德) 編. 남송 순우 10년(1250).

작자미상. 『의례(儀禮)』. 전국-전한 시기.

제3부 상실론

Austin, J. L. How to Do Things with Words. Oxford: Oxford University Press, 1962.

Bergson, Henri. Matière et mémoire: Essai sur la relation du corps à l'esprit. Paris: Félix Alcan, 1896.

Bühler, Karl. Sprachtheorie: Die Darstellungsfunktion der Sprache. Fischer Verlag, 1934./Theory of Language: The Representational Function of Language. Trans. Donald Fraser Goodwin, John Benjamins, 1990

Carstairs-McCarthy, Andrew. "The Evolution of Language." Cambridge University Press, 2017.

Damasio, Antonio. Looking for Spinoza: Joy, Sorrow, and the Feeling Brain. New York: Harcourt, 2003.

Dewey, John. Experience and Nature. Vol. 1 of The Later Works, 1925-1953. Carbondale: Southern Illinois University Press, 1981.

Dewey, John. Qualitative Thought. In The Later Works, 1925-1953, vol. 5. Carbondale: Southern Illinois University Press, 1988.

Dewey, John. Art as Experience. Vol. 10 of The Later Works,

1925-1953. Carbondale: Southern Illinois University Press, 1987.

Freud, Sigmund. Analysis of a Phobia in a Five-Year-Old Boy, 1909.

Freud, Sigmund. Studien über Hysterie (with Josef Breuer), 1895.

Freud, Sigmund. Weitere Bemerkungen über die Abwehr-Neuropsychosen, 1896.

Freud, Sigmund. Vorlesungen zur Einführung in die Psychoanalyse. Hugo Heller, 1917.

Freud, Sigmund. Gesammelte Werke XIII, 1940.

Husserl, Edmund. Zur Phänomenologie des inneren Zeitbewusstseins (1893-1917). Edited by Rudolf Boehm. Husserliana X. The Hague: Martinus Nijhoff, 1966.

Jakobson, Roman, and Morris Halle. Fundamentals of Language. Mouton & Co., 1956.

Kenneally, Christine. The First Word: The Search for the Origins of Language. Viking, 2007.

Lacan, Jacques. Écrits. Paris: Éditions du Seuil, 1966.

Laplanche, Jean & Pontalis, Jean-Bertrand. Vocabulaire de la Psychanalyse. Paris: Presses Universitaires de France, 1967.

Longaker, Christine. Facing Death and Finding Hope: A Guide to the Emotional and Spiritual Care of the Dying. Broadway Books, 1997.

Rando, Therese A. Clinical dimensions of anticipatory mourning: Theory and practice in working with the dying, their loved ones, and their caregivers. Champaign: Research Press, 2000.

Ravaisson, Félix. De l'habitude. H. Fournier et Cie., 1838.

Smith, S.H. "Anticipatory grief and psychological adjustment to grieving in middle-aged children." American Journal of Hospice & Palliative Medicine, 22: 283-286, 2005.

라베쏭. 『습관에 대하여』. 최화 역주. 서울: 누멘, 2010.

라플랑슈 . 『정신분석 사전』. 임진수 역. 서울: 열린책들.

마크 존슨. 『마음속의 몸』. 노양진 옮김. 서울: 철학과 현실사, 2000.

안토니오 다마지오. 『스피노자의 뇌: 기쁨, 슬픔, 느낌의 뇌과학』. 임지원 역. 서울: 사이언스북스, 2016.

앙리 베르그손. 『물질과 기억 』. 박종원 옮김. 서울: 아카넷, 2005.

야콥슨 . 『언어의 토대』. 박여성 역. 서울: 문학과지성사, 2009.

에드문트 후설. 『시간의식』. 이종훈 옮김. 한길사, 2018

오스틴, J. L. 『말과 행위』. 김영진 옮김. 서울: 서광사, 1992.

자크 라캉. 『에크리』. 홍준기 외 옮김. 서울: 새물결, 2016.

조지 레이코프. 『몸의 철학 』. 임지룡 외 옮김. 서울: 박이정, 2002.

지그문트 프로이트. 『정신병리학의 문제들』. 황보석 옮김. 서울: 열린책들, 2011.

지그문트 프로이트. 『정신분석의 탄생』. 임진수 옮김. 서울: 열린책들, 2011.

지그문트 프로이트. 『정신분석학의 근본 개념』. 윤희기·박찬부 옮김. 서울: 열린책들, 1997.

카를 뷜러. 『언어이론 』. 지광신·최경은 옮김. 서울: 나남, 2008.

크리스틴 롱가커. 『죽음 앞에서 만나는 새로운 삶』. 조원현 역. 대구: 계명대학교 출판부, 2006.

크리스틴 케닐리. 『언어의 진화 』. 전소영 옮김. 서울: 알마, 2009.

색인

ㄱ

가현 408
간접화법 252, 629
감정 7, 20, 21, 26, 28, 29, 34, 37, 59, 62, 63, 64, 65, 66, 67, 69, 70, 75, 84, 94, 95, 97, 106, 114, 127, 133, 135, 136, 137, 138, 139, 140, 141, 142, 143, 144, 146, 147, 148, 151, 155, 156, 157, 160, 161, 165, 168, 169, 170, 175, 185, 186, 189, 198, 202, 203, 204, 205, 208, 210, 211, 212, 213, 214, 216, 219, 220, 221, 222, 224, 227, 228, 229, 233, 235, 236, 237, 238, 239, 241, 242, 247, 249, 252, 253, 254, 255, 256, 257, 258, 259, 260, 261, 262, 263, 264, 266, 269, 270, 271, 272, 289, 292, 293, 295, 296, 297, 298, 299, 300, 301, 302, 303, 304, 305, 306, 307, 308, 309, 310, 311, 314, 315, 316, 318, 326, 327, 371, 375, 377, 379, 382, 388, 393, 394, 395, 403, 404, 405, 406, 413, 414, 415, 420, 426, 430, 438, 439, 446, 449, 450, 499, 500, 501, 502, 503, 504, 505, 506, 507, 509, 510, 511, 513, 514, 517, 518, 519, 529, 531, 535, 537, 538, 540, 541, 546, 547, 548, 549, 550, 551, 552, 553, 554, 557, 559, 563, 568, 569, 570, 571, 572, 574, 580, 581, 582, 591, 592, 593, 594, 595, 596, 597, 600, 605, 617, 618, 623, 624, 625, 628, 630, 631, 632, 633, 634, 635, 639, 640, 641, 643, 644, 645, 648, 649, 651, 655, 656, 662, 665, 666, 669, 670, 680, 683, 685, 686, 692
감정 이미지 62
감정 직면 170, 219
감정 표현 203, 204, 224, 371, 500, 509, 633
강조적 동사 사용 289
거부된/금지된 죽음 375
견분 428, 439, 440, 441, 443
결단 19, 20, 41, 53, 86, 90, 108, 127, 129, 130, 131, 132, 133, 136, 137, 138, 153, 161, 167, 170, 171, 173, 185, 186, 190, 191, 196, 199, 200, 201, 202, 212, 215, 216, 217, 226, 228, 324, 325, 356, 361, 409, 410, 413, 416, 418, 424, 454, 467, 468, 580, 589, 593, 594, 597, 676
고종명 454, 480, 496
고통 7, 11, 19, 20, 21, 45, 46, 51, 52, 53, 56, 57, 60, 81, 89, 94, 102, 127, 128, 129, 130, 131, 132, 134, 135, 136, 138, 139, 140, 142, 143, 144, 145, 146, 147, 148, 151, 154, 155, 156, 157, 158, 159, 160, 161, 165, 166, 167, 168, 169, 170, 171, 172, 174, 175, 177, 188, 189, 191, 193, 194, 195, 196, 197, 198, 200, 201, 203, 205, 207, 208, 209, 210, 212, 215, 219, 221, 223, 225, 228, 229, 236, 237, 238, 239, 240, 241, 242, 243, 244, 245, 246, 247, 248, 249, 250, 251, 252, 253, 254, 255, 256, 257, 258, 259, 260, 261, 262, 263, 264, 265, 266, 267, 268, 269, 270, 271, 272, 273, 274, 275, 276, 277, 278, 279, 280, 281, 282, 283, 284, 285, 286, 287, 288, 289, 290, 291, 292, 293, 294, 295, 296, 297, 298, 299, 300, 301, 302, 303, 304, 305, 306, 307, 308, 309, 310, 311, 312, 313, 314, 315, 316, 317, 318, 319, 320, 321, 322, 323, 324, 325, 357,

371, 372, 380, 381, 382, 390, 403, 404,
405, 406, 407, 411, 415, 416, 417, 418,
420, 425, 429, 452, 462, 468, 471, 479,
512, 531, 537, 538, 540, 541, 544, 546,
547, 548, 549, 550, 553, 554, 557, 564,
565, 569, 576, 580, 581, 582, 583, 584,
593, 595, 603, 625, 636, 637, 639, 643,
647, 649, 655, 656, 657, 659, 663, 669,
674, 676, 678, 680, 681, 686
고통과 결단 127
고통의 내면화 252, 266, 271, 272, 311,
313, 322
고통의 의미화 138, 139, 212, 256, 257,
260, 306, 311, 315, 319
고통의 지형도 56, 135, 136
고통의 해석 135, 136, 249, 297
공간의식 266, 268, 270, 570, 575
공감 26, 28, 34, 64, 65, 70, 91, 100, 106,
110, 128, 136, 138, 147, 148, 151, 152,
158, 160, 164, 177, 180, 185, 186, 188,
189, 197, 199, 211, 213, 276, 277, 278,
282, 368, 379, 401, 403, 404, 405, 406,
407, 444, 472, 501, 502, 547, 553, 596,
664, 666, 693
공교육화 99, 106, 107, 108, 361
공시적 계열 412, 413
공식적 교육과 비공식적 교육 109
교수법 118, 120
교육적 접근 83, 84
교육학과 죽음교육의 연계 109
권리 95, 122, 124, 136, 137, 178, 183,
184, 185, 186, 197, 409, 656, 659, 662
그-세계-내-존재(Das-In-Der-Welt-Sein) 431
기억흔적 60, 144, 145, 561, 564, 565,
566, 567, 587, 588, 592, 593, 608, 609,
617, 620, 621
길들여진 죽음 57, 112, 213, 367, 370, 371,
373, 377, 378, 379

ㄴ

내담자 중심의 기술 171
내러티브 147, 223
내면화 12, 87, 197, 226, 245, 252, 256,
257, 258, 260, 266, 267, 270, 271, 272,
273, 274, 286, 308, 310, 311, 312, 313,
314, 317, 318, 319, 320, 321, 322, 323,
344, 468, 487, 499, 500, 501, 524, 602,
604
능동적 동사 사용 287
능동적 수동성 138, 176, 190, 201, 409
능동태 235, 311, 312, 313, 314, 315

ㄷ

다른 사람의 죽음 32, 72, 102, 367, 370,
374
단계별 교육 93
단어 표상 139, 140, 141, 166, 170, 173,
214, 228, 229, 325, 418, 563, 564, 565,
573, 574, 601, 610, 614
대명사 231, 319, 320, 321, 322, 323
대처해보기 139, 228
도덕적 주체 329, 330, 334
도정(道程) 535
도착증 233, 575, 578, 624, 629, 630
도치법 235, 307, 308, 309, 310
동사유형 287
득기사 136, 424, 495, 496

ㅁ

마음의 판형 60, 62, 612

멜랑콜리 575
멜레테(melete) 473
명사 용법 159
무상 98, 426, 429, 440, 450, 462
무의식 60, 133, 142, 143, 144, 145, 146, 166, 170, 171, 172, 173, 174, 175, 219, 227, 229, 233, 268, 290, 326, 327, 405, 413, 414, 418, 419, 420, 428, 429, 433, 436, 440, 447, 448, 473, 502, 546, 557, 558, 561, 562, 563, 564, 565, 566, 567, 568, 569, 572, 573, 574, 575, 576, 581, 582, 584, 585, 586, 587, 588, 592, 593, 599, 607, 608, 609, 611, 612, 621, 623, 626, 628, 638
문학작품 속의 상실 61, 669, 671
물화 148, 161, 428, 470, 474

ㅂ

반려동물 61, 137, 531, 655, 656, 657, 658, 659, 660, 661, 662, 663, 664, 665, 666, 667
반려동물 상실 61, 531, 655, 656, 657, 658, 663
발화구조 233
방어 62, 137, 138, 151, 170, 173, 174, 208, 213, 214, 215, 230, 232, 237, 238, 239, 249, 250, 252, 253, 254, 256, 257, 260, 261, 273, 274, 277, 278, 280, 281, 282, 285, 286, 287, 289, 290, 291, 292, 293, 295, 297, 298, 299, 301, 302, 304, 305, 306, 318, 327, 411, 412, 413, 414, 415, 418, 419, 428, 446, 506, 547, 565, 572, 575, 586, 591, 597, 599, 600, 603, 605, 606, 607, 610, 611, 612, 615, 617, 623, 624, 628, 653

방어기제 249, 252, 253, 254, 256, 257, 260, 261, 274, 277, 282, 285, 289, 290, 291, 292, 293, 297, 298, 305, 414, 415, 506, 547, 572, 600, 605, 617, 623, 624, 628
범주-계열화 착오 407
변계소집성 439, 443, 445, 446, 452
보본반시 520, 521, 528
보편문법 142, 174, 419, 437, 438
보편적 지식체계 55, 126
부정적인 동사 사용 289
분노 141, 146, 155, 223, 224, 238, 381, 415, 502, 503, 504, 505, 506, 541, 548, 549, 568, 592, 594, 596, 630, 649, 682
분석가 66, 70, 130, 132, 135, 136, 137, 138, 195, 201, 208, 219, 229, 230, 232, 235, 323, 403, 404, 405, 406, 407, 409, 414, 420, 574, 589, 592, 612, 615
비인칭 279, 280, 281, 282
비탄 28, 41, 59, 61, 62, 63, 64, 65, 66, 71, 72, 73, 107, 110, 111, 113, 116, 117, 119, 122, 123, 127, 134, 135, 137, 138, 154, 155, 156, 157, 161, 203, 207, 208, 209, 210, 212, 213, 215, 227, 231, 361, 371, 377, 387, 388, 393, 394, 395, 397, 399, 400, 415, 416, 499, 500, 501, 505, 506, 508, 509, 512, 513, 514, 518, 519, 529, 530, 531, 537, 541, 542, 544, 546, 550, 551, 552, 554, 569, 570, 572, 592, 633, 638, 639, 640, 641, 642, 644, 645, 647, 648, 649, 650, 651, 652, 653, 654, 655, 656, 657, 658, 659, 660, 661, 662, 667, 669, 676, 678, 679, 681, 683, 685, 693
비탄 상담 61, 647, 648

ㅅ

사물 표상 59, 139, 140, 144, 147, 170, 214, 228, 229, 325, 408, 561, 562, 563, 564, 565, 566, 567, 568, 573, 574, 592, 610, 614, 620

사전연명의료의향서 74, 391

삶과 죽음의 통합 99, 421

삶의 무늬 213, 535

삶의 질 향상 109, 110, 222

상례와 제례 485, 486, 499, 501, 506, 507, 508, 509, 510, 511, 512, 513, 519, 525, 528, 529, 530, 531

상분 428, 439, 440, 441, 443

상상 7, 28, 30, 60, 92, 120, 140, 145, 440, 573, 588, 599, 600, 601, 602, 603, 604, 605, 612, 614, 624, 629, 636, 637, 688

상상과 은유 60, 599, 601

상실 2, 7, 11, 16, 18, 19, 20, 21, 27, 28, 29, 32, 33, 36, 41, 44, 45, 46, 51, 52, 53, 57, 58, 59, 60, 61, 64, 69, 70, 73, 76, 81, 83, 85, 86, 87, 89, 90, 91, 93, 94, 100, 102, 105, 106, 107, 110, 111, 112, 122, 123, 124, 126, 127, 128, 130, 132, 134, 135, 137, 148, 149, 151, 152, 153, 154, 155, 156, 157, 158, 159, 161, 165, 168, 169, 170, 171, 172, 189, 193, 195, 196, 197, 198, 199, 200, 201, 203, 206, 207, 208, 209, 210, 211, 212, 213, 214, 215, 216, 221, 222, 223, 224, 225, 226, 231, 236, 237, 238, 239, 240, 241, 242, 243, 244, 246, 247, 248, 249, 250, 251, 252, 253, 254, 255, 256, 257, 258, 259, 260, 261, 262, 263, 264, 265, 266, 268, 270, 271, 275, 276, 279, 280, 282, 283, 284, 285, 286, 287, 288, 289, 290, 291, 292, 293, 294, 295, 296, 297, 298, 299, 300, 301, 302, 303, 304, 305, 306, 307, 308, 309, 310, 311, 315, 316, 319, 323, 348, 361, 365, 377, 385, 387, 388, 392, 393, 394, 395, 397, 399, 400, 401, 403, 404, 405, 414, 415, 416, 417, 420, 423, 447, 455, 457, 461, 463, 465, 467, 468, 479, 483, 499, 500, 501, 506, 509, 513, 531, 533, 535, 537, 538, 539, 540, 541, 542, 543, 544, 545, 546, 547, 548, 549, 550, 551, 552, 553, 554, 555, 567, 568, 569, 572, 573, 579, 580, 581, 582, 583, 584, 593, 595, 596, 599, 600, 601, 609, 610, 625, 628, 629, 631, 633, 634, 635, 638, 639, 640, 641, 642, 643, 644, 645, 646, 647, 648, 649, 650, 651, 652, 653, 655, 656, 657, 658, 659, 660, 661, 662, 663, 666, 667, 669, 670, 671, 676, 678, 681, 682, 683, 684, 685, 686, 693, 694

상실의 치유 기제 60, 599, 601

상실 이후 정서 60, 581, 583

상황 윤리 56, 177, 178, 186, 187, 190, 191, 193, 217

상흔 20, 60, 63, 70, 137, 138, 587, 591, 593, 594

생명윤리 45, 56, 136, 177, 178, 179, 180, 181, 182, 183, 184, 187, 188, 189, 196, 197, 201

성명 57, 331, 338, 342, 346, 350, 351, 352, 353, 359, 488

성흔 60, 63, 137, 214, 593

소유격 148, 164, 209, 275, 276, 277, 278, 416

손상금지 136, 185, 186, 212

수동적 동사 사용 288
수동태 235, 315, 316, 317, 318
수반(supervenience) 442, 561
슬픔 7, 20, 26, 37, 41, 60, 63, 75, 91, 94, 141, 146, 151, 152, 153, 155, 160, 165, 166, 167, 168, 169, 170, 171, 172, 174, 208, 211, 213, 222, 223, 224, 227, 229, 276, 288, 301, 304, 306, 375, 376, 382, 385, 386, 392, 393, 394, 395, 400, 407, 416, 417, 418, 420, 453, 462, 470, 479, 499, 502, 503, 504, 505, 506, 507, 508, 509, 512, 513, 516, 518, 519, 529, 531, 535, 537, 540, 541, 544, 545, 546, 547, 548, 550, 551, 552, 553, 554, 568, 580, 581, 582, 592, 594, 595, 596, 597, 633, 634, 635, 641, 645, 648, 649, 650, 655, 656, 657, 659, 661, 662, 663, 664, 665, 674, 676, 677, 678, 681, 682, 685, 686, 696
시간의식 58, 261, 408, 409, 429, 430, 441, 563, 570, 575, 603, 605, 696
신경증 138, 232, 233, 447, 448, 575, 591, 603, 607, 617, 625, 626, 627, 628
신체언어 257
실존 8, 11, 19, 21, 42, 44, 57, 60, 62, 63, 69, 70, 71, 87, 90, 106, 127, 129, 130, 131, 132, 135, 136, 137, 138, 149, 171, 173, 174, 176, 195, 196, 197, 199, 200, 201, 203, 205, 209, 210, 212, 214, 215, 216, 217, 227, 231, 235, 236, 239, 240, 243, 247, 283, 286, 287, 292, 293, 294, 295, 296, 297, 298, 323, 324, 331, 336, 337, 338, 342, 351, 352, 354, 355, 356, 358, 359, 360, 361, 374, 375, 376, 414, 418, 420, 421, 422, 423, 424, 449, 450,
452, 453, 454, 455, 459, 460, 461, 463, 479, 524, 539, 575, 576, 584, 585, 593, 602, 620, 635, 671, 674, 684, 693
실존적 주체성 127, 138
실존적 학문 127
실존적 해석 63, 297
실존정신언어분석 21, 44, 57, 62, 70, 106, 227, 235, 236, 239, 240, 243, 247, 292, 295, 324, 585, 602, 620
실존 치료 57, 70, 351
실천 8, 11, 12, 13, 16, 25, 26, 37, 41, 42, 44, 45, 46, 51, 52, 53, 56, 57, 58, 59, 60, 61, 63, 65, 66, 68, 70, 71, 72, 73, 74, 75, 76, 77, 81, 85, 86, 87, 89, 99, 102, 107, 108, 110, 123, 125, 127, 129, 130, 131, 132, 133, 134, 135, 136, 137, 138, 139, 143, 147, 149, 151, 152, 153, 154, 161, 164, 167, 170, 171, 173, 174, 176, 177, 178, 180, 181, 183, 184, 187, 188, 189, 190, 191, 197, 199, 201, 202, 203, 204, 207, 208, 210, 212, 215, 216, 217, 219, 220, 226, 231, 324, 325, 329, 330, 335, 337, 338, 341, 345, 350, 351, 353, 357, 359, 361, 368, 379, 386, 388, 394, 404, 418, 420, 421, 422, 423, 433, 440, 446, 453, 454, 455, 456, 458, 459, 465, 466, 467, 469, 471, 475, 478, 479, 484, 485, 486, 493, 499, 500, 520, 522, 523, 525, 526, 528, 530, 531, 538, 551, 558, 568, 582, 583, 585, 600, 617, 618, 633, 634, 642, 655, 656, 666, 669, 670, 693
실천적 교육 189, 203
심리적 방어 기제 273, 295, 297, 305, 306
심적 태도 130, 196, 209, 210, 235, 455, 516, 526, 596, 597

ㅇ

아집 433, 560
아타락시아 478, 479
억압 29, 62, 94, 137, 138, 139, 142, 143, 144, 145, 151, 160, 165, 166, 167, 168, 170, 173, 174, 176, 198, 208, 213, 214, 215, 219, 221, 229, 230, 232, 235, 237, 243, 287, 290, 377, 394, 405, 407, 411, 412, 413, 414, 415, 418, 419, 429, 446, 447, 475, 478, 479, 505, 557, 562, 563, 564, 565, 567, 571, 572, 574, 575, 576, 577, 585, 586, 588, 589, 590, 591, 592, 593, 594, 597, 599, 602, 609, 610, 611, 612, 615, 617, 622, 623, 625, 626, 628, 631, 633, 639, 640, 641, 666, 671, 678
언어와 문법 219, 585, 589
언어 표상 60, 130, 139, 140, 142, 144, 147, 166, 169, 208, 229, 231, 562, 563, 564, 565, 599, 608, 609
언어표상 436, 439, 442, 592
역사적 관점 109, 114, 134
연구 범주 56, 134, 135
연명의료결정법 390, 391
오식 429, 431
오온 429, 433, 452, 560
외상적 죽음과 대처 135, 137, 212, 214
우연적 사건 219, 220
우울증 65, 66, 113, 224, 233, 306, 447, 550, 554
우환의식 454, 457, 484, 523, 524, 526, 528
원성실성 439, 443, 444, 445, 446, 451
원-억압 413, 623
웰다잉(well-dying) 8, 129, 396, 482
웰리빙(well-living) 8, 396, 482
유식 58, 70, 410, 429, 430, 431, 433, 440, 444, 561, 693
유식무경 410, 430, 693
육식 431
윤리적 접근 188, 189, 203
윤리적 행위 56, 177, 181, 182, 184, 185, 187, 193, 198
융합적 접근 203
은유 51, 60, 71, 73, 143, 215, 232, 248, 249, 251, 253, 293, 296, 297, 298, 299, 300, 301, 302, 408, 413, 414, 448, 476, 564, 571, 590, 592, 599, 600, 601, 602, 603, 604, 610, 611, 613, 614, 629
은유와 비유 71, 296, 299, 300, 301, 302
은유적 투사 60, 599, 601, 604, 614
은유적 표현 248
의례 61, 137, 213, 367, 368, 374, 376, 459, 485, 499, 500, 501, 508, 510, 514, 518, 519, 520, 528, 655, 663, 664, 665, 694
의미화 20, 21, 41, 57, 64, 66, 67, 76, 127, 130, 135, 136, 137, 138, 139, 141, 142, 145, 146, 147, 154, 168, 170, 173, 175, 196, 199, 203, 205, 211, 212, 213, 214, 225, 229, 236, 239, 240, 243, 246, 247, 250, 251, 252, 256, 257, 260, 261, 264, 266, 270, 271, 275, 279, 283, 284, 286, 287, 288, 290, 291, 292, 294, 295, 296, 297, 298, 299, 301, 302, 303, 304, 306, 307, 308, 309, 310, 311, 315, 319, 325, 361, 412, 414, 418, 419, 420, 446, 449, 450, 563, 572, 573, 574, 576, 580, 588, 589, 591, 592, 595, 596, 604, 646
의미화 실천 138, 147

의미화 여정 57, 225
의식 26, 27, 45, 58, 60, 62, 63, 70, 71, 91, 92, 111, 112, 117, 124, 129, 131, 132, 133, 136, 137, 139, 141, 142, 143, 144, 145, 146, 153, 165, 166, 168, 169, 170, 171, 172, 173, 174, 175, 200, 202, 205, 219, 225, 227, 228, 229, 230, 231, 232, 233, 235, 261, 263, 264, 265, 266, 268, 270, 290, 308, 312, 313, 326, 327, 332, 334, 346, 356, 358, 373, 387, 390, 401, 405, 408, 409, 410, 411, 413, 414, 415, 416, 418, 419, 420, 422, 428, 429, 430, 431, 432, 433, 435, 436, 439, 440, 441, 442, 443, 444, 445, 447, 448, 450, 451, 454, 455, 457, 458, 459, 460, 461, 473, 478, 484, 488, 502, 503, 506, 523, 524, 526, 528, 542, 546, 557, 558, 561, 562, 563, 564, 565, 566, 567, 568, 569, 570, 571, 572, 573, 574, 575, 576, 581, 582, 584, 585, 586, 587, 588, 592, 593, 596, 599, 601, 602, 603, 605, 606, 607, 608, 609, 610, 611, 612, 613, 614, 615, 621, 623, 625, 626, 628, 631, 638, 646, 656, 659, 665, 671, 696
의타기성 140, 431, 439, 442, 443, 445, 446, 452, 561
인간학 12, 15, 41, 42, 44, 90, 127, 129, 130, 151, 153, 154, 155, 156, 157, 165, 179, 180, 181, 187, 188, 190, 197, 198, 203, 205, 215, 354, 361, 425, 537, 538
인격적 대화 406
인과적 이해 41, 130, 137, 138, 139, 140, 141, 154, 166, 168, 170, 173, 214, 228, 229, 418, 447, 628
인과적 자기동일성 409, 412, 413, 414

인지도식 60, 247, 251, 407, 436, 446, 448, 568
인지도식(스키마) 247, 251
임종 26, 29, 34, 37, 43, 74, 81, 87, 90, 91, 92, 106, 112, 115, 117, 122, 123, 134, 135, 136, 205, 209, 212, 216, 353, 372, 373, 375, 381, 397, 398, 399, 424, 430, 457, 459, 461, 462, 475, 484, 485, 494, 496, 523, 656, 663, 693
입장 바꾸기 158

ㅈ

자기동일성 58, 141, 145, 403, 404, 407, 408, 409, 410, 411, 412, 413, 414, 429, 430, 443, 445, 503, 561, 587, 588, 605, 606
자기 동일시 28, 65, 92, 435, 586
자기성(Selbst) 228, 455
자기 정체성 271, 272, 273, 274, 275, 276, 277, 283, 284, 286, 559
자기 조화(self-consistency) 432
자신의 죽음 102, 151, 189, 367, 370, 371, 543
자아 형성 431, 557, 559, 607, 623
자율성 41, 93, 130, 136, 153, 186, 192, 195, 197, 208, 212, 342, 346, 379, 385, 390, 391, 438, 457, 488, 493
자증분 428, 440, 441, 443, 451
재귀법 271, 272, 273, 274
적합한 언어-표상 138
절대적 윤리와 공리주의적 윤리 186
정서도식 435, 561, 562
정신증 221, 231, 232, 234, 325, 575, 590, 591, 624
정의(공정성) 212

정직한 감정표현 203
존엄성 83, 90, 171, 179, 181, 183, 186, 188, 197, 361, 380, 416
존재 7, 8, 11, 12, 16, 19, 20, 25, 26, 36, 41, 53, 64, 69, 70, 83, 84, 85, 86, 87, 89, 90, 91, 102, 103, 104, 113, 124, 130, 131, 132, 139, 141, 142, 147, 154, 155, 156, 157, 158, 159, 164, 166, 168, 175, 176, 179, 181, 183, 187, 188, 189, 190, 191, 192, 193, 194, 198, 199, 200, 201, 213, 214, 219, 221, 226, 228, 231, 233, 235, 240, 241, 242, 249, 261, 262, 263, 274, 276, 277, 281, 282, 283, 284, 286, 290, 293, 294, 296, 297, 300, 309, 313, 323, 324, 325, 327, 329, 335, 337, 339, 341, 344, 347, 349, 356, 361, 378, 379, 381, 383, 388, 389, 398, 400, 405, 406, 410, 411, 412, 413, 414, 415, 421, 422, 423, 424, 425, 426, 428, 429, 430, 431, 432, 433, 435, 440, 442, 444, 445, 446, 448, 449, 450, 451, 455, 461, 463, 465, 466, 467, 468, 474, 478, 481, 482, 488, 491, 493, 494, 522, 529, 530, 531, 535, 539, 540, 544, 559, 560, 562, 564, 565, 567, 571, 572, 576, 577, 578, 579, 580, 581, 583, 584, 585, 586, 594, 595, 596, 597, 599, 605, 606, 608, 609, 610, 611, 622, 623, 625, 626, 631, 635, 639, 658, 660, 661, 662, 669, 671, 672, 675
종신 484, 485, 512, 523, 524, 525, 526, 527
종자 398, 399, 433
주격조사 235, 283, 286
주체성 31, 41, 44, 46, 55, 99, 103, 104, 127, 130, 131, 132, 135, 137, 138, 147, 151, 153, 159, 175, 176, 178, 192, 199, 201, 219, 405, 407, 409, 415, 425, 452, 453, 479, 595, 632
주체성 회복 44, 46
주체의 대처(coping) 136
죽음과 죽음을 맞이함 135, 136, 212
죽음교육 1, 2, 7, 8, 9, 11, 12, 15, 16, 17, 19, 21, 22, 25, 26, 27, 28, 29, 30, 31, 32, 33, 34, 35, 36, 37, 41, 42, 43, 44, 45, 46, 47, 51, 52, 53, 54, 55, 56, 57, 61, 62, 69, 71, 75, 76, 77, 79, 81, 83, 84, 85, 87, 88, 89, 90, 91, 93, 94, 95, 96, 97, 98, 99, 100, 101, 102, 103, 104, 105, 106, 107, 108, 109, 110, 111, 112, 113, 114, 115, 116, 117, 118, 119, 120, 121, 122, 123, 124, 125, 126, 127, 129, 130, 133, 134, 138, 142, 148, 149, 151, 152, 153, 154, 170, 173, 174, 175, 176, 177, 179, 180, 181, 187, 188, 189, 190, 203, 205, 206, 207, 208, 209, 210, 211, 212, 215, 216, 219, 221, 222, 223, 224, 225, 329, 331, 361, 368, 379, 388, 390, 393, 400, 418, 419, 466, 468, 501, 509, 513, 519, 530, 531, 545, 555, 572, 656, 666, 671, 673, 683, 688, 689, 690
죽음교육상담전문가 15, 99, 107
죽음교육의 구성 55, 90
죽음에 대한 사회적 태도 변화 109, 164
죽음학 11, 12, 15, 16, 17, 20, 21, 25, 26, 27, 28, 29, 30, 31, 33, 34, 35, 36, 41, 42, 43, 44, 45, 46, 51, 55, 56, 58, 66, 83, 84, 85, 87, 88, 90, 92, 93, 95, 101, 102, 106, 107, 108, 111, 115, 117, 118, 120, 123, 124, 127, 129, 130, 133, 134, 135, 136, 137, 138, 151, 152, 153, 154, 165, 166,

167, 171, 176, 179, 181, 187, 196, 197, 198, 199, 201, 202, 203, 205, 206, 207, 210, 212, 215, 221, 222, 226, 252, 256, 257, 261, 266, 270, 271, 275, 279, 299, 302, 303, 306, 307, 308, 310, 361, 370, 378, 379, 388, 389, 397, 423, 424, 425, 452, 453, 479, 518, 531, 568, 579, 660, 678, 686, 688, 693
죽음학의 윤리성 56, 197, 199
죽음학 지식체계 42, 45, 46, 129, 153
증상 21, 29, 59, 60, 63, 66, 67, 116, 137, 139, 142, 143, 145, 165, 166, 167, 168, 169, 172, 174, 175, 176, 196, 199, 221, 227, 229, 230, 233, 259, 324, 325, 326, 415, 417, 419, 420, 429, 541, 557, 559, 562, 563, 564, 573, 574, 576, 580, 584, 585, 586, 587, 592, 593, 594, 611, 613, 615, 617, 619, 620, 621, 622, 623, 624, 625, 626, 627, 628, 630, 636, 655, 657
증자증분 428, 440, 441, 443, 451
직면 21, 29, 51, 52, 63, 66, 81, 85, 87, 88, 89, 111, 113, 123, 129, 130, 132, 133, 136, 138, 139, 146, 151, 153, 157, 167, 170, 172, 173, 195, 197, 198, 200, 208, 209, 211, 215, 219, 221, 226, 227, 228, 235, 237, 239, 245, 248, 289, 292, 293, 294, 296, 303, 304, 305, 308, 309, 360, 381, 403, 405, 417, 418, 465, 468, 474, 519, 531, 545, 569, 586, 592, 594, 595, 671, 682
직면하기 113, 139, 228, 248, 289, 594
진정성 422, 486, 521

ㅊ

천명 25, 27, 138, 329, 330, 331, 332, 333, 334, 335, 338, 340, 341, 342, 344, 345, 346, 352, 353, 354, 358, 359, 457, 480, 488, 489, 490, 491, 492, 493, 494, 497, 517, 527
천화 457, 458, 459, 460
치유 기제 60, 65, 599, 601, 617, 619, 630
치유 방법 135, 203, 582
칠식 431
침묵의 음모 113, 369

ㅌ

통시적 계열 414

ㅍ

파레시아(parrhesia) 471
판단중지 136, 137, 138, 176, 190, 201, 443, 444, 446
팔식 431
평가와 개입 66, 135, 137, 173, 212, 214, 215, 418
피동사 사용 240, 242

ㅎ

한계상황 31, 32, 41, 42, 45, 58, 69, 70, 71, 85, 87, 88, 89, 103, 129, 130, 131, 132, 136, 153, 165, 170, 173, 195, 197, 199, 200, 201, 205, 212, 226, 296, 297, 298, 324, 325, 337, 342, 356, 359, 360, 378, 418, 450, 452, 454, 455, 465, 467, 468, 474, 579, 594
현대적 죽음교육 109
현상학 45, 70, 408, 410, 443, 471, 576, 601, 621
현재 시제 255
현존재(Da-Sein) 198

환유 140, 143, 292, 293, 294, 295, 296, 297, 298, 408, 413, 414, 564, 590, 610, 611, 614, 629
후기구조주의 192
히스테리 구조 60, 628

S

S-행렬이론(S-matrix theory) 432

죽음교육 교과서 담당 집필진 약력

서문 및 감수 : 임 병식

    국제공인 죽음교육수련감독(FT), Ph.D
    한국죽음교육학회장
    죽음교육연구소장
    한국싸나톨로지협회 이사장
    한신대 휴먼케어융합대학원 죽음교육상담전공 교수

제1부 | 죽음교육론 : 신 경원

    국제공인 죽음교육수련감독(FT), Ph.D, ND
    한국싸나톨로지협회 협회장
    국제키비탄한국본부 부총재
    고려대 죽음교육연구센터 센터장
    동덕여대 심신과 명상수련 담당교수
    한신대 휴먼케어교육원 반려동물상실애도교육전문가 주임교수

제2부 | 문화·사회론 : 김 경숙

    국제공인 죽음교육전문가(CT), Ph.D
    고려대 죽음교육연구센터 수석연구원
    한국죽음교육학회 이사
    한신대 휴먼케어교육원 반려동물상실애도교육전문가 주임교수

제3부 | 상실론 : 성 정은

    국제공인 죽음교육전문가(CT)
    한국죽음교육학회 정회원
    죽음교육연구소 연구원
    공감코칭 이음 대표

제4부 | 비탄·감정론 : 이 대준

국제공인 죽음교육수련감독(FT), D.Min
고려대 죽음교육연구센터 책임연구원
한국죽음교육학회 이사
한신대 휴먼케어융합대학원 죽음교육상담전공 교수

제5부 | 애도론 : 박 재연

국제공인 죽음교육수련감독(FT)
리플러스인간연구소 소장
고려대 죽음교육연구센터 책임연구원
한신대 휴먼케어융합대학원 죽음교육상담전공 교수

제6부 | 외상론 : 손 주완

국제공인 죽음교육전문가(CT)
고려대 죽음교육연구센터 책임연구원
한국싸나톨로지협회 부회장
죽음교육연구소 연구원
한신대 휴먼케어융합대학원 죽음교육상담전공 교수

제7부 | 실존론 : 박 미연

국제공인 죽음교육수련감독(FT)
한국싸나톨로지협회 부회장
고려대 죽음교육연구센터 선임연구원
창동어르신복지관 관장
청춘만세 초안산어르신문화센터 센터장
한신대 휴먼케어교육원 죽음교육전문가 담당 교수

제8부 | 생애발달별 죽음교육 : 이 윤주

    국제공인 죽음교육전문가(CT), Ph.D

    한국죽음교육학회 정회원

    죽음교육연구소 연구원

    한국코칭학회 이사

    한국싸나톨로지협회 강릉지부 지부장

제8부 | 생애발달별 죽음교육 : 이 예종

    국제공인 죽음교육전문가(CT), Ph.D

    고려대 죽음교육연구센터 연구원

    한국죽음교육학회 이사

    김천대학교 사회복지학과 교수

제9부 | 죽음교육실천론 : 김 기란

    국제공인 죽음교육전문가(CT)

    한국방송작가협회 다큐멘터리 작가

    한신대 휴먼케어교육원 운명과 심층심리인문학 담당 교수

제9부 | 죽음교육실천론 : 백 미화

    국제공인 죽음교육수련감독(FT), Ph.D

    고려대 죽음교육연구센터 책임연구원

    한국죽음교육학회 이사

    죽음교육연구소 연구원

    한신대 휴먼케어융합대학원 죽음교육상담전공 교수